DER WEIN ZUM ESSEN
DAS ESSEN ZUM WEIN

REINHOLD PAUKNER

DER WEIN ZUM ESSEN
DAS ESSEN ZUM WEIN

Verlag Christian Brandstätter · Wien

Die Deutsche Bibliothek –
CIP-Einheitsaufnahme
Ein Titelsatz für diese Publikation ist bei
Der Deutschen Bibliothek erhältlich.

1. Auflage

Layout-Konzept und Covergestaltung: Peter Manfredini
Technische Betreuung: Franz Hanns
Lektorat: Elmar Trampisch
Reprografie: GRAFO, Wien
Druck und Bindung: Wiener Verlag, Himberg

ISBN 3-85498-131-7

Christian Brandstätter Verlagsgesellschaft m.b.H.
A-1015 Wien, Schwarzenbergstraße 5
Telephon (+43-1) 512 15 43-0
Telefax (+43-1) 512 15 43-231
E-Mail: cbv@oebv.co.at
www.brandstaetter-verlag.at

VORWORT

Ein entfernter Verwandter meines Großvaters, der um die Jahrhundertwende als Kellner, Maler und Tapezierer in Paris und London tätig war, hatte mich schon in frühester Jugend durch endlose, spannende Geschichten für die weite Welt und das Gastgewerbe dermaßen begeistert, daß ich fasziniert an seinen Lippen hing und immer wieder dieselben Geschichten hören wollte. Er hatte Oscar Wilde den Tee und Nellie Melba das Dessert serviert, hatte Buffalo Bills Wildwestshow staunend miterlebt, die große Sarah Bernhardt auf der Bühne bewundert, war von Enrico Carusos Zauberstimme noch immer zu Tränen gerührt und schwärmte unaufhörlich vom mondänen Leben in den Grandhotels sowie von den fürstlichen Trinkgeldern und goldenen Uhren, die er angeblich bekommen hatte; er berichtete mir vom grandiosen Aufstieg des wohl berühmtesten Hoteliers aller Zeiten, César Ritz, der, aus einer armen Schweizer Bauernfamilie stammend, einst Ziegen gehütet hatte …

Als ich einige Jahre später, kaum achtzehnjährig, in Paris ankam, um im Café de la Paix, Taillevent und Cabaret Lido drei Stages von je sechs Monaten zu absolvieren, war ich felsenfest davon überzeugt, dort mein Glück zu machen. Im Laufe dieser unerwartet harten Lehr- und Wanderjahre lernte ich zahlreiche illustre Gäste kennen (die allerdings nicht immer großzügig und charmant waren) wie auch einige charismatische, aber oft überstrenge Maîtres, Sommeliers und (Küchen-) Chefs.

Die weltmännischen Maîtres und Chefportiers dieser Zeit entlarvten noch Hochstapler und Zechpreller anhand von Sprache, Benehmen, Haltung und Tischsitten. Jene des Claridge's in London behandelten Reklamationen so vollkommen, daß der Gast oft selbst nicht mehr genau wußte, ob er sich nun beschwert oder ob man ihm seine Wünsche von den Lippen abgelesen hatte. Die Sommeliers waren glänzende Zeremonienmeister, deren Wissen nicht immer überragend war, die aber die wichtigsten Namen in- und auswendig kannten und diese wirkungsvoll und mit viel Schauspielkunst anpriesen. Das Dekantieren wurde zu einem sakralen Akt, wodurch der Wein einen derartigen Stellenwert erhielt, daß ihn die Gäste meist mit geradezu bebender Erwartung in Empfang nahmen. Am meisten profitierte ich aber davon, daß ich einmal wöchentlich mit dem leider so früh verstorbenen Manfred Kellner – nomen est omen – dinieren ging, um solcherart genießend den Profis auf Hände und Lippen zu schauen. Glücklicherweise frönte ich schon damals der Leidenschaft des Sammelns, und so schrieb ich alle offiziellen und „geheimen“ Empfehlungen der Altmeister in Frankreich, England, Deutschland, Italien und Spanien peinlichst genau auf. Als ich viele Jahre später, 1988, beim seligen Dr. Rudolf Bayr zu Gast war – er hatte mir eben das liebenswerte Vorwort zu meinem Erstlingswerk verfaßt –, bewunderte ich nicht nur seinen Schöngeist, sondern auch seinen unglaublich sensiblen Gaumen, der jede noch so kleine Geschmacksnuance einer Speise erfassen konnte. Natürlich versuchte ich, es ihm gleichzutun. Da ich anscheinend nicht schlecht abschnitt und zusätzlich über die Harmonien von Wein und Essen „dozierte“, ermunterte er mich, darüber zu schreiben, da dieses Thema noch unberührt geblieben und auch von Koryphäen wie Guy Bonnefoit nur fragmentarisch behandelt worden war.

In der ersten Euphorie stimmte ich begeistert zu und arbeitete schließlich von 1989 an drei Jahre an der anspruchsvollen und schier unerschöpflichen Materie. Begeisterung und Verzweiflung wechselten einander ständig ab. Ich investierte ein kleines Vermögen in die edelsten und teuersten Gerichte und Weine, um auch die exquisitesten Kombinationen ausloten zu können. In der Türkei holte ich mir eine Fischvergiftung, die meine Leberwerte in bedrohliche Höhen steigen ließ. Und kurz vor der vermeintlichen Fertigstellung wurde mir im Herbst 1991 in Griechenland ein Teil des

Manuskripts gestohlen. Wäre da nicht meine damalige Gattin Gerlinde (Sommelière des Jahres 1987) gewesen, die mir in mühevoller Kleinarbeit half, den Text zu rekonstruieren, und bei den meisten Tests mit ihrer sprichwörtlich feinen Nase dabei war, ich hätte wohl das Handtuch – pardon: die Serviette – geworfen und aufgegeben.

Hier und nun ist es an der Zeit, den vielen Weinfreunden und Gönnern zu danken, die mir mit Rat und Tat zur Seite standen: meinem großzügigen Prinzipal Mag. François Brouard, der dieses Werk ideell und materiell unterstütze, Komm.-Rat Helmut Touzimsky, Heinz und Gitti Hanner, Dr. Karl Jurtschitsch, Luigi Barbaro, Heinz Reitbauer, Adi Schmid, Wolfgang Dilsky, Peter Schleimer, Frank Bläuel, Jürgen Steinbrecher, Fritz Fürst, Dr. Hubert Schweighofer, Heinz und Elisabeth Grabmer, Franz Schafelner und Johann Neuhofer, Ing. Georg Wolff, Arthur Ramsebner, Fam. Schenkenfelder, Mag. Ewald Wolfram, Dr. Fritz Mallner, Günther W. Hager, Dagmar Kabus, Kaya Guel, Fam. Telser und Lugstein, Helmut Hütthaler, Wolfgang Buchschartner, Helmut und Ulli Wiesinger, Sigi Brudermann, Johanna und Dietmar Maier, Heidi, Horst und Angela Schneider, Karl und Rudi Obauer, Johannes Einzenberger, Thomas Peterseil, Alfred Walch, Hans Hauser, Fam. Kögl und Klüber, Hans Kronberger, Reinhold Pendl, Robert Hatheyer, Dir. Albert Oberhammer, Josef Stranimaier, Helga Hager, Harald Oberhumer, Andreas Koller, Dir. Egon F. Michelitsch, Kurt Bracharz, Baum. Werner Zanon, Thomas Lucian, Gerold Schneider, Guy Ortlieb, Paul und Franziska Pfefferkorn, Willi Hirsch, Helmut Jörg, Dietmar und Martina und Kriemhild Walch, Heino und Bernadette Huber, Peter Haidacher, Rolf Bichsel, Marc Chapoutier, René Barbier, Jean-Luc Pouteau (Sommelierweltmeister 1983), dem wir einige „Geheimkombinationen“ entlockten, und Dr. Michael Pronay (das „wandelnde Weinlexikon"), der zu jeder Stunde ein verläßlicher Ratgeber war. Dank schulde ich auch den unzähligen Sommeliers und Restaurantchefs, die mir durch viele richtige (und manche falsche) Empfehlungen den Weg wiesen, und – last not least – dem Verlagstriumvirat Dr. Robert Sedlaczek, Dr. Christian Brandstätter und Josef Lukes, das den Feinschliff besorgte. Als besonders aufmerksamer und manchmal unerbittlicher Lektor agierte Mag. Elmar Trampisch.

DIE KUNST DES GENIESSENS ODER DIE HARMONIE VON SPEIS UND TRANK

Hundertprozentig gültige und immer zutreffende Regeln über die Wechselbeziehungen zwischen Getränken und Speisen gibt es nicht – zu unterschiedlich sind Geschmäcker und Gewohnheiten der Menschen, aber auch Weine und Gerichte präsentieren sich immer wieder anders. Erlaubt ist zwar, was gefällt, doch sollte jeder bestimmte chemisch-physikalische Zusammenhänge kennen, um zu verhindern, daß aus Tafelfreuden allzuschnell Tafelleiden werden. Wenn manche auch meinen, daß man einen wirklich großen Wein zu allem trinken könne, so ist es z. B. doch eher fatal, zu schneeweißen, engelszarten Langustenmedaillons einen mächtigen, tanninigen, erdig-würzigen (roten) Château Pétrus zu bestellen. Damit beraubt man zwei Luxusprodukte mit einem Schlag ihres Charismas. Trotzdem ist kulinarische Abenteuerlust gefordert! Einmal mit den Grundkenntnissen der Harmonielehre ausgestattet, steht immer neuen faszinierenden Entdeckungen nichts im Wege. Heute kann jeder ohne Vorurteile an die oft heikle Paarung von Speisen und Getränken herangehen und den Wein auf die Hauptgeschmacksträger (Saucen, Gewürze ...) abstimmen. Alain Senderens (Lucas-Carton/Paris), ein genialer Tüftler, Neuerer und Kochkünstler, stimmt sogar das Essen auf die Weine ab und nicht umgekehrt.

Jahrgänge sind bei unseren Kompositionen aus verständlichen Gründen weggelassen worden; ich darf aber versichern, daß in 99 Prozent der Fälle nur die besten verkostet wurden. Die angegebene ideale Trinkreife wie auch die Temperatur sind immer in ihrer Beziehung zur jeweiligen Speise zu sehen, wobei im Falle der Temperatur auch die Tages- und Jahreszeit (mittags und im Sommer kühler) zu berücksichtigen sind.

DIE 16 GOLDENEN GRUNDREGELN DER HARMONIELEHRE

1. SÄURE UND SÄURE
   Säuren in Getränken und Speisen summieren sich auf aggressive, metallisch-bittere Art.
2. SÄURE UND FETT
   Weinsäure löst ölige, fettreiche Speisen und Substanzen auf.
3. SÄURE UND TANNIN
   Säuren (Essig, Zitrussäfte ...) lassen Tannine (Gerbstoffe) noch bitterer erscheinen.
4. SÄURE PLUS ALKOHOL UND GEWÜRZE
   Beide bewirken eine oft explosionsartige Verschärfung der Gewürze.
5. SÄURE UND SÜSSE
   Fruchtsäuren von Obst und Zitrusfrüchten verleihen ausgewogenen weißen Prädikats- und Altweinen mehr Frische und Fruchtigkeit.
6. SÄURE UND SALZ
   Verhalten sich ähnlich wie Säure und Säure. Sie summieren sich.
7. SALZ UND SÜSSE
   Gleichen sich nicht ganz aus, doch verleihen sie einander meist mehr Subtilität.
8. BITTERSTOFFE UND SÜSSE
   Bitterstoffe in Speisen und Süße im Wein gleichen sich relativ gut aus.
9. BITTERSTOFFE UND SÄURE
   Verhalten sich ähnlich wie Säure und Tannin.

10. BITTERSTOFFE (TANNIN) UND FETT
Bitterstoffe im Wein und Fett neutralisieren einander weitgehend.
11. SÜSSE UND SÜSSE
Restsüße des Weins und Süße der Speise gehen harmonische Ehen ein und verringern einander.
12. BITTERSTOFFE UND GERBSTOFFE (TANNINE)
Bitterstoffe in Speisen (Chicorée, Radicchio, Spinat ...) werden durch (jugendliche) Tannine höchst unangenehm verstärkt. Ausnahmen sind Nüsse (Walnüsse), die die Gerbstoffe minimieren.
13. TANNINE (GERBSTOFFE) UND RÖSTSTOFFE
Der herb-adstringierende Geschmack junger Rotweine wird durch Röststoffe in Gebratenem und Gegrilltem ausgeglichen, aber auch von Proteinen des Fleisches oder des Fleischsaftes, der Wildsaucen und deren stickstoffhaltigen Verbindungen gebremst.
14. TANNINE UND SÜSSES
Harmonieren in keiner Weise, erscheinen noch bitterer.
15. TANNINE UND SALZ
Auch diese Rechnung geht nicht auf. Geschmackliche Verwirrung ist die Folge.
16. RAUCHGESCHMACK UND SÄURE
Nur Weine mit reifer Säure können hier reüssieren. Eine zusätzliche Hilfe ist ein prägnantes Holz-Toasting.

Neben diesen 16 elementaren Regeln gibt es noch eine Fülle von persönlichen Erfahrungswerten, die ich allen Interessierten vermitteln möchte:

1. Wein, in kleinen Dosen genossen, hat eine gesundheitsfördernde, euphorisierende und verdauungsfördernde Wirkung – besonders bei eiweißreichen Speisen.
2. Die Harmonie der Farben (Getränke und Essen) bereitet in gewisser Weise auch die Harmonie der Aromen vor.
3. Schon Farbe, Duft und Aromen einer Speise können eine Abneigung gegenüber bestimmten Getränken auslösen, aber natürlich auch positiv inspirieren.
4. Halbtrockene bis lieblich-süße Weine werden derzeit (noch) nicht stark eingesetzt, dienen aber zur Verfeinerung von gekochtem (pochiertem) Fisch, weißem Fleisch (Pastetchen, Bries, Hirn ...) und sämigen, hellen Saucen.
5. Die bezaubernde Art modern vinifizierter, leichter jugendlicher Weißweine schafft einen erfrischenden Gegenpol zu würzigen Speisen, Wurst, Gemüse sowie Fisch, Weich- und Ziegenkäsen.
6. Einer der verläßlichsten und am meisten unterschätzten Weißweine ist der Gewürztraminer (**Traminer**), der in allen Qualitätsstufen (Kabinett bis Trockenbeerenauslese) überzeugt und neben den schwierigsten Gerichten (arabische, asiatische und lateinamerikanische Küche, Räucherfische, ölig-fette Fische, Wild- und sogar Schmorbraten ...) überzeugen kann.
7. Unser vielgeliebter **Riesling** ist sogar im Hochprädikatsbereich mit erfrischender Säure ausgestattet und verleiht den Speisen fast immer auch feine Würze und Finesse. Lediglich cremig-sämige Saucen straft er mit Verachtung und metallischer Säure.
8. Letztere werden allerdings von den samtigen Weißweinen der Thermenregion (**Zierfandler, Rotgipfler, Neuburger** ...) mit Hingabe verwöhnt.
9. Alte, firnige Weißweine verjüngen sich oft auf wundersame Weise im Zusammenspiel mit Pilzen, Röstaromen (Blutwurst, geröstete Leber ...), würzigen Saucen und intensiven Wildaromen.
10. Der in Österreich nicht allzu beliebte **Riesling-Sylvaner** (**Müller-Thurgau**) im Kabinett- oder Spätlesebereich ist als Speisenbegleiter von großem Nutzen, da er sich geradezu ideal als Dienerwein – er ordnet sich den Speisen unter – einsetzen läßt und sogar mit exotisch-scharfen Gewürzen fertig wird.
11. **Pinot Blanc, Pinot Gris** und **Neuburger Spätlesen** (trocken bis halbtrocken) sind als Saucenbegleiter nahezu unübertrefflich, tragen allerdings nicht allzuviel zur Verfeinerung und Potenzierung des Geschmacks bei.
12. **Chenin Blanc, Tocai Friulano** und **Muscat d'Alsace** vermögen sogar Gerichte und Saucen mit deutlichem Säureüberhang (Essig, Vinaigrette, Sauerampfer, Zitrus ...) auszubalancieren.

13. Süße (edelsüße) Weißweine und auch würzig-süßliche **Malzbiere** bilden einen interessanten Kontrast zu würzigem Käse (Blauschimmel, Grünschimmel), mildern dessen Schärfe und gewinnen dabei selbst an Subtilität und Ausdruckskraft.
14. Sehr alte, firnige Weine (weiß und rot) profitieren durch das aromatische Wechselbad mit Pilzen, jungem Fleisch, zartem, kleinem Federwild usw. und legen dabei deutlich an Frische und Fruchtintensität zu. Luftdekantieren ist von Vorteil!
15. Kalter Braten wehrt sich gegen Tannine, die er frisch aus dem Backrohr noch liebte. Säurereiche, fettzerteilende Weißweine und der steirische Schilcher sind hier gefragt!
16. Der vielgerühmte „Fisch- und Austernwein" **Chablis AC** tut sich, so wie alle säurereichen Weine, bei fetten Fischen (Aal, Karpfen, Lachs ...) und üppigen Saucen überraschend schwer. Nur **Premier Cru** und **Grand Cru** können hier bestehen.
17. **Champagne** bringt festliche Stimmung ins Haus – die Grundvoraussetzung für einen denkwürdigen Abend – und paßt sich an erstaunlich viele Speisen an (fettes Fleisch, Tomaten und Wildsaucen ausgenommen). Die Kohlensäure mindert außerdem die Süßeempfindung, kann aber, in großen Mengen genossen, zu einer Übersäuerung des Magens führen.
18. Der bei Gourmets nicht allzu beliebte **Asti Spumante** ist mit seiner erquickenden, traubig-frischen Süße ein genialer Begleiter für Biskuits, Eis, Gebäck, Kompott, Obst und Obstdesserts mit Schlagsahne.
19. Ähnlich wie beim Asti Spumante verhält es sich mit den edelsten **Chenins Blancs**-Weißweinen (**Montlouis, Vouvray** usw.). Die **Coteaux du Layon-Weißweine** werden in außergewöhnlichen Jahren sogar vom Botrytispilz befallen (**Bonnezeaux, Quarts de Chaume** ...) und sind dann saftig-frische, süßlich-fruchtsäuerliche Dessert-, Obst-, Pudding- und (Blauschimmel-)Käse-Begleiter.
20. Große, berühmte Weine sollten mit gebührender Aufmerksamkeit kredenzt und genossen werden. Dies erhöht sowohl die Vor- als auch die Genußfreude. Hinweise, warum man einen Wein gerade zu diesem Mahl ausgesucht hat, machen meist Harmonie bzw. Ähnlichkeit oder gar Einheit der aromatischen Eigenschaften erst richtig deutlich.
21. Der intensive Geruch von diversen Fischgerichten verbaut leider oft den Weg zu herben, tanninreichen Rotweinen. Nur fruchtcharmante, elegante Kreszenzen, etwas kühler serviert, vermögen bereits im Vorfeld sensorisch zu überzeugen.
22. Die sogenannten Todfeinde des Weins (Alkohol, Eier, Eierschnee, Essig, Sauce Vinaigrette, Salate, Tomaten, Schokolade, Mousse, Schlagrahm, Eis ...) lassen sich bei etwas Fingerspitzengefühl (siehe Stichworte) ohne Schwierigkeiten begleiten. Der amerikanische **Zinfandel** hat keine Berührungsänste mit Sauerrahm, Tomaten, Weinsaucen und süßen Beilagen (Äpfeln, Birnen, Preiselbeeren, exotischen Früchten).
23. Die tanninreichen, würzigen Rotweine des Madiran/SW-F passen besser zu Geflügel und Wildgeflügel als zu Rotwild. Aus rosa gebratenem Rindfleisch holen Sie bisher nie erlebte Nuancen heraus!
24. Rustikal-deftige Rotweine (z. B. **Bergerac**/F, **Nebbiolo** und **Aglianico**/I, **Tempranillo**/E, **Zinfandel**/KAL ...) arbeiten die Würze scharfer Speisen transparent, aber nicht überzogen heraus. Sie sind appetit- und verdauungsfördernd.
25. Die dunklen Rotweine des spanischen RIBERA DEL DUERO (**Tempranillo** ...) vertragen sich überraschend gut mit Säure, Süße und Gewürzen (inklusive Knoblauch).
26. Allzu holz- und tanninlastige Rotweine werden nicht nur durch Röststoffe vom Braten und Grillen, sondern auch durch Raucharoma (Räuchern), Wildsaucen und deftig-rustikale Gerichte (Schmorbraten) gemildert.
27. Große Bordeauxweine vertragen sich kaum mit dem intensiven Goût älteren Wildes.
28. Rioja alten Stils verträgt auch mittelintensive Wildaromen. Rioja neuen Stils bevorzugt Wildgeflügel und rosa gebratenes Rotwild.
29. Die großen Rotweine des spanischen Priorato werden durch süß-saure Beilagen, Tomaten und Sauerrahm unharmonisch und hart.
30. Der von Gourmets oft geschmähte **Blaue Portugieser** brilliert neuerdings sehr oft als Jungwein und überaschenderweise auch als Begleiter von Meeresfischen.
31. (Hochprozentige) Alkohole sind Vitaminräuber, denen man aber durch den Genuß von Fisch, Sojabohnen, Vollkorn, Gurken und Orangen entgegenwirken kann.

32. Nicht immer sind die teuersten Weine auch die besten Partner. Wenn relativ einfache Gerichte und ebensolche Weine mit Sachkenntnis und Phantasie erfolgreich zusammengeführt werden, ist die Freude ob des niedrigen Preises meist doppelt so groß.
33. Grüner Tee enthält Flavanoide, die den Cholesterin- und Blutzuckerspiegel senken, der Wirkung des Alkohols entgegensteuern und Leberfunktion, Verdauung und Stimmung positiv beeinflussen.
34. Geben Sie großen Weinen etwas Zeit, Charakter zu entwickeln, und trinken Sie sie nicht um des Fruchtgeschmacks willen im frühen „Kindesalter". Die geistige und seelische Vorbereitung und Vorfreude auf einen besonderen kulinarischen Genuß – auch Warten steigert diesen bis zu einem gewissen Grad – sind die wichtigsten Tugenden des Gourmets und Gastrosophen. Streß und Rastlosigkeit sind ihm weitgehend fremd. Langsames, bewußtes Kauen, Analysieren der Geschmacksstoffe und richtiges Atmen sind die Quintessenz des Genießens. (In Eile und Anspannung setzt der Fluß der Verdauungssäfte nur ungenügend ein. Dies führt zu mangelhaftem Aufschluß der Nahrung und zur Fehlbesiedlung des Dünndarms.) Versuchen Sie nicht, nach jedem großen Wein noch einen besseren, teureren und berühmteren folgen zu lassen, sondern üben Sie das Auskosten des Augenblicks bis ins kleinste Detail. Denn heißt es nicht schon in Goethes Faust: „Verweile doch, du bist so schön!" Bon Appetit!

ABKÜRZUNGEN

WEINBAULÄNDER

1. **Argentinien (RA)**
2. **Australien (AUS)**
3. **Bundesrepublik Deutschland (D)**
4. **Chile (RCH)**
5. **England (GB)**
6. **Frankreich (F)**
   Südfrankreich (S-F)
   Südwestfrankreich (SW-F)
   AC Appellation Contrôlée
   AOC Appellation d'Origine Contrôlée
   CB Cru Bourgeois (Médoc)
   CBE Cru Bourgeois Exceptionnel (Médoc)
   CBS Cru Bourgeois Supérieur (Médoc)
   CGB Cru Grand Bourgeois (Médoc)
   CGBE Cru Grand Bourgeois Exeptionnel (Médoc)
   CC Cru Classé (Bordeaux)
   GC Grand Cru (Burgund, Elsaß)
   GCC Grand Cru Classé (Bordeaux)
   VDN Vin Doux Naturel (Midi/Südfrankreich)
   Ch. Château
7. **Italien (I)**
   VDT Vino da Tavola
8. **Kalifornien (KAL)**
9. **Neuseeland (NZ)**
10. **Österreich (A)**
    QW Qualitätswein
    KAB Kabinett
    BA Beerenauslese
    TBA Trockenbeerenauslese
    WG Winzergenossenschaft
    Weinbauregionen
    BGLD Burgenland
    NÖ Niederösterreich
    STMK Steiermark
    W Wien
11. **Portugal (P)**
12. **Schweiz (CH)**
13. **Spanien (E)**
14. **Südafrika (ZA)**
15. **Ungarn (H)**

REBSORTEN

ABA Albana
ALA Albarola
ALB Albillo
AG Agiorgitico
AGL Aglianico
ALE Aleatico
ALI Alicante
AMI Amigne
ARN Arneis
ARV Arvine
ASS Assyrtico
ATE Aligoté
AUX Auxerrois Blanc
BA Barroca
BAC Bacchus
BAR Barbera
BAS Bastardo
BB Bombino Bianco
BLB Blauburger
BLC Bourboulenc
BLF Blaufränkisch (Blaufränker, Lemberger)
BLP Blauer Portugieser
BLW Blauer Wildbacher
BN Bombino Nero
BOB Bobal
BOS Bosco
BOU Bouvier
BRA Brachetto
BRU Brunello
BT Bouchet
CAB Canaiolo Bianco
CAN Canaiolo Nero
CB Courbu Blanc
CF Carbernet Franc
CH Chardonnay (Morillon)
CHA Chasselas (Gutedel)
CHB Chenin Blanc
CI Ciliegiolo
CIN Cinsaut
CL Clairette
CN Courbu Noir

CO Codega
COL Colombard
COR Cortese
COU Counoise
COV Corvina
CRO Croatina
CS Cabernet Sauvingnon
DOL Dolcetto
ELB Elbling
ER Emerald Riesling
ERB Erbaluce
FB Fumé Blanc (Sauvignon Blanc)
FOB Folle Blanche
FR Freisa
FRA Frappato
FUR Furmint
FV Frühroter Veltliner (Malvasier)
GAG Garganega
GAL Gaglioppo
GAM Gamay
GB Goldburger
GEW Gewürztraminer
GM Gelber Muskateller (Muskateller)
GMA Gros Manseng
GR Grenache (Garnacha)
GRA Graciano
GRB Grenache Blanc
GRE Grecchetto
GRI Grignolino
GRO Groslot (Grolleau)
GS Grüner Sylvaner (Sylvaner)
GU Gutedel (Chasselas)
GV Grüner Veltliner
HAR Harslevelü
HUM Humagne
HUX Huxelrebe
INZ Inzolia
IRO Irsai Olivér
JUB Jubiläumsrebe
KER Kerner
LAG Lagrein
LEM Lemberger (Limberger, Blaufränkisch)
M Merlot
MA Marzemino
MAC Macabeo
MAL Malvasier (Frühroter Veltliner, Malvasia, Malvoisie)
MAM Mammolo
MAR Marsanne
MAU Mauzac
MAZ Mazuelo
MC Malbec
MD Muscadet
MF Malvasia Fina
ML Muscadelle
MO Muskat-Ottonel
MOL Molinara
MON Montepulciano
MOR Morillon (Chardonnay)
MOS Moscato (Moscatel)
MPG Muscat à Petits Grains
MT Müller-Thurgau (Riesling-Sylvaner)
MU Muskateller (Gelber Muskateller, Muscat)
MV Mourvèdre
NB Neuburger
NEB Nebbiolo
NER Nerello
OA Ortega
OR Olaszriesling (Welschriesling)
OT Orangetraube
PA Petite Arvine
PAL Palomino
PAR Parellada
PB Pinot Blanc (Weißburgunder)
PG Pinot Gris (Grauburgunder, Ruländer)
PI Picardin
PM Pinot Meunier (Schwarzriesling)
PMA Petit Manseng
PN Pinot Noir (Blauburgunder)
POB Portugais Bleu
PP Picpoul
PR Piedirosso
PRG Prugnolo Gentile
PRI Primitivo
PRO Prosecco
PS Petite Sirah
PT Pinotage
PV Petit Verdot
PX Pedro Ximenez
R Riesling (Rheinriesling)
RAB Raboso
REF Refosco
RG Rotgipfler
RH Rheinriesling (Riesling)
RIG Ribolla Gialla
RM Rosenmuskateller
RO Rolle
RON Rondinella
ROU Rousanne
ROZ Roriz
RS Riesling-Sylvaner (Müller-Thurgau)
RT Roter Traminer
RU Ruländer (Grauburgunder, Pinot Gris, Pinot Grigio)

RV	Roter Veltliner
SA	Savagnin
SAL	Salvagnin
SAN	Sangiovese
SB	Sauvignon Blanc
SCG	Schwarzriesling (Pinot Meunier)
SCH	Scheurebe (Sämling 88)
SCO	Schiopettino
SÉM	Sémillon
SER	Sercial
SHI	Shiraz (Syrah)
SIL	Silvaner (Sylvaner)
ST	Steen
STL	Sankt Laurent
SYR	Syrah (Shiraz)
TAN	Tannat
TB	Tinta Barroca
TC	Tinto Cao
TEM	Tempranillo
TER	Teroldego
TF	Touriga Francesa
TIB	Tibouren
TIF	Tinto Fino
TNA	Touriga Nacional
TOF	Tocai Friulano
TRE	Trebbiano
UB	Ugni Blanc
VA	Vernaccia
VAC	Vaccarèse
VD	Verdicchio
VE	Vernatsch (Schiava)
VER	Verduzzo
VES	Vespaiola
VIO	Viognier
VIU	Viura
VM	Vermentino
VO	Verdello (Verdelho)
VP	Vespaiolo
WB	Weißburgunder (Pinot Blanc)
WR	Welschriesling (Olaszriesling, Riesling Italico)
XAR	Xarel-lo
ZF	Zierfandler
ZIN	Zinfandel
ZW	Zweigelt (Blauer Zweigelt, Rotburger)

SPEISEN UND GETRÄNKE VON A BIS Z

AAL

(frz. ANGUILLE, engl. EEL, ital. ANGUILLA, span. ANGUILA)

Schlangenförmiger, fettreicher, etwas schwer verdaulicher Meeres- und Flußfisch, der von Juli bis September in der Mittelgröße von 50 bis 70 cm am schmackhaftesten ist. Solcherart hilft er uns, das Fehlen der Austern und des meisten Wildbrets zu vergessen. Von den Ägyptern vergöttert, von den Römern verehrt, von den Rittern hochgelobt und seit der Neuzeit (Brillat-Savarin) gepriesen, ist sein Ruhm in den letzten Jahren wegen seines fetten Fleisches ein klein wenig verblaßt. Das im Aalblut enthaltene Nervengift Ichthyotoxin kann nur durch Kochen oder Räuchern zerstört werden!

Bei allen Zubereitungsarten ist vor allem Vorsicht vor Weinen mit grüner, allzu rassiger Säure geboten, die einen störenden metallischen Geschmack erzeugen können. Der vielgerühmte und empfohlene **Chablis**/Burgund/F kommt mit fetten Fischen wie Aal, Karpfen, Lachs usw. nicht sehr gut zurecht. Zum Aalragout sollten Sie sich an einen Rotwein mit reifen Tanninen und gut integrierter frz. Holznote (**Cabernet-Merlot**, **Syrah**, **Grenache**) heranwagen und zum gegrillten Aal einmal **Merlot** oder **Cabernet Franc** ins Auge fassen. Zum geräucherten Aal könnten Sie kühlen, frischen **Sherry Fino**/E, **Aligoté**/F oder kraftvollen **Pinot Gris** wählen. Zu Aal mariniert ist edelsüßer **Chenin Blanc**/F (**Quarts de Chaume**, **Bonnezeaux** ...) unbestechlich, zu Aal gebraten sind sowohl **Graves Blanc**/Bordeaux wie auch **Pinot Blanc Kabinett** oder **Spätlese trocken** von bezwingendem Ausdruck. Aal in Aspik wartet auf nicht zu säurigen **Sauvignon Blanc** oder **Tocai Friulano**/I, und Aal in Cremesauce vertrauen Sie einer **Zierfandler**-, **Neuburger**- oder **Pinot Gris Spätlese** an – selbst Auslesen sind möglich.

AAL BLAU

Aal erst unmittelbar vor dem Kochen töten, sonst wird er nicht schön blau. In Fischsud mit Salz, Zwiebeln, Weißwein, Lorbeerblatt, Lauch, Petersilie, Anis, Pfefferkörnern, Karotte und Petersilienwurzel gar kochen und mit zerlassener Butter servieren.

Ein samtweicher **Frühroter Veltliner Kabinett** (MAL, 1–2 Jahre, 9 °C) von SCHLOSS GRAFENEGG, Krems-Straß/NÖ/A, als wonnig-milder Mittagswein; eine **Grauburgunder Spätlese trocken**, Baden/D, als extraktreicher Gegenpol zum fetten Aal und eine kraftvoll-saftige **Rotgipfler Spätlese** (2–5 Jahre, 9–10 °C) von M. BIEGLER, Gumpoldskirchen/NÖ/A, die zeitweise sogar die kraftvoll-fette Aura des Fisches durchbrach, setzten die Glanzlichter. Säurereiche Weine brachten einen kapselartigen Ton ins Spiel!

AAL IN DILLSAUCE

Mit Zwiebelscheiben, Dillstielen und Salz weichkochen, mit Mehlschwitze, Sauerrahm, gehacktem Dill und Butter übergießen.

Als ideale Rotweinalternative gelten **Cabernet Franc** und **St. Laurent** mit zarter Holznote (bzw. nur Stahltankausbau). Unter den Weißweinen bewährten sich **Sauvignon Blanc** (wenn die Säure gut abgepuffert war, wie bei R. WENZEL, Rust, BGLD/A) mit einer natürlichen Neigung für Dill, **Grüner Veltliner „Smaragd"** (z. B. von JOHANN SCHMELZ oder J. JAMEK, Joching, Wachau/NÖ/A), **Riesling Spätlesen** und **Chardonnays** (Stahltank). Als interessanter Außenseiter glänzte ein kräuterwürziger, fast zu üppiger **Châteauneuf-du-Pape Blanc** (CL 90 %, BLC 10 %, 2–5 Jahre, 8–10 °C), DOMAINE DE BEAURENARD, südl. Rhône/F. Einen Versuch wert ist die extravagante Paarung mit nicht zu süßem **Sauternes** (z. B. CHÂTEAU RIEUSSEC/F).

AAL GRÜN

Aal kochen, Fond mit Eigelb binden, mit Zitronensaft und Weißwein aromatisieren, dazu Petersilienkartoffeln und Sauce von gehackten frischen Kräutern (Petersilie, Estragon, Kerbel, Pfefferkraut, Salbei, Thymian ...).

In Frankreich werden gerne **Pinots Noirs** empfohlen, und in Deutschland sind kraftvolle **Pinot Blanc Spätlesen trocken** eingespielt. Aus unserer Sicht empfehlenswert sind kräuterwürzige, nicht zu rassige friulanische **Sauvignons** (z. B. von PIGHIN oder BORGO MAGREDO/Grave del Friuli/F), ohne Barriqueausbau, oder als Krönung der fulminante **„Vintage Tunina"** (CH, PB, SB, MAL, RIG, PIC, 3–6 Jahre, 10–11 °C) von

SYLVIO JERMANN, Farra d' Isonzo/Friaul/I, der die Fülle eines großen Burgunders besitzt und gleichzeitig mit elegantem Fruchtspiel auftrumpft.

AÏOLI

Wortbildung aus „ail" (frz. Knoblauch) und „oli" (provenzalisch Öl). Berühmte kalte Knoblauchsauce (Knoblauchmayonnaise) aus der Provence. Knoblauch, Semmelbrösel, Kartoffeln, Eidotter, Olivenöl, Zitronensaft, Salz, Pfeffer und Senf.

Vorsicht vor säure- und alkoholreichen Weinen! Sie können Aromen und Schärfe der Gewürze multiplizieren. In Frankreich trinkt man gerne **Chardonnays** mit mineralischer Note dazu, da sie den Knoblauchton sehr gut auffangen. Auch spanische **Schaumweine** (**Cava**) sind gediegene Partner. **Rosé de Provence** ist stets ein idealer Kontrapunkt und Durstlöscher, doch die Rotweine aus dem Languedoc-Roussillon (**Fitou**, **Corbières**) scheinen mir doch ein wenig zu feurig zu sein.

AKAZIE

(frz./engl./ital./span. ACACIA)

Gattung der Mimosengewächse, die mit zahlreichen Bäumen und Sträuchern in den wärmeren Klimazonen der Welt verbreitet ist.

Die exotisch nach Jasmin duftenden Blüten haben eine natürliche Neigung zu folgenden Weinen: jugendliche **Sauternes**/Bordeaux/F, **Pinot Grigio**/Friaul/I und **Riesling Spätlese/Auslese** (vor allem aus dem Elsaß/F).

AKAZIENBLÜTEN GEBACKEN

Blüten werden in Backteig getaucht und in Fett schwimmend herausgebacken, mit Zucker und Zimt gesüßt.

Aus „kakanischer" Sicht erfreuten uns eine spritzig-lebendige **Riesling Auslese „Kremser Kögl"** vom UNDHOF, Krems/NÖ/A, mit fein strukturierter Süße, ein mit eisiger Frische, rassiger Säure und dezenter Süße aufwartender **Müller-Thurgau Eiswein** (mindestens 6 Jahre, 10–11 °C) von FRITZ RIEDER/Weinviertel/NÖ/A und eine jung gebliebene, nach dem „alten" Weingesetz vinifizierte **Eiswein „Ried Silberbichl" Spätlese** (GV, 15–20 Jahre, 10–11 °C) von NIKOLAUS SAAHS, Mautern/Wachau/NÖ/A. **Beeren-** und **Trockenbeerenauslesen** konnten in den seltensten Fällen reüssieren.

ALKOHOL

Ein Gärungsprodukt aus zuckerhaltigen Grundstoffen, das in geringen Dosen eine euphorisierende Wirkung hat. Der Abbau des Alkohols erfolgt in der Leber. Aloe Vera- oder Roter Rübensaft vor, Olivenöl zum und Grüner Tee nach dem Essen können sehr helfen!

Alkohol in Speisen kann zu einem unüberwindlichen Hindernis für die meisten Weine werden. Nur wenige Gewächse schaffen es, sich an die verschiedenen Alkoholreduktionen anzupassen oder sie gar standesgemäß zu begleiten. Kochweine sollten niemals verdorben, aber auch nicht allzu teuer sein; gute Mittelklasse ist am besten. **Champagne** trinkt der Koch meist selbst, guter **Schaumwein** tut es auch. Weißweine sollten eher würzig und säurereich, Rotweine nicht tannin- und holzlastig sein.

Insgesamt sind junge Gewächse vorzuziehen. Zu Fleischspeisen sind trockene bis halbtrockene Exemplare wesentlich effizienter. **Dessertweine** sollten nur für süße Nachspeisen wirklich süß sein.

Unter den Stichworten → Armagnac, → Cognac,→ Madeira, → Portwein, → Rum, → Sake, → Sherry und → Vermouth finden Sie die auffallendsten Ausnahmeerscheinungen.

ALOYAU

→ *SIRLOIN OF BEEF*

Zum geschmorten und gebratenen Aloyau empfehlen sich kraftvoll-herzhafte Rotweine wie **Madiran**/SW-F, **Pomerol**, **Saint-Émilion**/Bordeaux oder **Hermitage**/nördl. Rhône/F …

ALSE (MAIFISCH)

(frz. ALOSE, engl. SHAD, ital. ALOSA)

✐ Gehört zur Familie der Heringe und bevorzugt die atlantischen Küsten. Im Frühjahr wandert er zum Laichen in die Flüsse, ist dann etwa 60 cm lang, 3 kg schwer und von feinem haselnußartigem Wohlgeschmack. Der Wasserverschmutzung wegen an den deutschen Küsten vom Aussterben bedroht. Zur gegrillten Form ist rassiger **Riesling** ein adäquater Begleiter oder allenfalls würziger **Rosé de Provence**/F. Zur Alse mit Croûtons von Römischem Salat ist **Sauvignon Blanc** (**Pouilly Fumé**)/Loire/F unvergleichlich. Alse auf „Bäcker Art" (mit Speck, Zwiebeln, Weißwein und Sauerampfer) erzielte sowohl mit einem **Pinot Blanc sur lie** (Hefeabzug)/Kamptal als auch mit einem **Muscadet sur lie**/Loire/F einen rassigen, reintönigen Gleichklang. Alse mit Crèmesauce kombinieren Sie am besten mit edlem **Graves Blanc** (z. B. **Château Carbonnieux**)/Bordeaux/F. Unter den weißen Burgundern drängten sich haselnußwürzige **Meursaults** auf.

ALTWIENER APFELSTRUDEL

✐ Strudelteig, Apfelscheiben, Rosinen, Zucker, Zimt und Rum.

🍷 Vorsicht vor Weinen mit Restsüße über 30 g! Die nahezu trocken ausgebauten Paradeweine vom **Grünen Veltliner „Smaragd"**, die den Apfelton schon mitbringen und auch Zimt und Rum nicht fürchten (z. B. von FRANZ HIRTZBERGER, F. X. PICHLER, EMMERICH KNOLL, JOHANN SCHMELZ, JOSEF HÖGL, LEO ALZINGER, Wachau/NÖ/A) schufen allesamt einen pikanten Gegenpol zur Süße des Strudels. **Pinot Blanc**, **Welschriesling** und **Muskat-Ottonel Spät-** und **Auslesen** erweitern den Kreis der „üblichen Verdächtigen". Süße Zungen kommen bei **Gewürztraminer Eiswein** und exquisitem **Cream Sherry** (z. B. von ANTONIO BARBADILLO, Sanlucar de Barrameda/E) voll auf ihre Rechnung.

ANANAS

(frz. ANANAS, engl. PINEAPPLE, ital. ANANAS, span. ANANÁS)

✐ Die Früchte der Ananasstauden wurden 1493 von Christoph Columbus auf Guadeloupe entdeckt. Der Name „Ananas" stammt aus der Quaranti-Indianersprache (Nana Meant). Die aromatischste aller Tropenfrüchte hat heute in Zentralamerika, Westindien und Brasilien die größte Verbreitung. Ihr mildes Aroma erinnert an eine Mischung aus Honig, Erdbeeren und Melonen und ist vor allem in den kleinen honiggelben Früchten enthalten. (Die größeren blasseren kommen oft in unreifem oder gefrorenem Zustand zu uns.)

🍷 Faszinierende Partner sind mildfruchtige **Schaumweine** und ähnlich aromatische **Prädikats-** oder **Dessertweine**, wobei die Kohlensäure der Sekte ein lebendiges Element bringt. Edelauslesen üben hingegen eine beruhigende Wirkung auf den Organismus aus. Ananas flambiert versuchen Sie mit **Asti Spumante**/Piemont (**Muskat-Schaumwein**) oder mit dem Alkohol, mit dem flambiert wurde. Ananaskrapfen neigen zu **halbtrockenen Auslesen** (**Muskateller**, **Muskat-Ottonel**, **Riesling-Sylvaner**) oder der ananasfruchtigen **Jurançon Spätlese** (**Vendange Tardive**) **Prestige d'Automne** (GMA, PMA, CB, 4–6 Jahre, 8–10 °C), Jurançon/Béarn/SW-F. Ananaskraut ist auf die „Perle der W-STMK", den zwiebelfarbenen **Schilcher Spätlese,** oder **Riesling Spätlesen** eingeschworen.

ANANAS „CONDÉ"

✐ Warmes Dessert. Ananasscheiben, in Vanillezucker gedünstet, Reis, Kirschen, Engelwurz sowie heiße Aprikosen-Rumsauce. (Condé: berühmtes französisches Fürstengeschlecht, das überaus üppige Feste feierte.)

🍷 Aus der Fülle der möglichen Partner (**Muscat-Schaumweine**, **Prädikatsweine**, alkoholverstärkte **Dessertweine** und **Edelspirituosen**) empfahlen sich als hingebungsvoller Mittags- und Sommerwein ein verführerischer, subtil-exotischer **Moscato d'Asti**/Piemont/I von TOSTI, als Ideallösung ein gespriteter **Muscat de Beaume de Venise**/DOMAINE DES BERNARDINS/südl. Rhône und als gefährlicher Außenseiter – nur für Mutige – ein dunkelfarbiger, cognacähnlicher **Saint James Rum** aus Martinique.

ANDALUSISCHE RAHMSUPPE

Zwiebelscheiben, Tomaten, Reis, Salz, Pfeffer, Rahm und rote Paprikaschoten.

Ein kühles Gläschen **Sherry Fino light dry** (PAL, 3 Jahre, 8–9 °C) ist stets in der Lage, diese Nationalsuppe zu begleiten. Die Gewürze werden im Zaum gehalten, und die erfrischende, appetitanregende Wirkung folgt auf den Fuß. Diese moderne Light-Version des Fino hat zumeist nur mehr 14–15 % Alkohol und trinkt sich auch im Sommer auf angenehme Weise.

ANGELS ON HORSEBACK

Spezialität aus „Old England". Ein berühmter Würzbissen (→ Savouries), der in der anglophilen Männerwelt als besonders wirksames Aphrodisiakum gilt. Frische Austern werden in Speck gegrillt, mit Cayennepfeffer bestreut und auf gebuttertem Toastbrot angerichtet.

Die Schwierigkeit bereitet hier der Speck, der einen Wein mit Rauchgeschmack verlangt! Von den englischen Weinen können wir Ihnen den rauchig-frischen **English Vineyard** (eine Cuvée **aus Riesling-Sylvaner**, **Huxelrebe** und **Seyval Blanc**) von HIGH WEALD, Lenham/Kent, empfehlen. Südsteirische, neuseeländische und Loire-**Sauvignons** bestricken durch grandiose Frucht und rauchigen Sortencharakter. Exotische Barrique-**Chardonnays** tasten sich durch rauchige Holznoten und explodierende Frucht heran (z. B. der südaustralische von PETALUMA, Piccadilly, Adelaide Hills, oder der chilenische Kraftprotz **Gran Araucano** von J. & F. LURTON, Curicó). Die südspanischen Klassiker **Montilla-Moriles** und **Sherry Manzanilla** trumpfen hingegen mit rauchig-salzigen Noten auf. Herrlich der **„Fino Festival"** (PX, 1–3 Jahre, 10–11 °C) von ALVEAR – insgesamt leichter und geschmeidiger als der **Sherry**.

ANIS

(frz./span. ANIS, engl. ANISEED, ital. ANICE)

Ein Doldenblütler, der in den östlichen Mittelmeerländern vorkommt. Das Aroma der würzigsüßen, hocharomatischen Samen erinnert an Kümmel und Fenchel. Bereits vor 3000 Jahren war Anis in China als Gewürz bekannt. Griechen und Römer benutzten es als Medizin gegen Liebesleid. Schluckauf ist durch eine Tasse Anistee sofort zu beseitigen.

Kongeniale Partner des Gewürzes sind Weiß- und Rotweine aus dem Languedoc/S-F, Mâconnais/Burgund/F und Rioja/Spanien. Für Süßspeisen mit Anis am besten geeignet sind die Schweizer „Faserschmeichler" **Fendant**, **Petite Arvine**, **Humagne**; Venetiens **Recioto di Soave Liquoroso** und roter **Recioto della Valpolicella Liquoroso**/I sowie **Sauvignon Blanc Auslesen** und **Sauternes**/Bordeaux/F. Gerade durch ein Glas Süßwein wird die ausgleichende und beruhigende Wirkung des Gewürzes besonders hervorgehoben und führt so zu einem ruhigen, tiefen Schlaf.

ANISGUETELI

Schweizer Gebäck. Teig aus Mehl, Zucker, Anis, Zitronenschale und Eiweiß.

Diese urschweizer Nascherei stellten wir 3 eidgenössische Kandidaten entgegen: einen feinduftig-milden **Fendant** als zurückhaltend-frischen Mittags- und Sommerwein, einen aromaverwandten **Dézaley „Plan Perdu"** (CHA, 2–5 Jahre, 9–10 °C) von JEAN-MICHEL CONNE, Chexbres, Waadtland, als gleichwertigen Tropfen und einen vollmundig-süßlichen **Petite Arvine de Fully** von MARIE-THÉRÉSE CHAPPAZ, der schon fast die Oberhand gewann.

ANTIPASTI

Ital. „Speise vor der Pasta". Einzahl: Antipasto. Meist kalte Vorspeisen aus Muscheln, Garnelen, Oliven, Artischocken, Pilzen, Salami, Rohschinken …; mit Essig, Öl, Kräutern usw. aromatisiert.

Prosecco di Conegliano-Valdobbiadene/Venetien, **Secco** oder **Frizzante** (leicht perlend), nicht allzu rassige, trockene bis halbtrockene italienische Weißweine, leichte, helle Rotweine vom Gardasee bzw. modern-fruchtige **Roséweine** sind hier angebracht.

APFEL

(frz. POMME, engl. APPLE, ital. MELA, span. MANZANA)

Der zur Gattung der Rosengewächse gehörende Speiseapfel ist aus Arten entwickelt worden, die ihre Heimat in West- und Zentralasien haben. Kaiser Karl der Große ließ bereits im 8. Jahrhundert wilde Äpfel kultivieren, denn schon damals erkannte man den hohen Nährwert (Vitamine, Zucker, Eisen, Natron, Phosphat und Fruchtsäuren) des „Königs der Früchte". Die Engländer sagen nicht zu Unrecht: „ An apple a day – keeps the doctor away." (Ein Apfel am Tag hält den Doktor fern.)

Mildfruchtige Weine ohne aggressive Säure harmonieren am besten mit dem säurebetonten Obst und profitieren noch dazu vom vitalen Apfelaroma. Ein Glas edlen Dessertweins führt in Kombination mit Apfelsüßspeisen zu Hochgefühlen und am Abend zu besonders schönen Träumen. Zu gefülltem Bratapfel versuchen Sie **Malvasia Dolce di Bosa**/Sardinien/I, Apfelspalten mit Zimt verlangen nach milden **Gewürztraminer Spätlesen**, und Apfel gedünstet liebt seit Generationen **Grüne Veltliner**- **und Welschriesling Auslesen**. Zu Äpfeln mit Bananencreme und **Vouvray „Clos du Bourg"** (CHB, 4–8 Jahre, 8–9 °C) von GASTON HUET/Vouvray/Loire/F kündigte sich schon beim Riechen Übereinstimmung an, und Apfelchuechli sind ein Genuß mit apfelig-mildem **Johannisberg de Chamoson** von SIMON MAYE/Saint Pierre de Clages/Wallis/CH. (Siehe auch → Apple Pie und → Tarte Tatin).

ÄPFEL IM SCHLAFROCK

Äpfel werden mit Zucker, Butter, Zimt, Rosinen gefüllt und mit gestiftelten Mandeln herausgebacken.

Neben **Riesling Auslesen** aus A, D und AUS (z. B. von ORLANDO, Coonawarra), die vor allem die einzelnen Inhaltsstoffe „herauskitzelten", bestachen einmal mehr die Schweizer „Weichspüler" **Amigne** (z. B. von URBAIN GERMANIER, Vétroz/Wallis) und **Humagne Blanche** (z. B. von BERNARD ROUVINEZ, Sierre/Wallis). Interessante Alternativen sind **Riesling Spätlesen** aus A und D mit dezenter Süße und – allerdings selten – **Recioto di Soave** (z. B. von R. ANSELMI oder LA CAPPUCCINA, Monforte d'Alpone, Venetien/I). Raucher und Barflies goutieren auch einen delikaten **Apfelbrand** dazu, z. B. von FASSBIND/CH oder H. REISETBAUER/A. Honni soit qui mal y pense!

APFELCHARLOTTE

→ CHARLOTTE

Gedünstete Äpfel in Butter, Zucker, Rosinen, Karamelmilch und Biskuits.

Neben elitären **Riesling Auslesen** aus A, D und AUS (z. B. von ROSEMOUNT, Coonawarra), die vor allem nach einem festlichen Dîner brillierten, gefielen im Sommer auch leichte traubig-frische **Riesling-Sylvaner** (z. B. von KARL HOLZAPFEL, Wachau/A) mit kaum wahrnehmbarer Restsüße! An kalten Winterabenden setzen sich auch schwerblütig-süßer **Malvasia Dolce di Bosa** aus Sardinien und superber roter **Recioto della Valpolicella Liquoroso** (z. B. von GIUSEPPE LONARDI, Marano, oder VIVIANI, Negre/Venetien) in Szene. Ein Gläschen reifer, edler **Calvados** (**Apfelschnaps**) verlängert nicht nur den Genuß, sondern regt auch zum Philosophieren an.

APFELKREN (APFELMEERETTICH)

Geriebener Kren wird mit geraspeltem süß-saurem Apfel vermischt, mit etwas Schlagrahm (→ Schlagsahne) gebunden und mit Zitronensaft, Salz und Pfeffer aromatisiert.

Vorsicht ist bei säuerlichen Weinen geboten, da sich die Schärfe des Krens und die Säure des Weins addieren! Mildfruchtige, körperreiche und eventuell auch exotische Weine (**Pinot Gris**, **Verduzzo**, **Neuburger**, **Rotgipfler**, **Zierfandler**, **Kerner**, **Riesling-Sylvaner** ...) mildern die Schärfe des Krens und gewinnen selbst an Aromatik und Lebendigkeit.

APFELSTRUDEL

→ ALTWIENER APFELSTRUDEL

APPLE PIE

Englische Apfelpastete, mit Zitronenschalen, Koriander und Zucker aromatisiert.

Neben den Lokalfavoriten **Müller-Thurgau** oder **Kerner Table Wine** sowie **Wellon Medium Dry Table Wine**, England, die nur im Sommer punkteten, sind würzig-süße **australische Rieslinge** (z. B. von HENSCHKE, Barossa Valley) zu jeder Zeit ein Genuß. Bei Kaminfeuer sind auch reife **Sauternes**/F und ebensolche **Vintage Ports** (z. B. von TAYLOR'S oder POÇAS) attraktiv.

APPENZELLER KÄSE

Schweizer Halbhartkäse aus Rohmilch, meist von betonter Schärfe. Charakteristisch ist seine Schmiere, die durch Behandlung mit Wein, Hefen, Salz und Gewürzen entsteht. Es gibt auch eine milde Variante.

Die milde Art ist relativ leicht zu kombinieren und harmoniert mit einigen Schweizer Weinen, wie **Malanser Blauburgunder** oder **Salvagnin** (PN und GAM) aus dem Chablais, sehr gut. Die scharfe Variante benötigt einen charaktervollen, nicht zu säure- oder alkoholbetonten Weißwein wie **Pinot Blanc**, **Kerner** oder einen jugendlich-fruchtigen roten **Dôle de Sierre „Pére Mayor“** (PN 80 %, GAM 20 %, 2–3 Jahre) von JOSEPH VOCAT, Sierre/Wallis/CH. Eine interessante Gratwanderung ist die Paarung mit edelsüßem **Sauternes**/F. Sehr reifer Käse läßt sich von den großen Rotweinen der nördl. Rhône (**Syrah**) ideal begleiten.

APRIKOSEN

(frz. ABRICOT, engl. APRICOT, ital. ALBICOCCA, span. ALBARICOQUE)

Eine orangegelbe Steinobstart, die von Alexander dem Großen aus Vorderasien nach Europa gebracht wurde. Die aromatisch-saftigen Früchte munden süß-säuerlich und sind von schmelzendem Liebreiz. Die bei uns bekannte → Marille ist eine veredelte Art, die erst im 17. Jahrhundert gezüchtet wurde.

Charmant-fruchtigen Weinen mit subtilem Aprikosenaroma (**Amigne** und **Humagne**/CH, **Condrieu**/nördl. Rhône/F, **Sémillon**, **Riesling**, **Clairette de Die**/Languedoc/F) ist hier der Vorzug zu geben, doch durch verschiedene Zubereitungsarten erweitert sich das Feld gewaltig. Zu Aprikosenauflauf begeistert der aprikosenmarmeladige **Vin Santo** von LA CHIESA DI S. RESTITUTA, Montalcino/Toscana, und zu Aprikosen-Negus (mit Schokoladeeis, Aprikosensauce und Kirschwasser) konnte neben **Kirschwasser** und dem mit komplementären Aromen ausgestatteten **Rasteau**, Rasteau/südl. Rhône, vor allem der betörende aprikosenfruchtige **Amigne de Vétroz** von JEAN-RENÉ GERMANIER, Vétroz/Wallis/CH, begeistern.

APRIKOSEN „MISTRAL“

Rohe Marillen, Puderzucker, Erdbeerpüree, gehobelte Mandeln und Schlagrahm.

Exotische **Riesling Spätlesen** und ähnlich geartete **Traminer** sind immer ein Thema. Aprikosensüßer **Humagne Blanche**/CH ist bereits ein Klassiker in dieser Konstellation, und **Jurançon Moelleux** (z. B. die unvergleichliche **Selection DB**, DOM. BELLEGARDE/SW-F) könnte einer werden. **Ruby Port**, alte **Sauternes**/F oder der alles dominierende **Pineau des Charentes** – eigentlich ein süßer Apéritif aus Traubenmost und Cognac – sind besonders im Winter eine Überlegung wert.

ARAPAIMA GIGAS

Der Kuhfisch aus Südamerika ist ein bis 3 m langer Raubfisch, von forellenähnlichem Geschmack, der in gegrillter Form mit einem würzigen **Rosé Amigo** von VIÑA SAN PEDRO, Santiago/Chile, oder gebraten mit einem **Riesling** von MIGUEL TORRES, Curicó/Chile, bestens harmoniert. Sollte er von einer reichen Sauce begleitet sein, wählen Sie einen **Sauvignon/Sémillon** von VIÑA LOS VASCOS, Santiago (Joint Venture mit CHÂTAU LAFITE-ROTHSCHILD), ebenfalls aus Chile.

ARMAGNAC

Neben dem Cognac berühmtester Weinbrand aus dem südwestfranzösischen Departement Gers, der aus den Rebsorten Picpoule, Saint-Émilion (Ugni Blanc), Jurançon und Baco gewonnen und in Fässern aus Limousineiche ausgebaut wird. Im Gegensatz zu den Kreideböden des Cognac sind es hier Sandböden, die die besten Kreszenzen hervorbringen.

Ähnlich wie andere Spirituosen ist auch **Armagnac** in Speisen eine Herausforderung für den begleitenden Wein. Es haben sich die gleichen Weine, die Sie unter → Cognac finden, profilieren können. Zusätzlich seien noch reife **Pinots Noirs** (insbesondere **Romanée-Conti**/Burgund) und die mächtigen Weine des Priorato/E erwähnt, die Wild-Armagnac-Saucen geradezu perfekt interpretieren.

ARMER RITTER

Alte Semmeln, Eigelb, Zucker, Salz, abgeriebene Zitrone, Milch und Semmelbrösel. Einst eine Notspeise für verarmte Ritter und hungrige Soldaten, ist es heute ein beliebtes Kinderdessert. Wenn mit Weinschaum oder Vanillesauce kredenzt, ist es ein durchaus feiner Nachtisch für Große.

In Frankreich ist **Rosette** (SÉM, SB, ML, 2–5 Jahre, 8 °C), ein halbsüßer bis süßer Weißwein von der Dordogne (nördl. von Bergerac), zur geliebten Tradition geworden. In Austria bedient man sich gerne feingliedrig-süßer Spät- und Auslesen der Rebsorten **Bouvier** (z. B. von LADILSLAV TÖRÖK, Rust/BGLD), **Rotgipfler** (z. B.von MANFRED BIEGLER, Gumpoldskirchen/NÖ) oder **Spätrot-Rotgipfler** (z. B. von ALFRED FREUDORFER, Gumpoldskirchen/NÖ). Der Anteil an Salz und Zitrone akzentuiert die Süße des Weins und bringt feinste Aromanuancen an die Oberfläche – aber auch Fehler!

ARROZ „VALENCIANA“

Spanisches Reisgericht (Arroz, span. Reis) mit Huhn, Rohschinken, Erbsen, Pilzen und Tomatensauce.

Vorsicht ist geboten vor allzu säurereichen Weiß- und tanninreichen Rotweinen, sie bringen animalisch-bittere Töne ein! **Spanische Rosados** sind am unverfänglichsten. **Rioja Blanco** – ohne Eiche –, **Sauvignons** und vor allem **Chardonnays** treffen den Ton des Gerichts haargenau. Der **Gran Viña Sol** (CH, PAR, 1–3 Jahre, 8–9 °C) von MIGUEL TORRES, Villafranca del Penedès, sei beispielgebend angeführt. Fruchtige **Pinots Noirs** und **Tempranillos** – mit wenig Eiche – bringen etwas Feuer auf den Teller.

ARTISCHOCKEN

(frz. ARTICHAUTS, engl. ARTICHOKES, ital. CARCIOFI, span. ALCACHOFAS)

Die aus Nordafrika stammenden faustgroßen Blütenköpfe der distelartigen Artischockenpflanze werden bereits seit dem 16. Jahrhundert in Südeuropa angebaut. Die Feinschmecker genießen den Boden sowie den unteren Teil der Blütenhüllblätter von September bis März und freuen sich über das nahrhafte, magen- und leberstärkende Gemüse, wobei sie die Blätter auf köstliche Art abnagen.

Würzig-erdige, aromatische Kreszenzen – ohne aggressive Säure und Tannine – harmonieren sehr gut. Zu Artischocken mit Safran wählen Sie steifen **Muscat GC**/Elsaß/F oder **Graves Blanc**/Bordeaux/F bzw. **Sherry Amontillado dry**/E; zu den kleinen jungen Artischocken „Jüdische Art“ genießen Sie am besten einen **Sauvignon Blanc** aus Israel; zu Artischocken mit Gänseleber ist ein **Cru Beaujolais „Chiroubles“** /Burgund/F einzuplanen. Artischocken „Venezianisch“ (mit Zwiebeln gekocht) ergeben zusammen mit hellrotem **Bardolino**/Venetien/I eine köstliche Kombination, und zu Artischockenböden mit Kalbsbries erfreuen Sie sich an **Hermitage Blanc**/nördl. Rhône/F, **Tocai Friulano**/Friaul/I oder **Zierfandler Spätlese**/A. Artischockenböden „Lucullus“ (mit Trüffeln und Madeirasauce) versuchen Sie mit einem **roten Château Haut-Brion Premier CC**, Graves/Bordeaux, oder einem nur mäßig süßen **Malmsey,** Funchal/Madeira/P.

ARTISCHOCKEN „HOLLANDAISE“

Mit aufgeschlagener Buttersauce (→ Sauce Hollandaise).

In Frankreich gelten **Muscat GC d'Alsace** oder superber **Pouilly Fuissé**/Mâconnais/Burgund als Evangelium. In unseren Breiten setzt man **Neuburger**, **Chardonnays**, **Muskat-Ottonel** oder **Sylvaner Kabinett-Spätlesen** ein. Junger **weißer Rioja** oder neuseeländischer **Sauvignon** treffen die Aromanote punktgenau. Die Bittertöne der Artischocke ermöglichen auch den Einsatz von eleganten Rotweinen (**Pinot Noir**, **Blaufränkisch**, **Tocai Rosso**) mit perfekt integrierten reifen Tanninen.

ARTISCHOCKEN „VINAIGRETTE“

Kalte Artischocken in Essigkräutersauce (→ Sauce Vinaigrette).

Hier haben wir gleich drei Schwierigkeiten zu überwinden: Artischocken machen Tannine noch bitterer. Restsüße wird oft seltsam potenziert, und der Essig der Sauce addiert sich mit der Säure des Weins. Bewährte Begleiter sind elitäre **Graves Blanc**/Bordeaux, modern vinifizierte Weißweine aus Spanien (**Rueda**, **Rioja**), Griechenland (**Sauvignons** und **Gentilini**), Portugal (**Vinho Verde**), Neuseeland (**Sauvignons** und **Chardonnays**), Friaul (**Tocai** und **Pinot Grigio**), balancierte **Muskateller**, junge **Weißgepreßte** (**Clairet**, **Chiaretto**) und **südländische Roséweine** (z. B. **Saint-Chinian Rosé „Berloup“**/Languedoc/F). Im Zweifelsfalle halte man sich an herb-frisches **Pils**.

ARTISCHOCKENBÖDEN „D'ANTIN“

Mit Champignons à la Crème gefüllt und mit Parmesan gratiniert.

Unter den Weißweinen empfahlen sich nachhaltig aromatisch-milde Gewächse (**Pinot Gris**, **Pinot Blanc**, **Neuburger**, exotische **Rieslinge**), mildwürzige **Weißgepreßte** (**Clairet**, **Chiaretto**), **südländische Roséweine** und helle fruchtbetonte Rotweine (**Grignolino**/ Piemont) sowie fruchtcharmante **Jungweine** im **Beaujolais**-Stil.

ÄSCHE

(frz. OMBRE, engl. GRAYLING, ital. TEMOLO)

Ein immer seltener werdender, bis zu 40 cm langer und 1 ½ kg schwerer Süßwasserfisch aus der Lachsfamilie, der in den Bächen und Flüssen unserer Gebirge vorkommt und zwischen Oktober und Januar mit hellem, zartem Fleisch gesegnet ist. Zubereitung und Kombinationsmöglichkeiten wie → Forelle. Sollte immer frisch sein!

ASIAGO

Harter italienischer Kuh-Vollmilch-Schnittkäse aus der Provinz Vicenza/Venetien: Asiago d'Allevo mit gelbroter Rinde und hellem Teig ist in der Jugend mildwürzig und zum Reiben geeignet. Fettgehalt mindestens 34 % F. i. T.!

Zu dem jugendlichen Asiago paßt hervorragend ein heller, leichter Rotwein von der Art eines **Bardolino**/Venetien/I oder eines weißen **Riesling Italico** (WR)/Lombardei/I.

ASIATISCHE KÜCHE

Zu süß-sauren Gerichten haben sich halbtrockene **Riesling-Sylvaner**, **Gewürztraminer**, **Pinot Gris**, **Bouvier**, **Sauvignon Blanc**, **Muskateller**, **Riesling**, **Steen**/Südafrika und **Graves Blanc**/Bordeaux/F bewährt.

Zu schweren asiatischen Speisen bieten sich weißer **Tokaji**/H (trocken und süß) sowie kraftvoller **Vin Jaune** (z. B. **Château-Chalon**/Jura/F), roter **Recioto Amarone di Valpolicella**/Venetien und **Barolo Chinato**/Piemont/I (mit Chinarinde versetzt und gekühlt serviert) sowie kraftvolle **Malzbiere** (dunkle **Vollbiere**) an. Nicht zu vergessen → **Sake**, der fast immer paßt, und auch die reifen gespriteten Roten von **Banyuls** und **Maury**/Roussillon/F.

ASPIK→ SULZ

ATJAR ATJAR

✐ Mehr saures als süß-saures indonesisches Dessert. Piccadilly (Senfgemüse), Cornichons, Ingwer, Gurken, Zwiebeln und geröstete Erdnüsse.

🍷 Das sensationelle dunkle **Trappistenbier** aus Südostbelgien, **Chimay Grande Reserve** (10–12 °C), hat eine zweite Gärung in der Flasche durchgemacht, ist mit einem Sektverschluß ausgestattet und besitzt eine bersteinbraune Farbe, malzig-würzigen Duft, feines Perlen bei dichtem, kraftvollem Körper und langem süßlich-rauchig-würzigem Abgang. Eine wahrlich interessante Kombination. Siehe → Süß-sauer Eingelegtes.

AUBERGINE (EIERFRUCHT)

(frz. AUBERGINE, engl. EGGPLANT, ital. MELANZANA, span. BERENJENA)

✐ Ursprünglich aus Indochina stammendes, birnenförmiges, eher geschmacksneutrales Nachtschattengewächs, das bevorzugt in den Mittelmeerländern angebaut wird und mit der Kartoffel und der Tomate verwandt ist. Roh enthalten die Früchte das Gift Solanin; gekocht, gebacken oder gebraten sind sie jedoch ein treffliches Gemüse, das in der südfranzösischen Ratatouille Berühmtheit erlangt hat. Beste Genußzeit ist von Mai bis November.

🍷 Ideale Begleiter sind fruchtig-würzige **Roséweine**, aromatisch-würzige Weißweine und manchmal auch südländische (Südeuropa) Rotweine mit ähnlicher Struktur. Vorsicht vor grasigen Tanninen! Zu Auberginen mit Fleischfülle versuchen Sie **Coteaux d'Aix en Provence** oder **Beaujolais Nouveau**/Burgund/F. Auberginen-Beignets verlangen nach elegantem **Pinot Noir**; zu Auberginencreme genießen Sie **Ischia Bianco**/Kampanien oder **Rosé** (**Cerasuolo di Vittoria**)/Sizilien/I, und zu Auberginen auf „Piemonteser Art" probieren Sie weißen **Gavi** (im Sommer) und ansonsten roten **Dolcetto d'Alba**/Piemont/I (z. B. von MAURO VEGLIO).

AUBERGINEN AUF „BOSTONER ART"

✐ Mit → Sauce Béchamel sowie geriebenem Emmentaler überbacken und mit heißem Rahm übergossen.

🍷 Junge Weißweine (**Vinho Verde**/P, **Galestro**/Toskana/I, **Sauvignon**/NZ) als charmant-untertänige Sommerweine, exotische **Chardonnays** und, wegen der Béchamel, halbtrockene Kreszenzen (**Malvasier**, **Chenin Blanc**, **Pinot Gris**, **Riesling-Sylvaner**) als gleichwertige Gesellen sowie mild-samtige Schmeichler (**Merlot**, **Pinot Noir**) für unbeirrbare Rotweinfreaks. Zwei weiße Juwelen aus den USA: saftiger **Chardonnay Wagner Vineyards**, Finger Lakes im Staate New York, und der burgunderartige **Château Woltner** (CH, 3–5 Jahre, 8–9 °C) aus St. Helena/Napa Valley/KAL.

AUBERGINEN „NIÇOISE"

✐ Mit einer Fülle von grünem Paprika, Tomates Concassées, Knoblauch und Petersilie.

🍷 Auberginen, grüne Paprika und Tomaten rufen una voce nach nicht zu rassigen **Sauvignons**. Als Lokalpatrioten begeisterten ein **Bellet Rosé** (CH, CIN, GR, TIP, 1–2 Jahre, 8–10 °C) vom CHÂTEAU DE CRÉMAT, Provence, und ein gemüsig-würziger **Rosé Bandol** vom CHÂTEAU DE PIBARBON, Provence. Unter den roten „Feuerwerken" konnten noch am ehesten **Lirac** (südl. Rhône) und **Côtes du Roussillon** (Languedoc) überzeugen.

AUERHAHN

(frz. COQ DE BRUYÈRE, engl. MOUNTAIN COCK, ital. UROGALLO, span. GALLO SILVESTRE)

✐ Der größte aller jagdbaren Wildvögel ist leider von zähem, strohigem Geschmack. Nur die gedünstete Brust ist einigermaßen schmackhaft. In den meisten Ländern ist er geschützt.

🍷 Mildwürzige Weiß- und Rotweine mit samtigem Extrakt (**Pinot Gris**, **Pinot Noir** ...) sind stets willkommene Begleiter. Auerhahnbrust gedünstet im Speckmantel eskortierten wir erfolgreich mit samtigen **Pinot Gris Spätlesen**.

AUFLAUF

(frz. SOUFFLÉE, engl. SOUFFLÉ, ital. SFORMATO, span. SUFLÉ)

Mit Eigelb gebundene, mit steifgeschlagenem Eierschnee gelockerte, feingewürzte Breimassen, die in der Form gebacken und sofort heiß darin angerichtet werden, da sie schnell wieder zusammenfallen. Man unterscheidet Fleisch-, Fisch-, Gemüse-, Käse- und süße Aufläufe, wobei letztere die berühmtesten sind.

Zu Steinbuttauflauf versuchen Sie **Puligny-Montrachet** oder **Meursault**/Burgund/F, zu Erdbeerauflauf mit Cassis-Sauce ist roter **Bourgueil**/Loire eine unerwartete Wohltat. Zu Gemüseauflauf probieren Sie milde, aromatische Weiß- oder **Roséweine**. Käseauflauf verlangt nach (weißem) **Pinot Blanc** oder **Pinot Gris**, **Ruby Port** oder mildem (rotem) **Cabernet**. Zu Fleischauflauf wählen Sie – je nach Zubereitungsart – zwischen **Pinot Blanc Spätlese** und **Blauem Portugieser**. Zu Senfauflauf sollten Sie einfachen **Chardonnay**, **Pinot Blanc** oder **australische Rieslinge** goutieren. Karfiolauflauf paaren Sie mit **Traminer**, **Neuburger** oder **Riesling-Sylvaner**; Erbsenauflauf mit **Riesling Kabinett** oder **Gutedel**; Fenchelauflauf versuchen Sie mit **Côtes de Provence Rosé**/F.

(→ Champignonsoufflé, → Eisauflauf, → Hummerauflauf, → Miroton, → Vanilleauflauf)

AUFLAUF „AIDA“ (SOUFFLÉE AIDA)

Milch, Zucker, Butter, Salz, Vanille, Mehl, Eigelb, Eiklar; hier mit Früchten und Curacao-Likör gefüllt.

Der Vanilleton im Teig bevorzugt eindeutig in Barrique ausgebaute Süßweine (**Sauternes**, **Loupiac**/Bordeaux/F, **Beerenauslesen**, **Trockenbeerenauslesen**/D, A). Als Kontrast zur Süße gefielen auch mild-aromatische weiße **Graves de Vayres**/Bordeaux. Geradezu als „lebensspendend“ und erfrischend erwiesen sich milde bis zartsüße, subtil-moussierende **Muskat-Schaumweine**. Sehr gut gefiel auch **Blanc Mousseux**/Jura/F und als nahezu ideal erwiesen sich exotische **Schaumweine** aus AUS und KAL.

AUFSCHNITT

Scheiben von meist gekochtem kaltem Fleisch, Geflügel, Wild, Schinken, Wurst und Pasteten; garniert mit Salat, Kresse, Radieschen, Cornichons sowie Mixed Pickles.

Fruchtig-frische, rassige Weiß- und **Roséweine** aus der Steiermark (**Welschriesling**, **Sauvignon Blanc**, **Schilcher**) und jugendlich-würzige Rotweine (**Blaufränkisch**, **Zweigelt**, **Sankt Laurent**) eignen sich vorzüglich zu Aufschnitt aller Art. Cornichons und Mixed Pickles sind allerdings kaum kombinierbar, nur die jugendliche rote **Gamay**-Rebe (**Touraine**/Loire, **Beaujolais**/Burgund ...) scheint dafür eine Affinität zu haben.

AUSTERN

(frz. HUÎTRES, engl. OYSTERS, ital. OSTRICHE, span. OSTRAS)

Schalentiere von ungleicher Form, die seit Urzeiten als beste aller eßbaren Muschelarten gelten. Die Römer legten die ersten Austernzuchtbänke an und verspeisten Unmengen der leicht kau- und verdaubaren Weichtiere. Nach drei bis vier Jahren ist die Auster genießbar und erzeugt bis zu 1,5 Millionen Nachkommen jährlich. Sie mundet in den Monaten mit „r“ (September bis April) am besten, und ihr erotisierender Effekt spricht besonders die Männerwelt an. Durch Zuchtmethoden kann man sie heute auch im Sommer genießen. Übrigens, der wahre Gourmet kaut die Auster und schlürft sie nicht! Berühmte Austernarten sind: Belons (zart metallisch), Dives, Courseuilles, Marennes (zart nussig, Frankreich), Colchester, Whitstables (England), Blue Point, Limfjord (Norwegen), Imperial, Zeeland (Niederlande). Die europäische Auster ist klein und besonders fein, die pazifische ist größer, aber weniger delikat. Beim Einkauf müssen Austern fest verschlossen sein, sonst besteht Vergiftungsgefahr!

Will man den Jodgeschmack der Auster betonen, darf man auch gekühlte Rotweine ohne bittere Gerbstoffe (**Chinon**/Loire, **Bandol**/Provence, **Pinot Noir**/Elsas/F ...) reichen. Der hochgelobte **Muscadet**/Loire/F ist des öfteren zu herb und meist nur im zarten Alter von maximal einem Jahr attraktiv. **Champagne Blanc de**

Blancs und **Vouvray sec**/Loire/F harmonieren besonders mit fleischig-fetten Exemplaren, wie man sie im Dezember bekommt (siehe auch → Oysters Manhattan).

AUSTERN „AMERICAINE"

Pochierte Austern mit Hummersauce (→ Sauce Newburg).

Zartfruchtige, elegante Weißweine (**Pinot Blanc**, **Pinot Gris**, **Chardonnay**, **Zierfandler**, **Condrieu**) mit dem nötigen Extrakt für die Hummersauce (z. B. der geschliffene **Kamptaler Weißburgunder**, 2–4 Jahre , 9–10 °C, J. JURTSCHITSCH, Langenlois/NÖ). Als gleichwertiges Quartett präsentieren sich **Rosé Champagne** (z. B. von POL ROGER oder BOLLINGER), **Graves Blanc**/Bordeaux (z. B. **Château Carbonnieux** oder **Château Couhins-Lurton**), **Vouvray sec**/Loire (z. B. von J.-C. AUBERT) und elitärer **Grüner Veltliner „Titan"** von LUDWIG EHN, Langenlois/NÖ. Als leicht dominierend, aber nichtsdestoweniger attraktiv erwiesen sich moderne filigran-süße **Sauternes**/Bordeaux (z. B. **Château Doisy-Dubroca**), **Vouvray demi-sec**/Loire und halbtrockene **Auslesen**/A, D.

AUSTERN AUF KAVIARBROT („HUÎTRES À CHEVAL")

Trockener **Chardonnay** oder **Pinot-Schaumwein** (z. B. der kapriziöse **Ca'del Bosco** von MAURIZIO ZANELLA, Franciacorta/Lombardei/I), feinster **Cava**/E sowie **Champagne Blanc de Blancs**/F waren über den Kaviar erfolgreich. Auch **Sancerre**/Loire (z. B. die formidable **Vendange Tardive** von BERNARD REVERDY) und **Sauvignon Blanc Spätlesen** konnten imponieren. Der wegen des Kaviars versuchte russische **Wodka** ist nur eine Verlegenheitslösung.

AUSTERN FRISCH

Mit Zitronenviertel, Butter und Graubrot (Tartine). Weißbrot ist allerdings neutraler.

Finessenreicher Stahltank-**Chardonnay** (z. B. **„Riede Gebling"** von SEPP MOSER/Rohrendorf-Krems/NÖ), mittelreifer **Champagne Blanc de Blancs**, spanischer **Albariño**, kerniger **Pinot Blanc** oder **Sancerre**/Loire und last not least der unnachahmliche **Chablis AC**/Burgund, der den lasziven Nuß-Butter-Salz-Jodton der Austern schon mitbringt. An sehr kalten Winterabenden machen auch exotischer **Chardonnay** und **Sauvignon Blanc**, **Sherry Fino light dry** oder **Montilla-Moriles**/Andalusien/E sowie die extravagante **Black-Velvet-Mischung** (halb Sekt bzw. Champagne, halb Guiness-Bier)/IRLAND Spaß.

AUSTERN GEBACKEN („HUÎTRES FRITES")

Austern werden in Salz, Pfeffer, Zitronensaft und Petersilie mariniert und in Ei und Bröseln paniert.

Die zarte Süße eines Weißweines (z. B. **Vouvray**/Loire/F oder **Zierfandler**/A) paßt hier sehr gut zur Panier, forciert die Aromen und Gewürze und mindert gleichzeitig die salzige Note der Austern. Jugendlich frecher **Grüner Veltliner**, **Neuburger** oder **Pinot Gris** sowie milder **Aigle**/CH sind zum Mittagessen zwanglos angenehme Begleiter. Als „Überflieger" von nachhaltig-fülliger Wirkung entpuppten sich **Graves Blanc**/Bordeaux, **Locorotondo**/Apulien/I, **Pinot Blanc Spätlesen trocken** und der stupende **Meursault Premier Cru**/Burgund/F (z. B. von JEAN GERMAIN).

AVOCADO (ALLIGATORBIRNE)

(frz. AVOCAT, engl. AVOCADO, ital. AVOCADO, span. AVOCADO)

Die exotische Steinfrucht stammt ursprünglich aus Südamerika. Doch auch Israel, Kamerun und Madeira sind wichtige Exportländer geworden. Das Fruchtfleisch der 10 bis 12 cm langen Birne ist weich und mild nussig. Bei uns wird sie von September bis April angeboten und sollte nur in vollreifem, butterzartem Zustand verspeist werden. Man kennt über 400 Arten. Zu den beliebtesten zählen die runde glattschalige Nabal, die warzigschwarze Hass, die glatte dunkelgrüne Ettinger oder die dünnschalige birnenförmige Fuerte.

å Ideale Partner sind mildfruchtige, samtige Weißweine mit exotischem Flair oder Schaumweine (Clairette de Die, Muskatellersekt und Champagne Blanc de Noirs). Zu Avocadomousse mit

Räucherlachs ist auch klarer Schnaps (Aquavit, Wodka) „erlaubt", doch eine reife Pinot Gris Spätlese trocken ist die harmonischere Lösung.

AVOCADO „GOURMET"

Gefüllt mit Mayonnaise, Shrimps, Schalotten, Sellerie, Radieschen, Tomaten, Cayennepfeffer und Zitronensaft.

Schwere Barriquebomben scheiterten hier ebenso wie säurereiche Weißweine und **Champagne**: sie wurden metallisch, schal und unangenehm. **Chenin**- und **Arbois Blanc**/Loire/F, **Riesling-Sylvaner Kabinett** bis **Spätlese** und **Sauvignon**/NZ überzeugten auf allen Linien.

AVOCADO „SAN FRANCISCO"

Avocadoscheiben werden mit Baisermasse, Vanillezucker und Weinbrand überbacken; dazu Vanillereis und Vanilleeis.

Pinot Gris halbtrocken (z. B. die sublime **Spätlese „Riede Wieden"** vom UNDHOF, Krems-Stein/NÖ). **Moscato-Schaumweine**, **halbtrockene Muscats** und **Gewürztraminer** (z. B. der exotisch-vannilige **Grand Cru Vineyards**, Alexander Valley/KAL) und als absolute Rarität der eisigfrische, süße **Late Harvest Vidal „Eiswein"** (3–10 Jahre, 8–9 °C) von KONZELMANN VINEYARDS, Ontario/KANADA, der die Ingredienzien des Desserts der Vollkommenheit näher brachte.

BABA → SAVARIN

BACKHENDL → WIENER BACKHENDL

BAECKOFA

Elsässer Nationalgericht: Eintopf aus Kartoffeln, Zwiebeln, Lamm-, Schweine- und Rindfleischwürfeln in Brotteig gehüllt und im Backofen (Baeckofa) fertiggestellt.

Korrespondierende Weine sind die einheimischen Trümpfe **Riesling**, **Sylvaner** und **Pinot Gris**.

BAGNA CAUDA

Würzige warme Sauce aus Knoblauch und Sardellen, Olivenöl und Butter, in die rohes Gemüse gedippt wird.

Die klassische piemontesische Spezialität wird in Italien meist mit säurig-fruchtigen Rotweinen (**Dolcetto**, **Barbera**, **Freisa**/Piemont) angeboten. **Nebbiolo** scheitert ob seiner Tannine an den Sardellen und dem Knoblauch. Selbstverständlich passen auch Weißweine (**Gavi** oder **Chardonnay**/Piemont).

BAISER

Frz. Kuß. Leichtes Zuckergebäck (Windgebäck/spanischer Wind) aus Eierschnee und Zucker, meist mit Schlagrahm oder Obst gefüllt. Die Franzosen nennen den „Kuß" „Meringue".

Fruchtig-milde **Schaumweine** (**Asti Spumante**/Piemont/I, **Crémant**, **Champagne Blanc de Blancs**/F) sind die begehrtesten Begleiter des als schwierig geltenden „Kusses". **Champagne Brut** ist allerdings nicht geeignet.

BAISER GLACÉ

Mit Eis und Schlagrahm gefüllt.

Eierschnee, Schlagobers (Schlagsahne) und Eis zählen zu den schwer zu kombinierenden Speisen und werden in vielen Fachbüchern sogar als Todfeinde des Weins bezeichnet.

🍷 Milder traubig-fruchtiger **Schaumwein** bzw. **Champagne** (**Blanc de Blancs** oder **Rosé**), Edel-**Süßweine** mit lebendiger Säure (**Sauternes**/Bordeaux/F, **Eisweine**, **Beerenauslesen** …) und **alkoholverstärkte Dessertweine** (**Pedro Ximenez Sherry**/E und **VDN**/S-F, z. B. **Muscat de Rivesaltes** …) sind jedoch stets willkommene Begleiter.

BAMBOLO

🍴 Halbfester italienischer Schnittkäse, der aus Kuh- und Schafmilch hergestellt wird.
🍷 Das mild-säuerliche Aroma läßt sich sehr gut von einem mildwürzigen Weißwein à la **Orvieto**/Umbrien, **Frascati**/Latium oder **Vernaccia**/Toskana konterkarieren.

BAMBUSSPROSSEN

(frz. GERME DE BAMBOU, engl. BAMBOO SPROUTS, ital. GERMOGLI DI BAMBÙ)
🍴 Junges, spargelähnliches Gemüse aus China und Hinterindien, das in der fernöstlichen Küche nicht fehlen darf. Die Sprossen sind der innere Teil der Triebe des Bambusbaumes und munden kernig-zart mit einem Hauch von Artischockenaroma. Bei uns werden sie meist in Dosen angeboten und sind deshalb nicht so knackig. Sie sind ein wichtiger Teil des japanischen → Sukiyaki.
🍷 Exotischer **Sauvignon Blanc**, **Muscat d'Alsace** und **Graves Blanc**/Bordeaux/F sind die Favoriten unter den Begleitern. Bambussprossen mit Hühnerfleisch (mit → Sojasauce und → Chilisauce) und chinesisches **Tsingtao Beer** bescherten Gaumen und Papillen neue Erkenntnisse. Auch traubig-frischer **Riesling Tsingtao** von HUA DONG brillierte.

BANANE

(frz. BANANE, engl./ital. BANANA, span. PLÁTANO)
🍴 Die bis zu 10 m hohe palmenähnliche Bananenstaude stammt aus den Tropen (Westindien, Mittel- und Südamerika, Kanarische Inseln usw.). Ihre Früchte enthalten viel Stärke und Zucker und sind Hauptnahrungsmittel der Einheimischen. Das Fruchtfleisch ist weich, mehlig-süßlich und enthält das beruhigende und entspannende Hormon Serotonin. Zusammen mit einem Glas edlen Süßweins kann es für Streßabbau und ruhigen Schlaf sorgen.
🍷 Zu den diversen Bananengerichten werden eine Fülle von mehr oder weniger süßen Gewächsen angeboten. Wenn das Gericht nicht zu süß ist, passen auch weiße und rote **Jungweine** (1 bis 3 Monate) mit ausgeprägtem Ester(Bananen)ton; zu Bananen püriert mit Trüffeleis ist **Muscat de Rivesaltes VDN**/Roussillon/F (beinahe) unschlagbar, und zu Bananen flambiert „Lucullus" (mit Kirschwasser und Grand Marnier) waren **Sekt/Orange**, **Grand Marnier** (Orangenlikör mit Cognac) und eine exotische **Sämling Auslese** von JOSEF LEBERL, Großhöflein/Neusiedlersee/Hügelland/BGLD/A, unersetzlich.

BANANEN „CUMBERLAND"

🍴 Bananen in Scheiben mit → Sauce Cumberland.
🍷 Jugendlich-fruchtiger **Rieslingsekt**/A/D, fruchtcharmanter roter **Beaujolais Primeur**/Burgund/F und eine exotische, fruchtig-süße **Huxelrebe TBA** vom WEINGUT SCHALES, Flörsheim-Dalsheim/Rheinhessen/D, waren die Sieger in den einzelnen Sparten.

BANANEN IM SCHLAFROCK

🍴 Vanilleläuterzucker, Blätterteig, Aprikosensauce und Kirschwasser.
🍷 Aprikosensauce und Kirschwasser sind von zartsüßen Spätlesen (**Riesling-Sylvaner**, **Riesling**, **Furmint**, **Goldburger**, **Petite Arvine**, **Humagne Blanche**) nur schwer zu überwinden – lediglich an heißen Sommertagen sind sie ein Labsal. Diesmal „dürfen" es auch honigsüße **Beerenauslesen** und edelsüße **Loupiac**/Bordeaux (z. B. vom CHÂTEAU MAZARIN) oder gespriteter **Muscat de Beaume de Venise**/südl. Rhône (z. B. DOMAINE DE DURBAN) sein. Ein Gläschen **Apricot-Brandy** (13 °C) ergab einen faszinierenden verlängerten Aromabogen von schillernder Intensität.

BANANEN MIT SPECK

✐ Mexikanische Spezialität. Geschälte Bananen werden mit Paprika bestäubt und mit Räucherspeckscheiben umwickelt, dazu kommen Tomaten, Zitronensaft, Salz und Petersilie.

🍷 Es gilt vor allem, den salzigen Geschmack des Räucherspecks zu neutralisieren und die gefürchteten Tomaten geschmacklich aufzufangen. Jugendlich-exotischer **Sauvignon** (z. B. der **„Belliaterra"** von MIGUEL TORRES, Lontué, Chile, **Müller-Thurgau**, **Riesling**, **Condrieu**/nördl. Rhône/F und **Chardonnay** mit feiner Rauch-Röst-Note (z. B. der **Gran Araucano** von J. & F. LURTON, Curicó/Chile) sind dazu in der Lage.

BÁRÁNY PAPRIKAS

✐ Ungarisches Lammpaprika mit Zwiebeln, Knoblauch, Tomaten, Sauerrahm.

🍷 Ein kühles Glas **Pils** (8–9 °C), ein vollreifer **ungarischer Tramini**, **Furmint** oder **Badacsony Szürkebarát** (PG) sind die angenehmsten Begleiter vom Aroma her und lassen die Gewürze nicht explodieren. In Ungarn selbst trinkt man allerdings mit sichtlichem Genuß kraftvoll-würzige Rotweine (wie z. B. den mächtigen **Merlot** von der PANNONVIN WINERY, Villany) dazu, die allerdings nur bedingt (Schärfe!) anzuraten sind.

BARBARIE-ENTE (FLUG-, MOSCHUS-, WARZENENTE)

✐ Französische Züchtung (seit 1871) aus Haus- und Wildente von magerer, besonders wohlschmeckender Art, die meist rosa gebraten angeboten wird und mit einem delikaten Moschusaroma ausgestattet ist.

🍷 Sie geht wunderbare Harmonien mit großen, reifen **Pinots Noirs**, eleganten Piemontesern (**Barbaresco**, **Barbera**), feinen Toskana-Barriqueweinen (**Super-Toskaner**) usw. ein. Wenn mit schwarzen Oliven serviert, sollten Sie einen etwas deftigen **Bordeaux** (**Canon-Fronsac** ...) oder den grandiosen olivenartigen **Châteauneuf-du-Pape „Barbe Rac"** von M. CHAPOUTIER, südl. Rhône, versuchen.

BARBARIE-ENTENBRUST AUF REISSOCKEL MIT STEINPILZEN UND ROTEN RÜBEN

🍷 Unvergeßlich bleibt uns dieses Gericht in Kombination mit einem **Chambertin GC** (PN, 10–12 Jahre, 17–18 °C) von LEONCE BOQUET, Côte de Nuits/Burgund/F (mit Reiferand, würzigem Waldbodenton, herrlicher Extraktsüße, exquisiten Waldbeerenaromen und einem schier endlosen fleischig-saftigen Abgang mit einer wahrhaften Bitterschokoexplosion). Die Entenbrust verlieh dem Wein zusätzlich Feuer, und Pilze und Rote Rüben gewannen an Würze. Alles wurde intensiver, nachhaltiger, großartiger!

BARBE

(frz. BARBEAU, engl. BARBEL, ital. BARBIO)

✐ Europäische Karpfenart mit vielen Gräten, die bis zu 80 cm lang und 4 ½ kg schwer werden kann. Im Winter ist sie in Hochform, und ihr weißes Fleisch ist dann sehr schmackhaft und leicht verdaulich. Der Rogen ist giftig! Der Name stammt von den vier Barteln an der Oberlippe.

🍷 Zur Barbe gegrillt empfiehlt sich eine reife **Sauvignon Blanc Spätlese** (trocken, ohne aggressive Säure) oder ein edler **Hermitage Blanc**/nördl. Rhône/F, und zur Barbe auf „Burgunder Art" (mit Rotweinsauce) wagen Sie sich an einen kräftigen **Pinot Noir** (4–6 Jahre, 16–17 °C) mit Holz heran. Zur Barbe gebacken (paniert) gelten die gleichen Empfehlungen wie zu → Karpfen gebacken.

BÄR

(frz. OURS, engl. BEAR, ital. ORSO, span. OSO)

✐ Der europäische Braunbär war bis ins 19. Jahrhundert eine gesuchte Spezialität auf den Tafeln der Potentaten. Besonders die Bärentatzen, das Filet und der Schinken waren beliebt. Heute findet man diese Leckerbissen noch vereinzelt in Nord- und Osteuropa.

🍷 Strenger Bärenschinken läßt sich von kraftvoll-würzigen Rotweinen (**Vosne-Romanée** von RENÉ ENGEL, Burgund, oder **Pinot Noir Reserve** von ROBERT MONDAVI, Napa Valley) aromatisch in den Griff bekommen. Zu Bärentatzen konnte der tintige **Château Bouscassé VV** von A. BRUMONT/SW-F begeistern.

BÄRENFILET „HAACK“

🖋 Finnisches Gericht aus Safran, Schlagrahm, scharfem Senf, Paprika und Preiselbeeren.

🍷 Diese Ingredienzien sind wahrlich nicht leicht zu eskortieren. Exotisch-würzige Weißweine mit reichem Extrakt (**Sauvignon Blanc Spätlesen**, **Gaillac Blanc**/SW-F, **halbtrockener Gewürztraminer**, **Spät-rot-Rotgipfler** und **Sémillon**) zogen sich mit Anstand aus der Affäre. Aus der „Roten Fraktion“ imponierten lediglich reifer **Rioja Reserva**/E und **Gevrey-Chambertin Premier Cru**/Burgund. Die positive Überraschung lieferte aber das aus Whisky-Malz gebraute elsässische Dunkelbier **Adelscott** (10 °C) von der BRAUEREI ADELSHOFEN, Schiltingheim/F.

BARSCH (FLUSSBARSCH)

→ WOLFSBARSCH, → ROTBARSCH

(frz. PERCHE, engl. PERCH, ital. PESCEPERSICO, span. PERCHA)

🖋 Bis 1 kg schwerer Fisch mit festem Fleisch und wenig Gräten. Besonders schmackhaft ist er in der Schweiz (hier Egli genannt) und in Dänemark. Die Wintermonate sind die ideale Fangzeit für den räuberischen Schwärmer, der schon den Römern viele Tafelfreuden bereitete.

🍷 Sein Fleisch ist weiß, etwas hart, aber leicht verdaulich, sollte unbedingt frisch sein und harmoniert in fritierter Form ganz besonders mit einem mildfruchtigen **Riesling-Sylvaner** (z. B. von CHARLES STEINER, Schernelz/Bielersee/CH); wenn in Tomatensauce zubereitet, sollten Sie **Marino Superiore**/Latium und **Vermentino**/Ligurien/I eine Chance geben; zu Barsch gefüllt ist **Chevalier-Montrachet GC**/Côte de Beaune/Burgund/F das Höchste der Gefühle; zu Barsch à la Crème versuchen Sie milden **Crépy** (CHA, 2–4 Jahre, 8–9 °C) aus Haut-Savoie/F; zu gebratenem Barsch gilt für viele Sommeliers der Rotwein **Corton Grand Cru**/Burgund als „Kaiserwein“; Barsch „Müllerin“ (à la Meunière: in Mehl gewendet, in Butter gebraten, mit Zitronensaft und gehackter Petersilie) und **Pinot Blanc** ist nicht neu, aber gut!

BARSCH „JOINVILLE“

🖋 Zitronensaft, Salz, Butter, Champignons, Krabben, Petersilie, Weißwein, Pfeffer, Eigelb und Rahm.

🍷 Die üppige Sauce ließ etwas schmalbrüstige, schlanke Sommerweine (**Riesling-Sylvaner „Steinfeder“**, **Malvasier**, **Chasselas**, **Galestro**) zunächst schlecht aussehen, doch über den Zitronensaft entwickelte sich doch ein kurzer Dialog. Standhafte Partner wären **Pouilly Fuissé Vendange Tardive**/Burgund/F, **Grüner Veltliner „Smaragd“**/Wachau/A und großer **Chenin Blanc**/Loire für besondere Stunden (z. B. **Clos de la Coulée de Serrant GC**, 10–15 Jahre, 9–10 °C, von NICOLAS JOLY, Savennières).

BARSCH VOM ROST

🖋 Zitronensaft, Salz, Pfeffer, Öl, Senfbutter und Haselnüsse gebräunt.

🍷 Als quirlige Mittags- und Sommerweine empfahlen sich **Räuschling** (z. B. der **„Neffenbacher“**, 1 Jahr, 8–9 °C von JÜRG SAXER/Zürcher Weinland), **Fendant** und **Yvorne**/CH, **Riesling-Sylvaner** und **Neuburger „Steinfeder“**/Wachau/NÖ und **Roero Arneis**/Piemont (z. B. von M. CORREGGIA/Canale d'Alba). Senfbutter und Haselnüsse selektionierten allerdings **Pinot Blanc Kabinett** (z. B. von E. & M. MÜLLER, Groß St. Florian/W-STMK/A), reifen **Chablis AC** und schließlich den alles überragenden **Meursault** von CHANTALE MICHELOT/Burgund/F. Rotweinfreunde sollten nach **Cabernet Franc**, **Chinon** und **Bourgueil** (z. B. DOMAINE DU GRAND CLOS/Touraine/F) oder **St. Laurent** bzw. **Zweigelt**/A (z. B. von JULIUS HAFNER, Mönchhof/BGLD) greifen.

BASILIKUM

→ KALBSKOTELETT MIT BASILIKUM, → LAMMRÜCKEN IN BASILIKUMSAUCE

BATATEN (SÜSSKARTOFFELN)

(frz. PATATES DOUCES, engl. SWEET POTATOES)

Süße, mehlige Knolle der Batatenwinde, die schon 1526 aus Amerika nach Europa gelangte. Sie besitzt ein zartgelbes bis orangefarbenes Fleisch und wird mit der Schale abgekocht und entweder als Dessert oder wie die Kartoffel eingesetzt.

Mild-aromatischen Weißweinen, wie **Pinot Gris**, **Sylvaner**, **Muskateller** und **Traminer**, gebührt hier der Lorbeer.

BAUERNSCHMAUS

Schweinskarree, Selchkarree (→ Kasseler Rippchen), Frankfurter bzw. Wiener Würstchen, Sauerkraut, Semmelknödel und Bratensaft.

Neben würzigem **Pils** empfehlen sich vor allem jugendlich-fruchtiger **Sylvaner**, **Riesling**, **Grüner Veltliner**, **Pinot Blanc** und die „Perle der W-STMK", der zwiebelfarbige **Schilcher**. Über das Sauerkraut und den Rauchton (Selchkarree) verjüngten sich reife, firnige Spätlesen (z. B. der **Rheinriesling „Zöbinger Heiligenstein"**, 20 Jahre, 9–10 °C, von WILLY BRÜNDLMAYER, Langenlois/NÖ). Hier können Sie ihre „Ladenhüter" sinnvoll einsetzen.

BAVARIABLU

Ein bayerischer Blauweiß-Schimmelkäse, der außen mit weißem und innen mit blaugrünem Edelschimmel durchsetzt ist und einen cremig-weichen Teig mit mildaromatischem Charakter aufweist. Sein würziges Aroma kommt erst in der Reife zur Geltung.

Als perfekte geschmackliche Ergänzung empfehlen wir eine liebliche **Traminer** oder **Ruländer Spätlese** (**Auslese**) mit feinem Duft, dezenter Restsüße und harmonischer Säure. Für Biertrinker stellt (dunkles) **Vollbier** (z. B. vom MÜNCHNER AUGUSTINERBRÄU) eine interessante Abwechslung dar. **Hochprädikatsweine** werden zumeist als zu süß und dominierend empfunden. Gespritete **Dessertweine** wurden plump und alkoholisch. Altgediente Käsekenner schwärmen allerdings von der Paarung mit **Kriecherl**- oder **Zwetschkenschnaps**.

BAYERISCHE CREME („CRÈME BAVAROISE")

Milch, Vanille, Eigelb, Zucker, Rahm und Gelatine (Bavaroise mit Mocca → Kaffeecreme).

Riesling-Sylvaner und **Riesling Spätlese halbtrocken** (z. B. die verführerische **„Dürnsteiner Hollerin"** von HANS KIRCHMAYR, Weistrach/NÖ) sind im Sommer von belebender Frische und Finesse. Kongeniale Partner sind elitäre **Riesling Auslesen** (z. B. die **„Wehlener Sonnenuhr"**, 10–15 Jahre, 10–11 °C von JOSEF PRÜM, Mosel/D) mit schier unendlichem Süße-Säurespiel. Süßweinfans schwören allerdings auf traubig-frische **Eisweine** mit exotischer Note und sich dabei verjüngende reife **Barsacs** vom Range eines **Château Climens Premier CC** (SÉM 98 %, SB 2 %, 15–25 Jahre, 8 –12 °C)/Bordeaux/F.

BAYERISCHE DAMPFNUDELN

Mehl, Milch, Hefe, Zucker, Eier, Butter und Vanillesauce.

Allzu süße Weine vertragen sich relativ schlecht mit den Nudeln, nur an kalten Wintertagen greift man auch zu delikaten **Strohweinen** mit balancierter Säure oder großen **Sauternes**/F. **Prädikatsweine** im Spätlesebereich (**Riesling-Sylvaner**, **Riesling**, **Muskateller**, **Welschriesling**) als sommerliche Freudensbringer und am Abend superbe **Auslesen** (z. B. die **Gelbe Muskateller Auslese**, 5–15 Jahre, 9–10 °C von LUDWIG HIEDLER, Langenlois/NÖ) mit mitreißendem Süße-Säurespiel.

BAYONNER SCHINKEN („JAMBON DE BAYONNE“)

Mild geräucherter und luftgetrockneter roher Schinken aus Frankreich (Baskenland), der neben der geräucherten Gänsebrust als Inbegriff des Rauchfleisches gilt. Er muß 130 bis 180 Tage reifen!

Roséfreunde werden großen Gefallen an einem **Corbières Rosé**/Roussillon finden und auch roten **Côtes du Rhône Villages**/F oder harzig-rauchigen Edel-Beaujolais **„Côtes de Brouilly“** nicht verachten. Weißweinliebhaber setzen auf die rauchig-rassige Frischenote eines **Pouilly Fumé**/Loire oder eines **Chardonnays** aus dem Mâconnais/Burgund.

BEAUFORT („GRUYÈRE DE BEAUFORT“)

Schnittkäse aus den französischen Alpen, der bereits von Brillat-Savarin als „König der Gruyère“ bezeichnet wurde. Geschmeidig, aromatisch, von speckig-elastischer Konsistenz, auch als Schmelzkäse (→ Raclette) gesucht. Er sollte keine Löcher, aber dafür feine Risse aufweisen und mundet von September bis Mai am allerbesten.

Weißer Schweizer **Chasselas** und französischer **Pinot Blanc d'Alsace** sowie roter **Dôle**/Wallis/CH und **Vin Savoie Rouge** (GAM)/F gelten als probate Partner des Schnittkäses.

BECCAFICCU

Sizilianische Spezialität. Rouladen aus in Essig marinierten, panierten und gebratenen Sardinen mit Schafkäse, Knoblauch, Pinienkernen, Rosinen, Petersilie, Lorbeerblättern usw., kalt, lauwarm oder heiß angeboten.

Die fetten Sardinen werden von mittelkräftigen sizilianischen Weißweinen mit pikanter Säure (**Regaleali Bianco** und **Corvo Bianco „Colomba Platina“**) bestens verdaut. International sind **Sauvignons** aus Neuseeland oder Südafrika gefragt.

BEEFSTEAK-AND-KIDNEY-PIE

Englische Rindfleisch- und Hammelnierenpastete mit Pilzen, Salz und Cayenne-Pfeffer.

Drei Degustationsbeispiele: Weißer englischer **Kerner** von LAMBERHURST VINEYARD, Kent, als anpassungsfähiger Mittagswein, samtiger **Château Pichon-Longueville-Baron** aus Pauillac/Médoc/Bordeaux als Veredler und mächtiger **Vega Sicilia**, Ribera del Duero/E als Dominator.

BEEFSTEAK „TATARE“ („TARTARE“)

Zartes, geschabtes (gehacktes), rohes Rinderfilet, mit Salz, Pfeffer, Sardellen, Zwiebeln, Kapern, Paprika, Petersilie, Senf, Öl, Eigelb gewürzt und mit Toast und Butter serviert. (Einst ritten die Tatarenhorden ihren rohen Fleischproviant unter dem Sattel weich.)

Kühles **Bier** oder Rotwein mit milder Säure und mäßigem Alkohol (z. B. **Vernatsch**/Südtirol, **Blauer Portugieser**) sind hier gefragt.

BEENLIGH BLUE

Ein dem → Roquefort ähnlicher Schafmilchkäse aus dem Süden der englischen Grafschaft Devonshire.

Zu alten, rezenten Exemplaren empfiehlt sich exquisiter **Cream Sherry**/E! Dunkle **Malzbiere** (z. B. das von rauchiger Süße geprägte **Double Maxim** von VAUX/GB) sind goldrichtig für jüngere bis mittelreife Käse. Ungarischer **Tokaji édes** (süß) paßt eigentlich immer.

BEKASSINE

(frz. BÉCASSINE, engl. SNIPE, ital. BECCACCINO, span. BECADA)

Eine kleine, seltene Sumpfschnepfe, die alle Schnepfenarten an Wohlgeschmack übertrifft und im Herbst wohlgenährt und saftreich auf den Tisch kommt. Die Jagd auf das edle Federwild erfordert viel Geduld. In Frankreich sagt man in Anspielung auf einen Menschen, der seine Zeit abwarten kann: „Il tire à la bécassine (Er zielt auf die Bekassine)."

Das gleichermaßen zarte wie feste Fleisch ist hellrot gefärbt und vermählt sich am liebsten mit zarten, edlen roten Kreszenzen ohne rauhe Tannine (**Saint-Émilion Premier Cru Classé**/Bordeaux, **Chambolle-Musigny**/Burgund/F, **Blauer Portugieser**/A und **Merlot del Ticino**/CH). Es harmonieren aber auch samtiger **Pinot Gris** im trockenen Spätlesebereich und **Grüner Veltliner „Smaragd"**/Wachau/NÖ.

BEL PAESE

Berühmter halbharter Butterkäse aus der Lombardei (seit 1906) mit feinem Milchgeschmack (Kuhmilch, 45 % F. i. T.), elastischem, strohfarbenem Teig und leicht säuerlichem Aroma, das durch alkoholbildende Aminosäuren entsteht. Der Name („Schönes Land") ist in Italien für den ursprünglichen Hersteller geschützt.

Weißer **Lugana**/Lombardei (z. B. von PIETRO DAL CERO, Lugana di Sirmione) als Sommerwein, elegant-samtiger **Chianti Classico Riserva**/Toskana (z. B. **„Vigna del Sorbo"** von FONTODI, für anspruchsvolle Gourmets) und reifer, weicher **Barolo Riserva**/Piemont (z. B. der **„Monprivato"** von MAURO MASCARELLO, Monchiero) für kalte Winterabende. Manche Gourmets lieben auch den Schlagabtausch mit säurereichem **Pinot Blanc**/A, D.

BELUGA-MALOSSOL

→ *KAVIAR*

Wenig gesalzener („Malossol"!) milder, großkörniger Rogen.

BERLINER SCHNITZEL

Kuheuter in Wurzelbrühe, gesalzen und gepfeffert, gekocht, paniert und mit Kartoffelsalat serviert.

Trockene Spätlesen (**Ruländer**, **Neuburger**, **Scheurebe**) erfreuten durch mild-samtige Würze (exemplarisch die **Scheurebe Spätlese „Wachenheimer Mandelgarten"** (3–5 Jahre, 9–10 °C) vom WEINGUT BÜRKLIN-WOLF, Wachheim/Rheinpfalz/D, die voll auf Harmonie setzte). Bierfreunde könnten auf ein würzig-medizinales **Malzbier** von Weltrang (**Porter** oder **Newcastle Brown Ale**/GB) ausweichen.

BERLINER STEAK

Gegrilltes Steak von Rinderkeule, Rindermark, Salz, Pfeffer, Pfifferlinge, Karotten und Tomatensauce. Aus heutiger medizinischer Sicht sollte man das Rindermark lieber weglassen!

Die gefürchtete Tomatensauce ließ klassische Rotweine mit harten Gerbstoffen grasig-bitter werden. Ideal hingegen samtige reife Kreszenzen wie **Pinot Noir** (z. B. **Affentaler Spätburgunder Kabinett** von WINZERGEN. BÜHL, Baden/D), **Blauburger** (z. B. von SEPP MOSER, Apetlon/BGLD), **Barbera**/Piemont, **Valpolicella Classico**/Venetien (z. B. **„La Grola"**, COV, MOL, RON, 2–5 Jahre, 16–17 °C von ALLEGRINI). Bei den Toskana-Stars **Ornellaia** und **Lupicaia** wurde die prägnante Eichenaromatik als störend empfunden.

BEUSCHEL

→ *KALBSBEUSCHEL*, → *SALONBEUSCHEL*

Österreichisch-bayerische-Spezialität aus den eßbaren Innereien von Kalb und Lamm, selten vom Rind.

🍷 Ein einprägsames, unvergeßliches Erlebnis hatten wir mit einem zarten Kalbsbeuschel, begleitet von einem leichten, trockenen steirischen **Muskateller** (HIRSCHMUGL, St. Andrä im Sausal/A), der für eine reizvolle Explosion der Aromen am Gaumen sorgte und sich majestätisch behauptete. Es muß nicht immer **Riesling** sein! Wundervoll auch der jugendliche **Welschriesling Kabinett** (1 Jahr, 9–10 °C) von JOSEF PÖCKL, Mönchhof/Neusiedlersee/BGLD/A, der das Aroma verfeinerte und, ebenso wie **Grüner Veltliner**, gleichzeitig den strengen Innereienton milderte. Unter den Rotweinen konnten sich nur jene ohne Holzausbau (**Blauer Portugieser**, **Zweigelt**) in Szene setzen.

BIFF „LINDSTRÖM"

✍ Schwedisches Hacksteak mit Zwiebeln, gekochten Kartoffeln, Roten Rüben, rohem Ei, Kapern und Pommes frites.

🍷 Als „Zwiebel-" und „Gemüseweine" bieten sich kräftige **Silvaner**/Elsaß/F/A/D bzw. **Sauvignon Blanc**/A oder Loire/F an; Rotweinfreunde sollten es mit einem erdig-würzigen **Bordeaux Supérieur** oder **Cru Bourgeois** (**Château Meyney**, **Château Fourcas-Hosten**)/F versuchen. Zu jeder Jahreszeit ist spritzig-hopfiges schwedisches **Pripps „Royal"-Bier** ein Genuß!

BIGOS

✍ Polnische Spezialität. Würfeliges Schweinefleisch und Speck werden mit Zwiebeln, Schweineschmalz, Weißkraut, Sauerkraut, Rauchwurstscheiben, Pilzen, Paprika, Salz, Kümmel, Lorbeer, Majoran, Knoblauch und Tomatenmark gebraten.

🍷 Fränkischer **Silvaner**/D, kraftvoller **Chardonnay** und fruchtig-pikanter **Sauvignon Blanc**/S-STMK/A kamen am besten mit den diversen Aromen zurecht. Das polnische **Pelne-Bier**, ein mittelkräftiges Gebräu nach Pilsner Art mit attraktiver Hopfennote, hilft ihnen in Polen aus der Verlegenheit.

BIRKHUHN

(frz. COQ DE BOIS, engl. HEATH-COCK, ital. FAGIANO DI MONTE, span. GALLO SILVESTRE)

✍ Beliebtes Federwild aus Europa und Asien; kleiner und feiner als der Auerhahn; ideal von Jänner bis März – früher oft mit zartem Hautgoût (abgehangenes Wild) serviert.

🍷 **Pinot Gris**, **Traminer**, **Sylvaner**/Elsaß/F und **Jurançon Vieux**/SW-F sind begehrte weiße Begleiter; **Saint-Émilion**, **Médoc** (**Saint-Julien**, **Margaux**)/Bordeaux/F und samtige Burgunder (**Musigny**, **Romanée Saint-Vivant**)/F zählen zu den roten Favoriten, wobei jeweils Gewürze, Saucen und Beilagen ausschlaggebend sind.

BIRKHUHN AUF „ELSÄSSISCHE ART"

✍ Mit Sauerkraut, geräuchertem Speck, Weißwein, Pfeffersauce und Salzkartoffeln.

🍷 Die Pfeffersauce und der Räucherspeck übertönten gnadenlos die Finesse von reifen großen Weinen, verliehen aber andererseits relativ einfachen jungen Weißweinen (**Silvaner**, **Riesling**, **Pinot Gris**, **Scheurebe trocken**) ein Mehr an Ausdruckskraft und Klasse. **Elsässische Rieslinge** waren im Zusammenspiel mit dem Sauerkraut von einem Zauber, dem man sich kaum entziehen konnte, doch zu Pfeffer und Speck reüssierte ein **Tokay** (**Pinot Gris**) (WEINBACH/Elsaß). Wo der Riesling Feuer legte, glich der Pinot elegant aus.

BIRNE

(frz. POIRE, engl. PEAR, ital. PERA, span. PERA)

✍ Die zu den Rosengewächsen zählende Kernobstart ist als Gemeine Birne oder Holzbirne von Mitteleuropa bis Sibirien verbreitet und gilt als weniger säurereiche Schwester des Apfels. Die ausschwemmende Wirkung der weichen, schmelzenden Frucht wird infolge hoher Kaliumverbindungen für Schlankheits- und Entschlackungskuren genutzt. Wichtige Sorten sind: Bergamotte, Williams, Gräfin von Paris, Clapp's Liebling, Gute Luise, Madame Verte, Anjou, Packham's Triumph, Ambrette.

🍷 Birnen nehmen die Aromen der sie umgebenden Ingredienzien und Weine gerne an und vertragen sich daher besonders gut mit mildwürzigen Kreszenzen von zarter Restsüße, die sich ihrerseits gut mit Saucen und Gewürzen exotischer Herkunft verstehen. Zu Birnenkuchen ist süßer weißer **Sainte-Croix-du-Mont**/Bordeaux/F oder, noch besser, edler **Sauternes**/Bordeaux/F ein unvergeßliches Erlebnis. Birnen auf Biskuit lassen sich gerne von perlendem **Asti Spumante**/Piemont/I und **Vouvray Pétillant**/Loire/F umschmeicheln, und Birnen auf Gorgonzola waren bei honigsüßem **Caluso Passito** von LUIGI FERRANDO, Ivrea/Piemont/I, in besten Händen. Birnen auf Roquefort und **Sauternes** sind eine legendäre Paarung. Vorsicht vor jugendlich-säurereichen Süßweinen! Sie betonen die salzige Seite des Käses oft allzusehr.

BIRNE „HELENE“ („POIRE BELLE HÉLÈNE“)

✎ Mit Zimtstange, Zucker, Vanilleeis, heißer Schokoladesauce und Schlagrahm. (Benannt nach Jacques Offenbachs Operette „Die schöne Helena“.)

🍷 Bezaubernde Sommerweine mit nur zarter Restsüße sind: **Malvasia Dolce** (**Amabile**)/I oder **Malvoisie** (z. B. DOMAINE MONT D'OR/Wallis/CH). Als „Liaison dangereuse“ entpuppten sich edelsüßer **Sainte-Croix-du-Mont** sowie **Sauternes**/Bordeaux, **Quarts de Chaume**/Loire/F und natürlich der Schokoladewein par excellence: **Banyuls** (z. B. **Banyuls „Rimage“** von CELLIER DE TEMPLIERS/Roussillon/F). Als schwerblütig-süße Winterweine bieten sich weiters **Malmsey**/Madeira/P und **Recioto di Gambellara**/Venetien/I an.

BISMARCKHERING

✎ Mit Zwiebeln, Senfkörnern und Lorbeerblättern in Essig eingelegte Heringsfilets, die nach Otto Fürst von Bismarck (1815–1898), preußisch-deutscher Staatsmann und Feinschmecker, benannt wurden.

🍷 Ein kühles **Bier** (8–9 °C) oder ein Gläschen **Aquavit** (10 °C) sind die zuverlässigsten Begleiter dieser diffizilen Speise. (Der **Aquavit** ist ein ursprünglich aus Dänemark stammender **Korn-Kümmelschnaps**.)

BISTECCA ALLA „FIORENTINA“

✎ Lendenfilet mit Beiried vom Holzkohlengrill mit Salz, Pfeffer, Olivenöl und Zitronensaft.

🍷 Das zarte Rindfleisch des Val di Chiana im Süden von Florenz ist seit Generationen dem **Chianti Classico** (z. B. CASTELLO DI FONTERUTOLI, FELSINA oder NITTARDI) zugetan. Weitere vinophile Freudenspender sind **Carmignano** (z. B. von FATTORIA DEL CERRO und PALAZZO VECCHIO) und an Festtagen **Brunello di Montalcino** (z. B. von CASE BASSE, SCOPETONE oder TALENTI). Als etwas zu geschliffen und eichenholzgeprägt empfanden wir die **Super-Tuscans** (**Sassicaia**, **Solaia**, **Lupicaia**, **Gratamacco Rosso**, **Concerto di Fonterutoli** und **Fontalloro**).

BLAUFELCHE (RHEINANKE, RENKE)

(frz. OMBRE BLEU, engl. FERRA BLUE, ital. SCIENA)

✎ Lachsforellenähnlicher Süßwasserfisch, der vorzugsweise im Bodensee vorkommt und als wahrer Leckerbissen gilt. Von Neujahr bis Ostern ist die ideale Fangzeit für den bis zu 75 cm langen und 3 kg schweren Edelfisch, der in gebratener Form zum „Fürsten der Tafel“ wird.

🍷 Zu Blaufelchen in Weißwein wählen Sie den Kochwein oder verlassen sich auf einen kraftvollen **Weißburgunder**. Zur gegrillten Form empfiehlt sich jugendlicher **Riesling** aus der Wachau/NÖ/A oder Mosel/D bzw. würziger **Rosé de Provence**. Zu Blaufelchen in Sauerrahm versuchen Sie **Riesling-Sylvaner Kabinett** (Pfalz, Rheingau/D) oder Ostschweizer **Räuschling** (z. B. von THEODOR STRASSER, Benken/CH).

BLAUFELCHENFILETS AUF „MÜLLERINART“

✎ Mit gewürzter Milch, Mehl, Butter, Zitronensaft und Petersilie.

🍷 Jugendlicher **Chasselas** (z. B. ein **Yvorne „Les Serpents“**/CAVES MÖVENPICK/Waadtland/CH), **Gutedel**/D, **Sylvaner**/Bielersee/CH sowie **Riesling** und **Riesling-Sylvaner Kabinett**/A und D (z. B. von

Altmeister JOSEF JAMEK/Wachau/NÖ) bescherten uns kulinarische Glücksgefühle. Trockene Spätlesen (z. B. vom LANDGRÄFLICH HESSISCHEN WEINGUT/Reingau/D) sind für kalte Winterabende bestimmt.

BLEICHSELLERIE → STANGENSELLERIE

BLEU D'AUVERGNE

✐ Renommierter Blauschimmelkäse aus der Auvergne (Massif Central), der aus Kuhmilch mit 50 % F. i. T. hergestellt wird und teilweise noch in Höhlen reift. Seine Rinde ist gelbbraun mit zartem Flor, der Teig ist intensiv marmoriert und geschmeidig, die Geschmackspalette reicht von kraftvoll-würzig bis rezent-rustikal.

🍷 Zum Bleu gibt es fast keine andere Möglichkeit als weißen **Pacherenc du Vic Bilh** aus Maumusson/SW-F, der sich mit allen Blauschimmelkäsen versteht, oder **Muscat de Beaume de Venise VDN**, DOMAINE DES BERNARDINS, Beaumes-de-Venise/südl. Rhône/F, im neuen finessenreichen, leichteren Stil (3–6 Jahre, 8–9 °C)! Auch **Côtes de Bergerac Moelleux** (lieblich)/Dordogne/F ist in Erwägung zu ziehen.

BLEU DE BRESSE (BRESSE BLEU)

✐ Wurde erst nach dem Zweiten Weltkrieg als französische Antwort auf den → Gorgonzola aus Kuhmilch kreiert, hat außen einen weißen Florbelag, weist 50 % F. i. T. auf und mundet in der Jugend mild-aromatisch, während er im Alter eine rotbraune Flora und einen strengen Geschmack entwickelt.

🍷 Auch hier bietet sich **Muscat de Beaume de Venise**/südl. Rhône oder edelsüßer mittelreifer **Château Coutet** (SÉM, SB, 5–8 Jahre, 7–8 °C) aus Barsac/Bordeaux/F für den reifen Käse an. Der junge Käse verträgt sich am besten mit einem körperreichen, nicht zu süßen Wein mit markanter Säure, z. B. **Vouvray demi-sec**/Loire/F.

BLINIS

✐ Kleine, dünne russische Pfannkuchen (Crêpes) aus Buchweizenmehl mit Kaviar.

🍷 **Trockene Schaumweine**, **Champagne Brut**, rassiger **Sauvignon Blanc** oder **Wodka** sind die trefflichsten Begleiter.

BLU(E) BAYOU

✐ Ein bayerischer Blauschimmelkäse mit 60 % F. i. T. in Rollenform, ohne Florabelag und mit mild-pikantem Geschmack.

🍷 Vermeiden Sie Süßweine mit wenig Säure und hohem Alkoholgehalt! Ideale Ergänzung ist eine milde **Traminer Spätlese** mit kraftvollem Körper, dezenter Restsüße und fein strukturierter Säure. Auch dunkles, mildwürziges **Malzbier** und **trockene Schaumweine** können sich schmecken lassen! Reife Exemplare haben auch eine gewisse Neigung zu Zwetschkenbränden.

BLUE CHEESE

✐ Eine amerikanische Roquefort-Variante aus Kuhmilch, mit wenigstens 50 % F. i. T., die mindestens zwölf Wochen alt sein muß und über einen halbfesten grün-blauen Teig mit kräftig-salzigem Aroma verfügt.

🍷 Der **Gewürztraminer** (4–8 Jahre, 9–10 °C) von GRAND CRU VINEYARDS, Alexander Valley/KAL (mit reichem Körper, feiner Frucht und gut balancierter Restsüße), schien wie maßgeschneidert für den Blue Cheese – beide Partner verliehen sich gegenseitig Flügel. Vorsicht ist geboten vor jungen Süßweinen mit potenter Säure, da sich Salz und Säure addieren!

BLUMENKOHL → KARFIOL

BLUNZEN

(frz. BOUDIN NOIR, engl. BLACK PUDDING, ital. SANGUINACCIO, span. MORCILLA)
Österreichische Bezeichnung für Blutwurst. Aus Innereien (Zunge, Herz und manchmal auch Leber), Schweinefleisch, Schweineblut, Speck, Majoran, Piment, Ingwer, Pfeffer und Salz. Stets mit Sauerkraut und Röstkartoffeln serviert.
Alter **Riesling**, **Petit Rouge**/Aostatal/I und **Gamay de Touraine**/Loire/F halten die Pole-position für alle Blutwurst-Kreationen. Die alten **Rieslinge** und **Grünen Veltliner** verjüngen sich auf wundersame Weise, und einfache mittelreife Rotweine mit eckigen Tanninen (**Cabernets** oder **Tannat**/Madiran) werden hier regelrecht weichgespült. Wäre da nicht das Sauerkraut gewesen, so hätte auch der jugendliche **Blaufränkisch Kabinett** von FRANZ SCHINDLER/BGLD/A geglänzt, was natürlich auch für oben genannte Rotweine gilt. Ganz junge, tanninreiche Rotweine bringen allerdings einen metallisch-bitteren Ton ein.

BLUTWURST → BLUNZEN

BOEUF „BOURGUIGNON" („À LA BOURGUIGNONNE")

Rindfleisch, mit Zwiebeln, Karotten und Kräutern mariniert, in (Burgunder)Rotwein mit Zwiebeln, Knoblauch, Speck und Champignons geschmort.
Zur Rotweinsauce drängt sich roter Burgunder/F von der Art eines **Monthelie „Château de Monthelie"** (PN, 4–8 Jahre, 17–18 °C), Côte de Beaune, geradezu auf. Mit reichem Körper, engmaschiger Frucht und feinen Beerentönen hilft er dem oft etwas matten Boeuf auf die Sprünge. (**Santenay**, **Savigny les Beaune**, **Mercurey**, **Rully** … sind beglückende Alternativen.) Ideal der **Mercurey „Clos du Roy" Premier Cru** von J. FAIVELEY!

BOEUF „STROGANOW" → FILETSPITZEN „STROGANOW"

BÖHMISCHE DALKEN

Altösterreichische Mehlspeise aus Germteig, Butter und Powidl, die sich normalerweise mit Prädikatsweinen im niedrigen Bereich (Spätlese, Auslese mit maximal 30 bis 35 g Restzucker) ideal vereinen läßt.
Muskat-Ottonel, **Pinot Gris**, **Furmint**, **Sämling 88** (z. B. die brillante Auslese von ALOIS KRACHER/ Illmitz/BLGD/A) mit überwältigenden Mango-Pflaumentönen. Unter den „Ausländern" taten sich **Vouvray demi-sec**/Loire, schon fast zu süßer **Jurançon Moelleux**/SW-F, blutjunger **Vintage Port** und roter **Cannonau Amabile**/Sardinien hervor. Rotweinenthusiasten lieben den Kontrast mit reifem, pflaumigem **Syrah** (z. B. der **Saint-Joseph** von J.-L. GRIPPAT/Rhône) oder üppigen, extraktsüßen Weltklasse-**Shiraz** aus Australien (z. B. der **„Astralis"** von CLARENDON HILLS oder der **„Hill of Grace"** von HENSCHKE).

BOHNEN

(frz. HARICOTS, engl. BEENS, ital. FAGIOLINI, span. JUDIAS)
Ursprünglich aus Süd- und Mittelamerika stammende Hülsenfrüchte („Das Fleisch der Armen"), die nach Farbe, Form und Geschmack unterschieden werden. Buschbohnen (kurz, krumm), Perlbohnen (eingeschnürt), Stangenbohnen (lang, breit), Wachsbohnen (gelb), Zuckerbohnen (süß). Der Größe nach unterscheidet man Prinzeßbohnen (klein, jung), Delikateßbohnen (mittellang) und Schnittbohnen (lang). Zarte, grüne Bohnenkerne stammen von halbreifen und weiße, rote sowie braune Bohnenkerne von reifen, getrockneten Exemplaren.
Mit fruchtcharmanten Jungweinen (weiß und rot) und **Sauvignon Blanc** liegen Sie eigentlich nie falsch, auch **südländische Roséweine** sind fast nie verkehrt, doch haben sich zu bestimmten Zubereitungsarten

auch spezielle Weine bewährt. Grüne Bohnen mit Tomatensauce (→ Sauce Tomates) und **Merlot del Piave** sowie **Valpolicella Classico**/Venetien/I sind immer wieder eine attraktive Kombination. Bohnen aller Art mit → Salbei verlangen nach **Frascati**/Latium, **Roter Veltliner** oder **Chianti Classico**/Toskana/I. Bohnen mit Speck in der Kombination mit **Morgon**/Beaujolais/Burgund/F ist bereits „patentiert"! Dunkle Bohnen in Fleischsauce ergänzen sich sowohl mit rotem **Grenache** und **Minervois**/Midi/F als auch mit **Dry Sherry**/E. → Weiße Bohnen in Sauce rufen nach rotem **Cabernet Franc**/international oder **Madiran**/SW-F. Dillbohnen aller Art und **Chardonnay**, ohne Holzausbau, gehören zu den kulinarischen „Weltwundern".

BOLLITO MISTO

Italienische Spezialität. Gemischter Fleischtopf mit → Zampone (geräucherter Schweinefuß), Poularde, Rindfleisch, Ochsenzunge, Kalbskopf, Salz, Pfeffer, Lorbeerblättern, Nelkenpfeffer, Weißwein, Karotten, Lauch und → Salsa Verde.

In Oberitalien serviert man mit Erfolg **Trentiner** und **Terlaner Pinot Bianco** (**Weißburgunder**) dazu. In Spanien überraschte man uns zu Cocido Madrileno (einer Abart des Bollito Misto) mit **rotem Rioja Alta**. In Piemont schwört man auf weißen **Gavi** und roten **Barbera** und **Nebbiolo**, wobei letzterer des öfteren infolge seiner Tannine mit dem Zitronensaft in der Salsa kollidiert. Auch rassige, allzu säurereiche Weißweine haben Probleme damit. Unabhängig von der regionalen Art des Gerichts sind **Frascati**/Latium, **Soave**/Venetien, **Verdicchio**/Marken, **Sauvignon** und **Tocai**/Friaul sowie internationale **Malvasier** und südländische **Roséweine** die bewährtesten Begleiter.

BONBEL

Französischer halbfester Schnittkäse mit 50 % F. i. T. von mildem, zartwürzigem Geschmack.

Ein **Aligoté** oder ein **Mâcon Blanc**/Burgund/F zeigen die Richtung auf, in der man suchen sollte. In unseren Breiten sind dazu fruchtige **Rieslinge** populär, aber auch **Weißburgunder** (Stahltank) sind eine Sünde wert.

BORDEAUXPASTETCHEN

Gekochte Knollensellerie, Rindermark, → Sauce Bordelaise, Blätterteig.

Einfacher **Bordeaux Supérieur**, markiger **Cru Bourgeois**/Médoc/F und kraftvoll-würziger **4ᵉ und 5ᵉ Cru Classé**/Bordeaux sind hier die unschlagbaren Begleiter. Meiden Sie allzu elegante, modische Barriqueweine!

BORSCHTSCH („BORCZCZ")

Russische Spezialsuppe aus roten Rüben, Rindfleisch, Schweinefleisch, Rauchfleisch, Zwiebeln, Lorbeerblättern, Knoblauch, Weißkraut, Schweineschmalz, Salz, Pfeffer und Sauerrahm.

Ein **Tokaji Szamorodni Száraz** (trocken)/H ist hier noch am ehesten zu empfehlen. Das aus der Ukraine stammende **Dunkelbier „Ukrainian"** überraschte mit würzigem, beinahe weinigem Geschmack.

BOUILLABAISSE

Marseillaiser Spezialität. Gilt als „Königin der Fischsuppen". Zwiebeln, Lauch, Tomaten, Knoblauch, Petersilie, Safran, Fenchel, kleine Seefische aller Art (Drachenkopf, Goldbrasse, Heringskönig, Meeraal, Meerbarbe, Seebarsch, Seeschwalbe, Seeteufel, Steinbutt ...), Lorbeerblätter, Gewürznelken, Weißwein, Mehlbutter, in Olivenöl gebratene Weißbrotscheiben und eventuell eine kleine Languste.

Aus südfranzösischer Sicht sind lokale **Roséweine**, **Côtes de Provence Blanc** (CC, UB, MAR, 2 Jahre, 7–8 °C, DOMAINE OTT), **Château de Jau**/Roussillon sowie **Bandol** und **Cassis** (z. B. von LA FERME

BLANCHE/Provence) die einzigen Weine, die mit den schwierigen Aromen (Knoblauch, Safran, Fenchel, Olivenöl) zurechtkommen und gleichzeitig ihren Charakter (herbes de Provence) nicht verlieren. In Paris und anderswo trinkt man auch reife **Chardonnays** wie **Pouilly Fuissé**/Burgund und oft etwas zu mächtigen **Châteauneuf-du-Pape Blanc**/südl. Rhône dazu, die sich dabei verjüngen.

BOUQUET GARNI

Kräuterbündel (Petersilstengel, Thymian, Majoran, Lorbeer, Gewürznelken und eventuell Bohnenkraut, Dill und Estragon) zur Verfeinerung von Suppen und Saucen. (Bereits im 17. Jahrhundert vom französischen Cuisinier Pierre de Lune kreiert.)

BOURRIDE

Provenzalisches Fischgericht. Verschiedene Meeresfische, Zwiebelscheiben, Fenchel, Bouquet garni, Orangenschale und → Aïoli.

Die Empfehlungen zu Bouillabaisse gelten im wesentlichen auch hier, erweitert durch den Rotwein **Bellet Rouge** (CAR, GR, CIN, 2–3 Jahre, 8–9 °C) vom CHÂTEAU DE BELLET/Provence, der sich als kraftvoll-robuster Partner entpuppte. Die Unsitte des oft zu starken Kühlens von Rotweinen verstärkte allerdings die Traubentannine um einiges, die dann bei der Knoblauchmayonnaise aneckten, jedoch die Fischaromen verstärkten. Schäumender spanischer **Cava** und weißer italienischer **Soave** sind attraktive Alternativen.

BOURSAULT

Französischer Käse (Mittelding zwischen Frischkäse und Weichkäse), ähnlich dem → Brillat-Savarin von weicher, geschmeidiger Art mit zart säuerlichem Aroma.

Elsässischer, deutscher oder österreichischer **Riesling** sind hier erste Wahl. Wundervoll der elsässische Parade-Riesling **„Kaefferkopf" Cuvée Joseph Dreyer** (6–10 Jahre, 9–11 °C) von SICK-DREYER, Ammerschwihr/Elsaß/F. Zu reifem Käse können auch samtig milde Rotweine (**Burgund**/F, **Rioja**/E) eingesetzt werden.

BOURSIN

Französischer Frischkäse, mit Knoblauch oder Pfeffer gewürzt.

Zu dem schwer zu kombinierenden Frischkäse sollten Sie einen **elsässischen Riesling** oder **Pinot Gris** versuchen, z. B. den **Tokay (Pinot Gris) d'Alsace** (3–6 Jahre, 8–10 °C) von ANDRÉ HARTMANN, Herrlisheim/Elsaß/F. Auch **Sauvignon Blanc** (Stahltank) ist möglich.

BOUTARGUE → MEERÄSCHE

BRACHSE (BRASSE)

(frz. BRÊME, engl. BREAM, ital. ABRAMIDE)

Grätenreiche schmale Karpfenart der europäischen Flüsse und Seen mit wohlschmeckendem, fest-fettem Fleisch, sofern sie sich in reinen Gewässern aufhält (kein Schlamm). Sie wird bis 1 m lang, bis zu 8 kg (!) schwer und in den Wintermonaten an die Angel genommen.

Ihre beliebtesten Partner sind mittelreife bis reife, rund-samtige Weißweine (ohne Barriqueausbau und aggressive Säure) oder – bei dunkler Sauce – elegante, säurearme Rotweine ohne neues Holz (z. B. **Rioja Crianza** im klassischen Stil).

BRACHSE PANIERT

Pinot Blanc, **Pinot Gris**, **Rotgipfler**, **Grüner Veltliner Kabinett** bis **Spätlese**, **Chardonnay**/Wallis/CH und der sardische **Torbato di Alghero**/I sind die erprobtesten Begleiter. Die größte Harmonie stellte sich allerdings bei 3 Exemplaren der unterschätzten Sorte **Neuburger Kabinett („Gut am**

Steg"/FREIE WEINGÄRTNER DER WACHAU, **„Smaragd"** von F. X. PICHLER/Wachau/NÖ und **Spätlese „Falkensteiner Berggericht"** von HEINRICH SALOMON/Weinviertel/NÖ/A) ein.

BRANDADE

✐ Provenzalisches Fischgericht. Gedünsteter → Stockfisch, Knoblauch, Olivenöl, Milch, Salz und Pfeffer, als Püree verarbeitet.

🍷 Standardpartner sind **Rosés** aus der Provence, aber auch fruchtcharmante Rotweine ohne Barriqueausbau, wie **Faugères**/Languedoc, **Bellet**/Provence, **Pinot Noir**/Elsaß und **Sancerre Rouge**/Loire/F. **Muscadet**/Loire und **Cassis Blanc**/Provence sind die weißen Alternativen für heiße Sommertage. An kälteren Tagen rufen Knoblauch und Olivenöl jedoch nach ihrem Favoriten: **Châteauneuf-du-Pape Blanc** (z. B. **Château de Beaucastel** oder **Châteauneuf-du-Pape „La Bernardine Blanc"** von M. CHAPOUTIER/südl. Rhône/F).

BRASSE → BRACHSE → DORADE

BRATWURST

(frz. SAUCISSE GRILLÉE, engl. GRILLED SAUSAGE, ital. SALSICCIA ARROSTITA, span. SALCHICHA)

✐ Gebratene Rohwurst aus rohem Schweinefleisch, Speck, Salz, Pfeffer und Muskatblüte.

🍷 Als unkomplizierter Begleiter empfiehlt sich kühles **Bier** oder rassig-würziger Weißwein (**Grüner Veltliner**), stahlig-säuriger **Schilcher** (Rosé) oder rustikal-herber Rotwein (**Blauburger**, **Zweigelt**, **St. Laurent** ...). Zu gegrillter Bratwurst war südsteirischer **Sauvignon Blanc** eine kleine Sensation (!), und auch chilenischer (roter) **Cabernet Sauvignon** inspiriert zu kulinarischen Höhenflügen (z. B. von J. & F. LURTON).

BRAUNE GRUNDSAUCE → SAUCE ESPAGNOLE

BREBIS DES PYRÉNÉES

✐ Aus 100 % Schafmilch hergestellter Käse aus den Pyrenäen mit meist mehr als 45 % F. i. T. (→ Pyrénées).

🍷 Seit Generationen empfiehlt man in Frankreich zum Brebis regionalen mild-süßen weißen **Jurançon Moelleux** (z. B. DOMAINE BELLEGARDE), der in dieser Kombination einfach nicht zu überbieten ist. In anderen Ländern werden leider immer wieder (allzu) gerbstoffreiche Rotweine angeboten. Manche Käse-Freaks schwören auf die Kombination mit feinen **Apfelbränden** (**Calvados**, **Gravensteiner**).

BRESÀOLA

✐ Gepökeltes, luftgetrocknetes Rinderfilet; in dünnen Scheiben, mit Öl, Zitronensaft und schwarzem Pfeffer (Mühle) angerichtet.

🍷 Dem intensiven Salz-, Zitronen- und Pfeffergeschmack steuern am besten fruchtbetonte, jugendliche Rotweine aus Venetien (**Bardolino**, **Valpolicella**) oder einfacher **Chianti**/Toskana entgegen. Ein Geheimtip ist der lombardische **Inferno** (**Nebbiolo**).

BRIE

✐ Vollfetter französischer Weichkäse aus roher Kuhmilch (45 % F. i. T.) mit Weißschimmelbildung, der schon 1815 auf dem Wiener Kongreß als „König der Käse" bezeichnet wurde. Der Edelkäse soll beim Anschneiden leicht fließen. Seinen Namen hat er von der gleichnamigen Landschaft östlich von Paris. Früher oft als „Juwel der Île-de-France" betitelt, gibt es ihn heute in vielen internationalen Variationen. Kühlschranklagerung schadet dem milden Aroma!

🍷 Als passende Begleiter empfehlen wir fruchtig-frischen **Pouilly Fumé** von der Loire sowie **Champagne**/F von trockener, jugendlich-leichter Art (Kohlensäure und Restzucker konterkarieren sogar den Reifegeschmack rezenter Käse) oder als Krönung eines großen Dîners einen **Chassagne-Montrachet Blanc Premier Cru „Les Caillerets"**/Côte de Beaune/Burgund/F (z. B. von MARC COLIN, Saint-Aubin/F). Manche altgediente Käsekenner schwören auf den aromatischen Schlagabtausch zwischen reifem Brie und altem **Cognac**. Der etwas würzigere Bergbrie läßt sich von **Chardonnay** mit zarter Holznote und eleganten Rotweinen (**Gamay**, **Pinot Noir**, **Blaufränkisch**) aus der Reserve locken. Aus heimischer Sicht sind **Riesling Spätlesen/Auslesen** anzuraten.

BRIES → KALBSBRIES

BRILLAT-SAVARIN

✍ Französischer Kuhmilch-Weichkäse aus der Normandie mit 75 % F. i. T., leichter Weißschimmelflora und frischkäseartigem, säuerlichem Geschmack. (Benannt nach dem großen Gastrosophen Anthelme Brillat-Savarin, 1755–1826.)

🍷 Der vom Sommelier empfohlene **Meursault „Genevrières"** von CHANSON PÈRE ET FILS, Beaune Cedex/Côte de Beaune/Burgund/F, fühlte sich sichtlich nicht wohl in dieser Gesellschaft und kehrte zu sehr seine Milchsäure hervor; ein deutscher **Riesling „Schloß Vollrads"** (3–6 Jahre, 9–10 °C) **Oestrich-Winkel**/Rheingau/D, brillierte mit leichtem Körper, fruchtiger Säure und feiner Frucht – die Harmonie war erstaunlich! Rotweine wurden wegen der Tannine abgelehnt. Wenn er mit frischen Früchten angeboten wird, kann man auch champagnisieren. **Champagne** sollte leicht und trocken sein.

BRIMSEN → LIPTAUER

BROCCIO

✍ Korsischer Ziegenkäse (mit Schafmilchanteil), der gerne in Ravioli gefüllt wird und sich blendend mit den würzigen Roséweinen seiner Heimat (**Calvi**, **Patrimonio**) versteht.

🍷 Ideal ist der **Patrimonio** von ANTOINE ARÉNA.

BROCCOLI (SPARGELKOHL)

Einzahl: Broccolo. Gehört zur selben Familie wie der Karfiol (Blumenkohl), ist grün, vitamin- und mineralstoffreich sowie kalorienarm. Der Name Spargelkohl rührt vom spargelähnlichen Aroma der oberen Blattstiele her. Das südeuropäische Gemüse wird in den Wintermonaten frisch angeboten.

🍷 Die klassischen „Gemüseweine" (**Sylvaner**, **Sauvignon Blanc**, **Malvasier** und **Neuburger** sind hier richtig am Platz, aber **Rieslinge** und zartfruchtige Rotweine (**Blauer Portugieser**, **Pinot Noir**, **Barbera**) können auch bestehen.

BROCCOLI ALLA „ROMANA"

✍ In Weißwein, Öl, Salz, Pfeffer und Knoblauch gedünstet.

🍷 Hier kommen die römischen „Hausweine" **Frascati** und **Marino** erfolgreich zum Zug. Besonders beeindruckt waren wir von einem **Frascati Superiore Santa Teresa** (MAL, TRE, 1–3 Jahre, 8–9 °C) von FONTANA CANDIDA, Frascati/Latium/I, der die Mär vom Massenwein auf glorreiche Weise widerlegte.

BROCCOLI MIT SAUCE HOLLANDAISE

✍ Gekochte Broccoli mit → Sauce Hollandaise.

🍷 Portugiesischer **Vinho Verde** als Sommerwein und milder **Montlouis**/Loire/F (z. B. von YVES CHIDAINE), der auch die Hollandaise nicht fürchtet, empfehlen sich als interessante Schrittmacher. Im Zweifelsfalle wählen Sie **südländische Roséweine**.

BROTPUDDING („BREAD AND BUTTER-PUDDING")

Gebutterte Weißbrotscheiben, Rosinen, Milch, Zucker, Eier, Vanille, Zimt und Himbeersaft.

Aus „Old England" überraschte die rare **Müller-Thurgau Auslese** von BRUISYARD, St. Peter/Suffolk. Aus Österreich und Deutschland bieten sich feingliedrig-frische **Auslesen** und **Eisweine** (**Gewürztraminer**, **Muskateller**, **Bouvier**, **Scheurebe**) an. Aus Frankreich kommen die modern vinifizierten Klassiker (**Barsac**/Sauternes, **Monbazillac**/Bergerac und **Coteaux du Layon**/Loire). Im Winter erfreuen auch **Tokaji „5 Puttonyos"**/H, **Madeira Bual**/P und **australischer Liqueur Muscat** (10–15 Jahre, 8–9 °C) z. B. von MORRIS WINES in Rutherglen/Victoria.

BRUCKFLEISCH

Wiener Spezialität aus Wurzelwerk, Essig, Rinderhals, Leber, Herz, Nieren, Milz, Kalbsbries, Zwiebeln, Salz, Pfeffer, Majoran, Kräuter, Rotwein, Mehl, Bouillon und Rinderblut. Wegen der drohenden BSE-Seuche sollte man zur Zeit das Gericht nicht allzuoft essen.

Trotz des Rotweins in der Sauce können Sie zum Gabelfrühstück würzig-pfeffrigen **Grünen Veltliner**, rassigen **Gelben Muskateller** bzw. kraftvollen **Pinot Blanc**/A oder trocken-würzigen Rosé (**Schilcher** inkludiert) versuchen; als dunkelfarbige Begleiter bieten sich duftiger **Blauer Portugieser**, herb-erdiger **Zweigelt**/A (ohne Barriqueausbau) oder auch (dunkles) **Malzbier** an. Als „Ausländer" konnte ein herb-deftiger **Cabernet del Piave** des Schweizers FEDERICO RECHSTEINER, Piavon di Oderzo/Venetien/I, gefallen.

BUCHTELN (WUCHTELN)

Österreichische Mehlspeise, ähnlich den → Bayerischen Dampfnudeln, aus Hefeteig, Marillenmarmelade bzw. Powidl (Pflaumenmus), Salz, Zucker, Milch und abgeriebener Zitrone.

Allzu üppig-süße Weine werden im Zusammenspiel mit den Buchteln aufdringlich. Feine **Rieslinge** oder **Riesling-Sylvaner**/A mit Rasse und zarter Süße sind hier gefragt. Wundervoll die Kombination mit einer subtilen **Riesling-Sylvaner Auslese** von ROBERT WENZEL, Rust/Neusiedlersee-Hügelland/BGLD/A.

BÜCKLING

Frischer, gesalzener, heißgeräucherter und nicht ausgenommener Hering mit Kopf.

Der Rauchton des Herings verlangt nach einem Wein mit niedrigem Säuregehalt bzw. mit bereits reifer Säure, wobei ein Rauchton im Wein (z. B. reifer **Pouilly Fumé**/Loire, **Grüner Veltliner**/NÖ/A, **Silvaner**/Franken/D) durchaus erwünscht ist und dabei wechselseitig Aromen ausgetauscht werden. Versuchen Sie einmal einen pikant-salzigen **Sherry Manzanilla**/E!

BULETTE (FRIKADELLE, FLEISCHLAIBCHEN)

Berliner Hackfleisch, gebraten, mit eingeweichtem Weißbrot, Rind- und Schweinefleisch, Zwiebeln, Salz, Pfeffer, Eier und Öl.

Ein kühles **Bier**, mildwürzige Weißweine (**Silvaner**/D, **Neuburger**/A), würzige **Roséweine** oder frisch-fruchtige Rotweine (**Lemberger**, **Spätburgunder**/D, **Zweigelt**, **Blauburger**/A) sind beliebte, unkomplizierte Begleiter.

BÜNDNER FLEISCH

Gepökeltes, 10 bis 15 Wochen lang luftgetrocknetes Rindfleisch (ein fettarmes Stück aus der feinfaserigen Oberschale der Keule) aus Graubünden/Schweiz; mit Salz, Pfeffer und Kräutern gewürzt. Verliert dabei 50 % an Gewicht.

🍷 Die salzig-würzige Spezialität läßt sich sehr gut von dem regionalen mildfruchtigen Weißweinen (**Chasselas**, **Pinot Blanc**, **Pinot Gris**, **Riesling-Sylvaner**) ausgleichen (z. B. der **Maienfelder Pinot Blanc** von GIAN-BATTISTA VON TSCHARNER/Bündner Herrschaft/CH). **Pinot Noir** (z. B. der **Malanser Blauburgunder** von ADOLF BONER/Bündner Herrschaft) setzt auch subtile Akzente. Rote **Barriqueweine** brachten meist metallisch-bittere Noten auf den Gaumen. Ein Geheimtip unter Freunden ist der Cru-Beaujolais **„Morgon"**/F.

BURGOS

Berühmter spanischer Labfrischkäse aus Schafmilch mit 50 % F. i. T., der als Laib mit ca. 2 kg Gewicht in den Handel kommt. Er besitzt einen weißen, geleeartigen Teig, ein charakteristisches salzig-rustikales Aroma und muß unbedingt frisch sein!

🍷 Der schwierig zu kombinierende Käse harmoniert noch am trefflichsten mit spanischem (!) **Riesling** oder auch mit **Chardonnay**. (Der mit pikanter Säure und Aromatik ausgestattete **Riesling „Waltraud"** von MIGUEL TORRES, Vilafranca del Penedès, erfreute genauso wie der salzig-würzige **Balada Chardonnay** von CELLER RAMÓN BALADA, Sant Marti/Sarroca/Katalonien/E.) Rassige Rieslinge (A/D) betonen die salzige Note oft allzusehr.

BURRIDA

Adriatische Abart der provenzalischen → Bourride. Kleine Mittelmeerfische (Brandbrasse, Drachenkopf, Glatthai, Meeraal ...), → Tintenfische, → Krustentiere, Fischfond, Olivenöl, Weinessig, Zitronensaft, Sellerie, Zwiebeln, Knoblauch, Steinpilze und Petersilie.

🍷 **Südländische Roséweine** sind hier eine sichere Bank. Im Sommer erfreuen toskanischer **Galestro**, **Grecchetto**, **Chardonnay** sowie **Pinot Bianco**/Oberitalien. Im Winter sind es würzige und preiswerte Tropfen aus Sizilien (z. B. **Terre di Ginestra Bianco**, CAT, 1–3 Jahre, 8–10 °C) und Sardinien (**Nuragus di Cagliari secco**), die dem Gericht Paroli bieten können. Exquisite Barrique-**Chardonnays** (z. B. **„Gaia & Rey"** von ANGELO GAJA/Piemont) lieferten dem Gericht einen Kampf auf Biegen und Brechen und verloren dabei an Finesse. Weniger ist hier mehr!

BUSECCA

Kuttel- bzw. Kaldaunensuppe aus der Lombardei. Mit Weißkraut, Karotten, Knollensellerie, Porree, Zwiebeln, Öl, Mehl, Bohnen, Kutteln, Räucherspeck, Safran oder Salbei, Petersilie, Knoblauch, Tomatenmark und geriebenem Parmesan.

🍷 **Franciacorta Rosso** und **Oltrepó Pavese Rosso**/Lombardei/I bzw. trockener **Sherry** (**Fino**, **Manzanilla**)/E sowie **Sauvignon Blanc**, **Riesling** oder **Chardonnay** sind die verläßlichsten Begleiter dieser fast zu vielschichtigen Suppe. (Beispielhaft die Verbindung mit dem würzig-fruchtigen **Franciacorta Bianco Saline** (CH, PB, 1–3 Jahre, 8–9 °C) von CORNALETO, Adro/Lombardei/I.)

BUTTERKÄSE

🍷 Flacher Weichkäse von butterähnlicher, cremig-schmelzender Konsistenz und mildem Aroma, der sich am ehesten mit **Roter Veltliner**/NÖ/A, **Riesling** (Mosel/D, Wachau/NÖ/A ...), **Pinot Blanc** (Baden) oder **Pinot Gris** (Baden, Rheinpfalz/D) kombinieren läßt.

CABÉCOU DE ROCAMADOUR (ROCAMADOUR)

Frz. „kleine Ziege". Kleiner runder Ziegenkäse aus Frankreich mit weicher hellgelber Haut, zartem weißem Schimmel und mild-aromatischem, im Alter salzig-würzigem Aroma.

🍷 Ein **Tavel Rosé** (z. B. DOMAINE DE LA MORDORÉE, Tavel/südl. Rhône, 2–3 Jahre für den jugendlichen, 4–7 Jahre für den reifen Käse) ist der Partner für jede Jahreszeit. Als Weißweine bieten sich **Aligoté**/Burgund

und **Gaillac Blanc**/S-F und **Pinot Blanc** (Stahltank) an. Auch Schaumweine können in Erwägung gezogen werden; jugendlich-fruchtig für den jungen und samtig-weinig-reif für den alten Käse.

CABRI DOUX

Frischer französischer Ziegenkäse aus Burgund mit cremig-geschmeidigem Teig und mild aromatischem Geschmack, der in Schnittlauch gehüllt wird.

Frische, nicht zu säurebetonte Weißweine (**Chenin Blanc**/Loire, **Aligoté** oder fruchtige **Roséweine**, wie hell gekelterter **Dôle**/CH oder **Rosé d'Anjou**/Loire/F (z. B. von LES CAVES DE LA LOIRE) passen am trefflichsten. Auch mittelreife edle Schaumweine sind attraktiv!

CACCIUCCO (CACIUCCO)

Traditionelle italienische Fischsuppe aus Drachenkopf, Hai, Knurrhahn, Meeraal, Krebsen, Tintenfisch, Zwiebeln, Knoblauch, Sellerie, Petersilie, Thymian, Olivenöl, Muscheln, Tomatenmark, Peperoni, Salz, Pfeffer, Gewürznelken und Lorbeerblatt.

Traditioneller Begleiter ist der toskanische **Montescudaio Rosso** (SAN, TRE, MAL, 2–5 Jahre, 14–16 °C)! Wir probierten diesmal aber auch Weißweine. Im Sommer raten wir zu **Bianco di San Torpe**/Toskana oder **Regaleali Bianco** (CAT, INZ, SB, 1–2 Jahre, 8–9 °C) von CONTE TASCA D'ALMERITA/Sizilien. Kräftiger Südtiroler **Traminer Aromatico** (z. B. von der KELLEREIGEN. GIRLAN) ist auch winterfest. Übermächtige rote „Scharfmacher" sind diverse **Aleatico**-Weine/Latium.

CACIOCAVALLO

Birnenförmiger, geräucherter, sehr delikater süditalienischer Hartkäse (Knetkäse) aus Schafmilch, der mit der bekannten Einschnürung zu Paaren aufgehängt wird und 44 % F. i. T. aufweist. Nach 3 bis 5 Monaten mild und zart, nach 8 bis 12 Monaten pikant-säuerlich und als Reibkäse verwendet.

Der vom italienischen Sommelier empfohlene **Cirò Rosso Classico** (GAL 90 %, 5–8 Jahre, 17–18 °C) von VINCENZO IPPOLITO, Cirò Marina/Kalabrien/I, trumpfte mit reichem Körper (13,5 %), samtig-aromatischem Bouquet und würzig-intensivem Abgang auf. Es schien, als würde er einen Alleingang antreten, doch mehr und mehr rauften sich die Kontrahenten zusammen. Ein kulinarisches Erlebnis, das die Geduld etwas auf die Probe stellte.

CACIOTTA

Bezeichnet etwa 30 verschiedene halbfeste Schnittkäse aus der Toskana, Umbrien, Latium, den Marken und Sardinien, die meist aus Kuhmilch, manchmal auch aus Kuh- und Schafmilch bzw. Ziegenmilch hergestellt werden, einen meist buttrigweichen Teig, mildes, leicht süßliches Aroma und 45 % F. i. T. aufweisen. Bisweilen werden die Käse auch gegrillt oder gebraten angeboten.

Runde, milde Weißweine aus den jeweiligen Regionen sind die idealen Begleiter auf dem Weg zu geschmacklichen Höhepunkten und Erlebnissen.

CALAMARI → TINTENFISCH, → KALMAR

CAMEMBERT

Vollfetter französischer (Normandie) Edelweichkäse aus roher Kuhmilch mit 45 % F. i. T., dessen Weißschimmelbelag eine zarte Reifenote aufweisen und beim Anschnitt fließen darf. Bereits 1791 von der normannischen Bäuerin Marie Harel erfunden, wird er seit 1890 in Spanholzschachteln verpackt und trat damit seine Siegesfahrt um die Welt an.

🍷 Der Camembert verträgt sich am besten mit modern vinifizierten, transparenten Weißweinen mit harmonischer Säure und nicht zu hohem Alkoholgehalt (**Sylvaner**, **Riesling-Sylvaner**, **Riesling**, **Pinot Gris**, **Chardonnay**). Kulminationspunkt war die Begegnung mit dem nußwürzigen **Chardonnay** (ohne Barriqueausbau) der DOMAINE LAROCHE, **Chablis**/Burgund/F. Unter den immer wieder empfohlenen Rotweinen konnten nur samtige Tropfen (hohe Säure und Tannine stören die Harmonie) wie **Bandol Rouge**/Provence oder **Beaujolais Villages**/Burgund/F Anklang finden.
Sehr reife, rezente Exemplare lassen sich auch von extraktreichen, schweren Rotweinen (**Amarone**/Venetien, **Barolo**/Piemont, **Grange**/S-AUS, **Châteauneuf-du-Pape**/südl. Rhône) und sogar **Cognac** ausbalancieren. Mehr als eine Verlegenheitslösung sind trockener **Cidre** (**Apfelwein**) und jugendlicher **Champagne**.

CANNELONI

✎ Gefüllte italienische Nudelteigrollen. Salz, Olivenöl, Knoblauch, Zwiebeln, Rinderhackfleisch, Schweinefett, Tomatenmark, Rotwein, Petersilie, Pfeffer, Oregano und Thymian; Sauce aus Olivenöl, Speck, Zwiebeln, Salz, Knoblauch, Tomaten, Champignons, Rotwein, Pfeffer und Parmesan.
🍷 Zu Canneloni alla Partenopea (gefüllt mit → Ricotta, → Mozzarella, Schinken, bedeckt mit Sauce aus Tomaten und Basilikum, mit Parmesan gratiniert) versuchen Sie **Pinot Grigio**/Friaul/I. An heißen Tagen sind auch Weißweine (**Verduzzo**/Friaul und **Vermentino**/Ligurien) und süditalienischer **Rosato** angebracht. Im Prinzip sind es aber etwas rustikale Rotweine (**Chianti Rufina** und **Carmignano**/Toskana, **Montepulciano d'Abruzzo**, einfacher **Valpolicella**/Venetien, **Barbera**/Piemont und **Regaleali Rosso**/Sizilien), die die üppige Sauce zu durchdringen vermögen. Wenn von einem subtilen Kochkünstler zubereitet, sind auch edler **Chianti Classico**, **Vino Nobile di Montepulciano**/Toskana und betörender **Gravello** (CS, GAGLIOPPO, 4–6 Jahre, 16–17 °C) von LIBRANDI/Kampanien erwünscht.

CANTAL

✎ Hellgelber, halbharter, sattmilchig-nussiger französischer Vollmilchkäse aus der Auvergne, der als wahrscheinlich ältester Käse als „Doyen de fromage" geehrt wird und mit dem → Chester verwandt ist.
🍷 (Roter) **Beaujolais Primeur**/Burgund sowie (weißer) **Graves Blanc sec**/Bordeaux und **Hermitage** bzw. **Viognier** und **Lirac Blanc** (Reihenfolge absichtlich)/Rhône/F waren die erfolgreichsten Weine im Partnerschaftstest. Vermeiden Sie Rotweine mit adstringierenden Tanninen! Reifer **Rioja**/E ist allerdings superb.

CANTUCCI

✎ Mandelkekse mit Pinienkernen und Anissamen.
🍷 Zum Ende eines Mahls werden sie gerne in süßen **Marsala**/Sizilien oder **Vin Santo**/Toskana bzw. Umbrien getaucht.

CAPRICE DE DIEUX

🍷 Französischer Weichkäse aus den Vogesen, mit zarter Weißschimmelflora, durchgereiftem Teig und mildem Aroma (65 % F. i. T.), der sich hervorragend mit leichten, spritzigen **Champagnes** und zart-harmonischen Weißweinen (**Sylvaner**, **Chardonnay**, **Pinot Blanc**, **Riesling**) verträgt. (Superb die Aromaergänzung durch den finessereichen **Boizel Blanc de Blancs** von BOIZEL, Epernay Cedex/Champagne/F.)

CARPACCIO

✎ Sehr dünne, rohe, magere Rind-, Lamm-, Lachsfleischscheiben usw., mit Olivenöl und Zitronensaft, frischem Pfeffer, Senfsauce und/oder fein gehobeltem Parmesan bestreut und mit rosa →

Mayonnaise angerichtet. Ein Gericht, das 1950 in der berühmten HARRY'S BAR in Venedig kreiert wurde.
🍷 Dazu bieten sich ausgewogene Weine mit balancierter Säure von der Art eines **Vespaiolo di Breganza**/Venetien/I, eines samtigen **Sauvignon Blanc**, **Cabernet Rosé** oder **Chianti Putto**/Toskana/I an; wird es mit weißen Trüffeln garniert, so darf man sich auch an einen (roten) **Barbera** oder **Barbaresco**/Piemont heranwagen. Zu einem Carpaccio bzw. Tartar aus rohen Seefischen eignen sich liebliche, zartduftige Weine mit milder Säure, die sich mit dem beigegebenen Zitronensaft bestens liieren und an Frische gewinnen (z. B. **Pinot Gris**, **Malvoisie** ...). Zu Carpaccio vom Milchkalb versuchen Sie **Bianco di Custoza**/Venetien oder **Pinot Grigio**/I. Carpaccio vom Rind ist mit jungem **Médoc**/Bordeaux/F oder **Zweigelt**/A zu empfehlen.

CARRÉ DE L'EST

Viereckiger Weichkäse aus der Champagne, nach Art des Brie mit Weißschimmel bedeckt und von milder, säuerlicher Art. Mit zunehmendem Alter wird er pikant-würzig.
🍷 In Deutschland kombiniert man den Weichkäse gerne mit feinen **Rieslingen** oder milden **Scheureben**; im Mutterland sind natürlich feinste **Still-** und **Schaumweine** aus der Champagne begehrt (z. B. **Coteau Champenois Blanc de Blancs de Chardonnay** von LAURENT-PERRIER, **Tours-sur-Marne** oder **Champagne Blanc de Blancs** von JACQUES SELOSSE, Avize).

CASHEL IRISH BLUE

🍷 Ein graugrüner neuirischer Schimmelkäse mit großen Bruchlöchern, 45 % F. i. T. und würzig-edelbitterem Aroma, der sich mit einigen Edelauslesen sehr gut verstand, aber mit einem elsässischen **Gewürztraminer Vendange Tardive** von HUGEL, **Riquewihr**/F, seine schönsten Momente hatte. In Irland selbst erfuhren wir die unvergeßliche Begegnung mit dem sahnig-cremig-schokoladigen **Beamish Stout-Bier**.

CASSATA

Italienische Eisbombenart. Ursprünglich ein Biskuitboden mit gesüßter → Ricotta; Vanille-, Himbeer- und Schokoladeneis, Läuterzucker, Schlagrahm, Konfitfrüchte, Rum, kandierte Früchte. Die sizilianische Cassata ist ein in Alkohol eingelegter Käsekuchen mit Schokoladenguß und kandierten Früchten – ganz ohne Eis.
🍷 Ein bezaubernder **Moscato d'Asti** (MOS, 1–2 Jahre, 7–8 °C) von ANGELO ARIONE, Asti/Piemont/I, mit nur 5 % Alkohol, feinem Mousseux, subtilem Muskatduft und hinreißend frischem Traubengeschmack erwies sich als Idealwein schlechthin, und nur pro forma erwähnen wir noch den schwerblütigen **Vin Santo „San Niccolò“** (MAL, TRE ..., 7–12 Jahre, 8–10 °C) von CASTELLARE, Castellina/Toskana/I. Er betäubte uns beinahe mit seinem exotischen Duft (Honig, Veilchen, Datteln, Feigen) und seinem Aroma; seine klare goldbraune Farbe erfreute das Auge, und sein endloser, vollaromatisch-süßer Abgang ließ auch die Cassata dahinschmelzen. Zur sizilianischen Version empfehlen wir neben dem Vin Santo vor allem die Süßwein-Stars aus Sizilien, z. B. **Moscato Passito di Pantelleria** von GIOIA CASANO und SALVATORE MURANA.

CASSOLETTES (RAGOUTNÄPFCHEN, KASSERÖLLCHEN)

Exquisite Ragouts in kleinen Porzellanformen.
🍷 Der erlesene Inhalt (Hühnerbrustwürfel mit Spargelspitzen in Geflügelrahmsauce) verlangt nach milden Weißweinen mit zarter Restsüße (**Riesling-Sylvaner**, **Muskateller**); Ragout von Gänseleber, Pökelzunge und Champignons in → Sauce Madère paaren Sie mit reifem (roten) **Saint-Émilion**/Bordeaux/F und Rehragout mit Pfifferlingen in → Sauce Mornay ist eine Sache für würzigen **Pinot Noir**.

CASSOULET

✎ Französisches Eintopfgericht aus dem Languedoc. Weiße Bohnen, Knoblauch, Pfeffer, Rotwein, Gänseschmalz, Speckschwarten, Wurst, Hammelfleisch, Karotten, Thymian, Lorbeerblätter, Zwiebeln, Tomatenpüree, mit Semmelbröseln gratiniert.

🍷 Bohnen, Gänseschmalz und Speckschwarten bedingen rustikal-kräftige Rotweine aus den Languedoc (**Fitou**, **Corbières**), Madiran (**Château d'Aydie**, **Château Bouscassé**), Cahors (**Château Triguedina**) oder Bergerac, deren Tannine die Verdauung in Gang bringen können. Interessante Außenseiter sind weststeirischer **Schilcher** (z. B. von CHRISTIAN REITERER) mit fettzerteilender Säure und der als Geheimtip gehandelte **Schaumwein Blanquette de Limoux „Carte Noire"** (MAU 80 %, CHB, CH, 3–5 Jahre, 7–8 °C).

CASTELMAGNO

✎ Halbweicher italienischer (Piemont) Blauschimmelkäse mit 34 % F. i. T. nach Art des → Gorgonzolas.

🍷 Der weiße **Arneis dei Roeri** von BRUNO GIAGOSA, Neive/Piemont/I, oder, noch besser, der honigsüße **Caluso Passito** aus halbgetrockneten **Erbaluce**-Trauben von VITTORIO BORATTO, Piverone/Piemont/I, ließen Gourmetfreuden und Glücksgefühle aufkommen.

CEVAPCICI

✎ Serbische Hackfleischwürstchen: Rindfleisch, Kalbfleisch, Salz, Pfeffer, Majoran, Knoblauch, Zwiebeln, Peperoni, Oliven, Gewürzgurken, am Spieß gebraten.

🍷 Ein kühles **Bier** und für Weißweinfreunde ein jugendlicher **Welschriesling** (**Italianski Rizling**) aus Knjasevac/Serbien boten sich als alternative Feuerlöscher an. Falls Sie Schärfe einigermaßen gewöhnt sind, so versuchen Sie den samtweichen **Merlot** von VINAKOPER, Koper/Slowenien, mit verblüffendem Preis-Leistungs-Verhältnis!

CHABICHOU (CHABI)

✎ Französischer Ziegenkäse in Zylinderform, der in mehreren Departements hergestellt wird, bei Molkereikäsen mit weißlichem, sonst rotbräunlichem Schimmelbelag. Manchmal haben die Käse auch eine Holzkohleschicht, und allesamt entwickeln sie im Alter ein charakteristisch strenges Ziegenaroma.

🍷 Ein interessantes Gegengewicht zum etwas strengen Alterston bieten schäumender **Vouvray demi-sec**/Loire oder ein einfacher roter **Vin de Pays**/F. (Herrlich das Zusammenspiel mit dem knackig-frischen, zartsüßen **Vouvray demi-sec** von CHRISTOPHE PICHOT, Vouvray/Touraine/Loire.) Zum jungen Käse sind **Sauvignon Blanc**/Loire und zum reifen **Cabernet Franc** ideal.

CHAMPIGNONS (EGERLINGE)

(frz. CHAMPIGNONS, engl. WHITE MUSHROOMS, ital. FUNGHI COLTIVATI, span. CHAMPIÑONES)

✎ Sehr beliebte Pilzart mit zartnussigem Aroma, die ab Juni als Feld- und Wiesenchampignon vorkommt. Apicius erwähnte schon vor 2000 Jahren herrliche Pilzrezepte, und Ludwig XIV. (1643–1715) ließ in den Katakomben von Paris Champignonkulturen anlegen, damit sie das ganze Jahr als kulinarische Leckerbissen zur Verfügung standen.

🍷 Sie sollen weißköpfig, völlig geschlossen, von kräftigem Aroma und festem Fleisch sein und lassen sich dann mit subtilen, zart-fruchtig-würzigen Weißweinen (**Sauvignon Blanc**, **Sylvaner**, **Riesling**, **Tocai Friulano**, **Chardonnay**, **Pinot Blanc**, **Chasselas**) oder elegant-fruchtigen Rotweinen (**Blauer Portugieser**, **Zweigelt**, **Merlot**, **Pinot Noir** …) sehr gut kombinieren. Wilde Champignons verlangen nach reifem **Jahrgangs-Champagne** oder firnigem, altem Rotwein. Zu Champignonpastete haben wir reifen **Meursault**/Burgund/F in guter Erinnerung. Champignons gebacken und fein-fruchtig-samtiger **Zierfandler**

Kabinett (z. B. von JOHANN STADLMANN, Traiskirchen/Thermenregion/NÖ/A) sind ein oft unterschätztes Kunstwerk der Harmonielehre, und Champignonsalat paarten wir gleichermaßen erfolgreich mit schotenwürzigem friaulischem **Sauvignon** von VENICA & VENICA, Dolegna/Collio/I, sowie mollig-weichem, ausgleichendem **Pinot Gris** von ANTON MEIER, Würenlingen/Ostschweiz. (Siehe auch → Schweinsnüßchen mit Champignonsauce.)

CHAMPIGNONS À LA CRÈME

✐ Champignonscheiben, in Butter gedünstet, mit Süßrahm, Salz, Pfeffer, Petersilie.

🍷 Vermeiden Sie hier einen Wein mit rassiger Säure (**Sauvignon Blanc**, **Riesling** ...), sie wird metallisch-hart und stört die Harmonie. Reife Weißweine gewinnen indessen an Frische und Jugendlichkeit. Milde, säurearme bis zart-restsüße Sorten (**Chasselas**/CH, **Gutedel**/D, **Tocai**/Friaul/I, **Riesling-Sylvaner**, **Pinot Gris**, **Sémillon**) gehen mit den Pilzen und dem Süßrahm eine überzeugende Partnerschaft ein.

CHAMPIGNONS AUF „GRIECHISCHE ART"

✐ In Weißwein, Wasser, Olivenöl, Zitronensaft, Pfeffer, Salz, Lorbeerblatt aufgekocht.

🍷 Eine faszinierende Aromakombination ergab der in nur geringen Mengen produzierte zypriotische **Riesling** von LOEL, der die Champignons auf der Zunge Sirtaki tanzen ließ; der weiße **Robola** von CALLIGA, Kephalonien/Griechenland, gilt ohnehin als idealer Partner.

CHAMPIGNONSOUFFLÉ

✐ Gehackte Champignons, Eigelb, Rahm, Butter, Salz, Pfeffer, Muskatnuß und Eiweiß.

🍷 Mittelreife bis reife, weiche, samtig-würzige Weißweine (**Sylvaner**, **Neuburger**, **Pinot Blanc**, **Pinot Gris**, **Grüner Veltliner Kabinett bis Spätlese**) interpretieren den Pilzgeschmack am schönsten. An kalten Winterabenden sollten Sie einmal eine milde, würzig-saftige **Muskat-Ottonel Spätlese** (z. B. von GERALD MALAT, Palt/NÖ) versuchen , die nur zart dominierte und der Würze des Soufflés einen subtilen Süßeanstrich verpaßte.

CHAOURCE

✐ Französischer Kuhmilch-Weißschimmelkäse aus der Champagne mit 50 % F. i. T., frischkäseartigem Teig und milchsäuerlichem Aroma.

🍷 Ein **Chablis Premier Cru**/Burgund mit dezentem Holzton stellte eine Aromabrücke zum Chaource her, aber ein **Meursault „Charmes" Premier Cru** (CH, 5–6 Jahre, 8–9 °C) von JEAN MONNIER, Meursault/Côte de Beaune/Burgund/F, stellte einen Aufbruch zu neuen Ufern dar. Traditionellerweise serviert man auch die Weine der Region (still und schäumend) dazu, obwohl sie nicht immer passen! Das säuerlich-salzige Aroma läßt einseitig säurereiche Weine spitz und grün erscheinen. Reife Exemplare lassen sich auch mit **Tresterbränden** und samtig weichen **roten Burgundern** genießen.

CHARLOTTE

✐ Aus „Old England" stammendes berühmtes Dessert, das seinen Namen von Queen Charlotte, der Gemahlin Georgs III., erhielt. Es wird in glattwandiger, zylindrischer Form bereitet, mit Löffelbiskuits (Biskotten) ausgekleidet, mit Crèmes, Fruchtpürees, Gelee, Schlagrahm oder Speiseeis gefüllt, nach dem Erkalten gestürzt und garniert. (→ Apfelcharlotte)

🍷 Zu Erdbeercharlotte ist roter **Bourgueil**/Loire/F (von AUDEBERT, COGNARD oder JAMET) ein Luxus der besonderen Art. Süße Zungen sollten sich von den Weinen zu → Charlotte Russe inspirieren lassen.

CHARLOTTE RUSSE

✐ Renommierte Nachspeise nach dem berühmten Kochkünstler Marie-Antoine Carême (1784–1833). Milch, Vanillezucker, Eigelb, Konfitfrüchte, Gelatine, Rahm, Zucker, Löffelbiskuits.

🍷 Alte **Sauternes**/Bordeaux/F halten die diversen Aromen meisterhaft in Schach, doch auch ein schäumender **Asti Spumante „Tenimenti“** von FONTANAFREDDA, Serralunga d'Alba/ Piemont/I, und der faszinierend sinnlich-exotisch-süße **Malvasia delle Lipari „Capo Salina“** von CARLO HAUNER, Salina/-Sizilien/I, wußten zu begeistern.

CHÂTEAUBRIAND

Nach François René Vicomte de Châteaubriand (1768–1848), dem französischen Schriftsteller und Staatsmann. Filetbeefsteak für 2 Personen aus einer Rinderlende (Lungenbraten) zwischen → Filet Mignon und → Tournedos. Außerdem Salz, Pfeffer, Brunnenkresse, Kräuterbutter und Kartoffeln.

Hier können Sie alle Register in Sachen Rotwein ziehen. **Côtes du Rhône Villages**, **Madiran** sowie einfache **Bordeaux** (**Côtes du Bourg** und **Côtes de Blaye**)/F sind zur Grundrezeptur passend.

CHÂTEAUBRIAND „EUGEN“

Salz, Pfeffersauce (→ Sauce Poivrade) mit Senffrüchten, Paprikaschoten und Kartoffelkroketten in Mandelhülle.

Unter den Weißweinen konnten sich nur **Riesling Kabinett**/Franken/D und **Grüner Veltliner „Smaragd“**/Wachau/NÖ über die Pfeffersauce einklinken. Als Mittagswein bewährten sich **Pinot Noir**, **Dôle**/CH und einfache **Bordeaux-** bzw. **Rhôneweine**. An kalten Winterabenden greift man auch dankbar zu üppigem **Syrah**/Rhône/F (z. B. **Saint-Joseph**) oder fruchtexplodierendem **Shiraz**/AUS oder KAL. Ein „Wahnsinn“ die Kombination mit den drei monumentalen, pfefferwürzigen „Granaten“ von der South Central Coast/KAL (OJAI VINEYARD, ALBAN VINEYARD und vor allem SINE QUA NON von ELAINE und MANFRED KRANKL), die schon fast zuviel des Guten waren. Finessenreiche elegante Rotweine scheiterten regelmäßig an der Pfeffersauce.

CHAUDEAU

→ *ZABAIONE*

Französische Weinschaumsauce. Eier, Zucker, Weißwein und Zitronensaft, im Wasserbad schön schaumig geschlagen. Im alten Frankreich eine traditionelle Brautspeise, die den Einstand in die Ehe versüßen sollte.

Lieblicher **Riesling** oder **Muskatellersekt** (z. B. die rare **Rieslingsektcuvée „Nocturne“** vom MENGER-KRUG/Reinpfalz) sowie jugendlicher **Bonnezeaux** und **Quarts de Chaume** (CHB, 6–8 Jahre, 8 °C), DOMAINE DE BAUMARD/Loire, brillierten mit feinstem Süße-Säurespiel. Die üppig-süßen **Dessertweine** (**Cérons** und **Loupiac**/Bordeaux, **Moscatel de Setúbal**/P, **Cream Sherry**/E usw.) konnten wirklich nur an eiskalten Winterabenden gefallen. Der **Loupiac Château de Ricaud** (SEM, 3–7 Jahre, 7–8 °C) deckte das Dessert regelrecht zu und wurde selbst plump und breit.

CHAUDFROID

Fleisch-, Geflügel- und Wildspeisen in pikanter Chaudfroidsauce (Sulzsauce), kalt serviert, die sich gut mit mild-aromatischen Weiß- und elegant-samtigen Rotweinen paaren lassen.

Chaudfroid von der Ente bleibt großem **Pinot Noir**/Côte de Nuits (z. B. **La Tache GC**) oder feurigem **Côte Rôtie** (z. B. **„Les Jumelles“** von JABOULET AINÉ in Tain 1'Hermitage/nördl. Rhône) versprochen.

CHAUDFROID VOM HUHN

Gedünstete Hühnerbrust und weiße Chaudfroidsauce: Mehl, Butter, Salz, Pfeffer, Bouillon, Zucker, Muskat und Rahm.

Rassige Weiß- und tanninige Rotweine haben hier nichts verloren. Neben mildem Rosé (**Oeil de Perdrix**/CH und **Chiaretto**/Venetien) sind es vor allem samtig-runde Weißweine (**Riesling-Sylvaner**, **Muskateller** bzw. **Muscat**, **Moscato**, exotischer **Chardonnay**, **Sémillon**, **Chasselas** und **Tocai**/

Friaul) mit eventuell zarter Restsüße (z. B. die halbsüße **Ruländer Spätlese** von STEFAN SCHNEIDER, Illmitz/BGLD/A), die die cremig-milde Struktur der Sauce zum Singen brachten.

CHAUMES

✐ Französischer Kuhmilch-Weichkäse aus dem Bordelais in flacher Laibform, mit zarter Rotflora und 50 % F. i. T., der einen geschmeidigen Teig und ein würziges Aroma aufweist, sich aber interessanterweise nicht sehr glücklich mit den Weinen seiner Region vermählt.

🍷 Attraktive „Heiratskandidaten" sind **Riesling**, **Pinot Blanc** (Elsaß) und einige jugendliche **Gamays** (Beaujolais, Loire) bzw. junger **St. Laurent** (z. B. von LEO HILLINGER, Jois/BGLD) oder **Blaufränkisch**/A. Bouquetreiche Weißweine wurden als aufdringlich empfunden. Reifer Champagne ist allerdings eine interessante Alternative.

CHEDDAR

✐ Zylindrischer fetter Hartkäse (rohe Kuhmilch, 45 % F. i. T.) aus der Grafschaft Sommersetshire/GB mit orangegelber Farbe und nußartigem Geschmack, der bereits im 17. Jahrhundert kreiert wurde. Bei uns bezeichnen die Namen Cheddar und Chester meist den gleichen Käse.

🍷 Zum jugendlich frischen Cheddar ist es in England Tradition geworden, einen jungen roten **Claret** (Bordeaux) zu trinken, doch ist Vorsicht geboten vor zu jugendlichen, gerbstoffreichen Exemplaren. Zum reifen Käse mit salzig-rezenter Note sollten Sie einen edlen **Côte Rôtie**/nördl. Rhône/F (z. B. von der DOMAINE JAMET, Ampuis) oder **Vintage Port**/P aus dem Keller holen. Reifer, extraktsüßer **Zinfandel**/KAL ist allerdings immer ein Thema.

CHEESEBURGER

✐ Nordamerikanische Weiterentwicklung des berühmten → Hamburgers. Hackfleisch vom Rind, Zwiebeln, Semmelbrösel, Milch, Salz, Pfeffer, Paprika, Senf, Öl, Tomaten, Chester oder Cheddarkäse und Milchbrötchen (Buns). In Zeiten des „Rinderwahnsinns" sollte man allerdings den Genuß etwas einschränken.

🍷 Jugendlich-fruchtiger **Sauvignon Blanc** und mittelkräftiger **Merlot** oder **Zinfandel** aus Kalifornien sind zu allen Zeiten verläßliche Begleiter – sofern man nicht zu „klassischen Partnern" wie z. B. **Cola** greift!

CHERBAH

✐ Arabische → Zwiebelsuppe. Zwiebeln, Öl, Pfefferminze, Tomaten, Paprikaschoten, Knoblauch, Pfeffer, Salz, Eigelb und Zitronensaft.

🍷 Ein **Muscat Vendange Tardive d'Alsace** (4–6 Jahre, 9–10 °C) von JOSEPH CATTIN, Herrlisheim/F, setzte sich gegen alle nordafrikanischen Konkurrenten durch und bewies einmal mehr, daß Minze, Paprika, Knoblauch und Zitronensaft für ihn kein Problem darstellen.

CHESTER (CHESHIRE CHEESE)

✐ Traditionsreichster englischer Süßmilchhartkäse von orangegelber Farbe und etwas salzigem Aroma, der als hervorragende Grundlage für Schmelzkäse-Erzeugnisse gilt und sich sehr gut mit elegant-samtigen Rotweinen ohne aggressive Tannine verträgt (z. B. der superbe **Merlot** von LAIBACH VINEYARDS/ZA); als Weißwein-

🍷 Alternative gelten mild-samtiger **Gutedel** oder **Riesling-Sylvaner** (z. B. der aromatisch-fruchtige **Müller-Thurgau** von LAMBERHURST, Kent/GB).

CHÈVRE

Pikant-aromatischer französischer → Ziegenkäse (mit mindestens 45 % F. i. T.), der in mehr als 60 Arten hergestellt wird. Die Rinde ist weiß, gelb, braun, blau und sehr oft mit Kümmel aromatisiert oder in Weinblätter gehüllt.

Vouvray sec (CHB, 4–8 Jahre, 7–8 °C), z. B. von PH. FOREAU, Vouvray/Touraine/ Loire/F, ist ein sicherer Tip, wenn es um die Vermählung von Chèvre und Wein geht, aber auch **Sancerre**/Loire/F oder **Tavel Rosé**/Rhône/F sind nicht zu verachten. Rotweine harmonieren mit einigen festeren, kräuterwürzig-reifen Ziegenkäsen – insgesamt aber sind frische, nicht allzu säurebetonte Weiß- und **Roséweine** vorzuziehen. Zu ganz frischen Käsen trinkt sich auch ein Gläschen Schaumwein (**Champagne Blanc de Noirs**, **Crémant d'Alsace**) auf höchst angenehme Weise!

CHICKEN „MARYLAND"

→ *HÜHNERBRÜSTCHEN „MARYLAND"*

CHICKEN-POT-PIE

Englische Hühnerpastete. Gedünstetes Suppenhuhn, Zwiebeln, Kartoffeln, Karotten, Knollensellerie, Porree, Petersilie, Thymian, Lorbeerblatt und Hühnerbouillon.

Ein südsteirischer **Grüner Sylvaner** vom SATTLERHOF, Gamlitz/A, brachte jene erdige Würze, feine Herbe und fenchelartige Note ins Spiel, die haargenau zur Pie paßte. Der **Magdalen Fine English Wine** (AUX, 1–2 Jahre, 9–10 °C) von PULHAM, Magdalen/Norfolk/GB, mit interessantem Duft und erstaunlicher Fülle, erinnerte durch seine frische, rauchige Art an einen **Chardonnay** und lehnte sich geschickt an die Pie an. Ein englisches Heimspiel.

CHICORÉE (BRÜSSELER ENDIVIE)

(frz. CHICORÉE, engl. ENDIVE, ital. INDIVIA, span. ESCAROLA)

Ein vitaminreiches Wintergemüse mit zartbitterem, knackigem Aroma, das sich sehr gut mit mildwürzigen Weißweinen (**Neuburger**, **Pinot Blanc**, **Sylvaner** usw.) zusammenspannen läßt. Vorsicht vor tanninreichen Rotweinen! Zu gefülltem Chicorée empfehlen wir **Soave**/Venetien und **Pinot Grigio**/Friaul/I, und zu Chicorèe auf „Indische Art" (mit Gewürznelken, Zimt, Lorbeerblatt, Speck, Zwiebeln und Karotten) waren ein Saar-**Riesling** und ein zimtig-würziger **Chardonnay „Ried Hagelsberg"**, FAMILIE PITNAUER, Göttlesbrunn/Carnuntum/A, auf den ersten Plätzen.

CHILI CON CARNE

Feurige texanisch-mexikanische (Tex-Mex) Spezialität. Rote Bohnen, Olivenöl, Rindfleischwürfel, Zwiebeln, Salz, Pfeffer, Chilipulver, Paprika, gehäutete Tomaten.

Bei dieser geballten Ladung an Gewürzen ist kühles **Weizenbier** der richtige Durstlöscher, und es sorgt auch dafür, daß die Aromen nicht explodieren! Milder **Rosé** oder Rotwein mit wenig Säure und Alkohol (biologischer Säureabbau) können als Ersatzlösung gelten. Eine erfreuliche Weißwein-Alternative stellt der mit erfrischendem Zitruston ausgestattete **Blanc de Blancs** (CHB, 1–2 Jahre, 7–8 °C) der CASA PEDRO DOMECQ, Coyoaca/Mexiko, dar.

CHILIPULVER (CHILIPFEFFER)

Brennend-scharfe pulverisierte Gewürzmischung aus kleinen paprikaähnlichen Pfefferschoten und diversen Gewürzen, deren Heimat Zentral- und Südamerika ist. (Siehe → Sambal!)

In geringen Mengen eingesetzt, kann es eine Ausschüttung von Endorphinen (schmerzbetäubend, euphorisierend) auslösen. Aber Vorsicht vor hohen Alkoholwerten! Chili kann in Verbindung mit gespriteten Weinen Geschmacksnerven lähmen und in Kombination mit Spirituosen sogar einzelne Papillen verbrennen.

CHOP SUEY

Asiatisches Gericht, das von chinesischen Köchen in den USA kreiert wurde. Schweinefleisch in Streifen, mit Sake (Reiswein), Sojasauce, Pfeffer, Ingwer, Glasnudeln, Stangensellerie, Pilzen, Zwiebeln, Bambussprossen und Zucker gedünstet.

Erste Wahl ist natürlich → **Sake**! Als Mittags- und Sommerwein empfahl sich der exotische **Chardonnay Tsingtao** von HUA DONG/China. Für den eiligen Luncher sind **Ingwer-Bier** (**Ginger Beer**) oder **Ginger Ale** die richtigen, unkomplizierten Begleiter. Im Winter vergrößert sich das Angebot und schließt auch weiße (**Gewürztraminer**, **Sémillon**, **Condrieu**, **Sauvignon Blanc**, **Muskateller** trocken/halbtrocken) und rote (**Amarone**/Venetien, **Barolo Chinato**/Piemont und **Châteauneuf-du-Pape**/südl. Rhône) Alkoholbomben mit ein. Die schweren Weißweine sollten jedoch gut gekühlt sein, da Temperaturen über 11–12 °C die Wahrnehmung von Frische und Säure vermindern und die Giganten oft plump erscheinen lassen.

CHORIZOS

Spanische Würstchen aus meist geräuchertem Schweinefleisch mit intensiver Würze und hohem Fettgehalt.

Modern vinifizierter, erfrischender **weißer Rioja** (z. B. **Marqués de Murrieta**/Ygay, **Marqués de Cáceres**/Cenicero oder **Herencia Remondo Viura**/Logroño), ein kühles Glas **Cerveza** (**Bier**) oder mildwürziger **Rosé** (z. B. der **Rosado secco** von OLLARA BODEGAS, Logroño/Rioja Alta/E) sind die beliebtesten Partner für dieses oft extrem scharfe Gericht. Die Spanier trinken auch einfache Rotweine (**Navarra**, **Ribera del Duero**) dazu.

CHOW SUB GUM MEIN

Chinesische Spezialität. Schweinefleischscheiben, in Erdnußöl gar gebraten, Pilze, Kastanien, grüne Paprika, Stangensellerie, Bouillon, Salz, Pfeffer, → Sojasauce und Nudeln.

Erste Wahl ist natürlich → **Sake**! Unter den von uns getesteten Weinen zeigte besonders der mit überreifem Honig-Rosenduft ausgestattete Riesling Smaragd **„Ried Steinriegl"** vom WEINGUT PRAGER, Weißenkirchen/Wachau/NÖ/A, seine Vorliebe für die → asiatische Küche. Doch auch der einheimische **Riesling Tsingtao** von HUA DONG überraschte positiv!

CHRUTWÄHE

Schweizer Spinatkuchen. Zwiebeln, Speckwürfel, Spinat gehackt, Eigelb, Rahm, Salz, Pfeffer, Muskatnuß, Majoran und Mürbteig, ungezuckert.

Der **Fendant „Le Fauconnier"** (CHA, 1–2 Jahre, 8–9 °C) von SIMON MAYE, Saint-Pierre-de-Clages/Wallis/CH (ein fruchtig-eleganter Wein mit feiner Struktur, unerwartet frischer Säure und zarter Würze im schlanken Körper), war der gesuchte Mittags- und Sommerwein, während der mineralisch-würzig-nussige **Chardonnay Domaine la Grillette** von THIERRY LUTHI, Cressier/Neuenburgersee, auch für kühlere Tage geeignet ist. Zur Not kann man auch tanninarme, fruchtige Rotweine (**Pinot Noir**, **Dôle**) wählen.

CHRYSANTHEMEN-FEUERTOPF

Chinesische Spezialität im Fonduetopf. Aus Schweinsfilet, Rindsfilet, Kalbsleber, Seezungenfilet, Hühnerbrust, Glasnudeln, geschälten Krabben, Stangensellerie, Spinat, Sojasauce, Sesamöl, Reiswein, Eiern und Hühnerbouillon, die im eigenen Land gerne mit → **Sake** kombiniert wird.

Unter den von uns getesteten Weinen für → asiatische Küche ragte diesmal der sich dabei verjüngende sherryartige **Château-Chalon „Reserve Catherine de Rye"** (SAV, 10–15 Jahre, 12–15 °C) von HENRI MAIRE, Arbois/Jura/F, geradezu leuchtturmartig heraus. Auch exotische Barrique-**Chardonnays** sind möglich!

CLUB-SANDWICH

✐ Doppelstöckige nordamerikanische Spezialität. Getoastetes Weißbrot, Kopfsalatblätter, gebratener Speck, Hühnerbrust und → Mayonnaise.
🍷 Leichter (roter) kalifornischer **Zinfandel**, mildwürziger **Barbera**/Piemont/I oder KAL sowie fruchtiger **Sauvignon Blanc**/KAL (z. B. von RAYMOND VINEYARD, St. Helena/Napa) sind die Favoriten für den „Doppeldecker".

COGNAC

🍷 Weinbrand aus dem Département Charente im Südwesten Frankreichs, der seit 1909 gesetzlich geschützt ist. Der berühmteste aller Brände wird aus den Rebsorten **Folle Banche**, **Ugni Blanc** (auch **Saint-Émilion** genannt) und **Colombard** gewonnen und jahrelang in Limousin-Eichenfässern ausgebaut. Wichtigstes Qualitätsmerkmal ist jedoch der kreidereiche Boden seiner Herkunft.
Wie bei allen Spirituosen sind auch Cognac-Reduktionen in Saucen eine oft unnehmbare Hürde für die meisten Weine. Reifer **Hermitage Blanc**/nördl. Rhône, **Pouilly Fuissé** und **Corton-Charlemagne**/Burgund/F sowie kraftvolle **Pinot Blanc Spätlesen** (Burgenland/A, Baden/D ...) können eine rühmliche Ausnahme sein. Unter den Rotweinen ist reifer **Saint-Estèphe**/Haut-Médoc/Bordeaux/F (**Château Cos d'Estournel** ...) hervorzuheben, und zu **Cognac** in Desserts sind alte **Sauternes**/Bordeaux/F, **Tokaji Aszú**/H und **australische Liqueurweine** (z. B. der komplexe **Old Premium Liqueur Muscat** von MORRIS, Rutherglen/Victoria) ideal.

CÖLESTINEN („CELESTINES") VOM HUHN

✐ Kleine panierte Leckerbissen. Gebratenes Huhn, Pökelzunge, Champignons, getrüffelte Hühnerfarce, mit Ei und Bröseln paniert.
🍷 Milde Weißweine von großem Aromareichtum (**Gavi**, **Arneis**/Piemont/I, **Pinot Gris** A/D, **Zierfandler**/A, **Gutedel**/D ...) schneiden hier am besten ab.

COMTÉ (GRUYÈRE DE COMTÉ)

✐ Französischer Hartkäse aus der Franche-Comté (Ostfrankreich/Jura) in Laib- oder Mühlsteinform, der aus Rohmilch hergestellt wird, einen Fettgehalt von über 45 % F. i. T. und einen würzig-aromatischen, fast fruchtigen Geschmack aufweist. Wie der Gruyère wird er gerne als Reibkäse und für Fondues verwendet.
🍷 Als schlechthin ideale Begleiter empfehlen wir sehr reife **weiße Burgunderweine**/F, wie **Meursaults**, **Auxey-Duresses** oder **Monthelie**. Als „Überdrüber"-Wein nach einem großen Dîner sollten Sie einmal einen **Vin Jaune de Jura** (8–10 Jahre, 11–12 °C) von A. & M. TISSOT, Arbois/Jura, versuchen. Ein Erlebnis, denn die Bittertöne heben sich auf, und das Salz des Käses verleiht dem Wein mehr Rasse. Unter den Rotweinen haben sich reifer **Rioja**/E und **Chianti Classico**/I vor allem zu den rezenten Exemplaren einen Namen gemacht.

CONFIT

✐ Üppige französische Spezialität. Eingemachtes aus Enten-, Gans-, Schweine- oder Truthahnfleisch, das, zunächst gesalzen und gut gewürzt, einen Tag lang gut gekühlt ziehen darf und dann im eigenen Fett gegart und, mit diesem bedeckt, abgekühlt und konserviert wird.
🍷 Enten-Confit und (roter) **Madiran**/A. BRUMONT/SW-F ist gleichermaßen üppig wie köstlich; Gänse-Confit und weißer **Jurançon**/Pyrenäen ist nicht minder üppig und genauso köstlich; Schweine-Confit und roter (schwarzer) **Cahors „Prince Probus"** de CLOS TRIGUEDINA/SW-F ist ein Erlebnis, und Truthahn-Confit sollten sie mit einem **Corbières Rouge „Château des Ollieux"**/Roussillon/S-F zusammenspannen. Meiden Sie im allgemeinen schlanke, fruchtcharmante Weine, nur säure- bzw. tanninreiche Tropfen können das Fett zerteilen!

COQ AU VIN (BURGUNDER HÄHNCHEN)

Klassisches französisches Geflügelgericht. Gewürztes Hähnchen, in Butter gebraten, Speck, Zwiebeln, roter Burgunder, Salz, Knoblauch, Lorbeerblatt, Mehl, Wasser, Cayennepfeffer, → Cognac, Champignons, Toast und Petersilie.

Gamay oder **Pinot Noir**/Burgund sind hier fast Pflicht. Als Mittagswein begeisterte jedoch ein feingliedriger **Blauburgunder Kabinett** von E. & CH. FISCHER, Sooß/NÖ. Am Abend beklatschten wir das „magische Dreieck" zwischen **Moulin à Vent** (GAM, 4–6 Jahre, 16–17 °C) vom CHÂTEAU DE JACQUES/Beaujolais/Burgund, der würzigen Rotweinsauce und dem diffizilen Cognac. Im Winter darf es auch ein GC von der **Côte de Nuits** (z. B. **Chambertin „Clos de Bèze"**, PN, 6–12 Jahre, 17–18 °C von der DOMAINE MARION oder J. FAIVELEY) sein. Manche Sommeliers schwören allerdings auf alles überragenden **Châteauneuf-du-Pape**/südl. Rhône.

COQUILLES SAINT-JACQUES (JAKOBSMUSCHELN)

(engl. SCALLOPS, ital. CONCHIGLIE DI S. JACOPO, span. CONCHAS DE PEREGRINO)

Gehören zur Familie der Kammuscheln und zeichnen sich durch festes, wohlschmeckendes Fleisch und rote Rogen ohne kulinarischen Wert aus. Sie sind kalorienarm, kommen geschmacklich nahe an die → Auster heran und enthalten viel Eiweiß und Vitamine. Die großen Muscheln fängt man im Winter (Oktober bis Mitte Mai), vor allem an den Küsten des Atlantik und im Mittelmeer. Der Name Jakobsmuschel oder Pilgermuschel rührt daher, daß die gewölbten Schalen den Kreuzzugspilgern als Trinkschale dienten.

Zu Coquilles mit Curry-Lauchcreme empfehlen wir einen exotischen **Chardonnay** mit Barriqueausbau. Wenn Knoblauch im Spiel ist, hat sich **Chablis Grand Cru „Valmur"**/Burgund/F als edelster und dankbarster aller Partner erwiesen, und zur Terrine von Jakobsmuscheln ist **Chassagne-Montrachet Blanc**/Burgund/F der ideale „Prinzgemahl". Die gegrillten Muscheln sehnen sich nach einem **Hermitage Blanc**/nördl. Rhône/F; in Backteig vereinigen sie sich auf grandiose Weise mit einem mittelreifen **Meursault**/Burgund, und auf „Provenzalische Art" (mit Tomaten, Zwiebeln, Knoblauch, Brotkrumen, Petersilie, Olivenöl) ist **Cassis Blanc**/Provence (CLOS D'ALBIZZI oder DOMAINE DU BAGNOL) erste Wahl! Gekühlte Rotweine betonen ihrerseits den Meeres-Jodton am intensivsten, doch Harmonie kann man selten erzielen! Ragout von Coquilles Saint-Jacques war edelsüßem, mittelreifem **Sauternes** (**Château Rieussec**), Bordeaux, ein schillernder Gegenspieler, und zur Brochette (Spieß) von Jakobsmuscheln versuchen Sie **Sylvaner**/Elsaß/F.

COQUILLES SAINT-JACQUES AUF „PARISER ART"

Jakobsmuscheln, mit Schalotten, Salz und Pfeffer in Weißwein gedünstet, mit Champignons und → Sauce Mornay gefüllt und mit Käse gratiniert.

Weißweine mit grüner, spitzer Säure haben hier von Haus aus keine Chance, und durch die Sauce erst recht nicht. Schwere „Eichenbomber" übertönen das zartsüßlich-mineralische Flair der Muscheln und können nur über die Sauce etwas Akzeptanz erzielen. Die größten Glücksgefühle bescherten zu Mittag **Chardonnay**, **Pinot Gris**, **Pinot Blanc**, **Neuburger**, **Sémillon** und **Chasselas** im Kabinettbereich und mit dezentem Holzeinsatz. Am Abend waren es gediegene **Chardonnays** (**„Löwengang"** von A. LAGEDER/Bozen, **Chablis Pic Premier** von A. RÉGNARD/Burgund und **Meursault** von COMTES LAFON/Burgund), die die Balance zwischen Muscheln und Sauce hielten. An kalten Winterabenden ist auch **Sherry Fino light dry**/E ein Thema.

COQUILLES SAINT-JACQUES GEBACKEN MIT SAUCE BÉARNAISE

Jakobsmuscheln, Bouillon, Mehl, Butter, Petersilie und → Sauce Béarnaise.

Hier gelten ähnliche Regeln wie oben, die Béarnaise brachte aber auch **Riesling Spätlesen trocken**, **Grüne Veltliner „Smaragd"**, **Zierfandler Spätlesen**, **Graves Blanc**, **Chenin Blanc**/Loire und **Verduzzo**/Friaul ins Spiel. Hervorragend die geschliffene **Pinot Blanc Morillon „Cuvée Zieregg"** von

M. TEMENT/S-STMK, der rassig-anschmiegsame **Vouvray sec „Grande Année"** (CHB, 6–8 Jahre, 9–10 °C) von BERNARD FOUQUET/Loire und der unvergleichliche **Montrachet GC** der DOM. DE LA ROMANÉE-CONTI/Burgund.

CORAIL → HUMMER

CORDON BLEU

Frz. „blaues Ordensband". Bezeichnung für eine(n) exzellente(n) Köchin (Koch). Kalbsschnitzel Cordon Bleu besteht aus zwei Tranchen vom Kalbsschlögel, Emmentaler und Schinken, mit Ei und Bröseln paniert.

Mild-samtige Weißweine mit pikanter Sortenwürze (**Chasselas**/CH, **Gutedel**, **Côtes du Jura Blanc**/F, **Neuburger**, **Rotgipfler**, **Zierfandler**/NÖ) und hellgepresster **White Zinfandel**/KAL konnten Panier, Käse und Schinken am besten begegnen. Rotweinfreunde sollten **Côtes du Ventoux**/Provence oder **Dôle**/CH versuchen.

CORSICA

Ein traditionsreicher korsischer → Schafkäse mit 50 % F. i. T., einer mit Weißschimmel versehenen Rinde, kleiner Bruchlochung und jugendlich-mildem bis rustikal-kräftigem Geschmack, der sich in der Jugend mit einem erfrischend-exquisiten **Calvi Rosé** von CULOMBU, Korsika, und im Alter mit einem würzig-teerigen roten **Sartène** von der DOMAINE DE SAN MICHELE, Korsika, glücklich vermählt. Auch der ausdrucksstarke **Zweigelt Rosé** von EMMERICH KNOLL, Loiben/Wachau/NÖ/A, vermochte zu gefallen.

COTTAGE CHEESE

Ein körniger Frischkäse, der aus den USA stammt und dort in drei Arten vorkommt. Der „creamed cottage cheese" wird mit einem Rahmdressing vermischt und ist besonders populär.

So interessant es auch sein mag, jeden Käse mit einem Wein zuvermählen, so desillusionierend gehen meist die Experimente mit Frisch- und Sauermilchkäsen aus. Am ehesten empfehlen wir eine milde, zartsüßliche Kreszenz, wie den **Johannisberg Riesling** von CHAPPELLET VINEYARD, Rutherford/Napa Valley/KAL.

COULOMMIERS

Französischer Kuhmilchkäse von der Île-de-France mit langer Tradition, 50 % F. i. T., von unvergleichlichem Geschmack, edler Reife und brieähnlichem Aroma.

Elsässischer **Sylvaner**, leichter **Champagne Blanc de Blancs** und der superbe **Pouilly Fumé „Baron de L"**, CHÂTEAU DU NOZET, Pouilly-sur-Loire/F, erwiesen sich als verläßliche Gefährten auf dem Weg zu kulinarischen Hochgenüssen. Der reife rotbraune Käse ist auch von edlen, mittelreifen Rotweinen (**Syrah** oder **Shiraz**) zu begeistern.

COUSCOUS

Arabisches Nationalgericht aus Weizengrieß, Salz, Wasser, Öl, Pfeffer, gewürfelter Hammelkeule, Knoblauch, Paprika, Bouillon, Kerbel, Petersilie, Butter und → Harissa (Sauce).

Südländische bzw. **nordafrikanische Roséweine** sind im Zweifelsfalle vielleicht nie ganz richtig, aber auch nie ganz falsch. Extraktreicher **Gewürztraminer** als Idealpartner und würziger roter **Fitou**/Corbières/Roussillon/F (für Chili-Liebhaber) beziehen da schon eindeutiger Stellung.

Zum Couscous aus Fischen versuchen Sie einen sizilianischen **Rapitalà Bianco**, und zum Couscous aus rotem Gemüse kommen Sie an einem **Beaujolais Primeur**/Burgund/F kaum vorbei; zum Couscous süß wählen Sie exotisch-milden **Malvasia delle Lipari**/Sizilien/I, zum Couscous mit Granatäpfeln vollmundig-traubigen **Bonnezeaux**/Loire und schließlich zu Gerstencouscous **Graves Blanc**/Bordeaux/F!

CRÈME BRÛLÉE („BURNT CREAM")

„Old Englands" beste → Vanillecreme, mit einer Schicht aus karamelisierterm Zucker bedeckt, die bereits im 17. Jahrhundert erfunden wurde.

Idealpartner sind die gespriteten **Vins Doux Naturels** (**VDN**) **„Muscat de Beaumes de Venise"**/südl. Rhône und **„Muscat de Rivesaltes"**/Roussillon/F sowie reifer **Cream Sherry**/E. Nicht uninteressant die im Stil einer **Beerenauslese** ausgebaute **Botrytis Clocktower-Selection** aus **Scheurebe**, **Siegerrebe/Ehrenfelser** und **Kerner** von THAMES VALLEY VINEYARD, Berkshire/GB. Alter **Sauternes**/F und alte österreichische **Ausbruchweine** verjüngen sich im Zusammenspiel mit der Creme!

CRÈME CARAMEL

Wird aus Butter, Zucker, Eiern, Milch, Sahne, Vanilleschote und Salz, in Wasser badend, im Ofen gegart und aus kleinen Formen, die mit karamelisiertem Zucker ausgesgossen wurden, gestürzt.

Im Prinzip gelten hier die gleichen Regeln wie zu Crème Brûlée, erweitert durch **Malvasia Dolce** (z. B. **Malvasia di Planargia** von JOSTO PUDDU/Sardinien), reifen **Coteaux du Layon**/Loire, elitären **Moscato d'Asti** (z. B. von GIOVANNI SARACCO/Piemont), reifen **Champagne Rosé** und preiswerter, üppig-süßer katalanischer **Gran Reserva „Extrisimo Dulce"** von MASIA BACH für extrem kalte Abende.

CRÈME DOUBLE

Ungesäuerte Rahm(Sahne)-Spezialität aus Frankreich, mit 40 bis 45 % Fett, die sich ideal zum Binden von Saucen und Suppen eignet, da sie auch bei hohen Temperaturen nicht ausflockt.

Samtig milde Weißweine mit hohen Extraktwerten (**Graves Blanc**/Bordeaux, reifer **Chenin Blanc**/Loire) und halbtrockene **Riesling-Sylvaner** sowie **Pinot Gris** kann man als Ausgangspunkt für Crème-double-Verbindungen nehmen.

CRÈME FRAÎCHE

Besonders feiner, säuerlicher Rahm mit 30 bis 35 % Fettgehalt, der in Frankreich ungemeine Popularität erreicht hat und sich ausgezeichnet zum Binden von Saucen, Suppen und Schmorgerichten eignet. Durch die Nouvelle cuisine kam er auch nach Österreich und Deutschland.

Empfehlungen analog zu → Crème double.

CREMESCHNITTE

Blätterteig mit Vanillecreme.

An heißen Tagen setzen traubig-frische, nur zartsüße Kabinettweine wie der **Traminer** von WINKLER-HERMADEN/SO-STMK, aber auch **Muskateller**, **Riesling-Sylvaner** und **Zierfandler** einen erfrischenden Kontrapunkt zum Dessert. Desgleichen mäßig süße **Schaumweine** (**Muskateller** bzw. **Moscato** und **Mousseux Jura Blanc**/F sowie **Riesling**). Am Abend bezaubern die traubig-süßen, geschliffenen **Dessertweine** der Loire (**Coteaux du Layon**, **Bonnezeaux**, **Quarts de Chaume**). „Naschkatzen" verlangen aber auch hier nach schwersten **Dessertweinen** wie **Moscatel de Setúbal**/P und **Muscat de Frontignan**/Languedoc/F. Mein Kompromißvorschlag wären „eisig-frische" **Eisweine** (**Riesling-Sylvaner**, **Welschriesling**, **Pinot Blanc**, **Muskateller**), die noch eine Art Dialog mit dem Dessert führen.

CREMINI DELLE LANGHE

Italienisches (Piemont) Dessert. Milch, Zucker, Zitronenschale, Eigelb, Aprikosenlikör, Gelatine werden aufgekocht und mit Schlagrahm und Erdbeeren garniert.

Die Schweizer „Faserschmeichler" **Humagne** und **Amigne**/Wallis sowie die Lokalfavoriten **Moscato**

d'Asti und **Moscato d'Asti Spumante** (die Kohlensäure maskierte sowohl die eigene Restsüße als auch die Süße der Cremini) gehören neben **Malvasia Dolce**, **Vin Santo**/Toskana und exquisiten **Beerenauslesen** (**Riesling**, **Riesling-Sylvaner**, **Scheurebe**) und last not least dem raren **Moscato Rosa** bzw. **Rosenmuskateller** (SCHLOSS SCHWANBURG und SCHLOSS SALLEGG/Südtirol) zu den Freudenspendern im kulinarischen „Alltagsstreß".

CRÊPES

Hauchdünne kleine Pfannkuchen (→ Palatschinken) aus Mehl, Milch und Ei, gefüllt mit verschiedenen Leckerbissen. Die untertassengroßen Crêpes waren bereits im 13. Jahrhundert eine Spezialität der Bretagne.

Zu Crêpes mit Calvadosäpfeln genießen Sie ein Gläschen **Calvados** (**Apfelbrand**), und zu Crêpes mit Zungenragout ist roter (schwarzer) **Cahors**/SW-F (**Château de Triguedina**, **Château de Chambert**, **Château de Lagrezette**) einfach unnachahmlich.

CRÊPES „SUZETTES"

Kleine Palatschinken, mit Grand Marnier (Orangenlikör und Cognac) flambiert und zu Quarts de Plaisir („Vierteln der Freude") zusammengeklappt.

Ein Glas **Champagne**, mit etwas **Grand Marnier** aromatisiert, ergab eine faszinierende Kombination mit den Crêpes und steht hier stellvertretend für alle guten **Schaumweine**, die man einsetzen könnte. Auch **Ratafià** (**Fruchtsaftlikör**, der durch Vermischen von Zucker, Fruchtsaft und Alkohol entstanden ist und mit Muskat, Pfeffer, Zimt usw. gewürzt wurde) ist eine abwechslungsreiche Möglichkeit. Unter den **Dessertweinen** sind es **Orangenmuskateller** und **gespritete Muscats** (**Muscat de Rivesaltes** etc.), die mithalten können.

CRIMLIN

Frischer halbfester Schnittkäse mit 45 % F. i. T., der dem → Port Salut nachempfunden wurde, einen ähnlich kräftigen Geschmack aufweist und sich sehr gut mit mittelschweren, trockenen und würzigen Weißweinen (z. B. **Féchy**/La Côte/Waadtland/CH) oder fruchtig-samtigen Rotweinen (z. B. **Malanser Blauburgunder**/Bündner Herrschaft/CH oder **Blaufränkisch**/Neckenmarkt/Mittelburgenland/A) paaren läßt.

CROTTIN DE CHAVIGNOL

Kleiner, runder, fester Käse aus roher Ziegenmilch mit 45 % F. i. T., der aus Berry, westlich der Loire, kommt und in Öl und Kräutern gelagert wird. In der Jugend cremig-mild und im Alter (ausgereift) von ausgeprägt strengem Aroma.

Die Loire-Pretiosen **Sancerre** (SB) und schäumender **Montlouis Brut** (CHB) sowie **Rosé d'Anjou** (GRO) sind als Partner des Crottin kaum zu überbieten, wobei sich der Montlouis besonders für die jugendliche Version empfahl. Unter den Rotweinen konnten sich nur tanninarme, samtige Rotweine einigermaßen durchsetzen.

CURRYPULVER („CURRY POWDER")

Indische Gewürzmischung aus schwarzem Pfeffer, Gewürznelken, Ingwer, Kardamom, Koriander, Chillies, Kurkuma, Kreuzkümmel, Macis (Muskatblüte), Muskatnuß, Paprika, Zimt, Bockshornklee usw., deren Zusammensetzung lange Zeit geheim war und die von den Briten in etwas milderer Form nach Europa gebracht wurde.

Das heute weltweit beliebte Mischgewürz läßt sich mit einigen Weinen hervorragend kombinieren. Vorsicht ist jedoch vor allzu hohen Säurewerten geboten: **Hermitage Blanc**/nördl. Rhône, **Corton-Charlemagne**/Burgund, reifer **Château-Chalon**/Jura, junger **Barsac**/Sauternes/Bordeaux, **Champagne Rosé**/F, **Gewürztraminer**, **südländische Roséweine**, **Blanc de Noirs** (zu Fisch), **Bier** usw. Zu asiati-

schen Currygerichten hat sich das exotische, malzig-schokoladige **Sando Stout**, ein dunkles, naturgäriges **Bier** aus Sri Lanka, einen Namen gemacht. Unter den Rotweinen haben tanninarme **Pinots Noirs** und **Tempranillos**/E eine gewisse Affinität entwickelt. Alte, firnige Weißweine verjüngen sich dabei.
(→ Hühnercurry, → Lammcurry, → Rindergaumen in Curry)

DALMATINISCHE CREME

✐ Wie → Bayerische Creme, die Milch ist aber mit Vanilleschote aromatisiert und mit in Maraschino eingelegten Kompottkirschen garniert.
🍷 Auch hier bieten sich feine Edelauslesen, exotische **Sauternes**/Bordeaux/F (vor allem **Barsac**) und Italiens Dessertweinspezialitäten mit ausgeprägter Süße (**Moscato Rosa**/Südtirol, **Malvasia di Bosa Dolce**/Sardinen, **Caluso Passito**/Piemont usw.) an.

DANA BLU („DANISH BLUE“)

✐ Dänischer Blauschimmelkäse aus Kuhmilch von internationalem Ansehen, der ohne Rinde angeboten wird. Mit 50 % F. i. T. ist er sehr scharf und mit 60 % F. i. T. von angenehm mildem, würzigem Aroma.
🍷 Ideal für beide Arten ist ein **Prädikatswein** (**Dessertwein**) mit Restsüße und gleichzeitig gut eingebundener Säure wie z. B. eine superbe deutsche **Riesling Beerenauslese „Erbacher Marcobrunn“** (8–10 Jahre, 9–10 °C) von SCHLOSS REINHARTSHAUSEN, Eltville-Erbach/Rheingau. Die malzig-milden **dänischen Lagerbiere** trinken sich recht angenehm dazu, doch die zweifellos grandioseste Ergänzung bildete das schwedische **Met „Röde Orm“** der BRAUEREI TILL, das mit verführerischer Honigwürze Käse und Koster ebenso verwirrte wie begeisterte.

DANBOE (DANBO)

✐ Halbfester, viereckiger dänischer Steppenkäse mit Rundlochung und mildem, leicht säuerlichem Aroma.
🍷 Ein Glas **Weizenbier**, **dänisches Weißbier** (**Hvidtol**) oder das norwegische **Aass Export**, ein weich-samtiges **Bier** mit ausgeprägtem Hopfenaroma, bieten sich als ausgleichende Partner an.

DATTELN

(frz. DATTES, engl. DATES, ital. DATTERI, span. DÁTIL)
✐ Die pflaumenartigen Beerenfrüchte der Dattelpalme, die schon vor 8000 Jahren in Mesopotamien kultiviert wurde, sind in arabischen Ländern ein Hauptnahrungsmittel, das wahre „Brot der Wüste“. Sie sollen dick, prall und weich sein und schmecken dann honigartig mild.
🍷 Zu Datteln mit Reis versuchen Sie zartsüßen und leicht perlenden roten **Freisa d'Asti Frizzante**/Piemont/I, und zu Dattel-Feigen-Konfekt bietet sich edler **Strohwein** (**Vin Santo**, **Vin de Paille**) an. Zu Dattelpudding sind **gespritete Muscats** (z. B. **Muscat de Rivesaltes**/Roussillon), **Málaga Dulce y Negro**/E und australische **Liqueur Muscats** ein Traum.

DATTELN GEFÜLLT

✐ Mit Marzipanfüllung.
🍷 An heißen Tagen ist **Moscato d'Asti**/Piemont (still oder schäumend) ein Labsal. Ansonsten wählen sie unter den großen **Dessertweinen** der Welt von **Ausbruch** bis **Trockenbeerenauslese** und **Strohwein** (z. B. den nach arabischen Wohlgerüchen duftenden **Grünen Veltliner Strohwein** von J. JURTSCHITSCH/Langenlois/NÖ oder den finessereichen **Schilfwein Tradition** von G. NEKOWITSCH, Illmitz/BGLD).

DAUPHIN

Frz. Kronprinz. Weichkäse aus der Thiérache im Norden Frankreichs mit orangebrauner Schimmelhülle, der nach dem Sohn Louis´ XIV. benannt wurde. Der „Dauphin" wird zumeist in Stangenform angeboten, doch gibt es auch andere, niedliche Formen (Herz, Fisch, Sichel). Eigentlich ist es ein → Maroilles Blanc, der mit Estragon, Pfeffer und Schnittlauch vermischt wird und ca. drei Monate weiterreift.

Attraktive Begleiter des Kronprinzen können edle **Elsässer** sein, z. B. trockene Spätlesen (**Vendange Tardive**) von **Gewürztraminer**, **Riesling** und **Pinot Gris**.

DEBRECZINER GULYAS

→ *GULASCH*

Zwiebeln, Schweinefleisch, Paprika, Rindfleisch gewürfelt, Salz, Knoblauch, Kümmel und Gewürzgurke. Namensgeber ist die kleine ungarische Universitätsstadt Debreczin, die sich als Fleisch- und Wurstlieferant profiliert hat.

Alte Weißweine, kühles, erfrischendes **Pils** oder mildwürziger **Rosé** lassen die Gewürze nicht eskalieren und sind erfreuliche Durstlöscher. Vorsicht vor alkohol- und säurereichen Weinen, sie lösen geradezu einen „Flächenbrand" am Gaumen aus; was aber die Ungarn nicht zu stören scheint, denn unsere Gastgeber genossen dazu mit Seelenruhe einen „feuerspeienden" **Cabernet Sauvignon** von PANNONVIN WINERY, Villany!

DIM SUM

Chin. kleines Herz. Kleine Appetithappen, gedünstet, gebraten oder frittiert, mit den verschiedensten Füllungen und Beilagen.

Generell sind die etwas leichteren Weißweine für → Asiatische Küche einsetzbar: **neuseeländische** und **chilenische Sauvignons**, **Riesling**/A und D, **Champagne Rosé** und natürlich der exquisite **Riesling Tsingtao**/HUA DONG/China.

DJELOU KHABAB

Persische Spezialität. Hammelsteaks, mit Salz, Pfeffer und Kurkuma (Gelbwurz bzw. Ingwerart) gewürzt, in Stärkemehl gewendet, am Holzkohlengrill gebraten und mit Reis garniert (→ Kebap).

DOLCE BIANCA

Österreichischer Doppelschimmelkäse (weiß und blau) von beachtlichem Renommee, dessen vollmundiger, mild-cremiger Geschmack in Vollreife sehr pikant wird.

Riesling, **Riesling-Sylvaner**, **Welschriesling**, **Bouvier**, **Muskat-Ottonel** im Auslesebereich bilden eine schier perfekte Harmonie mit dem Käse, aber auch dunkle, malzig-karamelig süße **Biere** tragen zur Entfaltung des Aromas bei. Zu vollreifen, pikanten Exemplaren brillierten vor allem finessenreiche, rassige **Rieslinge** im Spätlesestil (z. B. **Smaragd-Rieslinge** von E. KNOLL, L. ALZINGER, F. PRAGER, F. HIRTZBERGER, F. X. PICHLER, K. LAGLER/Wachau oder Spätlesen von W. BRÜNDLMAYER, J. HIRSCH/ Kamptal/NÖ).

DOLCELATTE

Ital. süße Milch. Eine besonders zarte und mild-cremige Variante des → Gorgonzolas (seit 1967), die sich mit milden, zartsüßlichen „hellhäutigen" Partnern ideal versteht.

Versuchen Sie milden **Moscato d'Asti**/Piemont, superben **Torcolato**/Venetien (von MACULAN, Breganze) oder raffinierten süßen **Picolit**/Friaul/I von ABBAZIA DI ROSAZZO, Manzano, oder ATTIMIS-

MANIAGO, Buttrio, oder TORRE ROSAZZA, Manzano. Manche altgediente Käsekenner schwören auf den aromatischen Schlagabtausch mit **Himbeergeist** (z. B. von HANS REISETBAUER/OÖ)!

DOLMAS → YALANCI DOLMASI

DORADE (GOLDBRASSE, GRAUBARSCH)

(frz. DAURADE, engl. DORADO, ital. ORATA)

Einer der delikatesten Meeresfische mit glänzenden Schuppen und rotgoldenem Band auf dem Kopf, der in der Antike der Liebesgöttin Aphrodite geweiht war. Er kann bis zu 3 kg schwer werden, hält sich bevorzugt in Mittelmeer und Atlantik auf und verfügt über ein festes, weißes, mageres und saftiges Fleisch.

Die Empfehlungen zu → Rotbarbe, die ein ähnliches Fleisch aufweist, haben im wesentlichen auch hier Geltung.

DORNHAI (STEINAAL, DORNFISCH)

Bis 1 m langer und 10 kg schwerer Raubfisch der nordeuropäischen Meere.

Die enthäuteten, ausgeschnittenen Bauchlappen werden geräuchert als Schillerlocken angeboten und lassen sich von rauchig-würzigen, extraktreichen Weißweinen geschmacklich hervorragend unterstützen (z. B. **Pouilly Fumé**/Loire/F, **Grüner Veltliner „Smaragd"**/Wachau/NÖ/A, **Silvaner Spätlese**/Franken/D).

DORSCH

(frz. MERLUCHE, engl. HAKE, ital. MERLUZZO, span. MERLUZA)

Junger → Kabeljau (bis zur Geschlechtsreife) aus der Ostsee, der besonders von Juli bis September von großer Zartheit und feinem Wohlgeschmack ist. Die fette Leber ist eine besondere Spezialität und kommt in Dosen auf den Markt. Dorschrogen ist ein wichtiger Bestandteil des dänischen → Smörrebröd.

DORSCHLEBER-COCKTAIL

Gewürfelte Dorschleber, mit Bananenscheiben, Tomatenstücken, Rahm, Salz, Zucker und gehackter Petersilie gewürzt.

Rotweine sind hier weniger geeignet, da die meisten sowohl mit der Leber als auch mit dem Dressing kollidieren und eine unangenehme Bitternote auf den Teller bringen. Ausnahme: **Beaujolais Primeur** und ähnliche Jungweine sowie **Rioja Crianza**/E; Schaumweine werden hier seltsam schal, und allzu eichenwürzige Weißweine zeigen korkähnliche Nuancen. **Riesling** und **Riesling-Sylvaner halbtrocken**, **Malvasier** und **Gros Plant**/Loire sowie **Gewürztraminer** konterkarieren das schwierige Gericht nahezu perfekt. Die Säure eines **Rieslings** hilft auch beim Verdauen der fetten Leber.

DOUGHNUTS

Amerikanisches Schmalzgebäck (→ Krapfen) in Ringform aus Hefe, Zucker, Milch, Mehl, Salz, Eigelb und Butter, das bereits Mitte des 19. Jahrhunderts kreiert wurde und mit diversen Zucker- oder Schokoladeüberzügen aufwarten kann.

Schaumweine mit zarter Süßenote (z. B. der **Cook's American Champagne „Blush"** (**Rosé**)/KAL), Spätlesen (z. B. der **Late Harvest Johannisberg Riesling** vom CHÂTEAU SAINT-JEAN/KAL) oder der exzellente exotisch-süße **Muscat Canelli** (2–5 Jahre, 9–10 °C) von ESTRELLA RIVER, San Luis Obispo/KAL, verschmolzen mit dem Schmalzgebäck zu einer lieblichen Einheit.

DRACHENKOPF → ROTER DRACHENKOPF

DRESDENER CHRISTSTOLLEN

✐ Sächsischer Weihnachtsstriezel aus Mehl, Hefe, Zucker, Butter, Milch, Rum, Rosinen, Korinthen, Zitronat, Orangeat, Mandeln, Vanilleextrakt und Muskatblüte.

🍷 Honigsüßer ungarischer **Tokaji Aszú „5 Puttonyos"**, dezent süßer, rassiger **Château Climens Premier Cru**, Barsac/Sauternes/Bordeaux/F, und eine unvergleichliche, rare **Trockenbeerenauslese** von SCHLOSS JOHANNISBERG, Geisenheim-Johannisberg/Rheingau/D, setzten sich einstimmig gegen gespritete und ungespritete internationale Konkurrenz durch. Und es gab tatsächlich drei Sieger ex aequo!

DRESSING → SALAT, → THOUSAND ISLAND DRESSING

DUNKLES FLEISCH

✐ → Auerhahn, → Bär, → Birkhuhn, → Gemse, → Hase, → Hirsch, → Reh, → Rentier, → Rind, → Schnepfe, → Wildente, → Wildschwein

🍷 War es früher selbstverständlich, einen Rotwein als Partner anzubieten, so differenziert man heute vor allem aufgrund der Sauce, der Gewürze, der Art der Zubereitung, des Wildgeschmacks usw., und es ist durchaus akzeptabel, auch einmal einen vollmundigen, samtig-würzigen reifen Weißwein zu offerieren.

DÜSSELDORFER RIPPCHEN

✐ Gehacktes Kalbfleisch mit Speckwürfeln, Champignons, Schalotten, Petersilie, mit Eigelb gebunden, gewürzt, zu Koteletts geformt und paniert.

🍷 Hier haben die ultraklassischen Begleiter **Silvaner**, **Grauburgunder** (**Ruländer**) und **Gutedel**/D kaum Konkurrenz zu fürchten.

DUXELLES

✐ Braune Deck- oder Füllsauce zum Gratinieren von Fleisch- und Geflügelgerichten sowie zum Füllen von → Pasteten, benannt nach dem Marquis d'Uxelles, dessen Küchenchef François-Pierre de la Varenne ihn auf diese Weise unsterblich machte. Feingehackte Zwiebeln, in Butter angeschwitzt, mit gehacktem Rauchfleisch und Champignons gedünstet und mit etwas → Madeira gelöscht, mit Tomatenmark und Kraftsauce gebunden und mit Salz, Pfeffer, Paprika und Zitronensaft aromatisiert.

🍷 Prinzipiell bieten sich aufgrund der Ingredienzien **Pouilly Fumé**/Loire, **Pinot Blanc Spätlese trocken** sowie **Chablis AC**/Burgund, ohne Barriqueausbau, für helles Fleisch an, doch elegante **Pinots Noirs** und samtige **Pomerols** bzw. **Saint-Émilions**/Bordeaux/F sind interessante Alternativen, die vor allem mit dem Madeira glänzend eingespielt sind.

ECHOURGNAC

Französischer Trappistenkäse aus dem Trüffelgebiet Périgord. Ein Käse von halbfester Art und kräftig-würzigem Aroma, der Milchsäuregärung und Eiweißabbau vollzogen hat und sich mit einem eleganten **Château La Lagune 3e CC** (CS, CF, M, 6–9 Jahre, 16–17 °C), Saint-Julien/Médoc/Bordeaux, hervorragend verstand und auch einem **Nuits-Saint-Georges** (PN, 4–8 Jahre, 17 °C) von HENRI GOUGES, Nuits-Saint-Georges/Côte de Nuits/Burgund/F, durchaus etwas abzugewinnen hatte.

ÉCLAIR (LIEBESKNOCHEN, BLITZKUCHEN)

✐ Gefüllte Brandteigstangen aus Wasser, Butter, Mehl, Eiern, Milch, Vanillezucker, Zucker, Zitronensaft und Rahm.

🍷 Éclair „Rossini" (mit getrüffeltem Gänseleberpüree) versuchen Sie mit **Champagne Blanc de Blancs** (z. B. von POL ROGER, Epernay), oder delektieren Sie sich an fruchtig-süßem **Sauternes** (z. B. **Château Guiraud**). Éclair mit Chesterkäsefüllung siehe → Chester.

ÉCLAIR MIT MARASCHINO-VANILLECREME

✐ Gefüllte Brandteigstangen mit Vanillecreme und Maraschinozuckerguß.

🍷 Im Sommer kommen Sie auch mit feinen, zartsüßen **Schaumweinen** (**Riesling**, **Muskateller**, **Saumur Pétillant**/Loire) durch, doch im Winter müssen Sie schon mit schwereren Geschützen (**Auslese**, **Beerenauslese**, **Eiswein**, **Coteau du Layon**/Loire, **Sauternes** etc.) auffahren, um in die Aura des Maraschino (farbloser Kirschlikör) einzudringen. Eine elitäre **Gewürztraminer Auslese** von SEPP MOSER/Apetlon/BGLD/A und ein vom Glyzerinschmelz getragener, reifer **Château Rieussec**/Sauternes sprengten fast die Grenzen subjektiven Wohlempfindens.

EDAMER KÄSE („EDAMER KAAS“)

✐ Fester holländischer Vollmilch-Schnittkäse (Kuhmilch, 40 % F. i. T.) aus dem Städtchen Edam/Nordholland, mit dünner roter Wachshaut und mildwürzigem Geschmack, der Milchsäuregärung und Eiweißabbau vollzogen hat und sich nicht mit jungen, gerbstoffbetonten Rotweinen verträgt, da er deren Tannine potenziert.

🍷 **Blauer Portugieser „Ried Altenberg“**, WEINBAUSCHULE RETZ, Weinviertel/NÖ/A, und samtiger **Blaufränkisch Kabinett** von JOSEF LEBERL, Großhöflein/Neusiedlersee-Hügelland/BGLD/A, erfüllten diese Bedingungen ideal. Auch das holländische Kult-**Bier „Grolsch“** (mit frischem zartherbem Geschmack und blumigem Duft) kann jederzeit als Partner in Erwägung gezogen werden. Mittelreifer australischer **Shiraz** hat eine besondere Neigung zu diesem Käse entwickelt.

EGLI → BARSCH

EIER (HÜHNEREIER)

(frz. OEUFS, engl. EGGS, ital. UOVA, span. HUEVOS)

✐ Unter Eiern versteht man im allgemeinen die im Handel erhältlichen Hühnereier. Andere Geflügeleier wie Enten-, Gänse-, Puten-, Straußen- und Wachteleier werden immer unter ihrem Namen angeboten. Eier enthalten hochwertiges Eiweiß, Fett, Vitamine und Mineralstoffe (Kalzium, Eisen) und stärken solcherart Nerven und Gehirnzellen. Ein zu intensiver Genuß hebt allerdings den Cholesterinspiegel. Sie bestehen aus der flüssigkeitsdichten, aber luftdurchlässigen Schale, dem Eiweiß (Eiklar) und dem Eigelb (Eidotter). Das berühmte, vielseitig verwendbare Volksnahrungsmittel (→ Omelett, → Rührei, → Spiegelei) ist Sinnbild der Fruchtbarkeit (Osterei) und der Ewigkeit (Weltei).

🍷 Seit Urzeiten werden Eier wegen ihres natürlichen Schwefelgehaltes und, weil sie den Gaumen mit einem dünnen Film überziehen und Geschmacksstoffe binden, als unglückliche Partner des Weins bezeichnet. Doch es gibt eine Reihe von Kreszenzen, die diese Behauptungen Lügen strafen. → Verlorene (pochierte) Eier reizen besonders zu wagemutigen Kombinationen (auch mit **Champagnes**).

Tatsächlich bieten viele Sommeliers in Frankreich **Mineralwasser** (ohne Kohlensäure) zu Eiern an, doch immer mehr setzen sich, von Italien aus kommend, sowohl Rot- (**Pinot Nero**, **Dolcetto**, **Grignolino**, **Tocai Rosso**) als auch Weißweine (**Pinot Grigio**, **Tocai Bianco**, **Orvieto secco**, **Traminer**, **Frascati** und sogar süßer **Picolit**/Friaul …) durch. Eher zu vermeiden sind Weißweine mit einseitig hohem Säureanteil.

EIERSCHWAMMERL → PFIFFERLINGE

EINETALER ZIEGENKÄSE

✐ Traditionsreicher deutscher Ziegenkäse aus dem Unterharz, der neben dem Altenburger Ziegenkäse (Thüringen) zu den berühmtesten seiner Art zählt und ein charakteristisch pikantes Aroma aufweist.

🍷 Junger **Sauvignon Blanc** und ebensolcher frischer **Rosé** sind neben **Rieslingsekt** die aussichtsreichen Kandidaten für eine harmonische, lebhafte Ehe.

EIS (SPEISEEIS, GEFRORENES)

(frz. GLACE, engl. ICE-CREAM, ital. GELATO, span. HELADO)

In vielen Varianten und Geschmacksrichtungen vorkommende, cremige (Cremeeis, Sahneeis) bis feste Eismasse (Fruchteis), die bereits 1239 durch Marco Polo aus China nach Italien kam. (→ Eisauflauf, → Eisbombe, → Eisparfait, → Himbeereis, → Kaffee-Eis, → Schokoladeeis, → Sorbet, → Vanilleeis, → Zitroneneis).

Eis zählte lange Zeit zu den „Todfeinden" des Weins, doch **Muskat-Schaumweine** und **gespritete Muscatweine**/F und AUS haben sich als erste – zunächst heimlich – als Partner etabliert.

EISAUFLAUF

(frz. SOUFFLÉ GLACÉ, engl. ICED SOUFFLÉ, ital. SUFFLÉ GELATO)

Eisdessert aus Schaumeis oder Fruchtauflaufmasse.

Zu Eisauflauf „Stephanie" (Vanilleeis mit Cognac und in Maraschino getränkten Pfirsichen) sind **Muskateller-Schaumweine**, **Riesling-**, **Bouvier-** und **Pinot Blanc Auslesen** sowie die Schweizer **Amigne**-Pretiosen (z. B. von URBAIN GERMANIER, Vétroz/Wallis/CH) Anlaß zu einem hochinteressanten Wechselbad der Aromen.

EISAUFLAUF „MIRACLE"

Mandarinenauflaufmasse, zerbröselte Makronen, gewürfelte kandierte Ananas, Grand Marnier (frz. Orangenschalenlikör mit Cognac) und Waldbeeren.

Moscato d'Asti bzw. **Spumante** (z. B. von MICHELE CHIARLO/Piemont) und **Champagne Rosé** für heiße Tage. Am Abend „dürfen" es schon süßere Kreszenzen (**Jurançon Moelleux**/SW-F, **Riesling-Sylvaner BA** und **Late Harvested Muscat**, z. B. von den BROWN BROTHERS/Victoria/AUS) sein. Eigentlicher Gewinner war aber ein mit etwas **Grand Marnier** angereicherter **Champagne**.

EISBEIN MIT SAUERKRAUT

Berliner Spezialität. Gepökelte Schweinshaxe, mit Salz, Zwiebeln, Lorbeerblättern, Pfefferkörnern, Piment und Zucker in Wasser weichgekocht und mit Schweineschmalz, Wacholderbeeren und Sauerkraut, manchmal auch mit Erbsenpüree serviert. Im 19. Jahrhundert fertigte man aus den stabilen Röhrenknochen noch Schlittschuhe („Eisbein").

Frisches **Berliner Weißbier**, würzig-kraftvoller **Riesling**/D bzw. **Edelzwicker**/Elsaß oder **Silvaner**/Franken sind die beliebtesten und verläßlichsten Begleiter für das deftig-rustikale Gericht. Rotweinfreunde haben die Möglichkeit, fruchtcharmante, kellerkühle **Pinots Noirs** (**Spätburgunder**) zu ordern.

EISBOMBE

(frz. BOMBE GLACÉE, engl. ICING PUDDING, ital. BOMBA GELATA)

Halbkugelförmiges Eisgericht in schier unendlichen Variationen. Eisbombenmasse aus Eigelb, Läuterzucker, Vanille, Fruchtsaft, gestoßenem Krokant, Likör, Weinbrand (→ Cognac), Kaffeepulver, zerlassener Schokolade und Schlagrahm.

Läßt sich hervorragend mit österreichischen oder deutschen **Auslesen**, edelsüßen **Sauternes**/Bordaux/F und fruchtig-milden **Schaumweinen** zusammenspannen.

EISBOMBE „AIGLON"

Frz. junger Adler. Hülle aus Erdbeereis, gefüllt mit Eisbombenmasse und Chartreuse (französischer Kräuterlikör).

Trockene Schaumweine unterstützen das Erdbeeraroma und verleihen sich selbst das Flair eines Kräuterlikörs. **Muskat-Schaumweine** passen sich sehr gut an und verfeinern die Frucht- und Kräuternote. **Dessertweine** (z. B. der **Cinque Terre Sciacchetrà** von ALBERTO E GERMANIA CAPPELINI,

Manarola/Ligurien/I) bekamen über Eis und Chartreuse neue Impulse. **Australischer Liqueur Muscat** dominierte sogar kurzfristig den Chartreuse.

EISBOMBE „SAVOY"

Gefüllte Haselnuß-Eisbombe: Hülle aus Haselnußeis, gefüllt mit gezuckertem Schlagrahm, Makronen und Pralinen.

Aus der Fülle der verkosteten Weine ragten zwei besonders heraus: Der **Moscato Naturale d'Asti** (1–3 Jahre, 8–9 °C) von den FRATELLI BERA, Neviglie/Piemont/I, mit seinem klassischen Duft nach Muskatblüten und Blumen und seiner traubigen Frische, konnte das Dessert aromatisch zwar nicht finden, doch ordnete er sich derart aufopfernd und gleichzeitig belebend unter, daß jeder Schluck zu neuen Gaumenfreuden führte. Der **Vin Santo** (GRE, MAL, TRE, 5–10 Jahre, 9–10 °C) von DR. GIORGIO LUNGAROTTI, Torgiano/Umbrien/I (mit attraktivem Goldschimmer, exotisch-würzigem Duft – Rauch, Feigen, Datteln –, milder Süße und kraftvollem Ausklang), schaffte auch die Annäherung auf Aromabasis und verschmolz mit dem Dessert zu einem noch schöneren Ganzen.

EISPARFAIT („PARFAIT GLACÉ")

In rechteckiger Form gefrorene Speiseeismasse. Eigelb, mit Läuterzucker vermischt, aufgeschlagen und mit Kaffeepulver, gestoßenem Krokant, zerlassener Schokolade, zerkleinerten Konfitfrüchten, Likör, Weinbrand usw. aromatisiert und mit Schlagrahm verrührt.

Zu Eisparfait mit Ingwer weisen uns **Gewürztraminer Spätlesen** und trockene **Graves Blancs**/Bordeaux/F den schwierigen Weg. Im übrigen kann man die gleichen Kreszenzen wie zu den Eisbomben einsetzen: österreichische oder deutsche **Auslesen**, edelsüße **Sauternes**/Bordeaux/F und **Strohweine** (**Riesling-Sylvaner**, **Pinot Blanc**).

EL RISQUILLO

Spanischer Ziegen-Schnittkäse mit Rotflora, geschmeidigem Teig und salzig-rustikalem Aroma.

Reifer **Cava**, frische, nicht zu rassige Weißweine, wie der **„Viña Sol"** (PAR, 1–2 Jahre, 8–9 °C) von MIGUEL TORRES, Vilafranca del Penedès/Katalanien/E, oder ein **Sherry Manzanilla**/Andalusien/E (mit feinem Salzhauch), ergeben eine geschmackliche Symbiose auf höchster Ebene. Reife Exemplare werden manchmal sogar von edlen **Bränden** (**Aprikose**) begleitet!

ÉMINCÉ

Gedünstetes Gericht. Kalb, Rind, Wild, Geflügel, in dünne Tranchen geschnitten, in adäquater Sauce erhitzt und mit Gemüse garniert.

ÉMINCÉ VOM → REH

Dünne Scheiben vom Rehrücken, → Sauce Madère mit Morcheln und Kartoffelkroketten.

Madeirasauce und Morcheln machen fruchtigen Weißweinen das Leben ziemlich schwer. Am ehesten können noch üppig-cremige, extraktsüße **Pinot Gris** und **Pinot Blanc Spätlesen**, ähnlich geartete **Fendants**/CH und – dominierender – **Château-Chalon**/Jura/F bestehen. Außerdem ist samtweicher **Pinot Noir** mit Wildbrethauch, Cru-Beaujolais **„Moulin à Vent"** /Burgund, reifer **Saint-Émilion**/Bordeaux (z. B. **Château Fonroque** oder **Château Franc-Mayne**), edler **Brunello di Montalcino**/Toskana oder exotischer **Cabernet Sauvignon** bzw. **Shiraz**/AUS/KAL gourmetrichtig. Mittags bewährte sich **Blauer Burgunder „Ried Antlasberg"** vom MALTESER RITTERORDEN/Mailberg/NÖ. Am Abend brillierte ein reifer **Vosne-Romanée „La Grande Rue"** von HENRI LAMARCHE/Burgund.

EMMENTALER

✐ Der feinste und berühmteste Schweizer Käse kommt ursprünglich aus dem Kanton Bern und wird aus roher Kuhmilch in Mühlsteinform mit großen runden Löchern hergestellt. Der Hartkäse mit einem Fettgehalt von mindestens 45 % F. i. T. erhält durch die in der dritten Gärung entstandene Proprionsäure eine nussig-milde, zartsüße Note, die mit fortgeschrittener Reife würzig-pikant wird.

🍷 Für den jugendlichen Käse sind die würzigsten Schweizer **Chasselas**-Weine sowie **Pinot Gris**, **Pinot Blanc**, **Furmint**, **Chardonnay**, **Kerner**, **Morio-Muskat** und der österreichische **Neuburger** ausersehen. Für reifere Exemplare sind **Dôle**/Wallis, **Merlot del Ticino**/Tessin sowie erdig-würzige **Syrah** und **Pinots Noirs** (z. B. von JEAN-DANIEL GIAUQUE, La Neuveville/Neuenburgersee/CH, oder PHILIPPE GEX, Yvorne/Genfersee/CH) attraktive Gegenspieler. Nicht zu vergessen internationale **Pils**-Biere!

EMPANADAS CRIOLLAS

✐ Argentinische Spezialität. Pastetenteig wird mit Hackfleischmasse, gehackten Zwiebeln, Oliven, Eiern, Rosinen, Knoblauch, Paprika und Rosmarin gefüllt und als Pastetenhalbmonde in heißem Fett herausgebacken.

🍷 Empanadas de Raxo, galicische Pastete mit Schweinefleisch und Wurst, servierte man uns in Spanien mit charaktervoll-fruchtigem roten **Ribera del Duero** von LAMBUENA. An heißen Tagen sind weiße **Sauvignons** (z. B. von L. BOSCA/Mendoza/RA) eine Wohltat. Ansonsten sind weiche **chilenische Merlots** (z. B. von J. & F. LURTON, Curicó) oder samtig-würziger **argentinischer Malbec** (z. B. von NORTON, Mendoza) die ideale Ergänzung, auch weiße und rote **Riojas**/E und **Sherry Fino light dry** können in Erwägung gezogen werden. „Alkohol-Eichenbomben" reizen allerdings die Gewürze zu sehr!

ENDIVIE → CHICORÉE

ENTE

(fr. CANARD, engl. DUCK, ital. ANITRA, span. PATO)

✐ Die Feinschmecker sind entzückt, wenn das Tier im jugendlichen Alter von zwei bis vier Monaten (September bis Januar) geschlachtet wird. In gedämpfter Form darf die Ente auch etwas älter sein. Nach ca. einem Jahr beginnt sie einen etwas tranigen Geschmack anzunehmen. Die weibliche Ente ist saftiger, die männliche (Erpel) würziger. Die bekanntesten Arten sind Aylesbury-, Hamburger-, Nantaiser-, Peking- und Rouener-Ente.

🍷 geräucherter Entenschinken ist ein Fall für mittelreife **Sauvignon Blanc Spätlesen**; zur Ente mit Majoran beglückte uns roter kalifornischer **Zinfandel** von JERRY SEPS, Storybook/Mountain Vineyards/Napa; zu Ente à l'Orange ist **Hermitage Blanc**/nördl. Rhône eine Gaumenfreude sondergleichen (auch **Gewürztraminer** und **Spätrot-Rotgipfler-Spätlesen** sowie **Collioure Rouge**/Roussillon sind superb). Ein Enten → Confit sollten sie einmal mit einem roten **Madiran**/SW-F versuchen und den weißen **Jurançon** aus den Pyrenäen für das Gänse-Confit aufheben. Zur Entenleber fassen Sie in Frankreich unbedingt einen jugendlichen, edelsüßen (ca 6–8 Jahre, 8–9 °C) weißen **Monbazillac**/Bergerac ins Auge. Es lohnt sich besonders, wenn er vom CHÂTEAU DU TREUIL DE NAILHAC kommt. In unseren Breiten sind trockene Spätlesen (**Traminer**, **Spätrot-Rotgipfler**) äußerst beliebt. Zur Ente mit Oliven raten wir kraftvollen roten **Gigondas**/Rhône an. Zur Ente „provenzalisch" (mit Tomaten, Zwiebeln, Knoblauch, Brotkrumen, Petersilie, Olivenöl) versuchen Sie einen Rotwein aus dem Südwesten Frankreichs (**Cahors**, **Béarn**); zur Ente mit Ananas und grünem Pfeffer bewährte sich duftiger **Fleurie**/Beaujolais/Burgund/F; zu Entenherzenspießchen sollte es roter **Chinon**/Loire sein (sensationell der **Chinon „Clos de la Dioterie"** von CHARLES JOGUET, Sazilly), und zu einer Ente mit Knoblauch, Speck und Fenchel ordern Sie roten **Rosso di Piceno** aus den Marken/I. Außerdem ist noch zu sagen, daß ein Entenhaxl sehr wohl mit einem klassischen, tanninreichen Rotwein in Einklang zu bringen ist, aber rosa gebratene Entenbrust denselben Wein verschmähen würde und nach eleganteren, samtigeren „Säften" Ausschau hält (→ Magret). Zu Ente mit Pfirsichen „dürfen" Sie auch einen mittelreifen, edelsüßen (weißen)

Sauternes (z. B. **Château de Malle 2e CC**, Preignac/Bordeaux/F) probieren, und zu Ente mit Feigen konnte eine **Viña Ardanza Reserva**, BODEGAS LA RIOJA ALTA, Haro/E, mit viel Vanilleflair gefallen.

ENTE AUF „BADISCHE ART"

Angebratene Ente in gehackten Zwiebeln, Wurzelwerk, magerem Speck, Thymian und Lorbeer anrösten und in Weißwein dünsten; Sauerkraut, Räucherspeckscheiben und Knödel; Jus mit Trüffelstreifen verfeinern.

Zwiebel, Speck, Thymian, Sauerkraut und Trüffel ergeben eigentlich eine abenteuerliche Mischung, die jedoch von einigen badischen Weißweinen (**Weißburgunder**, **Grauburgunder**, **Scheurebe**, **Sylvaner**, **Gewürztraminer** und **Riesling Kabinett** bis **Spätlese** trocken/halbtrocken) gemeistert werden konnte. Auch badischer **Spätburgunder Affentaler Kabinett**, WG BÜHL, traf die Aromalinie – bis auf das Sauerkraut – genau. Nahezu perfekt harmonierte die Grauburgunder Spätlese **„Bötzinger Lasenberg"** WG BÖTZINGEN, und auch die Gewürztraminer Spätlese **„Schliengener Sonnenstück"** von FRITZ BLANKENHORN/Schliengen fand die richtige Ansprache für fast alle Ingredienzien.

ENTE GEFÜLLT

Füllung aus gewürzter Farce, gehacktem Speck, zerdrückter Entenleber, eingeweichtem Weißbrot, gehacktem Rohschinken und Champignons; Bratenjus mit Rotwein (Burgunder) durchkochen, mit Eigelb binden und mit Salzkartoffeln garnieren.

Die Entenleber gibt neben klassischen **roten Burgundern** auch erdig-würzigen Rotweinen (**Blaufränkisch**, **Zweigelt**, **Chinon** und **Bourgueil**/Loire) zu Mittag eine Chance. Am Abend wählten wir hochkarätige „Säfte": **Brunello di Montalcino**/Toskana, **Château Triguedina**/Cahors/SW-F und kernig-saftigen **Richebourg GC** (PN, 6–10 Jahre, 17–18 °C) von JEAN GROS/Burgund. Unter den Weißweinen profilierten sich Weine mit Restsüße (**Pinot Gris Spätlese**, **Gewürztraminer halbtrocken**, **Monbazillac**/Bergerac/F) gegenüber trockenen Gewächsen.

ENTE AUF „ROUENER ART"

Im Gegensatz zur Hausente wird die Ente erdrosselt, damit das Fleisch nicht ausblutet und dunkelrot bleibt. Die Entenbrust wird blutig gebraten und in lange Streifen geschnitten, mit → Cognac flambiert und mit Salz, Pfeffer und Schalotten gewürzt; die Keulen werden gegrillt, Karkasse und Leber in der Geflügelpresse ausgedrückt, mit Burgunder-Rotwein vermischt und als Jus über die Brust gegossen.

Trotz des roten Burgunders in der Sauce kann man auch einen nicht zu jungen würzig-kraftvollen **australischen Shiraz**, **Hermitage**/nördl. Rhône oder **Château Montus**/Madiran einsetzen, die den animalisch-blutigen Geschmack nahezu perfekt ausgleichen. Wird die Ente mit Cidre (Apfelwein) zubereitet, können Sie auch weiße Spätlesen (**Riesling**, **Pinot Blanc**) versuchen.

ENTRECÔTE

Saftiges Zwischenrippenstück des Rindes, aus der Mitte des flachen Roastbeefs bzw. vom Contrefilet geschnitten. Vor dem Braten wird die Sehne an der Oberseite eingeschnitten, damit sich das Fleisch nicht krümmt, gewürzt wird erst anschließend.

Als stimmungsvolle Partner bieten sich herb-kraftvolle Rotweine aus den klassischen Rotweingebieten der Welt an. Im Sommer „dürfen" die Weine fruchtcharmanter sein.

ENTRECÔTE „BÉARNAISE" (AUF BÉARNER ART)

Gegrilltes Entrecôte, mit Fleischextrakt glaciert und mit Brunnenkresse, Schloßkartoffeln und → Sauce Béarnaise garniert.

Elegante Barrique-Rotweine aus der Toskana (**Super-Tuscans**) schnitten hier schlecht ab, wurden säuriger und verloren an Charme und Durchschlagskraft! Im Sommer locken **Cru Bourgeois** aus dem Haut-Médoc, im speziellen aus Listrac (z. B. **Château Fonréaud**) oder Moulis (z. B. **Château Maucaillou**) das rosa gebratene Fleisch aus der Reserve. Im Winter sollten es Kreszenzen mit Durchschlagskraft und etwas grobkörnigeren Tanninen sein, um auch der Sauce entgegenzuwirken. Die deftig-würzigen Béarn-Stars (**Madiran** und **Irouléguy**) sind dafür nicht nur aus geographischen Gründen geeignet. Zur Not kann man auch **Gamay** und **Pinot Noir**/F (z. B. **Saint-Aubin**, **Santenay**/Burgund) und **Syrah**/nördl. Rhône einsetzen. Nicht allzu geschliffene internationale **Cabernets** und **Cabernet-Shiraz** passen ebenfalls.

ENTRECÔTE „BORDELAISE"

✐ Mit → Sauce Bordelaise und Rindermark. Wegen des Rindermarks zählt es zur Zeit nicht zu den Lieblingen der Gourmets.

🍷 Elegante **Barriqueweine** (→ Entrecôte „Béarnaise") wie **Tignanello** und **Solaia** aus der Toskana oder ebensolche aus Österreich (**Blaufränkisch**, **Zweigelt**) kommen mit der deftigen Sauce schlecht zurecht und gehen meist unter (werden säurig-spitz). Der mit pomerolähnlicher Würze ausgestattete toskanische **Sassicaia** hielt sich allerdings beachtlich und war auch Schalotten und Weinsauce gewachsen. Neben tanningestützten **Cru Bourgeois** aus Saint-Estéphe/Bordeaux (z. B. **Château Meyney**, **Château Marbuzet**) und Pauillac (z. B. **Château Croizet-Bages 5ᵉ CC**) sind es vor allem animalisch-würzige **Syrah**/nördl. Rôhne (z. B. **Hermitage „La Sizeranne"** oder **Saint-Joseph** von M. CHAPOUTIER) oder erdig-würzige **Cahors**/SW-F (z. B. **Château Lagrezette**, **Château Triguedina**), die mit der charakteristischen Sauce zurechtkommen.

EPOISSES

✐ Französischer Kuhmilch-Weichkäse aus dem Burgund, der dem → Maroilles ähnelt, mit Rotflora ausgestattet ist, einen weichen, zerfließenden Teig und ein kräftig-würziges Aroma aufweist. Seine attraktive Strenge ist in den ersten 3 Monaten am besten.

🍷 Idealer Partner nach einem festlichen Diner wäre ein mittelreifer, edelsüßer **Barsac** (**Sauternes**) vom Schlage eines **Château Climens** (SÉM + SB, 8–12 Jahre, 8–9 °C), der dem Käse in jeder Hinsicht schmeichelt, sein etwas kräftiges Aroma ideal abrundet und dabei selbst schlanker und weniger süß wirkt. Auch **Champagne** mit dezenter Restsüße und reifer, samtweicher **Pinot Noir** wären eine Möglichkeit.

ERBSEN → GEMÜSE

ERDBEEREN

(frz. FRAISES, engl. STRAWBERRIES, ital. FRAGOLE, span. FRESAS)

✐ Die vitaminreichen, hocharomatischen und saftigen Scheinbeeren des über ganz Europa, Nordamerika und Westasien verbreiteten Erdbeerstrauchs sind ein köstliches Dessert, das den griechischen Feinschmeckern leider entgangen ist. Je kleiner die Beeren, desto aromatischer (Mai bis Juli) das Fruchtfleisch. Sie enthalten viel Vitamin C, Kalium und Eisen und helfen vor allem in Verbindung mit edlen Rotweinen bei Blutarmut, Müdigkeit und Immunschwäche.

🍷 Am intensivsten munden die wildwachsenden (Juli bis September) Walderdbeeren, die sich blendend mit extraktsüßen, aromareichen und samtigen Rotweinen vertragen und auch neben aromatisch-fruchtigen Weißweinen eine gute Figur machen. Erdbeeren mit Schlagrahm und halbsüßer weißer **Vouvray**/Loire/F ist allerdings eine hinreißende Köstlichkeit, und Erdbeerjoghurt mit **Champagne Rosé**/F ist kaum weniger attraktiv.

ERDBEER-ROSETTE AUF RHABARBERSCHAUM

✐ Rhabarber, Zitronen, Zucker, Eigelb, Obers, Zimt, Erdbeeren, Pfefferminzblätter, Puderzucke und eine Kugel Grand-Marnier-Eis.

🍷 Neben den allgegenwärtigen **Schaumweinen** (**Riesling**, **Riesling-Sylvaner**/A/D, **Moscato**/Piemont, **Cava**/E) sind **Eisweine** (z. B. der fulminante **Grüner Veltliner Eiswein** von F. HIRTZBERGER/Wachau), BA und internationale **Muscat-Süßweine** sowie **Caluso Passito** (**Strohwein** aus Piemont) Anlaß zu vielschichtigen Reflexionen.

ERDNUSS → NÜSSE

ESEL

(frz. ÂNE, engl. DONKEY, ital. ASINO, span. ASNO)

Der klassische „Dickkopf“ hat es kulinarisch nur in Südeuropa und Ungarn zu einigem Ruhm gebracht, den Mittel- und Nordeuropäern ist das Fleisch meist zu süß. Nach wie vor gilt das Füllenfleisch in Südeuropa als besondere – kalbfleischähnliche – Delikatesse, das Fleisch von älteren Tieren wird in die berühmte → Salami und in die Würstchen von Arles integriert.

Halbtrockene Weißweine wie **Verduzzo**/Venetien/I ergänzen das Aroma ideal, und samtig-milde Rotweine wie **Valpolicella**, **Valpolicella Ripasso**/Venetien/I zählen zu den begehrtesten Begleitern des störrischen Esels; zu geschmorten Exemplaren empfehlen sich kraftvolle Piemonteser (**Spanna**, **Ghemme** usw.) und **Valpolicella Amarone**/Venetien/I. (Siehe auch → Tapulon)

ESROM

Halbfester, mild-pikanter dänischer Schnittkäse, der ursprünglich im Kloster Esrom hergestellt und um 1930 dem → Port Salut nachempfunden wurde.

Als Begleiter bieten sich delikate, fruchtige Rotweine mit kräftigem Körper wie die **Edel-Beaujolais „Fleurie“**, **„Brouilly“** oder **„Chénas“**/Burgund/F an. Auch **Valpolicella Classico** und **Valpolicella Ripasso**/Venetien/I konnten überzeugen.

ESSIG

(frz. VINAIGRE, engl. VINEGAR, ital. ACETO, span. VINAGRE)

Unter Mitwirkung von Essigbakterien und Sauerstoff entwickelt sich bei der Vergärung alkoholischer Getränke (Bier, Wein, Branntwein) als Nebenprodukt Essig. Vor den Griechen und Römern verwendeten bereits die bierbrauenden Babylonier (Bier-)Essig zum Würzen und Haltbarmachen ihrer Lebensmittel. Heute dominiert zwar noch der Branntweinessig, doch immer mehr setzen sich Wein-, Obst-, Malz-, Kräuter-, Veilchen-, Orangen- und Rosenessig durch. Der legendäre italienische Aceto Balsamico (Balsamico-Essig) wird aus gekochtem – nicht fermentiertem – Traubenmost gewonnen, bei niedriger Hitze zum Kochen gebracht und mit sehr alten, balsamischen Fermenten angereichert. Damit sein unvergleichlich vielfältiges, süßliches Aroma entsteht, sind viele aufeinanderfolgende Lagerungen in kleinen Fäßchen aus Eichen-, Eschen-, Kastanien-, Kirsch-, Maulbeer-, Robinien- und Wacholderholz nötig.

Er gilt als einer der unversöhnlichsten „Todfeinde“ des Weins, doch bei entsprechend dosiertem Einsatz („Essig wie ein Weiser, Öl wie ein Kaiser“) ist er durchaus mit samtig-milden, nicht zu säurereichen Weinen zu kombinieren. **Primeurweine**, der Cru-Beaujolais **„Fleurie“**, trockene oder halbtrockene **Muskateller**-Weine (insbesondere **Muscat GC**/Elsaß/F), **Tocai Friulano**/Friaul/I und **Chenin Blanc**/Loire/F sind allzeit aufregende Partner. Zu Himbeer-Essig versuchen Sie **Vouvray**/Loire, zu Sherryessig **Coteaux du Layon**/Loire/F, zu Essig-Honigdressing **Gewürztraminer Spätlese** oder **Château-Chalon**/Jura/F, und zum elitären Balsamico ist **Moscato-Schaumwein** eine sinnlich-lustvolle Ergänzung, während **Chasselas**/CH stets von ausgleichender Wirkung ist. Erarbeiten Sie sich selbst den Essigwein Ihrer Wahl! Unsere Vorschläge zeigen nur die Richtung auf und sollen Ihnen Jahre des Suchens und Selektionierens ersparen!

ESTERHÁZY ROSTBRATEN („ESTERHÁZY ROSTÉLJOS“)

Ungarische Spezialität aus einer fingerdicken Ochsen-Zwischenrückenstück-Scheibe, mit Salz, Pfeffer und Schweineschmalz angebraten, mit gerösteten Scheiben von Zwiebeln, Karotten, Petersilwurzeln gedünstet, mit Paprika, Zitronensaft, Kapern und saurem Rahm kurz durchgekocht und mit Reis garniert.

🍷 **Kadarka**/Villany/H, **Zweigelt**/BGLD, **Pinot Noir**/BGLD oder H, **Blauburger** und **Syrah** – allesamt ohne Eichenexzesse – waren geschmeidig-lebendige Würzespender. Der ungarische **Cabernet Villany** (CS, CF, 3–5 Jahre, 16–17 °C) von MG. SZADSZÖVETKEZET, Villany-Pecs, aktivierte die Gewürze ziemlich heftig, war aber zweifellos ein leidenschaftlicher Werber. Als Mittagswein ein Gedicht war der leichtgewichtige **Zweigelt** von PAUL IBY/Horitschon/BGLD, und als Traumpartner schließlich nicht zu übergehen der finessenreiche **Zweigelt „Ried Hedwighof"** von SEPP MOSER, Apetlon/BGLD/A. **Jungweine** und würzige **Rosés** sind auch denkbar, ihre frische Säure wird aber oft als störend empfunden.

EXPLORATEUR

Französischer Weichkäse mit Weißschimmelbelag, 75 % F. i. T. und milchsäuerlichem Geschmack, der interessante Pendants in einigen Paradeweißweinen der Loire – mit reifer Säure – findet:

🍷 **Pouilly Fumé** (**Sauvignon Blanc**), **Bonnezeaux** und schäumender **Montlouis sec** (**Chenin Blanc**).

FALAFEL

Arabische Kichererbsenknödel. Kichererbsen (oder Bohnen) werden gar gekocht, mit Ei, Salz, Pfeffer, Porree, Zwiebeln, Knoblauch, Koriander und Paprika püriert, zu kleinen Bällchen geformt, in Öl goldgelb gebraten und auf Salatblättern angerichtet.

🍷 Neben kühlem **Bier** sind es **südeuropäische** und **nordafrikanische Roséweine**, die die Schärfe des Gerichts in Grenzen halten.

FALSCHER HASE

Hackbraten aus Rindfleisch, Schweinefleisch, Zwiebeln, Semmelbröseln, Eiern, Salz, Pfeffer, Paprika, Senf, Petersilie und geräuchertem Speck, der durch eine intensive dunkle Sauce einen hasenähnlichen Geschmack erzielen soll.

🍷 Ein kühles **Bier** war wieder einmal Retter der Situation und bildete das gewünschte erfrischende Gegengewicht zur Schärfe des Gerichts. Eine milde **Silvaner Spätlese „Randersackerer Teufelkeller"**, BÜRGERSPITAL ZUM HEILIGEN GEIST, Würzburg/Franken/D, und ein vollmundiger roter **Dôle** (PN, GAM, 2–4 Jahre, 14–15 °C) von JEAN-LOUIS UDRY, Pont-de-la-Morge/Wallis/CH, waren unter den Weinen die (einäugigen) Sieger.

FASAN

(frz. FAISAN, engl. PHEASANT, ital. FAGIANO, span. FAISÁN)

Ein Aristokrat unter dem Federwild, der als besonderer Leckerbissen gilt, wenn er auf freier Wildbahn – nicht gezüchtet! – erlegt wurde und sich von Beeren, Schnecken, Insekten, Würmern usw. ernährte. Jagdzeit ist von Mitte September bis Mitte Januar. Bereits Griechen und Römer delektierten sich am edlen Federwild, das ein wenig abhängen muß, um sein delikates Wildaroma zu erreichen, aber glücklicherweise fast keinen Hautgoût entwickelt. Das weibliche Tier ist meist saftiger und sollte nicht älter als ein Jahr sein. Ganz junge Exemplare kann man zartrosa braten.

🍷 Glückvolle Begleiter sind samtig-runde Weißweine (**Pinot Gris**, **Pinot Blanc**, **Traminer**, **Zierfandler**, **Chardonnay**) oder elegante Rotweine (**Vino Nobile di Montepulciano**/I, **Pinot Noir** oder – seltener – feine **Bordeauxweine**); wenn der Fasan einen subtilen Wildgeschmack aufweist, paart er sich ideal mit der **Syrah**-Rebe, und wenn er mit Trüffelsauce serviert wird, hat er auch gegen einen großen **Pomerol** (**Château Pétrus**, **Château L'Evangile**)/Bordeaux/F nichts einzuwenden. Zu einer Fasanenterrine ist weißer **Jurançon sec**/Béarn/SW-F die richtige Wahl; zum Fasan auf „Karthäuserart" (= „Chartreuse": mit Kraut, Karotten, Zwiebeln, weißen Rüben, Erbsen und Speck) probieren Sie bitte einen **Meursault**/Burgund oder **Tokay** (**Pinot Gris**) **d'Alsace**/Elsaß; zu Fasan mit Weintrauben versuchen Sie **Barbaresco** (z. B. **„Bricco Asili"** von CERETTO, Alba/Piemont/I) oder **Gevrey-Chambertin Premier Cru** (z. B. „Aux Chaignots" von J. FAIVELEY, Nuits-Saint-Georges/Burgund/F). Zu Fasanenbrust kalt mit → Sauce Cumberland überzeugten neben feinfruchtigem **Pinot Noir** auch **Riesling**- und **Gewürztraminer Spätlesen**.

FASAN MIT CALVADOS

✐ Gebratener Fasan mit Butter, Speck, Salz, Pfeffer, in einer Sauce aus süßen Äpfeln, Calvados (Apfelschnaps), süßem Rahm und etwas Pinot Blanc.

🍷 Der Kochwein **Pinot Blanc** und **Pinot Gris Kabinett** bis **Spätlese**, **Pouilly Fuissé Spätlese**/Burgund, **Hermitage Blanc**/nördl. Rhône als weiße Favoriten und reifer **Pinot Noir**/Burgund und **Saint-Émilion**/Bordeaux als rote erste Garnitur. **Hermitage Rouge** vom Feinsten (z. B. **„La Chapelle"**, SYR, 8–10 Jahre, 17–18 °C von P. JABOULET/nördl. Rhône/F) mit männlich-wuchtigem Flair und einem Abgang von der Sanftheit eines Minenfeldes, „inhalierte" sogar Calvados und Süßrahm. Ein vielbewunderter Solist.

FASAN „NORMANNISCH"

✐ Jungen Fasan in Butter braten, Bratensaft mit Kalbsjus, Apfelwein und Rahm binden, mit Salz und Pfeffer würzen und mit gebratenen Apfelspalten und Maronen garnieren.

🍷 **Chasselas**/CH, **Gutedel**/Elsaß/F und Baden/D, **Pinot Gris** und **Pinot Blanc** sowie **Apfelwein** (**Cidre**)/F als dezente Mittagsweine und reiche Spätlesen trocken/halbtrocken sowie die besten **„Smaragde"** vom **Grünen Veltliner**/Wachau als mindestens ebenbürtige „Gegner". Die Rotweinklassiker **Santenay**/Burgund (z. B. DOMAINE DE LA POUSSE D'OR), **Brunello di Montalcino** (BRU, 8–15 Jahre, 17–19 °C, z. B. FATTORIA DEI BARBI oder SCOPETONE, Toskana) und **Vega Sicilia Valbuena 3° Año**/Ribera del Duero/E schufen eine delikate Aromabasis über Maronen und Sauce.

FASCHIERTES (→ BIFF „LINDSTRÖM", → BULETTE, → FALSCHER HASE, → KALBSFRIKADELLEN)

FEDERWILD (WILDGEFLÜGEL)

(frz. GIBIER À PLUMES, engl. FEATHERED GAME, ital. SELVAGGINA DA PENNA, span. AVES SALVAJE)

✐ Gegensatz zum domestizierten Hausgeflügel (→ Geflügel), lebt in freier Wildbahn, ernährt sich auf natürliche Weise von Beeren, Würmern, Schnecken usw. und weist dadurch einen individuell ausgeprägten Wildgeschmack von besonderer Feinheit auf. Leider wird in unserer Zeit auch Federwild gezüchtet, in Gehegen gehalten und oft uniform ernährt, was sich in einer Gleichschaltung des Aromas auswirkt. Zum Federwild gehören → Auerhahn, → Bekassine, → Birkhuhn, → Fasan, → Haselhuhn, → Rebhuhn, → Schnepfe, Trappen, → Wachtel, → Wildente, → Wildgans, → Wildtaube usw.

🍷 Sind internationale **Cabernets** liebgewonnene Freunde des → Haarwildes, so kommen zum Federwild auch reife Weißweine (**Pinot Blanc**, **Pinot Gris**, **Chardonnay**, **Neuburger**, **Traminer**, **Grüner Veltliner „Smaragd"**) ins Spiel. Unter den Rotweinen dominieren **Pinot Noir**, **Syrah**/nördl. Rhône/F, **Merlot** und **Nebbiolo** (**Barbaresco**)/Piemont/I. Zu Ragouts bzw. zu Federwild mit Hautgoût versuchen Sie **Châteauneuf-du-Pape**/südl. Rhône, **Madiran**/SW-F, **Barolo**/Piemont, **Amarone**/Venetien/I, **Vega Sicilia**/Altkastilien/E, **Shiraz** bzw. **Cabernet-Shiraz**/AUS sowie schwerblütigen **Zinfandel**/KAL.

FEIGEN

(frz. FIGUES, engl. FIGS, ital. FICHI, span. HIGOS)

✐ Die birnenförmigen Scheinfrüchte des in Südeuropa und Afrika beheimateten Feigenbaumes kommen getrocknet oder frisch in den Handel. Die frischen Feigen halten sich nicht allzu lange, sind aber köstlich im Geschmack, reich an Traubenzucker und Vitaminen. Je dunkler, desto reifer und saftiger, heißt hier die Maxime. Die kleinen Früchte aus Italien sind meist zarter als jene aus Spanien oder Griechenland. Das feinsüß-zartsäuerliche Aroma der Energiebombe verbindet sich auf köstliche Weise mit Schweine- und Hasenfleisch sowie in Wein gekochtem Fasan.

🍷 **Moscato d'Asti**/Piemont/I, **Strohweine**, **Eisweine**, **Beerenauslesen**, **Ausbruch**, **Trockenbeerenauslesen** und alte **Vintage Portweine** sind die erklärten Favoriten dieser Frucht. Zu Feigen auf Vanillecreme ist allerdings edler **Sauternes** die Nummer eins! (→ Zimtcreme mit Feigen) Zu Feigenkuchen waren ein exotischer **Strohwein** vom WEINGUT OCHS, Weiden/Neusiedlersee/BGLD/A, und ein nach getrockneten Früchten duftender ungarischer **Tokaji Aszú „5 Puttonyos"** Kombinationen von überlegter Originalität.

FELCHE → BLAUFELCHE

FENCHEL

(frz. FENOUIL, engl. FENNEL, ital. FINOCCHIO, span. HINOJO)

✎ Ein zartes Gemüse aus dem verdickten Stengel der Fenchelpflanze mit anisähnlichem Geschmack, das von November bis Mai besonders gut mundet. Es hat einen hohen Gehalt an Vitamin A und C, Kalzium, Eisen, Kalium und Phosphor und wirkt solcherart fördernd auf die weibliche Hormonproduktion ein. Fenchel bekämpft außerdem Blähungen, Krämpfe, Nervosität und Kopfschmerzen.

🍷 **Pinot Bianco** und **Bianco di Custoza**/Venetien/I, **Sylvaner**, **Sauvignon Blanc** und in manchen Fällen **Sherry Fino light dry**/E sowie **Ribolla**/Friaul/I sind die Favoriten unter den Bewerbern, aber auch einige Außenseiter bewährten sich glänzend. Vermeiden Sie tanninreiche, junge Rotweine, sie multiplizieren die Bitterstoffe des Fenchels! Zu Fenchelrahmsuppe erfrischte uns ein jugendlicher **Grüner Veltliner** aus Straß/Kamptal/NÖ/A, und Fenchel-Soufflé krönten wir mit einem superben **Fendant** von SIMON MAYE, St Pierre-de-Clages/Wallis/CH. Fenchel auf „Griechische Art" haben wir mit würzigem **Athos** (SB, 1–2 Jahre, 8–9 °C) von TSANTALI, Chalkidike/Makedonien, in positiver Erinnerung, doch die Paarung mit **Ouzo** (**Anisschnaps**) war eine Lehrstunde für unsere Sinne! Fenchel in Backteig ist auch rotem **Coteaux d'Aix** (SYR, MOU, GR, CIN, 2–3 Jahre, 15–16 °C) zugetan. Erdig-fleischiger **Sylvaner** scheint mir noch besser zu sein. Wenn in Butter gebraten, sind auch mineralische **Chardonnays** (Stahltank) gefragt.

FETA

✎ Griechischer Käse, der in Kochsalzlösung eingelegt (Lake-Käse) und zumeist aus Schafmilch hergestellt wird. Er ist von weicher Konsistenz, hellweiß, weist ca. 50 % F. i. T. auf und besitzt ein zart salziges Aroma.

🍷 Versuchen Sie dazu einen frischen **Mantinia** von CAMBAS, Kantza/Attika, oder einen der modernen **Retsinas** aus Attika mit weniger Harz. Und mit dem salzig-würzigen **Santorini** (**Assyrtiko**, 1–3 Jahre, 8–9 °C) von J. BOUTARI & SON, Thessaloniki/Griechenland, werden Sie einen wahren Höhepunkt erleben! Auch die pikante Sortenwürze eines mit gut eingebundener Säure ausgestatteten **Chardonnay** oder **Sauvignon** (Stahltank) paßt auf erfrischende Art. Die Griechen trinken auch gerne ihren geliebten **Ouzo** (**Anisschnaps**) dazu.

FETTUCINE

✎ Breite italienische Bandnudeln, die in einigen Provinzen des Landes auch → Tagliatelle genannt werden.

🍷 Zu Fettucine al Doppio Burro (mit sehr viel Butter, Rahm und Käse, eine berühmte Kreation von „Alfredo"/Rom) ist auf **Frascati Secco** oder **Amabile** Verlaß. Zu Fettucine con Carne e Pomodoro alla „Veneta" (mit Tomatensauce, gehacktem Kalb- und Schweinefleisch, Karotten, Fenchel und Basilikum) trinkt man **Valpolicella Classico**. Fettucine con Funghi (grüne Fettucine mit Pilzsauce) sind auf **Pinot Bianco** abonniert, und zu Fettucine mit Lachs ist **toskanischer Chardonnay** goldrichtig.

FEYJAR MECHADA

Brasilianische Spezialität. Getrocknete weiße und rote Bohnen werden mit Salz gar gekocht, mit gebratenen Zwiebeln, Bratensaft, Mehl (Tapioka) zu einem breiigen Teig verrührt und mit Öl zu Fladen gebacken.

Spanischer, **portugiesischer** oder **südamerikanischer Rosé** bzw. **Sauvignon Blanc** (z. B. von FORESTIER/Brasilien) sind stets adäquate Begleiter.

FILET

Frz. dünner Faden. Auch Lende oder Lungenbraten, ist das zarteste und wertvollste Stück vom Kalb, Rind, Schwein, Wild, Geflügel oder Fisch. Es ist ein langer, schmaler Muskel, der sich an beiden Seiten des Rückgrats befindet. Beim Geflügel sind es die ausgelösten Brüste und beim Fisch die von der Gräte gelösten Rückenstücke bzw. Seitenteile.

Ganz egal, zu welchen Kombinationen man neigt, es sollten immer elegante, hochedle Gewächse ins Auge gefaßt werden.

FILET MIGNON

Das Rinderfilet teilt sich in → Filetspitzen, Filet Mignon, → Tournedos, → Filetsteak und → Châteaubriand und sollte mit edlen **Cabernets** von geschmeidiger Fülle, den besten roten **Rhôneweinen** und z. T. auch mit den hochwertigsten roten **Vini da Tavola** (Toskana, Piemont) in Einklang gebracht werden. Filet Mignon mit Trüffeln und Portwein ist für **Barbaresco Riserva**/Piemont/I und **Hermitage Rouge**/nördl. Rhône sowie für edle **Pomerols** (**Château Pétrus**, **Château L'Evangile**, **Château Le Pin**, **Château La Conseillante**, **Château Trotanoy** ...), Bordeaux/F, und den König des Madiran **Château Montus Cuvée Prestige** reserviert.

FILET „WELLINGTON“

Zartrosa gebratenes ganzes Rinderfilet, in Butter, Blätterteig, Champignons, Eidotter und Mandelstifte gehüllt. Der knusprig-braune Blätterteig soll sich beim Anschneiden nicht vom Fleisch lösen. (Namensgeber ist der Herzog von Wellington, dem dieses Gericht anläßlich seines Sieges 1815 über „Boney“ Napoleon Bonaparte bei Waterloo von seinem Leibkoch gewidmet wurde.)

Blätterteig, Champignons, Eidotter und Mandelstifte lassen auch große weiße Spätlesen trocken/halbtrocken (**Zierfandler**, **Pinot Gris**, **Chardonnay**, **Grüner Veltliner „Smaragd“**) zu Wort kommen. Die größten Erfolge hat man aber – hier wäre es falsch zu sparen – mit reifen, extraktsüßen Klasse-Rotweinen (**Pinot Noir**, **Merlot**, **Cabernet-Merlot**, **Barbaresco Riserva**/Piemont, **Syrah**/nördl. Rhône, **Tannat**/SW-F, **Shiraz**/AUS). Finessenreicher **Château L'Angelus GCC** (CF 50 %, M 45 %, CS 5 %, 8–12 Jahre, 16–17 °C) umschmeichelte die Hülle, hofierte das zartrosa Fleisch und flirtete mit Pilzen und Mandeln.

FILETSPITZEN „STROGANOW“ („BOEUF STROGANOFF“)

Gewürfelter Filetkopf eines jungen Ochsen, scharf und rosé angebraten. Dazu eine Sauce aus gehackten Zwiebeln, Mehl, Senf, Bouillon, Essig, Zitronensaft, saurem Rahm und Paprika.

Hier ist wieder einmal Vorsicht vor alkohol- und säurereichen Weinen geboten, da diese die Gewürze zum „Explodieren“ bringen. Mild-fruchtige, leichte **Roséweine** oder exotisch-würzige **Malzbiere** können einen erfrischenden Gegenpol schaffen. Als einer der wenigen großen Rotweine, die wirklich eine Bereicherung des Mahls sind, sei der grandiose **Grange** (SHI, 8–12 Jahre, 18–19 °C) von PENFOLDS, Nuriootpa/Barossa Valley/Südaustralien, angeführt. Er überwältigte uns mit einer wahren Duftorgie (Cassis, Karamel, Tabak, Schokolade, Brombeeren), gewaltigem Körper und enormer Kraft im Finish (13,6 %), die die diversen Gewürze auf der Zunge tanzen ließ, sie aber infolge des hohen zuckerfreien Extrakts doch einigermaßen in Schach hielt. Auch der **Amarone** (**Recioto della Valpolicella**) von GIUSEPPE QUINTARELLI, Negrar/Venetien/I (Europas

„Grange“), schaffte diese Hürde auf spektakuläre Weise. Jenseits des Atlantiks schwärmt man von der Kombination mit reifem **Champagne**.

FILETSTEAK (FILETBEEFSTEAK)

Scheibe aus der Mitte des Rinderfilets (Lungenbratens) mit einem Gewicht von 150 bis 200 g und einem Durchmesser von ca. 2 bis 2,5 cm. Meistens wird es gegrillt oder in der Pfanne kurz angebraten. Nur rosa (englisch oder medium) ist es von zartem, feinem Geschmack. Mögliche Partner siehe → Filet Mignon!

FILETSTEAK „AMERIKANISCH“

Gegrilltes Steak, mit Salz und Pfeffer gewürzt; in Butter geschwenkte junge Maiskolben, (Anna-)Kartoffeln und Tomatensauce sind die klassischen Beilagen.

Vorsicht vor tanninreichen „Eichenmonstern“, sie kollidieren mit Tomatensauce und Maiskolben. Fruchtcharmante, jugendliche Rotweine (**Barbera**, **Merlot**, **Pinot Noir**, **Sangiovese** und mit Abstrichen **Zinfandel**, **Cabernet Sauvignon**, **Shiraz**) sind hier Trumpf. Die Ausnahme war ein monumentaler **Merlot** (ST. FRANCIS VINEYARDS, Sonoma/KAL), der trotz athletischem Körper über schmeichelnde Samtigkeit und Extraktsüße einen Zugang zum Essen fand.

FILETSTEAK „MASSÉNA“

In der Pfanne gebratenes Steak mit Salz und Pfeffer und mit Rindermarkscheiben und → Sauce Béarnaise gefüllten Artischockenböden; dazu Strohkartoffeln. (Nach André Masséna, 1758–1817, Marschall Napoleons.)

Die Empfehlungen zu → Mark haben auch hier ihre Gültigkeit. Königswein war allerdings der grandiose **Cabernet-Merlot unfiltered** von LAIBACH VINEYARDS, Stellenbosch/ZA!

FIORE SARDO

Sardische Abart des → Pecorino, manchmal auch Pecorino Sardo genannt, in Laibform von 1,5 bis 4 kg. Aus Schaf-, Lamm- oder Zickleinmilch, mit 40 % F. i. T., hellem Teig und nach ca. 9 Monaten Reifezeit hart und pikant bis scharf.

Klassischer Begleiter der „sardischen Blume“ ist der rote männlich kraftvolle **Cannonau di Sardegna secco** mit mindestens 13,5 % Alkohol und vollmundig-würzigem Abgang (3–6 Jahre, 16–18 °C) von SELLA & MOSCA, Alghero/Sardinien/I. Die **Cannonau** ist identisch mit der **Grenache**. Reife Exemplare lassen sich auch von edlen **Bränden** (**wilde Himbeere**, **Weichsel**) begleiten!

FISCHE

(frz. POISSONS, engl. FISHES, ital. PESCI, span. PESCADOS)

Das meist weiße Fleisch enthält biologisch hochwertiges Eiweiß, wertvolle Fettsäuren, Jod, lebenswichtige Mineralien und unentbehrliche Vitamine (A und D) und ist fast durchwegs zart und leicht verdaulich. Nur → Aal, → Dorschleber, → Schwarzer Heilbutt, → Hering, → Karpfen, → Lachs, → Makrele, → Rotbarsch, → Thunfisch und → Wels sind von fetter Konsistenz. Als besonders nährstoffreich gelten Milch und Rogen der Kiemenatmer. Trotzdem muß angemerkt werden, daß Fische aus verschmutzten Flüssen und Seen (→ Aal) und küstennahen Gebieten (→ Scholle, → Flunder) stärker mit Schwermetallen und chlorierten Kohlenwasserstoffen belastet sind als Hochseefische (→ Hering, → Kabeljau, → Makrele, → Schellfisch, → Seelachs, → Seehecht, → Wittling usw.). Auch → Muscheln reichern wegen ihrer Bio-Filterfunktion Schadstoffe an. Neueste Forschungen haben ergeben, daß bei intensivem Fischgenuß der Gefühlshaushalt (Serotonine!) positiv beeinflußt wird, und sogar Depressionen werden gemildert.

Generell bietet man Weißweine in allen Variationen als Begleiter an, doch darf gesagt werden, daß fruchtige, kellerkühle, tanninarme Rotweine das Fischaroma unterstreichen, während es von ersteren eher gedämpft wird. Geröstete und gebratene Exemplare, Fischragouts sowie würzig-üppige Gerichte mit Rotweinsaucen verlangen nach dunklen Kreszenzen mit reifen Tanninen und gut integrierter Holznote. Alkohol- und Eichenbomben (amerik. Eiche) wirken allerdings deplaziert! Einseitig süße und säurige Weißweine lassen die Wasserbewohner oft stahlig-hart schmecken! → Fischsuppen weisen meist einen salzig-süßen Geschmack auf und sind daher besonders gut mit hocharomatischen Weißweinen zu verbinden. Fette Fische vertragen sich nicht mit unreifen, säurigen Weinen, die meist einen tranig-metallischen Beigeschmack einbringen. Zu fetten Fischen mit Rahmsaucen sind auch edelste Spät- und Auslesen möglich. Marinierte Fische sind besonders gut mit halbtrockenen **Chenin-Blanc**-Weißweinen (**Vouvray**, **Quarts de Chaume**, **Bonnezeaux**)/Loire/F zu kombinieren. Fischterrinen lieben junge, mild aromatische Begleiter (**Malvasier**, **Verduzzo**/Friaul/I, **Condrieu**/nördl. Rhône/F). Eingesalzene Fische sind mit jugendlichen, fruchtigen Rotweinen (**Merlot**, **Blauer Portugieser** ...) zu paaren. Fischrogen braucht kraftvolle, oxydative Weißweine wie **Sherry Fino**, **Montilla-Moriles**/E oder **Vernaccia di Oristano**/Sardinien zur aromatischen Unterstützung. Gekochte oder pochierte Fische in hellen Saucen wünschen sich milde bis halbtrockene Weißweine (**Neuburger**, **Pinot Gris**, **Riesling-Sylvaner** ...) als Partner, und geräucherte Fische verlangen nach Kreszenzen mit feiner Rauchnote (**Sauvignon Blanc** bzw. **Pouilly Fumé**/Loire, **Silvaner**/Franken/D und Elsaß/F, **Riesling** und **Grüner Veltliner**/Wachau ...) sowie reifen **Champagnes**. Bei fetten geräucherten Fischen ist allerdings Vorsicht vor Weinen mit allzu rassiger Säure geboten. Hier sind **Sherry Fino light dry**/E, **Pinot Blanc** und **Pinot Gris**, **Chasselas**, **Zierfandler Spätlese trocken** oder junge, fruchtig-frische Rotweine vorzuziehen. Biertrinker sollten zwischen **Pils** und **Weizenbier** wählen. **Schaumweine** (Kapselgeschmack) sind abzulehnen.

FISCHSUPPEN

✐ Berühmte Fischsuppen aus den Mittelmeerländern sind → Bouillabaisse, → Cacciucco, Cassola, → Zarzuela, → Zuppa di Pesce.

FISKEBOLLER

✐ Dänisches Nationalgericht. Knödel (Klöße) werden mit frischem Fischfleisch gefüllt, in Weißwein gedünstet und mit Kapernsauce angerichtet.

🍷 Als passender Begleiter bietet sich der Kochwein an bzw. ein ähnlicher, aber wertvollerer. Zu den Kapern munden jugendlich frische Weine mit nicht zu aggressiver Säure (**Malvasier**, **Soave**/I, **Sauvignon**/NZ, **Riesling-Sylvaner**) sehr gut: Sie akzentuieren den Kaperngeschmack, ohne ihn zu multiplizieren. In Dänemark ist das hopfig-frische **Tuborg Bier** als Begleiter nicht wegzudenken.

LA FLAMICHE

✐ Nordfranzösische Porreepastete aus der Picardie. Gefüllter Mürbteig mit Lauchscheiben (Porree), Salz und Pfeffer.

🍷 Die **Sauvignons** der Loire und die **Sylvaner** aus dem Elsaß sind hier beinahe konkurrenzlos.

FLAMMERI

✐ Küchentechnisch ein mit Puddingpulver zubereitetes Dessert aus Grieß, Kartoffelmehl, Reis, → Sago oder Grütze, in Weißwein oder Wasser gekocht, mit Eigelb und Eiweiß verrührt und kalt serviert.

🍷 Geschmacklich korrespondierende Weine sollten mild-fruchtig-lieblich sein und auf den begleitenden Fruchtsaft abgestimmt werden, der auch ein größeres Maß an Süße verträgt.

FLAMMERI AUS GRIESS

✐ Einen halben Liter Milch, eine Prise Salz, abgeriebene halbe Zitrone, 40 dag Zucker, 50 g grober Grieß, mit Fruchtsaft angerichtet.

🍷 Es ist zu bedenken, daß die Zitronensäure die Süße des Weins vorübergehend verstärkt, gleichzeitig aber alten, **firnigen Süßweinen** neues Leben verleiht. **Muskateller**, **Pinot Gris**, **Pinot Blanc**, **Verdicchio**/Marken und **Verduzzo**/Friaul im halbsüßen Bereich sind anregende Sommerweine. Unter den edelsüßen und gespriteten Winterweinen stach ein **Weißburgunder Ausbruch** (6–10 Jahre, 8–10 °C) von FEILER-ARTINGER, Rust/BLGD, hervor, der mit dem Botrytis-Charakter einer TBA und dem Süße-Säurespiel einer BA – bei nur 10,5 % Alkohol! – unvergeßliche Glanzlichter setzte. Weitere Möglichkeiten sind **Recioto di Soave**/Venetien, gespriteter **Muscat de Rivesaltes**/Roussillon und **Mavrodaphne**/GRIECHENLAND.

FLEISCH

(frz. VIANDE, engl. MEAT, ital./span. CARNE)

✐ Das Muskelgewebe der Schlachttiere (Hammel, Kalb, Lamm, Rind, Schwein) besteht zu etwa 75 % aus Wasser, zu 21 % aus Eiweißstoffen, die übrigen vier Prozent sind Fett, Mineralstoffe und Vitamine. Wegen des hohen Eiweißanteils und seines feinen Geschmacks gehört es mit ca. 250 Gramm durchschnittlich pro Person und Tag zu den beliebtesten Nahrungsmitteln in Österreich, Schweiz und Deutschland. Der hohe Fleischkonsum hat allerdings auch zu einer Massentierhaltung geführt, deren Produkte mit Antibiotika und Hormonen belastet sind. Rinder und Schafe sind davon in der Regel nicht betroffen. Abraten möchten wir von Innereien und fettem Fleisch älterer Tiere, in deren Gewebe sich besonders viele Schadstoffe ablagern!

FLEISCHKÄSE → LEBERKÄSE

FLUNDER (GRAUBUTT, SANDBUTT, ELBUTT)

(frz. FLET, engl. FLOUNDER, ital. PASSERA, span. PLATIJA)

✐ Schmackhafter Meeresplattfisch, der sich von der Scholle durch rauhe Stellen an den Flossenansätzen, am Kopf und an den Seiten unterscheidet und am besten von September bis Dezember bei einer Größe von 20 bis 40 cm mundet. Hält sich bevorzugt in Europas Flach- und Küstengewässern auf.

🍷 Attraktive Begleiter für das milde, weiche Fleisch der Flunder sind an der Loire (**Chenin Blanc**) und in der Schweiz (**Chasselas**-Variationen) zu finden. Auch samtiger **Pinot Gris** und **Riesling-Sylvaner** sind in Erwägung zu ziehen.

FLUNDER GEBRATEN

✐ Eine Flunder, Saft von 1 Zitrone, Salz, weißer Pfeffer, 5 EL Mehl, 8 EL Öl, 1/2 Bund Petersilie und 1 Zitrone als Garnitur.

🍷 **Entre-deux-Mers**/Bordeaux, **Arvine**, **Chasselas** und **Bieler Seewein**/CH sind preiswerte Mittagsweine. Der **Arvine „Vieux Pays"** (ARV, 2–3 Jahre, 8–10 °C) von PROVINS, Wallis, belebte mit delikatem Salzhauch und pikanter Grapefruitnote die Zitrustöne der Sauce und erhöhte insgesamt den kulinarischen Stellenwert. Für größere Anlässe sind **Riesling** und **Pinot Gris Spätlese trocken/halbtrocken**, **Graves Blanc**/Bordeaux und **Vouvray demi-sec** (CHB, 5–10 Jahre, 7–8 °C), z. B. **Château de Valmer**/Loire, der trotz der feinen Süße einen Hauch von Jod in sich trägt, und die Haut einer frischen Flunder zu wundervollen Aromaspielen verführen kann. Die Restsüße bedeutet allerdings stets eine Gratwanderung zwischen kulinarischen Höhen und Tiefen.

FOGOSCH („FOGAS", FOGASCH)

✐ Einer der wertvollsten Süßwasserfische, identisch mit dem → Zander.

FOGOSCH IN FOLIE → ZANDER IN FOLIE

FONDUE

✐ Schweizer Nationalgericht aus geschmolzenem Käse, Weißwein, Gewürzen und Kräutern. Das berühmteste Käsefondue ist das → Fondue Neuchateloise. Die sogenannten Fleischfondues sollte man eigentlich als Friture bezeichnen, da ja hier nichts geschmolzen (frz. fondue) wird. (→ Chrysanthemen-Feuertopf, → Fonduta, → Sukiyaki)

FONDUE „BOURGUIGNONNE“

Ein Gericht, das vom Gast selbst zubereitet wird und als Spielerei für Genießer gilt. 150 g Rinderfilet, in 2 1/2 cm große Würfel geschnitten, Salz, Pfeffer aus der Mühle und heißes Olivenöl in einem Kupferkessel auf einem Spirituskocher. Als Saucen und Beilagen werden gereicht: Mayonnaise, Sauce Remoulade, Sauce Vinaigrette, Perlzwiebeln, Mixed Pickles, Mango-Chutney usw.

Traditionellerweise gibt man zu dieser burgundischen Spezialität **Bourgogne Rosé**, **Beaujolais** (je nach Jahreszeit vom **Nouveau** bis zum **Brouilly**) oder kraftvoll-würzigen **Santenay** vom südlichsten Zipfel der Côte d'Or, doch stellen die süß-sauren Saucen und Beilagen ein echtes Problem dar. Exotische, fruchtsüße **Cabernet-Shiraz**/AUS sind eine interessante Abwechslung. Schlüssel zum Erfolg sind auch hier jene Weißweine, die wir zu der → asiatischen Küche empfohlen haben: **Gewürztraminer**, **Pinot Gris**, **Riesling**, **Muscat**/Elsaß, **Montlouis**/Loire/F, **Tokaji Szamorodni**/H usw.

FONDUE „NEUCHATELOISE“

400 g feingeriebenen → Greyerzer, 200 g feingeriebenen → Emmentaler, 4 Kaffeelöffel Mehl oder Maizena, 3 dl Neuenburger Weißwein, 1 Gläschen Kirsch, Pfeffer aus der Mühle, Muskatnuß gerieben, Weißbrotwürfel.

Chasselas/CH, **Pinot Gris Kabinett** und **Pinot Noir Rosé** sind an lauen Abenden bezaubernde, unterwürfige Begleiter. An kalten Abenden sollten es reife, extraktreiche Weißweine (**Pinot Blanc** und **Pinot Gris Spätlese**, **Savoie Blanc** (**Crépy**, **Seyssel**, **Apremont**)/O F sein. Eine zartsüße **Johanniter Auslese** (CH, 5–10 Jahre, 9–11 °C) von FRITZ-PETER HUBACHER, Bielersee/W-CH, hielt sich bravourös gegen die geballte Kraft und Würze des Gerichts. Seelenverwandte Giganten sind sherryartiger **Vin Jaune**/Jura/F (z. B. **Château-Chalon**, SAV, 12–20 jährig, 10–11 °C von JEAN BOURDY) und natürlich das traditionelle **Kirschwasser**. Aus heimischer Sicht sind **Grüner Veltliner** und **Weißburgunder** interessant, da sie auch verdauungsfördernd wirken. Auch reife **rote Burgunder** können in Erwägung gezogen werden.

FONDUTA

Italienische Fondueart aus dem Aostatal. Feingeriebener reifer → Fontinakäse, Eigelb, Milch, Butter, weiße Trüffel in Scheiben, dazu geröstete Weißbrotwürfel.

Die Aosta-Pretiosen **Blanc de la Salle** und **Blanc de Morgex** (**Blanc de Valdigne**, 1–2 Jahre, 8–9 °C), z. B. von ALBERTO VEVEY, die auf atemberaubenden Steilhängen in über 1200 m Höhe wachsen, sind köstlich grazile, kristallklare Mittagsweine. Über die Trüffel überzeugen auch **Cortese** (**Gavi**)/Piemont und **Vin de Conseil**/Aostatal. Unter den Rotweinen brachten nur **Dolcetto** und **Bricco del Drago** (DOL+NEB) Licht ins Dunkel. Mein Favorit ist allerdings der unvergleichliche, rare, honigartig würzige, aus halbgetrockneten Trauben gewonnene **Chambave Moscato Passito** (10–20 Jahre, 8–9 °C) von EZIO VOYAT/Aostatal/I.

FONTINA

Halbweicher Schnittkäse mit 45 % F. i. T. aus dem italienischen Aostatal, der aus Rohmilch hergestellt wird und ein würziges, dezent süßliches Aroma aufweist. Der Fontina schmilzt leicht und wird daher auch zum Kochen verwendet.

Angenehme Begleiter sind die lokalen Weißweinspezialitäten **Blanc de la Salle** und **Blanc de Morgex**, doch den absoluten Höhepunkt bildete die Kombination mit dem **Vin du Conseil** (PA, 2–4 Jahre, 8–9 °C) von der ECOLE D'AGRICULTURE AOSTE. Er verführte Käse und Konsumenten mit sonnengelber Farbe, exquisitem Birnenduft und einem trocken-vollmundigen Abgang von engelsgleicher Reinheit. Ein beinahe himmlisches Erlebnis! Als Rotweinalternativen gelten die einheimischen **Donnaz** (**Nebbiolo**), z. B. von der CAVE COOPERATIVE DONNAZ, und **Pinot Nero** (superb von FERNANDO GROSJEAN, Quart!). Auch **Barbaresco**/Piemont und **Amarone**/Venetien sind im Winter möglich.

FORELLE

(frz. TRUITE, engl. TROUT, ital. TROTA, span. TRUCHA)

✐ Gehört zur Familie der Lachse und ist einer der zartesten und feinsten Süßwasserfische, der kühle, klare Gewässer bevorzugt. Die „tanzende" Bachforelle gilt als einer der Höhepunkte der Süßwasserfische, und es ist verwunderlich, daß dieser von den Gastrosophen hochgelobte Edelfisch den römischen Feinschmeckern entgangen ist. Sie wird das ganze Jahr angeboten (Zucht), erreicht aber in Freiheit von Mai bis Juli ihren feinsten, nussigen Geschmack.

🍷 Zur Forelle gebacken erfreuten wir uns an einem **Riesling** von der Thermenregion/NÖ/A. Zu einer simplen gegrillten Forelle empfiehlt sich ein ebenso einfacher wie rassiger **Chardonnay** ohne Holzausbau, z. B. von RUDOLF BRÜNDLMAYER, Feuersbrunn/Donauland/NÖ; zur Forelle mit Mandeln sollte man nach einem milden Weißwein à la **Riesling-Sylvaner** oder **Soave**/ Venetien/I Ausschau halten, und zu einer zarten pochierten Forelle sollte man einen ebenso elegant-subtilen **Riesling** parat haben. Forelle in Rahmsauce und **Saint Saphorin „La Truite"** – nomen est omen! – (**Chasselas**) von CAVES MÖVENPICK, Waadtland/CH, sowie edelsüßer **Quarts de Chaume** (**CHB**)/Loire sind ein jeweils luxuriöses Paar; Forellennockerln halten nach noblem **rotem Rioja** Ausschau, Forelle gebraten sollte man einmal mit einem zarten **Pinot Noir** oder **Blauen Portugieser** versuchen, der das Fischaroma besonders hervorhebt. Forelle in Salbeisauce ist nur mit **Frascati**/Latium/I, **Blanc de Morgex**/Aostatal oder **Roter Veltliner** vorstellbar. Zu Forelle in würziger Sauce genossen wir einen **Merlot Rosato del Ticino**/CH.

FORELLE AUF „MÂCONER ART"

✐ In Mâconer-Rotwein gekocht, Fond mit Fleischextrakt und Mehlbutter gebunden, mit Salz und Pfeffer gewürzt und mit aufgeschlagener Butter, gedünsteten Champignons, glacierten Zwiebeln und Salzkartoffeln garniert.

🍷 **Blauer Portugieser**/A, **Dôle**/CH, **Fleurie**/Beaujolais und **Pinot Noir** aus Mâcon können über Champignons und Fond eine Aromabrücke bauen und den Fischgeschmack akzentuieren. Allzu üppige, erdig-würzig-tanninige Weine wie der Cru-Beaujolais **„Brouilly"** oder der **Mâcon Rouge „La Croix de Levy"** (GAM, PN, 3–6 Jahre, 14–15 °C) von JEAN-PAUL GOBETTI/Burgund/F sind für etwas kühlere Abende gedacht!

FORELLE BLAU

✐ Eine Forelle wird in siedendem Fischsud ca. 8 Minuten blau gekocht, mit Zitronenspalten und Petersilie garniert und mit zerlassener Butter und Kartoffeln serviert. (Achtung! Bei frischen Forellen platzt die Haut auf.)

🍷 Hier sind edle **Rieslinge** nicht zu übergehen, doch Vorsicht vor ein- bis zweijährigen Gewächsen. Sie kehren die Säure oft allzu deutlich hervor.

Mittags auf der Terasse genießen Sie leichte junge Sommerweine (z. B. **Welschriesling** oder **Riesling-Sylvaner-Qualitätswein** vom WEINGUT GROSS, Ratsch/S-STMK). Am Abend sind große, mittelreife **Rieslinge** nahezu Pflicht. Der **Riesling „Hochrain Federspiel"** (3–6 Jahre, 9–10 °C) von F. HIRTZBERGER/Wachau setzte einen elektrisierend rassigen Kontrapunkt zur subtil-milden Forelle. Halbtrockene deutsche **Rieslinge** kehren hingegen die Zartheit des Fleisches und die Buttrigkeit der Sauce hervor. In Frankreich sind auch **Chardonnays** (Stahltank) gefragt.

FORELLE GERÄUCHERT IN WACHOLDERRAUCH MIT OBERSKREN

🍷 Rebsorten mit rauchig-würzigem Sortencharakter und reifer Säure (**Grüner Veltliner**/NÖ, **Sylvaner**/Franken, **Sauvignon Blanc**/S-STMK oder Loire) tun sich leicht im Umgang mit dem Fisch, lieben aber den Oberskren zumeist nicht. Ideal zum Mittagessen der verläßliche **Grüner Veltliner Kabinett** (2–4Jahre, 9–10 °C) von K. HOLZAPFEL/Wachau und am Abend der berühmte **Pouilly Fumé „Silex"** (SB, 3–5 Jahre, 9–11 °C) von D. DAGENEAU/Loire. Die **Rieslinge** des Barossa Valley/S-AUS haben eine gewisse Affinität für Forelle und Oberskren. Die Eichen-Rauchtöne üppiger kalifornischer **Sauvignons** oder **Chardonnays** müssen sehr dezent sein, um die „launische Forelle" nicht zu vergrämen.

FOUGERU

✐ Französischer Weichkäse, der dem → Coulommiers nachempfunden wurde, zumeist ein Farnkraut an der Oberfläche aufweist und sich mit den edelsten weißen Kreszenzen der Loire (**Pouilly Fumé** = **Sauvignon Blanc**; **Bonnezeaux** = **Chenin Blanc**) oder der Côte de Beaune/Burgund (**Meursault**; **Corton-Charlemagne**) blendend versteht.

FOURME D'AMBERT

✐ Französischer Kuhmilch-Blauschimmelkäse aus dem nördlichen Massif Central, der in 600 bis 1600 m Höhe seit mehr als 1000 Jahren produziert wird und einen ungemein stark ausgeprägten Edelschimmelgeschmack aufweist.

🍷 Er kann im allgemeinen nur von einem ölig-süßen Wein konterkariert werden, wobei die Honig-Wachsnote des Weins Salz und Süße vereint und gleichzeitig geschmacklich erhöht. Die Süße des Weins pointiert Salz und Gewürze, die aber vom Honigton wieder etwas gebremst werden. Er verträgt sich sicherlich gut mit edlem **Sauternes**/Bordeaux, doch noch besser mit gespritetem **Muscat de Rivesaltes**/Roussillon und bestens mit lieblichem **Vouvray Moelleux** (z. B. **„Goutte d'Or"**, DOMAINE DU CLOS NAUDIN, Vouvray/ Loire/F). Aus heimischer Sicht sind vor allem Hochprädikatsweine (**BA**, **TBA** und **Eiswein**) anzuraten.

FOU-YOUNG

✐ Chinesisches Omelett. Eier, Salz, Pfeffer, Knoblauch, Sojasauce, → Sake, würfeliges Fleisch, Schinken, Geflügel, Pilze, Gemüse und Garnelen.

🍷 Ein **Condrieu** (VIO, 2–4 Jahre, 8–10 °C) von PIERRE DUMAZET, Serrières/nördl./Rhône/F, modern vinifiziert, mit Komplexität und einer unglaublichen Vielfalt an Aromen (Aprikosen, Birnen, Veilchen, Tabak) erwies sich eigentlich schon als zu dominant, da es zu einem Wettstreit der diversen Ingredienzien kam. Der **Condrieu** siegte; es war jedoch ein so attraktiver Kampf, daß wir den Wein als idealen Partner empfehlen möchten. Der vom Sommelier empfohlene **Jurançon sec** (GMA, PMA, CB, 2–5 Jahre, 8–9 °C) von der DOMAINE CAUHAPÉ in Monein/Jurançon/SW-F war mit prächtigen Aromen ausgestattet (Honig, Ananas, Pfirsich, Zimt), wollte aber doch nicht ganz auf das Gericht eingehen. Eine fulminante One-Man-Show. Im Zweifelsfall ist **Sake** immer richtig!

FRANGIPANE (FRANGIPANECREME)

✐ Füllcreme für Torten und Gebäck. Etwas Vanille in heißer Milch ausziehen, Eigelb und Zucker schaumig schlagen, mit Mehl vermengen, heiße Milch hineinrühren, mit grobgestoßenen → Makronen vermischen und auf dem Herd cremig rühren. (Namensgeber ist der italienische Marchese Muzio Frangipane, der im 16. Jahrhundert in Paris ein Duftwässerchen aus Bittermandelöl erfand.)

🍷 Hier kommen alle üppig-süßen **Dessertweine** in Frage – süß und süß hebt sich ja auf –, und vor allem der sonst etwas plump-süße **Monbazillac** (z. B. vom **Château Bélingard** in Sigoulès/Bergerac/SW-F) konnte sich einmal besonders profilieren.

FRIKASSEE

✐ Frz. Sammelsurium. Ragout von weißem Fleisch (Kalb, Geflügel, Lamm, Fisch) in weißer (Rahm-)Sauce, das sich grundsätzlich von milden bis halbtrockenen Weißweinen (**Chasselas**, **Zierfandler**, **Elbling**, **Riesling-Sylvaner**, **Neuburger**, **Chenin Blanc**, **Pinot Gris**, **Tocai Friulano**, **Garganega** ...) und ebensolchen **Schaumweinen** aromatisch untermalen und verfeinern läßt. Zum Geflügelfrikassee in weißer Sauce bot sich zartsüßer **Vouvray demi-sec** (CHB, 6–9 Jahre, 8–9 °C) von JEAN-PIERRE LAISEMENT, Vouvray/Loire/F, mit herrlichen Aromen an (Apfel, Banane, Lindenblüte, Wachs), der auch über Nervosität, Lebendigkeit und Säure verfügte. (→ Hühnerfrikassee mit Champignons)

FRIKASSEE VOM KALB

Würfelig geschnittenes Kalbfleisch, Butter, Hühner-Bouillon, Weißwein, Lorbeerblätter, Salz, weißer Pfeffer, Muskatnuß gemahlen, Zitronenschale, Zitronensaft, ½ l süßer Rahm und Eidotter.

Als angenehm unkomplizierte Tischweine bestätigten sich einfacher **Arbois Blanc**/Jura/F, **Chasselas** und **Riesling-Sylvaner**/CH. Wenn die Sauce nicht zu sehr von der Milde von Rahm und Eidotter geprägt ist, kann schäumender **Saint-Péray** (ROU 90 %, MAR 10 %, 2–3 Jahre, 6–7 °C), z. B. von BERNARD GRIPA/nördl. Rhône, dem Gericht feinste Nuancen entlocken. Große samtig-würzige **Neuburger**, **Zierfandler**, **Rotgipfler**, **Riesling-Sylvaner** sowie **Sémillon** und **Chenin Blanc** trocken/halbtrocken machen Frikassee zu einem Festessen. Ein echter TGV (très grand vin) ist der **Mâconnais Saint-Véran** (CH, 3–6 Jahre, 8–9 °C) von LIONEL BRUCK/Burgund/F.

FRINAULT

Französischer Weichkäse aus dem Orléanais, der mit etwas Asche bestäubt wird, 50 % F. i. T. und einen stark würzigen Geschmack aufweist.

Versuchen Sie einen **Rosé de L'Orléanais** (PM, 1–2 Jahre, 8–9 °C) oder einen noblen **Quincy** (SB, 2–3 Jahre, 9 °C) von MARDON FRÈRES, Quincy/Loire/F.

FRISCHKÄSE → KÄSE

FRISCHLING

(frz. MARCASSIN, engl. YOUNG WILDBOAR, ital. CINGHIALETTO, span. JABALINA)

Junges, noch gestreiftes Wildschwein im ersten Lebensjahr mit einem Gewicht von 20 bis 35 kg. Keule, Rücken und Koteletts sind von besonderem Wohlgeschmack mit einem Hauch von Wildaroma und paaren sich auf hervorragende Weise mit großen **Merlots** aus aller Welt; ähnlich geartete Charmeure sind Italiens **Super-Toskaner**.

FRISCHLINGSKEULE GESCHMORT MIT HONIG ÜBERGLÄNZT

Firschlingskeule, Salz, schwarzer Pfeffer, Wacholderbeeren, Petersilwurzeln, junge Karotten, kleine Schalotten, Öl, Butter, Thymianzweig, Nelken, kleine Lorbeerblätter, Honig und etwas Sherry.

Der Honig-Sherryton des Gerichts eröffnet auch mildwürzigen, spätgelesenen Weißweinen (zu Mittag: **Graves Blanc**/Bordeaux, **Pinot Gris**, **Tokaji Szamorodni Száraz**/H, am Abend: schäumender **Montlouis demi-sec**/Loire, **Riesling** und **Gewürztraminer Spätlese trocken/halbtrocken** oder **Jurançon**/Pyrenäen) Möglichkeiten. Unter den „Rothäuten" erzeugen ausgewogene Säfte mit Kräuterwürze (**Trollinger Spätlese**/Württemberg, **Gevrey-Chambertin Premier Cru „Les Cazetiers"**, z. B. von J. FAIVELEY/Burgund, **Brunello di Montalcino Riserva**/Toskana, edler **Merlot**/Chile und **Amarone**/Venetien) einen unwiderstehlichen Gleichklang.

FRISCHLINGSRÜCKEN IN BROTTEIG UND KIRSCHSAUCE

Gespickter und gebratener Sattel. Brotteig aus geriebenem Roggenbrot, Rotwein und Zimt. Dazu Kirschsauce.

Rotwein, Zimt und Kirschsauce führen uns zu den erotischsten „Kirschsäften" der Weinwelt: **St. Laurent**, **Zweigelt**/A, **Super-Toskaner**/I, **Morgon**/Beaujolais, **Pinot Noir**/international, **Chambertin GC**/Burgund und exotischen **Cabernets-Merlots**. Als Mittagswein bezauberte ein feinziselierter **Zweigelt** (1–2 Jahre, 15–16 °C) vom MALTESER RITTERORDEN/NÖ, als Luxusweine für besondere Stunden der Zweisamkeit empfehlen wir – pars pro toto – die Toskana-Stars **Casamurli** (SAN, 5–8 Jahre, 16–18 °C) und **Solaia** (CS 75 %, CF 25 %, 6–8 Jahre, 16–18 °C) aus der Meisterhand von DR. GIACOMO TACHIS. Aus Südafrika überwältigte uns der grandiose **Cabernet-Merlot** vom Senkrechtstarter LAIBACH VINEYARDS, Stellenbosch, der über das fulminante Wechselspiel mit Sauce und Speise zu einem integralen kulinarischen Erlebnis wurde.

FRITTO MISTO

Ital. gemischtes Gebackenes. Traditionsreiche italienische Speise aus diversen Fleischsorten, Kalbshirn, Gemüse, Pilzen, Fisch, Meeresfrüchten etc., in Teig getaucht und schwimmend herausgebacken. Es gibt in einigen Provinzen Italiens verschiedene lokale Variationen.

Zu Fritto Misto di Mare (kleine Meeresfische, Muscheln, Krustentiere, Tintenfische) versuchen Sie **Sauvignon**/Friaul oder trockenen **Perlwein** wie **Prosecco di Conegliano-Valdobbiadene**/Venetien/I (z. B. von ADRIANO ADAMI, Colbertaldo di Vidor). Zu Fritto Misto alla „Fiorentina" (Hühnerfleisch, Kalbsbries, Kalbshirn, Mozzarella, Artischockenherzen) genießen Sie jungfräulichen **Bianco Vergine di Valdichiano** von der FATTORIA DI MANZANO, Camucia di Cortona/Toskana/I.

FRITTO MISTO ALLA „MILANESE"

Mailänder Spezialität. Je eine Scheibe Kalbsbries und Kalbshirn, Artischockenboden, Salz, Pfeffer, Mehl, durch leicht geschlagenes Ei gezogen, je eine Scheibe Kalbsfilet, Kalbsleber und Kalbsniere in Mehl gewendet, in Butter goldbraun gebraten und mit Petersilie und Zitronenvierteln angerichtet. Als Beilage gebutterte und mit geriebenem Parmesan gratinierte Makkaroni.

Kalbsbries, Kalbshirn, Artischockenböden und Teiggeschmack lassen nur feinfruchtige Rotweine (**Pinot Nero**, **Freisa**/Piemont) an sich heran. Aus der Schar der weich-würzigen Weißweine (**Riesling Italico**, **Riesling Renano**, **Riesling-Sylvaner** und **Franciacorta Bianco**/Lombardei) legen wir Ihnen den quirligen **Riesling Italico** (WR, 2–3 Jahre, 8–9 °C) von BRUNO VERDI/Lombardei und den Lokalmatador **Müller-Thurgau** (2–4 Jahre, 8–9 °C) von MONTELIO DI ANNA MARIA MAZZA/Lombardei ans Gourmetherz.

FRUCHTSALAT → OBSTSALAT

FRÜHLINGSROLLE

Chinesische Spezialität, die als Verwandte der französischen → Crêpes gilt. Teig aus Wasser, Mehl und Salz, gefüllt mit gedünsteten Schalottenwürfeln, Schweinehackfleisch, Lauch und Sojabohnenkeimlingen; dazu Sojasauce, aromatisiert mit Zucker, Salz, Pfeffer und etwas Sake.

→ **Sake**, **Fino** → **Sherry Fino light dry**/E, **Graves Blanc**/Bordeaux/F, samtiger **Pinot Gris** und **halbtrockener Riesling** sind die erklärten Lieblinge der Rolle.

GALANTINEN (ROLLPASTETEN)

Ursprünglich pikant gewürzte Pasteten, in entbeintes Geflügel eingerollt. Heute werden sie überwiegend in einer Form gegart, nach dem Erkalten gestürzt, mit weißer oder brauner Decksauce überzogen und mit Pistazien oder Kirschen usw. garniert.

Samtig-milde Weißweine mit der nötigen Extraktdichte können jederzeit bestehen.

GALANTINE VOM GEFLÜGEL

Würfelig geschnittenes Hühnerfleisch wird mit einer Farce aus Schweinefleisch, Gänseleber, Räucherzunge, Trüffeln, Pistazien und feinen Kräutern vermischt, in eine Form gefüllt, mit Kalbsfond gegart und nach dem Erkalten mit weißer → Chaudfroidsauce überzogen.

Gänseleber, Räucherzunge, Trüffel, Pistazien und Sauce verlangen nach extraktdichten, mildwürzigen, großen trockenen bis halbtrockenen Weißweinen. Zu Mittag sind preiswerter **Tocai** und **Pinot Grigio**/Friaul, **Zierfandler**/A sowie **Gavi** und **Arneis**/Piemont angesagt. Am Abend greifen wir tiefer in die Geldbörse und ordern großen **Chardonnay**, **Pinot Blanc** und **Pinot Gris**, **Tokaji trocken**/H und **Sauvignon Blanc**/KAL. Ein **Grand Cru** von seltener Anpassungsfähigkeit ist der mächtige **Corton-Charlemagne** (CH, 5–8 Jahre, 9–11 °C) von ANDRÉ NUDANT/Burgund. Ein Ereignis der besondern Art ist das kulinarische Wechselbad mit zartsüßem **Barsac**/Sauternes, **Quarts de Chaume**/Loire und reifem Luxus-**Champagne**.

GALIL

Israelischer Blauschimmelkäse mit 42 % F. i. T. aus Schafmilch von pikant-salzigem Aroma.
Wählen Sie dazu einen formidablen **„Yarden" Muscat** von GOLAN HEIGHTS WINERY, Quatzrin/Israel, oder versuchen Sie es mit dunklem **Malzbier**. Sie werden es nicht bereuen!

GAMALOST

Beliebter, norwegischer Sauermilchkäse mit braunem, körnigem Teig und pikant-würzigem Geschmack.
Mit Wein schwierig zu kombinieren; versuchen Sie dennoch **halbtrockenen Riesling** bzw. **Riesling-Sylvaner** oder würzig-süßen **Madeira**/P.

GAMBAS → HUMMERKRABBEN

GAMS → GEMSE

GANS

(frz. OIE, engl. GOOSE, ital. OCA, span. GANSO)
Gehört als Hausgans auch heute noch zum begehrtesten Geflügel und war im Altertum den Ägyptern (Isis), den Griechen (Persephone) und den Römern (Juno) heilig. Die zartfleischige Brust schmeckt bei sechs bis zehn Monate alten Tieren am besten im Herbst (Martinigans). Bis zum fünften Lebensmonat heißt sie Frühmastgans (mit noch gelben Füßen) und verfügt dann noch über ein saftiges Fleisch, während die Weihnachtsgans schon eine delikate Füllung braucht. Viele Gourmets lieben vor allem die knusprige Haut.
Das kalorienreiche und etwas schwer verdauliche Fleisch braucht einen kräftigen Rotwein von der Art eines **Barolo**/Piemont/I, **Hermitage**/nördl. Rhône oder **Cahors** bzw. **Madiran**/SW-F als Partner, da sich Fette und Gerbstoffe gegenseitig aufheben bzw. neutralisieren. Wenn mit Weißwein gekocht wird, sollte man den Kochwein bzw. eine ähnliche, höherwertige Kreszenz wählen. Zur jugendlich zarten Brust mundet auch ein fruchtig-frischer weißer **Primeurwein** (**Jungwein**) sehr gut. Zu Gänsekeulen mit Grieben (Grammeln) ist portugiesischer **Dão Tinto** (z. B. von CAVES ALIANÇA, Anadia) umwerfend; zu Gans mit Maronen mundet **Brunello di Montalcino**/Toskana/I ausgezeichnet; zu Gans mit Sauerkraut wird **elsässischer Pinot Gris GC** zur bleibenden Erinnerung, und bei Gänsebraten mit Weichseln sollten Sie an einem großen **Pinot Noir** oder **Merlot** nicht vorbeigehen. (Versuchen Sie einmal zu Mittag den grandiosen kirschfruchtigen neuseeländischen **Martinborough Vineyards Pinot Noir**. Es lohnt sich!)

GANS AUF „LYONER ART"

Gut angebratene Gans, mit kleinen Zwiebeln in Lyonnaiser Weißwein und Kraftsauce weich geschmort, dazu mitgedünstete Maronen, Champignons und Chipolatas (kleine Bratwürste).
Mittags sind **Pinot Blanc**, **Pinot Gris** und **Chardonnay-Jungweine** anpassungsfähige Stichwortgeber. Am Abend sind **Pinot Blanc**- und **Pinot Gris Spätlesen trocken** sowie kraftvoller, würzig-erdiger **Pinot Noir** von der Côte Chalonnaise (**Rully**, **Mercurey**, z. B. von J. FAIVELEY bzw. DOM. DE LA FOLIE) oder **Santenay Premier Cru** (z. B. von CLAUDE NOUVEAU/Côte de Beaune) trotz des Kochweins amüsante Gesellschafter. Als Solist von überdimensionalem Ausklang entpuppte sich der monumentale **Châteauneuf-du-Pape Blanc** (BLC, CL, GRB, 3–6 Jahre, 9–11 °C) vom CH. LA NERTHE/südl. Rhône.

GANS GEFÜLLT AUF „MECKLENBURGER ART"

Mit in Butter gedünsteten Äpfeln, Rosinen und Korinthen gefüllte Gans wird weich gedünstet; dazu in Gänseschmalz gedünstetes Rotkraut und Maronen.
Äpfel, Rosinen und Korinthen favorisieren **Pinot Blanc**, **Pinot Gris** und **Riesling trocken/halbtrocken** (z. B. eine **Ruländer „Ebringer Sommerberg" Spätlese**, WG. EBRINGEN, Baden, die der Gans Geschmacksdichte und Säurerückhalt entgegensetzte). Fett, Rotkraut und Maronen plädieren für relativ dichte,

tanninreiche Rotweine (**Spätburgunder Spätlese trocken**/D, **Cabernet Franc**, **Cru Beaujolais**/Burgund und **Brunello di Montalcino**/Toskana).

GANSBIEGEL MIT RITSCHER

✐ Gansbiegel (Schenkel) wird flambiert, gesalzen, im Rohr gedünstet, papriziert, Rollgerste und Erbsen beigefügt, mit Bouillon aufgegossen und mit angerösteten Zwiebeln versehen.

🍷 **Roter Jungwein** (**Beaujolais Nouveau**/Burgund, **Novello**/Toskana oder die exzellente **„Jungwein Premiere“**, BLP, 1–3 Monate, 14–15 °C, von FAM. REINISCH, Tattendorf/NÖ) ist zu Mittag ein rühriger Jungsozius. Etwas rustikaler **Pinot Noir**, **Nebbiolo**/Piemont oder **Corbières**/Languedoc/S-F (eine echte Trouvaille ist der **Corbières** vom CH. SAINT AURIOL, CAR, SYR, MV, 3–6 Jahre, 16–17 °C, der dem Gericht Feuer und Flügel verlieh) sind für den Abend gedacht. Etwas „overdressed“ war der gigantische **Barbaresco „Fausoni“** von SOTTIMANO, Neive/Piemont.

GÄNSEBRUST GERÄUCHERT

✐ Entbeinte Brust wird mit Salz und Salpeter gepökelt und zwei bis drei Tage geräuchert, dann mit Madeiragelee garniert.

🍷 Der Inbegriff des Rauchfleisches läßt sich zu Mittag gerne von **Sylvaner** und **Riesling Kabinett**/Franken oder Elsaß bzw. rotem **Grauvernatsch**/Südtirol/I in Stimmung bringen. Am Abend „dürfen“ es weiße Spätlesen, auch vom **Grünen Veltliner**, oder rauchig-würziger **Pinot Noir** aus Nuits-Saint-Georges/Burgund sowie reife **Rioja Reserva**/E im traditionellen Stil (z. B. von LÓPEZ DE HEREDIA, Haro) sein. Kaltes geräuchertes Fleisch verträgt sich gut mit Eichen- und Traubentanninen. Fettzerteilender und verdauungsfördernder, roséartiger **Schilcher**/W-STMK (z. B. von CHRISTIAN REITERER und JOHANN JÖBSTL, Wies, MAX LUKAS, Hochgrail, und DOMÄNE MÜLLER, Groß St. Florian) ist aber interessant.

GÄNSEKLEIN (GANSLJUNGES)

✐ Kopf, Hals, Magen, Herz, Flügel sowie die abgezogenen Füße mit Wurzelwerk in Wasser weichkochen, mit Mehlschwitze verkochen, mit Eigelb und Rahm binden und mit Salz, Muskatnuß und Zitronensaft aromatisieren; als Beilage Salzkartoffeln.

🍷 In Frankreich sind die roten Burgunder (**Santenay Premier Cru** und **Clos de Tart GC**) bevorzugte Begleiter. In unseren Landen hält man sich zumeist an kraftvolle, trockene weiße **Spätlesen** (**Pinot Gris**, **Pinot Blanc**, **Neuburger**, **Rotgipfler**).

GÄNSELEBER

(frz. FOIE GRAS, engl. GOOS-LIVER, ital. FEGATO GRASSO, span. HIGADO DI OCA)

✐ Bereits im Altertum wurden die Gänse wegen ihrer Leber gehalten und etwa vom achten bis zum zehnten Lebensmonat gemästet. Plinius bezeichnete die bis zu 2 kg schwere Fettleber als Quintessenz der Gans! Das Stopfen der Gänse wird jedoch in vielen Ländern als Tierquälerei bezeichnet und ist daher verboten. Die besten Lebern kommen derzeit aus dem Elsaß (rosig und fest), Toulouse (zart und delikat) und Ungarn (hell und kräftig-rustikal).

🍷 Zur warmen Gänseleber mit Himbeeressig sollten Sie einmal einen mittelbreiten **Tokay** (**Pinot Gris**) **d'Alsace Selection de Grains Nobles** (10–12 Jahre, 8–9 °C) von AIMÉ STENZ ET FILS, Colmar, versuchen – ein unvergeßliches Erlebnis. Zu einer rohen, marinierten, auf Salat angerichteten Gänseleber sollten Sie keine restsüßen Weine wählen, sondern trockene, extraktsüße weiße **Graves CC** (z. B. **Château de Fieuzal**, Leognan/Bordeaux) und ebensolche Elsässer (**Pinot Gris**, **Sylvaner**, **Riesling**) bevorzugen. Zu Gänseleber en Papillotes reichte man uns in Paris köstlich-elitären roten **Château Lafite-Rothschild Premier CC**, Pauillac/Bordeaux, und zu Gänsestopfleber glaciert mit Pinien auf Kräutertaschen delektierten wir uns an einer halbtrockenen **Riesling Auslese**, REICHSGRAF VON PLETTENBERG, Bad Kreuznach/Nahe/D.

GÄNSELEBER AUF „JÄGERART“

✐ Frische Gänseleber wird in dicke Scheiben geschnitten, gemehlt, in Butter gebraten, mit Salz und Pfeffer gewürzt, auf Wildpüree angerichtet und mit Wildsauce übergossen.

🍷 Die Versuche mit süßen oder edelsüßen Weinen waren nicht sehr erfolgreich; probieren Sie einmal einen mittelkräftigen Rotwein mit feiner Frucht und nicht zu harschen Tanninen wie **Blaufränkisch**, **Pinot Noir** oder **Sangiovese**. Sehr gut auch reifer weißer **Saint Saphorin**/Waadt/CH, **Tokaji Szamorodni Száraz**/H sowie **Traminer** und **Pinot Gris Kabinett** (z. B. **„Jechtinger Vulkanfelsen"**, 2–4 Jahre, 9–10 °C, WG. JECHTINGEN/Baden/D), der mit reifer Säure und respektablem Extrakt eine erstaunliche Harmonie erzielte.

GÄNSELEBERPARFAIT

🖋 Eine frische pürierte Gänsestopfleber wird mit feinster Schweinefleischfarce und Gelee vermischt, gut getrüffelt, in Formen gefüllt, nach dem Erstarren gestürzt und mit Madeiragelee überzogen. Das Ergebnis ist von zungenschmelzendem, edelstem Wohlgeschmack!

🍷 Um die Jahrhundertwende hatten es die Sommeliers noch leicht mit der Wahl des Weins zu den diversen Gänseleberkreationen, denn damals wurde Gänseleber meist am Ende eines Mahls serviert, und der beste und üppigste **Dessertwein** konnte ohne Bedenken dazu gereicht werden. Die Chefs unserer Zeit versuchen heute das Dilemma mit einer Gemüsebouillon zu lösen, die man nach den Gänselebern serviert, um Gaumen und Papillen zu erfrischen und für den nächstfolgenden leichteren Wein zugänglich zu machen (→ Terrine d'Oie). Mittags sind **Traminer**, **Gewürztraminer** und **Pinot Gris Kabinett/Spätlese trocken** ideale Starter. Fulminant der fast exotisch-üppige **Grauburgunder** (2–4 Jahre, 9–11 °C) von M. TEMENT/Südstmk./A, dessen potente Säure allerdings ein wenig störte. Am Abend in illustrer Umgebung raten wir zu **Corton-Charlemagne GC** und **Bâtard-Montrachet GC** (CH, 8–10 Jahre, 9–10 °C), z. B. von J. DROUHIN, Beaune/Burgund. Die Konfrontation mit reifem Edel-**Champagne** ist allerdings genial! **Dessertweine** sind am Abend, wie schon erwähnt, etwas problematisch (**Pinot Gris** und **Gewürztraminer BA**, **Banyuls „Rimage"**, Roussillon usw.). Die Zusammenstellung mit edelsüßem **Sainte-Croix-du-Mont „Reseve du Château"** (SÉM, SB, 5–10 Jahre, 7–8 °C) vom CH. LA RAME/Bordeaux funktionierte zum ersten Mal. Meist ist der Wein zu süß und zu plump!

GÄNSELEBERPASTETE

🖋 Die „Königin der Pasteten" wurde 1762 vom normannischen Küchenchef Jêrôme Close kreiert und schließlich weltweit als „getrüffelte Straßburger Gänseleberpastete" vermarktet. Sie ist von feinster Struktur, hinschmelzender Konsistenz und himmlischem Wohlgeschmack! Zutaten: frische Gänseleber, Trüffel, Schweinebrust, gehackte Petersilie, Räucherspeck in Scheiben, Zwiebeln, Eier und Semmelbrösel. Marinade: Madeira, Weinbrand (Cognac), Salz, weißer Pfeffer, zerriebener Thymian und Lorbeerblatt.

🍷 Im Sommer sind **Chenin Blanc**/Loire, **Condrieu** (VIO, 3–5 Jahre, 9–10 °C), z. B. von YVES CUILLERON/nördl. Rhône und natürlich **Pinot Gris** und **Gewürztraminer Spätlesen trocken** (z. B. **Pinot Gris Vendange Tardive „Clos Saint Urbain"**, 4–8 Jahre, 8–9 °C von ZIND-HUMBRECHT/Elsaß) ebenbürtige Partner. An kalten Winterabenden kann man den Versuch mit **Dessertweinen** (**Loupiac**/Bordeaux, **Château-Chalon**/Jura, **Rotgipfler BA**/Thermenregion/A oder gespriteten **VDN Banyuls** und **Maury**/Roussillon) eventuell wagen. Mildsüßer, reifer **Champagne** oder **Vouvray Mousseux**/Loire sind allerdings unschlagbar.

GANSHALS GEFÜLLT

🖋 Enthäuteter Gänsehals, gefüllt mit gutgewürzter → Galantinefarce, feingehackter Petersilie und würfeliger, in Gänsefett gebratener Gänseleber, in Fond langsam gekocht, erkaltet, in Scheiben geschnitten und mit Aspik glaciert.

🍷 Dem gleichermaßen deftigen (Gänsefett) wie üppig-delikaten (Gänseleber, Galantinefarce) Gericht konnten **Pinot Gris**, **Gewürztraminer** und **Zierfandler Spätlese trocken**, **Pouilly Fumé**/Loire bzw. kraftvolle **Sauvignon Spätlese trocken** zu Mittag erfolgreich Paroli bieten (z. B. die filigrane **Ruländer Spätlese „Lahrer Kronenbühl"**, WEINGUT DER STADT LAHR/Baden/D, 3–6 Jahre, 9–10 °C). Hochedler **Graves Blanc**/Bordeaux (z. B. **Château Haut-Brion Blanc**, SEM, SB, 3–6 Jahre, 9–10 °C) war am Abend ein hinreißender Flirter. Rotweinfreaks könnten mit erdig-würzigem **Brunello di Montalcino Riserva**/Toskana (SCOPETONE, ARGIANO oder CEBAIONA) ihr Glück versuchen. Reifer **gespriteter Muscat** fand nur gelegentlich Gehöhr.

GAPERON

✐ Französischer Schnittkäse aus der Auvergne, mit kleinen Bruchlöchern und 40 % F. i. T., der aus Buttermilch entsteht, einen etwas gallertartigen Teig aufweist, mit Pfeffer und Knoblauch aromatisiert wird und sich mit rund-samtigen Rotweinen (u. a. **Merlot**, **Pinot Noir**) am besten verträgt.

GARNELEN → HUMMERKRABBEN, → KRABBEN (KREVETTEN), → SHRIMPS

GAZPACHO

✐ Kalte spanische (andalusische) Gemüsesuppe. Tomaten, Knoblauch, Paniermehl, gestoßener Kümmel, Salz, Pfeffer, Wasser, Salatgurke, rote Paprikaschote würfelig, Olivenöl, Tomatenpüree, → Mayonnaise und Essig; eiskalt serviert.

🍷 Ein stilles **Mineralwasser** ist hier der beste neutrale Mitspieler. (Kohlensäure verwirrt die Papillen und verändert den Eigengeschmack von Speise und Wein). An heißen Tagen ist auch leichter, mineralischer **Rueda** oder **Rioja Blanco** (z. B. **Marqués de Cáceres**, VIU, MAL, 1–2 Jahre, 7–9 °C, Cenicero/Rioja Alta) ein erfrischender Widerpart mit Grandezza. **Sherry Fino light dry** oder **Montilla-Moriles seco** (z. B. der **Sherry Fino „La Ina"**, PX, PAL, 3–5 Jahre, von PEDRO DOMECQ, Andalusien) konnte am Abend der Suppe am meisten entgegenwirken, ohne ihr den ursprünglichen Charakter zu nehmen. Auch **Chardonnay** und **Sauvignon** (Stahltank) sind oft von erfrischender Leichtigkeit.

GÉANT DU POITOU („RIESE VOM POITOU")

✐ Französischer Ziegenkäse von beachtlichem Renommee, den es in zwei Variationen gibt: a) mit Weißschimmel mild aromatisch und b) mit Rotflora zartwürzig.

🍷 Zu a) empfiehlt sich elsässischer **Sylvaner** oder **Sancerre**/Loire, und zu b) sollten Sie **Tavel Rosé** oder **Châteauneuf-du-Pape Rouge**/südl. Rhône/F probieren. Mittelreife bis reife Champagnes passen eigentlich immer und überall.

GEFLÜGEL

(frz. VOLAILLES, engl. POULTRY, ital. POLLAME, span. AVES)

✐ Oberbegriff für das domestizierte Hausgeflügel (→ Ente, → Gans, → Huhn, → Taube, → Truthahn …) im Unterschied zum → Wildgeflügel (Federwild).

🍷 Neben den Weinen, die Sie unter obigen Stichworten finden, möchten wir hier einige grundsätzliche Empfehlungen abgeben: Zu fettem Geflügel passen kraftvoll-deftige Weiß- und Rotweine, deren Säure oder Tannine verdauungsfördernd tätig sind. Als Alternative bietet sich für Biertrinker kräftiges **Spezial-Bockbier** an. Geräuchertes Geflügel ist auch mit **Pils** kombinierbar, doch scheinen uns Weiß- und Rotweine mit dezentem Rauchton (**Silvaner**/Franken/D, **Grüner Veltliner**/NÖ/A, **Pouilly Fumé**/Loire/I, roter **Meraner Hügel**/Südtirol/I, **Calvi** und **Patrimonio**/Korsika, **Aloxe-Corton** und **Nuits-Saint-Georges**/Burgund/F) noch besser geeignet zu sein. Aggressive Tannine sind nicht erwünscht! Geflügelsülze versuchen Sie mit rundem **Sauvignon Blanc** oder **Rosé** (z. B. **Cabernet de Saumur Rosé**/Loire/F). Geflügelgulyas wird durch fruchtigen **Pinot Gris** oder **Pinot Noir** doppelt so gut. Geflügelbällchen und **Weizenbier** sind eine erfrischende Kombination. Geflügel kalt wird durch trockene bis halbtrockene weiße Spätlesen (**Grüner Veltliner**, **Riesling**, **Welschriesling**, **Neuburger**, **Pinot Blanc**, **Zierfandler** …) meist ideal ergänzt und umschmeichelt. Geflügelleberterrine kann sowohl rotem **Cru Beaujolais** (**Julienas**, **Fleurie**) bzw. **Cahors**/SW-F als auch weißen Gewächsen mit zarter Restsüße (**Aigle**/CH, **Riesling**, **Gewürztraminer**, **Vouvray**/Loire/F …) etwas abgewinnen.

GEFLÜGELPILAW

✐ Würfeliges Hühnerfleisch und gehackte Zwiebeln werden angebraten, mit Reis, Salz, Pfeffer und Safran gewürzt, mit Hühnerbouillon aufgefüllt, mit kleingeschnittenen Tomaten, Paprikaschoten und Kräuterbündel aromatisiert und gargekocht.

🍷 In Italien haben sich **Soave Classico**/Venetien, **Verdicchio**/Marken und **Frascati**/Latium in vielen Scharmützeln mit Messer und Gabel bewährt. Aus unserer Sicht sind die Safranfreunde **Traminer**, **Pinot Gris**, **Riesling**, **Rotgipfler**, **Malvasier** und **Chasselas** (halbtrocken) zu favorisieren.

GEFLÜGELSALAT „CHRISTINA"

✎ Streifen von gekochter Hühnerbrust, Salatgurke, Sellerie, Würfel von Ananas und Morcheln, → Mayonnaise, Tomatenketchup, Senf, Orangensaft, gehackter Kerbel.
🍷 Milder **Rosé** und zartsüßer **Vouvray**, beide aus der Touraine/Loire/F, schnitten hier vorzüglich ab.

GEHEIMRATSKÄSE

✎ Deutscher Schnittkäse in roter Folie mit buttrigem Teig, 40 %, 45 % und 50 % F. i. T. und mildem Aroma.
🍷 Versuchen Sie milden **Riesling-Sylvaner** bzw. reifen **Riesling** aus dem Rheingau/D.

GEISSBERGER KÄSE → ORIGINAL GEISSBERGER KÄSE

GEISSKÄSE

✎ Österreichischer Ziegenkäse, in Öl schwimmend, in einem Glas verpackt, dem verschiedene Kräuter und Gewürze zugesetzt wurden.
🍷 Als Begleiter empfehlen sich jugendlich frischer **Rosé** für alle Gelegenheiten, rassig-pikanter **Sauvignon Blanc** (z. B. von FRANZ HIRSCHMUGL, Sausal/S-STMK/A), der die Kräuter-Gewürznote perfekt akzentuiert, und exquisiter **Schilchersekt**, z. B. von CHRISTIAN REITERER, Wies/W-STMK, als belebender und animierender Partner nach einem festlichen Essen.

GEMSE

(frz./engl. CHAMOIS, ital. CAMOSCIO, span. GAMUZA)
✎ In Euopa von den Pyrenäen bis zum Kaukasus, in Kleinasien im Pontus und Taurus verbreitetes Hochgebirgstier aus der Unterfamilie der Böcke (Caprinae), das sich allen Einbürgerungsversuchen in weniger hoch gelegenen Gebieten (z. B. Wienerwald) stets verweigerte. Ist nur als Jungtier schmackhaft. („Alter Gams und alter Has geben einen Teufelsfraß!")
🍷 Dunkel-kraftvolle Rotweine aus dem Piemont (**Lessona** oder **Carema**) harmonieren besonders mit geschmorten Gemsen. Zur Gemsterrine bzw. -pastete lohnt auch mildwürziger Weißwein (**Pinot Gris**, **Pinot Blanc** usw.) einen Versuch; zur Gemse nach „Jägerart" (mit Wildpüree) ist **Hermitage Rouge**/nördl. Rhône kaum zu übertreffen.

GEMSRÜCKEN AUF „TIROLER ART"

✎ Gespickten Gemsrücken mehrere Tage in Wacholder, Gewürznelken, Thymian und Essig marinieren, in Butter anbraten, mit kräftigem Südtiroler (Trentiner) Wein auffüllen, Schwarzbrotrinde beifügen, weichdünsten, mit saurem Rahm anrichten und mit Kastanienpüree servieren.
🍷 Dem strengen Geschmack der Gemse können **Lagrein dunkel** oder **Magdalener**/Südtirol (z. B. von der KELLEREIGEN. GRIES) während der Mittagsstunde einigermaßen entgegenwirken. Am Abend sind **Südtiroler Cabernet** oder **Teroldego Rotaliano** (2–5 Jahre, 16–17 °C), z. B. von BARONE DE CLES/Trentino/I, imstande, zwischen strenger Gemse und süßlichem Kastanienpüree zu balancieren. Der ganz große Wurf könnte allerdings mit einem traditionell ausgebauten **Brunello di Montalcino**/Toskana oder **Barolo** (BARTOLO MASCARELLO oder LORENZO ACCOMASSO)/Piemont gelingen.

GEMÜSE

(frz. LÉGUMES, engl. VEGETABLES, ital. VERDURA, span. VERDURAS)

✐ Durch seinen hohen Gehalt an Mineralstoffen und Vitaminen ist Gemüse für die Ernährung eminent wichtig. Bei intensiver Mineraldüngung kann es zu belastenden Nitratgehalten kommen (insbesondere bei → Kopfsalat, Feldsalat, → Fenchel, → Rettich, → Roten Rüben und → Spinat). Gemüsearten: Wurzel- und Knollengemüse (→ Karotten, Rüben, → Schwarzwurzeln, Pastinaken, → Sellerie, → Rettich, → Radieschen, Kartoffeln, → Bataten, → Topinambur ...), Kohlgemüse (→ Karfiol, → Kohlrabi, → Rotkraut, → Weißkraut, → Rosenkohl, → Wirsingkohl), Salatgemüse (→ Chicorée, → Endivie, → Kopfsalat), Stengel- und Sprossengemüse (→ Fenchel, → Rhabarber, → Spargel), Fruchtgemüse (→ Auberginen, → Bohnen, → Linsen, → Melonen, → Kürbis, → Paprikaschoten, → Gurken, → Tomaten), Zwiebelgemüse (→ Lauch, → Knoblauch, → Zwiebeln), Wildgemüse (Brennessel, → Sauerampfer) und → Pilze.

🍷 Als „Gemüseweine" schlechthin gelten **Sauvignon Blanc**, **Sylvaner**, **Neuburger**, **Malvasier** und die meisten **Roséweine** der Welt. Zu süßlichem Gemüse (Erbsen, Karotten, Lauch, Pastinaken, Zwiebeln) sind **Pinot Gris**, **Riesling-Sylvaner**, **Chenin Blanc**, **Viognier**/nördl. Rhône/F, **Tocai Bianco**/I sowie weiße und rote **Jung**(**Primeur**)**weine** besonders geeignet. Zu Gemüsestrudel mit Kräutersauce ist **Graves Blanc**/Bordeaux/F oder **Gutedel** (**Chasselas**) angesagt; Gemüsefrikassee sollte von **Riesling** oder **Pinot Gris Kabinett** eskortiert werden, und Gemüseeintopf wurde durch exquisiten **Bianco di Custoza** von CAVALCHINA, Sommacampagna/Venetien/I, zu einem wahren Festmahl.

GÉRAMONT

✐ Französischer Weichkäse mit durchgereiftem Teig, feinem Weißschimmel und unverwechselbarem Aroma, der ein Faible für edlen **Pinot Gris** aus dem Elsaß hat; doch auch **Pinot Blanc**, rassiger **Riesling** und subtile Schaumweine (**Riesling**, **Riesling-Sylvaner**, **Chardonnay** ...) erschlossen uns interessante Aspekte.

GERMKNÖDEL

✐ Österreichische Mehlspeise. Sehr sättigend! Mehl, Germ (Hefe), Eier, Butter, Zucker, Salz, Milch, geriebener Mohn, Powidl (Pflaumenmus).

🍷 Vorsicht ist vor allzu süßen Gewächsen geboten, sie vertragen sich kaum mit Mohn und Germ. Weiße Spätlesen mit zarter Restsüße und prononcierter Säure sind hingegen willkommene Begleiter: **Pinot Blanc**, **Welschriesling**, **Riesling** und vor allem **Gewürztraminer**. Auf der Ersatzbank sitzen außerdem die renommierten ausländischen „Legionäre" **Verduzzo**/Friaul, **Barsac**/Sauternes und **Vouvray demi-sec**/Loire/F.

GÉROMÉ → MUNSTER

GESCHNETZELTES

✐ Eine alte Zürcher Spezialität. Dünne Kalbfleischscheiben, Champignons und gehackte Zwiebeln werden in Butter oder Öl gebraten und mit knusprigen Rösti serviert.

🍷 Als korrespondierende Weine bieten sich in erster Linie die mildwürzigen Zürcher Weißwein-Spezialitäten **Riesling-Sylvaner** und **Räuschling** sowie **Chasselas** an.

GINEPRO (LA TOMETTA DI GIAIN AL GINEPRO)

✐ Italienischer Bergkäse aus dem Aostatal, der mit Gewürzen (vor allem Wacholder = Ginepro) versetzt wurde, einen harten Teig aufweist und in den reifen Weißweinen seiner Region (**Blanc de Cossan** und **Blanc de Morgex**) interessante Ansprechpartner auf gleicher Wellenlänge findet. Aus unserer Sicht wäre ein frischer **Grüner Veltliner** oder **Riesling** aus der Wachau/NÖ anzuraten.

GLARNER KRÄUTERKÄSE (SCHABZIGER)

Schweizer Sauermilchkäse aus Ziegenmilch, der, gut gereift, mit Kochsalz und Klee vermischt, gemahlen und in Streudosen angeboten wird.

Die Elite der frischen, mildfruchtigen Schweizer Weißweine (**Neuchatel Blanc**, **Fendant**, **Saint Saphorin**, **Féchy**) kann hier geschlossen antreten.

GLASNUDELN

Dünne asiatische Teigwaren aus Reismehl, gemahlenen Mungobohnen oder Meeresalgen, die durch das Kochen glasig, gallertartig schlüpfrig werden; meist als Beilage gereicht. (Empfehlungen siehe → Asiatische Küche)

GLOUCESTER (GLOUCESTERSHIRE CHEESE)

Orangegelber englischer Vollmilchkäse aus der Grafschaft Gloucestershire, der in Zylinderform in den Handel kommt und im Geschmack dem → Cheddar ähnelt, aber etwas milder ist.

Eleganter **Chambolle-Musigny Premier Cru „Les Amoureuses"** (PN, 4–6 Jahre, 17–18 °C) von LEROY, Auxey-Duresses/Côte d'Or/Burgund/F, und samtiger **Château Palmer 3e Cru Classé** (CS 55 %, M 40 %, CF 3 %, PV 2 %, 7-12 Jahre, 16–17 °C), Margaux/Haut-Médoc/Bordeaux/F, errangen den Lorbeer im Wettstreit um den bestmöglichen Partner für den Briten. Reifer **Zinfandel**/KAL könnte allerdings eine interessante Alternative sein.

GNOCCHI

Italienische Nockerln (Klößchen) sind eine beliebte warme Vorspeise oder Beilage zu Fleisch- und Fischgerichten. Sie werden aus Grieß, Mais, Brandteig oder Kartoffeln und geriebenem Käse zubereitet.

Wenn mit Tomatensauce serviert, sollten Sie einen **Orvieto Classico**/Umbrien von BARBERANIX oder BIGI wählen oder sich mittags an einem kühlen **Galestro**/Toskana laben.

GNOCCHI AL PESTO (BRANDTEIGNOCKERLN)

Brandteig, mit → Parmesan bestreut und mit → Pesto begossen.

Als unkomplizierter Begleiter und Sommerwein bietet sich auch hier kühler **Galestro**/Toskana/I an. Für höhere gastronomische Weihen wählen Sie einen **Chardonnay** (von LUNGAROTTI/Umbrien oder ANTINORI/Toskana) mit mineralischer Note, der den intensiven Geschmack des Pesto ebenso auffängt wie der ligurische **Vermentino „La Colombiera"** von LA COLOMBIERA DI FRANCESCO FERRO, Castelnuovo Magra.

GNOCCHI ALLA „ROMANA" (RÖMISCHE NOCKERLN)

Grieß wird in heißer Milch langsam gekocht, mit Salz, Pfeffer, Eigelb und geriebenem → Parmesan vermischt, mit Butter beträufelt und im Ofen herausgebacken.

Hier haben die römischen Weißweine **Frascati** und **Marino** den Heimvorteil. Besonders gut in Erinnerung geblieben ist uns der **Marino „Colle Picchioni"** (MAL, TRE, 1–2 Jahre, 8–9 °C) von PAOLA DI MAURO, der eine faszinierende Einheit der einzelnen Komponenten herbeiführte.

GNOCCHI DI PATATE (KARTOFFELNOCKERLN)

Frische Salzkartoffeln pürieren, Mehl, Ei, Salz in siedendem Salzwasser kochen, mit geriebenem → Parmesan bestreuen und mit brauner Butter begießen.

Ein blumig duftender **Valpolicella Classico Superiore** (COV, MOL, RON, 2–3 Jahre, 16 °C) von der VILLA GIRARDI, San Pietro Incariano/Venetien (mit schlankem Körper und samtig-rundem Ausklang), erfüllte seine Rolle als Dienerwein mit Bravour, ein jugendlich-fruchtiger **Chianti Classico Castellare** (SAN 90 %, MAL, 3–4 Jahre, 15–16 °C) von PAOLO und FIORETTA PANERAI, Castellina/Toskana/I, bezauberte durch blumig-würzigen Duft, kräftigen Körper, aristokratischen Geschmack und samtigen Ausklang; ein majestätischer Partner, der die Gnocchi perfekt untermalte und selbst an Ausdruckskraft und Würze gewann. Als weitere Möglichkeiten bieten sich **Bardolino Chiaretto** (**Rosé**) vom Ostufer des Gardasees und **Tocai Rosso**/Venetien/I an.

GOLDBARSCH → ROTBARSCH

GOLDBUTT → SCHOLLE

GORGONZOLA

Der Bruder des → Stracchino, von dem er sich äußerlich durch die braune Farbe unterscheidet, wird seit Jahrhunderten in Gorgonzola bei Mailand hauptsächlich im Herbst aus Vollmilch hergestellt. Er ist dem französischen Edelpilzkäse → Roquefort (Schafmilch) ähnlich, jedoch von milderem Aroma und weicherer Konsistenz. Das Innere ist von heller Farbe und hat eine grünliche Marmorierung. Es gibt ihn „piccante" (pikant) und „dolce" (mild) (→ Dolcelatte).

Der würzig-pikante Geschmack verträgt sich am trefflichsten mit einem edlen **Dessertwein** von gleichzeitig attraktiver Restsüße und potenter Säure. Plumpe, alkoholverstärkte Weine können zu einer katastrophalen kulinarischen Erfahrung werden, und auch hohe **Prädikatsweine** (**BA**, **TBA**) sind nur im Verein mit reifen Exemplaren einigermaßen erfolgreich. In Mailand genossen wir **Oltrepó Pavese Spumante**/Lombardei bzw. **Oltrepó Pavese Moscato Spumante** dazu, doch die wahren Gourmetfreuden stellten sich erst beim schon mehrmals zitierten **Torcolato** von FAUSTO MACULAN, Breganze/Venetien/I, ein, dessen Honig-Wachsnote Salz und Süße vereinte und geschmacklich erhöhte. Unter den Rotweinen des Landes konnte eigentlich nur extraktsüßer **Amarone**/Venetien bestehen.

GOUDA

Ein fester holländischer Rahm-Schnittkäse aus Gouda bei Rotterdam von zylindrischer Form mit abgerundeten Ecken. Er ist relativ weich, mit kleinen Löchern, voller gelber Farbe und kommt in drei Altersklassen auf den Markt: „jung" (vier bis fünf Wochen, rahmig und mild), „mittel" (fünf bis sechs Monate, pikant-würzig) und „alt" (mehrere Jahre, pikant-rustikal).

Für jungen Gouda wählen Sie helles **Bier**, **Pinot Blanc** oder trockenen, weißen **Jasnières** (CHB, 1–2 Jahre, 8–9 °C) aus der nördl. Touraine/Loire, z. B. von FRANÇOIS FRESNEAU; für den mittelreifen Gouda einen samtigen **Graves Blanc sec** (SB, SÉM, 2–4 Jahre, 9–10 °C), z. B. **Château Cruzeau** von A. LURTON/Bordeaux/F, und für alten Käse einen Rotwein aus Galicien/NW-E oder, noch besser, einen **Bergerac Rouge** (**CS**, CF, M, MC)/Dordogne/SW-F von Bordeaux-Art (z. B. von der DOMAINE DU GOUYAT). Auch **Riesling Auslesen** und **Altbier** sind möglich.

GRACAY

Ein kegelstumpfförmiger Ziegenkäse aus dem Berry in Frankreich (Loiretal) mit weichem Teig und würzigem Geschmack, der sich nach einem frischen **Loire Rosé** oder einem formidablen weißen **Sancerre** (z. B. von PAUL COTAT oder LAPORTE) sehnt. Auch reife Schaumweine sind möglich.

GRAMMELKNÖDEL

Österreichische Spezialität aus gekochten und passierten Kartoffeln, Mehl, Grieß, Ei, Butter, saurem Rahm, Salz und Grammeln (Grieben: ausgebratene Speckwürfel).

Ältere, firnige Weißweine gewinnen im Zusammenspiel mit den deftigen Grammelknödeln sehr oft an Frische und Fruchtigkeit. Blumig-rassige, mildwürzige bis säurebetonte Weißweine – die Säure hilft beim Verdauen des Fettes – und gerbstoffreiche Rotweine – das Fett neutralisiert und mildert die Tannine – sind hier gesucht, und auch das weststeirische Rosé-Unikat **Schilcher** darf eingesetzt werden. **Rieslinge** (und z. T.

auch **Grüne Veltliner**) reüssieren oft nur im Zusammenspiel mit Krautsalat oder Sauerkraut. Königswein war aber ein jugendlicher, im Stahltank ausgebauter **Chardonnay** der Familie WIENINGER, Wien-Stammersdorf/A, der selbst ein wenig auf Distanz ging, aber dem Gericht zu einer Superform verhalf und nie gekannte Nuancen herausholte.

GRANA

✐ Ital. Korn. Dem → Parmesan verwandter Hartkäse aus teilentrahmter Kuhmilch mit fester Kruste und feinkörnigem Teig, der in Scheiben oder als Reibkäse angeboten wird und mindestens ein Jahr lang reifen muß.

🍷 Zu Grana Padana aus der Poebene ist weißer **Lugana**/Lombardei/I eine saftige Ergänzung, und zu jungem Grana aus dem Trentino/Trient nehmen Sie einen **Riesling** des Gebietes; alter Grana verlangt nach reifem **Cabernet Alto Adige** (z. B. von GIORGIO GRAI, Bozen/Südtirol/I) oder **Vino Nobile di Montepulciano**/Toskana.

GRAPEFRUIT → PAMPELMUSEN

GRATTE-PAILLE

✐ Französischer Weichkäse von der Île-de-France (Pariser Becken) mit Weißschimmel, cremigem Teig und würzigem Aroma, der sich mit feinen **Chablis**-Weinen/Burgund ohne Barriqueausbau glänzend versteht. (Tannine und Weißschimmel potenzieren sich gegenseitig.) Der **Chablis Premier Cru „Montée de Tonnere"** von A. REGNARD/Chablis, trägt nur einen Hauch von neuem Holz in sich und gibt Vollgas im Zusammenspiel mit dem Käse. Jugendlich-subtile **Champagnes** sind mehr als eine Verlegenheitslösung.

GRAVLAX (GRAVAD LAX)

✐ Schwedische Spezialität. Lachs wird aus dem Mittelstück ausgelöst, mit Dill, weißem Pfeffer, Zucker und Salz belegt und gepökelt; mit Sauce aus scharfem Senf, Weinessig und Zucker serviert.

🍷 Der immer wieder empfohlene **Chablis**/Burgund/F hat sich noch selten mit fetten Fischen wie → Lachs, → Aal, → Karpfen usw. vertragen, und auch Weißweine mit hoher Säure sowie junge Schaumweine mußten die Segel streichen (traniger Fischgeschmack). Zu Mittag sind **Muscadet sur lie**/Loire, **Chardonnay**/NZ und **Sauvignon**/Friaul erfrischende Dienerweine. An kalten Abenden sind exotischer **Chardonnay**/KAL/AUS/RCH, **Bâtard-Montrachet GC**/Burgund (z. B. von LEFLAIVE oder GAGNARD) und sogar jugendlich frischer, zartsüßer **Barsac**/Sauternes hochinteressante, terroirbehaftete Luxuspartner. Doch was trinkt man nachher? Die Skandinavier machen es sich einfach und trinken eisgekühlten **Aquavit** (**Korn-Kümmelschnaps**/Dänemark) dazu!

GREYERZER (GRUYÈRE)

✐ Schweizer Hartkäse (seit 1115!) aus dem oberen Saanetal im Kanton Freiburg, der als Spielart des → Emmentalers gilt und auch im französischen Jura (Gruyère) hergestellt wird. Er wird aus Rohmilch bereitet (45 % F. i. T.), hat eine feuchte, später feinkörnig-trockene Schmiere, ist von kräftigem Aroma und muß 10 bis 12 Monate reifen.

🍷 Ein milder **Riesling-Sylvaner** und ein **Chasselas** aus der Ostschweiz (Zürich, Schaffhausen), ein samtig-fruchtiger **Merlot del Ticino** aus der „Sonnenstube der Schweiz", dem Tessin (z. B.von CESARE VALSANGIACOMO, Chiasso), und ein vorzüglicher **Pinot Noir** von PORRET ET FILS, Neuenburg (Neuchâtel), konnten in den einzelnen Sparten am meisten überzeugen. Aus heimischer Sicht kommen vor allem mittelreife, ausdrucksvolle Weißweine (**Grüner Veltliner**, **Pinot Gris**, **Pinot Blanc**, **Neuburger**) in Frage. Interessant ist der aromatische Schlagabtausch mit reifem, würzig-süßem **Sauternes**/F.

GRIEBEN → GRAMMELKNÖDEL

GRIECHISCHER SALAT

Scheiben von Salatgurken, Tomaten, Paprikaschoten und Zwiebeln, dazu weißer Schafkäse und schwarze Oliven, Essig und Olivenöl.

Versuchen Sie eine der modernen, fruchtig-frischen weißen Kreszenzen des Landes, wie den **„Strofilia"** (**Savatiano** und **Sauvignon Blanc**) von STROFILIA, Anavissos/Attika, oder einen **Rosé** mit nur zarter Harznote.

GRIESS

(frz. SEMOULE, engl. SEMOLINA, ital. SEMOLINO, span. SÉMOLA)

Zerkleinerte geschälte Getreidekörner (meistens Weizen), die in der Küche verschiedenste Anwendung finden. Grieß besteht zu 75–80 % aus Stärke und wird erst seit dem 18. Jahrhundert hergestellt.

Zum klassischen Wiener Grießschmarren sollten Sie milde, halbsüße Weißweine genießen, deren Restzucker 30 g nicht übersteigt. Grießgnocchi mit Pecorino und **Cannonau Rosato**/Sardinien ist eine klassische Paarung; Grießfladen und **Pinot Grigio**/Friaul/I oder **Chardonnays**/Slowenien (z. B. von STOJAN SĈUREK) ist empfehlenswert, und zu Grieß-Mandel-Gebäck brillierte ein sŸ§er **Recioto di Soave** von BOLLA, Soave/Venetien/I.

GRIESSFLAMMERI → FLAMMERI AUS GRIESS

GRIESSKNÖDEL

Grieß mit Butter, Salz und abgeriebener Zitronenschale aufkochen, Grieß hineinrühren, durchkochen, mit Eiern binden und in siedendem Salzwasser kochen.

Der seltene **Tocai Rosso dei Colli Berici**/Venetien und ein milder **Pinot Blanc Kabinett** aus dem Burgenland/A (z. B. von MELITTA und MATTHIAS LEITNER, Gols) bewährten sich als verläßlichste Partner

GRILLSPEZIALITÄTEN → MIXED GRILL, → KEBAP

GRUYÈRE → GREYERZER

GUGELHUPF (GUGLKOPF)

Österreichische Mehlspeise aus Mehl, Rosinen, Backpulver, Butter, Zucker, Vanillezucker, Eiern, Rahm und etwas Rum, die mit Wein gar nicht so leicht zu kombinieren ist.

Eine Tasse heiße **Schokolade** mit Schlagobers ist jedenfalls ein sicherer Tip. Ein schokowürziger **Tokaji Aszú**/H oder eine sublime burgenländische **Auslese**, eventuell auch **Beerenauslese** (WENZEL, FEILER-ARTINGER, KRACHER …), ist allerdings auch nicht zu verachten, und ein Gläschen **Antillenrum La Mauny** sowie **Whisky** (**Canadian Club**) brachte zur allgemeinen Überraschung die Komponenten Vanille, Rosinen, Mehl und Rum am besten zur Geltung und mutierten selbst zum mild-samtigen Begleiter. Von allzu süßen Weinen ist abzuraten! (Testergebnis von HEIDI SCHNEIDER, MARIA-THERESIEN-SCHLÖSSL, Salzburg-Hellbrunn.)

GULASCH (GULYAS)

In Ungarn unterscheidet man zwischen vier verschiedenen Paprikafleischspeisen: Gulyas, → Pörkölt, Paprikas und → Tokany. Das Gulyas ist der berühmteste Exportartikel des Landes, doch werden im Ausland die Unterschiede zwischen den einzelnen Spezialitäten sehr oft verwischt, da man die Bezeichnung „Gulasch" für fast alle mit Paprika gewürzten Speisen verwendet. (→ Debreziner Gulyas, → Lammgulyas, → Kalbsgulyas, → Szegediner Gulyas)

Meiden Sie Rotweine mit viel Säure und Alkohol! Rote **Primeurweine** sind jedoch akzeptabel. Die Ungarn selbst halten sich allerdings selten an diese Regel und bestellen sehr oft „feuerspeiende" Rotweine (**Cabernet**, **Erlauer Stierblut** usw.) dazu. Alte, firnige Weißweine verjüngen sich.

GULASCH ORIGINAL

✐ Oft als Hirtengericht aus dem 9. Jahrhundert bezeichnet, doch kam die Quintessenz, der Paprika, erst im 19. Jahrhundert nach Ungarn. Schmalz, feingehackte Zwiebeln und Knoblauch, Rosenpaprika, würfelig geschnittenes Rindfeisch (Schulter, Keule, Wade), in Kümmel, Bouillon, Salz, Pfeffer gedünstet und mit Kartoffeln serviert.

🍷 Kühles **Weizenbier** ist aus unserer Sicht kaum zu übertreffen. Auch ungarisches **Leichtbier „Világos"** KÖBÁNYA BRAUEREI, Budapest, wirkt kühlend. **Roséweine** von **Kékfrankos**/H bzw. **Blaufränkisch**/BGLD (z. B. von PROF. MÜHLGASSNER, Eisenstadt) werden viel zu selten eingesetzt. Auch ungarische **Chardonnays** aus Eger bringen Erfrischung auf den Gaumen. Leichte **rote Jungweine** machen auch Freude. Rote Alkohol- und Säurebomben hinterlassen oft einen Flächenbrand im Mund. Ausnahme: Ein mächtiger **Châteauneuf-du-Pape** (GR, CIN, SYR, 8 Jahre, 17–18 °C) von der DOM. DE MONT-REDON, südl. Rhône, brachte genügend Glyzerinschmelz und samtige Milde mit, um einen Teil der Schärfe aufzufangen.

GURKEN

(frz. CONCOMBRES, engl. CUCUMBERS, ital. CETRIOLI, span. PEPINOS)

✐ Die Früchte einer wärmebedürftigen Pflanze (Kürbisgemüse), die von den Südhängen des Himalaya stammt. Die Griechen verehrten sie dermaßen, daß sie die Stadt Mekone (Mohnstadt) in Sikyon (Gurkenstadt) umbenannten. Ihr Nährwert ist ob des enormen Wassergehalts gering. Dafür sind sie sehr erfrischend Sie verlangen nach Gewürzkräutern zur Aufbesserung des Geschmacks, weshalb sie auch eingelegt als Essig-, Salz-, Senf- oder Pfeffergurken in den Handel kommen. Es gibt die schlanken Salatgurken und die breiten Gemüsegurken. Gemüsegurken munden am besten, wenn sie vollreif (gelb) sind.

🍷 Als Partner bieten sich in erster Linie die klassischen Stahltank-„Gemüseweine" **Sylvaner**, **Sauvignon Blanc** und **Malvasier** an. Gurken in Dill versuchen Sie am besten mit **Sylvaner**, **Sauvignon Blanc**, **Grünem Veltliner** oder **Chardonnay**. Eine **Gewürztraminer Auslese** mit geringer Restsüße (z. B. vom WEINGUT KRUGER-RUMPF, Münster-Sarmsheim/Nahe/D) gewann dabei sogar noch an Aromaintensität und Finesse.

GURKENSALAT → KREBSPRALINE AUF GURKENSALAT

HAARWILD (WILDBRET) → BÄR, → HASE, → HIRSCH, → REH, → WILDKANINCHEN, → WILDSCHWEIN

HABICHTSPILZ (REHFELLCHEN) GEDÜNSTET

✐ Stachelpilz mit Borsten an der Hutunterseite, im siedenden Wasser gekocht, mit gehackten Zwiebeln in Butter gedünstet, mit Salz und Pfeffer gewürzt.

🍷 Ein **Grüner Veltliner „Federspiel"** (1–2 Jahre, 9–10 °C), Wachau/NÖ/A, illuminierte die Pilzaromen auf meisterhafte Weise. Auch der alte, etwas pilzig-firnige **Weißburgunder Kabinett** (15 Jahre, 9–10 °C) von ANTON TAUBENSCHUSS, Poysdorf/Weinviertel/A, blühte wieder auf und erlebte einen neuen Frühling.

HACHSE → KALBSHAXE, → SCHWEINSHAXE

HACKBRATEN → FALSCHER HASE

HACKEPETER

✐ Gehacktes rohes Schweinefleisch, mit Salz, Pfeffer und Zwiebeln gewürzt.

🍷 Kühles **Bier** oder einfacher junger Rotwein (**Dôle**/CH, **Zweigelt**/A, **Gamay**/F, **Spätburgunder**/D) bieten sich als unkomplizierte Partner an.

HADDOCK → SMOKED HADDOCK

HAGEBUTTENSAUCE

(frz. EGLANTINE, engl. HIPS, ital. ROSA CANINA, san. ESCARAMUJO)

✐ Die glänzend rote Wildfrucht stammt von einer Reihe von Rosenarten und weist einen immens hohen Gehalt an Vitamin A und C auf. Hagebutten werden drei Stunden in Wasser eingeweicht, mit Zucker und Zitronenschale aromatisiert, weich gekocht, passiert, mit Stärkemehl gebunden und mit Weißwein abgeschmeckt (für Süßspeisen).

🍷 Vom Aroma her bieten sich **Rieslinge** und **Gewürztraminer** mit zarter Restsüße sowie einige **Schaumweine** an. Besonders beeindruckte uns der spanische **Cava Parxet brut nature**/Santa Maria de Martorelles/Penedès mit seinem herrlichen Hagebuttenaroma.

HAHN (HAUSHAHN)

(frz. COQ, engl. COCK, ital. GALLO, span. GALLO)

✐ Das männliche Huhn zählt zu den beliebtesten Geflügelarten und wurde in Indien schon vor 4000 Jahren gezüchtet. Zu den besten Züchtern zählen heute die Franzosen (Bresse), die das „Nationalsymbol" im Freiland halten, mit wertvollen Getreiden mästen und auch gerne seiner Männlichkeit berauben (→ Kapaun). Alte Hähne sollte man nur für Suppen verwenden!

🍷 Zu den diversen Gerichten passen alle möglichen Arten von mildfruchtigen Weißweinen über edle Schaumweine bis zu samtigen Rotweinen. Letztlich entscheiden Zubereitungsart, Gewürze, Saucen und Beilagen über die Wahl des Weins. Hahn mit Sesam braucht **Pinot Gris** oder **Traminer** als Weggefährten; Hahn mit Senfsauce liebt **süditalienische Roséweine**; Hahn mit Käsesauce gewinnt durch **Chardonnay**/Friaul/I an Rasse und Lebensgeist; Hahn mit Limettensauce ist sowohl mit **Galestro**/Toskana/I, **Muscadet**/Loire und **Champagne**/F zu kombinieren, und gegrillter Hahn verlangt nach samtigem **Merlot**/CH.

HAHN IN DER TEIGHÜLLE

✐ Junger Masthahn wird mit → Portwein, Öl, Thymian, Lorbeerblatt, Salz und Pfeffer mariniert, mit Hühnerfarce gefüllt, in Briocheteig gehüllt und im Ofen langsam herausgebacken.

🍷 **Südeuropäische Roséweine** und samtige Weißweine (**Soave**/Venetien, **Frascati**/Latium, z. B. der geschmeidige **Frascati Secco „Vigneto Santa Teresa"** (MAL, TR, 1–2 Jahre, 8–9 °C), FONTANA CANDIDA/Latium; **Bellet** und **Cassis Blanc**/Provence, **Pinot Gris** und **Zierfandler Kabinett**/Thermenregion/A) besitzen genügend Extraktschmelz, um Brotteig, Hühnerfarce und Portwein zum Singen zu bringen. Besonders beeindruckt hat uns eine **Pinot Gris Spätlese** (3–5 Jahre, 9–10 °C) von J. UMATHUM/Neusiedlersee/BGLD/A.

HAHN IN WEISSWEIN

✐ Jungen Masthahn zerteilen, salzen, pfeffern, im Ofen garen; Fond mit gehackten Schalotten, jungem Weißwein, Hühnerbouillon, gehacktem Sellerie und Thymian zur Hälfte einkochen, mit Rahm binden, passieren und mit Nudeln servieren.

🍷 Ein ähnlicher Wein wie jener, der zum Kochen verwendet wurde, oder ein noch besserer sollte dazu getrunken werden. Unabhängig vom Kochwein bieten sich aufgrund der Ingredienzien samtig-würzige Kreszenzen (**Pinot Gris**, **Malvasier**, **Sylvaner**) an. Stellvertretend sei ein **Cassis Blanc** (MAC, UB, CL, 1–2 Jahre, 8–9 °C) von der DOMAINE DU PATERNEL, Cassis/Provence/F, angeführt (mit reichem Körper, Blumen- und Minzetönen), der für das nötige Gegengewicht zur Sauce sorgte und dem Gericht im Ausklang eine angenehme Frischenote verlieh.

HÄHNCHEN

(frz. PETIT COQ, engl. YOUNG COCK, ital. GALLETTO, span. POLLO)

✐ Gemästete junge Tiere im Alter von 9–12 Wochen, deren Fleisch besonders hell, zart und saftig ist und die sich mit exquisiten Weißweinen bestens vertragen.

🍷 Hähnchen gratiniert verlangt nach **Riesling-Sylvaner**, und Hähnchen geräuchert ist **Silvaner/** Franken und **Pouilly Fumé**/Loire/F zugetan, aber auch **Altbier** ist nicht schlecht! Hähnchen in Joghurtsauce ist toskanischem **Galestro** treu ergeben; Hähnchen mit Curry sucht nach **Penedès Blanco**/E oder **Traminer**.

HÄHNCHEN AUF „BURGUNDER ART" → COQ AU VIN

HÄHNCHEN AUF „GROSSMUTTERART"

Gehackter Speck und Zwiebeln werden angeröstet und mit feingeschnittener Hühnerleber angebraten, mit Paniermehl und gehackter Petersilie vermischt, mit Salz, Pfeffer und Muskatnuß gewürzt

🍷 **Chenin Blanc**, **Riesling-Sylvaner**, **Pinot Gris** und **Zierfandler** verleihen Panier und Leber Ausdruckskraft und Milde. **Grüner Veltliner „Smaragd"** (z. B. der fulminante pfeffrige **„Ried Schütt"** von E. KNOLL/Wachau) sowie **Pinot Blanc** und **Riesling Spätlesen trocken** (z. B. von FRANZ MAYER, Wien/A) entlocken Gericht und Leber feurig-würzige Temperamentsausbrüche. Milde **Roséweine** halten die Balance zwischen den diffizilen Ingredienzien, und junge Rotweine (**Zweigelt**, **Chianti Rufina**/Toskana oder **Santenay**/Burgund) finden eigentlich nur zu Leber, Speck und Zwiebeln einen innig-feurigen Draht.

HÄHNCHEN GEBACKEN → WIENER BACKHENDL

HÄHNCHEN SAUTIERT MIT STEINPILZEN

Masthähnchen wird in Butter, Öl, Salz, Pfeffer, Steinpilzen und gehackten Schalotten sautiert, mit trockenem Weißwein abgelöscht und mit Kalbsfond und gehackter Petersilie aufgetischt.

🍷 Junger **Muscat du Valais**/CH, **Pinot Blanc**, **Pinot Gris** und **Neuburger** (z. B. der glockenklare, sommerlich-frische **Weißburgunder Kabinett** von P. BRAUNSTEIN, BGLD/A) sind die Favoriten für den Mittagstisch und stimulieren Appetit und Pilzgeschmack. Alte, firnige Weißweine können über das Wechselbad mit Sauce und Pilzen an Frische und Jugendlichkeit gewinnen. Große, mittelreife Weißweine (**Chardonnay**, **Pinot Blanc**- und **Pinot Gris Spätlesen** trocken/halbtrocken) sind für den Abend reserviert. Die absolute Überraschung war der überragende edelsüße **Château Lamothe-Guignard 2e CC** , Sauternes/F (SÉM 70 %, SB 20 %, MU 10 %, 8–12 Jahre, 7–8 °C), der auf geniale Weise süß und doch nicht süß wirkte und nicht nur die Pilze, sondern auch die mächtige Sauce bezwang. Große Rotweine (**Chambertin**/Burgund, **Hermitage**/nördl. Rhône und Edel-**Barbera** wie der kirschige, voluminös-üppige **„Bricco dell'Uccelone"**, 8–12 Jahre, 17–18 °C, von G. BOLOGNA, Rocchete/Piemont) konnten eigentlich nur die Steinpilze und Rotweinpuristen überzeugen.

HAHNENKÄMME

(frz. CRÊTES DE COQ, engl. COOK'S COMBS, ital. CRESTE DI GALLO)

Der Stolz des Hahnes galt schon in der Antike als Gaumenschmaus und sollte einst den Römern Mut, Kraft und Stolz verleihen. Die Kämme werden als Vorspeise, Ragout oder Beilage verwendet und lassen sich mit mildfruchtigen Weißweinen, edlen **Schaumweinen** und, je nach Sauce, manchmal auch mit samtigen Rotweinen vermählen.

HAHNENKÄMME GETRÜFFELT

In Hühnerbouillon gekocht, mit Trüffelscheibe gefüllt, gewürzt und mit Mehl, Ei, Butter und Bröseln herausgebacken.

🍷 Zu Mittag sind die trüffelverliebten **Gavi** und **Arneis**/Piemont lustvolle Kavaliere. Am Abend könnten Sie große, mittelreife weiße Burgunder (**Corton-Charlemagne**, **Meursault Premier Cru** oder **Montrachet**) sowie Top-**Chenin Blanc**/Loire (edelsüßen **Quarts de Chaume** oder **Bonnezeaux**) versuchen. Ein elektrisierender Drahtseilakt war die Begegnung mit jugendlich-süßem **Barsac**/Sauternes (z. B. CH. SUAU). Reife **Schaumweine** und **Champagnes** sind jedoch nach wie vor von unerreichter Sublimität.

HAHNENNIEREN

Seit mehr als zwei Jahrtausenden eine besondere Delikatesse, die angeblich Fruchtbarkeit verleiht. Sie werden als Vorspeise, Beilage und als feines Ragout angeboten.

Als Partner eignen sich, je nach Sauce und Zubereitungsart, mildwürzige Weißweine (**Frühroter Veltliner**, **Pinot Gris**, **Riesling Spätlese**) und samtige Rotweine (**Merlot**, **Beaujolais**/Burgund, **Blaufränkisch**).

HAHNENNIEREN GEBACKEN

Gewässerte frische Nieren werden kurz überbrüht, in Salz, Pfeffer und Zitronensaft mariniert, in Mehl, Ei und geriebenem Weißbrot herausgebacken und mit gehackter Petersilie serviert.

Stellvertretend für oben genannte Weißweine stehen hier die zwei interessantesten Kreszenzen: Ein milder **Frühroter Veltliner** (1–3 Jahre, 8–9 °C) von ERICH SAILER, Röschitz/Weinviertel/NÖ/A (helles Gelb, reintöniger Duft mit Marzipananklängen, wuchtig mit reifer Säure und Haselnußakzenten im vollmundigen Endgeschmack), konnte die Nieren aromatisch ergänzen und profitierte selbst von der Würze der Marinade, und die **„Kiedricher Sandgrub" Riesling Spätlese** (8–12 Jahre, 10–11 °C) vom SCHLOSS GROENESTEYN, Kiedrich/Rheingau/D (mit vollem Goldgelb, reifem Ananas-Petrolhauch, harmonischem Säurespiel und einem Nachhall von gewaltiger Länge, ohne spürbare Süße), verlor den Petrolhauch und akzentuierte die Würzenote des Gerichts auf angenehme Weise.

HAIFISCH

(frz. REQUIN, engl. SHARK, ital. PESCECANE, span. TIBURÓN)

Das Fleisch der kleineren Arten der schlecht beleumundeten Knorpelfische (→ Dornhai, Glatthai) ist von fester Konsistenz, relativ schmackhaft und wurde bei uns erst in den siebziger Jahren für die Küche entdeckt. Neben den delikaten Flossen ist vor allem die gehaltvolle Leber geschätzt. Fish'n'Chips werden meist aus fritiertem → Dornhai hergestellt.

Geräuchert erinnert es in Farbe und Struktur an gepökelte Rinderbrust und ist dann mit mildwürzigen Weißweinen (ohne aggressive Säure) ideal zu kombinieren: **Terlaner Weißburgunder**/Südtirol, **Sauvignon Blanc Spätlese**, **Pinot Gris** und, last not least, **Sherry Fino light dry**/E, je nach Sauce.

HAIFISCHFLOSSENSUPPE

Eine chinesische Delikatesse, die wegen ihres Vitamin- und Nährstoffreichtums und nicht zuletzt wegen ihres besonders feinen Fischaromas geschätzt wird. Zu uns kommt sie in Dosen, wird aufgewärmt, mit etwas → Sherry nachgewürzt und sollte auch von diesem bei Tisch begleitet werden.

HALLIMASCH (HONIGPILZ)

Ein an Baumstümpfen wachsender Blätterpilz mit gelbem bis mittelbraunem Hut und weißem Hautring. Der Pilz ist roh giftig, gekocht schmeckt er von September bis November am besten.

Er zieht beim Kochen etwas Schleim, ist von säuerlich-adstringierender Art und sollte nicht mit säure- bzw. gerbstoffreichen Weinen kombiniert werden. Fruchtig-milde, reife Rosé-, Weiß-und Rotweine ergeben die erfreulichsten kulinarischen Ergebnisse.

HALLOUMI

Ein zypriotischer Lakekäse, überwiegend aus Ziegenmilch, der in Kochsalz eingelegt und mit Minze aromatisiert wird. Epigonen sind Halloum/Libanon und Hallomy/Australien.

Interessanter Begleiter des eigenwilligen Käses ist der modern vinifizierte, halbtrockene zypriotische **Thisbe** (XYNISTERI, 1–2 Jahre, 8 °C) von KEO-WINERY, der den Aromabogen ideal spannt. Aus unserer Sicht sind vor allem **halbtrockene Rieslinge** zu favorisieren. Die Aussies setzen gerne ihre mittelreifen, minzigen **Shiraz**-Rotweine ein.

HAM AND EGGS → SPIEGELEIER MIT SCHINKEN

HAMBURGER

Gegenstück zur deutschen → Frikadelle. Erst seit etwa 1900 wird in den USA und seit 1945 auch bei uns fein gehacktes Rindfleisch mit gerösteten Zwiebeln, Ei, Salz und Pfeffer verarbeitet, mit Öl beträufelt und auf dem Grill oder in der Pfanne je drei Minuten gegart, mit Tomatenketchup bestrichen und zwischen zwei Weißbrotscheiben (Buns) angerichtet. In Zeiten der grassierenden BSE-Seuche sollte man den Genuß des Fast-Food-Stars allerdings nicht übertreiben.

Junge, fruchtige Rotweine und würzige **Biere** sollten als Begleiter ins Auge gefaßt werden, amerikanische Weißweine (**Johannisberg Riesling**, **Chardonnay**, **Sauvignon**) sind jedoch wesentlich effizienter in der Anpassung an die Ingredienzien.

HAMBURGER RAUCHFLEISCH

Gepökeltes, kaltgeräuchertes Rindfleisch, dünn aufgeschnitten und mit geriebenem Meerrettich serviert.

Südtiroler **Kalterer See** (z. B. von SCHLOSS SALLEGG) und südsteirischer **Sauvignon** (z. B. von der DOMÄNE MÜLLER) schnitten hier hervorragend ab, wobei der Kalterer besonders mit dem Rauchfleisch und der Sauvignon mit dem Meerrettich harmonierte.

HAMMEL (SCHÖPS)

(frz. MOUTON, engl. MUTTON, ital. MONTONE/CASTRATO, span. CARNERO)

Das Fleisch der männlichen kastrierten Schafe ist ziegel- bis dunkelrot. In der Gastronomie wird jedes ausgewachsene Schaf außer den Böcken (Widder) und den weiblichen Alttieren als Hammel bezeichnet. Im Alter von zwei bis vier Jahren hat das Fleisch noch einen zarten Geschmack, während bei älteren Tieren durch das Fett ein unangenehmer Talggeschmack auftreten kann. Die Franzosen lieben vor allem die Hammelkeule (Gigot de Mouton), die einen mageren, köstlich mürben Braten abgeben kann.

Zu jüngeren Tieren kann man noch verschiedenste Weine anbieten, während ältere Exemplare immer nach schweren, kraftvoll-würzigeren Kreszenzen verlangen. Zu Hammelcurry empfiehlt sich eine weiße **Pinot Gris-** oder **Gewürztraminer Spätlese**, milder **südländischer Rosé** oder für Gewürzfreunde roter **Nostrano**/CH, **Pinot Noir** bzw. **Provence Rouge**/F, **Torbato d'Alghero**/Sardinien …

HAMMELBRUST AUF „TATARENART"

Brust wird mit Wurzelwerk und Kräutern in Wasser weichgekocht, in breite Streifen geschnitten, mit Senf und Öl bestrichen, mit Paniermehl bestreut, gegrillt und mit Petersilie und → Sauce Tartare serviert.

Südeuropäische Roséweine (z. B. der kräuterwürzige **Rosado** von CVNE/Rioja Alta/E) und **Côtes de Provence Blanc**/F sind die erprobtesten sommerlichen Begleiter. Junger roter **Syrah**/Rhône und **Cru Bourgeois**/Médoc (z. B. **Château Greysac** oder **Château Potensac**) sind in der Lage, die Würze einigermaßen aufzufangen und die Sauce zu unterstreichen. An kalten Winterabenden eignen sich auch reife **Gran Reservas**/Rioja im traditionellen Stil (z. B. **„Viña Tondonia"** von LÓPEZ DE HEREDIA) oder relativ trocken ausgebaute **Riesling Auslesen**.

HAMMELFILET AUF „ARLESISCHE ART"

Die Muskelstränge zu beiden Seiten des Rückgrats werden leicht geklopft und in Olivenöl angebraten, mit Salz, Pfeffer, gebratenen Tomaten, gebackenen Auberginenscheiben und

Zwiebelringen gewürzt und mit Rosmarinkartoffeln serviert. (Arles ist eine französische Stadt am Rhônedelta.)

🍷 Weißer **Condrieu**/Rhône, kühle **südfranzösische Roséweine**, junger **Beaujolais**/Burgund und internationale rote **Jungweine** sind in der Lage, die Würze zu akzentuieren und gleichzeitig den Gaumen zu erfrischen. Für den Abend sind **Syrah**/Rhône, dunkler **Cahors** (z. B. **Château de Chambert** oder **Château de Triguedina**) sowie die beiden TGV (très grand vin) aus dem Madiran, **Château Bouscassé VV** und **Château Montus CP**, die zeitweise den Hammelgeschmack vergessen ließen und die Würze nicht allzusehr überzogen, in Erwägung zu ziehen.

HAMMELFLEISCH MIT BOHNEN

Kleingeschnittene grüne Bohnen und Kartoffeln, gewürfelte Karotten und Hammelfleisch werden in Wasser, Salz, Petersilie und Bohnenkraut gekocht und mit weißer Mehlschwitze gebunden.

🍷 Ein vielschichtiger südsteirischer **Morillon** vom WEINGUT POLZ/A, ein würzig-frischer weißer **Patrimonio** von ANTOINE ARÉNA, Korsika, und schließlich der gewaltige rote **Gigondas „Cuvée de Latour Sarrazine"** von CLôS DE CAZAUX, Vacqueyras/nördl. Rhône/F, waren die Finalisten in den einzelnen Sparten.

HAMMELKEULE

(frz. GIGOT DE MOUTON, engl. LEG OF MUTTON, ital. COSCETTO DI MONTONE, span. PERNIL DE CARNERO)

Die Keule soll etwa 2 kg schwer, gut abgehangen, dick und fest sein und außen eine dünne (!) Fettschicht aufweisen. Beim Schmoren gewinnt sie an Geschmack, besonders in Kombination mit Knoblauch, und verlangt dann nach einem würzigen Partner.

🍷 Hammelkeule mit Quittenpaste wurde von mittelkräftigem **Cabernet Sauvignon** von JEAN LEÓN, Plá del Penedès/E, mit Esprit begleitet. Hammelkeule „Soubise" (mit Zwiebelpüree) ist mit weißem **Pacherenc du Vic Bilh**/Béarn/SW-F (ein munterer Sommerwein) und australischem **Shiraz** oder **Cabernet Sauvignon**/New South Wales (ein würziger Winterwein) gut kombinierbar.

HAMMELKEULE GEBRATEN

Hammelkeule wird mit einer geschälten Zwiebel und zwei Knoblauchzehen angebraten, mit Mehl, Butter, Salz, gemahlenem weißem Pfeffer gewürzt, mit ½ l einfachem rotem Bordeauxwein aufgegossen und mit 1/8 l süßem Rahm gebunden.

🍷 Der Kochwein gibt hier eigentlich nur Bordeauxweinen – je nach Brieftasche – eine Chance, doch die Rhône-Stars **Côte Rôtie „La Landonne"** (SYR, 10–15 Jahre, 17–18 °C) von M. GUIGAL und **Côte Rôtie „La Mordorée"** von M. CHAPOUTIER/nördl. Rhône waren spektakuläre Außenseiter.

HAMMELKOPFRAGOUT

Kopf in Wurzelwerk und Salzwasser weichkochen, das ausgelöste und grob gewürfelte Fleisch in brauner Mehlschwitze mit kleingeschnittener Salzgurke und Pilzen dünsten, mit Salz und Weißwein aromatisieren und mit Kartoffelpüree servieren.

🍷 Algerischer **Mascara Rosé** als Sommer- und Mittagswein, reifer burgenländischer **Pinot Blanc Kabinett/Spätlese** trocken als Idealpartner und trockener ungarischer **Tokaji Szamorodni** als Winterwein empfahlen sich in den einzelnen Disziplinen; doch auch **Malzbiere** können der salzig-würzigen Aura des Gerichts etwas abgewinnen.

HAMMELKOTELETTS (HAMMELRIPPCHEN)

Die Koteletts werden aus dem Rücken geschnitten. Pro Person rechnet man mit zwei Stück, die geklopft und dann saftig und rosa gebraten werden sollten. Wenn das Randfett (Talggeschmack) weggeschnitten wird, sind sie auch mit eleganteren Rotweinen kombinierbar.

HAMMELKOTELETTS „ENGLISCH"

Die Koteletts werden gesalzen und gepfeffert, mit Mehl, Ei und Semmelbröseln paniert, in Butter gebraten und mit Brunnenkresse und Pommes frites angerichtet.

Über die Panier kommen hier auch Österreichs „Weichspüler" von der Thermenregion (**Pinot Gris**, **Pinot Blanc**, **Neuburger**, **Zierfandler**) zum Zug. **Passetoutgrain** (PN, GAM)/Burgund und vor allem feine, samtige **Bordeauxweine** wie **Margaux** und **Saint-Émilion** haben allerdings am Abend die größere Tiefenwirkung.

HAMMELNIEREN

Nur Nieren von Jungtieren sind eine Delikatesse und werden wie → Kalbsnieren zubereitet.

Zu Hammelnieren „Liégoise" (mit Wacholderbeeren) wählen Sie roten **Saint-Julien CC** (z. B. **Château Langoa-Barton**, Médoc/Bordeaux/F) oder beerenwürzigen **Vino Nobile di Montepulciano** (z. B. von POLIZIANO oder GRACCIANO DELLA SETA, Toskana/I).

HAMMELNIEREN AUF „BERRYER ART"

Tranchen von Hammelnieren in Butter anbraten und salzen, im Bratenjus Mehl anrösten, mit Rotwein ablöschen und mit Salz, Pfeffer, Butter, Fleischextrakt, Räucherspeckwürfeln, Champignonscheiben und Perlzwiebeln anreichern. Nieren mit Sauce und Nudeln anrichten. (Berry ist eine französische Landschaft westlich der Loire.)

Chinon, **Bourgueil** und **Saumur-Champigny**/Loire haben in Frankreich Tradition. Der **Chinon** (CF, 2–4 Jahre, 14–16 °C) von GUY LEMAIRE ist ein köstlicher, frisch-würziger Mittagswein. Junger **Blaufränkisch** und **Zweigelt** erzielt eine ähnliche Wirkung. Am Abend sind **Syrah** (**Crozes-Hermitage** und **Hermitage**/nördl. Rhône) bzw. **Shiraz** /AUS (z. B. **Bundara Hermitage** von BAILEY'S) in der Lage, Niere und Räucherspeck ihre Gefährlichkeit zu nehmen. Exemplarisch der **Hermitage** (SYR, 5–8 Jahre, 17–18 °C) von GÉRARD CHAVE, Mauves/nördl. Rhône/F.

HAMMELNÜSSCHEN (HAMMELSTEAKS)

Die Noisettes (Nüßchen) werden von den Filets des Rückens oder aus dem Sattel ähnlich den Tournedos in etwa 2 bis 3 cm dicke Scheiben geschnitten und meist gebraten oder gegrillt zubereitet. Sie können, wenn nicht allzuviel Knoblauch, Thymian usw. verwendet wurde, auch mit eleganteren weißen Kreszenzen gepaart werden.

HAMMELNÜSSCHEN „DON PEDRO"

Die Nüßchen werden in Butter gebraten, gewürzt, auf gedünsteten Gombos (→ Okras) angerichtet und mit gedünsteten Bananen und Pfeffersauce präsentiert.

Die süß-säuerlich-scharfe Grundtendenz der Speise ist mit Weißweinen (→ asiatische Küche) besser auszubalancieren, doch wurden wir diesmal von unseren spanischen Gastgebern, die mit Schärfe umzugehen wissen, eindeutig überstimmt. Neben dem idealen Sommerwein **Ribolla** von G. DORIGO/Friaul schaffen jugendlich helle Rotweine bzw. dunkle **Roséweine** (= **Clarete**/E) am ehesten den Drahtseilakt zwischen den diffizilen Ingredienzien. Reifer **Rioja Gran Reserva** (z. B. der Klassiker **„Conde de los Andes"**, TEM 100 %, 10–15 Jahre, 17–18 °C von F. PATERNINA) verwandelte die Nüßchen in feurige (Gaumen-)Tänzer, fand aber einen gewissen Konsens. Die Giganten **Clos Mogador**, **Clos de L'Obac** und **Cartoixa d'Scala Dei**/Priorato/E waren da des Guten schon fast zuviel und verloren über die Pfeffersauce an Finesse.

HAMMELPILAW

In Streifen geschnittenes Hammelfleisch, gehackte Zwiebel und Paprikaschoten werden mit Salz, Pfeffer und Muskatnuß gewürzt, mit Tomatenwürfeln weich gedünstet und mit körnigem Reis angerichtet.

Das exotische südbelgische **Dunkelbier Chimay**, ein ausgleichender, würzig-erfrischender **Rosé de**

Provence und die für dieses Gericht wie geschaffene **Gewürztraminer Spätlese** von MANFRED PLATZER, Tieschen/SO-STMK, seien aus der Fülle der verkosteten Weine lobend hervorgehoben.

HAMMELRAGOUT („NAVARIN")

Schulter wird würfelig geschnitten, angebraten, mit Mehl, Tomatenmark, Salz, Pfeffer und Knoblauch gewürzt und zugedeckt langsam gedünstet; als Beilage reicht man mitgedünstete kleine Zwiebeln, Karotten und weiße Rüben.

Klassiker als Begleiter sind reifer **Barolo**/Piemont und ebensolcher **Brunello di Montalcino**/Toskana/I sowie erdigwürziger **Graves Rouge**/Bordeaux/F. (→ Irish Stew)

HAMMELRÜCKEN

Auch Sattel genannt, meist ca. 2 kg schwer. Meist rosa am Spieß gebraten oder auch geschmort. Wenn der Rücken nicht allzu großzügig gewürzt ist, hat man hier auch Glück mit edlen, kraftvollen Weißweinen.

HAMMELRÜCKEN AUF „NIZZAER ART"

Rosa gebratener Rücken wird mit geschmolzenen Tomaten, Knoblauch und Estragon gewürzt und mit Schloßkartoffeln (Pommes de terre Château: oval zugeschnitten, in Butter gebräunt, mit gehackter Petersilie bestreut) serviert.

In Frankreich haben **Cassis** und **Bellet Blanc**/Provence (köstlich der **Bellet „Clos Saint-Vincent"**; RO 70 %, ROU 20 %, CH 10 %, 1–3 Jahre, 8–9 °C von RENE GOMEZ) Tradition. Sie untermalen Gewürze und Tomaten auf faszinierende Art und sind ein preiswerter, erfrischender Sommertrunk. Der **Cru Beaujolais „Morgon"**/Burgund und **Syrah**/Rhône sowie **Shiraz** und **Cabernet-Shiraz**/AUS sind da schon aus anderem (Barrique-)Holz geschnitzt und legen dem Hammelgeschmack einiges an Aroma und Kraft vor. Der elitäre **Mas de Daumas Gassac** (CS 80 %, CF, MC, TAN, M, SYR 20 %, 5–8 Jahre, 17–18 °C) von AIMÉ GUIBERT, Aniane/Languedoc, schaffte sogar eine zeitweilige Harmonie bzw. Koexistenz – doch Knoblauch, Tomaten und vor allem Estragon sind nicht der Rotweine beste Freunde!

HAMMELSTEAKS

Aus dem Sattel bzw. Hammelrücken geschnitten; lassen sich gerne mit klassischen Rotweinen (Bordeaux, Australien, Kalifornien) vereinen.

HAMMELSTEAKS „DEVONSHIRE"

Steaks werden gesalzen, gepfeffert, eingeölt, am Rost gebraten und mit grünen Erbsen und „Old Englands" Lieblingssauce, der → Mintsauce, serviert.

Minze wäre an und für sich kein Problem für Rotweine wie **Pauillac**/Bordeaux, **Hermitage**/nördl. Rhône, **Corvo Rosso**/Sizilien, **Pinot Noir**/Oregon oder **Cabernet** bzw. **Cabernet-Shiraz**/S-AUS, aber Weinessig und karamelisierter Zucker sind doch Störfaktoren. Lediglich der monolithische **„Martha's Vine yard"** (CS, 8–15 Jahre, 17–18 °C) von JOE HEITZ, St. Helena/Napa/KAL steckte diesen Beigeschmack locker weg. Reife Weißweine wie **Roter-** und **Grüner Veltliner Spätlese trocken**/A, **Vermentino**/Ligurien und vor allem **Muscat GC**/Elsaß haben da weniger Probleme.

HARISSA

Extrem scharfe nordafrikanische Würzpaste für → Couscous, Fleischspeisen und Suppen. Besteht aus Cayennepfeffer, kleinen roten Pfefferschoten, Knoblauch, Koriander, Kümmel, Olivenöl und getrockneter Pfefferminze.

Der ätzenden Schärfe begegnet man am vernünftigsten mit stillem **Mineralwasser**, kühlem **Bier** oder **Rosé**. Die an den Geschmack gewöhnten Afrikaner trinken – sofern sie überhaupt Alkohol trinken – auch Rotweine (**Coteaux de Mascara**/Algerien oder tunesischen **Magon**, CIN, MV, 1–3 Jahre, 14–16 °C) dazu, um die Würze noch zu vervielfältigen!

HARZER KÄSE (HANDKÄSE)

✐ Ein ursprünglich aus Mainz stammender Sauermilchkäse, der fingerlang, rund oder stangenförmig auf den Markt kommt. Er reift sehr rasch, ist rotbraun, von stechendem Geruch, pikant-würzig und wird gerne mit Kümmel und Schweineschmalzbrötchen kombiniert.

🍷 In dieser Kombination harmoniert er sehr gut mit **Kakao** (!), **Bier**, **Apfelwein** oder weststeirischem **Schilcher** (BLW, 1 Jahr, 9 °C), z. B. von CHRISTIAN REITERER, Wies, oder MAX LUKAS, Hochgrail/STMK/A, dessen erfrischende, anregende Art, gepaart mit Aromen von frischen Äpfeln, Erdbeerkraut, Brennesseln und einer stahligen Säure sich sowohl degustativ als auch verdauungsfördernd hervortun konnte; im übrigen – ohne Schweineschmalzbrötchen – sind **Rieslinge** oder **Riesling-Sylvaner** ansprechende Partner.

HASCHEEKNÖDEL MIT SPECKKRAUTSALAT

✐ Österreichische Spezialität aus Kartoffelteig, gefüllt mit feingehacktem, gut gewürztem, gekochtem (gesurtem) Schweinefleisch.

🍷 Ein jugendlich-rassiger **Grüner Veltliner**/Weinviertel/NÖ/A holte aus dem Gericht eine Menge an Würze und Nuancen heraus. Ein einjähriger **Riesling** aus Langenlois/Kamptal/NÖ/A machte die Knödel subtilwürzig, und im Zusammenwirken mit dem Speckkrautsalat erfuhr der Wein eine Metamorphose, die ihn plötzlich zum Fruchtcharmeur (exquisite Marillentöne) und dominierenden Partner werden ließ. Auch **Weißburgunder** und **Sylvaner Kabinett** sind ausgezeichnete Begleiter der Speise.

HASE

(frz. LIÈVRE, engl. HARE, ital. LEPRE, span. LIEBRE)

✐ Beliebtes, aber selten gewordenes Haarwild, das über ganz Europa, Australien, Neuseeland, Argentinien und Amerika verbreitet ist. Bei den Römern und teilweise bis ins Mittelalter glaubte man noch, daß Hasenfleisch schön mache. „Meister Lampe“ lebt von Karotten und Kraut und schmeckt im Alter von 3 bis 8 Monaten (November/Dezember) am feinsten. Das Fleisch der Jungtiere ist rosa, jenes der Alttiere dunkelrot und nur noch für Farcen oder Pasteten geeignet.

🍷 Junge Tiere vermählen sich gerne mit eleganten **Burgundern** (weiß und rot), reifere Hasen ziehen etwas kraftvollere (auch „graumelierte“ dunkle Partner wie **Barolo**/Piemont, **Brunello di Montalcino**/Toskana/I …) vor. In Kombination mit Dörrpflaumen sollten Sie einen kräftigen Rotwein von der nördl. Rhône in Erwägung ziehen (**Hermitage**, **Saint-Joseph**, **Cornas**, z. B. von M. CHAPOUTIER oder J.-L. CHAVE).

HAS’ IM TOPF (TIPPE HAAS)

✐ Wildspezialität aus dem Rheinland. Jungen Hasen in Stücke zerteilen, mit Zwiebeln, Knoblauch, Thymian etwa drei Tage in Rotwein marinieren, Zwiebelscheiben in Butter anschwitzen, die Hasenstücke mit Salz und Pfeffer anbraten, mit in Scheiben geschnittenem Bauchspeck, geriebenem Schwarzbrot und Burgunder-Rotwein vermischen und zugedeckt schmoren; die Sauce mit Hasenblut sowie saurem und süßem Rahm versetzen.

🍷 Um das Gastgeberland zu ehren, wählten wir einige deutsche **Spätburgunder** wobei zwei (**Assmanshäuser Höllenberg Auslese**/STAATSWEINGÜTER, Eltville/Rheingau, und **Spätburgunder Auslese „Pfarrwingert“**/MEYER-NÄKEL/Ahr) unsere Erwartungen bei weitem übertrafen und sich als Bilderbuch-Burgunder für den Mittagstisch empfahlen. Am Abend sind die etwas animalischen Cru-Beaujolais (**Moulin à Vent**, **Morgon**/Burgund) und Spitzengewächse der Côte d’Or/Burgund (z. B. **Beaune Premier Cru „Clos de la Feguine“**/J. PRIEUR) in der glücklichen Lage, dem schwierigen Gericht Finesse zu verleihen. Wenn Sie den Wildgeschmack (Hasenblut) noch vertiefen wollen, so wählen Sie rustikalen **Nebbiolo**/Piemont (**Carema**, **Gattinara**, **Barolo**), reifen **Brunello di Montalcino**/Toskana, **Hermitage**/nördl. Rhône oder **Ribera del Duero**/E alten Stils. Alte, firnige Weißweine verjüngen sich dabei.

HASE IN PORTWEINGELEE

Scheiben von gebratenem Hasen, gedünstete Gänseleber, gedünstete Champignons und Trüffel in Portweingelee.

Zu Mittag halten **Pinot Gris**, **Traminer Kabinett/Spätlese** (z. B. die formidable **Traminer Spätlese**, 6–9 Jahre, 9–11 °C, von G. SCHELLMANN/Thermenregion/A), **Chasselas** und **Petite Arvine Flétrie** (**Spätlese**)/CH oder **Graves Blanc**/Bordeaux die Balance zwischen den diffizilen Ingredienzien. Auch reifer **Champagne** und sehr alter **Vouvray**/Loire besitzen ähnliche Talente. Wildgeschmack, Gänseleber, Trüffel und Portweingele werden von großem **Pomerol**/Bordeaux, **Priorato**/E und – mit Abstrichen – reifen **Vintage Port** (z. B. von SMITH WOODHOUSE & CO/P) sogar noch akzentuiert. Doch Vorsicht vor jungen Kreszenzen mit harschen Tanninen!

HASELNUSS → NÜSSE

HASENBLUT

Das Blut eines frisch erlegten Hasen wird beim Ausnehmen aufgefangen und mit Essig vermischt, damit es nicht gerinnt! Hasenblut gibt vielen Wildsaucen ihr animalisches Gepräge!

Herb-würzige reife Rotweine mit einem Hauch von Wildbretaroma (wie **Syrah**/Rhône, **Shiraz**/AUS, **Madiran**/SW-F …) können hier geschmacklich mit- und dagegenhalten.

HASENKEULEN AUF „DEUTSCHE ART"

Die gespickten Keulen in Butter anbraten, würzen, mit Burgunder-Rotwein ablöschen und langsam gardünsten; Fond mit saurem Rahm binden. Als Beilagen Apfelmus und Spätzle.

Diesmal waren es die vier deutschen **Spätburgunder „Heidelberger Herrenberg R"**/THOMAS SEEGER, Leimen Baden, **„Endinger Engelsberg" Spätlese**/LEOPOLD SCHÄTZLE, Baden, **„Schweigener Sonnenberg" Auslese**/FR. BECKER, Rheinpfalz, und **„Pfarrwingert" Auslese**/MEYER-NÄKEL/Ahr, die Aufsehen erregten und eine beeindruckende Harmonie über die Sauce erzielten. Da konnten sogar drei gallische Spitzen-Burgunder kaum mehr zulegen. Germanien ein Rotweinland?

HASENPASTETE

Frischen jungen Hasen auslösen, Filets mit Räucherspeck spicken und über Nacht in Salz, Pastetengewürz und Cognac (Weinbrand) beizen, das übrige Hasenfleisch, etwas Kalb- und mageres Schweinefleisch sowie rohen Speck hacken (faschieren) und mit Salz, Pastetengewürz, Filetbeize und Eiern zu einer Farce verkochen.

Als Vorspeise angeboten, ist es praktischer, Weißweine zu wählen, die zum Teil (**Riesling** A/Elsaß, **Grüner Veltliner**/A, **Pinot Blanc** und **Pinot Gris**) sehr gut passen und auch Appetit machen. Zu einer Jause (Vesper) fördern **Gamay**, **Dôle**/CH (GAM/PN), **Pinot Noir** und **Gigondas**/südl. Rhône den Wildgeschmack und assimilieren auch das Aroma beigefügter Früchte (Preiselbeeren, Weichseln usw.) besser.

HASENPFEFFER (HASENKLEIN)

Keulen (Läufe), Brust, Hals, Herz und Leber würfelig schneiden, zwei Tage in Salz, Pfeffer, Zwiebeln, Öl und Weinbrand beizen, in Fett anbraten, in Mehl, Rotwein und Beize garschmoren. Ragout mit Zwiebeln und Räucherspeck versetzen, Sauce mit Hasenblut binden und mit Nudeln anrichten.

Mittags sind robuster mittelreifer **Zweigelt**, **Gamay** und vor allem **Fitou**/Languedoc/F in der Lage, Wildgeschmack und Sauce zu konterkarieren. **Saint-Estèphe**/Haut-Médoc, **Canon-Fronsac**/Bordeaux, **Pinot Noir**/F und **Ribera del Duero**/E holen noch weitere Aromen heraus. Die wahren Winterfreuden erlebt man jedoch nur mit schweren, animalisch-würzigen Extraktbomben: **Châteauneuf-du-Pape**/südl. Rhône, **Madiran**/SW-F (z. B. **Château d'Aydie**), **Zinfandel** und **Petite Sirah**/KAL (z. B. von RIDGE, Cupertino) sowie **Château Musar**/LIBANON. Es muß ja nicht gleich der sündteure **La Tache GC**/DOMAINE DE LA ROMANÉE-CONTI/Burgund sein. Denn große Rotweine mit Finesse verlieren über den Pfeffer an Ausdruckskraft, während etwas einfacher gewobene dazugewinnen!

HASENRÜCKEN

✐ Der Sattel des Hasen reicht von den ersten Rippen bis zu den Läufen. Er wird immer gespickt und rosa gebraten. Als Beilagen sind Kastanienpüree und Wildfarce beliebt.

🍷 Der Bogen der möglichen Begleiter spannt sich von **Burgundern** (rot und weiß) bis zum Italiener (**Brunello di Montalcino**, **Barolo**). **Pinot Blanc**, **Chardonnay** und **Silvaner Kabinett** hatten mit der Wildsauce mehr Probleme als erwartet! Zu Mittag sind **Blaufränkisch**, **Zweigelt**/A, **Gamay**/CH/F, **Rosso di Montalcino**/Toskana und **Santenay**/Burgund (z. B. von BERNARD BACHELET) imstande, Wildsauce und Maroni gut in Szene zu setzen. Am Abend raten wir zu traditionell ausgebautem **Brunello di Montalcino** und **Vino Nobile di Montepulciano**/Toskana, **Shiraz**/Barossa und Hunter Valley/AUS, **Barolo**/Piemont und vor allem **Pinot Noir** aus Nuits-Saint-Georges (z. B. **Premier Crus** von J. FAIVELEY, HENRI GOUGES oder JEAN GRIVOT).

HASENSCHNITTEN À L'ORANGE

✐ Filets in schräge Scheiben schneiden, mit Salz und Pfeffer in Butter braten und mit Orangenspalten garnieren, Wildsauce mit Pfeffer, Orangensaft und Curaçao aromatisieren. Als Beilage gedünstete Maronen.

🍷 Durch Orangensaft und Curaçao werden hier auch üppig-würzige Weißweine (**Spätrot-Rotgipfler** und **Gewürztraminer**, **Riesling** und **Muskat-Ottonel Spätlesen trocken/halbtrocken** interessant. Als rote Mittagsweine empfahlen sich **Gamay**, **Zweigelt**, **Blaufränkisch** und **Blauburger** (z. B. **„Ried Bründgfangen"**, 2 bis 4 Jahre, 16 bis 17 °C, von HERMANN KRUTZLER/S-BGLD). An einem kalten Winterabend reüssierten gegenüber dem Orangengeschmack die Spezialisten **Collioure Rouge**/Roussillon (z. B. DOM. DU MAS BLANC oder M. CHAPOUTIER), **Cabernet Sauvignon**/RCH/AUS/KAL bzw. **Penedès**/E (z. B. von JEAN LEÓN) und der legendäre **Château Musar** (CS 50 %, CIN 45 %, SYR 5 %, 6–10 Jahre, 17–18 °C) von SERGE HOCHAR/Libanon.

HASELHUHN (ROTHUHN)

(frz. GELINOTTE, engl. HAZELGROUSE, ital. GALLINA REGINA)

✐ Zu den Waldhühnern zählendes Wildgeflügel, das bei uns nur noch vereinzelt vorkommt. Das rebhuhngroße Wildhuhn besitzt ein weißes, schmackhaftes Fleisch, das leider etwas trocken ist und daher mit Speck umwickelt und oft begossen werden muß. Junge Exemplare werden gebraten und gegrillt, ältere geschmort bzw. gedünstet.

🍷 Gern gesehene kulinarische Begleiter sind saftig-milde **Meursaults**/Burgund/F, mildwürzige **Pinots Blancs** und reife **Pinots Noirs**, in erster Linie von der Côte de Nuits/Burgund/F, die auch mit dem Speckaroma gut zurechtkommen.

HAUSEN (BELUGA)

(frz. GRAND ESTURGEON, ital. STORIONE GRANDE)

✐ Fisch der Störfamilie aus dem Kaspischen und Schwarzen Meer, der bis zu 9 m lang und 1400 kg schwer wird. Er steigt zum Laichen in die Flüsse auf und kam noch im 17. Jahrhundert bis Wien (→ Kaviar). Heute ist er leider vom Aussterben bedroht.

🍷 Sein grobes rotes Fleisch zählt in Rußland nicht unbedingt zu den Leckerbissen, wird aber bei uns in geräucherter Form als sehr schmackhaft empfunden und läßt sich sehr gut mit reifem **Sauvignon Blanc**, **Pinot Gris**, **Neuburger** oder **Pinot Blanc** vereinen. Fruchtig-frische Rotweine mit wenig Holz und zarter Würze, wie **Blauer Zweigelt**, **Blaufränkisch**, **Cabernet Franc** (eventuell gekühlt serviert), betonen den Fisch- und Eigengeschmack noch stärker.

HAUTES PYRÉNÉES

✐ Französischer Schafmilchkäse aus den höheren Pyrenäen (→ Pyrénée), mit brauner Rinde, großen Löchern und herzhaftem Schafmilcharoma, der mit einem würzigen **Rosé de Béarn**/Pyrenäen (oder ähnlichen Produkten) eine köstliche Zweisamkeit bildet.

HAVARTI

Im 19. Jahrhundert entstandene dänische Variante des → Tilsiters (Kuhmilch), mit hellgelbem, geschmeidigem Teig, kleinen Löchern und säuerlichem Aroma.
Ideale Ansprechpartner sind rassige **Silvaner** (Elsaß/F, Franken/D) sowie **Kerner**/D und **Riesling**. Auch rote Jungweine (**Blauer Portugieser**, **Gamay**) sind möglich.

HECHT

(frz. BROCHET, engl. PIKE, ital. LUCCIO, span. SOLLO)
Der Ritter der Flüsse ist ein gefräßiger Raubfisch, der mit seinem großen Maul Frösche, Fische, Ratten, Wasservögel und sogar Schlangen verzehrt. Man findet ihn in den Flüssen und Seen Europas, Asiens und Nordamerikas. Er besitzt festes, mageres, etwas grätiges Fleisch, wird bis 2 m lang und bis zu 35 kg schwer. Am schmackhaftesten und zartesten ist er im zweiten Jahr bei einem Gewicht von ca. 2 kg in den Monaten September bis Jänner. Er ist auch tiefgekühlt im Handel erhältlich.
Zum Hecht „Müllerin" sollten Sie einmal einen **Saumur Blanc sec** von der DOMAINE DE NERLEUX, Saumur/Loire/F (CHB, 2–3 Jahre, 8–9 °C), versuchen, der mit blumigen Düften und nerviger Art für köstliche Abwechslung sorgt; zum Hecht gebacken gibt es kaum eine bessere Alternative als einen jugendlich-fruchtigen **Riesling-Sylvaner**, zum Hecht „Nantua" (→ Sauce Béchamel mit Rahm, Krebsbutter und Krebsschwänzen) ist **Vouvray sec**/Loire geradezu Pflicht. Wenn in Wurzelsud gekocht, sollten Sie primär an einen **Silvaner** (Baden/D, Elsaß/F ...) denken. Hecht geschmort und **Pinot Gris Spätlese** ist etwas für Genießer; Hechtwurst mit Scampi und **Pinot Blanc** sind ausgezeichnet, und zu Hecht geräuchert versuchen Sie fruchtigen Rotwein mit wenig Holz. Die wohlschmeckende Hechtleber „verheiraten" Sie mit **Riesling** bzw. **Traminer Kabinett** oder rotem **Refosco**/Friaul/I. (→ Hornhecht)

HECHT AUF „BADISCHE ART"

Halbierter, ausgelöster einjähriger Hecht, mit Salz gewürzt und mit gehackten Zwiebeln und saurem Rahm in eine ausgebutterte Pfanne gelegt, mit Parmesan und geriebenem Weißbrot herausgebacken.
Wegen des Parmesans wagten wir uns auch erfolgreich an einen italienischen **Pinot Grigio** heran, doch am Abend testeten wir ausschließlich Badens Weißweinelite und verliebten uns regelrecht in einen **Müller-Thurgau Kabinett** (RS, 2–3 Jahre, 8–9 °C) FREIHERR VON GLEICHENSTEIN/Kaiserstuhl, der die reichen Aromen gefühlvoll abpufferte, und eine **Grauburgunder Spätlese „Sasbacher Limburg"** (3–6 Jahre, 9–11 °C), WG SASBACH, die dem „Nationalgericht" ein mehr als würdiger Partner war.

HECHTMITTELSTÜCK MIT KAPERN UND SARDELLEN

Mittelstück in Scheiben zerlegen, in Salz, Pfeffer, Butter und trockenem Weißwein (Sancerre) braten. Sauce aus Wasser, Rahm, Kapern, Zitronensaft, Sardellen, Petersilie, Pfeffer und Schalotten.
Ein südsteirischer **Sauvignon Blanc Kabinett** (2–3 Jahre, 9 °C) von WALTER SKOFF, Eckberg, als Mittagswein mit Pfiff, der formidable **Sancerre „Cuvée Prestige"** von COMTE THIBAULT, Sancerre/Loire/F (SB, 3–5 Jahre, 9–10 °C), als Hausherr, und der renommierte **Pouilly Fumé „Baron de L"** (3–5 Jahre, 9–10 °C) von DE LADOUCETTE, Pouilly-sur-Loire/Loire/F, konnten uns am meisten beeindrucken, da erstens der Sauvignongeschmack schon in der Sauce vorherrschte und zweitens Kapern, Zitronensaft, Sardellen, Petersilie und Schalotten eine besondere Neigung für diese Rebsorte hegen.

HECHTNOCKERLN MIT CHAMPIGNONS

Hechtfleisch und Rindernierenfett werden faschiert und mit Mehl, Milch, Butter, Eiern und Kräutern vermischt, zu Nockerln (Klößen) geformt und in Salzwasser gar gedämpft. Fond aus Wasser, Salz, Pfeffer, Champignons, Zitronensaft, Butter, Garnelenschwänzen und Weißwein.
In Frankreich lernten wir **Chardonnays** aus dem Mâconnais (**Pouilly Fuissé**, **Pouilly Vincelles**) und dem Chablis als mineralische, zitrusfrische, energiegeladene Partner kennen. Auf weicher, harmonischer

Welle schwimmen **Meursault** und **Puligny-Montrachet**/Burgund und vor allem **Pinot Blanc**, **Pinot Gris** und **Zierfandler Spätlese trocken/halbtrocken**. Auch mittelreifer **Sauternes**/Bordeaux kann Süßweinenthusiasten gefallen. Einen pikanten Kontrapunkt zu Zitrus und Garnelen setzen der elitäre, würzig-pikante **Sauvignon Blanc** (2–5 Jahre, 9–10 °C) von KLEIN CONSTANTIA/ZA und die Steiermark-Stars **„Moarfeitl Selektion"** von ALBERT & ANNA NEUMEISTER, Straden; **„Czamillonberg"** von EDUARD TSCHEPPE, Leutschach, sowie **„Elite"** von GERHARD WOLMUTH, Fresing.

HECHTPASTETE

Stücke eines 1 bis 2 m langen Hechts werden mit Salz mariniert, in eine gebutterte Schüssel gelegt, mit Zitronensaft, Petersilie, Kerbel, Estragon, Sardellenfilets, geriebenem Weißbrot bestreut, mit zerlassener Butter begossen, mit Halbblätterteig bedeckt, mit Eigelb und Weißwein bestrichen und im Ofen gebacken.

Die Franzosen bevorzugen würzige **Roséweine**/Südfrankreich, **Beaujolais Blanc**/Burgund und **Sylvaner**/Elsaß, die Italiener lieben samtweichen **Pinot Grigio** und **Pinot Bianco**/Friaul, und die Österreicher setzen neben mildwürzigen **Malvasier** und **Zierfandler**/NÖ vor allem auf mittelreife Top-**Grüne Veltliner** im oberen Kabinettbereich (z. B. **„Ried Gärtling"** von MARTIN NIGL, Seuftenberg; **„Spiegel"** von FRED LOIMER, Langenlois, und – nomen est omen – den **„Titan"** von LUDWIG EHN, Langenlois/NÖ), die mit engmaschiger Frucht und Sortenwürze die meisten Aromen herausholen konnten. **Pinot Noir** (Stahltank) betonte zwar den Fischgeschmack, scheiterte aber an Zitrus, Estragon und Blätterteig.

HEFEKNÖDEL (-KLÖSSE) MIT MOHN → GERMKNÖDEL

HEIDELBEEREN (BICK-, BLAU-, SCHWARZBEEREN)

(frz. MYRTILLE, engl. BILBERRY, ital. MIRTILLO, span. ARÁNDANO)

Die in ganz Europa, Mittel- und Nordamerika und Nordasien verbreiteten niedrigen Sträucher tragen die Früchte der erbsengroßen, blauschwarzen Beeren, die einen hohen Anteil an Vitamin A, B und C haben. Gemeinsam mit einem Glas edlen Rotweins wirken sie entspannend und verhelfen zu einem ruhigen Schlaf.

Interessanterweise lassen sich die aromatischen Beeren auch mit exquisiten Barrique-Rotweinen vorzüglich vermählen und bringen deren Holz-Würzenote auf raffinierte Art zur Geltung.
Zu Heidelbeeren mit flüssigem Rahm begeisterte uns der **Champagne Rosé** von POL ROGER, Epernay; Rotweinfreunde delektierten sich hingegen an heidelbeerfruchtigem **Coteau Champenois** von A. SECONDE-PRÉVOTEAU, Champagne. Heidelbeeren auf „Schweizer Art" (mit Vanillezucker, Rum und Rahm) wurden von einem jugendlich-charmanten Westschweizer **Chasselas**, HÔPITAL DE POURTAL, Cressier, ins rechte Licht gesetzt, während beerenfruchtiger, extraktsüßer **Merlot** von CH. & J.-M. NOVELLE, Satigny/Genf/CH, einen aromatisch ähnlichen Gegenpol schuf. Aus österreichischer Sicht schafften dies die Top-Burgenländer **Blaufränkisch „Hochäcker Reserve"** von PAUL KERSCHBAUM, Horitschon, und **Cabernet Sauvignon „Ungerbergen"** von ENGELBERT PRIELER, Schützen am Gebirge.

HEILBUTT

(frz. FLÉTAN, engl. HALIBUT, ital. FLETANO, span. HALIBUT)

Größter Plattfisch der nördlichen Meere, der 3 m lang und 250 kg schwer werden kann. In den Handel kommt er meist mit einem Gewicht von 1,5 kg bis 50 kg und ist dann bei einem Fettgehalt von nur 5,2 % eine einweißreiche Delikatesse mit weißem, festem, fettarmem Fleisch und einem hohen Anteil an Vitaminen, Nährstoffen und Mineralien. Am besten mundet er in den Wintermonaten. Ein fettreicher Verwandter ist der kleinere (max. 120 cm lange und 50 kg schwere) → Schwarze Heilbutt.

Als Partner von Format haben sich kraftvolle, vollmundig-trockene (bis halbtrockene) Weißweine aus

Frankreich (**Meursault**/Burgund, **Condrieu**/nördl. Rhône ...) und Deutschland (reifer **Rheingauer-**, **Franken-** und **Moselriesling**) und Österreich (**Grüner Veltliner „Smaragd"**/Wachau) einen Namen gemacht.

HEILBUTT MIT KAPERNBUTTER

✐ Heilbuttscheiben werden mit Salz und Selleriesalz eingerieben, in Mehl gewendet und 5 Minuten pro Seite bei mittlerer Hitze in Butter gebraten; dazu Kapern, die mit Zitronensaft und Zucker in die Buttersauce gerührt werden.

🍷 Salz, Kapern, Zitronensaft, Zucker und Buttersauce favorisieren die Kapernfreunde (**Riesling-Sylvaner**, **Riesling Kabinett**/D, **Sauvignon**/NZ, **Condrieu**/nördl. Rhône) diesmal mit einem Hauch von Restsüße und gebändigter Säure. Mittags sind Jungweine von **Sylvaner** und **Malvasier** (z. B. von FAM. REINISCH/ Thermenregion/NÖ) samtweiche, anpassungsfähige Begleiter. Am Abend beeindruckte uns die fulminante **Riesling Spätlese „Würzburger Abtsleite"** (3–5 Jahre, 9–11 °C) vom BÜRGERSPITAL ZUM HL. GEIST/Franken/D, die keinen Wunsch offen ließ. An sehr kalten Abenden sind auch **Meursault Premier Cru**/Burgund und reife **Pinot Blanc**- sowie **Grüne Veltliner Spätlesen** interessant. Das innigste Verhältnis mit der knackigen Haut und der reichen Buttersauce ging der sublime **Château Chantegrive** (SÉM, SBL, ML, 2–5 Jahre, 8–10 °C) aus Graves/Bordeaux ein.

HEILBUTTSCHEIBEN GEGRILLT MIT ZITRONENMAYONNAISE

✐ Heilbuttscheiben werden mit Öl, Salz, Pfeffer und gehackten Kräutern bestrichen, ca. 15 Minuten auf einer heißen Platte vorgebraten, dann pro Seite etwa 7 bis 8 Minuten gegrillt und mit Zitronenmayonnaise serviert.

🍷 **Muscadet sur lie**/F, **Roséweine**/Südeuropa und schäumender **Cava Rosé**/Penedès/E sind angenehme Mittagsweine, die Leben auf den Gaumen bringen. Dies tut auch jugendlich-rassiger **Moselriesling Kabinett** (z. B. **„Trierer Deutschherrenberg"**, 2–4 Jahre, 9–10 °C, STAATL. WEINBAUDOMÄNEN) mit unvergleichlicher Leichtigkeit und appetitanregender, verdauungsfördernder Säure. Mittelreifer **Sauvignon Blanc** (z. B. **„Selektion"** FRITZ WIENINGER, Wien) und **Riesling-Sylvaner**/Thermenregion (z. B. von FAM. SCHWERTFÜHRER, Sooß) waren Ex-aequo-Sieger. Wobei der SB die kräuterwürzige Seite betonte und der R-SIL die Haut mehr akzentuierte. Der extravagante „Geheimfavorit" **Condrieu** (VIO, 2–3 Jahre, 9–10 °C) von GEORGES VERNAY/nördl. Rhône unterdrückte leider die Eigenart des Fisches und maskierte diverse Aromen.

HELGOLÄNDER STEAK

✐ Das Filetsteak wird eingeölt, gesalzen, gepfeffert, gegrillt, mit Kräutersauce, → Sauce Hollandaise und Tomatensauce (den Farben Helgolands: grün, weiß und rot) überzogen und mit Pommes frites angeboten.

🍷 Ein **Spätburgunder „Oberrotweiler Käsleberg"** (2–4 Jahre, 16–17 °C) vom WINZERVEREIN OBERROTWEIL/Baden/D und eine **Lemberger Spätlese „Heilbronner Staufenberg"** (BLF, 2–4 Jahre, 17 °C) vom WEINGUT HERMANN ABLE/Württemberg/D begleiteten das Steak auf vorbildliche Weise und kamen auch mit den diffizilen Saucen ganz gut zurecht. Der jugendliche **Chianti Classico Riserva Ducale** (2–3 Jahre, 16 °C) von I. L. RUFFINO, Pontassieve/Toskana/I, eigentlich als Außenseiter ins Rennen gegangen, untermalte die diversen Saucen und Aromen auf superbe Art und wurde am höchsten benotet. Doch Deutschlands Gourmets werden sicher noch eine attraktivere Paarung kennen!?

HERING

(frz. HARENG, engl. HERRING, ital. ARINGA, span. ARENQUE)

✐ Der „silberne Segen des Meeres" gilt als einer der wertvollsten Seefische. Er gehört zu den ursprünglichen Formen der echten Knochenfische, wird bis zu 40 cm lang, ernährt sich von Plankton und kleinen Krebsen und ist dadurch von fetter, schmackhafter Art. Er lebt im gesamten Nordantlantik und seinen Nebenmeeren und hält sich in großen Schwärmen auf. Da alljährlich

Milliarden von Heringen gefangen werden, ist er günstig zu kaufen und zählt deshalb nicht unbedingt zu den Lieblingen der Gourmets. Der norwegische Hering wird gern mariniert und geräuchert (Bückling), der vor Island gefangene ist der größte und fetteste (9 %), und von den Hebriden kommt der feinste und zarteste. Die von Feinschmeckern gesuchte Heringsmilch erhält man im November; Salzhering wird von den Gourmets allerdings verschmäht. Der Genuß des Herings fördert über die Omega-3-Fettsäuren die Produktion von Serotonin und vermittelt solcherart zusammen mit edlen Weißweinen Glücksgefühle und gute Laune.

🍷 Zu mariniertem Hering sollten Sie milde, kraftvolle Weißweine (**Pinot Gris**, **Chenin Blanc**) versuchen, da diese mit dem fetten Fleisch und der Marinade am besten fertig werden; zu gegrillten Heringen wäre rustikal-würziger **Rosé de Saint-Tropez**/Provence/F anzuraten (die ideale „Bauernhochzeit") oder ein Glas **Pils** zu genießen. Zu delikater Heringsmilch ergötzten wir uns hingegen an einem **Graves Blanc**/Bordeaux, und zu Heringssalat ist **Montlouis demi-sec**/Loire/F unvergleichlich.

HERINGSKÖNIG (SONNENFISCH, PETERSFISCH)

(frz. SAINT-PIERRE, engl. JOHN-DORY, ital. SAN PIETRO, span. SAN PEDRO)

Schollenähnlicher Raubfisch von furchterregendem Aussehen (maximale Größe: 40 cm, Gewicht: 1,5 kg), der sich hauptsächlich von Heringen ernährt. Sein mageres Fleisch ist vor allem von April bis August von fester, wohlschmeckender Art, und seine Filets sind eine wahre Gaumenweide. Nur wenn er zu heiß gegart wird, kann er zäh werden! Der diskusförmige Luxusfisch trägt beidseitig einen großen Flankenfleck, der vom Daumen des Apostel Petrus stammen soll. Er kommt im Mittelmeer, Ostantlantik und Schwarzen Meer sowie zwischen Japan und Australien vor.

🍷 Wenn er klassisch zubereitet und von einer üppigen Sauce begleitet wird, gilt es, etwas tiefer ins Portemonnaie zu greifen und einen mittelreifen bis reifen weißen **Puligny-** bzw. **Chassagne-Montrachet Blanc**/Burgund/F zu ordern (z. B. **„Pucelles"** oder **„Ruchottes"**). Versuche mit Rotweinen waren nur teilweise erfolgreich. Interessanterweise konnten sich reiche, samtig-tanninige Weine besser durchsetzen als gekühlte jugendlich-säurige Exemplare. Zu Heringskönig „Dugleré" (mit Weißweinsauce, Schalotten und Tomatenwürfeln) delektierten wir uns an einem phänomenalen **Chablis Pic Premier Cru** von A. REGNARD & FILS, Chablis/Burgund/F.

HERINGSKÖNIG AUF FENCHELGEMÜSE

Fisch filetieren, in gesalzener Butter und mit geschnittenem Fenchel garkochen, Buttersauce langsam einkochen und mit Cayennepfeffer, Fenchelkraut und Petersilie aromatisieren.

🍷 Fenchel, Petersilie und Pfeffer plädieren für **Sauvignon Blanc**, **Chardonnay** (Stahl), **Silvaner Kabinett**/Franken bzw. Elsaß und **Coteaux du Languedoc**/Midi. Als Sommerwein ein Hit der **Silvaner Kabinett** (1–3 Jahre, 8–9 °C) **„Randersackerer Pfülben"** vom WEINGUT SCHMITTS KINDER/ Franken, der Sauce, Gemüse und Gewürze wie kaum ein anderer Wein betonte. Am Abend bei festlicher Tafel sind **Puligny-Montrachet Premier Cru**, **Pouilly Fuissé**/Burgund sowie **Riesling** und **Sauvignon Blanc Kabinett/Spätlese** adäquat. Unvergeßlich der **Riesling „Ried Loibenberg"** (5–10 Jahre, 9–10 °C) von E. KNOLL/Wachau/NÖ – zu Unrecht auf Süßwasserfische fixiert –, der mit dem Gericht eine faszinierende Symbiose einging. Auch **Hermitage Blanc**/nördl. Rhône findet, vor allem in Urlaubsstimmung, Gefallen.

HERRENPILZE → STEINPILZE

HERZMUSCHELN

(frz. COQUES, engl. COCKLES, ital. COCCIOLE)

Die eßbare Herzmuschel stammt meist von den flachen Sandböden der Nordsee, des Mittelmeeres und des Atlantiks. Die 2 bis 5 cm kleinen orangefarbenen Muscheln werden mit „Baggerschiffen" an die Oberfläche gebracht und sind in der Zeit von Oktober bis April besonders wohlschmeckend. Früher oft als „Auster des kleinen Mannes“ bezeichnet, sind sie heute zu einer teuren Delikatesse geworden.

🍷 Als Partner wünschen sie sich edle, mildwürzige bis honigsüße Weine mit frischer Frucht und blumigen bis exotischen Tönen. Herzmuscheln „alla Pescarese“ (mit Tomatenpüree, Zwiebeln, Knoblauch, Chilisauce ...) vermählten wir erfolgreich mit dem zitrusfrischen **Trebbiano d'Abruzzo** (1–3 Jahre, 8–9 °C) von CANTINA TOLLO oder VALENTINI, Loreto Aprutino, und zu gratinierten Herzmuscheln schenkten wir einem neuseeländischen **Chardonnay „Hawke's Bay“** von COLLARDS, Henderson, unsere ganze Aufmerksamkeit.

HERZMUSCHELN IN BUTTER GEDÜNSTET

Die gedünsteten Herzmuscheln werden lediglich mit frischem Zitronensaft beträufelt.

🍷 **Roséweine** aus Südeuropa, **Martina Franca**/Apulien (z. B. von BORGO CANALE) und **neuseeländischer** bzw. **italienischer Sauvignon Blanc** sind die Bewerber für den Mittagstisch. Sehr fein der **Castello della Sala** (TRE, PB, SB, 1–2 Jahre, 8–9 °C) von MARCHESE ANTINORI/Umbrien, der sich mit dem Zitrussaft vereinte, dabei an Rasse gewann und das Gericht um neue Nuancen bereicherte. Am Abend sind **Sémillon-Chardonnay**/NZ (z. B. der verführerisch rauchige von BABICH WINES, Henderson), **Locorotondo**/Apulien sowie **Graves Blanc**/Bordeaux und **Hermitage Blanc**/nördl. Rhône die Favoriten. Eine unvergeßliche Gaumen- und Seelenfreude kann allerdings die Kombination mit honigsüßen, fruchtig-frischen Weinen sein (**Jurançon**/Pyrenäen, **Barsac**/Sauternes und vor allem **Picolit**, 5–10 Jahre, 8–10 °C, z. B. der **„Ronc Scossai“** von RONCHI DI MANZANO/Friaul).

HIMBEEREN

(frz. FRAMBOISES, engl. RASPBERRIES, ital. LAMPONI, span. FRAMBUESAS)

Die Früchte des wildwachsenden Himbeerstrauches (Rosengewächs) stammen ursprünglich aus dem Orient. Die Schwester der Brombeere wurde bei uns erst um 1570 heimisch und hat einen bezaubernden Duft. Sie ist reich an Zitronensäure, Fruchtzucker, Mineralstoffen, Vitaminen und verfügt über ein betörendes Aroma.

🍷 Himbeeren wünschen sich einen milden **Schaumwein** oder einen dunkelfarbigen (roten) Gesellen als Partner, der ähnliche Attribute besitzt, vorausgesetzt, daß die Garnitur nicht zu süß ist. Himbeertorte mit **Riesling Auslese** ist eine köstliche Angelegenheit; Himbeercharlotte und roter **Bourgueil**/Loire/F schaut nur auf den ersten Blick fremdartig aus; Himbeersorbet und **Himbeergeist** ist etwas für gastrosophische Abenteurer, und Himbeertörtchen fanden unerwartete Aromaunterstützung in einem roten **Saint-Émilion**/Bordeaux/F, doch auch samtweiche, extraktsüße **Merlots** oder **Blaufränker** (z. B. von JOSEF LEBERL, Großhöflein/BGLD) sind wundervoll.

HIMBEERCREME

Pürierte Himbeeren werden mit Zitronensaft und Puderzucker, Gelatine und geschlagenem Rahm vermischt, in Formen gegossen, erkaltet und mit Schlagrahm kredenzt.

🍷 Eine halbtrockene, mittelreife **Riesling Spätlese**/Rheingau/D, ein edelsüßer **Coteaux du Layon** und ein lieblicher **Vouvray Moelleux**/Touraine/Loire/F kristallisierten sich als bestmögliche Partner heraus, nicht zu vergessen die **Traminer Beerenauslese** (5–8 Jahre, 8–9 °C) von STEFAN TSCHIDA, Illmitz/Neusiedlersee/BGLD/A, die uns zu Lobliedern animierte.

HIMBEEREIS

Pürierte Himbeeren mit Orangen- und Zitronensaft sowie Läuterzucker verrührt, in die Eismaschine gefüllt, im Tiefkühlfach gefroren und kurz vor dem Hartwerden mit geschlagenem Rahm vermischt.

🍷 Neben den schon oft bemühten **Moscato-Kreszenzen** (still oder schäumend) bewährten sich deutscher **Rieslingsekt** von DEINHARD, Koblenz, eine **„Brauneberger Juffer“ Riesling Auslese** (10–15 Jahre, 9–10 °C) von FRITZ HAAG, Brauneberg/Mosel, die allesamt die Süße des Desserts mit markanter Säure und zarter Restsüße unterstrichen, und schließlich noch ein (lieblicher) **Frascati Amabile**/Latium von ANTONIO PULCINI, Frascati, der sich genial anschmiegte.

HIMBEEREN „ERIMAR"

Frische Himbeeren werden gezuckert, mit Apricot Brandy aromatisiert, in einen Geleerand gefüllt, mit Johannisbeergelee bedeckt, mit gehobelten Mandeln bestreut und mit Schlagrahm serviert.

Der oft zitierte **Moscato d'Asti**/Piemont/I, jugendlich-strahlender edelsüßer **Sauternes** (**Barsac**)/Bordeaux/F und eventuell samtiger roter **Tignanello**/Toskana sind die „heißesten" Favoriten unter den diversen möglichen Partnern.

HIMMEL UND ERDE

Rheinische und niedersächsische Delikatesse. Gebratene Blutwurstscheiben mit Kartoffelpüree und Apfelmus.

Riesling und **Riesling-Sylvaner** bzw. **Rivaner Kabinett**/Nahe/Rheinpfalz heißen drei der klassischen Begleiter. Aus der Fülle des Angebots möchten wir zwei beeindruckende Kreszenzen hervorheben: einen eleganten **Rivaner Kabinett „Ungsteiner Honigsäckl"** (1–3 Jahre, 8–9 °C) von FUHRMANN-EYMAEL, Pfeffingen/Rheinpfalz, der sich dem Gericht perfekt anpaßte, und eine reife **Riesling Spätlese** (10–15 Jahre, 9–10 °C) **„Winkeler Jesuitengarten"** von H. HUPFELD ERBEN/Rheingau, die für einen Gaumenkitzel ersten Ranges sorgte und dabei auch ihren Firnton einbüßte. Auch **Grüne Veltliner „Smaragd"**/Wachau/NÖ erhielten gute Wertungen. Unter den Rotweinen konnten sich badische **Spätburgunder** (z. B. **„Endinger Engelsberg"**, ZENTRALKELLEREI BREISACH) profilieren, lediglich mit dem Apfelmus hatten sie Anpassungsschwierigkeiten.

HIRSCH

(frz. CERF, engl. DEER, ital. CERVO, span. CIERVO)

Der Stolz der Wälder galt früher als „Rinderbraten der Reichen". Er sollte nicht viel älter als ein Jahr sein und sein Rücken, der als etwas zäh gilt, muß einige Tage gebeizt werden. Das edle Rotwild hat von Februar bis Juli Schonzeit und ist anschließend zart, fettarm und leicht verdaulich. Das Fleisch der weiblichen Tiere ist noch um eine Nuance zarter! Früher galt das Ragout der Hirschkolben, der handhohen Stangen des Junggeweihs, als Geheimtip unter den Gourmets.

Hier können die großen Rotweine der weiten Welt ihr Glück versuchen! Zu den weiblichen Artgenossen sollte man etwas zarteren, eleganteren Gewächsen (**Margaux**, **Saint-Julien**/Bordeaux/F, Toskana/I, Burgenland/A ...) eine Chance geben. Hirschkeule „Grand Veneur" (mit Pfeffersauce, Johannisbeergelee und Crème fraîche) vermählten wir geschickt mit üppig-kraftvollem **Cabernet Sauvignon „Martha's Vineyard"** von JOE HEITZ, St. Helena/Napa Valley, der die Attacken der Pfeffersauce unbeschadet überstand und sich mit dem Jonannisbeergelee auf das Innigste verband. Kaltes Hirschfleisch bevorzugt mildwürzige Rotweine und samtige Weißweine mit etwas Restsüße! Geräucherter Hirschschinken liebt allerdings etwas deftig-rustikale Rotweine (**Nebbiolo**/Piemont/I, **Rioja Gran Reserva**/E ...).

HIRSCHPFEFFER

Würfelig geschnittenes, gesalzenes Hirschfleisch wird mit Speck gebräunt, mit Rotwein aufgegossen, mit Salz, Pfeffer, Piment, Zitronenschale und Zimt gewürzt, zugedeckt langsam gedünstet und mit Mehl und Fett gebunden.

Etwas grobschlachtige internationale Rotweine (**Nebbiolo**/Piemont, **Grenache**/südl. Rhône bzw. E, **Zinfandel** und **Cabernet Sauvignon**/KAL, **Amarone**/Venetien, **Syrah**/S-F und **Shiraz**/AUS) sind hier bestens plaziert. Seinem Namen alle Ehre machte der **E & E Black Pepper Shiraz** vom BAROSSA VALLEY ESTATE/AUS. Während finessereiche, große Rotweine (Bordeaux, Burgund, Toskana) an Eleganz einbüßten, gewannen schwere Alkohol- und Extraktbomben sogar noch ein wenig an Ausdruckskraft dazu!

HIRSCHSTEAK

Dickes, ca. 160 g schweres Filet aus dem Rückenstück, das heute meist rosa gebraten wird.

HIRSCHSTEAK „CUMBERLAND"

Steak in Wildmarinade legen, mit Räucherspeckstreifen spicken, in Butter braten, mit Pfeffer und Salz verfeinern; Jus mit Portwein löschen, etwas Rahm einkochen, mit Eigelb binden und mit Kartoffelkroketten und → Sauce Cumberland servieren.

Als erfrischende Mittagsweine sind **Johannisberg du Valais**/CH und **Riesling Kabinett halbtrocken** gesucht; desgleichen elegante seidige **Pinots Noirs** (z. B. **„Riede Antlasberg"** MALTESER RITTERORDEN, Weinviertel/NÖ), **Dôle**/CH und **Merlot del Ticino** (z. B. von DANIEL BRENNER oder ADRIANO KAUFMANN). Am Abend raten wir zu **Barbera** (z. B. **„Vignarey"** von A. GAJA/Piemont), **Barbaresco Riserva**, **Brunello di Montalcino**/Toskana oder **Pinot Noir**/Côte de Nuits/Burgund. Für kalte Winterabende sind **Syrah**/nördl. Rhône, **Gigondas**/südl. Rhône und **Shiraz**/AUS eine echauffierende Alternative. Das größte Zungenglück hatten wir allerdings mit der phänomenalen Priorato-Quadriga (**Clos Mogador**, **Clos Martinet**, **Gran Clos** und **Cartoixa d'Scala Dei**), mehrheitlich aus uralten **Garnacha**-Reben gekeltert. Es muß ja nicht immer der sündteure **L'Ermita** sein.

HOLLÄNDISCHES BEEFSTEAK („HOLLANDSE BIEFTUK")

Steak aus der Rinderkeule (Kluftsteak), gut gepfeffert, in Butter englisch (rosa) gebraten, gesalzen und mit in Butter gedünsteten Champignons, Zuckererbsen und Pommes frites kredenzt.

Ein superber, kraftvoller **Cabernet Sauvignon** von LAIBACH VINEYARDS, Stellenbosch/ZA, und ein merlotgeprägter **Pomerol**/Bordeaux/F waren die Sieger unserer Probe; nicht zu vergessen der neuerdings beeindruckende **Blaufränkisch „Fürst Bismarck"** vom WINZERKELLER PÖTTELSDORF, Neusiedlersee-Hügelland/BGLD, und der rauchige **Zweigelt** von GSELLMANN & GSELLMANN, Gols/BGLD.

HOLSTEINER LEBERPUDDING

Rinderleber und roher Speck werden faschiert (gehackt), mit gehackten Zwiebeln, Petersilie, Eiern, Stärkemehl, Sahne und Champignons vermischt, mit Salz, Majoran und Madeira gewürzt, in Puddingform gefüllt, mit Pergamentpapier (Folie) bedeckt, im Wasserbad gedünstet und kalt mit Apfelmus serviert.

An und für sich wären hier einige Rotweine (**Pinotage**/Südafrika, **Merlot**/Friaul/I, **Morellino di Scansano VDT**/Toskana ...) erste Anwärter als Begleiter von Rinderleber, Speck, Champignons, Madeira usw. gewesen, doch das Apfelmus wollte da nicht mitspielen. So kamen wir wieder auf zwei altbewährte Rebsorten zurück (**Pinot Blanc**, **Pinot Gris**). Ein **Weißburgunder Kabinett „Niersteiner Rosenberg"** von G. A. SCHNEIDER, Nierstein/Rheinhessen/D, als feiner Mittagstropfen und eine **Grauburgunder Spätlese „Durbacher Plauelrain"** (4–10 Jahre, 10 °C) von ANDREAS LAIBLE, Durbach/ Baden/D, die allen Konkurrenten turmhoch überlegen war und auch mit dem Apfelmus eine glückliche Liaison einging.

HOLSTEINER SCHNITZEL

Schnitzel, mit Mehl in Fett angebraten, mit Salz gewürzt, mit Spiegelei, Pfeffergurken, Perlzwiebeln und roter Rübe garniert und mit belegten Weißbrotecken (Kaviar, Hummer, Lachs, Ölsardinen) serviert. (Friedrich von Holstein, 1837–1909, war Vortragender Rat im deutschen Auswärtigen Amt und Berater Bismarcks.)

Abgesehen vom auch hier angebrachten **Pinot Gris** wählten wir diesmal drei andere Weißweine, die mit den diffizilen Aromen ebenfalls gut zurechtkamen. Als anpassungsfähige, dämpfende (Pfeffergurken, Perlzwiebeln, Ölsardinen) Mittagsweine bewährten sich milder **Rosé**, **Neuburger** und **Malvasier Kabinett** (z. B. **„Ried Seeberg"** von LUDWIG EHN, Langenlois/NÖ). Am Abend sind **Traminer**, **Riesling-Sylvaner** und **Riesling Kabinett/Spätlese** ebenbürtige Partner (z. B. **Riesling Kabinett „Wawerner Ritterpfad"** [5–8 Jahre, 9–10 °C] von E. NIEDERKORN/Saar/D). Als interessante Alternative empfehlen wir **Sherry Manzanilla**/E sowie **Gutedel** und **Scheurebe Spätlese**/D. Alte, firnige Weißweine wie zum Beispiel der

20jährige **„Clos de Moines“** (CHA 85 %, CH, PG, 9–10 °C) vom WEINGUT DER STADT LAUSANNE können die diffizilen Aromen hervorragend einbinden und sich dabei selbst verjüngen.

HOLUNDER (HOLLER)

(frz. SUREAU, engl. ELDERBERRY, ital. SAMBUCO, span. SAÚCO)

Der 3–10 m hohe Strauch des schwarzen Holunders ist in Mitteleuropa zu Hause. Die herben violettschwarzen Beeren werden zu Sirup, Marmelade und Wein verarbeitet. Die Holunderblüten haben einen angenehm süßlichen Duft und werden meist gebacken angeboten.

Die Beeren (Hollerröster) werden gerne mit klassischen Rotweinen ohne rauhe Tannine (**Bordeaux**, **Cabernet** reinsortig, **St. Laurent Barrique**/A, z. B. von PAUL ACHS oder GEORG STIEGELMAR-JURIS, Gols/BGLD) vermählt, und die gebackenen Blüten sind jederzeit für einen Flirt mit **Riesling Auslesen** und jugendlich milden **Schaumweinen** zu haben: **Grüner Veltliner-**, **Riesling-** und **Muskatellersekt**, **Schaumweine** der Loire (**Saumur**, **Vouvray** und **Montlouis demi-sec** sowie **Crémant de Loire**) und einzelne **Champagnes** (J. DE TELMONT, Epernay/F).

HONIG (MET)

(frz. MIEL, engl. HONEY, ital. MIELE, span. MIEL)

Dieser süße, würzig-aromatische Stoff entsteht, indem Arbeitsbienen Nektar aus den Blütenkelchen saugen, im Magen in Honig umwandeln, wieder auswürgen und in den Waben speichern. Honig besteht aus 10 bis 33 % Wasser, 64 bis 80 % Traubenzucker und enthält auch Spuren von Wachs, Gummi, Ameisensäure usw. Geschmack, Geruch und Farbe hängen von der jeweiligen Pflanzenart ab: Akazien- und Steinkleehonig sind hellgelb bis golden, während Waldhonig sich durch dunkelbraune Farbe und Harzgeschmack unterscheidet. Honig wird unter anderem zur Herstellung von Honigwein (Met) verwendet und wurde schon in der Antike oft mit Wein in Zusammenhang gebracht. Homer sprach von einem wundersamen Weine, dem Hymettos (der Honigreiche); und die Götterspeisen der griechischen Mythologie waren Nektar (ein nach Honig schmeckender Trank) und Ambrosia (ein wundermildes Honiggericht), die zusammen die Unsterblichkeit verliehen.

Das herrliche Honigaroma – oft lieblich süß, dann wieder würzig-aromatisch – finden wir in fast allen spätgelesenen Trauben, vor allem aber in **Beerenauslesen**, **Ausbrüchen**, **Trockenbeerenauslesen**, **Eis-** und **Strohweinen**. Zu einer delikaten würzig-süßen Akazienhonigsauce empfehlen wir eine reife **BA** (**Riesling**, **Riesling-Sylvaner**; **Welschriesling** ...), die die Süße ausbalanciert und selbst an Frische gewinnt. In Italien lernten wir zu Honig, Mandeln und kandierten Früchten den roten, zart honigsüßen, prickelnden **Sagrantino di Montefalco Passito** (SAN, TRE, SAGRANTINO, 3–6 Jahre, 10–15 °C) von PAOLO BEA, Montefalco/Umbrien/I, kennen und schätzen, und zum beliebten Honigbrot waren der muskatartig süße (rote) **Aleatico di Portoferaio**/Elba (5–10 Jahre, 10–12 °C) sowie der gespritete (weiße) sardische **Moscato di Sorso-Sennori Liquoroso dolce** (4–8 Jahre, 10–12 °C) von der CANTINA SOCIALE DI SORSO-SENNORI, die interessantesten Entdeckungen.

HOPFENSPROSSEN (HOPPEN)

(frz. JETS DE HOUBLON, engl. HOP SPROUTS, ital. PUNTE DI LUPOLO, span. ESCALÓN DE LÚPULO)

Bereits seit dem 14. Jahrhundert werden die Träger „des wahren Bürgergeschmacks“ gezüchtet und haben sich auch in der Küche einen kleinen Stammplatz erobert. Vom März bis Mai sind die Sprossen frisch und werden manchmal auch als Spargelersatz eingesetzt. Zusammen mit „flüssigem Brot“ (Bier) üben sie eine beruhigende und schlaffördernde Wirkung aus.

Bier (natürlich!), **Sauvignon Blanc**, **Tocai Friulano** und **trockene Muskateller** sind die begehrtesten Partner des leider immer seltener auf die Speisekarte kommenden Gemüses. Hopfensprossen überbacken mit Rahmsauce und **Muscat d'Alsace**/F (z. B. von ALBERT MANN oder CHARLES SCHLERET) sind eine köstliche Angelegenheit!

HOPPELPOPPEL

✐ Berliner Delikatesse. Rindfleischwürfel werden geschmort, mit Gewürzgurken und Bratkartoffeln gemischt, mit Salz, Pfeffer, Majoran und Kümmel gewürzt, mit Eiern, Sahne und gehackter Petersilie begossen und nach dem Stocken mit Petersilie und Tomaten serviert.

🍷 Als Begleiter empfehlen wir: kühles **Berliner Weißbier** oder **Altbier**, **Ruländer** bzw. **Spätburgunder** aus Baden/D oder als Außenseiter mit Kraft und rustikaler Würze **Cabernet Franc** aus Venetien (z. B. **Castello di Roncade** oder **Barbacarlo** von BARBACARLO aus der Lombardei/I).

HORNHECHT (GRÜNKNOCHEN)

✐ Bis 1 m langer Meeresfisch (Nord- und Ostsee, Mittelmeer, Atlantik) von grätenreicher Art. In der Größe von 40 bis 60 cm am schmackhaftesten und mit intensiv würzigen Weißweinen gut kombinierbar.

HORNHECHT VOM ROST MIT ZERLASSENER BUTTER

✐ Hechtschnitten werden in Ei und Bröseln paniert, am Rost gebraten und mit zerlassener Butter und Salzkartoffeln angerichtet.

🍷 **Zierfandler**, **Rotgipfler** und **Neuburger Kabinett**/Thermenregion/NÖ und **Riesling-Sylvaner** (z. B. von JOSEF JAMEK/Wachau/NÖ) sind gesuchte Mittags- und Sommerweine. **Chardonnay**/AUS oder KAL, mit wenig Eiche, und vor allem üppiger **Chasselas**/CH (z. B. **„Plan Perdu“** von JEAN-MICHEL CONNE, Chexbres, Waadtland) ergeben über die Panier eine beeindruckende Harmonie. **Pinot Blanc** und **Pinot Gris Spätlesen trocken** (im speziellen die **„Malterdinger Bienenberg“ Weißburgunder Spätlese**, 3–6 Jahre, 9–11 °C, ZENTRALKELLEREI BADISCHER WINZERGENOSSENSCHAFTEN) können panierte, fettere Fische und hungrige Mäuler immer wieder zu Freudenrufen verführen.

HORS D'ŒUVRES

✐ Vorspeisen (frz. außerhalb der Hauptwerke), die kalt vor und warm nach der Suppe gereicht werden. Der Möglichkeiten gibt es hier zu viele, um sie alle aufzuzählen. Grundsätzlich sei gesagt, daß die Weine nicht zu kraft- und ausdrucksvoll sein sollten, um immer noch eine Steigerung zu ermöglichen.

🍷 Leichtes **Pils** und etwas neutralere Rebsorten mit zarter, appetitanregender Säure sind besonders beliebt: **Sylvaner**, **Pinot Blanc** und **Pinot Gris**, **Muscadet** und **Chenin Blanc**/Loire, **Trebbiano**, **Greco di Tufo**/Kampanien/I sowie **Roséweine** aller Art.

HUBERTUSPASTETCHEN

✐ Wildbraten wird püriert, mit Cognac aromatisiert, mit fester Wildsauce gebunden, in Blätterteig gehüllt und erhitzt. (Sankt Hubertus, Bischof von Lüttich, 705–727, Schutzpatron der Jäger. Mit seinem Geburtstag am 3. November beginnt die große Jagdsaison.)

🍷 Als Partner dieser Vorspeise kommen vor allem Weine in Frage, die sowohl dem Wildgeschmack als auch dem Cognac standhalten bzw. diese noch akzentuieren können und dem nachfolgenden Wein noch eine Chance geben, sich zu profilieren. Unter den weißen Gewächsen bieten sich reifer, edler **Pinot Gris Kabinett/Spätlese**, **Pouilly Fuissé**/Burgund und **Hermitage Blanc**/nördl. Rhône an, unter den roten sollte man **Pinot Noir**, **Blauburger**/A oder **Rioja**/E wählen.

HUCHEN (HAUCH, DONAULACHS)

(frz. HOUCH, engl. HUCK, ital. HUCHO)

✐ Ein Lachsfisch, der es in Österreich zu einiger Berühmtheit gebracht hat. Er wird bis zu 2 m lang, ca. 20 kg schwer und mundet in gekochtem Zustand am besten. Sein weißes und festes Fleisch ist sehr schmackhaft, wird aber doch von Saibling und Lachs übertroffen.

🍷 Er läßt sich in gekochtem Zustand sehr gut mit kraftvollem **Riesling** und **Riesling-Sylvaner** vereinen; in gebratener Form sind Abkömmlinge der Burgunder-Familie – zumindest im Kabinettbereich – vorzuziehen (**Pinot Blanc**, **Pinot Gris**), aber auch **Chardonnay** bzw. **Morillon** usw.

HUCHEN BLAU MIT ZERLASSENER BUTTER

Huchen, nicht geschuppt, wird in Fischsud mit Weißwein, Karotten, Schalotten, Knoblauch, Lauch, Lorbeerblättern, Pfefferkörnern, Petersilie, Anis und Salz blaugekocht und mit zerlassener Butter und Petersilienkartoffeln aufgetischt.

🍷 **Grüner Veltliner sur lie** (z. B. vom NIKOLAIHOF, Wachau/NÖ) war dem Gericht ein aufmerksamer Diener- und erfrischender Sommerwein. **Riesling-** und **Welschrieslingsekt** wirken belebend, wenn auch hohe Säure und Kohlensäure manchmal zuviel des Guten sind. **Riesling-Sylvaner** und **Riesling Kabinett** (fulminant der **„Ried Steinertal"**, 3–5 Jahre, 9–10 °C, von F. X. PICHLER, Loiben/Wachau) gingen die subtilsten Ehen ein und holten immer neue Aromen heraus. **Grüner Veltliner „Smaragd"**/Wachau (ANTON SCHNEEWEISS, Weißenkirchen, JOHANN SCHMELZ, Joching; FRIEDRICH HUTTER, Mautern) ist im Winter von überzeugender Kraft und Stilistik.

HUHN (HAUSHUHN)

(frz. POULET, engl. CHICKEN, ital. POLLO, span. POLLO)

Das beliebteste und verbreitetste Geflügel. Es wird in zahlreichen Arten wegen seines gelblichweißen, zarten, leicht verdaulichen Fleisches gezüchtet. Nach Alter und Qualität unterscheidet man: Brathühnchen (Poulet), Junghühner (→ Poularden), Suppenhühner, Jungmasthähne (→ Kapaun) und → Stubenkücken. Am schmackhaftesten sind sie in den Wintermonaten.

🍷 Zu den edelsten Hühnern in reichhaltigen Saucen mit feinen Beilagen (Trüffel, Spargel ...) empfiehlt sich reifer **Meursault Premier Cru** als Traumpartner. Zu Huhn mit geschmolzenen Zwiebeln ist **Pacherenc du Vic Bilh** aus Südwestfrankreich erste Wahl und zu Huhn mit Estragon nobler **Puligny-Montrachet „Les Perrières"** (z. B. von ETIENNE SAUZET, Puligny-Montrachet/ Côte de Beaune/Burgund) oder eine halbtrockene **Riesling Spätlese** (Rheingau, Mosel/D, Wachau, Kamptal/A ...). Zu gegrilltem Huhn ist steirischer **Morillon** genial, es kann auch roter **Pinot Noir** sein; zu Huhn in Rahmsauce ist **halbtrockener Riesling-Sylvaner** einfach unschlagbar; Huhn mit → Pignoli und Salbei sowie **Pinot Grigio** (z. B. von CABANON/ Lombardei) sind von bezwingender Harmonie; und Paprikahuhn kräht lauthals nach **Sauvignon Blanc** oder **Weißburgunder**.

HÜHNERBRÜSTCHEN „MARYLAND"

Das beste Stück junger Masthühner ist das Brüstchen (Suprême oder Filet). Gesalzene und gepfefferte Filets panieren und in Öl braten; dazu panierte halbe Bananen in Butter braten, mit geröstetem Speck, Maiskroketten und Sahnemeerrettich (Oberskren) anrichten. (Maryland gehört zu den amerikanischen Südstaaten und führt dort im Maisanbau.)

🍷 Exotischer **Sauvignon Blanc**, **Pinot Grigio**/Friaul, **Johannisberg du Valais**/CH, **Johannisberg Riesling**, **Chardonnay** und **Sémillon**/KAL mit wenig Holz, **Gelber Muskateller** und **Goldmuskateller Spätlese halbtrocken** heißen die attraktivsten Verehrer der zarten Brüste. Der junge fruchtig-mildwürzige **Sauvignon Blanc** vom CHÂTEAU CHEVRE/Napa Valley/KAL erfrischte als Mittagswein. Der extravagante, cremig-milde **Johannisberg Riesling** von CHAPPELET/Napa reüssierte über Mais, Bananen und Oberskren. Der goldfarbene, exotische **Moscato d'Oro** (5–10 Jahre, 9–10 °C) von ROBERT MONDAVI, Napa, ein charakter- und kraftvoller Schwerenöter, war vielleicht eine Spur zu süß, doch baute er uns auch die Brücke zum Dessertwagen.

HÜHNERBRÜSTCHEN „RICHELIEU"

Die Brüstchen werden von den Knochen gelöst, mit Salz, Pfeffer und Paprika eingerieben, paniert, in Butter gar gebraten und mit Trüffelscheiben garniert. (Armand Jean du Plessis, Herzog von Richelieu, 1585–1642, französischer Kardinal, Staats- und Lebemann sowie Bordeaux-Liebhaber.)

🍷 **Riesling-Sylvaner**, **Zierfandler**, **Pinot Blanc** und **Chardonnay Kabinett** (Stahltank) als Diener des zarten Fleisches und der Panier, **Meursault Premier Cru**/Burgund (z. B. **„Genevrières“** von COMTE LAFON, CHA, 6–8 Jahre, 9–10 °C), edelsüßer **Quarts de Chaume**/Loire und **Graves Blanc**/Bordeaux entlocken auch den Trüffeln ungeahnte Nuancen. **Montrachet** und **Corton-Charlemagne GC**/Burgund sowie reifer Jahrgangs-**Champagne** sind für besonders festliche Stunden gedacht.

HÜHNERBRÜSTCHEN „SANDEMAN“

Filets salzen, pfeffern, in Mehl tauchen und in Butter braten; Bratenjus mit Whisky flambieren, mit Sherry ablöschen, mit Rahm und Fleischextrakt vermischen, die Sauce mit Salz, Paprika und Zitronensaft aromatisieren, mit gedünsteten roten Paprikaschoten bedecken und mit Butterreis auftragen. (Sandeman ist eine der ältesten Sherryfirmen aus Jerez de la Frontera/Andalusien/E und auch ein Gigant im Portweingeschäft.)

🍷 Der **Sherry Amontillado dry** von SANDEMAN ist sicherlich nicht der einzig mögliche Begleiter, doch mit Rücksicht auf die Zubereitungsart und die besondere Harmonie, die erzielt wurde, möchten wir ihn diesmal als Idealpartner schlechthin vorstellen: ambergoldbraun, mit reichem Duft nach Nüssen und Kandis, delikat-reifer Geschmack von trocken-aromatischer Art mit intensivem Haselnußflair im langen Finale. Es dauerte eine Weile, bis sich alle Ingredienzien aufeinander abgestimmt hatten, doch dann erfuhren wir über das finessenreiche Zusammenwirken von Sauce und Wein eine prächtige Gaumensensation. Testen Sie selbst, wie der Wein durch den Zitronensaft in der Sauce zusätzlich an Frucht und Frische gewinnt!

HÜHNERFRIKASSEE MIT CHAMPIGNONS

Hühnerstücke salzen, in Butter halb anbraten, mit feingehackten Zwiebeln vermischen, Fond ablöschen, mit Salz, Pfeffer, Eidotter und Süßrahm legieren und mit Champignons, gehackter Petersilie und Zitronensaft auftragen. (Siehe auch → Frikassee)

🍷 Ein schäumender **Saint-Peray** (ROU, MAR) von BERNARD GRIPA, nördl. Rhône/F, brachte die schönste Harmonie und übertrumpfte den **Saint-Véran** (CH) von LIONEL BRUCK, Burgund/F. Der badische **Rosé „Rotgold“** fiel aus der Wertung und wurde sowohl von einem exzellenten **Sherry Amontillado dry** von PEDRO DOMECQ/E als auch durch den buttrigen westaustralischen **Sémillon „Margaret River“** von MOSS WOOD verdrängt.

HÜHNERHASCHEE

Gekochtes, fein gehacktes Hühnerfleisch, Streifen von Champignons, rote und grüne Pfefferschoten in Butter angebraten, gewürzt, mit → Sherry aromatisiert und mit Rahm und Eigelb gebunden.

🍷 Ein blumiger **Frascati Superiore** von FONTANA CANDIDA, Frascati/Latium, ein **Sauvignon Blanc** ohne aggressive Säure von LIVIO FELLUGA, Brazzano di Cormons/Friaul, und ein salzig-würziger **Sherry Manzanilla** oder, noch besser, trockener **Amontillado** von PEDRO DOMECQ oder OSBORNE, Jerez/Andalusien/E, wurde gewogen und (im Winter) für nicht zu schwer befunden!

HÜHNERKEULEN GEFÜLLT (BALLOTINES)

Ausgebeinte rohe Keulen werden mit gewürzter Farce gefüllt, zu runden Ballen geformt, zugenäht und weich gedünstet.

🍷 **Riesling**, **Riesling-Sylvaner Kabinett**, **Rosé**/Südeuropa und kühles, erfrischendes **Weizenbier** wurden zu den Favoriten für heiße Tage gekürt. **Zierfandler** (z. B. der samtige **Kabinett** von GOTTFRIED SCHELLMANN/Thermenregion), **Rotgipfler** und **Neuburger Kabinett** haben Frühling, Herbst und Winter Saison. An sehr kalten Abenden sind auch **Johannisberg du Valais**/CH, **Sémillon**/AUS und **Graves Blanc**/Bordeaux dankbare Wärme- und Aromaspender.

HÜHNERLEBER

Die würzig-rustikale Hühnerleber kommt nicht an die berühmten „Verwandten“ von → Ente und vor allem → Gans heran und ist daher relativ selten auf den Speiseplänen der Gourmets zu finden. Trotzdem kann sie – raffiniert zubereitet und von einem ausgesuchten Wein begleitet – für kulinarische Abwechslung sorgen.

🍷 Hühnerleberfarce zum Füllen von Geflügel und Pasteten ist von prägnantem Geschmack und verlangt nach reifen, üppig-würzigen Weißweinen (**Pinot Blanc**, **Pinot Gris**). Zu Hühnerleberterrine sind kraftvoll-erdiger Cru-Beaujolais (**Julienas**, **Morgon** ...) und junger **Pomerol**/Bordeaux würdige Gegenspieler, zu Hühnerleber bzw. Geflügelleber „Mousselines" (→ Sauce Mousseline) fährt man in Frankreich mit schwerem Geschütz auf. Die gespriteten **VDN** (**Banyuls**, **Muscat de Rivesaltes**) sind hiezu gerade richtig, doch auch **Gewürztraminer** und **Riesling Spätlese** sind passende Begleiter. Hühnerlebersülze und erdig-würziger **Pinot Noir** (**Santenay**/Burgund ...) oder subtiler **Zweigelt**/A sind ein Gedicht, und bei der Kombination von Omelett mit Hühnerleber und **Vouvray sec**/Loire wird die Frucht des Weins betont und der Leber Milde und Sanftheit verliehen. („Der Widerspenstigen Zähmung!")

HÜHNERNIEREN → HAHNENNIEREN

HÜHNERPASTETE

✎ Ein frisches junges Huhn aus den Knochen lösen, die Brüste in Längsstreifen schneiden, mit Salz und Pfeffer würzen; das übrige Fleisch sowie Kalbfleisch, mageres Schweinefleisch und rohen Speck mehrmals faschieren, die Fülle (Farce) mit Pastetengewürz und Salz aromatisieren, mit Ei binden und mit etwas → Cognac parfümieren; Farce und Bruststreifen in eine mit Räucherspeckscheiben ausgelegte Pastetenform füllen und backen.

🍷 Üppig-weicher, nussiger **Weißburgunder Kabinett** (2–3 Jahre, 9–10 °C) von HANS IGLER, Deutschkreutz/Mittelburgenland/A, jugendlich charmanter **Horitschoner Blaufränkisch** (2–3 Jahre, 16 °C) von TIBOR SZEMES, Mittelburgenland/A, für Rotweinfreunde, und ein friulanischer **Verduzzo** (5–8 Jahre, 9 °C) von RONCHI DI CIALLA, Prepotto, Friaul/I (mit feiner Süße und perfekt eingebundenem Barriqueton), waren für uns die herausragendsten Mitspieler.

HÜHNERSALAT → GEFLÜGELSALAT

HUMMER

(frz. HOMARD, engl. LOBSTER, ital. ASTICE, span. BOGAVANTE)

✎ Der „Kardinal der Meere" ist ein zehnfüßiger Krebs (Krustentier) mit zwei mächtigen Scheren. Er ernährt sich „standesgemäß" von kleinen Fischen, Seeigeln und Krabben und wird in der europäischen Spielart bis zu 75 cm lang und 4 kg schwer. Die verwandte amerikanische Art kann sogar bis zu 17 kg wiegen und ist damit das größte Meereskrebstier. Der frische (!) Hummer gilt als eine der größten Delikatessen unserer Erde und besitzt ein festes, delikates, saftiges, eiweißreiches und fettarmes weißes Fleisch, das nach der uralten Regel in den Monaten mit „r" (September bis April) am besten mundet, wobei das weibliche Tier noch zarter schmeckt! Als besonderer Leckerbissen gilt auch der „Corail" genannte Rogen!

🍷 Hier kann man mit den größten weißen Kreszenzen auffahren, doch ist der vielzitierte **Bâtard-Montrachet GC**/Burgund/F nicht der gastrosophischen Weisheit letzter Schluß. Ein reifer **Corton-Charlemagne GC**/Côte de Beaune/Burgund (5–7 Jahre, 9–10 °C) von BONNEAU DU MARTRAY, Pernand-Vergelesses, fühlt sich da wesentlich wohler, akzeptiert klassische Saucen genauso wie exotische Gewürze und entlockt dem festen Fleisch stets neue und oft unbekannte Nuancen. Zum Hummer mit Vanillesauce empfiehlt sich reifer **Gewürztraminer** oder junger edelsüßer **Barsac** (z. B. **Château Climens**, Sauternes/Bordeaux); zum Hummer á l'Americaine (früher irrtümlich → l'Armoricaine; mit Schalotten, Tomaten, Würzkräutern, Zwiebeln, in Olivenöl und Butter sautiert, mit → Cognac flambiert und mit Weißwein gelöscht) bezeichnen viele französische Sommeliers roten **Musigny GC**/Burgund (PN, 6–10 Jahre, 15–16 °C), z. B. von COMTE GEORGES DE VOGUË, Chambolle-Musigny, oder von JACQUES PRIEUR, Meursault, als das größte Geschmackserlebnis! Eine sicherlich reizvolle Kombination, bei der der Meereston des Hummers deutlich hervortritt! Für Weißweinfreunde ist auch die Kombination mit einem **Vin Jaune**/Jura (z. B. **Château-Chalon**) eine interessante Herausforderung. Hummer mit Buttersauce und edler **Champagne** ergänzen sich auf verführerische Weise, und Hummertorte sollten Sie durch **Hermitage Blanc**/nördl. Rhône/F geschmacklich unterstützen. (Hummercocktail → Shrimpscocktail)

HUMMER „NEWBURG“

✐ Gargekochtes Hummerfleisch aus den Schalen lösen und in große Würfel schneiden, die Würfel mit Salz und Cayennepfeffer würzen, in Butter anbraten und mit → Sherry übergießen. Den Sherry stark reduzieren (einkochen), mit Eigelb und Rahm verrühren, über die Hummerwürfel gießen und mit Butterreis servieren. (Das Gericht ist eine Kreation des, Ende des 19. Jahrhunderts berühmten, New Yorker Restaurants „Delmonico“.)

🍷 **Patrimonio Blanc**/Korsika, **Condrieu**/nördl. Rhône, **Chardonnay**, **Zierfandler** und **Pinot Blanc Kabinett** sowie schäumender **Blanquette de Limoux „Carte Noire“** (MAU 80 %, CH, CHB, 2–4 Jahre, 7–8 °C) DOMAINE DE FOURN, Languedoc-Roussillon/F, sind Begleiter von beeindruckender Art, die auch Appetit auf weitere Gourmandisen machen. **Sherry Manzanilla** oder **Amontillado dry**/E sowie reifer **Sercial Madeira**/P sind am Abend zu bevorzugen. Der reife **Sercial** von COSSART GORDON – ohne die Schärfe der Jugend – kam mit der üppigen Sauce sogar noch besser zurecht als jugendlicher **Sherry** und war auch dem Hummer ein würdiger Begleiter. **Hermitage Blanc**/nördl. Rhône, **Pinot Blanc Auslese trocken /halbtrocken** und der rare **Pouilly Fuissé Vendange Tardive** von MARCEL VINCENT, Mâconnais /Burgund, kamen dem **Sercial** am nächsten, wobei der **Pouilly** auch Frische und Finesse in die Sauce brachte.

HUMMER „THERMIDOR“

✐ Gehackte Schalotten in Butter anschwitzen und mit Weißwein verkochen; Rahm, → Sauce Béchamel und → Sauce Bercy beifügen, mit Senfpulver würzen; das Fleisch der Scheren in Würfel schneiden, mit etwas Sauce binden und in die leere Hummerschale füllen; Schwanzstück in Scheiben schneiden und auch in die Schale geben; die verbliebene Sauce über den Hummer geben, mit geriebenem Käse bestreuen und im Herd überbacken. („Thermidor“ ist der Name des 11. Mondes im Kalender der französischen Revolution.)

Pinot Blanc, **Chardonnay**, **Zierfandler** und **Sauvignon Blanc Kabinett/Spätlese** bzw. **Riesling-Sylvaner halbtrocken** zeigten sich dem Hummer und der intensiven Sauce einigermaßen gewachsen und setzten sogar erfrischende Akzente. Am Abend sind exotisch-üppige **Chardonnays**/NZ/AUS/KAL/RCH, **Graves Blanc CC**/Bordeaux, **Corton-Charlemagne**/Burgund, **Hermitage Blanc**/nördl. Rhône, schäumender **Vouvray sec**/Loire und reifer **Grüner Veltliner „Smaragd“**/Wachau/NÖ (FRANZ HIRTZBERGER, EMMERICH KNOLL, F. X. PICHLER, FRANZ PRAGER) gerade gut genug, um einen unwiderstehlichen Gleichklang zu erzielen. Die stahlige Säure vieler **Rieslinge** eckte bei der Sauce an, und überdimensionierte „Eichenbomber“ nahmen dem Fleisch an Finesse und Zartheit.

HUMMERAUFLAUF

✐ Püriertes Hummerfleisch mit → Sauce Béchamel und Eigelb binden, mit Hummerwürfeln vermischen, mit Salz, Pfeffer und Muskatnuß aromatisieren; steif geschlagenen Schnee (Eiweiß) darunterziehen, in ausgebutterte Auflaufform füllen und im Herd herausbacken.

🍷 Zu diesem Gericht konnten sich eigentlich nur zwei Kreszenzen wirklich profilieren. Abgesehen von einem australischen **Chardonnay** (BROWN BROTHERS, Northern Victoria), der als interessante Verlegenheitslösung gelten mag, empfehlen wir als Idealpartner einen reifen **Corton-Charlemagne GC**/Burgund (CH, 5–8 Jahre, 9–10 °C) von BONNEAU DU MARTRAY, Pernand-Vergelesses, TRAPET PÈRE ET FILS, Aloxe-Corton, ANTONIN GUYON, Aloxe-Corton usw. oder einen weinigen **Luxus-Rosé-Champagne** wie **Bollinger Grande Année Rosé**/Aÿ oder **Krug Rosé brut**/Reims. Für mutige Rotweinliebhaber bietet sich noch die Möglichkeit, einen **Corton GC** (PN, 5–7 Jahre, 15–16 °C), z. B. von CAPITAIN-GAGNEROT, Ladoix-Serrigny/Burgund/F, zu versuchen, der uns zwar nicht ganz überzeugen konnte, aber von unseren französischen Freunden sehr hoch bewertet wurde.

HUMMERKRABBEN (RIESENGARNELEN, GAMBAS)

→ *KAISERGRANAT*, → *SHRIMPS*

✐ Falsche, im Handel nicht mehr zulässige Bezeichnung für große Tiefseegarnelen. Die Schwänze besitzen ein festes, wohlschmeckendes Fleisch, das sich nach dem Kochen rot färbt und gegrillt, gekocht oder gebacken wird. September bis März sind die idealen Monate, wobei das Fleisch immer frisch sein sollte.

🍷 Zu Hummerkrabben mit Safran haben wir **Vouvray Moelleux** (CHB, 3–6 Jahre, 7–8 °C) von RÉGIS FORTINEAU, Touraine/Loire/F, in allerbester Erinnerung, und zu Garnelen auf „Provenzalische Art" (Knoblauch, Tomaten ...) probierten wir mit Erfolg einen **Bellet Rouge** kellerkühl serviert (**Folle Braquet**, 1–2 Jahre, 9–12 °C) aus der Provence/F. Zu Hummerkrabben mit Minze sollten Sie sich im Sommer an einem **Galestro**/Toskana/I erfreuen und im übrigen einen **Chardonnay** (Friaul/I oder NZ) wählen. Hummerkrabben mit Erbsen und jungen Karotten verehelichten wir erfolgreich mit zartduftigem **Muscat du Valais** von JEAN-LOUIS UDRY, Pont de la Morge/Wallis/CH. Frisch-fruchtige Schaumweine sind fast immer ein Thema.

HUMMERSALAT

Gekochte Knollenselleriescheiben werden in Zitronen-Öl-Marinade eingelegt, mit Hummerwürfeln vermischt, mit → Mayonnaise überzogen und mit Sardellenfilets, Eiervierteln und Olivenscheiben serviert.

🍷 Der **„Bürgstadter Centgrafenberg" Silvaner QBA** (1–2 Jahre, 8–9 °C) von RUDOLF FÜRST, Bürgstadt/Franken/D, erfrischte durch seine leichte, zartfruchtige Art und seine feine Sortenwürze, die besonders den Selleriegeschmack des Salates hervorhob. Ein chilenischer **Chardonnay Gran Araucano** (2–4 Jahre, 9–10 °C) von J. & F. LURTON, Curicó, war die Verkostungssensation schlechthin. Mit reichem Körper und explodierender Frucht dominierte er zwar leicht, kam aber dafür mit der diffizilen Marinade glänzend zurecht. Eine Kombination ohne Fehl und Tadel! Im Zweifelsfalle halten Sie sich an **Condrieu** und **Châteauneuf-du-Pape Blanc**/Rhône/F, doch auch **Rieslingsekt**, **Champagne Blanc de Blancs** und **Graves Blanc CC**/Bordeaux/F sind schillernde Alternativen.

HUMMERSUPPE

Hummer in Sud garkochen und abgekühlt aus dem Sud nehmen, aus den Scheren und Schalen lösen und in Scheiben schneiden; Hummerbrühe und Kraftbrühe in einem Topf aufkochen, mit Hummerschalen und Butter, die in einem Mörser zerstoßen wurden, vermischen und mit Weißwein, Mehl und Eigelb binden, dann erhitzen, mit Rahm vermischen, salzen und mit Cayennepfeffer, → Sherry und → Cognac abschmecken.

🍷 Jugendlich-fruchtiger weißer **Aligoté** (zu Mittag) von JEAN-CLAUDE BOUHEY, Nuits-Saint-Georges, superber **Corton-Charlemagne GC** von ANDRÉ NUDANT, Ladoix-Serrigny/Côte de Beaune/Burgund/F, und exquisiter **Sherry Fino light dry** von PEDRO DOMECQ/E waren die begehrtesten Partner. Im Zweifelsfall ist fruchtcharmanter **Chardonnay** ohne Holzausbau ein hilfreicher Mitstreiter.

HUSARENFLEISCH

Altösterreichische Spezialität. Dünne Tranchen von Kalb-, Rind- und Schweinefleisch werden in Butter gebraten, gesalzen und mit Paprika, Mehl und Zwiebelscheiben bestreut, in brauner Grundsauce weichgeschmort, mit Essig und saurem Rahm aromatisiert und mit Salzkartoffeln serviert.

🍷 **Weizen-** oder **Malzbier**, **Sauvignon Blanc** aus dem Burgenland und für Rotweinliebhaber junger **Blaufränkisch** aus Horitschon oder Neckenmarkt/Mittelburgenland/A sind die erfreulichsten und unkompliziertesten Begleiter.

IDIAZÁBAL

Spanischer (baskischer) Hartkäse aus Schafmilch, der zusätzlich geräuchert wird und mindestens ein Jahr haltbar ist. Er wird als Reibkäse oder in kleinen Stücken goutiert und zeichnet sich durch ein würzig-salziges, im Alter strenges Aroma aus. Er besitzt 53 % F. i. T., sollte 2 bis 3 Monate feucht und kühl reifen und läßt sich dann mit Genuß kauen.

🍷 Als bestmöglichen Begleiter empfehlen wir für den jungen Käse einen **Sherry Fino light dry** und für den reifen einen **Amontillado seco** (**dry**)/Andalusien/E. Im Sommer ist auch **Rioja Blanco** ideal.

IKAN TERIE

✐ Kleine getrocknete Fische, in Öl gebacken (ein Bestandteil der indonesischen → Reistafel).

IMTABA

✐ Arabisches → Hammelragout wird mit kleinen Zucchini, Zwiebeln und Joghurt vermischt und mit Zimt, Knoblauch und Rosenblättern aromatisiert.
🍷 **Nordafrikanischer Rosé** und **südländischer Traminer** sind gerade richtig.

INDIAN → TRUTHAHN

INDISCHER SALAT

✐ Gewürfelte Äpfel, Tomaten und Mangos, feingehackte Zwiebeln und körniger Reis werden mit Currymayonnaise und Zitronensaft gebunden und mit Paprikastreifen garniert.
🍷 Das untergärige **London Stout** von den INDIAN UNITED BREWERIES (mit dunkler Farbe, malzig-röstigem Geschmack und zarter Süße) war ein „Geschenk des Himmels", denn es unterstrich alle Aromen des Salates auf köstliche Weise und enthob uns fast der schwierigen Suche nach einem adäquaten Wein (exotischer **Sauvignon Blanc**, **Traminer**, **Rosé-Schaumwein** usw.), doch es gibt ja noch den schäumenden, exotisch-fruchtigen **Omar Khayyam** aus Chardonnay-, Ugni Blanc- und (roten) Pinot-Noir-Trauben von CHAMPAGNE INDIA, Narayangaon/Maharashtra State.

INDONESISCHE REISTAFEL → REISTAFEL

INGWER

(frz. GINGEMBRE, engl. GINGER, ital. ZENZERO, span. JENGIBRE)
✐ Das aus Indien stammende Gewürz ist frisch gerieben von anregend süßlich-pikantem Duft und scharf beißendem Geschmack, den schon Marco Polo lobte. Im Mittelalter wurden Höchstpreise für das exotische Gewürz bezahlt, und noch heute schätzt man das ausgeprägte Aroma in vielen orientalischen Gerichten. Seine legendäre aphrodisierende Wirkung wurde durch neueste Studien belegt!
🍷 Am besten läßt es sich mit **australischen Riesling Auslesen**, **Muskatellern**, **Graves Blanc**/Bordeaux/F, **Tokaji Aszú**/H und **Gewürztraminern** kombinieren; je süßer das Gericht, desto süßer darf auch der Wein sein. Viele (dunkle) **Malzbiere** gehen aromatisch hochinteressante Verbindungen mit dem Gewürz ein, die spektakulärste erlebten wir mit dem aus Whiskymalz gebrauten elsässischen **Adelscott!**

INNEREIEN (EINGEWEIDE)

(frz. INTESTINS, engl. BOWELS, ital. INTESTINO, span. INTESTINOS)
✐ Die inneren Organe von Schlachttieren, Geflügel und Wild wie → Kalbsbries, → Kalbseuter, → Kalbsherz, → Kalbshirn, Kutteln (→ Kaldaunen), → Leber, → Lunge, → Milz, → Niere, Rückenmark, Schlund, → Zunge. Sie sind reich an Vitaminen und Nährstoffen und für die menschliche Ernährung wertvoll, wenn sie schlachtfrisch verwendet werden. Man sollte aber den Genuß nicht übertreiben, da sich gerade in älterer Leber, Lunge, Milz und Niere viele Rückstände der in den Mastbetrieben (!) verabreichten Medikamente (Antibiotika, Hormone, Pestizide) speichern.
🍷 Besonders reifen Rotweinen gelingt es immer wieder, den oft strengen Innereienton zu lindern und dabei selbst an Ausdruckskraft und Charme zu gewinnen; nicht zu vergessen herbe **Pilsbiere**, die ähnliche Erlebnisse vermitteln können. Zu geschmorten Innereien (Morsetti in Padella) tranken wir in Umbrien/I herrlich bäuerlichen **Alte Valle del Tevere Rosso**; noch besser ist freilich der dortige **Rosso d'Arquata** von den FRATELLI ADANTI, Bevagna.

IRISH STEW (IRISCHES HAMMELRAGOUT)

Hammelnacken, Karotten und Kartoffeln werden in Würfel geschnitten, mit geschälten Perlzwiebeln vermischt, mit Salz, Pfeffer, Gewürznelken, Lorbeerblatt und Petersilie gewürzt und mit Bouillon zu einem Ragout verkocht.

„Guinness is good for you!" Ein Glas irisches **Guinness Beer** hat nicht nur Tradition, sondern auch Methode. Das nicht pasteurisierte **Draught Guinness**, in Irland offen ausgeschenkt, begeistert durch dunkle Farbe, Kraft, Frische, samtige Cremigkeit und hopfige Intensität im langen Nachhall und scheint uns als Begleiter des Stews fast unschlagbar zu sein! Der Form halber seien noch zwei passende Rotweine angeführt. Der monolithische **Graveyard Shiraz** (3–6 Jahre, 17 °C) von BROKENWOOD, Hunter Valley/New South Wales/AUS (schwarz, reiche Nase nach Pfeffer, Zedern und Schwarzbeeren, gewaltiger Körper mit viel Kraft, Komplexität und minziger Würze im langen Finish), setzte dem etwas strengen Ragout seine ganze Kraft entgegen und verlieh ihm Lebendigkeit und Feuer. Ein reifer **Aglianico del Vulture** (6–9 Jahre, 17 °C) von den FRATELLI D'ANGELO, Potenza/Basilikata/I (granatrot, kraftvoll-würzig mit etwas teeriger Nase, mit Milde und Tiefe im erdig-würzigen Vulkanbodenfinale), heizte dem Stew auf ähnliche Weise wie der **Hermitage** ein. Im Zweifelsfalle paßt auch eine halbtrockene **Riesling Spätlese** bestens.

ITALIENISCHER SALAT

Gebratene Kalbfleischstreifen, Salami, Gewürzgurken, Tomaten, Äpfel und gekochte Knollensellerie werden mit → Mayonnaise gebunden und mit Sardellenfilets, Eier- und Tomatenachteln, Kapern und Perlzwiebeln garniert.

Frisch-fruchtiger **Roséwein**, **Pinot Bianco** und **Pinot Grigio**/Friaul sowie blutjunge rote und weiße **Primeurweine** (**Novello**) im **Beaujolais**-Stil bringen am ehesten aromatische Ordnung in den bunten Salat.

JAKOBSMUSCHELN → COQUILLES SAINT-JACQUES

JAMBALAYA (YAMBALAYA)

Brasilianische Delikatesse. Gehackte Zwiebeln und Peperoni werden in Öl angeschwitzt, mit kleinen Scheiben von gekochtem Huhn und gekochtem Schinken vermischt, leicht angebraten, mit körnigem Reis vermengt, mit Salz und Paprika gewürzt und mit Tomatensauce serviert. Inzwischen ist auch Louisiana (USA) zu einem Mekka der Jambalaya-Fans geworden.

Das sehr fruchtige mexikanische **Corona-Bier** von MODELO und alte Weißweine sind ein Geheimtip für würzige Gerichte dieser Art und sorgen stets für Geschmacksharmonie! Unter den Weißweinen Lateinamerikas ragen zwei **Sauvignons Blancs** heraus, die schon zitiert wurden: der exotische **Monte Xanic**/Ensenada/Baja California/Mexiko, mit einer Spur zuviel Alkohol, und der schon international renommierte **Canepa** von JOSÉ CANEPA, Santiago/Maipo Valley/Chile, der für das Gericht wie geschaffen schien, alle Aromen aufblühen ließ und gleichzeitig für Mäßigung in der Entfaltung sorgte. Aus Brasilien selbst können wir den modern vinifizierten **Sauvignon Blanc** von MAISON FORESTIER wärmstens empfehlen.

JOHANNISBEEREN (RIBISEL)

(frz. GROSEILLE, engl. CURRANT, ital. RIBES, span. GROSELLA)

Rote, weiße und schwarze Beerenfrüchte des Johannisbeerstrauches. Die roten haben einen angenehm erfrischenden, fruchtig-säuerlichen Geschmack und sind reich an Pektinen, Apfel- und Zitronensäure. Die weißen sind milder, und die begehrten schwarzen sind von rauchig-kräftigem Aroma und enthalten viel Vitamin C, Gerbsäure und Mineralstoffe. Allesamt sind sie blutreinigend, leberfreundlich und harntreibend (Gichtbeere).

Die roten und weißen Beeren lassen sich relativ leicht mit fruchtigen Weiß- und **Schaumweinen** paaren, während die schwarzen Früchte zusätzlich ein Faible für klassische Rotweine (vor allem aus der **Cabernet Sauvignon**-Rebe) haben, z. B. von JOSEF GAGER, Deutschkreutz, ENGELBERT PRIELER, Schützen am

Gebirge, ANTON KOLLWENTZ, Großhöflein, FRANZ WENINGER, Horitschon/BGLD, CHRISTIAN FISCHER, Sooß und GERALD MALAT, Palt/NÖ.

JULIENNE

✐ Feingeschnittene Gemüsestreifen (Lauch, Karotten, Sellerie und weiße Rüben, in Streifen von ca. 3 cm Länge geschnitten), in Butter gedünstet, mit Salz und etwas Zucker gewürzt und mit feinen Streifen von blanchiertem Wirsingkohl vermischt. Namensgeber ist Monsieur de Julienne, Leibkoch des französischen Hofmalers Jean Antoine Watteau, 1664–1721.

🍷 Die klassischen weißen „Gemüseweine" **Sauvignon Blanc**, **Sylvaner**, **Muskateller trocken** und „roter" **Beaujolais Primeur** sind auch hier sehr zuverlässig.

JUNGFERNBRATEN

✐ Österreichische Spezialität. Gespickter Schweinslungenbraten (Schweinslende) wird in Fett angebraten, in einen Topf mit angeschwitzten Karotten und Zwiebelscheiben gegeben, mit Kraftbrühe und Sauerrahm aufgegossen und zugedeckt gegart. Der Name leitet sich von der Zartheit des Fleisches ab.

🍷 Karotten, Zwiebeln und Sauerrahm schließen harsche Tannine von vornherein aus. Nur fruchtcharmante, milde Rotweine (junge **Primeurweine**, **Pinot Noir**, **Blauer Portugieser**, **Merlot**, **Blaufränkisch**) ohne Eichenausbau sind hier angebracht. Unter den Weißweinen haben die Rebsorten **Malvasier/Frühroter Veltliner** (z. B. der Mittagswein von KARL EISENHELD, Wien-Stammerdorf), **Neuburger**, **Zierfandler**, **Chardonnay**, **Riesling-Sylvaner** und **Riesling** mit eventuell zarter Restsüße (z. B. ein mittelreifer **Kabinett** von GÜNTHER MAYER, Rossatz/Wachau/NÖ) die größte Affinität. Der edle **Blaufränkisch Kabinett** (2–3 Jahre, 15–17 °C) von RUDOLF WEBER, Lutzmannsburg/M-BGLD, kehrte erst im Nachhall einige Bittertöne hervor, die aber unsere französischen Gäste nicht zu stören schienen!

KABELJAU

→ DORSCH

(frz. CABILLAUD, engl. COD, ital. MERLUZZO FRESCO, span. BACALAO)

✐ Der ausgewachsene Dorsch ist neben dem Hering der wichtigste Nutzfisch (Nord- und Ostsee, Atlantik). Er wird bis zu 1,5 m lang und bis zu 60 kg schwer. Der gefräßige Allesfresser stopft sich in der Laichzeit des Herings den Magen mit Heringsrogen voll. Sein Fleisch (November bis Mai) ist von hohem Vitamingehalt (A, D), doch gilt er frisch als nicht allzu schmackhaft. Nur das zarte, magere Schwanzstück ist eine Delikatesse. Ungesalzen getrocknet heißt er Klippfisch, gesalzen getrocknet → Stockfisch, und der gesalzene Kabeljau, wie ihn die Niederländer zubereiten, wird Laberdan genannt. Aus Kabeljauleber gewinnt man Lebertran (viel Vitamin D). In neuerer Zeit befaßt man sich wieder mehr mit den Hochseefischen (Kabeljau, → Hering, → Makrele, → Schellfisch, → Seehecht, → Seelachs, → Wittling ...), da sie nicht so wie die Fische aus verschmutzten Küstengewässern (→ Flunder, → Scholle ...) mit Schwermetallen und chlorierten Kohlenwasserstoffen belastet sind (!) und wegen ihres hohen Gehalts an Eiweiß, Fettsäuren, Jod und Vitamin A und D als äußerst gesund gelten.

🍷 Zu gedünstetem Kabeljau raten wir **Pinot Gris** bzw. **Pinot Blanc** (A, Baden/D, Trentino/I, Elsaß/F ...) an; durch einen superben **Puligny-Montrachet**/Burgund gewänne er allerdings an Noblesse und Subtilität. Zu Kabeljau-Nockerln (Klößchen) tranken wir mit Genuß einen **Beaujolais Blanc** (**Chardonnay**); zu Kabeljau mit Senfsauce sollten Sie **Grünen Veltliner**/Wachau/NÖ/A oder **Riesling-Sylvaner**/Baden/D ins Kalkül ziehen; zu Kabeljau gekocht ist **weißer Rioja**/E altbewährt, und zu Kabeljaufilet mit Basilikum sollten Sie nicht zögern, **Coteaux d'Aix Blanc**/Provence/F oder **Tavel Rosé**/südl. Rhône/F zu ordern. Zu frischem gebratenem Kabeljau sind auch jugendlicher (roter) **Blauer Portugieser** und **Merlot** (12–14 °C) adäquate Begleiter. Hocharomatische Rebsorten (**Traminer**, **Muskateller**, **Sémillon** ...) sind hier fehl am Platz.

KABELJAU GEBACKEN

✐ Kabeljaufilets werden in Mehl, Ei und Semmelbröseln paniert, in heißem Fett herausgebacken, mit Petersilie garniert und mit Kartoffelsalat serviert.

🍷 Leichter **Gutedel**/D und **Côtes du Ventoux Blanc** (CC, GRB)/Provence – ohne biologischen Säureabbau – als Mittagsweine. Mittelkräftige **Neuburger**, **Rotgipfler**, **Grüne Veltliner**, **Zierfandler**, Thermenregion/NÖ als Gaumenschmeichler, die über die Panier punkten. **Riesling-Sylvaner** und **Riesling**, besonders aus Langenlois/Kamptal/NÖ (WILLY BRÜNDLMAYER, FRED LOIMER, JOSEF JURTSCHITSCH, LUDWIG EHN, THOMAS LEITNER) lockten dem Gericht neue Nuancen heraus. Der **Riesling Kabinett „Zöbinger Heiligenstein"** (2–5 Jahre, 9–10 °C) von W. BRÜNDLMAYER brachte Würze auf den Gaumen, „polierte" den Kartoffelsalat regelrecht auf und machte ihn zu einem unvergeßlichen „Event".

KABINETTPUDDING (DIPLOMATENPUDDING)

✐ Eingefettete Puddingform mit zerstoßenen Löffelbiskuits (Biskotten), Rosinen und Rumfrüchten füllen, mit Eiern verquirlte Vanillemilch darübergießen, Pudding im Wasserbad dünsten, stürzen und mit → Englischer Creme überziehen.

🍷 Spätlesen/Auslesen mit 30–35 g Restzucker (z. B. die renommierte **Kerner Spätlese „Bodenheimer Hoch"** von OBERSTLEUTNANT LIEBRECHT/Rheinhessen/D) als anpassungsfähige Mittagsweine, gut gekühlte **Moscato-Schaumweine** und **Vouvray demi-sec**/Loire als sommerliches Labsal, hochkarätige **Sauternes** und **Prädikatsweine** (**BA**, **TBA**, **Strohwein**), z. B. die fulminante **Chardonnay TBA** von ALOIS KRACHER, Illmitz/BGLD, als krönender Abschluß eines üppigen Winteressens.

KAFFEECREME

✐ → Bayerische Creme, deren Milch mit Kaffeepulver aromatisiert wurde.

🍷 Ein reifer **Neuburger Ausbruch** (15 Jahre, 8–9 °C) von JOHANN SONNLEITNER, Gumpoldskirchen/NÖ/A, baute seinen Firnton ab, blühte mehr und mehr auf und nahm auch Elemente der Kaffeecreme an. Der legendäre **Moscatel de Setúbal**/Portugal zeigte glitzernden Goldschimmer, verwirrendes, feminines Parfum und üppigen Körper mit elitärer Süße im minutenlangen Nachhall. Etwas für Süßweinspezialisten und süße Zungen! Der zuerst als scheinbar zu mächtiger Herrschaftswein eingestufte **Cream Sherry** von ANTONIO BARBADILLO entwickelte auch diesmal unerwartet reintönige Fruchtnoten und verband sich bald harmonisch mit der Creme. Auch exotische **Malzbiere** können Gourmetfreuden auslösen.

KAFFEE-EIS

✐ Cremeeis, dessen Milch mit Kaffeepulver aromatisiert wurde und das sich gerne von feinen **Muskat-(Moscato-)Schaumweinen**, süßen **Muskatellerweinen** (z. B. **Moscadello di Montalcino** von IL POGGIONE, Montalcino/Toskana/I) oder einem delikaten **Kaffeelikör** (z. B. **Tia Maria**) bzw. **Vanillelikör** (z. B. **Galliano**) geschmacklich unterstützen oder konterkarieren läßt.

KAHLER KREMPLING

✐ Beliebter Speisepilz, der von Juni bis Oktober unter Kiefern, Fichten und in Mooren zu finden ist. Auffallend ist sein eingerollter Hutrand. Trotz seiner Beliebtheit kann er in rohem oder ungenügend gekochtem Zustand schwere Vergiftungen hervorrufen!

🍷 Sein Geschmack ist von weicher, säuerlicher Art und läßt sich recht gut mit reifen Weißweinen (**Pinot Blanc**, **Morillon**/S-STMK/A, **Tocai Isonzo**/Friaul/I) kombinieren. Wobei die steirischen Weine die säuerliche und der **Tocai** die samtigweiche Note betonen.

KAISERFLEISCH

✐ Österreichische Spezialität. Gepökeltes und geräuchertes Bauchfleisch (vom Schwein) wird gekocht und mit Sauerkraut und Semmelknödeln serviert.

🍷 Neben kühlem **Pils** als Allrounder sind **Sylvaner**/Elsaß/Franken, **Grüner Veltliner**/NÖ, **Pinot Blanc**/BGLD, **Welschriesling**, **Morillon** und **Schilcher Kabinett/Spätlese trocken** in der Lage, die rauchige Aromanote zu treffen, das Sauerkraut zu erleuchten und die fette Aura des Fleisches zu durchbrechen. Ein subtiler junger **Grüner Veltliner „Steinfeder"** von GOTTFRIED HINTERHOLZER, Loiben/Wachau, als köstlicher Mittagswein. Die kraftvolle **Weißburgunder Spätlese** (3–6 Jahre, 9–11 °C) von FRIEDRICH SEILER, Rust/BLGD, als Katalysator, der aromatische Veränderung schaffte, aber selbst nicht mitzog. Und schließlich als „Gast" die elsässische **Riesling Spätlese** (4–6 Jahre, 9–11 °C) von SIPP-MACK, Hunawihr/F, die durch irisierende Farben, betörenden Duft und herrliches Gaumenspiel den Rauchton zart forcierte und das Sauerkrautaroma auf sagenhafte Weise erhöhte.

KAISERGRANAT

(frz. LANGOUSTINE, ital. SCAMPO, span. CIGALA)

✐ Früher auch irreführend als Kaiser- oder Tiefseehummer bezeichnet. Bis zu 30 cm lange Hummerart, die in den Tiefen der nördlichen Nordsee und der Adria lebt und im Sommer gejagt wird. Interessant sind die Schwänze, die bei uns leider fast nur in Dosen angeboten werden, in frischem Zustand aber von fester, wohlschmeckender, hummerähnlicher Art sind.

🍷 Willkommene Begleiter der edlen Schwänze sind je nach Zubereitungsart unterschiedlichste Weißweine aus aller Herren Länder. Mit Knoblauch zubereitet, denken wir an **Chenin Blanc**/Anjou/Loire/F oder, noch besser, an spanischen **Cava** (**Schaumwein** aus dem Penedès); wenn mit Öl und Zitrone angerichtet, wären **Bianco di Custoza**/Venetien/I oder **Gros Plant** aus Nantes/untere Loire/F richtig. Zu Kaisergranat in Aspik versuchten wir sowohl **Aligoté**/F als auch **Sauvignon Blanc** (Loire/F, S-STMK/A). Ein Unentschieden! Zur gegrillten Form paßt ein **Chardonnay** ohne Barriqueausbau ideal, und wenn mit Minze garniert, ist edler **Corton-Charlemagne GC**/Burgund/F kaum zu überbieten. Grüne, grasige Säure und übermäßige Holztöne zestören meist das zartsüßliche Aroma des Fleisches!

KAISERSCHMARREN

✐ Vielleicht die beliebteste österreichische Mehlspeise überhaupt. Ursprünglich 1854 für Kaiserin Elisabeth kreiert, wurde sie später umgetauft, da sich seine Majestät, Kaiser Franz Joseph I., mehr daran begeisterte. Eidotter und Zucker werden schaumig gerührt und mit Milch, Salz und Mehl zu einem leicht flüssigen Teig versprudelt, der mit eingeweichten Rosinen versetzt, mit steifgeschlagenem Eiweiß (Schnee) unterzogen, in reichlich Fett oder Butter an beiden Seiten gebräunt, mit zwei Gabeln in kleine Stücke zerrissen, mit Zucker bestreut und mit → Zwetschgenröster kredenzt wird.

🍷 Halbtrockene Weißweine (**Neuburger**, **Riesling**, **Pinot Gris**) und milde, fruchtig-frische **Schaumweine** (z. B. die **Rieslingsekt Sondercuvée „Haus Österreich"**, 4–6 Jahre, 6–8 °C, der WINZER KREMS/NÖ), trafen sich am Mittagstisch mit dem Dessert zu einem intensiven Stelldichein und tauschten subtilste Aromen aus. Am Abend gehen **Riesling-Sylvaner**, **Pinot Blanc**, **Pinot Gris** und **Zierfandler Auslesen** (z. B. von KARL ALPHART/Thermenregion/NÖ) mit finessenreicher Honigsüße und lieblichem Charme noch einen Schritt weiter. Hohe Prädikatsweine wie der moderne ungarische **Tokaji Aszú „5 Puttonyos"** (FUR, HAR, MU, 6–10 Jahre) von OREMUS, Tolcsva, bringen eigentlich ein Zuviel an Süße mit, doch über den Zwetschkenröster kam noch ein leidenschaftliches Tête-à-Tête zustande.

KALBFLEISCH

(frz. VEAU, engl. VEAL, ital. VITELLO, span. TERNERA)

✐ Wegen seiner vielfältigen Verwendbarkeit auch als „Chamäleon der Küche" bezeichnet. Das Junge der Kuh schmeckt im Alter von zwei Wochen bis drei Monaten (April bis Juni) am besten und sollte zart rosa, saftig und mit weißem Fett behaftet sein. Mastkälber liefern das beste Fleisch. Die edelsten Partien sind Rücken, Schlögel (Keule) und Nierenbraten.

🍷 Angemessene Weine dazu müssen nicht unbedingt weiß, sollten aber edel sein. Alles hängt von Sauce und Zubereitungsart ab.

KALBFLEISCH EINGEMACHT

(frz. blanquette de veau, engl. white vealstew, ital. vitello in bianco, span. ragout de ternera)

Bayerisch-österreichische Spezialität. Kalbfleisch (Schulter, Brust oder Kamm) in Salzwasser mit Suppengrün, halbierter Zwiebel und Fleischextrakt gardünsten; für die Sauce Butter erhitzen, Mehl einrühren, mit Kalbfleischbouillon und Zitronensaft ablöschen und mit Salz und Pfeffer würzen; Kalbfleisch in Würfel schneiden, in die Sauce geben, fertiggaren, mit Rahm verrühren und schließlich mit Champignons und Petersilie garnieren.

🍷 Weißweine mit pointierter Säure stören die cremig-rahmige Milde des Gerichts, und sogar fruchtcharmante Rotweine erzeugen Bittertöne. Leichte Exemplare der Sorten **Riesling-Sylvaner** (z. B. von LUDWIG EHN, Langenlois/NÖ), **Neuburger**, **Pinot Gris** und **Pinot Blanc**/BGLD) streicheln Gaumen, Gericht und Seele mit ihrem samtig-seidigen Körper und vereinen sich letztlich sommerlich ideal mit der Sauce. Trockene Spätlesen (z. B. die **Pinot Gris Spätlese** von HEINRICH LUNZER, Gols/BGLD) machen das eher simple Mahl zu einem Festessen. Milde, zartsüße **Neuburger Spätlesen**, **Zierfandler**, **Pinot Blanc** und **Rotgipfler**/Thermenregion/NÖ (z. B. die **Neuburger Spätlese** von ANTON und ERWIN ÖSTERREICHER, Pfaffstätten) sorgen an kalten Winterabenden für wohlige Wärme und Milde.

KALBSBEUSCHEL (WIENER KALBSBEUSCHEL)

(frz. mou de veau, engl. calf's lights, ital. polmone di vitello, span. bofes de ternera)

Kalbsherz und -lunge mit Wurzelwerk in Salzwasser weichkochen und in Streifen schneiden; braune Mehlschwitze aus Mehl, Butter und gehackter Zwiebel bereiten, mit Essig und Riesling ablöschen, mit dem Herz-Lungenfond zu einer Sauce verkochen, abschmecken, mit dem Fleisch vermischen und mit Semmelknödeln (bzw. Serviettenknödeln) servieren.

🍷 Wegen des Weines in der Sauce halten wir uns diesmal an drei Artgenossen, obwohl auch andere Möglichkeiten bestehen (**Muskateller trocken**, **Riesling-Sylvaner**, **Grüner Veltliner** und nicht zu vergessen frisch-herbe **Pilsbiere**, die den Innereienton geschickt neutralisieren, allerdings keine Akzente setzen). Die zarte **Riesling „Steinfeder“** (1 Jahr, 7–9 °C) der FREIEN WEINGÄRTNER DER WACHAU, Dürnstein, brillierte mit subtiler Steinobstnote und war ein edler sommerlicher Begleiter, der einen Hauch Noblesse einbrachte. Das prachtvolle, veführerische **Riesling „Federspiel“** (2–4 Jahrre, 8–10 °C) von GÜNTHER SCHUSS, Bacharnsdorf/Wachau, hüllte das Beuschel mit seiner Aromabrillanz ein, und dieses erlag alsbald dem duftgewaltigen Verehrer. Der mächtige **Riesling „Smaragd“** (4–7 Jahre, 9–11 °C) von JOHANN SCHMELZ, Joching/Wachau, übernahm sofort das Kommando am Gaumen und verlieh jedem Bissen (und Schluck im Wechselspiel) eine Aromatik und Finesse von höchster Eindringlichkeit.

KALBSBRATEN

(frz. rôti de veau, engl. roast veal, ital. arrosto di vitello, span. asado de ternera)

Darunter versteht man den gebratenen → Kalbsrücken, das gebratene Kalbsrippenstück (Kalbskarree) und das → Kalbsfrikandeau.

🍷 Empfiehlt man in unseren Breiten durchwegs Weißweine (unterschiedlichster Natur) zu den verschiedenen Kalbsbraten, so ist es z. B. in Frankreich und Großbritannien durchaus üblich, samtige, elegante rote **Bordeauxweine** (**Saint-Julien**, **Margaux**) anzubieten – allerdings nicht zum kalten Braten!

KALBSBRIES (KALBSMILCH)

(frz. ris de veau, engl. calf's sweet bread, ital. animelle di vitello, span. mollejas de ternera)

Die in der Brusthöhle sitzende Wachstumsdrüse (Thymusdrüse) des jungen Tieres ist ca. 200 bis 350 g schwer und von außergewöhnlicher Zartheit, vor allem das Bries in der Nähe des Herzens ist von besonders subtilem, feinem Geschmack. Es läßt sich schnell garen und ergibt ein leicht verdauliches, cholesterinarmes, nährstoffreiches Mahl, das in frischem (und weißem)

Zustand nur mit edlen, ebenfalls zarten Produkten und ebensolchen Weißweinen kombiniert werden sollte.

🍷 Einer der wenigen Rotweine, die mit Bries harmonieren, ist der wohl eleganteste aller Pinots, der edle **Musigny GC**/Côte de Nuits/Burgund/F, und zum Bries „Lyonnais" (mit gedünsteten, gehackten Zwiebeln) trinken (betuchte) Franzosen gern roten Cru-Beaujolais **„Saint-Amour"** oder sublimen **Château Margaux**/Bordeaux/F. Wenn mit geschmolzenem Lauch zubereitet, empfehlen wir natürlich einen **Sauvignon Blanc** mit gut eingebundener Säure; zu Bries mit Langusten legen wir Ihnen **Graves Blanc CC**/Bordeaux/F (z. B. **Château Couhins-Lurton**) ans Herz, und zu Bries mit Morcheln wählen Sie zwischen (weißem) **Pouilly Fuissé**/Burgund/F oder reifem **Sherry Amontillado dry**/E. Halbtrockene bis liebliche Weine verschiedener Sorten sind möglich, doch sollte ihre Süße nie plump und aufdringlich sein. Bries mit schwarzen Trüffeln trinkt man in Frankreich oft mit erdig-würzigem **Pomerol**/Bordeaux. Eine Kompromißehe!

KALBSBRIES MIT TOMATENSAUCE UND CHAMPIGNONS

✎ Gesalzenes und gepfeffertes Bries, in Butter gebraten, auf Annakartoffelscheiben (rohe Kartoffelscheiben, mit Butter und Salz gebacken) angerichtet, mit → Tomatensauce umgeben und mit gedünsteten Champignons und Tomaten garniert.

🍷 Die gefürchtete Tomatensauce verhindert hier den Einsatz von Schaumweinen aller Art. **Bellet-** und **Cassis Blanc**/Provence haben in Frankreich Tradition. Elegante, milde **Chardonnays** (z. B. der **„Linticlarus"** vom TURMHOF TIEFENBACHER, Entiklar/Südtirol/I) und **halbtrockene Rieslinge** (z. B. ein **„Smaragd"** vom DINSTLGUT LOIBEN/Wachau) hofieren sowohl Sauce als auch Bries. **Valpolicella Classico**/Venetien, **Chianti Classico**/Toskana oder **Margaux**/Bordeaux sind mögliche rote Kandidaten. Doch selbst beim samtigen, milden Edel-**Chianti Classico** (SAN, 5–8 Jahre, 16–17 °C) von CASTELLO DEI RAMPOLLA störten die Tannine ein wenig!

KALBSBRIESSALAT MIT STANGENBOHNEN

✎ Bries zusammen mit klein geschnittenen Zwiebeln, gewürfelter Karotte, Lauchstreifen, Stangensellerie, zerdrückten Pfefferkörnern, Wacholderbeeren und Lorbeerblatt in leicht gesalzenem Wasser kochen; Stangenbohnen (grüne Bohnen) in Salzwasser blanchieren und sofort in eiskaltem Wasser abschrecken (damit die Farbe nicht verloren geht); Bries enthäuten, in Scheiben schneiden, in Dressing aus reduziertem Kalbsfond, Weinessig, Schalotten, Salz und Pfeffer marinieren und mit den Bohnen, Brunnenkresse und Salatblättern, gewürfelten Tomaten und Blattpetersilie servieren.

🍷 Die Weißweine **Chenin Blanc** und **Sauvignon Blanc**/Loire/F oder der **Rosé Monistrol**/Katalonien/E sowie diverse Schaumweine (**Cava**/Penedès/E, **Rieslingsekt**/D bzw. A, **Champagne Brut**/F) zählen zu den Favoriten des anspruchsvollen Salates. Besonders begeistert sind wir heute noch von zwei Schaumweinen (**Cavas**) aus dem Penedès: dem **Segura Viudas Blanc de Blancs** und dem köstlich perlenden **Freixenet brut Barocco** (beide aus Sant Sadurni di Anoia).

KALBSBRUST

(frz. poitrine de veau, engl. breast of veal, ital. petto di vitello, span. pecho de ternera)

✎ Wird praktisch nur in gefülltem Zustand angeboten. Nur mehr selten erhält man gebackene, glacierte oder gerollte Kalbsbrust, die stets mit Österreichs Weißweinelite (NÖ, BGLD) harmoniert.

KALBSBRUST GEFÜLLT AUF „WIENER ART"

✎ Butter mit Eidotter schaumig rühren, geschälte, eingeweichte Semmeln (Weißbrot) beifügen, mit Salz, Pfeffer, gehackter Petersilie würzen, mit gekochten frischen Erbsen und kurz in Butter gedünsteten Champignons vermischen, in die Brust füllen und ca. 1 ½ Stunden dünsten.

🍷 Leichte Exemplare der Rebsorten **Malvasier/Frühroter Veltliner**, **Chardonnay**, **Zierfandler**, **Pinot Gris**, **Pinot Blanc** und **Neuburger**/NÖ/BGLD (z. B. ein **Frühroter Veltliner Kabinett** von ERICH SAILER, Röschitz/NÖ) sind als Frühlings-, Sommer- und Mittagsweine gedacht. Ein kraftvoller Stahltank-**Chardonnay** von FAM. WIENINGER, Wien-Stammersdorf, gilt stellvertretend für viele Artgenossen als Partner für alle Lebenslagen und Jahreszeiten. Die edle, üppig-milde **Malvasier Spätlese „Ried Seeberg"**

(3–5 Jahre, 9–11 °C) von LUDWIG EHN, Langenlois/NÖ, dominierte mit Stil und verlieh gleichzeitig der Füllung eine großartige zusätzliche Dimension.

KALBSEUTER

(frz. mamelle de veau, engl. udder of veal, ital. mammella di vitello, span. ubre de ternera)

Vor dem eigentlichen Backen muß es gewässert, gekocht, enthäutet und mit Wurzelwerk in Milch oder Mehlwasser weichgekocht und in Stücke geschnitten werden.

Bevorzugte Begleiter dieser selten gewordenen Spezialität sind dunkle **Malzbiere**, kraftvoll-würzige Weißweine (**Pinot Blanc**, reife **Rieslinge** ...), **südfranzösische Roséweine** und fruchtbetonte rote **Jungweine** (**Beaujolais Nouveau**/F, **Blauer Zweigelt**, **St. Laurent**, **Blaufränkisch**/A ...).

KALBSFILET

Wie beim → Rinderfilet (Rinderlendenstück, → Lendenbraten, Lungenbraten) die zwei langen Muskeln auf der inneren Seite des Rückens, die als die zartesten und edelsten Teile des Kalbes gelten. Das Filet wird im Ganzen oder in Stücken (Scheiben, Medaillons, Lendchen, Nüßchen) angeboten.

Als Partner des zarten Filets kommen nur edelste Kreszenzen in Frage: **Riesling**, **Neuburger**, **Pinot Gris** und **Chardonnay** (dieser vor allem aus Burgund/F); wenn mit kraftvollen, dunklen Saucen versehen, „dürfen" es auch edle, runde, elegante Rotweine sein.

KALBSFILET AUF RISOTTO

Filet mit Speck spicken, würzen und anbraten, mit → Sherry löschen, mit Kalbsjus reduzieren und binden. Filet auf → Risotto, der mit Tomatenwürfeln und Erbsen aromatisiert und durchsetzt wurde, anrichten und mit gedünsteten Champignons servieren.

Aufgrund der Sauce, der Champignons und der diffizilen Tomaten sind hier **Chardonnay** mit mäßiger Holznote, **Pinot Blanc-** und **Pinot Gris Kabinett**, reife **Rieslinge**, **Grüne Veltliner**/NÖ/A, **Sherry Fino light dry**/E und **Tocai Friulano**/I in die engere Wahl gekommen. Zwei besondere kulinarische Erlebnisse hatten wir mit einem **Meursault „Genevrières"** von COMTE LAFON, Burgund, und einem superben reifen **Champagne Pol Roger Cuvée Winston Churchill**.

KALBSFILET IN TEIGHÜLLE

Das gewürzte Filet knusprig anbraten, nach dem Abkühlen mit Gänseleberpüree bestreichen, mit Champignonscheiben bedecken, in Pastetenteig hüllen, mit Eigelb bestreichen und im Ofen backen.

Pinot Gris- oder **Gewürztraminer Spätlese**, reifer **Condrieu**/nördl. Rhône, **Vouvray**/Loire oder **Champagne**/F sollten hier in Erwägung gezogen werden, wobei wir besonders mit einer exquisiten **Ruländer Spätlese** von STEFAN SCHNEIDER, Illmitz/Neusiedlersee/BGLD/A, angenehme Erinnerungen verbinden.

KALBSFRIKADELLEN

(frz. fricadelles de veau, engl. meat balls of chopped veal, ital. polpetti di vitello tritato)

1/3 Schweinefleisch und 2/3 Kalbfleisch, gehackt (faschiert), mit eingeweichtem Weißbrot, Ei, Salz und Pfeffer vermischt und zu flachen Klößen (Laibchen) geformt, paniert, in Butter gebraten und mit Gemüse kredenzt.

Helles **Bier**, mildwürzige Weißweine (**Pinot Blanc** und **Pinot Gris**, **Elbling**/D ...) und einfache junge Rotweine (**Blauer Portugieser**, **Pinot Noir** ...) sind hier gerade richtig.

KALBSFRIKANDEAU

Die → Kalbskeule besteht aus → Kalbsnuß, Kaiserteil und Frikandeau. Das Frikandeau wird eigentlich immer gespickt und entweder gebraten oder geschmort zubereitet. Scheiben aus dem Frikandeau nennt man Kalbsgrenadins.

Wenn in Morchelsauce serviert, „dürfen" Sie auch einen dunklen Begleiter (**Barbaresco**/Piemont/I, **Echézeaux GC**/Burgund/F) wählen. Zu Kalbsfrikandeau mit Sauerampferpüree sind **Coteau Champenois**

Blanc de Blancs de Chardonnay (CH, 1–2 Jahre, 7–9 °C), z. B. von LAURENT-PERRIER/Champagne/F, mittelreifer **Sauvignon Blanc Kabinett** (z. B. vom WINZERHOF KAISER, Kleinhöflein/BGLD) oder **Silvaner Spätlese trocken/halbtrocken** anzuraten.

KALBSFÜSSE

(frz. pieds de veau, engl. calf's feet, ital. zampe di vitello, span. patas de ternera)

Werden gebrüht, gespalten und von den kräftigen Knochen befreit, in Wurzelwerk und Salzwasser wie Kalbskopf weich gekocht und zumeist gefüllt oder gebacken angeboten. Sie enthalten viel Gelatine, das zur Sulzherstellung gebraucht wird.

Die Liste der möglichen Begleiter ist hier lang und reicht vom **dunklem Bier** über alle Arten von Weißweinen bis hin zu fruchtcharmanten jungen Rotweinen. Entscheidend ist hier nur die Zubereitungsart.

KALBSFÜSSE GEBACKEN

Die gekochten Füße entknöcheln, das Fleisch leicht pressen, mit gehackter Petersilie und Zitronensaft marinieren, mit etwas englischem Senf bestreichen, in Mehl, Ei und Semmelbröseln panieren, in heißem Fett backen und mit → Sauce Remoulade servieren.

Panier und Sauce verlangen hier nach einem mittelreifen **Riesling**, **Riesling-Sylvaner** oder **Zierfandler**/Thermenregion/NÖ/A. Auch die Weißweine der Provence/F (**Cassis** und **Bellet Blanc**) kompensieren Sauce und Panier ausgezeichnet. Säurefanatiker werden allerdings vehement einen rassigen Weißwein (**Pinot Blanc**, **Welschriesling**/Steiermark/A) fordern, der einen interessanten geschmacklichen Kontrast zum Fett und zur Sauce bildet und auch verdauungsfördernd tätig ist.

KALBSFÜSSE GEFÜLLT

Die gekochten, entknöchelten und gepreßten Füße werden in Vierecke geschnitten, beidseits mit → Duxelles bestrichen, in ein Schweinsnetz gehüllt, mit Butter beträufelt, im Ofen gebräunt und mit → Sauce Madère angerichtet.

Die geschmacklich dominante Sauce verlangt nach einem gehaltvollen Wein, der sich aromatisch anpassen kann und nicht gleich untergeht. Die in Frankreich als Idealpartner geltenden **VDN** (**Rivesaltes**, **Banyuls**/S-F) stellen eine interessante Möglichkeit dar, doch lassen sie den Eigengeschmack der Speise kaum zur Geltung kommen. Als Sommer- und Mittagswein empfehlen wir daher einen **Neuburger Kabinett** aus Gumpoldskirchen/Thermenregion/NÖ/A, und als Partner für alle Fälle legen wir Ihnen eine **Zierfandler Spätlese**/Thermenregion/NÖ (z. B. von SCHAFLER, SCHELLMANN oder STADLMANN) ans Gourmetherz. Ein schillernder Außenseiter ist der (rote) Cru-Beaujolais **„Moulin-à-Vent"** /Burgund/F.

KALBSFUSSALAT „UNGARISCH"

Die gekochten, entknöchelten Füße in Streifen schneiden, mit Paprika-Kräutermayonnaise binden und mit Eischeiben garnieren.

Nicht nur wegen der geographischen Nähe zu Ungarn raten wir hier zu einigen burgenländischen Kreszenzen (**Sauvignon Blanc**, **Pinot Blanc**, **Muskateller**) mit milder Säure und allenfalls kleiner Restsüße. Ideal auch der ungarische **Sauvignon Blanc** von GYÖNGYÖS ESTATE, Gyöngyös.

KALBSGEKRÖSE

(frz. fraise de veau, engl. calf's pluck, ital. fressure di vitello)

Magen, Netzmagen und krauser Darm des Kalbes werden zur Vorbereitung gewässert, mit Wurzelwerk und Zwiebeln in Salzwasser weichgekocht und in Stücke geschnitten. Beliebteste Zubereitungsart des selten gewordenen Gerichts ist die gebackene Variante mit Tomatensauce.

Korrespondierende Weißweine sind **Rotgipfler**, **Zierfandler**, **Neuburger**, **Chardonnay**/Thermenregion/NÖ oder italienische Rotweine (**Valpolicella**/Venetien, **Chianti Classico**/Toskana/I). Aber auch erfrischendes **Weizenbier** stand an der Schwelle zur Idealnote!

KALBSGESCHNETZELTES → GESCHNETZELTES

KALBSGRENADINS → KALBSFRIKANDEAU

KALBSGULYAS

(frz. goulache de veau, engl. goulash of veal, ital. spezzatino di vitello con paprica, span. ragout guisado de ternera)

Feingehackte Zwiebeln hell anschwitzen, paprizieren, mit Wasser ablöschen, Fleischwürfel von der Schulter oder Wade beifügen, mit Rosenpaprika, Salz, Knoblauch und Tomatenpüree würzen, gardünsten, eventuell mit Mehl und Rahm binden.

Klassische Begleiter der mildwürzigen Speise sind kühles **Weizenbier**, milde, fruchtige **Roséweine** und junge und alte (sich verjüngende) Weißweine (**Sauvignon Blanc**, **Riesling**, **Chardonnay** ...). Pars pro toto nennen wir hier den lebendigen, fruchtigen **Chardonnay** von GYÖNGYÖS ESTATE, Gyöngyös/H (1–3 Jahre, 9–10 °C), der dem Gericht Aromatik, Würze und Subtilität schenkte. Vielen Ungarn sind diese Gewächse meist zu wenig feurig, deshalb trinken sie unverdrossen ihre würzigen Rotweine dazu.

KALBSHAXE (KALBSHACHSE, KALBSSTELZE)

(frz. jarret de veau, engl. knuckle of veal, ital. garetto di vitello, span. pata de ternera)

Das Bein des Kalbes zwischen Fuß und Keule wird entweder mit dem Knochen gebraten oder gedünstet. Ausgelöst und der Länge nach portioniert, gespickt und gedünstet heißen die Stücke in Österreich → Kalbsvögerl.

Neben **Märzenbier** sind fruchtcharmante **Pinots Noirs** und samtmilde Weißweine (**Malvasier**, **Pinot Gris**, **Riesling-Sylvaner**) gefragt.

KALBSHAXE AUF „MAILÄNDER ART" → OSSO BUCO ALLA MILANESE

KALBSHAXE MIT FRÜHLINGSGEMÜSE

Haxe mit dem Knochen in Querstücke teilen, in Butter anbraten, mit Kalbsjus aufgießen, zur Halbzeit Karotten, weiße Rüben, Erbsen und kleine Zwiebeln beigeben und gemeinsam dünsten.

Märzenbier ist sicherlich der unverfänglichste Begleitschutz, doch kommen hier auch die klassischen „Gemüseweine" zum Zug: **Neuburger**, **Sauvignon Blanc**, **Sylvaner**, **Muskateller trocken**, **Riesling**, **Riesling-Sylvaner** ...

KALBSHALS

(frz. colle de veau, engl. neck of veal, ital. collo di vitello, span. cuello de ternera)

Wird meist zu Farcen, billigen Kleingerichten und Kalbsfonds verarbeitet, doch gibt es Kochkünstler, die auch diesem Nebenprodukt etwas abgewinnen können!

Empfehlungen richten sich nach Sauce und Zubereitungsart. Im Prinzip gelten aber die Richtlinien für → Kalbfleisch.

KALBSHERZ

(frz. coeur de veau, engl. calf's heart, ital. cuore di vitello, span. corazón de ternera)

In der klassischen österreichischen Küche wurde das Kalbsherz meist nur als Bestandteil des → Kalbsbeuschels eingesetzt, doch ergibt es heute gefüllt, gekocht, geschmort oder gedünstet allerfeinste Gerichte, die wiederum von edlen, mildwürzigen bis exotischen Weißweinen und manchmal auch von samtigen Rotweinen (dunkle Sauce) eskortiert werden sollen. Das (feste) Kalbsherz mundet am besten, wenn es innen noch zart rosa oder etwas blutig ist.

KALBSHERZ GEFÜLLT

Herz mit Farce aus Kalb- und Schweinefleisch, Speck, eingeweichter Semmel, Ei, gehackten Zwiebeln, Petersilie, Salz und Muskatnuß füllen, in Schweinsnetz hüllen, in Butter braten, mit Weißwein ablöschen, mit Kalbsjus aufgießen, dünsten und mit Kartoffelpüree servieren.

Mittags sind leichte, jugendliche Weißweine (**Muskateller trocken**, **Riesling**, **Grüner Veltliner**, **Pinot Gris**, **Pinot Blanc**, **Zierfandler**) geeignet, die Würze des Gerichts zart zu betonen und für Frische am Gaumen zu sorgen (z. B. **Grüner Veltliner Kabinett** von KARL HOLZAPFEL/Wachau/NÖ). Am Abend erzielen Kabinett/Spätlese der genannten Sorten Harmonie und Zufriedenheit. Exemplarisch gelang dies einer

Muskateller Spätlese trocken von ROBERT WENZEL, Rust/BGLD, die sozusagen mitten ins Herz traf und sogar dem Kartoffelpüree einen Hauch von Exotik verlieh. Die bemerkenswerte **Riesling Spätlese „Ihringer Winklerberg“** (5–10 Jahre, 9–11 °C) von RUDOLF STIGLER/Baden/D holte aus dem Gericht alle erdenklichen Nuancen heraus und veredelte auch den Kartoffelgeschmack.

KALBSHERZ MIT ROTWEINSCHALOTTEN UND KIRSCHTOMATEN

Geschälte Schalotten in Butter andünsten, mit Zucker karamelisieren, mit Rotwein aufgießen, zudecken, dünsten und mit Kalbsjus binden; Herz mit Salz und Pfeffer würzen, in Sojaöl anbraten und im Ofen bei 250 °C etwa vier Minuten rosa braten. Kirschtomaten in Olivenöl kurz anbraten, mit Salz und Pfeffer würzen, mit Basilikumstreifen aromatisieren, das Kalbsherz in Scheiben schneiden und mit den Beilagen servieren.

Neben dem roten Kochwein haben sich als Sommer- und Mittagswein **Bardolino**/Venetien/I und **Coteaux d'Aix en Provence Rouge** (z. B. **Cuvée Chanteroche**) empfohlen. Für etwas kühlere Jahreszeiten raten wir zu **Valpolicella Classico**/Venetien/I oder zu jungem **Chianti Classico**/Toskana/I. Als absolute Winterweine mit strengem, dominierendem Charakter entpuppten sich die Südfranzosen **Fitou** und **Corbières**; doch auch **Shiraz-Cabernet**/AUS und der würzig-dichte **„Heideboden“** (CS, ZW; 2–5 Jahre; 16–17 °C) von HANS und ANITA NITTNAUS, Gols/BGLD, sind interessant.

KALBSHERZ, KALBSZUNGE UND KUTTELN IN CHAMPAGNESUD

Gereinigtes Herz in kleine Stücke schneiden, Zunge in Salzwasser mit Gemüsen weichkochen, Kutteln in Salz-Essig-Wasser weichdünsten, Herzstücke in Sojaöl kurz anbraten; Kraut- und Karottenstreifen in Butter andünsten und in Wasser fertigkochen, Champagne, Bouillon, Zungenbrühe und feingehackte Schalotte einkochen; Herz und Zunge in 1/2 cm dünne Scheiben schneiden (Kutteln in 1 cm dicke) und sautieren, mit dem Gemüse vermischen und alles zusammen anrichten.

Es versteht sich von selbst, daß hier nur **Champagne** in Frage kommt. Als Mittagswein sollten Sie zu spritzigem **Blanc de Blancs Billecart-Salmon**/Mareuil sur Aÿ tendieren und im übrigen reifen **Blanc de Noirs** goutieren, der auch der Zunge etwas abgewinnen kann. Unser schönstes Erlebnis hatten wir mit einem reifen **Bollinger R. D.** (PN, CH, PM, 15–20 Jahre, 6–8 °C), der mit der Sauce (Sud) eine „Entente cordiale“ bildete und noch lange nachwirkte.

KALBSHIRN

(frz. cervelle de veau, engl. calf's brains, ital. cervello di vitello, span. sesos de ternera)

Wird in lauwarmem Wasser von der Gehirnhaut befreit und frisch oder vorgekocht als warme Vorspeise oder Pastete verwendet. Das Hirn ist zart, leicht verdaulich und läßt sich ideal mit milden bis süßen Weißweinen zusammenspannen, doch sollte die Süße nie aufdringlich oder plump sein.

KALBSHIRN GEBACKEN MIT STEINPILZSALAT

Hirn häuten, in Salzwasser kochen und dünsten, in Scheiben schneiden, salzen, pfeffern, mit Zitronensaft beträufeln, in Ei und Bröseln panieren, in Öl oder Butter herausbacken; Steinpilze mit → Sauce Vinaigrette beträufeln, mit Schnittlauchrollen bestreuen und mit dem Hirn sowie Sardellensauce anrichten.

An und für sich wäre hier gegen einen mild-süßen **Prädikatswein** nichts einzuwenden, doch Steinpilzsalat und Sardellensauce vertragen sich damit kaum. Als ersten Begleiter kürten wir einen mildwürzigen **Silvaner** von NIKOLAUS DOLL, Stadecken Elsheim/Rheinhessen/D; als zweiter Partner drängte sich ein **Beaujolais Blanc** (CH, 1–2 Jahre, 8–9 °C) der CAVE DES VIGNERONS DE LIERGUES geradezu auf, da er insbesondere mit Salat und Sauce traumhaft harmonierte. Zum Schluß enttäuschte leider der mit vielen Vorschußlorbeeren ausgestattete **Monbazillac** (SÉM, SB, ML, 5–9 Jahre, 8–9 °C), **Château Le Fage**, Pomport/Bergerac, denn allzu plump und aufdringlich süß zeigte sich der Likörwein, einst Konkurrent der großen **Sauternes**/Bordeaux/F. Aus österreichischer Sicht empfehlen wir **Neuburger**, **Weißburgunder** und **Zierfandler Kabinett/Spätlese trocken**/Thermenregion/NÖ ohne Eiche und ohne biologischen Säureabbau.

KALBSHIRN „VINAIGRETTE"

✐ Hirn und Wurzelwerk werden gegart, nach dem Erkalten in Würfel geschnitten und mit → Sauce Vinaigrette serviert.

🍷 Dem zarten Hirn und der säuerlichen Vinaigrette kann man an heißen Sommertagen erfrischenden **Galestro**/Toskana, **Vinho Verde**/P oder „extraleichte", trockene **Muskateller** bzw. **Malvasier** entgegensetzen. Idealpartner sind samtig-trockener **Chenin Blanc**/Loire und milder **Riesling-Sylvaner**/NÖ/A. Als attraktiver Partner wußte auch eine halbtrockene **Riesling Spätlese „Durbacher Josephsberg"**, FREIHERR VON NEVEU'SCHE GUTSVERWALTUNG, Durbach/Baden/D, zu gefallen.

KALBSKEULE (KALBSSCHLEGEL)

(frz. cuisse de veau, engl. leg of veal, ital. coscia di vitello, span. pierna de ternera)

✐ Zusammen mit dem Rücken der wertvollste Teil des Kalbes. Meist ausgelöst angeboten als Kalbsfrikandeau, Kaiserteil, Kalbsnuß oder Kalbshaxe (Stelze).

🍷 Die Riege der edlen, nicht zu säurereichen Weißweine darf hier antreten. Zubereitungsart und Sauce entscheiden wie immer über die Art des Weines. Bei etwas kräftigeren, dunklen Saucen sollte man es nicht verabsäumen, einige mild-samtige rote Gewächse ins Spiel zu bringen.

KALBSKEULE AUF „HAMBURGER ART"

✐ Frikandeau und Kaiserteil werden gespickt, gewürzt, mit Wurzelwerk und kleinen Speckstücken angebraten, in saurem Rahm weich gedünstet und mit Champignonscheiben garniert.

🍷 Ein feiner jugendlicher, exotischer **Riesling Kabinett „Kremser Kögl"** (2–3 Jahre, 8–9 °C) vom UNDHOF, Krems/NÖ war mehr als ein willkommener Durstlöscher und Mittagswein, da er Akzente setzte und insgesamt belebend wirkte, wenn auch Speck und Sauerrahm nicht unbedingt zu seinen intimsten Freunden gehören. Weiße Spätlesen trocken/halbtrocken (**Pinot Gris**, **Neuburger**, **Zierfandler**, **Riesling-Sylvaner**) tun sich da wesentlich leichter, einen Konsens zu finden. Die kraftvolle kernig-würzige **Grauburgunder Spätlese „Schweigener Sonnenberg"**, FRIEDRICH BECKER/Rheinpfalz/D war Sauerrahm, Champignons und Speck besser gewachsen. Die getesteten Schaumweine (**Rieslingsekte**, **Champagnes**) hatten allesamt Berührungsängste mit dem Speck. **Spätburgunder**/Ahr wäre eine sinnvolle Alternative für Rotweinpuristen.

KALBSKOPF

(frz. tête de veau, engl. calf's head, ital. testa di vitello, span. cabeza de ternera)

✐ Nach Wiener Art wird der halbierte Kopf gekocht, vom Knochen gelöst, in Portionen geschnitten, noch einmal gekocht und im würzigen Sud geliert (eingesulzt); nach französischer Art wird der Kopf roh vom Knochen gelöst, gewässert, blanchiert, in viereckige Portionen geschnitten und in Wasser, Mehl, Essig, Öl und Aromaten weichgekocht. Interessant ist die Kombination mit kalten Saucen.

🍷 In Wien und Umgebung trinkt man alle Arten von Weißweinen dazu – vom **Riesling** bis zum **Zierfandler**–, während Frankreich **belgisches Bier**, aber auch junge Rotweine goutiert.

KALBSKOPF GEBACKEN

✐ Der Kalbskopf wird in Sud erwärmt, mit Zitronensaft, Salz, Pfeffer, Petersilie und Öl mariniert, mit Mehl und Bröseln paniert, in heißem Fett herausgebacken und mit → Sauce Tartare serviert.

🍷 **Rieslinge** im halbtrockenen Bereich kamen besser mit der Panier zurecht als trockene Exemplare wie z. B. die „Steinfeder" von JOSEF FISCHER, Rührsdorf/Wachau/NÖ, die dafür aber Zitrone, Gewürze, Sauce und Fettgeschmack akzentuierte. Die virtuose **Neuburger Spätlese** von (E. T.) ERNST TRIEBAUMER, Rust/BGLD, war diesmal eine Spur zu mild. Der mittelreife **Riesling-Sylvaner Kabinett** (2–4 Jahre, 9–10 °C) von WOLFGANG AIGNER, Krems/NÖ, stand genau zwischen **Riesling** und **Neuburger**. Ein Kompromiß. In Frankreich sind **Côtes de Provence Blanc** und **Côtes du Rhône Rouge** beliebt. Aus unserer Sicht schlagen sich aber Gerbstoffe und Eichentöne mit der Panier!

KALBSKOPF „VINAIGRETTE“

Die nach französischer Art gekochten Kopfstücke werden heiß und mit → Sauce Vinaigrette serviert.

Der Leser möge selbst testen, denn allzu unterschiedlich waren die Ergebnisse. Während unsere französischen Gastgeber sich einstimmig für einen (roten) **Beaujolais Primeur Château du Grand Vernay**/ Burgund entschieden, stimmten wir für einen weißen elsässischen **Pinot Gris** von JOSEPH GSELL, Orschwihr. Im Zweifelsfalle ist jedoch frisches **Pils** mehr als ein Lückenbüßer.

KALBSKOPF, KALBSZUNGE UND KALBSHIRN NACH „BOGENBERGER“

Kalbskopf (vom Milchkalb) häuten, salzen und pfeffern; Kalbshirn wässern; Kalbskopf und Kalbszunge in gebräunte Butter einlegen, im heißen Ofen ständig mit Butter übergießen und mit Wasser ablöschen, mit Frühlingszwiebeln weichdünsten; das gehäutete Hirn in den letzten zehn Minuten dazugeben, salzen, pfeffern, mit Zitrone beträufeln, mit Petersilie bestreuen und mit den anderen Gerichten gemeinsam anrichten.

Die Faserschmeichler der Thermenregion (**Zierfandler**, **Rotgipfler**, **Pinot Gris**, **Riesling-Sylvaner**) pendelten geschickt zwischen den diffizilen Aromen und vermittelten einen wohligen Gleichklang (z. B. der **Zierfandler Kabinett** von GOTTFRIED SCHELLMANN/Thermenregion/NÖ). Große **Rieslinge** – auch etwas Restsüße ist „gestattet“ – setzen da schon mehr Akzente als die Gewächse vom **„Zöbinger Heiligenstein“**, Langenlois, von WILLY BRÜNDLMAYER und LUDWIG EHN sowie die **„Alten Reben“** von JOSEF JURTSCHITSCH. Die Franzosen trinken gerne jugendlich-fruchtige Rotweine ohne Eiche (**Beaujolais**, Loire), die etwas dominieren, aber dabei selbst an Ausdruckskraft gewinnen. Im Zweifelsfall halten Sie sich an dunkles **Malzbier**.

KALBSKOTELETT (KALBSRIPPE)

(frz. côtelette de veau, engl. veal cutlet, ital. costoletta di vitello, span. chuleta de ternera)

Tranche von den schönsten Rippen, die gut pariert wurde. Gegrillt, paniert oder in der Pfanne gebraten mundet die Kalbsrippe am besten.

Zum gegrillten Kalbskotelett probieren Sie **Anjou Blanc**/Loire/F oder würzigen **Rosé**; zu Kalbskotelett nach „Großmutterart“ (Champignons, Speckwürfel, Perlzwiebeln) sind **Neuburger**/A oder **Sancerre Rouge**/Loire/F anzuraten, und zu Kalbskotelett mit Paprikasauce sind **Sauvignon Blanc** oder **Riesling** beinahe Pflicht!

KALBSKOTELETT AUF „ENGLISCHE ART“

Das Kotelett wird in Ei und Bröseln paniert, in Butter gebraten, mit geschälter Zitronenscheibe bedeckt und mit brauner Butter serviert.

Hier gelten dieselben Empfehlungen wie zum → Wiener Schnitzel. Als Paradewein möchten wir jedoch den nussig-würzigen **Neuburger** von JOHANN REINISCH/Thermenregion/NÖ empfehlen. Achtung: **Barriqueweine** mit biologischem Säureabbau kollidieren mit der Parnier!

KALBSKOTELETT MIT BASILIKUM

Kotelett mit Salz und Pfeffer würzen, in Butter braten und anrichten; Jus mit Weißwein löschen, mit Kalbsjus reduzieren und mit gehacktem Basilikum aromatisieren und servieren.

Das dominierende Basilikumkraut kann von **Rieslingen** mit mineralischer Note (z. B. **„Zöbinger Heiligenstein“**/LUDWIG EHN, Langenlois; **„Gebling Select“**/SEPP MOSER, Rohrendorf; **„Ehrenfels“**/FRANZ PROIDL, Senftenberg/NÖ, oder diversen **Moselrieslingen**/D) und **Sauvignons Blancs** (Stahltank) sowie fruchtig-frischen **Traminern** gebändigt werden. In Italien empfiehlt man meistens **Etna Rosato**/Sizilien und die ligurischen Sommerweine **Lumassina** und **Buzzetto di Quiliano** (z. B. von GIUSEPPE MAFFEI). Frankreichs Sommeliers setzen zumeist auf den legendären **Tavel Rosé** (GR, CIN, CL, MV, BLC, PP), südl. Rhône, oder die **Sauvignons** der Loire (**Sancerre**, **Pouilly Fumé**).

KALBSLEBER

(frz. foie de veau, engl. liver of veal, ital. fegato di vitello, span. bigado de ternera)

Die feinste und gesündeste aller Lebern sollte nur zwei bis vier Minuten garen, da sie sonst hart wird und an Aroma einbüßt. Der Eisengehalt der Leber wird durch Vitamin C in noch knackigen Gemüsearten hervorgehoben und vom Körper besser aufgenommen.

Zu Kalbsleber mit Salbei testeten wir (roten) **Chinon**/Loire und trockenen **Cidre** (**Apfelwein**) mit Erfolg; zur Kalbsleber mit Trüffeln sollten Sie sich einen edlen **Pomerol** (**Château Pétrus**, **Château L'Evangile** ...) gönnen; zur geschnetzelten Kalbsleber kommt milder **Chasselas** oder **Riesling-Sylvaner** in Frage; zu Kalbsleber mit Zwiebeln ist (roter) **Saint-Chinian** (z. B. **„Cuvée Virginie"**, SYR 80 %) aus dem Languedoc/F oder (weißer) **Sylvaner**/Elsaß ein harmonischer Partner, und zu Kalbsleber „Venezianisch" (geschnetzelte Leber mit Zwiebeln und Petersilie) ist hellroter **Bardolino Superiore** seit „Urzeiten" beliebt. Je nach Zubereitungsart sind auch diverse **Biere** einsetzbar. (→ Tiroler Leber, → Pasteten)

KALBSLEBER GEGRILLT „BERCY"

Kalbsleberschnitten werden mit zerlassener Butter bestrichen, mit Salz und Pfeffer gewürzt, in Mehl getaucht, auf dem heißen Rost gegrillt, nach zwei Minuten gewendet und mit → Sauce Bercy serviert.

Die geschmacksgebende Sauce Bercy favorisierte automatisch ihre weißen Lieblinge (**Sylvaner**, **Riesling**, **Pinot Blanc**, **Chardonnay** und **Vouvray sec**/Loire/F ...), wobei zwei Elsässer, der elitäre **Sylvaner Cuvée Vieilles Vignes** (2–5 Jahre, 8–9 °C) von JEAN-PIERRE DIRLER, Issenheim, und auch der superbe (rote) **Pinot Noir** (3–5 Jahre, 16 °C) von ARMAND FAHRLER, Saint-Hippolyte, alle anderen überragten. Sehr gut auch der Cru-Beaujolais **„Morgon"** /Burgund/F.

KALBSLEBER GERÖSTET

In Streifen geschnittene Zwiebeln werden in Fett hell geröstet, blättrig geschnittene Leber darin schwingend angeröstet, mit Salz, Pfeffer und Majoran gewürzt und mit etwas Kalbsjus vollendet.

Die Röststoffe vom Zubereiten verlangen nach einem jungen, tanninreichen Rotwein. Im speziellen Fall waren es der jugendlich ungestüme **Zweigelt** vom WILHELM MAD, Oggau/Neusiedlersee-Hügelland/BGLD/A, der nachtschwarze, noch harte **Cabernet Sauvignon** von JOSEF GAGER, Deutschkreutz/Mittelburgenland/A, und der junge nahezu gallige, bittere **Salice Salentino** (**Negroamaro**) aus Apulien, die sich im Zusammenspiel mit den Röststoffen in wahre Gaumenschmeichler verwandelten.

KALBSLENDCHEN → KALBSMEDAILLONS

KALBSLUNGE

Bestandteil des berühmten → Kalbsbeuschels; sie muß gut gewässert und in Wurzelwerk und Bouillon gekocht werden.

Grüner Veltliner, **Riesling**, **Muskateller trocken**, **Rotgipfler**, **Neuburger**, **Pinot Gris**/A und wie sie alle heißen sind je nach Zubereitung willkommene Durstlöscher und Begleiter. Herb-frische **Pilsbiere** sind ebenfalls geschmacksausgleichende Stützen.

KALBSLUNGE GEBACKEN

Die weichgekochte magere Lunge in Streifen schneiden, gehackte Zwiebeln und Petersilie in Butter hell anrösten, mit Wurzelbrühe übergießen, die Streifen mitdünsten, Sauce mit Eigelb binden, mit Pfeffer, Salz und Zitronensaft würzen, nach dem Erkalten in Vierecke schneiden, panieren, in heißem Fett backen und mit Kartoffelsalat servieren.

Samtig-milde bis zartsüße Weißweine (**Neuburger**, **Zierfandler**, **Rotgipfler**, **Muskateller**/A) sind hier goldrichtig. Das beeindruckendste Erlebnis hatten wir aber mit einer reifen **Zierfandler Spätlese** von DIPL.-ING. KARL ALPHART, Traiskirchen/Thermenregion/NÖ/A, die Lunge, Panier und Kartoffelsalat (!) regelrecht vergötterte!

KALBSMEDAILLONS (KALBSLENDCHEN, KALBSNÜSSCHEN)

(frz. médaillons de veau, engl. veal medallions, ital. medaglioni di vitello, span. medallónes de ternera)

Aus den kostbarsten Teilen des Kalbes (Kalbsfilet oder Kalbskeule) geschnitten, 3 bis 4 cm dick und oft mit einem Faden zusammengebunden, um die runde Form zu bewahren.

Das Beste ist hier gerade gut genug! Zu gedämpften Kalbsmedaillons versuchen Sie am besten edlen **Pinot Blanc** ohne Barriqueausbau oder einen (roten) Cru-Beaujolais **„Brouilly"**/F; zu Kalbsmedaillons mit Trüffeln haben wir einen (roten) **Château L'Evangile**/Pomerol/F (es darf auch **Château Pétrus** sein) in glücklicher Erinnerung, und zu Kalbsmedaillons „Orloff" (mit Champignon- und Zwiebelpüree) sollten Sie zumindest einmal einen **Chassagne-Montrachet Blanc Premier Cru** (von MARC MOREY & FILS oder JEAN-NOËL GAGNARD, Chassagne-Montrachet/F) getrunken haben.

KALBSMEDAILLONS AUF ZWIEBELKOMPOTT

Medaillons salzen, pfeffern, mit Mehl bestäuben, in Butter rasch anbraten und warm halten; Bratensatz mit Weißwein ablöschen, reduzieren und mit Kalbsfond aufgießen; Medaillons um die Sauce geben und mit gehacktem Estragon bestreuen.

Obwohl sich hier kein Rotwein aufdrängt (Weißwein und Estragon sprechen dagegen), hat sich ein heller **Bardolino** vom Gardasee/I tapfer geschlagen. Estragon und Zwiebeln sind für **Sauvignon Blanc**, **Sylvaner**, **Riesling-Sylvaner**, **Chenin Blanc**/Loire, **Pinot Gris** und **Tocai Friulano** kein Problem. Wobei **Riesling**, **Sauvignon** und **Sylvaner** mehr die würzige Seite und die anderen mehr die subtile Süße des Zwiebelkompotts herausholen. Elsässischer **Sylvaner „Zotzenberg"** von EMILE BOECKEL, Mittelbergheim, bestach als frische- und würzespendender Mittagswein und deutsche **Rieslinge** mit Restsüße, milde **„Smaragd"-Rieslinge**/Wachau oder **Spätlesen** (z. B. von MARTIN NIGL, Senftenberg oder WILLY BRÜNDLMAYER, Langenlois/NÖ) als Traumpartner, die unsägliches Zungenglück bescheren können.

KALBSNIEREN

(frz. rognons de veau, engl. kidneys of veal, ital. rognoni di vitello, span. riñones de ternera)

Zählen zu den besonderen Tafelfreuden, da ihr Fleisch sehr hell und zart ist. Sie werden bis auf eine schmale Fettschicht pariert und ganz gebraten. Außerdem kann man sie, in Schnitten zerteilt, was eine Einbuße an Saftigkeit bedeutet, in der Pfanne oder am Rost braten, grillen oder dünsten. Sie dürfen während des Garens nie kochen, da sie sonst zäh und ledrig werden.

Je nach Zubereitungsart empfehlen sich verschiedene **Biere**. Aber Sie können zu Kalbsnieren je nach Sauce auch zwischen Weiß-, Rosé- und Rotweinen phantasievoll wählen. Zu flambierten Kalbsnieren ist (roter) **Vosne-Romanée „La Grande Rue"** von H. LAMARCHE, Burgund, ein unbestechlicher, verläßlicher Partner; zu Kalbsnierenspieß raten wir zu würzigem **Rosé** oder kraftvollem (roten) **Cornas**/nördl. Rhône/F (z. B. von M. CHAPOUTIER); wenn mit Schalotten zubereitet, drängt sich klassischer (weißer) **Pouilly Fuissé**/Mâconnais/Burgund/F auf, und im Zweifelsfalle können Sie immer auf die samtig-femininen roten Gewächse aus **Margaux**/Haut-Médoc/Bordeaux/F zurückgreifen.

KALBSNIEREN IN BIERTEIG

Kalbsnieren werden mit gehackten Zwiebeln in Butter beinahe gar gebraten, in dicke Tranchen geschnitten, gesalzen, gepfeffert, in Bierteig gewendet und in heißem Fett herausgebacken.

Perlendes **Champagnerweizenbier**, milde Weißweine (**Neuburger**, **Pinot Gris**, **Pinot Blanc**, **Rotgipfler**, **Chasselas** ...) und jugendlich-fruchtige Rotweine (**Pinot Noir**, **Blauer Portugieser**, **Zweigelt** ...) bescherten uns vergnügliche Stunden.

KALBSNIEREN IN SENFSAUCE

Nieren mit Salz und frischem Pfeffer würzen, feingeschnittene Schalotten in Butter andünsten und mit den Nieren rasch anbräunen (sie müssen innen noch rosa sein), Nieren in kleine Scheiben schneiden und mit Cognac flambieren, Nieren und Schalotten gemeinsam warmhalten und mit Senfsauce (→ Sauce Moutarde) anrichten.

Unter den wenigen Weißweinen, die hier mithalten konnten, ragten ein mineralischer **Chablis**/Burgund, ein kräuterwürziger **Bellet Blanc**/Provence/F und ein superber **Hermitage Blanc**/nördl. Rhône/F heraus. Sichere Tips sind herbe **Pilsbiere**, die immer wieder reüssieren. Als fruchtcharmante, mittelkräftige Mittagsweine bieten sich **Gamay**/Beaujolais, **Pinot Noir**, **Merlot**, **Zweigelt** und **Blaufränkisch** (z. B. von RUDOLF WEBER, Lutzmannsburg, oder FAM. FIEDLER, Mörbisch/BGLD) an, die Senfsauce, Cognac und Schalotten geschmacklich unterstützen können, ohne sich selbst in den Vordergrund zu drängen. Elitärer Cru-Beaujolais **„Morgon“** (GAM, 3–5 Jahre, 16–17 °C), z. B. von der DOMAINE CALOT, oder feinster **Pernand-Vergelesses „Les Vergelesses“ Premier Cru** (PN, 4–7 Jahre, 16–17 °C) von CHANSON PÈRE ET FILS, Beaune/Burgund, haben einen besonderen Zugang zu Schalotten und Senfsauce. Den Cognac bekommen Sie zwar mit den überwältigenden Weinen des spanischen Priorato (**Clos Mogador**, **Gran Clos**, **Scala Dei**) in den Griff, doch wird dabei die Sauce scharf und der zarte Nierengeschmack überrollt!

KALBSNIERENBRATEN

(frz. longe de veau, engl. loin of veal, ital. lombata di vitello, span. solomillo de ternera con riñones)

Stammt vom Sattel (Nierenstück) des Kalbes; in Österreich meist mit der Rippe gebraten und die Niere extra gegeben; andernorts wird der Nierenbraten ausgelöst, gerollt, gebunden und gebraten, poëliert, gedünstet und glaciert.

Die Elite der österreichischen Weißweine muß hier nicht unbedingt aufgeboten werden, doch sollte man den ehrwürdigen Nierenbraten keineswegs vernachlässigen. Waren wir bisher beim Kalbfleisch bemüht, eine Harmonie durch ähnliche sensorische Eigenschaften des Weines herzustellen, so „darf“ hier auch über einen geschmacklichen Kontrast (Rotweine) Sinnesreiz und wechselseitige Ergänzung herbeigeführt werden. Besonders die samtigen Rotweine aus Margaux/HautMédoc/F können hier immer wieder in freudiges Erstaunen versetzen.

KALBSNIERENBRATEN MIT STEINPILZEN

Nierenbraten gerollt in eine Kasserolle geben, mit heißem Fett begießen und im Ofen anbraten, dann mit Steinpilzen in der Sauce braten; Fond entfetten, mit Weißwein einkochen, mit Eigelb binden und mit Salz, Pfeffer und Zitronensaft aromatisieren.

Eigentlich wäre hier gegen einen Rotwein (**Pinot Noir**, **Barbaresco**) nichts einzuwenden (Steinpilze), doch der Sauce wegen sind Weißweine zu bevorzugen. **Pinot Gris**, **Chardonnay**, **Neuburger** (z. B. der nussig-würzige **Kabinett** von HANS BECK, Gols/BGLD) als Mittagswein und kraftvoller **Pinot Blanc** (z. B. die trockene **Spätlese**, 4–8 Jahre, 9–11 °C, von HANS IGLER, Deutschkreuz/BGLD) als mehr als gleichwertiger Partner trafen haargenau den Ton der Sauce und verliehen auch dem Fleisch einen Touch von Würze. Firnig-pilziger reifer **Meursault „Grands Charrons“** (CH, 16 Jahre, 8–9 °C) von MICHELOT, Meursault/Burgund, verjüngte sich über das Bad in der Sauce.

KALBSNUSS

(frz. noix de veau, engl. kernel of veal, ital. noce di vitello, span. landrecilla)

Von der Kalbskeule stammend. Sie kommt aus dem kugeligen Teil und ergibt die große und die kleine Nuß. Die kleine liefert zarte Schnitzel, die große wird gespickt, gedünstet und glaciert. Die große Nuß wiegt etwa ½ bis 2 kg.

Hier sollte man nur die edelsten Weißweine und einige wenige samtige Rotweine aufbieten. Zu Kalbsnuß auf „italienische Art“ (mit Makkaroni und Sauce Duxelles) sind **Chianti Classico**/Toskana/I und **Merlot del Ticino**/CH (z. B. von STEFANO HALDEMANN, Minusio, oder ANGELO DELEA, Losone) bewährte Begleiter.

KALBSNUSS MIT GEDÜNSTETEM GEMÜSE

Nuß mit → Mirepoix spicken, in Butter anbraten, mit Weißwein ablöschen, mit braunem Kalbsfond aufgießen, dünsten und glacieren; Fond passieren, leicht binden, mit Karotten, kleinen Zwiebeln und Erbsen vermischen, dünsten und gemeinsam servieren.

Weißwein, Kalbsfond, Mirepoix, Karotten, Zwiebeln und Erbsen verlangten nach **Sauvignon Blanc**, **Riesling** und **Sylvaner**, wobei **Riesling** und **Sylvaner** diesmal den „Gemüsewein“ par excellence eindeutig übertrafen! Höhepunkt war die Kombination mit dem würzigen **Sylvaner „Engelreich“** von LUDWIG NEUMAYER, Inzersdorf/NÖ/A. In Paris kredenzte man uns hingegen erfolgreich samtweichen roten Margaux **„Château Palmer“**, Bordeaux/F, dazu.

KALBSNUSS MIT SAUCE MORNAY

Die große Nuß wird gespickt, gedünstet, in Tranchen geschnitten und angerichtet; als Beilage dienen mit Kohlsprossen (Rosenkohl) gefüllte Tortelettes, Kartoffelkroketten und → Sauce Mornay.

Die Weine sollten hier primär auf die Sauce abgestimmt werden, und deshalb verweisen wir Sie auch auf die dazu empfohlenen Weißweine. Durch den Rosenkohl rücken auch **Malvasier** und **Riesling-Sylvaner** in den Mittelpunkt des Interesses. Nummer 1 war letztlich der exquisite, samtweiche **Grauburgunder Kabinett „Müllheimer Sonnhalde"** (2–5 Jahre, 9–10 °C) von HERMANN DÖRFLNGER, Baden/D, der den Käsegeschmack am besten erhellte.

KALBSNÜSSCHEN → KALBSMEDAILLONS

KALBSOHREN

(frz. oreilles de veau, engl. calf's ears, ital. orecchi di vitello, span. orejas de ternera)

Werden meist mit dem Kopf gemeinsam zubereitet, ergeben aber auch eigenständig interessante Kreationen. Sie müssen gut gebrüht und in Mehl-Salzwasser gekocht werden. Nicht vergessen, die Haare zuvor herauszuschneiden!

Zu Kalbsohren mit → Sauce Vinaigrette tranken wir mit Vergnügen einen milden (weißen) **Ruländer**, und zu Kalbsohren mit Trüffeln ist delikater (roter) **Dolcetto** oder **Barbera** von MAURO VEGLIO/Piemont ein wahres Gedicht.

KALBSROULADE (KALBSRÖLLCHEN)

(frz. roulade de veau, engl. veal roll, ital. rotolo di vitello, span. rollo de ternera mechado)

Rechteckige, dünn geschnittene Schnitzel werden aus der kleinen Nuß ausgeklopft, gesalzen, mit Farce bestrichen, zusammengerollt, in geöltes Pergamentpapier gewickelt, gebunden, in Butter angebraten und gedünstet.

Die Versuche mit Rotweinen waren nicht allzu erfolgreich; am ehesten konnten noch **Blauburger**/A und **Valpolicella**/Venetien/I überzeugen. (→ Paupiettes) Zu Kalbsroulade auf „Antwerpener Art" reichte man uns in Belgien das elitäre **Trappistenbier Chimay Blanche**. (Das trübe weiße **Weizenbier „Hoegaarden"** von DE KLUIS, Brabant, wird allerdings von den Antwerpenern bevorzugt.) Auch fruchtcharmanter **Malvasier Kabinett** von FRANZ LETH, Fels am Wagram/NÖ, ist einen Versuch wert.

KALBSRÜCKEN (KALBSSATTEL)

(frz. selle de veau, engl. saddle of veal, ital. schiena di vitello, span. lomo de ternera)

Der Rücken besteht aus den beiden Filets, dem Rippen- oder Kotelettstück und dem Nieren- oder Sattelstück. Die Nieren werden entfernt, das weitere Fett bleibt, die Bauchlappen schlägt man nach innen ein, um die Filets zu schützen, dann schmort (dünstet) man ihn in Kalbsjus weich.

Zu Kalbsrücken mit Pfifferlingen ist eine reife trockene **Pinot Blanc Spätlese** anzuraten, für besondere Anlässe gönnen Sie sich vielleicht einen superben **Puligny-Montrachet Premier Cru** (z. B. DOMAINE LEFLAIVE in Puligny-Montrachet/Burgund/F); zu Kalbsrücken gefüllt in Basilikumsaft wählen Sie jugendlichen **Riesling** oder, noch besser, **Tavel Rosé**/südl. Rhône vom CHÂTEAU D'AQUÉRIA in Tavel/F.

KALBSRÜCKEN AUF „FRANKFURTER ART"

Rücken spicken, dünsten und erkalten lassen, Filets von den Knochen lösen, in Scheiben schneiden und mit Gänseleberereme bestreichen, Rücken wieder zusammensetzen, mit Weintrauben garnieren und mit Madeiragelee glacieren; als Beilage Mandarinen, gefüllt mit Mandarinenspalten, roter Paprikaschote, gekochter Knollensellerie und würziger → Mayonnaise.

Ein schwieriges Gericht, denn mit Gänseleber, Madeira, Mandarinen, Paprika und Mayonnaise werden nur wenige Weine fertig. Versuchen Sie einmal an einem Winterabend eine **Muscat d'Alsace Spätlese** (**Vendange Tardive**) aus dem Elsaß. Hervorragend auch die trockene **Grauburgunder Spätlese „Gimmeldinger Meerspinne"** (3–6 Jahre, 9–11 °C) von MÜLLER-CATOIR) Rheinpfalz, die mit Weisheit und ausgleichender Gerechtigkeit regierte, ebenso wie die superbe **Gewürztraminer Spätlese „Dürkheimer Feuerberg"** von K. FITZ-RITTER/Rheinpfalz, die einen kleinen „Feuerberg" am Gaumen entflammte.

KALBSRÜCKEN „NELSON"

Rücken dünsten, auslösen, das Gerippe mit weißem Zwiebelpüree (Purée Soubise) bestreichen und mit den Filets belegen. Rücken mit → Sauce Mornay überziehen und gratinieren. Zwischen den Filets befindet sich jeweils etwas Zwiebelpüree und eine dünne Schinkenscheibe.

Hier konnte sich ein (roter) **Beaujolais Primeur** von GABRIEL ALIGNE, Burgund, als unkomplizierter Mittagswein profilieren, ebenso ein sensationeller (weißer) **Château Laville Haut-Brion CC**/Talence/Graves/Bordeaux/F als Idealpartner, der dem Zwiebelpüree und der überbackenen Sauce Mornay einen raffinierten geschmacklichen Kontrapunkt entgegensetzte. Als Begleiter von etwas zu großer Ausdruckskraft und Süße erwies sich die großartige **Riesling Auslese „Ried Klaus"** (10–12 Jahre, 10 °C) von FRANZ PRAGER, Weißenkirchen/Wachau/NÖ/A. In Frankreich servierte man uns hingegen köstlichen, dominierenden (roten) **Château Haut-Brion Premier CC**/Pessac/Graves/Bordeaux.

KALBSSCHNITZEL

(frz. escalope de veau, engl. veal scallop, ital. scaloppina di vitello, span. escalope de ternera)

Die Kalbsschnitzel werden aus dem Naturteil (Kaiserteil) der Kalbskeule meist natur gebraten oder gebacken bzw. paniert aus der Nuß oder aus dem Frikandeau geschnitten.

Hier reicht die Palette der möglichen Weinempfehlungen von schlanken (trockenen) bis zu etwas fülligeren (halbtrockenen). Die Zubereitungsart entscheidet. Zu Kalbsschnitzel mit Senfkruste wählten wir mit Erfolg einen **weißen Penedés**/E, und zum überbackenen Kalbsschnitzel darf es sowohl **Pinot Blanc** als auch fruchtcharmanter **Pinot Noir** (z. B. von R. & G. MARIEL, Großhöflein/BGLD) sein.

KALBSSCHNITZEL AUF „JÄGERART" → JÄGERSCHNITZEL

KALBSSCHNITZEL AUF „MAILÄNDER ART" → MAILÄNDER SCHNITZEL

KALBSSCHNITZEL AUF „RUSSISCHE ART"

Das Schnitzel mehlen, in Fett knusprig braten, salzen und warm stellen, feingeschnittene Steinpilze, Tomaten und Salzgurken im Bratenfond andünsten, mit saurem Rahm binden, mit Salz und Paprika würzen und mit Salzkartoffeln kredenzen.

Eine fast unlösbare Aufgabe. Der für den Sauerrahm prädestinierte reife **Jahrgangs-Champagne** von POL ROGER, Epernay, wollte sich einfach nicht mit Tomaten und Salzgurken anfreunden! Am ehesten entsprachen ein ungarischer (trockener) **Tokaji Szamorodni Száraz** und ein kroatischer **Grk** (ähnlich einem Sherry) von der Insel Korcula.

KALBSSCHNITZEL AUF „SÄCHSISCHE ART" → SÄCHSISCHES SCHNITZEL

KALBSSCHNITZEL AUF „WIENER ART" → WIENER SCHNITZEL

KALBSSCHNITZEL AUF „ZIGEUNER ART" → ZIGEUNER SCHNITZEL

KALBSSCHNITZEL CORDON BLEU → CORDON BLEU

KALBSSCHNITZEL HOLSTEIN → HOLSTEINSCHNITZEL

KALBSSCHNITZEL IN RAHMSAUCE → RAHMSCHNITZEL

KALBSSCHNITZEL NATURELL → NATURSCHNITZEL

KALBSSCHULTER (KALBSBLATT, KALBSBUG)

(frz. épaule de veau, engl. shoulder of veal, ital. spalla di vitello, span. espalda de ternera)

Entweder wird sie ausgelöst, gerollt, gebunden und gedünstet oder (mit Kalbsfarce) gefüllt und gerollt. Partner je nach Sauce und Zubereitungsart auswählen.

KALBSSCHULTER AUF „UNGARISCHE ART“

Die Kalbsschulter wird gerollt, in Butter leicht angebraten, mit Paprikasauce aufgegossen und weichgedünstet.

Es versteht sich von selbst, daß hier der „Paprikawein“ par excellence, ein **Sauvignon Blanc** (z. B. von GYÖNGYÖS ESTATE/H), die erste Geige spielt. Auch vollreifer **Riesling**, **Aligoté**/F und trockener **Furmint** vom Plattensee/H sind möglich.

KALBSSCHULTER GEDÜNSTET MIT ENDIVIEN

→ *CHICORÉE*

Mit Kalbsfarce gefüllt, mit → Mirepoix angebraten, mit Weißwein gelöscht, mit braunem Kalbsfond aufgegossen, gedünstet und glaciert; als Beilage gedünstete Endivien.

Kalbsfond und Endivien verlangen nach Weißweinen, Rotweine (Tannine) würden mit den Bitterstoffen der Endivie kollidieren. **Pinot Bianco**, **Pinot Grigio**, **Tocai**/Friaul und **Soave Classico**/Venetien sorgen für Milde am Gaumen. **Silvaner**, **Riesling** und **Grüner Veltliner Kabinett** (z. B. vom UNDHOF, Krems/NÖ) setzen pikante Akzente. Allzu kraftvolle Weine wie der monolithische **Château-Chalon „Reserve Catherine de Rye“** (SAV, 10–15 Jahre, 10–13 °C) sollten nur an eiskalten Abenden gereicht werden.

KALBSSCHWANZ → OCHSENSCHWANZ

KALBSSTEAK

(frz. steak de veau, engl. veal steak, ital. bistecca di vitello, span. bistec de ternera)

Ähnlich dem Beefsteak eine dickere Tranche Fleisch, die entweder vom Sattelstück des Nierenbratens (Kalbsrücken) oder von der Kalbsnuß stammt.

Kraftvoll-würzige Weißweine und mittelkräftige Rotweine verschiedenster Art „kämpfen“ hier um die Gunst des Fleisches.

KALBSSTEAK „ALT-WIENER ART“

Kalbssteak, mit Filet (Lungenbraten) daran, natur braten, ebenso eine Kalbsnierenscheibe und ein Stück Speck; das Steak mit der Niere, dem Speck und einem Champignon obenauf anrichten und mit Zuckererbsen, Pommes frites und gebundenem Kalbsjus servieren.

Die Zuckererbsen geben nur jungen mildfruchtigen Rotweinen Gelegenheit zu brillieren. Unter den verkosteten Weißweinen der Landeshauptstadt setzten sich ein nussig-würziger **Neuburger Kabinett** von dem bekannten Heurigen FUHRGASSL-HUBER und zwei Stahltank-**Chardonnays** (FAM. REINPRECHT und FAM. WIENINGER) in Szene. Ein reifer **Welschrieslingsekt brut** (ca. 8 Jahre) von RUDOLF ZIMMERMANN, Klosterneuburg/NÖ, besitzt jene perlende Nonchalance, die garantiert Hochstimmung hervorruft – wenn man den Speck wegläßt!

KALBSSTEAK IN ALUFOLIE MIT SPARGELSPITZEN UND CHAMPIGNONS

Steak salzen, in Butter anbraten und auf geölte Alufolie legen, mit Champignons à la crème und Spargelspitzen bedecken; in der geschlossenen Folie im heißen Ofen garen und mit Pommes frites anrichten.

Die Weine werden auf die Champignons und die Spargelspitzen abgestimmt, das Steak wird zum kulinarischen „Beifahrer“. Samtiger **Pinot Gris** als Mittler zwischen den Aromen, **Sauvignon Blanc Kabinett** als

Traumpartner und edler Wachau **Riesling „Smaragd“**/NÖ/A als dezent dominierender Begleiter (z. B. vom DINSTLGUT LOIBEN) bieten sich an.

KALBSSTELZE → KALBSHAXE

KALBSVÖGERL

(frz. jarret de veau, engl. knuckle of veal, ital. garetto di vitello, span. rollos de ternera)
Österreichische Spezialität. Ausgelöste Stücke in Vogerlform aus der Stelze (Kalbshaxe), quer mit Speck durchzogen, gewürzt, in Butter angebraten, mit Weißwein abgelöscht und mit gebundenem Fond weichgedünstet.

KALBSVÖGERL MIT CHAMPIGNONS

Vorbereitung wie oben; dem Fond wurden kurz sautierte Champignons beigefügt.
Französische Sommeliers empfehlen hier gerne **Tokay** (**Pinot Gris**) **d'Alsace**/Elsaß, reifen **Jahrgangs-Champagne**, aber auch fruchtige Rotweine (**Gamay**/Anjou, **Beaujolais**/Burgund usw.). Die Schweiz schwört auf **Chasselas** in vielen Variationen (**Dorin**, **Terravin**, **Dézaley**/Waadtland, **Perlan**/Genf), und das Ursprungsland forciert **Neuburger**, **Pinot Blanc** und **Grünen Veltliner Kabinett**/A. Manchmal wagt man sich an erdig-fruchtigen **Blauen Zweigelt** (z. B. von FAM. WACHTER, Deutsch-Schützen/S-BGLD) heran.

KALBSZUNGE (KALBSZÜNGERL)

(frz. langue de veau, engl. calf's tongue, ital. linguetta di vitello, span. lengua de ternera)
Gilt als besondere Feinschmeckerei, da sie leicht verdaulich und von außergewöhnlicher Zartheit ist. Sie wird wie Kalbskopf gekocht, gehäutet und als Garnitur für Kalbskopf oder als selbständiges Gericht angeboten.
Zur geräucherten Kalbszunge ist halbtrockener **Riesling** (Mosel, Rheingau/D …) oder **Jurançon Blanc sec „Clos Lapeyre“** von JEAN-BERNARD LARRIEU, Béarn/SW-F, das Nonplusultra; zu Kalbszungensalat ist **Pinot Gris**/Elsaß/F nicht zu verachten, und zu getrüffelter Zunge schwärmen wir heute noch von einem großartigen **Sherry Amontillado dry** von GARVEY, Jerez/E.

KALBSZÜNGERL IN MADEIRA

Enthäutete, weichgekochte Zunge in ½ cm dicke Streifen schneiden und warm halten; Butter erhitzen, mit Mehl und Zungenbrühe versetzen, einrühren und → Madeira zugießen, mit Zucker, Salz und Pfeffer würzen, Zungenscheiben in die Sauce geben und mit Petersilie und körnigem Reis garnieren.
Beaujolais Primeur, Burgund/F, **Novello**/I und **rote Jungweine** (**Blaufränkisch**, **Blauburger**, **Zweigelt**, **Blauer Portugieser**) sind mittags von erfreulicher Delikatesse. Der superbe Cru-Beaujolais **„Moulin à Vent“** (CHÂTEAU DE JACQUES) erwies sich als unerschrockener Sozius der Madeirasauce. **Cabernet Sauvignon**/AUS/KAL und die üppigen Rotweine des spanischen Priorato sind für sehr kalte Abende vorgesehen.

KALBSZÜNGERL MIT KREN (MEERRETTICH)

Das enthäutete, weichgekochte Züngerl wird mit der mitgekochten Wurzeljulienne bedeckt und mit geriebenem Kren und Salzkartoffeln garniert.
Durch die Wurzeln und den Kren sind vor allem Weißweine ins Spiel gekommen. **Morillon**, **Riesling** und **Welschriesling**/Steiermark sind willkommene Begleiter, die allerdings die Würze des Krens noch potenzieren. Als Sieger der Runde wurden gekürt: ein mildfruchtiger **Pinot Gris** (1–3 Jahre, 8–10 °C) von JOSEF UNGER, Halbturn, Neusiedlersee/BGLD, und ein süßlicher **Verduzzo** (3–5 Jahre, 8–9 °C) von DUCHI BADOGLIO ROTA, Codroipo/Grave del Friuli/I, der selbst ein wenig in den Hintergrund trat, als Katalysator wirkte und dem Gericht einen raffinierten, hocharomatischen Touch verlieh.

KALDAUNEN (KUTTELN)

(frz. TRIPES, engl. TRIPE, ital. TRIPPA, span. CALLOS)

Der Vormagen (Pansen, Magen und Darm) der Wiederkäuer (nur selten vom Kalb, aber oft vom Rind verwendet) gilt in den Mittelmeerländern als besondere Feinschmeckerei. Er ist von großem Nährwert und zeichnet sich auch durch gute Verdaulichkeit aus. Wegen des hohen Leimgehaltes sollte man ihn nicht rösten und vornehmlich mit Thymian (Kuttelkraut) würzen.

Als Begleiter der tatsächlich etwas leimig mundenden Innerei haben sich die folgenden ausgleichenden bzw. ergänzenden Weine profiliert: zu Kuttelsuppe **Merlot del Trentino**/Südtirol-Trentin/I, **Lambrusco di Sorbara**/Emilia und **Tocai Bianco**/Venetien/I; zu Kutteln in weißer Sauce **Waadtländer** und **Walliser Weißweine**/CH; zu Kutteln in dunkler Sauce **Corbières** und **Fitou**/Languedoc-Roussillon/F (eventuell **Pinot Noir**); zu Kutteln mit Tomatensauce **Valpolicella**/Venetien und **Chianti Classico**/Toskana; zu Kutteln mit Safran **Champagne Rosé**, **Gaillac Blanc**/Midi oder **Traminer**; zu Kutteln in Paprikarahm **Sauvignon Blanc** oder **Riesling**; zu Kutteln „Bourguignon" **Pinot Noir** (ohne Frage)/Burgund/F; und zu Kutteln mit Zwiebeln australischer **Chardonnay** von PETERSONS, Mount View/Hunter Valley/New South Wales. Fazit: Reife Rotweine wirken dem eigenwilligen Kuttelgeschmack besser entgegen als junge bis mittelreife.

KALDAUNEN AUF „CAËNER ART" → TRIPES À LA MODE DE CAËN

KALDAUNEN AUF „KÖNIGSBERGER ART" → KÖNIGSBERGER FLECK

KALDAUNEN AUF WEISSKRAUT IN ESSIGSAUCE

Kaldaunen (Kutteln) in Wasser mit etwas Essig und Salz kochen und nach dem Erkalten in Streifen schneiden, Sauce aus feingeschnittenen Zwiebeln und Knoblauch in Butter dünsten, mit Kuttelfond und Weißwein versetzen, auf ein Viertel reduzieren und mit Kalbsfond vermischen; Weißkrautstreifen in Butter dünsten, mit Wasser aufgießen, mit Salz und Pfeffer würzen und kochen; Kaldaunen in Butter braten, Sauce mit Essig aromatisieren und gemeinsam mit dem Weißkraut anrichten.

Hier gilt es vor allem, Weißkraut, Essig, Zwiebeln und Knoblauch zu konterkarieren. Leichte, milde, fruchtcharmante Sommerweine wie **Grüner Veltliner „Steinfeder"**/Wachau, **Sylvaner**, **Malvasier** (z. B. von LETH, Fels am Wagram/NÖ), **Pinot Bianco** und **Pinot Grigio**/Friaul/I untermalen die diffizilen Aromen recht gut, können aber bei etwas zu hohen Säurewerten spitz werden. **Riesling-Sylvaner** und **Riesling Kabinett oder Spätlese** mit Restsüße (z. B. die geniale Spätlese **„Bernkasteler Doktor"** von WEGELER, DEINHARD/Mosel/D) sind hier in ihrem Element und verehelichen sich über das Weißkraut auf unnachahmliche Weise mit dem Gericht. **Riesling** und **Muscat GC**/Elsaß stehen da nicht viel nach.(Besonders imponierend der **Muscat GC „Prälatenberg"** von RAYMOND ENGEL, Orschwiller!) Im Zweifelsfalle können Sie immer noch zu erfrischendem **Weißbier** greifen.

KALMAR

(frz. CALMAR, engl. SQUID, ital. CALAMARO, span. CALAMARES)

Mythenumwobene Unterordnung aus der Ordnung der zehnarmigen Tintenfische (Decapoda). Die Greifarme gelten als Leckerbissen und besitzen ein festes, mageres, krebsähnliches Fleisch (in frischem Zustand). Ohne Bauch und Innereien messen sie zwischen 15 cm und 1 m. Neben den Tentakeln (Greifarmen) gilt auch dem sackförmigen Körper und der Tinte das Interesse der Gourmets.

Im wesentlichen gelten hier jene Weine, die man zu Krebsen und Tintenfischen reicht, abgewandelt durch diverse Zubereitungsarten. Zu Kalmar in Tomatensauce harmonierten **Vermentino**/Ligurien und **Verduzzo**/Friaul/I; zu Kalmar in Rotwein genießen Sie weißen (!) griechischen **Château Matsa** von J. BOUTARI & SON, Naoussa/Thessaloniki, oder – noch besser – (roten) **Château Carras** (CS, CF, M) von der DOMAINE CARRAS, Sithonia/Halkidiki; und zu Kalmar „Niçoise" ergötzten wir uns an einem (weißen) **Bellet** vom vielzitierten **Château de Crémat**/Provence. Italienische und vor allem französische Sommeliers empfehlen im allgemeinen auch gerne leichte, gekühlte Rotweine! Zu gefüllten Kalmaren führt allerdings kaum ein Weg am (weißen) **Albana di Romagna secco** der FATTORIA PARADISO, Bertinoro/Emiglia-Romagna/I, vorbei.

KALMAR GEBACKEN

Die Greifarme werden in Ringe geschnitten, gesalzen, in Mehl gewendet, in Olivenöl und Butter goldgelb gebacken und mit Zitronenvierteln und Pommes frites angerichtet.

Pinot Grigio, **Tocai Friulano** und **Vermentino**/Ligurien sind angenehme sommerliche Mittagsweine. Ein **Colombard**/KAL (meistangebaute Weißweinrebe in KAL vom größten Weinbaubetrieb der Welt, E. & J. GALLO, Sonoma) begeisterte gleichwohl durch frische Säure und milde Würze. Südländische **Chardonnays** mit nur dezenter Holznote (wie z. B. der südafrikanische **Chardonnay** von HAMILTON RUSSEL, Walker Bay) begleiten die Greifarme auch am Abend auf angenehmste Weise. **Hermitage Blanc**/nördl. Rhône ist ebenso wie australischer **Rhine Riesling** für etwas kühlere Jahreszeiten gedacht. Der **Rhine Riesling** von WOLF BLASS/Barossa Valley/S-AUS stellte auch für weinverwöhnte Gourmets die absolute Krönung dar und verlieh dem relativ simplen Gericht eine neue Dimension. Weißweine mit grasiger Säure und schwere „Eichenbomber" störten die milde Aura des Fleisches.

KAMELFLEISCH

(frz. CHAMEAU, engl. CAMEL, ital. CAMMELLO, span. CAMELLO)

Das Fleisch des „Wüstenschiffes" gilt in Nordafrika neben dem Hammelfleisch als besondere Delikatesse. Vor allem Höcker, Füße und Kutteln werden geschätzt. Allerdings sollte man nur das Fleisch von jungen Tieren genießen. Wegen der afrikanischen Sonne wird das Fleisch nicht abgehangen, behält daher viel Flüssigkeit und wird kaum in der Pfanne gebraten, sondern meist als Ragout mit Couscous zubereitet.

Neben den Weinen für → Couscous empfehlen sich **nordafrikanische Roséweine** aller Art.

KÄNGURUHSCHWANZSUPPE

(frz. KANGOUROU, engl. KANGAROO, ital. CANGURO, span. CANGURO)

Australische Spezialität. Schwanzstück in Wasser, Wurzelwerk, Champignons und Wildfond weichkochen, in Würfel schneiden, Fond mit → Sago binden und mit Salz, Pfeffer, Ingwer, Curry und etwas → Portwein aromatisieren.

Das neuerdings in Mode kommende rote Känguruhfleisch ist reich an Eisen und Eiweiß, aber arm an Fett und Cholesterin und wird von den Australiern meist mit einem Schluck **Cabernet** oder **Shiraz** hinuntergespült. Zur Suppe darf es auch ein Glas **White Port** sein.

KANINCHEN (HAUSKANINCHEN, KARNICKEL)

(frz. LAPIN, engl. RABBIT, ital. CONIGLIO, span. CONEJO)

Aus der Familie der Hasen (Leporidae). Kommt als → Wildkaninchen und Hauskaninchen vor. Das fettarme, zarte Fleisch hat wenig Kalorien, ist leichtverdaulich, eiweißhältig, reich an Mineralstoffen und fast weiß. Es ähnelt im Geschmack dem Hühnerfleisch und bleibt immer etwas blaß und matt. Es erfreut sich in Frankreich, Belgien, Holland und England höchster Beliebtheit. Nur Tiere im Alter von 3 bis 4 Monaten und unter 2 kg sind wirklich schmackhaft, durch Beigabe von asiatischen Gewürzen, Senfsaucen und und Fruchtsäuren gewinnt das Fleisch zusätzlich an Aroma. Eine besondere Delikatesse ist die zartwürzige Leber.

Ihr weißes Fleisch verträgt sich besser mit Weißweinen (nussig-würziger **Neuburger** und **Pinot Blanc** verleihen dem etwas faden Geschmack oft eine zusätzliche Dimension), letztlich entscheidet aber die Sauce. Zu Kaninchen in Aspik tranken wir mit Genuß **Château Flotis Rosé**/Côtes du Frontonnais/SW-F. Steirischer **Sauvignon Blanc** und **Welschriesling** – wenn nicht zu säurig – sind auch nicht zu verachten! Kaninchen mit Senfsauce verlangen nach **Bellet Blanc**/Provence; Kaninchen in Sauerampfersauce rufen nach **Sauvignon Blanc** (Loire/F, S-STMK/A); Kaninchenfrikassee flirtet mit samtigem **Silvaner**, und Kaninchen „Flämische Art“ (in Bier gedünstet) verlangt zwangsläufig nach belgischem **Bier** (hopfiges **Cristal Alken** oder das verführerische **Duvel**)! Zu Kaninchenpfeffer wählen Sie **Rosé de Provence** (Feuerwerker „dürfen“ auch (roten) **Corbières** oder **Minervois**/S-F bestellen); Kaninchensalat mit Trüffelvinaigrette vermählen Sie mit **Meursault**/Burgund, **Condrieu**/Rhône oder schäumenden **Crémant d'Alsace** (!); und zu Kaninchen mit Oliven darf (muß) es **Châteauneuf-du-Pape Blanc**/südl. Rhône (z. B. **Château de Beaucastel**) sein. Insgesamt wird von den meisten französischen Sommeliers der **Meursault** als Idealwein bezeichnet. Zu Kaninchen in Tomatensauce ließen wir uns in Kampanien zu vorzüglichem **Solopaca Rosso** von VOLLA überreden.

KANINCHEN GEBACKEN

✎ Rücken und Keulen werden enthäutet, in mittelgroße Stücke geschnitten, in Wurzelwerk, → Bouquet garni und Weißwein mariniert, gesalzen, gepfeffert, mit Mehl, Ei und Semmelbröseln paniert, in heißem Fett herausgebacken und mit Zitronenscheiben, gebackener Petersilie sowie → Sauce Remoulade serviert.

🍷 Der **Weißburgunder Kabinett „Der Wein vom Stein“** (2–5 Jahre, 9–10 °C) von LUDWIG NEUMAYER, Inzersdorf/NÖ, kam ganz nahe an das Gericht heran und konterkarierte besonders den Fettgeschmack der Panier. Ein stimulierender Mittagswein! **Pinot Blanc**, **Neuburger**, **Zierfandler**, **Chardonnay** und **Riesling Spätlesen** trocken/halbtrocken – ohne biologischen Säureabbau – sind auch am Abend von sanfter Durchschlagskraft. Die brillante halbtrockene **Riesling Spätlese „Bacharacher Hahn“** (3–6 Jahre, 9–10 °C) von TONI JOST/Mittelrhein/D setzte besonders über die Sauce Akzente und erzeugte eine unbändige Essenslust. **Pinot Noir**, **Gamay** und **Merlot**, ohne störende Holztannine, könnten auch in Erwägung gezogen werden (z. B. der exquisite **Blauburgunder „St. Daniel“** von SCHRECKBICHL, Girlan/Südtirol/I).

KANINCHEN GEFÜLLT MIT BACKPFLAUMEN UND PUMPERNICKEL

✎ Kaninchen vollständig entbeinen, Schultern und Keulen auslösen, mit Speck, Fleisch, entkernten Dörr-(Back-)Pflaumen, Pumpernickel, Salz, Pfeffer und Muskat füllen, in eine Bratform mit etwas Öl und den feingehackten Knochen einlegen und bei 200 °C braten. Frühlingszwiebeln beigeben (Fleisch und Zwiebeln extra warmhalten); Knochen einkochen und passieren; Karotten- und Selleriestreifen in Butter andünsten und mit Wasser fertigkochen; Kaninchen mit dem Gemüse und der Sauce anrichten.

🍷 Als weiße Mittagsweine mit Pfiff, die über Gemüse und Zwiebeln Frische und Würze auf den Gaumen brachten und sich den Pflaumen gegenüber neutral verhielten, präsentierten sich **Sylvaner**, **Pinot Blanc** und **Chardonnay Kabinett** (Stahltank). Mittelreifer, fruchtiger **Pinot Noir** und relativ kühl servierter **Chinon** (CF)/Loire (z. B. von ANDRÉ BARC), entlockten dem Gericht höchst angenehme Würzetöne. An kalten Winterabenden gilt es, den Geschmack des Langohrs zugunsten der Würze zu opfern und über die Pflaumen ein leidenschaftliches Geschmackserlebnis zu initiieren. Dies gelingt mit den schwerblütigen, tintigen **Syrah**-Kreszenzen der nördl. Rhône (**Saint-Joseph**, **Hermitage** ...), **Shiraz**/AUS und South Central Coast/KAL (z. B. SINE QUA NON von ELAINE und MANFRED KRANKL) sowie **Amarone**/Venetien. Als Mariage d'amour möchten wir die Begegnung mit dem mittelreifen **Hermitage „La Sizeranne“** von M. CHAPOUTIER, Tain L'Hermitage/nördl. Rhône, bezeichnen.

KANINCHENRAGOUT AUF „BORDELAISER ART“

✎ Fleisch in Würfel schneiden, salzen, pfeffern, mit Butter anbraten, in Mehl wenden, mit weißem Bordeaux ablöschen, mit Champignonstücken, → Bouquet garni und Knoblauch vermischen und dünsten, Fond reduzieren, binden, abseihen und mit den Fleischwürfeln anrichten.

🍷 Es versteht sich von selbst, daß wir hier nur weiße Bordeauxweine anbieten. Neben einem einfachen **Bordeaux sec AC** (SB, SÈM, 2–3 Jahre, 9 °C) vom CHÂTEAU BOISMALOT, der sich als sensationeller Geheimtip herausstellte, brillierte der elitäre **Graves Blanc „Château de Fieuzal“ CC** (SB 60 %, SÈM 40 %, 3–5 Jahre, 10–11 °C) mit Noblesse, Konzentration und burgunderartiger Finesse. Als fast etwas zu üppiger Begleiter stellte sich diesmal der sonst grandiose (weiße) **Château Laville-Haut Brion CC de Graves** vor.

KANINCHENRAGOUT WEISS MIT EIERSCHWAMMERLN

Fleischwürfel salzen, mit Wurzelwerk und Weißwein in Bouillon weichkochen. Fond mit weißer Mehlschwitze reduzieren, passieren, mit Eigelb und Rahm binden, mit Zitronensaft und weißem Pfeffer aromatisieren und mit den Fleischwürfeln, gedünsteten Pfifferlingen und Nudeln servieren.

Während das Kaninchen nach Weißweinen verlangt, fühlen sich die Pilze eigentlich in Begleitung eines reifen Rotweines wohler. Mittelkräftige, elegant-samtige reife Weißweine (**Sylvaner**, **Neuburger**, **Pinot Blanc**, **Pinot Gris**) umschmeichelten die subtilen Nuancen des Gerichts, strebten Harmonie an, gaben sich aber schließlich mit der wichtigen Rolle des Dieners (Souffleurs) zufrieden, während ein reifer Wachauer **Grüner Veltliner „Smaragd"** und eine **Zierfandler Spätlese trocken**/Thermenregion sowie feiner (roter) **Zweigelt**, **Pinot Noir** und **Rioja Reserva**/E Akzente setzten. Als besonders interessant und ausgefallen erwies sich die Paarung mit einem reifen, herb-würzigen **Very old Fino Sherry Don Zoilo**/Jerez de la Frontera/Andalusien/E, der zwar dominierte, aber aromatisch einen Treffer nach dem anderen landete – und sich dabei verjüngte!

KANINCHENTERRINE

Kaninchenfilets mit Salz und Pfeffer einreiben und mit → Cognac marinieren; Schalotten und Knoblauchzehen mit Brotstücken und Milch einweichen und mit gehacktem Kaninchenfleisch, Kalbsbratwurst, Kaninchenleber – übrigens zart und fein –, Salz, Pfeffer, Paprika und Thymian zu einer Farce vermischen; feuerfeste Form mit Speck auslegen, Farce und marinierte Filets, Lorbeerblatt und Thymianzweig darüber geben und bei 220 °C etwa 80 Minuten garen.

Jugendliche, charmante Rotweine wie **Blaufränkisch**, **Zweigelt**, **Blauer Portugieser** (z. B. von CHRISTIAN FISCHER/Thermenregion/NÖ) sind stimulierende Partner von relativ langem Nachhall. Als Weißweine bieten sich **Zierfandler** und **Weißburgunder Kabinett**, **Aigle**/CH und **Graves Blanc CC** (z. B. der wunderbare **Château Laville Haut-Brion**, SEM 60 %, SB 40 %, 6–10 Jahre, 8–10 °C) an. Wo der Portugieser Würze weckte, schmeichelte der Laville. Reifer **Gamay** und **Pinot Noir** bilden einen samtig-würzigen Gegenpol zu den Ingredienzien Cognac, Leber, Paprika, Lorbeer und Thymian.

KAPAUN (KAPPHAHN)

(frz. CHAPON, engl. CAPON, ital. CAPPONE, span. CAPÓN)

Junger kastrierter und gemästeter Hahn mit einem Gewicht von 1,5 bis 2,5 kg und einem Idealalter von 6 bis 7 Monaten (→ Masthuhn), der besonders zart und saftig-füllig schmeckt und bisweilen schon an einen Fasan erinnert.

Angemessene klassische Begleiter sind samtiger **Pinot Blanc**, **Pinot Gris**, **Morillon** oder **Riesling** usw. Zu Kapaun mit Biersauce reichte man uns mit Erfolg deutsches **Altbier**; zu Kapaun in Salzkruste begeisterte ein **Pouilly Fuissé**/Burgund/F; zu Kapaun in Zitronensauce genossen wir jungen **Rheingauer Riesling**/D. Wenn in Morchelsauce zubereitet, wählen Sie am besten **Arbois Blanc** oder **Château-Chalon**/Jura, und wenn gar mit Trüffeln gefüllt, leisten Sie sich vielleicht einen edlen (roten) **Pomerol**/Bordeaux oder **Musigny Rouge GC** (z. B. von J.-F. MUGNIER) aus Chambolle-Musigny/Côte de Nuits/Burgund/F. Zu Kapaun mit Gemüsegarnitur bestachen ein südsteirischer **Morillon Kabinett** von JOSEF PUSCHNIG, Leutschach, und ein fulminanter **Meursault „Clos de Mazeray" Blanc** von J. PRIEUR/Burgund.

KAPERN → FISKEBOLLER

KAPUSNIAK (KAPUSTNIK)

Russische Spezialsuppe aus Schweinefleisch, Speck, Würstchen und Sauerkraut.

Das russische **Rioga Bier** nach **Pilsner Art** (mit 12 % Stammwürze) und vor allem das (dunkle) **Bernstein** vom Schwarzen Meer (mit 19 % Stammwürze, kräftigem Hopfengeschmack und fülligem, beinahe weinigem Abgang) überzeugten uns am meisten. Sollten Sie jedoch die Möglichkeit haben, ein Glas **Elsässer Riesling**/F zu bekommen, so greifen Sie zu.

KARAUSCHE (KARUTSCHE, BAUERNKARPFEN)

Süßwasserfisch aus stehenden und langsam fließenden Gewässern des nördlichen Asiens und Europas mit bis zu 4 kg Gewicht und weichem, zartem, etwas süßlichem Fleisch, das allerdings sehr grätenreich ist und deshalb den Vorstoß des Fisches in die höchste kulinarische Liga verhindert. Beste Genußreife ist nach etwa drei Jahren im Winter.

Die klassischen Karpfenbegleiter **Neuburger**, **Pinot Blanc**, **Chardonnay**, **Sylvaner Kabinett bis Spätlese** sind auch hier gefragt, doch soll alles ein bißchen vollmundiger und milder sein. Zur gebratenen Karausche und zu Karauschenragout darf es auch kraftvoller **Rosé** oder leicht gekühlter Rotwein (**Chinon**/Loire, **St. Laurent**, **Zweigelt**/A) sein. (→ Karpfen)

KARAUSCHE IN DUNKLER SAUCE

Tschechische Spezialität. Karotten, Sellerie und Zwiebeln dünsten; dunklen Sirup aus Zucker und Wasser mit Essig aufgießen und reduzieren, Lorbeerblätter, Thymian, Gewürznelken, Pfefferkörner, Zitronenschale, Johannisbeergelee und die gedünsteten Gemüse hinzufügen, mit etwas Bier, geriebenem Lebkuchen und dem Sirup aufkochen, sieben, Fischtranchen in feuerfester Form mit Sauce übergießen, mit Pflaumen, Mandeln und Rosinen bestreuen und im Rohr garen.

Ein beinahe unvermählbares Gericht, doch wir ließen nicht locker und fanden drei Partner: Das böhmische **Budweiser Budvar-Bier** mit feinem Fruchtgeschmack, deutlichem Hopfenflair und zartsüßlichem Finish stellte für Biertrinker den Höhepunkt dar; der nussig-mandelige **Château-Chalon**/Jura/F als gleichberechtigter, abgrundtiefer Winterwein für Weißweinfreunde, und für Rotweinfans war es der unvergleichliche australische **Grange**, der Fischaroma und Gewürze zu einer (positiven) Explosion brachte.

KARBONADE

Gebratene oder gedünstete dünne Fleischtranche aus dem Rücken von → Schwein, → Kalb und → Hammel oder aus der Hüfte des Rindes bzw. vom Hals des Schweins.

Empfehlungen finden sie unter den einzelnen Stichworten.

KARBONADE AUF „FLÄMISCHE ART“

Dünne Rinderhüftenscheiben in Fett anbraten, salzen, pfeffern, mit gedünsteten Zwiebelscheiben in eine Pfanne geben und etwas zuckern, Bratensatz mit Bier ablöschen, mit braunem Fond vermischen, Fleisch mitdünsten und gemeinsam arrangieren.

Das flämische **Cristal Alkenbier** wurde nach Auskunft des Oberkellners auch zum Kochen verwendet und darf daher als bevorzugter Partner angeführt werden. Hellgelb, mit fruchtig-hopfigem Bouquet, kraftvollem, reintönigem Geschmack und vollmundig-samtigem Finale war es denn auch tatsächlich ein Gaumenschmaus ungewohnter Art, wenngleich meine Partnerin lieber einen **Chinon** (CF)/Loire/F oder **Blaufränkisch**/Mittelburgenland/A dazu getrunken hätte.

KARDEN (KARDONEN, SPANISCHE DISTELN)

(frz. CARDONS, engl. CARDOONS, ital. CARDONI, span. CARDOS)

Die eßbaren Stiele einer Distelart (November bis Februar), die wie eine Kreuzung aus Artischocken und Spargeln munden und wie Stangensellerie aussehen. Die Stiele sind kalorienarm, werden vor allem in Südeuropa angebaut und müssen von den Blättern getrennt werden, wobei man Haut und Fasern abzieht, mit Zitrone einreibt und in Mehl-Zitronenwasser vorkocht.

Zu Karden „Andalusisch“ (in Kraftbrühe mit etwas Portwein gedünstet, mit Semmelbröseln paniert, mit Butter beträufelt und gratiniert) genießen Sie ein kühles Glas **Sherry Fino light dry**/E. Zu Karden mit Safran wählen Sie einen **Moscatel seco** von DE MULLER, Tarragona/Katalonien/E. Zu Karden mit Lamm darf es eine mittelreife (rote) **Rioja Gran Reserva**/E sein. Im Zweifelsfalle ist **weißer Rioja** mit etwas Eichengeschmack immer richtig. Und in Italien gilt **Bardolino Chiaretto**/Venetien als Idealpartner. Kardensuppe vermählten wir mit köstlichem **Ravello Rosato** (2–3 Jahre, 12–13 °C) von EPISCOPIO-VUILLEMIER aus Ravello/Kampanien/I.

KARFIOL (BLUMENKOHL)

(frz. CHOU-FLEUR, engl. CAULIFLOWER, ital. CAVOLFIORE, span. COLIFLOR)

Eine durch Züchtung entstandene Spielart des Kohls von leicht verdaulicher Art und hohem Vitamin-C-Gehalt, die im 19. Jahrhundert noch als Edelgemüse galt und nur von Spargel und Artischocke übertroffen wurde. Karfiol gibt es das ganze Jahr zu kaufen. Die Köpfe sollen fest und ohne schwarze Flecken sein.

Die Ihnen längst bekannten „Gemüseweine" **Sauvignon Blanc**, **Sylvaner** und **Neuburger** (!), ergänzt durch **Grünen Veltliner**, **Riesling-Sylvaner**, **Rieslinge** und fruchtcharmante **Jungweine** (weiß und rot), sind hier anzuraten. Zu Karfiolsoufflé erfreuten wir uns aber überraschenderweise an einem südoststeirischen **Traminer** von WINKLER-HERMADEN, Schloss Kapfenstein, und zum altbekannten Karfiol „Polonaise" darf es auch roter **Jungwein** (**Blauburger**, **Zweigelt** ...) sein.

KAROTTEN (MÖHREN)

(frz. CAROTTES, engl. CARROTS, ital. CAROTE, span. ZANAHORIAS)

Wichtigstes Wurzelgemüse von orangeroter Farbe und zartsüßlichem Geschmack. Die Karotten sind wachstumsfördernd, blutbildend und enthalten viel Karotin. Freilandkarotten munden von Juli bis September am besten. Man sollte sie mit Butter, Öl oder Sahne verzehren, damit die fettlöslichen Vitamine auch vom Körper aufgenommen werden.

Das feine Gemüse läßt sich von exquisiten Weißweinen mit subtiler Fruchtnote und gebändigter Säure (**Riesling**, **Riesling-Sylvaner**, **Pinot Gris**, **Malvasier**, **Gutedel**, **Chenin Blanc**) sowie „fruchtexplodierenden" weißen und roten **Jungweinen** zu aromatischen Spitzenleistungen animieren.

KARPFEN

(frz. CARPE, engl. CARP, ital. CARPIONE, span. CARPA)

Einer der begehrtesten Süßwasserfische (Teich- und Flußkarpfen), der bis zu 1,3 m lang und 35 kg schwer werden kann. Bereits um 1070 wurde er von Mönchen am Bodensee erwähnt, kommt aber ursprünglich aus Asien. Das ideale Gewicht für kulinarische Freuden sind 1 bis 2 kg bei einem Alter von 3 Jahren. Die beste Jahreszeit ist von Oktober bis April. Der Karpfen kann bis 100 Jahre alt werden und soll dann immer noch schmackhaft sein!? Unter Feinschmeckern gilt der „Blaugesottene" als höchster Genuß, der „Spiegelkarpfen" hat die wenigsten Geräten, und der Karpfen auf „Böhmische Art" ist am schwierigsten zu kombinieren. Ebenfalls umschwärmt sind die zarte Zunge und die delikate → Karpfenmilch.

Das fette, wohlschmeckende Fleisch verlangt einen reifen, kräftigen Weißwein ohne Barriqueausbau mit gut integrierter Säure oder einen samtigen Rotwein. Mit Karpfen in Rahmsauce ergeben edelsüße Spätlesen und Auslesen einen überraschenden Gleichklang! Zu gefülltem Karpfen ist reifer burgenländischer oder elsässischer **Pinot Blanc** eine Gaumenweide, und zu gebratenem Karpfen genossen wir superben **Chablis GC „Vaudésir"** von der DOMAINE DE LA MALADIÈRE, Chablis/Burgund/F, der dem Fleisch neue, würzige Akzente entlockte (**Chablis AC** enttäuschte); zu Karpfensuppe empfehlen französische Sommeliers mit Recht den bei uns ziemlich unbekannten **Champagne Rosé des Riceys** (PN, 3–5 Jahre, 10–12 °C), z. B. von GALLIMARD PÈRE ET FILS, Les Riceys, und zu Karpfenragout ist auch Rotwein (**Gamay**, **Cabernet**, **Syrah**) erlaubt und begehrt.

KARPFEN AUF „BÖHMISCHE ART"

✐ Karotten, Petersilie und Zwiebeln in Streifen (Julienne) schneiden, mit Wasser und Bier kochen, mit Karpfenblut vermischen, mit Essig würzen, dazu Mandeln, Rosinen, halbe Nüsse und Dörrpflaumenstreifen zuckern und gut kochen, Fond zum Teil abseihen, mit gesalzenen und gepfefferten Karpfenstücken dünsten und mit geriebenem Lebkuchen binden und aromatisieren.

🍷 Weine ähnlich wie zu → Karausche in dunkler Sauce. Anstelle des **Chateau-Chalon** probierten wir diesmal superben, würzig-süßen **Vin Santo** von AVIGNONESI, Toskana/I; und ein nach Lebkuchen duftender interessanter (roter) **Pinot Noir Bratislava** (3–5 Jahre, 15–16 °C) von VINO-PRODUKT S. P., Bratislava/Slowakei, ersetzte den nicht greifbaren **Grange**/AUS.

KARPFEN BLAU

✐ Ungeschuppter Karpfen wird in Salz-Essigwasser gekocht und mit zerlassener Butter und Salzkartoffeln serviert.

🍷 **Sylvaner**, **Neuburger**, **Zierfandler**, **Pinot Gris**, **Pinot Blanc Kabinett/Spätlese trocken/** Thermenregion und BGLD sowie reifer **Grüner Veltliner „Smaragd"**/Wachau/NÖ treffen aromatisch mitten ins Herz. Grüne, unreife Säure und Barriquetöne stören den Wohlgeschack des festen Fleisches. Zu Mittag genossen wir einen jugendlichen, charmanten **Weißburgunder Qualitätswein** (1–3 Jahre, 8–9 °C) von LEOPOLD BREYER, Wien-Jedlersdorf, der zwar nicht in letzter Konsequenz Paroli bieten konnte, aber dafür auf subtile Weise anregend wirkte. Die kraftvolle **Weißburgunder Spätlese „Spiegel"** von LUDWIG HIEDLER, Langenlois (3–6 Jahre, 9–10 °C), verfügte auch über ein raffiniertes Säurespiel, das dem Wasserbewohner einige (versteckte) Glanzlichter entlockte. Beim fulminanten, archaischen **Puligny-Montrachet Premier Cru** von JEAN CHARTRON (CH, 4–7 Jahre, 9–11 °C) stand letztlich doch die Eiche etwas im Wege.

KARPFEN GEBACKEN MIT SAUCE REMOULADE

✐ Geschuppter Karpfen wird in Portionen aufgeteilt, in Mehl, Ei und Semmelbröseln paniert, in Fett knusprig herausgebacken und mit → Sauce Remoulade serviert.

🍷 Im Prinzip haben sich hier fast die gleichen Weine wie bei Karpfen blau durchgesetzt. Während die Gewächse der Thermenregion und des Burgenlands (**Neuburger**, **Rotgipfler**, **Zierfandler**, **Pinot Gris**, **Pinot Blanc**) für wohlige Geschmacksharmonie sorgten, setzten jene aus der Wachau und dem Kamptal/NÖ (**Grüner Veltliner „Smaragd" Spätlese**, **Weißburgunder** und **Chardonnay Spätlese trocken**) pikante Akzente über den Fettgeschmack der Panier und die Würze der Remoulade. Ein interessanter Außenseiter war die relativ trockene **Riesling Spätlese „Niersteiner Pettenthal"** (3–6 Jahre, 10–11 °C) von HEINRICH BRAUN, Rheinhessen/D, die mit ihrer nervigen Säure und zarten Restsüße über die Sauce einen Hauch von Exotik auf den Gaumen brachte. Die Franzosen trinken gerne mächtige **Côtes du Jura Blancs** (SAL: eine Traminerart), z. B. von DANIEL CHALANDARD, Le Vernois/Jura dazu, die allerdings geschmacklich dominieren.

KARPFEN GESULZT

✐ Wurzelwerk in Streifen schneiden (Julienne), in Essigwasser kochen, abseihen und warmstellen, Karpfenstücke im Wurzelsud blau kochen, entgräten, mit dem Wurzelwerk bedecken und mit dem gelierfähig gemachten Fischsud begießen und kaltstellen.

🍷 Wenn Sie die säuerliche Aura des Gerichts betonen wollen, so ordern Sie mutig kraftvollen **Sauvignon Blanc**, **Grünen Veltliner** oder **Sylvaner** aus NÖ oder der S-STMK bzw. Franken/D (z. B. den famosen **Silvaner Kabinett „Würzburger Stein-Harfe"** vom BÜRGERSPITAL, Würzburg). **Riesling-Sylvaner**, **Pinot Gris** oder **Zierfandler**/Thermenregion/NÖ sind mehr auf Harmonie bedacht. **Riesling Spätlesen** mit zarter Restsüße (z. B. von MARTIN NIGL, Senftenberg/NÖ, oder von der Mosel/D) bringen Finesse und eine nahezu asiatische Note. Die Franzosen nehmen gerne elsässische Weine wie **Pinot Blanc** (z. B. von HUGEL & FILS, Riquewihr), die mit rauchig-würzigen Aromen die säurige Tendenz betonen, aber nicht überziehen. Vorsicht ist allerdings vor jungen Weinen mit grüner, grasiger Säure geboten.

KARPFENMILCH

✐ Der Samen (Sperma) des männlichen Tieres gilt seit der Antike als besonderers delikate Vorspeise oder Würzbissen und ist im Verein mit mild-samtigen Weißweinen eine Klasse für sich.

🍷 Zu Karpfenmilch in Teighülle erfreuten uns **Neuburger** und **Spätrot-Rotgipfler Kabinett bis Spätlesen** aus Gumpoldskirchen/Thermenregion/NÖ/A. Karpfenmilch auf „Ungarische Art" (in Torteletts mit Paprikasauce) wird durch ungarischen **Sauvignon Blanc** von GYÖNGYÖS ESTATE, Gyöngyös, zu einer feurigen Sache und durch **Pinot Gris Kabinett** (z. B. von GERNOT HEINRICH, Gols/BGLD) zu einem milden, rauchig-pikanten Gaumenschmaus. Auch **Hermitage Blanc**/nördl. Rhône ist einen Versuch wert.

KARTOFFELN (ERDÄPFEL)

(frz. POMMES DE TERRE, engl. POTATOES, ital. PATATE, span. PATATAS)

Stärke- und wasserreiche, aber kalorienarme Knollen eines ursprünglich südamerikanischen (Anden) Nachtschattengewächses, das in der ersten Hälfte des 16. Jahrhunderts durch die Spanier nach Europa kam und zuerst als Zierpflanze bestaunt wurde. In Wien wurde die Kartoffel bereits um 1588 durch Carolus Clusius als Nahrungsmittel eingeführt. Friedrich der Große machte sich im 18. Jahrhundert in Preußen für den Anbau stark, und seit dem 20. Jahrhundert ist sie, neben Brot, das wichtigste Volksnahrungsmittel in allen gemäßigten Zonen. Man unterscheidet zahlreiche Sorten, die unterschiedlich reifen und in Farbe und Geschmack differieren.

🍷 Einige Weißweine gelten als besondere Kartoffelfreunde (**Riesling**, **Welschriesling**, **Riesling-Sylvaner**, **Zierfandler**, **Pinot Blanc** ...), da sie den Eigengeschmack der Knolle herrlich untermalen. Durch diverse Zubereitungsarten und Hauptspeisen kommen auch Rotweine zum Tragen (→ Macairekartoffeln, → Trüffelkartoffeln). Zu Kartoffelsalat ist der beste **Riesling** gerade gut genug; Kartoffelpuffer mit Speck und (roter) **Saint-Pourçain**/Lothringen, Kartoffelkroketten und **Côtes du Rhône Rouge**, Kartoffelgratin und **Gewürztraminer** oder **Vin Jaune**/Jura, Kartoffelknödel und weißer **Jungwein Malvasier**, Kartoffeln „Venezianisch" (mit Zwiebeln gekocht) und **Tocai Rosso**/Venetien sind allesamt ein Genuß. Zu Kartoffelkäse ist **Riesling** wiederum nicht zu überbieten; zu Kartoffeln mit Sauerrahm und Schnittlauch bewährte sich kühler, **trockener Rosé**; zu Kartoffelpüree mit Käse und Knoblauch versuchen Sie köstlichen **Collivo Bianco** (CHA 80 %, M 20 %, 1 Jahr) von EREDI CARLO TAMBORINI, Lamone/Tessin/CH.

KÄSE

(frz. FROMAGE, engl. CHEESE, ital. FORMAGGIO, span. QUESO)

Aus Milch von Kühen, Schafen, Ziegen, Büffeln u. a. hergestelltes wichtiges Nahrungsmittel, das schon von den Hebräern (1050 v. Chr.) geschätzt wurde. Grundstoff der Käseherstellung ist das Kasein (Milcheiweiß), das durch bakterielle Milchsäuerung (Sauermilchkäse) oder mit Hilfe von Lab aus frischer Milch (Süßmilchkäse) ausgesondert wird. Nach Art der Herstellung, Reifung und Würzung unterscheidet man zwei Hauptgruppen:

Sauermilchkäse:	Bauernhandkäse, Harzer Käse, → Kochkäse, → Korbkäse, → Mainzer Handkäse, → Quargel, → Steirischer und Tiroler Graukäse, Zillertaler Zieger ...
Süßmilchkäse:	
1. Frischkäse:	→ Burgos, → Cottage Cheese, → Mascarpone, → Ricotta, → Schichtkäse, → Stracchino, → Topfen (→ Quark), York ...
2. Hartkäse:	Allgäuer Bergkäse, → Cantal, → Cheddar, → Chester, → Emmentaler, → Grana, → Gruyère de Beaufort, → Parmesan, → Pecorino, Romano, → Sbrinz, Tiroler Alpkäse ...
3. Schnittkäse:	→ Bel Paese, → Edamer, → Gouda, Marzolino, → Mondseer, → Pont l'Evêque, → Reblochon, Robiola, Steirischer Bauernkäse, Steirischer Hirtenkäse, Taleggio, → Tête de Moine, → Vacherin ...
4. Weichkäse:	→ Brie, → Camembert, → Caprice de Dieu, → Carré de l'Est, → Dauphin, → Géromé, → Limburger, → Livarot, → Maroilles, → Münster, → Steirischer Knappenkäse, Südsteirischer Hauerkäse, → Weißer Prinz ...

Weiters teilt man Käse ein nach der Milch (→ Schafkäse, → Ziegenkäse …) und nach den Schimmelkulturen:

Blauschimmel (→ Bleu d'Auvergne, → Bleu de Bresse, → Blu(e) Bayou, → Blue Cheese, → Cashel Irish Blue, → Castelmagno, → Dana Blu, → Dolce Bianca, → Dolcelatte, → Galil, → Gorgonzola, → Fourme d'Ambert, Montagnolo, Norzola, Österzola, → Stilton, → Trautenfelser …)

Weißschimmel (→ Brie, → Brillat-Savarin, → Camembert, → Caprice de Dieux, → Carré de l'Est, → Chaource, → Explorateur, → Géramont, → Gratte-Paille, Paglietta, Tomino, → Weißer Prinz …)

oder nach der Flora (Rotflora) an der Oberfläche:

Rotschmierkäse (Bierkäse, → Chaumes, → Epoisses, Langres, → Limburger, → Livarot, → Maroilles, → Munster, Rollot, Rougette, → Romadour, Saint-Albray, → Steirischer Knappenkäse …)

KASNOCKEN

(Süd-)Tiroler Spezialität aus lockeren Knödeln mit Tiroler Graukäse (Sauermilchkäse) vermengt: altbackenes Knödelbrot, Milch, Zwiebeln, Butter, reifer Grau- oder Bergkäse, Mehl, Eier, gehackte Kräuter (Petersilie, Schnittlauch), Salz, Pfeffer, Muskatnuß, geriebener Parmesan und Butter.

Schlechthin idealer Begleiter der volkstümlichen Nocken sind würzige **Märzenbiere**. Unter den Weinen sind rassige **Roséweine** (**Schilcher**/W-STMK/A …) sowie **Pinot Blanc** und **Morillon** (**Chardonnay**/S-STMK) am beliebtesten.

KASSELER (SELCHKARREE)

Gepökeltes und schnellgeräuchertes Schweinsrippenstück (→ Schweinskotelett), das manchmal auch von der Schulter oder vom Bauch stammt und gebraten, gedünstet, gegrillt oder im Teig zubereitet wird. (Das Gericht stammt nicht aus Kassel/Hessen, sondern ist nach dem Berliner Fleischer Cassel benannt.)

Deutsches **Altbier** ist der populärste Begleiter des Rippenstücks.

KASSELER RIPPENSPEER

Das Rippenstück wird auf Spieß (Speer) gesteckt, mit Öl bestrichen, gepfeffert, papriziert, über Holzkohlenfeuer gegrillt, in Scheiben geschnitten und mit Sauerkraut und Kartoffelpüree garniert.

Würziges **Altbier** „darf" auch hier getrunken werden, doch wegen des Sauerkrauts haben sich **Silvaner** (Franken, Rheinhessen/D …) und **Rieslinge** (Elsaß/F, Saar/D …) in den Vordergrund geschoben.

KASTANIEN (MARONEN)

(frz. MARRONS, engl. CHESTNUTS, ital. MARRONE, span. CASTAÑE)

Die süßen, braunrindigen Nüsse der Edelkastanie – früher eine verpönte Armenspeise – sind in Südeuropa heimisch, werden aber auch bei uns (Bodensee) gepflanzt. Sie bestehen vor allem aus Stärke, Eiweiß, Saccharase, Dextrin und Ölen. Ihr mehlig-süßliches, wohlschmeckendes Aroma kommt als Püree, Pudding und in Torten, aber hauptsächlich als Füllung von Enten, Gänsen und Puten gut zur Geltung, wobei deren Fleisch enorm an Feinheit gewinnt. Ideale Genußzeit von Maronen ist von Oktober bis November.

Geradezu sensationelle Partner gerösteter Kastanien sind: (roséartiger) weststeirischer **Schilcher**, (roter) **Brunello di Montalcino**/Toskana, **Echézeaux GC** und **Santenay**/Burgund, **Vega Sicilia „Unico"**/E und viele „weiße" **Dorins** aus Bex/Waadtland/CH. Hochinteressant war auch die Verbindung mit hochkarätigem **Zweigelt**, ausgebaut in Barriques (JOSEF UMATHUM, Frauenkirchen/Neusiedlersee/BGLD, GERNOT HEINRICH, Gols/Neusiedlersee/BGLD, MALTESER RITTERORDEN, Mailberg/Weinviertel/NÖ …), wobei sich jedesmal das Maroniaroma verfeinerte und die zuerst etwas lauten Weine urplötzlich zu leisen und finessenreichen Geschöpfen mutierten. Zu Kastanienreis (Kastanienpüree) munden sowohl feine **Dessertweine** als auch edle **Trockenbeerenauslesen**; zur Kastaniensuppe bewährte sich ein (roter) **Cornas** von MARCEL JUGE, Cornas/nördl. Rhône/F; zu süßen Kastanienknödeln erfreuten wir uns an einer **Nußberger Traminer Auslese** von FRANZ MAYER, Wien/A, wobei der Wein die Speise mit feiner Süße und Würze bereicherte, und zu gekochten Kastanien ist süßer (roter) **Recioto della Valpolicella**/Venetien/I (z. B. von MASI, Ambrogio di Valpolicella, oder PAOLO BOSCAINI & FIGLI, Valgatara di Marano), ein elitärer, klassischer Partner. Eine besondere Affinität für süße Kastaniengerichte weisen auch der (rote) **Sankt Laurent Eiswein** von WILLI OPITZ, Illmitz, und der **Blaufränkisch Eiswein** von GERHARD NEKOWITSCH, Illmitz/BGLD, auf.

KASTANIENPÜREE

✐ Kastanien werden geröstet und geschält (auch die Innenhaut), mit Butter und Zucker karamelisiert, mit Bouillon und Milch versetzt, weichgekocht, im Mixer püriert und mit Rahm, etwas → Madeira, Salz und Zitronensaft aromatisiert.

🍷 Neben dem schon vorgezeichneten **Madeira „Malmsey"**/P konnten sieh auch einige andere feine **Dessertweine** profilieren: **Cinque Terre Sciacchetrà** von LIANA ROLANDI, Ligurien/I, **Vin Santo** von LUNGAROTTI, Torgiano/Umbrien/I, und ein gespriteter **Cream Sherry** von PEDRO DOMECQ/E.

KATFISCH → STEINBEISSER

KATZENG'SCHREI

✐ Bayerisch-österreichische Spezialität: Omelett, gefüllt mit dünn geschnittenen, gebratenen Fleischstücken aller Art.

🍷 Trinken Sie am besten einen ebenso einfachen wie köstlichen **Zweigelt**, **Blaufränkisch**, **Blauburger** oder **Blauen Portugieser** Ihrer Wahl, falls Sie kein Bierfreund (**Märzen**, leichtes **Pils**) sind.

KAVIAR

(frz. CAVIAR, engl. CAVIAR, ital. CAVIALE, span. CAVIAR)

✐ → Rogen (Fischeier) verschiedenster Störarten (→ Stör, → Sterlet, → Hausen, Scherg) des Schwarzen und Kaspischen Meeres. Die „Perlen des Meeres" (Jänner bis März) gehören zu den gefragtesten und teuersten Delikatessen. Wenn die Störe im Herbst in die Flüsse wandern, beginnt die Fangzeit. Das edle Fleisch der Störe wird geräuchert, der Rogen wird entfettet, gesiebt, gewaschen und gesalzen. Je milder er gesalzen wird (Malossol), desto exquisiter ist sein Aroma. Der Hausen, der leider vom Aussterben bedroht ist, beschert uns den „Königskaviar", den grobkörnigen „Beluga". Die Körner sollen glasig, prall und trocken sein. Es ist verwunderlich, daß die großen Gastrosophen Grimod de la Reynière, Brillat-Savarin und Freiherr von Rumohr den Kaviar mit keinem Wort erwähnten.(Vielleicht liegt es ja daran, daß der Stör noch im 19. Jahrhundert keineswegs selten war. Im „Contract der hamburger Dienstmägde" beispielsweise hielt man es damals für nötig festzuschreiben, daß man Bediensteten Stör höchstens zweimal die Woche vorsetzen durfte!) Die zum Kaviar gereichten Zwiebeln und Zitronen können den Eigengeschmack verdecken, und auch Butter und Schwarzbrot als Unterlage sind nicht das Nonplusultra. Frisches oder geröstetes Weißbrot ist aber unbedenklich. Bei der Wahl des Bestecks ist Vorsicht geboten, denn die Berührung mit Metall scheint den edlen Eiern ihren unnachahmlichen „jungfräulichen" Duft zu nehmen (Löffel aus Horn ...).

🍷 Mag sein, daß **Wodka**, **Chablis** und **Sekt** dem Kaviar etwas abgewinnen können, die wahren Seelenfreuden erlebt der Feinschmecker aber nur mit feinstem **Champagne Brut**! Siehe auch → Keta-Kaviar.

KAWAGE

✐ Arabische Spezialsuppe: aus gehacktem bzw. püriertem Hammelfleisch, Tomaten, Curry, Salz, Pfeffer, Paprika.

🍷 **Hermitage Blanc**/nördl. Rhône, **Château-Chalon**/Jura, **Traminer** oder, viel einfacher und billiger, **nordafrikanischer Roséwein** (z. B. **Gris de Boulaouane** von SINCOMAR, Marokko) sind die besten Durstlöscher.

KEBAP (KEBAB, KABAB, KHABAB)

Klassische türkische Delikatesse aus am Spieß gebratenen kleinen Hammelstücken, scharf gewürzt, mit körnigem Reis serviert. Heute gibt es auch Kebaps aus Lammfleisch, Fladen, Blätterteigpasteten usw.

🍷 Falls Würze Ihnen nichts ausmacht, versuchen Sie ruhig roten türkischen **Karmen** von DIREN WINES, Euphrates Tal, oder kraftvollen bulgarischen **Cabernet Sauvignon** von VINI SLIVEN, Sliven/Korten Region (ein Geheimtip!). Sensiblere Gaumen sollten sich an lokalen **Roséwein** oder (weißen) **Sémillon**/VILLA DOLUCA/Mürefte/Marmarameer halten.

KEFALOTIRI

Ein griechischer Rohmilchkäse aus Schafmilch, von unterschiedlicher Reifeart. Als Frischkäse ist er in vielen griechischen Gerichten vertreten, in reifer Form dient er als vorzüglicher Reibkäse.

🍷 Zum Frischkäse ordern Sie griechischen **Sauvignon Blanc „Athos"** von E. TSANTALI, Chalkidike/Nordgriechenland; beim Reibkäse hat sich der Wein an das Gericht anzupassen. Prinzipiell ist reifer **Cabernet Sauvignon** anzuraten.

KETA-KAVIAR

Gilt neben Sigi-Kaviar (Hechtrogen) und Deutschem Kaviar (Seehasenrogen) als bester Kaviarersatz. Er wird aus den roten grobkörnigen Rogen des mandschurischen Keta-Lachses gewonnen und kann auch mit Zitrone oder Zwiebeln gewürzt werden.

🍷 Auch hier sind **Champagne Brut** – es darf auch einfacherer sein – und rassiger **Blanc de Blancs-Schaumwein** nicht zu übertreffen. Als Alternative zum **Schaumwein** bieten sich jugendlicher **Chardonnay** ohne Eichenausbau und fruchtcharmante, kellerkühle Rotweine (**Pinot Noir**, **Gamay** ...) an.

KINGSTONKÄSE

Dem Gouda ähnlicher Vollfettkäse aus Mittelengland (Midlands).

🍷 Wenn Sie in Britannien sind, dann fragen Sie nach dem **Müller-Thurgau** von WOOTTON VINEYARD, Wells/Kent, im übrigen wäre samtiger **Graves Blanc**/Bordeaux/F der richtige Weinpartner.

KIRSCHEN

(frz. CERISES, engl. CHERRIES, ital. CILIEGE, span. CEREZAS)

Zu den Rosengewächsen gehörende Steinobstart, die von Lucullus bereits vor 2000 Jahren aus der asiatischen Stadt Kerasos nach Europa gebracht wurde. Die Süßkirsche trägt schwarzrote, süße Früchte. Die Sauerkirsche (Weichsel) kommt bei uns verwildert vor, und die Maraschinokirsche ist von besonderer Würze. Kirsch- und vor allem Weichseldesserts, gepaart mit einem Glas Dessertwein, führen zu besonders tiefem und erhohlsamem Schlaf.

🍷 Im Prinzip vertragen sich Kirschen und Kirschgerichte – wenn die Süße nicht zu intensiv ist – sehr gut mit edlen Rotweinen, die einen Kirsch- bzw. Weichselgeschmack aufweisen. **Bordeauxweine** aus Margaux, der Cru-Beaujolais **„Morgon"**/Burgund/F, die italienische **Ciliegiolo** (**Kirschrebe**) und **Rosé-Champagnes** (z. B. **Pol Roger**/Epernay ...) beinhalten edle Kirschtöne, während Burgunder (**Chambertin**, **Beaune** ...), **Gamay** und **Merlot**/F, **Sangiovese**, **Raboso**/I sowie **St. Laurent** und **Zweigelt**/A mehr zur Weichselnote tendieren. Wenn das Gericht eine süß-saure Note annimmt, wie bei Ente mit Kirschen, sollte man allerdings zu einem alten **Sauternes**/Bordeaux/F oder einer edlen **Traminer Auslese** greifen. Zum Kirschauflauf verwöhnten wir uns mit einer perfekt vinifizierten **Welschriesling Auslese** von ALOIS KRACHER, Illmitz/Neusiedlersee/BGLD/A. Ein wahrer Süßkirschentraum ist neuerdings der **„Grand Merlot“** von JAMES IRVINE, Adelaide/AUS.

KIRSCH-GRATIN MIT FRISCHEN MANDELN

Entsteinte Kirschen in Wasser, Zucker, Zimtrinde, Zitronensaft und etwas Kirschwasser dünsten und kaltstellen. Creme: Vanillesauce mit → Zabaione und Rahm vermischen, mit Kirschwasser aromatisieren. Die kaltgestellten Kirschen auf Biskuitbrösel legen, mit Mandelstiften bestreuen, mit obiger Creme bedecken und im Ofen gratinieren.

Falls Sie sich die Suche nach dem richtigen Begleiter vereinfachen wollen, dann nippen Sie ein edles Gläschen **Kirschwasser** dazu, es ist ebenso einfach wie köstlich. Unter den Süßweinen eignen sich besonders **Riesling Beerenauslesen**, **Saumur**/Loire, **Sauternes**/Bordeaux, aber auch edle **Champagnes doux** (süß) und **Muskat-**(**Moscato-**)**Schaumweine**. Ein junger **Château Doisy-Daëne 2e Cru Classé** (SÉM 100 %, 4–6 Jahre, 8 °C) von PIERRE DUBOURDIEU, Barsac/Sauternes/Bordeaux/F, lehrte uns, wie man Süße, Extrakt, Alkohol und Edelfäule verbindet, damit Eleganz, Finesse und Frische herauskommen. Dieser moderne **Sauternes** ging gar nicht erst ans Flirten, sondern vermählte sich sofort mit dem Gericht. Der **Vin Santo** (MAL, TRE, 7–12 Jahre, 8–10 °C) von POLIZIANO, Montepulciano/Toskana/I, wirkte zuerst etwas deplaziert, oxydativ und zu kraftvoll. Im Laufe des Kampfes (!) wurde er zusehends milder, angepaßter und zeigte sublime Honig-, Lanolin- und Vanilletöne. Alles in allem ein Erlebnis! Über die Vanillesauce betörten die Austria-Pretiosen **Muskat TBA** von VELICH, Apetlon, **Muskat-Ottonel Schilfwein** von JOHANN TSCHIDA, Illmitz, und **Chardonnay TBA** von ALOIS KRACHER, Illmitz, Neusiedlersee/BGLD.

KIRSCHENSTRUDEL

Brösel in Butter hell anrösten, Strudelteig mit zerlassener Butter beträufeln, Brösel und entkernte Kirschen darüber verteilen, zuckern und einrollen, auf ein gefettetes Blech geben, mit zerlassener Butter bestreichen und bei mittlerer Hitze im Rohr backen.

Die Rebsorten **Riesling-Sylvaner**, **Gewürztraminer** und **Bouvier** im Auslesebereich (nicht viel süßer – **Beerenauslese** ist das Höchste der Gefühle) singen sehr gut im Duett mit dem Kirschenstrudel. Bei **Bouvier** kann es gelegentlich zu Dissonanzen kommen. In seliger Erinnerung denken wir an die Kombination mit einer **Gewürztraminer Auslese** vom ELFENHOF/J. u. E. HOLLER, Rust/Neusiedlersee-Hügelland/BGLD. Drei verkostete Rotweine waren jedoch die Überraschung des Tages: die kirschfruchtige **Private Cuvée** (BLF, 2–4 Jahre, 16 °C) von P. u. R. MORANDELL, der beerig-kirschige **Crozes-Hermitage** (SYR, 3–5 Jahre, 16 °C) von MICHEL BERNARD, nördl. Rhône/F, und insbesondere der famose **Chianti Classico Riserva** (SAN 95 %, CS 5 %, 3–6 Jahre, 16 °C) von NITTARDI, Castellina/Toskana/I, der mit betörendem Bouquet (Veilchen, Weichseln, Heidelbeeren) und exquisiter Extraktsüße im Finale eine nicht erwartete Harmonie aufkommen ließ.

KIRSCHTORTE → SCHWARZWÄLDER KIRSCHTORTE

KITZ (ZICKLEIN)

(frz. CHEVREAU, engl. KID, ital. CAPRETTO)

Das Ziegenfleisch gilt als „Kuh des Proletariers“ und ist dem Feinschmecker meist zu zäh, doch das Fleisch des jungen Ziegenlammes (vor allem als Milchkitz) wird seit Jahrtausenden in Asien, Afrika und Europa hochgeschätzt. Es wird wie Lamm zubereitet und weist einen Hauch von Wildgeschmack auf.

In Frankreich empfahl man uns zu Kitz mit Kräutern einen ausgezeichneten **Côtes de Duras Blanc** (SÉM, SB, ML, 3–5 Jahre) von DUC DE BERTICOT/SW-F, und in Italien ließen wir uns zu gebratenem Kitz von einem sardischen **Carignano del Sulcis Rosato** von SARDUS PATER, Sant'Antico, überzeugen. Zu Kitzrücken im Strudelteig sind halbtrockene **Riesling Spätlesen** oder samtiger **Pinot Noir** angebracht. Zu Ziegenlammragout ist (roter) **Barbera d'Alba**/Piemont anzupreisen. Zu Kitz mit Käse und Ei (Capretto Cacio e Uova) verwöhnte man uns in Kampanien/I mit einer sensationellen (roten) **Taurasi Riserva** (AGL, 8–10 Jahre, 16–17 °C) von FAM. MASTROBERARDINO, Atripalda. Im Zweifelsfalle ist **Cabernet Sauvignon**/NZ eine gute Wahl.

KITZ GEBACKEN MIT ZUCKERERBSEN

Eine Portion aus je einem Stück Schulter, Brust und Hals, gesalzen, in Mehl, Ei und weißen Semmelbröseln paniert und in heißem Fett gebacken; als Beilage frische Zuckererbsen.

Die edelsten Exemplare der Thermenregion/NÖ (**Rotgipfler**, **Neuburger**, **Pinot Blanc**, **Zierfandler**, **Riesling-Sylvaner**) sind gerade richtig, um Harmonie am Gaumen zu erzeugen. Der üppige **Neuburger Kabinett** von GERNOT HEINRICH, Gols/BGLD, war hingegen ein würzespendender Partner. Der mittelreife, rassig-nussige **Weißburgunder Kabinett** von GEORG WINKLER-HERMADEN, Schloss Kapfenstein/SO-STMK, betonte den Fettgeschmack der Panier am besten, und die **Riesling Spätlese** von DIPL. ING. HERBERT SCHILLING, Wien-Strebersdorf, holte insgesamt die subtilsten Aromen heraus (inklusive der Zuckererbsen). Achtung! Eichen- und Milchsäuretöne (biologischer Säureabbau) stören die Harmonie.

KIWI (CHINESISCHE STACHELBEERE)

Aus China stammende, überaus gesunde Kletterpflanze mit einem an Stachelbeeren, Melonen und Erdbeeren erinnernden Geschmack, die heute vor allem von Jänner bis April aus Neuseeland kommt.

Fruchtcharmante, exotische Weißweine, aber auch **rote Jungweine** kommen hier grundsätzlich in Frage. **Muskateller** (**Moscato**)-**Schaumweine**, liebliche **Rosé-** und **Prädikatsweine** sind, je nach Zubereitung, zur raffinierten Verfeinerung der Kiwi einzusetzen. Zu Kiwikuchen empfehlen wir edelsüßen **Coteaux du Layon**/Loire oder neuseeländischen **Sauvignon Blanc** im Auslesestil. Kiwi-Cassata genossen wir mit **Moscato d'Asti**/Piemont und Kiwi-Orangen-Dessert wurde durch eine **Traminer Beerenauslese** von ALOIS KRACHER, Illmitz/BGLD, zu einer göttlichen Speise.

KLETZEN

Österreichische Bezeichnung für getrocknete Birnen.

Im Prinzip sind Südweine (**Marsala**/Sizilien/I oder **Sherry Amontillado Sweet**/E) hervorragend geeignet, doch können liebliche Weißweine mit erfrischender Säure den Kletzen neues Leben verleihen.

KLETZENBROT

In Österreich und Bayern beliebtes wohlschmeckendes Weihnachtsgebäck aus gesäuertem Roggenbrotteig oder weißem Hefeteig mit kleingeschnittenem Dörrobst (Birnen, Dörrpflaumen, Rosinen) sowie Walnuß- und Mandelkernen, Orangeat, Zitronat, gewürzt mit Nelkenpulver, Zimt, Anis, Rum.

Als Lokalmatador glänzte die **Illmitzer Bouvier TBA** (mindestens 5 Jahre, 8–10 °C) der FAMILIE FLEISCHHACKER, Illmitz,/Neusiedlersee/BGLD (strahlendes Gelbgold, attraktive Nase nach Kräutern, Beeren und Gewürzen, mit Opulenz, Kraft und Süße im unendlichen Nachhall), die eine geniale Verknüpfung der Aromen bewirkte. Ähnliche Ergebnisse erzielten zwei gespritete **Dessertweine** aus Spanien: der dunkelfarbige, rosinensüße **Málaga Dulce y Negro** (PX, MOS, 10–15 Jahre, 10–14 °C) von SCHOLTZ HERMANOS, Málaga, und der edle, wahrlich wohlriechende **Sherry Oloroso Dulce** (PAL, PX, 10–20 Jahre, 11–13 °C) von VALDESPINO, Pozo del Olivar, der über die größtmögliche aromatische Verwandtschaft verfügte.

KLOPSE

Nord- und ostdeutsche Bezeichnung für gekochte oder gebratene Fleisch- oder Fischklöße. (→ Königsberger Klopse)

KLUFT

Teil der Rinderkeule, auch Blume, Schwanzstück oder Tafelspitz genannt.

In den meisten Fällen mit Rotwein kombinierbar. Zu den gekochten (gesottenen) Formen (→ Tafelspitz ...) dürfen es traditionellerweise auch Weißweine sein.

KLUFTSTEAK

Etwa 3 cm dickes und 200 g schweres Steak aus der Rinderkeule, das in der Pfanne oder am Grill rosa gebraten wird.

So wie bei fast allen Steaks sind hier Rotweine gefragt, die auch Tannine besitzen dürfen, da diese durch Röststoffe, die vom Braten und Grillen stammen, sowie durch stickstoffhaltige Verbindungen gemildert werden und gleichzeitig das Aroma des Fleisches erhöhen.

KNÄKENTE

Kleine Wildentenart der gemäßigten Landstriche Eurasiens, die leicht blutig bzw. rosa gebraten kredenzt wird.

Läßt sich mit kraftvollen Rotweinen, die auch einen Hauch von Wildbret in sich tragen (**Châteauneuf-du-Pape** und **Syrah**/Rhône bzw. **Shiraz**/AUS, **Madiran**/Béarn, reifer **Pinot Noir**/Côte de Nuits/Burgund/F sowie ähnlich gearteter **Brunello di Montalcino**/Toskana/I ...), gut verbinden. Traumpartner war für uns der opulente, würzige, in Barriques ausgebaute **Château Montus „Cuvée Prestige“** (TAN, 6–10 Jahre, 16–17 °C) von ALAIN BRUMONT, Maumusson/Madiran/SW-F.

KNOBLAUCH (KNOFEL)

(frz. AIL, engl. GARLIC, ital. AGLIO, span. AJO)

Die Zwiebeln der Knoblauchpflanze sind eine stark würzende schwefelhaltige Lauchart von durchdringendem Geruch und Geschmack und von etwas schwerer Verdaulichkeit. Schon in der Antike (China, Indien, Ägypten, Palästina) wurde er hoch geschätzt und im Mittelalter auch in der Klosterküche erwähnt. Obwohl der strenge Geruch wieder über Schleimhäute und durch die Haut abgegeben wird, ist Knoblauch in südlichen Ländern nach wie vor sehr beliebt und üppig eingesetzt. Große Köche verwenden immer nur einen Hauch davon. (Frisch am besten von August bis Februar.) Die moderne Medizin bestätigt seine Wirkung gegen Bakterien, Bandwürmer, Trichinen und Krebs.

Weine, die das durchdringende Aroma in den Griff bekommen, sind mineralischer **Chardonnay** (Stahltank), **Chablis AC**/Burgund/F, **Tocai Friulano** (weiß)/Friaul, **Freisa Secco** (rot)/Piemont, **Malvasia della Lucania secco** (weiß)/Basilikata, **Torgiano Bianco**/Umbrien/I, der spanische Sherryersatz **Montilla-Moriles dry** und **Rosé de Provence**. Knoblauchbutter wird durch edelsüßen **Sauternes**/Bordeaux/F oder milden **Champagne** erst richtig attraktiv. In Verbindung mit Kräutern reüssieren auch **Grüner Veltliner**/NÖ/A und (roter) **Cabernet Sauvignon**/ZA. Zu Pfeffer, Rosmarin, Thymian und dunklem Fleisch sind die Rotweine der südl. Rhône (**Lirac Rouge**, **Gigondas** ...) und der Toskana (**Chianti** ...) erprobt. Lediglich der frische Knoblauch ist problematisch, da er die Geschmacksnerven in Kombination mit hohen Alkoholwerten irritieren und betäuben kann!

KNÖDEL (KLÖSSE)

(frz. QUENELLES, engl. DUMPLINGS, ital. CANEDERLI, span. ALBÓNDIGAS)

Runde, kugelförmige Beilagen aus den verschiedensten Materialien (Kartoffeln, Mehl, Grieß, Hefeteig, Semmeln, Fleisch, Geflügel, Fisch, Wild), in Salzwasser gekocht oder gedämpft.

Zu Kartoffelknödeln passen rassige **Rieslinge** und **Jungweine**. (→ Grammelknödel, → Grießknödel, → Speckknödel, → Topfenknödel)

KNURRHAHN (SEESCHWALBE, SEEHAHN)

(frz. GRONDIN, engl. GURNARD, ital. GRONDINO)

Der Graue Knurrhahn, bis 40 cm lang, kommt von der Küste vor Murmansk bis in die Adria vor, der rote Knurrhahn, bis 60 cm lang, lebt in der Nord-, seltener in der Ostsee. Beider Fleisch ist weiß, bißfest, delikat und besitzt einen legendären Ruf. Sie erzeugen mit Hilfe ihrer Schwimmblase knurrende Laute. Der Graue Knurrhahn wird mit Vorliebe geräuchert, während der Rote Knurrhahn gedünstet oder gebraten wird. Von September bis April schmecken beide am besten.

🍷 Zu gebratenem Knurrhahn empfehlen wir einen **Malvoisie** aus dem Süden; zu gegrilltem Knurrhahn überredete man uns zu kühl serviertem (roten) **Bourgueil**/Loire (was wir nicht bereuten); zu Knurrhahn in Folie grub der Wirt einen (weißen) **Palette „Château Simone"** (CL, CIN, 3–5 Jahre, 8–9 °C) aus Palette/Provence aus, und zu Knurrhahn mit Fenchel wählen Sie selbstbewußt **Sylvaner**, **Sauvignon Blanc** oder **südländischen Rosé**.

KOCHKÄSE

✐ Wird durch Schmelzen von Sauermilchquark (Topfen) mit Zusätzen von Kochsalz und Kümmel hergestellt. Berühmte Kochkäse sind in Österreich Glundner Käse, abgesottener Käse; in Frankreich Cancoilotte und in den USA Cook Cheese.

🍷 Versuchen Sie milde **Rosé-** bzw. Weißweine oder weiße und rote **Jungweine** (**Malvasier**, **Grüner Veltliner**, **Zweigelt**).

KOCHSCHINKEN

✐ Ohne Knochen gepökelter, mild geräucherter und dann gekochter Jungschweinschinken aus der Hinterkeule.

🍷 Würzige Weißweine (**Sauvignon Blanc**, **Welschriesling**, **Muskateller trocken**, **Pinot Gris** ...) oder **Weißgepreßter** (**Blanc de Noirs**, **Klarett**, **Chiaretto**) sind dazu angebracht.

KOCHWEIN → ALKOHOL IN SPEISEN

KOHLRABI (OBERRÜBEN)

(frz. CHOU-RAVE, engl. TURNIP CABBAGE, ital. CAVOLO RAPA, span. COLINABO)

✐ Stengelgemüse mit einer runden, faustgroßen Knolle, die gefüllt oder in Scheiben geschmort am beliebtesten ist. Ab Mai gibt es sie frisch aus dem Freilandanbau. Die Knolle besteht hauptsächlich aus Wasser, Kohlehydraten und Eiweiß, während die jungen Blätter einen doppelt so hohen Gehalt an Karotin, Vitamin C und Phosphor haben – daher mitverwenden! Der etwas scharfe Geschmack stammt von schwefel- und stickstoffhaltigen Senfölen.

🍷 Die klassischen „Gemüseweine" (**Sylvaner**, **Sauvignon Blanc**, **Muskateller trocken**, **Neuburger** ...) konnten auch hier entsprechen. Von dem in Frankreich oft empfohlenen **Beaujolais Primeur** möchten wir eher abraten, da die Bitterstoffe beider Beteiligten (Wein und Kohlrabi) betont werden. Kohlrabi gefüllt (mit Hackfleisch) erlaubt allerdings einen mild-samtigen Rotwein.

KOHLRÜBEN (STECKRÜBEN, KRAUTRÜBEN)

(frz. CHOU-NAVET, engl. SWEDISH TURNIP, ital. NAVONE, span. NABOS)

Die knollenartig verdickte, feste Gemüsepflanze mit gelbfleischiger Wurzel ist eine Kreuzung aus → Kohlrabi und Herbstrübe, die sich während der Kriegs- und Nachkriegszeiten einen schlechten Ruf erwarb, gut zubereitet aber sehr pikant und etwas erdig-süßlich schmeckt.

🍷 Neben leichtem **Pils** sind auch hier die berühmten „Gemüseweine" (**Sylvaner**, **Sauvignon Blanc**, **Neuburger** ...) ein hilfreicher Begleitschutz.

KOHLRÜBEN AUF „BÖHMISCHE ART"

✐ Kohlrüben schälen, in dicke Streifen schneiden, in Schweineschmalz andünsten, mit Wasser und hellem Bier auffüllen, mit Salz und Pfeffer würzen, gehackte Zwiebeln dazugeben und dünsten, mit brauner Mehlschwitze binden und mit Zucker aromatisieren.

🍷 Wenn Sie die Rezeptur genau durchlesen, werden sie sogleich verstehen, daß **böhmisches Bier** kaum zu umgehen sein wird. Erkundigen sie sich nach dem „Kochbier", oder wählen sie original **Pilsner Urquell** (satte, dunkle Farbe, würzig-frisches Bouquet und kraftvoll salzig-würziger Geschmack). Sie werden nicht enttäuscht sein.

KOHLSPROSSEN → ROSENKOHL

KOKOSNUSS

(frz. NOIX DE COCO, engl. COCOA NUT, ital. NOCE DI COCCO, span. COCO)

✎ Die eiförmige, einarmige, kindskopfgroße Steinfrucht der Kokospalme („Baum des Himmels") kommt vor allem auf Ceylon, in Indien, Malaysia, Indonesien, auf den Philippinen und in Mexiko vor. Geraspelt und gezuckert wird das Fleisch für verschiedene Kuchen, Gebäckarten und Süßspeisen oder gegen die Schärfe diverser Gerichte verwendet. Ein wichtiger Bestandteil der → asiatischen Küche ist auch die mit Kokosraspeln und heißer Milch angesetzte Kokosmilch.

🍷 Das Aroma der Kokosnuß kommt im Wein relativ selten vor. Exotische (Elsässische) **Gewürztraminer**, **Sémillon**/AUS, **Chardonnay**/NZ/RCH oder in neuen Barriques ausgebaute **Prädikatsweine** sind da eine rare Ausnahme und lassen sich vorzüglich mit diversen Kokosnußgerichten verschmelzen. Stellvertretend für viele andere sei die exeptionelle **Weißburgunder TBA** von WILLY OPITZ, Illmitz, und die **Muskat TBA** von FAM. VELICH, Apetlon/Neusiedlersee/BGLD/A, lobend erwähnt. Goldbrassenfilet mit Kokospüree und **Graves Blanc**/Bordeaux/F (z. B. **Château La Louvière**) ist eine Gaumensensation.

KÖNIGINPASTETCHEN

→ PASTETCHEN

✎ Die wahrscheinlich berühmteste Kleinpastete, angeblich von der Gemahlin Louis' XV. kreiert, besteht aus kleinen gekochten Hühnerfleischwürfeln, gedünsteten Champignons, wird mit Süßrahm gebunden, mit Trüffelstücken vermischt, in Blätterteig gefüllt und im Rohr herausgebacken.

🍷 Geschmackskonforme Weißweine sind im halbtrockenen bis süßlichen Bereich zu finden (**Chasselas**/CH, **Pinot Gris**, **Graves Blanc** und **Sauternes**/Bordeaux, **Chenin Blanc**/Loire/F, AUS, KAL), wenngleich der von Starsommelier Jean-Luc Pouteau empfohlene (rote) Burgunder **Auxey-Duresses** (PN, 3–5 Jahre, 16 °C) von GUY ROULOT einen interessanten Kontrast darstellte. Gegensätze ziehen einander manchmal an!

KÖNIGSBERGER FLECK

✎ Ostpreußische Kuttelspezialität. Feingeschnittene gekochte → Kaldaunen werden mit Wurzelwerk, Pfefferkörnern und Lorbeerblatt in Kraftbrühe gekocht und mit Essig und gehacktem Majoran aromatisiert.

🍷 Aufgrund der Würze (Pfeffer, Majoran) und der Säure (Essig) ist es wichtig, einen vollmundig-samtigen, ausgleichenden Weißwein wie **Pinot Gris**, **Riesling-Sylvaner** oder **Elbling** zu wählen oder auf den „Essigwein" **Muscat d'Alsace**/F zu setzen. Auch **Moselriesling halbtrocken**/D ist einen Versuch wert.

KÖNIGSBERGER KLOPSE

✎ Ostpreußische Soßklopse. Gewürztes und gehacktes Kalb- und Rindfleisch, gehackte Zwiebeln, feingehackte Kapern, mit Eigelb gebunden, mit eingeweichten Toastscheiben zu Klößen (Klopsen) geformt; → Sauce Béchamel, mit Rahm, Kapern, weißem Pfeffer, Koriander und Zitronensaft aromatisiert, aufgekocht. Die Klopse werden in der Sauce gedünstet und mit Salzkartoffeln angerichtet.

🍷 Als leichter Mittagswein, der die Würzenote des Gerichts originell bereichert, empfahl sich ein rheinhessischer **Silvaner „Niersteiner Rosenberg"** von HEYL ZU HERRNSHEIM, Nierstein, während badische **Pinot Gris Spätlesen** sich als Evergreens erwiesen.

KÖNIGSFISCH → WEISSBARSCH

KÖNIGSKRABBE (KAMTSCHATKAKRABBEN)

Riesenkrabben von etwa 60 bis 70 cm Länge und 2 bis 4 kg Gewicht, die bei den Kurilen im Stillen Ozean in großen Tiefen gefangen werden, derern frisches zartes Fleisch einen legendären Ruf besitzt. Sie werden zumeist bereits an Bord gekocht und kommen tiefgefroren in den Handel. Spielen kommerziell heute keine bedeutende Rolle, da selten geworden.

🍷 Die gigantischen Königskrabben sollten am besten mit **Chardonnay**, **Viognier** oder **Chenin Blanc**, mit wenig Eichenaroma, versucht werden.

KOPFSALAT (BLATTSALAT, GRÜNER SALAT)

(frz. LAITUE, engl. LETTUCE, ital. LATTUGA, span. LECHUGA)

Die Außenblätter der beliebtesten Salatart sind außen grün, innen gelb gefärbt. Salat kommt das ganze Jahr auf den Markt (Freilandsalat, Treibhaussalat) und enthält Mineralstoffe, Calcium, Phosphor und Eisen. Der Salat sollte nicht lange im Wasser liegen, dies mindert den Nährwert. Stimmt man den Wein auf Salat ab, so ist es wichtig, daß mit dem Essig Zurückhaltung geübt wird. („Essig wie ein Weiser, Öl wie ein Kaiser"!)

🍷 Weiße **Jungweine** (**Malvasier**, **Riesling-Sylvaner** ...) haben die Eigenschaft, den Essiggeschmack zu mildern und selbst an Rasse zu gewinnen. Im Zweifelsfalle wählen sie **Tocai Friulano**/I oder **Muscat d'Alsace**/F.

KORBKÄSE

Sauermilchkäse mit Kümmel und leichter Käsegelbflora, ursprünglich aus der Magdeburger Börde, heute auch in Niedersachsen zu finden.

🍷 **Halbtrockene Roséweine** sowie **Riesling-** und **Riesling-Sylvaner Spätlesen**/D mit zarter Restsüße sind hier angebracht.

KORIANDER (WANZENKRAUT)

(frz. CORIANDRE, engl. CORIANDER, ital. CORIANDOLO)

Pfefferkorngroße Früchte aus dem Orient, deren Würzkraft an Orangenschale, Pfeffer und Salbei erinnert und vielfältig eingesetzt wird. In der Patisserie, für Wildmarinaden, Fischsud, eingelegte Früchte usw. Auch Schweinefleisch gewinnt an Aroma, wenn man es mit Koriander einreibt.

🍷 Obwohl es natürlich auch auf das Gericht selbst ankommt, darf gesagt werden, daß **Gewürztraminer**, **Muskateller-** und **Riesling Spätlesen** hiezu an Wirkungskraft kaum zu überbieten sind. Allzu alkohol- und holzbetonte Exoten werden allerdings oft breit und plump im Zusammenspiel mit dem Wanzenkraut!

KRABBEN

→ KÖNIGSKRABBE, → SOFT SHELL CRABS, → TASCHENKREBS

(frz. CRABE, engl. CRAB, ital. GRANCHIO, span. GAMBA)

Zehnfüßige Krebse (→ Krustentiere), deren Schwanz fest unter den Vorderkörper geschlagen und nicht zur Fortbewegung verwendet wird. Es gibt rund 4.500 Arten in fast allen Lebensräumen des Meeresbodens der Tiefsee bis in die Gezeitenzone. Die weichgepanzerten, mit der Hand schälbaren sogenannten kleinen Krabben (Crevetten) ohne Scheren gehören biologisch zu den → Garnelen.

🍷 Das milde, bißfeste Fleisch der (frischen) Krabben erfordert Weißweine von ähnlicher Konsistenz, mit wenig Holzeinsatz und ohne aggressive Säure. Auch ein Hauch von Restsüße ist „gestattet". Zu Krabben in Aspik versuchen Sie **Aligoté**/F oder **Sauvignon Blanc**; zu Krabben mit Öl und Zitrone sind **Bianco di Custoza**/Venetien oder **Gavi**/Piemont/I erwähnenswert, und zu Krabben mit Grapefruit munden sowohl **Gros Plant** als auch **Chenin Blanc**/Loire/F auf wundervolle Weise. Krabbenomelett versuchen Sie am besten mit **Vouvray sec**/Loire oder nicht zu rassigem **Riesling**.

KRABBENSALAT „SAN FRANCISCO"

Crab-Meat-Stücke (von der japanischen → Königskrabbe) und Selleriewürfel werden mit → Mayonnaise, Zitronensaft, Cayennepfeffer und gehackten Schalotten vermischt, in halbierte Avocados gefüllt und mit Radieschen, Lauch und rohen Karottenstreifen garniert.

🍷 Die Weine zu → Avocado Gourmet sind auch hier gültig, ergänzt durch einen zartsüßen **Johannisberg Riesling** von CHAPPELET, St. Helena/Napa Valley, und einen sensationellen, faszinierend prickelnden **Blanc de Blancs Sparkling Wine** (CH, 5–7 Jahre, 7–8 °C) von IRON HORSE VINEYARDS/Sonoma/KAL, der dem Salat jene Noblesse verlieh, die der Koch an diesem Tage hatte vermissen lassen.

KRAPFEN

→ LANGUSTENBEIGNETS, → PFLAUMENKRAPFEN, → SCHLOSSERBUBEN

(frz. BEIGNETS, engl. DOUGHNUTS, ital. FRITELLI, span. BUÑUELOS)

Fleisch-, Fisch-, Meeresfrüchte-, Geflügel-, Gemüse- oder Früchtestücke werden durch einen Backteig gezogen, in Fett oder Schweineschmalz schwimmend herausgebacken und mit Petersilie und Zitronenspalten serviert.

🍷 Hiezu ist das Getränk in erster Linie auf das Produkt abzustimmen. Süße Krapfen werden mit Zucker oder Zimt bestreut und meist mit Marmelade gefüllt (Faschingskrapfen). In Österreich trinkt man **Prädikatsweine** (**Beerenauslese**, **Ausbruch**, **Trockenbeerenauslese**, **Strohwein**, **Eiswein**) dazu, ähnlich verfährt man in Deutschland. In der Schweiz hält man sich an süßen **Johannisberg** aus dem Wallis, Italien bevorzugt **Moscato Rosa** (**Rosenmuskateller**) aus Südtirol, **Malvasia Dolce** aus Sizilien oder Sardinien; Spanien liebäugelt mit **Sherry Amontillado Dulce** oder **Dolç de l'Obac**/Priorato, und Frankreich schickt seine edelsüßen Kreszenzen von Loire und Sauternes ins Rennen. Zu Käsebeignets empfehlen wir im Sommer **Chiaretto della Riviera del Garda**/Venetien/I und in der übrigen Zeit (weißen) **Cortese** (Piemont oder Lombardei/I).

KRAUT → ROTKRAUT, → WEISSKRAUT

KRAUTSTRUDEL

Österreichische Spezialität. Gehackte Zwiebeln werden in Butter angeschwitzt, mit gehacktemm Weißkraut vermischt, mit Salz, Pfeffer, Paprika und Kümmel gewürzt, in brauner Grundsauce gedünstet. Strudelteig wird dünn ausgerollt, mit gerösteten Semmelbröseln bestreut, mit dem Kraut und etwas gehacktem Schinken gefüllt, zusammengerollt, mit Butter bestrichen und im Rohr gebacken.

🍷 Der wegen der Gewürze prädestinierte **Sauvignon Blanc** harmonierte mit dem Weißkraut nicht so ideal wie **Riesling**, **Pinot Blanc**, **Sylvaner**, **Grüner Veltliner** ... und verlieh den Zwiebeln auch eine rasante Schärfe. Im Zweifelsfalle können Sie immer noch helles **Bier** trinken.

KRAUTWICKLER (KRAUTWICKEL, KRAUTROULADE)

Weißkrautblätter mit kochendem Wasser überbrühen, Rippen herausschneiden, mit gehacktem Schweinefleisch füllen, zusammenrollen, binden, in eine mit Speck ausgelegte Pfanne geben, mit fetter Kraftbrühe füllen, mit Salz, Pfefferkörnern, Petersilie, Zwiebeln und Gewürznelke aromatisieren und dünsten.

🍷 Das Ergebnis war ähnlich wie beim Krautstrudel, doch imponierte uns hier auch ein **Sauvignon Blanc** aus dem Burgenland/A. Durch das Schweinefleisch bekam das helle **Bier** einen noch höheren Stellenwert. Manche Gourmets trinken auch gewürzten **Tomatensaft** dazu. In Frankreich genießt man gerne jungen, gekühlten (roten) **Beaujolais**/Burgund. Die Verbindung mit piemontesischem **Nebbiolo** ist allerdings eine Mésalliance!

KREBSE (FLUSSKREBSE)

(frz. ÉCREVISSES, engl. CRAYFISH, ital. GAMBERI DI FIUME, span. CANGREJOS)

Noch vor 100 Jahren ein Volksnahrungsmittel, gelten die Zehnfüßer heute als „Patrizier der Tafel“ und werden auch gezüchtet. Im Mittelalter wurden sie als edelste Fastenspeise berühmt. Es ist wahrlich verwunderlich, daß der deutsche Gastrosoph Freiherr von Vaerst dem herrlichen Krebsenfleisch einen laugenhaften, scharfen Geschmack attestierte! In den Monaten ohne „R“ (Mai bis August) erreichen sie ihren geschmacklichen Höhepunkt.

🍷 Zu gratinierten Krebsen wählen Sie am besten **Hermitage Blanc**/nördl. Rhône oder Ihren Lieblings-**Chardonnay**; zu Krebsen mit Knoblauchsauce versuchen Sie **Chenin Blanc**/Loire oder schäumenden **Cava**/E; zu Krebsen mit Spargelspitzen ist **Sauvignon Blanc** „Pflicht“; zu Krebsen mit Tomatensauce genießen Sie **Bellet Blanc**/Provence oder **Chardonnay** ohne Barriqueausbau; zu kalten Krebsen ordern Sie **Riesling** mit zarter Restüße oder **Condrieu**/nördl. Rhône/F.

KREBSE IN RAHMSAUCE

Krebse in siedendem Wasser töten, mit Zwiebel-, Karotten- oder Knollensellerie-Julienne und frischem Thymian belegen, mit Cognac flambieren, mit Pinot Blanc ablöschen, salzen, pfeffern, dünsten, Fond reduzieren, Rahm hineinrühren, Sauce über die Krebse gießen und mit körnigem Reis anrichten.

🍷 Rassige Weißweine mit pointierter, stahliger Säure kollidieren hier mit Rahmsauce und Reis, während etwaige Barriquetöne recht gut vom Cognac aufgefangen werden. Die großartige **Weißburgunder Spätlese „Oberrotweiler Eichberg“** (3–6 Jahre, 10–11 °C) von FREIHERR VON GLEICHENSTEIN/Baden/D zeigte enormes Fruchtpotential sowie vulkanische Würzeanklänge und war auch der Sauce ein kongenialer Partner. Die **Pouilly Fuissé Vendange Tardive** (CH, 3–7 Jahre, 9–10 °C) von JEAN GOYON, Mâconnais/Burgund, liierte sich besonders innig mit der Thymian-Cognacnote, war aber der Rahmsauce nicht ganz so nah wie der Vorgänger.

KREBSENSUPPE („BISQUE D’ÉCREVISSES“)

Kurz blanchierte Krebse mit einer → Mirepoix und Butter anrösten, mit → Cognac flambieren, mit Weißwein untergießen und dünsten; Schwänze und Scheren auslösen, mit Butter zerstoßen und zu Krebsbutter verarbeiten; → Velouté ansetzen, mit Krebsenfond und -resten kochen, passieren, mit Eigelb und Süßrahm binden, mit Krebsenbutter vollenden und in die Karkasse (Schale) als Einlage geben.

🍷 Dem kraftvollen Aroma der Krebsensuppe sollte man ein Gewächs von einiger Konsistenz, aber mit einer gewissen Samtigkeit – ohne aggressive Säure – entgegensetzen: **Pinot Blanc**, **Chardonnay**, **Zierfandler**/A, **Graves Blanc**/Bordeaux, **Hermitage Blanc**/nördl. Rhône/F, **Tocai Friulano**/I (ein Krebsenfreund der ersten Stunde) usw.

KREBSPRALINE AUF GURKENSALAT

Krebse in siedendem Wasser kurz brühen – das Fleisch soll fast roh sein –, fein hacken, mit Salz, Pfeffer und Gewürzmischung versehen, zu Kugeln formen, mit gehackten Trüffeln bestreuen, in Teig aus Mehl und Wasser panieren und in heißem Öl herausbacken, Gurke in Streifen schneiden, mit Öl, Balsamico-Essig, Salz und Zucker dressieren, Pralinen auf dem Salat anrichten.

🍷 Der piemontesische **Gavi** von MICHELE CHIARLO überzeugte als Mittags- und Sommerwein; der **Corton-Charlemagne GC** von A. NUDANT, Burgund, bezauberte als schier unüberbietbarer Begleiter, und ein Glas **Luxus-Champagne Bollinger RD** führte uns in das Elysium der Feinschmecker!

KREBSSCHWÄNZE IN MUSCHELN

Muschelboden mit einer mit Krebsbutter montierten → Sauce Mornay bedecken, die ausgelösten, gesottenen Krebsschwänze darübergeben, mit derselben Sauce Mornay und geriebenem Parmesan bedecken, mit Butter beträufeln und gratinieren.

🍷 Als Mittags- und Sommerwein einigten wir uns auf einen superben **Schaumwein** aus einem kleinen AOC-Gebiet an der Rhône, den **Seyssel Mousseux Cuvée Privée** (MOLETTE, CHA, ROUSSETTE, 4–6 Jahre, 6–8 °C) von VARICHON ET CLERC, Seyssel, der locker mit den diffizilen Aromen zurechtkam und dem erhitzten Gaumen Frische zuführte. Ein **Sémillon-Chardonnay** (3–6 Jahre, 9–10 °C) von TOLLANA WINES, Barossa Valley/South Australia (exotische Duftnote nach Pfirsich, Zitrus und einem Hauch von Mango, kraftvoll-samtiger Körper mit langem, cremigem Finish), belohnte unser Suchen nach einem Wein, der zu jeder Zeit imstande ist, dieses Gericht zu begleiten und auch aromatisch bestehen kann.

KREN (MEERRETTICH)

(frz. RAIFORT, engl. HORSE-RADISH, ital. BARBAFORTE, span. RÁBANO PICANTE)

✎ Etwa 20 cm lange Pfahlwurzel einer Kreuzblütenstaude, deren Gehalt an Meerrettichöl (Senfglykosid) den brennend-scharfen Geschmack bewirkt. Im Jahre 1000 aus Böhmen zu uns gekommen, ist Kren in südlichen Ländern kaum bekannt. Trotz seines tränentreibenden Aromas ist er von hohem gesundheitlichem Wert. Er enthält viel Vitamin C, wirkt harnwegsdesinfizierend und hemmt die Produktion von Schilddrüsenhormon.

🍷 Zu frisch geriebenem Kren sollten Sie weniger unter Weißweinen suchen, die das Aroma meist noch mehr anheizen (Ausnahme sind Weißweine mit zarter Restsüße). Interessanterweise haben sich samtig-runde Rotweine (**Pinot Noir**, **Gamay**) und jugendliche **Schaumweine** viel besser angepaßt. Zu Krenschaum konnte auch ein **Chardonnay** mit zartem Barriqueton gefallen. Im Zweifelsfalle wenden Sie sich erfrischendem **Weizenbier** zu. (Siehe auch → Apfelkren, → Oberskren)

KRENFLEISCH

✎ Schweinefleisch (Jungschweinernes, Schulter, Bauchfleisch und Kopf) wird mit Wurzelwerk, Pfefferkörnern, Thymian und Lorbeerblatt in kochendem Salz-Essig-Wasser weichgekocht, in Stücke geschnitten, mit etwas feingeschnittenem Wurzelwerk, geriebenem Kren und Salzkartoffeln angerichtet.

🍷 Jugendlicher, milder **Neuburger**, **Malvasier** und **Riesling-Sylvaner Kabinett** (z. B. von PAUL KERSCHBAUM, Horitschon/BGLD) akzentuierte den Kren auf modeste Weise und war dem Gericht ein idealer Frühlings- und Mittagsbegleiter. Fruchtcharmante Rotweine wie **Blauburger**, **Blauer Portugieser** und **Pinot Noir** (z. B. von ING. WILHELM MAD, Oggau/BGLD) neutralisieren das deftige Gericht mittels traubiger Fülle, feinem Extrakt und jugendlichem Charme. Kraftvoll-extraktreiche **Spätlesen** von **Riesling-Sylvaner**, **Grünem Veltliner**, **Zierfandler** und **Neuburger** mit etwas Restsüße sind für kalte Winter vorgesehen. Die **Neuburger Spätlese** von MELITTA & MATTHIAS LEITNER, Gols/BGLD – ein Sortenkleinod von beachtlichem Charme –, paarte geschickt Bulligkeit mit Finesse und zarter Süße und hielt mit Bravour die Balance zwischen explodierender Schärfe und ausgleichender Aromatik.

KROEPOEK

✎ Indonesisches Gebäck, Bestandteil der indonesischen → Reistafel. Die dünnen Plättchen, die Kartoffelchips ähnlich sehen, werden aus Tapiokamehl, gemahlenen Shrimps und exotischen Gewürzen gepreßt, in heißem Öl herausgebacken, wo sie zu dreifacher Größe aufgehen, und knusprig serviert.

🍷 **Chardonnay** und **Sauvignon Blanc** (RCH, KAL, NZ, AUS), **Hermitage Blanc**/nördl. Rhône, **Champagne Rosé** und diverse **exotische Biere** sind gourmetrichtig. Auch **exotische Schaumweine** sind köstlich!

KRONFLEISCH

✍ Das fleischige Zwerchfell des Rindes, das gedünstet mit Senf und Essiggurke heiß angeboten wird.
🍷 Wählen Sie ein kühles **Bier** oder jungen fruchtigen **Blaufränkisch**, **Zweigelt** oder **Blauburger**/A.

KRUSTENTIERE (KREBSTIERE, KRUSTAZEEN)

(frz. CROUSTACÉS, engl. SHELLFISH, ital. CRUSTACCI, span. CRUSTÁCEOS)
✍ Kiemenatmende Gliederfüßer, deren Körper mit Chitinpanzer bedeckt ist. In erster Linie Wassertiere, zumeist Meeresbewohner. Begleitende Weine finden Sie unter → Hummer, → Krabben, → Krebse, → Langusten, → Garnelen, → Taschenkrebs …

KÜCKEN → KÜKEN

KUHEUTER

✍ Die Milchdrüse von Wiederkäuern, Unpaarhufern und Kamelen zählt zu den Innereien. Das Euter des Kalbes (→ Kalbseuter) und der Kühe wird auch in der klassischen Küche anerkannt. Gewässert und in würzigem Sud gekocht, wird es zu Blut- und Leberwurst, Ragouts, Berliner Schnittchen usw. verarbeitet.

KUHFISCH → ARAPAIMA GIGAS

KÜKEN (HÜHNERKÜKEN, STUBENKÜKEN)

(frz. POUSSIN, engl. SPRING CHICKEN, ital. PULCINO)
✍ Im Alter von 6 bis 8 Wochen und bei einem Gewicht von 300 bis 500 g das kleinste Hühnergeflügel. Es wird mit Körnern gemästet, hat im Frühling ein besonders zartes, wohlschmeckendes Fleisch und läßt sich nur von zarten, edlen, ausgewogenen Weinen begleiten.
🍷 Zu Küken in heller Sauce wählen Sie samtigen **Gutedel** oder **Riesling-Sylvaner** (**Sekt**), zu Küken in Vermouth-Sauce sind **Riesling** und **Sylvaner** (beides Spätlesen) eine gute Zuflucht, und zu Küken auf „Straßburger Art" (mit Sauerkraut und Speck) liegen Sie richtig mit einem **Tokay** (**Pinot Gris**) **d'Alsace**/Elsaß. Für kulinarische Abenteurer ist sogar **Pinot Noir** möglich!

KÜKEN AUF GEMÜSEBETT

✍ Küken in Butter goldbraun anbraten, im Ofen bei 200 °C garen und warmhalten; im Bratensaft Öl erhitzen, Sellerie-, Karotten- und Zwiebelwürfel mit Tomatenmark dünsten, mit → Crème fraîche vermengen und mit etwas Noilly Prat (→ Vermouth), Salz und Pfeffer aromatisieren.
🍷 Im Zweifelsfalle wählen Sie eine **Pouilly Fuissé Vendange Tardive**/Burgund! **Champagne** hat sich nicht bewährt. **Pinot Gris**, **Sylvaner**, **Riesling-Sylvaner**, **Traminer** und **halbtrockener Riesling Kabinett/Spätlese** gehören zum engsten Kreis der Favoriten. Wir empfehlen zum Mittagessen einen halbtrockenen **Riesling Kabinett „Rüdesheimer Berg Rottland"**; GUTSVERWALTUNG DEINHARD/Rheingau, der der diffizielen Säure gegenüber ein verblüffendes Gleichgewicht hielt. Am Abend erwies sich die großartige **Grauburgunder Spätlese „Sasbacher Limburg"**/Baden als ein Musterbeispiel an Geschmeidigkeit, sie verknüpfte die Aromen auf geniale Art. Die opulente **Traminer Spätlese** (3–6 Jahre, 9–11 °C) von LEOPOLD SOMMER, Donnerskirchen/BGLD, ist für kalte Abende geeignet und veredelte den Vermouthgeschmack auf stupende Weise!

KÜKEN AUF „UNGARISCHE ART"

✐ Küken werden mit paprizierter Gänseleber gefüllt, in Butter gebraten, mit Tokaji gelöscht, mit Rahm und Kalbsfond reduziert, mit Paprika abgeschmeckt und angerichtet.

🍷 Der Tokaji in der Sauce machte es einem anderen Wein schwer zu bestehen. Je nach Tages- und Jahreszeit, Lust, Laune und Anlaß wählen sie einen trockenen **Szamorodni Száraz**, einen leicht süßen **Szamorodni Édes** oder einen 3–4buttigen **Aszú**. Sehr empfehlenswert sind die modern vinifizierten Weine von OREMUS, Tolcsva, und CHÂTEAU PAJZOS!

KÜMMEL

(frz. CUMIN, engl. CARAWAY, ital. COMINO, span. COMINO)

✐ Die braune, sichelförmige Teilfrucht des Feld- oder Wiesenkümmels stammt aus Nordeuropa und ist magenfreundlich, verdauungsfördernd und wirkt stimmungsaufhellend auf die Psyche. Der Geschmack ist intensiv, würzig und leicht süßlich. Er ist mit Fenchel, Anis und Koriander verwandt und aus der Küche nicht mehr wegzudenken.

🍷 Rote **Jungweine** (inclusive **Beaujolais**), **Sauvignon Blanc Spätlese**, **Gewürztraminer**, **Riesling halbtrocken**, **Ribolla Gialla**/Friaul/I, **Muscat d'Alsace** und **Rosé de Provence**/F haben eine Affinität für den Kümmel und wirken aromatisch ergänzend bzw. erhöhend, aber nie explodierend oder bitter werdend.

KÜMMELFLEISCH

✐ Gehackte Zwiebeln werden in Fett angeröstet, mit kleinwürfeligem Schweinefleisch vermengt, gut sautiert, mit Salz, Pfeffer, Kümmel, Knoblauch und etwas Tomatenpüree aromatisiert, gedünstet, mit Mehl beträufelt und nochmals aufgekocht.

🍷 Zu empfehlen sind **Weizenbier** als Durstlöscher, junger **Chardonnay**, ohne Barriqueausbau, als idealer Seiltänzer zwischen den diversen Gewürzen und den schwierigen Tomaten und schließlich **Sauvignon Blanc-** oder **Gewürztraminer Spätlese** als Grundlage für ein Aromafestival besonderer Art.

KÜMMELSTEAK AUF „TILSITER ART"

✐ Filetsteak (Rindslende) mit gemahlenem Kümmel und Majoran einreiben, mit gehackten Zwiebeln anbraten, salzen, mit Aquavit flambieren, Bratenfond mit saurem Rahm einkochen und mit Kartoffelpüree anrichten.

🍷 Der Alkohol des **Aquavit** ist ein zusätzlicher Hemmschuh für viele Weine. Darum wird das „Lebenswasser" oft gemeinsam mit dem **Bier** gleich dazugetrunken.

Pinot Gris Kabinett/Baden oder Rheinpfalz bzw. **Pinot Noir** ohne Barriqueausbau von der Ahr oder aus Baden/D sind die erfolgreichen Begleiter des üppig-würzigen Steaks. Neben dem **Grauburgunder „Jechtinger Vulkanfelsen" Kabinett** (2–3 Jahre, 9–10 °C), WG JECHTINGEN, Baden, der sich als unterordnend und anpassend auszeichnete, imponierte auch der (rote) **Spätburgunder „Endinger Engelsberg"** von der ZENTRALKELLEREI BREISACH,Baden/D, der zwar ein wenig Feurigkeit ins Spiel brachte, aber keineswegs deplaziert wirkte.

KÜRBIS (PLUTZER)

(frz. COURGE, engl. PUMPKIN, ital. ZUCCHA, span. CALABAZA)

✐ Bis zu 100 kg schwere Frucht der Kürbispflanze, mit 90 % Wasser und wenig Eigengeschmack, daher wird er meist intensiv gewürzt. Er ist vor allem (Oktober bis März) in der Mittelmeer- und pannonischen Küche zu finden. Er ist leicht verdaulich und enthält viele Vitamine und Mineralstoffe, die das Immunsystem stärken. Neueste Studien billigen ihm sogar eine gewisse aphrodisierende Wirkung zu.

🍷 Eine Kürbisterrine vermählten wir freudvoll mit einer **Sämling 88** (**Scheurebe**) **Spätlese**, und zu marinierten Minikürbissen ist **Frühroter Veltliner**/NÖ/A schier unübertrefflich. Zu Kürbiscremesuppe erfreute uns eine **Pinot Blanc Spätlese**/BGLD; zu Kürbis süß-sauer genossen wir einen exotischen australischen **Chardonnay** (**Traminer** ist auch nicht schlecht); zu Kürbispudding verwöhnte man uns mit einem genialen

Picolit/Friaul, und zu Kürbiskuchen ist weißer (süßer) **Loupiac**/Bordeaux, kühl serviert, endlich einmal richtig eingesetzt; aber auch der schäumende **Recioto Spumante di Gambellara** (FRATELLI CAVAZZA, Venetien) ergab eine gelungene Kombination. (Siehe auch → Pumpkin Pie)

KÜRBISKRAUT

Kürbis schälen und fein reiben, salzen, eine halbe Stunde stehen lassen und dann ausdrücken; gehackte Zwiebeln in Fett anrösten, mit Mehl versehen und mit Kürbis vermischen; mit Rahm verdicken, einkochen und mit Dill und weißem Pfeffer aromatisieren.

Dazu passen **Zweigelt** und **Pinot Noir** (jung und leicht) als Rotweine sowie **Scheurebe**, **Pinot Blanc**, **Neuburger**, **Riesling** und **Grüner Veltliner** (im Kabinettbereich) als Weißwein-Alternative. Krönung der Testserie war die Paarung mit einem **Chardonnay Kabinett** (ohne Holzausbau) und einer **Sauvignon Blanc Spätlese** von GEORG & AXEL STIEGELMAR, Gols/BGLD, die mit warmherziger Schotenwürze und nachhaltigem Extrakt für gesteigerte Eßlust und eine neue, euphorische Meinung über Kürbiskraut sorgte. In Italien gilt der (weiße) **Gambellara Superiore**/Venetien als glückvolle Begleitung.

KUTTELN → KALDAUNEN

LABSKAUS

Traditionsreiches Bremer Seemannsgericht. Gepökelte Rinderbrust mit Zwiebeln und Lorbeerblättern weichkochen und kleinschneiden, Zwiebeln anschwitzen und weichkochen, mit dem Fleisch und mit gestampften Kartoffeln vermengen, geraspelte rote Rüben dazugeben, mit Pfeffer und Senf aromatisieren und mit Salzgurke und Spiegelei servieren.

Neben **Bier**, das man an der Weser trinkt, sind blutjunge Rotweine (**Pinot Noir**, **Blaufränkisch** = **Lemberger**, **Blauer Portugieser** ...) die beste Alternative für eine appetitliche Koexistenz der diffizilen Aromen. Vorsicht vor tanninreichen Gewächsen!

LACHS (WILDLACHS)

(frz. SAUMON, engl. SALMON, ital. SALMONE, span. SALMÓN)

Der „Ritter der Meere“ ist einer der exquisitesten Edelfische mit einer Maximalgröße von 1,50 m. Sein zartes, rosafarbenes, fast grätenloses, festes Fleisch ist von großem Wohlgeschmack und guter Verdaulichkeit. Er ist in den nördlichen Meeren zu Hause und steigt von Jänner bis März zum Laichen die großen Flüsse hinauf. In dieser Zeit heißt er Salm und ist geschmacklich am besten, da er sich nicht ernährt und bis zu 4 m hohe Wehre überspringen muß. Die nicht so schmackhaften Zuchtlachse sind das ganze Jahr über erhältlich. Der Genuß von Lachs stärkt über die Omega-3-Fettsäuren die Nerven und vertreibt gemeinsam mit einem Glas edlen Weins schlechte Laune und Lustlosigkeit.

Der sonst so zuverlässige „Fischwein“ **Chablis AC** steht mit dem Lachs, ebenso wie allzu säurereiche Weißweine, ein wenig auf Kriegsfuß und erzeugt oft einen metallischen Nebenton. Auch Versuche mit Rotweinen scheitern regelmäßig (Ausnahmen: Lachs gegrillt und Lachseier). Zu Lachs mariniert raten wir zu **Condrieu** oder **Château Grillet**/nördl. Rhône; zu Lachs in weißer Sauce wäre sublimer **Puligny-Montrachet GC „Pucelles“**/Burgund ideal; Lachssoufflé verlangt nach **Hermitage Blanc**/nördl. Rhône, Lachs im Spinatmantel gibt einem großen **Riesling** eine Chance; Lachs geräuchert verlangt nach Weißweinen mit mittleren Alkohol- und Säurewerten (**Chardonnay**, **Chenin Blanc**, **Gavi**, **Arneis**, **Soave**/I; **Chasselas**/CH ...) sowie **Sherry Fino light dry**. Üppige Alkoholbomben betonen ebenso wie **Champagne** die fischig-tranige Seite. Lachs gegrillt mit Rotwein ist fein (z. B. **Cahors**/SW-F oder junger **Zinfandel**/KAL); Lachseier und **Cabernet Franc** sowie **Graves Rouge**/Bordeaux waren unerwartet sensationell; Lachspastete mit **Meursault**/Burgund hat genauso Tradition wie Lachsmousse mit **Sauvignon Blanc Spätlese** (reif); Lachs mit Meerrettichfüllung verlangt nach **Schaumwein** (**Cava**, **Sekt**, **Champagne**); Lachs „Müllerin“ und **Pinot Gris** sind einfach hinreißend, und Lachsterrine sollten Sie einmal mit mittelreifem, edelsüßem **Sauternes** (z. B. **Château Doisy-Daëne 2e CC**/Barsac/Bordeaux/F) wagen.

LACHS AUF „DIPLOMATENART"

Tranchen von frischem Lachs in Butter und Weißwein dünsten, mit Trüffelscheiben umgeben und mit „Sauce diplomate" (→ Sauce Normande, mit Hummerbutter montiert, mit gewürfeltem Hummerfleisch und Trüffelstreifen versehen) anrichten.

Cortese (**Gavi**) und **Chardonnay**/Piemont sowie edler **Pinot Grigio**/Friaul sind interessante Tropfen für die Mittagszeit. Der **Chardonnay Barrique** (3–6 Jahre, 9–11 °C) von GEORG & AXEL STIEGELMAR, Gols/BGLD, ein vielschichtig schillerndes Prachtexemplar, brachte feurige Würze auf den Teller und brillierte auch am Abend. Der majestätische **Corton-Charlemagne GC** (CH, 4–8 Jahre, 9–11 °C) von J. FAIVELEY/ Burgund war ein würdiger Gegenspieler des großen Österreichers und konnte besonders im Verein mit Hummer und Trüffeln gefallen. Der weltberühmte **Montrachet GC „Marquis de la Guiche"** (CH, 6–8 Jahre, 10–11 °C) von JOSEPH DROUHIN, Beaune/Burgund, provozierte eine ungeahnte epikureische Eß- und Sinneslust und verführte uns zu weiteren Eßkapriolen. Insgesamt drei Weißweingiganten von seltener Klasse und Komplexität!

LACHS MIT KRENKRUSTE AUF RIESLING-CREME-SAUCE

Lachsscheiben werden in heißem Öl angebraten und im Rohr mit einer Schichte aus Butter, Zitronensaft, Cayennepfeffer, geriebenem Kren, Räucherlachsscheiben und geriebenem Weißbrot überbacken, innen noch rosa, mit Sauce aus Fischsud, trockenem Riesling, Noilly Prat (→ Vermouth), dickflüssigem Rahm, Butter, geschlagenem Rahm, Salz, Zitronensaft und Cayennepfeffer angerichtet.

Die Sauce (bzw. Vermouth und Wein darin) ist das Leitmotiv für alle Verbindungen. Wir testeten drei der weltbesten **Rieslinge** aus Österreich, Deutschland und dem Elsaß. **Spätlesen** und sogar Auslesen mit hohem Extrakt und hoher Restsüße konnten sich am besten gegenüber Kren, Vermouth und Rahm durchsetzen: a) **„Ried Kellerberg Smaragd"** von F. X. PICHLER, Oberloiben/Wachau/A, – b) **„Ürziger Würzgarten Auslese"** von J. J. CHRISTOFFEL, Ürzig/Mosel/D, und – c) **Grand Cru „Wineck-Schloßberg Vendange Tardive"** von HENRI KLEE, Katzenthal/Elsaß/F. Vorsicht vor Rieslingen mit spitzer Säure!

LACHSFORELLE

(frz. TRUITE SAUMONÉE, engl. SALMON-TROUT, ital. TROTA SALMONATA)

Der Familienname der nach Lachsart wandernden Meerforelle und der nach Forellenart im Süßwasser heimischen Seeforelle. Sie wiegt zwischen 1,5 und 4 kg, und ihr rötliches, saftiges Fleisch enthält weniger Fett als das des Lachses und ist daher noch bekömmlicher (wenn sie nicht gezüchtet ist).

Zu Lachsforelle gefüllt mit Mousse von Jakobsmuscheln gefiel ein superber **Graves Blanc**/Bordeaux; zu Lachsforelle mit Krenschaum entsprachen sowohl ein **Chardonnay**/S-STMK als auch ein **Welschriesling**/BGLD; Lachsforelle gratiniert bildete mit einem jungen **Jurançon sec**/SW-F eine glückliche Allianz; zu Lachsforelle mit → Crème fraîche versuchen Sie doch einmal edlen **Fendant**/CH; zu Lachsforelle mit Sauerampfer ist **Sauvignon Blanc** angesagt; zu Lachsforelle geräuchert empfehlen sich statt des vielzitierten **Champagne Blanc de Blancs** (Metallgeschmack!) eher ein samtigmilder Weißwein (**Chasselas**, **Cortese**, **Riesling-Sylvaner**, **Pinot Gris**) mit runder Säure. Hohe Säure läßt die Speise tranig-fischig werden. Unter den Rotweinen sind am ehesten **Blauer Portugieser** und **Merlot** (Stahltank) erfolgreich.

LACHSFORELLENSCHNITZEL MIT PREISELBEEREN

Forellenfilets mit Salz und frisch gemahlenem Pfeffer würzen, in mit Butter ausgestrichene Form geben, mit etwas Burgunder-Weißwein übergießen, mit Alufolie umwickeln und im heißen Rohr pochieren; Preiselbeeren, Limettenschale, in etwas Zucker und Burgunder-Weißwein dünsten; Fischfond mit Burgunder-Weißwein und feingewürfelter Schalotte aufkochen, reduzieren, passieren, Butter einrühren, mit Salz und gemahlenem Pfeffer würzen und mit den Preiselbeeren, der Limettenschale und den Lachsforellenfilets anrichten.

Der Kochwein führte uns automatisch in Richtung Burgunderfamilie. Mittags gefielen ein südsteirischer **Morillon** von ING. WILHELM SATTLER, Gamlitz, und ein **Mâcon Blanc „Coupe Perraton"** (CH, 2–3 Jahre, 8–9 °C) vom CAVE DE CHARDONNAY/Burgund, die, nur als Prolog gedacht, fast zum Hauptwerk wurden. Der kraftvoll-extraktreiche **Weißburgunder Qualitätswein „Ried Hagelsberg"** (3–6 Jahre, 9–10 °C) der FAM. PITTNAUER, Göttlesbrunn/NÖ, war phänomenal dicht, ohne die Harmonie mit dem Mahl übermäßig zu beeinflussen. Der monumentale **Puligny-Montrachet Premier Cru „Clos de la Pucelle"** (CH, 4–8 Jahre, 9–12 °C) von JEAN CHARTRON/Côte de Beaune/Burgund überwältigte mit fast unerträglicher Duftintensität und gigantischer Fülle Forelle und Genießer, doch über seine Neigung zu Schalotten, Preiselbeeren, Limetten und Kochwein kam doch eine elektrisierende Annäherung zustande.

LACHSHERING

✐ Kalt geräucherter Salzhering (→ Bückling).

🍷 Gegen ein Glas herbes **Pils** ist hier wenig auszurichten. **Sherry Fino light dry**/E und **Malt Whisky** haben aber Tradition!

LACHSKAVIAR → KETA-KAVIAR

LACHSSCHINKEN

✐ Stammt vom vollkommen fettfreien Kotelettfleisch des Schweines, das mild gepökelt und kurz geräuchert wird. Der Name bezieht sich auf die Farbe, die an feinen Lachs erinnert. Der Pariser Lachsschinken gilt weltweit als zartester und wohlschmeckendster Vertreter seiner Art.

🍷 Ein Glas **Aligoté**/F, **Verduzzo**/Venetien oder **Riesling** (Elsaß, Deutschland, Österreich) ist stets ein erfrischender, attraktiver Gegenpol, der den scheinbar simplen Schinken meist zu einem Festmahl werden läßt.

LADY CURZON

✐ Schildkrötensuppe erhitzen, aber nicht kochen, Sherry einrühren, Rahm steif schlagen, mit Curry würzen, Suppe in kleine Tassen füllen, mit Rahmhaube bedecken und im Rohr gratinieren.

🍷 (Lady Curzon, Marquise of Kedleston, war um die Jahrhundertwende die Gattin des britischen Vizekönigs in Indien. Angeblich hat sich die schöne Lady ihre Turtle soup mit Sherry veredeln lassen, und, um diesen „Fauxpas" am puritanischen Hof zu vertuschen, ließ sie eine mit Curry gewürzte Rahmhaube auf die Suppe setzen.) Eigentlich darf es dazu nur **Sherry Amontillado seco** (**dry**) sein!

LAMM

(frz. AGNEAU, engl. LAMB, ital. AGNELLO, span. CORDERO)

✐ Das Fleisch der jungen Schafe schmeckt im Alter von 4 bis 12 Wochen (→ Osterlamm) am besten. Wenn das Tier nur mit Muttermilch ernährt wurde, ist das Fleisch besonders weiß und zart und noch ohne den oft unangenehmen Hammelgeschmack. Die Weidemastlämmer können bis zu 12 Monate alt sein, sie ergeben dann ein ziegelrotes, zartfaseriges, saftigwürziges Fleisch. „Ein Lammkotelett ist das Sublimste, was die Küche bieten kann", meinte der deutsche Gastrosoph Freiherr von Vaerst (1797–1855) mit Recht. Von Feinschmeckern gesucht sind auch die Innereien (Bries, Herz, Hirn, Nieren) von maximal 6 Monate alten Tieren.

🍷 Das zarte weiße Lamm läßt sich daher auch vorzüglich mit Weißweinen kombinieren. Besonders der Lammrücken ist reifen Weißweinen mit runder Säure (**Grüner Veltliner**, **Riesling**, **Pinot Blanc**, **Neuburger** ...) äußerst zugetan; zu Lammschulter „Bäckerin" (mit Kartoffel- und Zwiebelscheiben) entschieden wir uns für **Hermitage Rouge**/nördl. Rhône/F; zu Lammkeule „Soubise" (mit gedünstetem Zwiebelpüree) siegte **Champagne Rosé**; zu Lamm mit → Ratatouille wählen Sie eine Kreszenz aus der Provence (weiß, rosé oder rot); zu Lammbries ist milder **Graves Blanc**/Bordeaux oder **Pinot Gris** ein Gedicht; zum Lamm auf Teufelsart (mit scharfer → Sauce Diable) ist **Cerasuolo Rosato**/Abruzzen/I eine wahre Überraschung; zu Lammkopf gebacken raten wir zu **südländischen Roséweinen** oder formidablem **Zierfandler**/NÖ (auch **Bier** ist gut möglich); zu Lammkutteln sind **Primitivo di Manduria secco**/Apulien/I und **Vin Blanc de Gascogne**/F altbewährt; zu Lammlunge ist der (rote) **Montepulciano del Molise**/I eine gute Wahl, während Lammleber mit dem (roten) **Aglianico del Vulture**/Basilikata eine „Liebesheirat" eingeht. Lammschinken geräuchert mit mittelreifer **Sauvignon Blanc Spätlese** ist einfach köstlich! Lammniere und **Saint-Amour**/Beaujolais/F ist nicht nur für Verliebte zu empfehlen, und Lammbrust auf „Schäfer Art" (würfelig geschnitten und mit Eigelb, Weißbrot und gehackten Champignons paniert) läßt sich willig von **Grünem Veltliner-**, **Neuburger** oder **Pinot Gris Kabinett** verführen.

LAMMCURRY

Lammfleischwürfel mit gehackten Zwiebeln und Currypulver andünsten, mit Mehl bestreuen, kurz anrösten, mit weißem Fond und Rahm aufgießen und garkochen, Reinettenwürfel dazugeben, passieren, geschälte Mandeln in die Sauce geben und mit Reis anrichten.

Lammcurry und **Gewürztraminer**, das gehört zusammen wie Jacke und Hose, wie Pferd und Wagen, wie Mann und Frau ...; aber auch **korsischer Rosé** von der DOMAINE DE MUSOLEU und der altbewährte „Currykrieger" **Hermitage Blanc**/nördl. Rhône konnten die Papillen erfreuen. Als Rotweinalternative bieten sich samtigmilder **Pinot Noir** oder **Blauer Portugieser**/A an.

LAMMFILETS MIT AUSTERNPILZEN

Pilze in Scheiben, Schalotten in Würfeln, Knoblauch und Petersilie gehackt in Butterschmalz andünsten, salzen und pfeffern, Lammfilets leicht salzen, braten, in Scheiben schneiden und mit Austernpilzen garnieren.

Das selten angebotene Lammfilet ist von besonderer Zartheit und Delikatesse und sollte eigentlich nur von großen, mildwürzigen Weißweinen (**Pinot Gris**, **Pinot Blanc**, **Neuburger**, **Zierfandler**, **Chardonnay**, **Grüner Veltliner „Smaragd"**) begleitet werden, z. B. vom exzellenten **Pinot Gris „Yvorne"** von PIERRE-ALAIN INDERMÜHLE, Bex/Waadtland/CH, der sich gegenüber Schalotten, Knoblauch und Petersilie angenehm neutral verhielt und gekonnt das Filet erleuchtete. Ähnlich verhielt sich die nussige, mildwürzige **Chardonnay Reserve** von RICHARD THIEL, Gumpoldskirchen/NÖ, die zusätzlich die Pilze aus der Reserve lockte. Ein rassiger **Morillon „Witscheiner Herrenberg"** vom REBENHOF/Spielfeld/S-STMK brachte über seine Säure und Würze ein positives Aromafestival zustande. Unter den verkosteten Rotweinen konnte uns eigentlich nur eine edelreife **Rioja Gran Reserva „Monte Rojo"** (TEM, GR, MAZ, 12–15 Jahre, 16–17 °C) von RAMON BILBAO, Haro/E, restlos überzeugen, die über Gewürze und Pilze sogar kurzzeitig ihren Alterston einbüßte und die alte Regel bestätigte, daß Rotwein und Lamm zumeist nur über die Gewürze zueinander finden!

LAMMGULYAS

Feingehackte Zwiebeln anschwitzen, paprizieren, mit Wasser ablöschen, reduzieren, würfeliges Lammfleisch dazugeben, mit Salz, Knoblauch und Tomatenpüree aromatisieren, dünsten, mit Mehl binden, mit Rahm und weißem Fond aufgießen, durchkochen und anrichten.

Rahm, Knoblauch und Tomaten als Geschmacksträger verlangten erfolgreich nach weißem **Malvasier**, **Penedès Blanco**/E, **Traminer** und (rotem) **Valpolicella**/Venetien sowie **Chianti Classico**/Toskana/I; in besonders angenehmer Erinnerung blieben uns als erfrischender Mittagswein ein **Frühroter Veltliner** (MAL, 1–2 Jahre, 8–9 °C) aus Hohenwarth/Weinviertel/NÖ/A sowie der kraftvolle Winterwein **Cannonau di Sardegna Riserva** (3–6 Jahre, 17 °C) von den FRATELLI DETANA, Sardinien/I; letzterer betörte durch samtige Textur und robust-rustikalen Charme. Cavalleria rusticana auf sardische Art! Auch frisch-herbe **Pilsbiere** stehen als Begleiter hoch im Kurs.

LAMMKEULE MIT MINZSAUCE

Lammkeule mit Salz, Pfeffer und Rosmarin einreiben, braun anbraten und bei 220 °C 90 Minuten garen, in Scheiben schneiden, anrichten, mit Schnittlauch bestreuen, Sauce aus frischer Minze, Zucker, Salz und Kräuteressig getrennt servieren, ebenso Butterkartoffeln.

Die Minzsauce ist hier kraftvoller als der Rosmarin und deshalb auch geschmacklich zu berücksichtigen; extraktreicher **Condrieu**/nördl. Rhône, **Scheurebe Spätlese**/D, **Vermentino**/Sardinien/I und halbtrockene (etwas Restsüße erwünscht) **Muskateller** sind die absoluten Favoriten unter den Weißweinstars. Eine Galavorstellung besonderer Art gab der grandiose elsässische **Muscat GC „Kirchberg"**, WEINGUT TRIMBACH, dem die Liebe zu Minze (und auch Rosmarin) scheinbar schon in die Wiege gelegt wurde. Rotweinfreaks brauchen nicht zu verzweifeln, die **Pauillac**-Elite (pars pro toto: **Château Lynch-Bages**, **Château Mouton Rothschild** ...) harmonierte ebenso, und **Corvo Rosso**/Sizilien/I sowie viele australische **Cabernets** aus dem Coonawarra/SW-AUS sind geradezu ideale Partner. Nur extraktreiche, kraftvolle Weine schaffen allerdings den Balanceakt zwischen Minze, Rosmarin, Zucker und Essig!

LAMMKOTELETTS AUF „KÖNIGINART“

Koteletts werden auf einer Seite scharf angebraten, gewürzt, mit Hühnerfarce bestrichen, mit gehackten Trüffeln bestreut, im Rohr gratiniert und mit Spargelspitzen in Rahmsauce angerichtet.

Hühnerfarce, Trüffel, Spargel und Rahmsauce eröffnen große Möglichkeiten für samtige Weißweine mit Extrakt, runder Säure und eventuell etwas Restsüße. **Pinot Gris**, **Pinot Blanc**, **Chardonnay**, **Neuburger**, **Sauvignon Blanc**, **Chenin Blanc**, **Sémillon**, **Riesling-Sylvaner** und cremige **Schaumweine** sind grundsätzlich ausersehen, die Lammkoteletts zu begleiten. Aus der Fülle der verkosteten Weine ragten ein jugendlicher, samtiger **Neuburger Kabinett** von R. & H. LEITHNER, Langenlois/Kamptal /NÖ/A, und ein fulminanter **Weißburgunder „Kugler“ Kabinett** von FRITZ RIEDER, Kleinhadersdorf/Weinviertel/NÖ/A, heraus.

LAMMKOTELETTS IN FOLIE

Lammkoteletts in heißem Olivenöl knackig anbraten, salzen und warmstellen. Alufolie mit zerlassener Butter bestreichen, Koteletts darauflegen, mit gehacktem Knoblauch, Thymian, Basilikum und Liebstöckel bedecken, pfeffern, Folie verschließen; 5 Minuten bei 200 °C im Rohr garen, Folie entfernen und Fleisch anrichten.

Olivenöl, Knoblauch, Thymian, Basilikum und Liebstöckel wiesen den Weg nach Südfrankreich und Italien. Die würzigen **Roséweine** der Provence und auch der charismatische **Tavel**/südl. Rhône (z. B. **Château d'Aqueria** oder **Château de Trinquevedel**) waren hier allesamt in ihrem Element und beherrschten die Philosophie des Gebens und Nehmens als Voraussetzung für ein harmonisches Zusammenleben perfekt. Aus italienischer Sicht sind die beiden ligurischen Weißweinspezialitäten **Buzzetto di Quiliano** und **Lumassina** wegen ihrer Affinität für → Pesto und diverse Gewürze erwähnenswert, allerdings nur als sommerliche Durstlöscher und Mittagsweine.

LAMMNIEREN → NIEREN

LAMMNÜSSCHEN „DAUPHINE“

Frz.: Kronprinzessin. Nüßchen in Butter anbraten (innen sollen sie rosa sein), salzen, pfeffern, auf Toastbrot anrichten, rundherum die Dauphinekartoffeln (gestampfte Kartoffeln, mit Butter und Brandteig vermischt, zu Kroketten geformt, mit Eigelb bestrichen und gebacken), Jus mit Weißwein ablöschen und reduzieren, Sauce mit kalten Butterflocken binden, Nüßchen mit Sauce überziehen.

Grüner Veltliner, **Neuburger**, **Zierfandler**, **Pinot Blanc**, **Chardonnay** und auch **Riesling Kabinett** bis **Spätlese** sind dazu ausersehen, den Nüßchen und auch Ihnen Freude zu bereiten. **Rieslinge** „vergolden“ zusätzlich den Kartoffelgeschmack. Zu Mittag bezauberte ein apfelfrischer, munterer **Grüner Veltliner „Federspiel“ „Ried Hochrain“** (2–5 Jahre, 8–9 °C) von ERICH MACHHERNDL, Wösendorf/Wachau/NÖ, der genügend Körper und pfeffrige Sortenwürze besaß, um Nüßchen, Kartoffeln und Sauce stilgerecht zu untermalen. Die hochklassige **Weißburgunder Spätlese „Pannonischer Reigen“** (3–7 Jahre, 9–11 °C) von JULIUS STEINER, Podersdorf/BGLD, trumpfte mit reichem Körper und vorbildlicher Nußwürze auf und bildete mit Kartoffeln und Fleisch eine pikante Einheit. Da man in Frankreich gerne exquisite rote **Graves** und **Pomerol**/Bordeaux dazu trinkt, wählten wir als Gegenpol den renommierten **Château La Mission Haut-Brion CC de Graves** (CS 60 %, CF 5 %, M 35 %, 7–12 Jahre, 16–17 °C), der mit Jus (Weißwein) und Kartoffeln kollidierte, aber dem rosa Fleisch feurige Würze verleihen konnte.

LAMMPAPRIKA → BÁRÁNY PAPRIKAS

LAMMRAGOUT AUF „KREOLENART“

Gehackte Zwiebeln in Fett andünsten, gewürfelte Lammschulter mitbraten, mehlen, mit Curry würzen, mit Kraftbrühe auffüllen, mit → Bouquet garni aromatisieren, dünsten, Bouquet entfernen, mit geriebener Kokosnuß bestreuen und mit Kreolenreis anrichten.

Die Empfehlungen zu → Lammcurry gelten auch hier!

LAMMRÜCKEN

Der Rücken des älteren Lammes wird wie Hammelrücken zubereitet, jener des Milchlammes wie Kalbsrücken.

Zu ersterem sind große, klassische Rotweine vorzuziehen, doch zu zweiterem sollte man sich an edle, reife Weißweine (**Pinot Blanc**, **Neuburger**, **Riesling** …) halten.

LAMMRÜCKEN MIT BASILIKUMSAUCE

Lammrücken mit Farce aus gedünsteten Zwiebeln, eingeweichtem Weißbrot, Hackfleisch, Eiern, Zwiebelwürfeln, Salz, Pfeffer und Majoran bestreichen, rollen und zusammenbinden, mit Butter anbraten und warmstellen, Gemüsewürfel andünsten, mit Essig und Wasser ablöschen, Lamm im Backofen bei 200 °C 20 Minuten dünsten und mit Jus begießen. Fleisch herausnehmen, Bratenjus auf die Hälfte reduzieren, abseihen, mit Rinderfond auffüllen, kalte Butter in die Sauce schlagen und feingeschnittenes Basilikum darüberstreuen, Fleisch in Tranchen schneiden und mit Sauce extra anrichten.

Die geschmacksgebenden Zwiebeln, Pfeffer, Majoran, Essig und Basilikum (!) forcierten die ligurischen Weißweinspezialitäten **Vermentino** (z. B. von OTTOVANO LAMBRUSCHI, Castelnuovo) und **Buzzetto di Quiliano** (z. B. von INNOCENZO TURCO, Quiliano) sowie **Sauvignon Blanc Kabinett/Spätlese** (Stahltank), **Grüner Veltliner „Smaragd“** und **Muscat GC d'Alsace**/F. Unter den verkosteten Roséweinen ragten **Tavel**/südl. Rhône und **Rossese di Dolceacqua** (z. B. von GIOBATTA CANE, Dolceacqua/Ligurien) turmhoch hervor, weil sie die Gewürznoten am subtilsten unterstützten. Über den Rinderfond konnten auch einige **südfranzösische Rotweine** (mit **Mourvèdre**-Hauptanteil) bestehen.

LAMMRÜCKEN MIT WEISSEM BOHNENPÜREE

Rücken häuten, auslösen, salzen, pfeffern und wie Rollbraten binden, in heißem Öl rundherum anbraten und im Rohr bei 130 °C ca. 45 Minuten garen, Sauce aus angerösteten Lammknochen, Schalotten, Karottenwürfeln, Rosmarin, Tomatenmark sowie Weiß- und Rotwein; eingeweichte Bohnen in Salzwasser weichkochen, passieren, mit Butter und Rahm vermengen, mit Bohnenkraut aromatisieren, kurz blanchieren, in Butter dünsten und mit Salz und Pfeffer würzen.

Schalotten, Rosmarin, Tomatenmark und Bohnenkraut stellten hier die aromatischen Weichen. Als Mittags- und Sommerwein kürten wir einen (roten) **Saint-Chinian „Cuvée des Chevaliers“**/Hérault/S-F (GRE, CAR, SYR, CIN, 2–4 Jahre, 15–16 °C), der mit Rubinfarbe, beeriger, würzig-pfeffriger Nase (Bohnenkraut, Thymian) und warmem, appetitanregendem, fleischig-würzigem Geschmack die gleiche gustative Aromakurve wie der Lammrücken aufwies! Noch eine Nuance besser entsprach ein **Santenay Premier Cru** (PN, 4–6 Jahre, 16–17 °C) von LOUIS LATOUR, Beaune/Côte de Beaune/ Burgund/F, der mit ähnlichen Attributen ausgestattet war, aber noch an Eleganz, Finesse und Konstitution zulegte. Der unvergleichliche **Château Montus „Cuvée Prestige“** (TAN 100 %, 6–10 Jahre, 17–18 °C) aus Maumusson/SW-F war den weißen Bohnen ein uneigennütziger Partner, der solcherart Sympathie gewann, doch im Laufe des Abendmahls entfachte er über die Gewürze eine Feuersbrunst.

LAMMSCHULTER

Die Schulter des Milchlammes wird zum Braten meist nicht entbeint; etwas ältere Exemplare werden entbeint, meist zusammengerollt, gebunden und dann gebraten oder gedünstet.

Auch hier haben kraftvolle, reife Weißweine eine Chance, doch die Mehrzahl der Sommeliers tendiert eher zu kräftigen Rotweinen.

LAMMSTEAKS

✐ Unter Steak versteht man beim Lamm, ebenso wie beim Hammel, eine dicke Tranche aus dem Teil zwischen Keule und Karree, dem Nierenstück oder Filet. Die Zubereitungsart ist so wie beim → Kalbssteak oder → Kalbskotelett bzw. → Lammkotelett.

🍷 Hiezu kommen auch große, kraftvolle Rotweine in Frage.

LAMMSTEAKS MIT THYMIAN UND SPINAT

✐ Dünngeklopfte Steaks salzen, pfeffern, anbraten und warmstellen; Sauce aus Schalottenwürfeln, gehacktem Knoblauch und Thymian hell anschwitzen, mit Lammfond aufgießen und reduzieren; entstielte, zerschnittene Spinatblätter in Salzwasser blanchieren, pressen und in einer Pfanne mit Schalottenwürfeln sautieren; Topfen (Fromage blanc, Quark) einrühren und in kleine Souffléförmchen füllen. Garnierung aus mit Thymian gratinierten Tomaten.

🍷 Eine Kreation, die endlllich einmal auch großen Rotweinen über Thymian, Knoblauch und Schalotten einen Einsatz zu ermöglichen scheint, doch ist Vorsicht vor tanninreichen Exemplaren geboten, die Spinat und Tomaten mit metallischen Bittertönen überziehen können. **Barbera**/I, **Tempranillo**/E, **Blauburger**, **Blaufränkisch** und **Pinot Noir**/A/NZ mit möglichst wenig Holzeinsatz können jedoch erfolgreich bestehen. Aus der Fülle der verkosteten Weine überzeugten vor allem ein vielschichtiger junger **Blaufränkisch** von ENGELBERT PRIELER, Schützen am Gebirge/BGLD, ein fruchtexplodierender **Blauburger** von SEPP MOSER, Apetlon/BGLD, ein fulminanter **Riesling Spätlese „Zöbinger Heiligenstein"** von WILLY BRÜNDLMAYER, Langenlois/Kamptal/NÖ, und ein sensationeller kräuterwürziger **Sauvignon Blanc** von ERWIN RETZL, Zöbing/Kamptal/NÖ.

LAMMZUNGE

✐ Die zarte Lammzunge wird ähnlich wie → Kalbszunge zubereitet.

🍷 Kraftvoll-würzige Weißweine (**Pinot Gris**,**Neuburger**, **Pinot Blanc** …), **halbtrockene Rieslinge**, **Graves Blanc**/Bordeaux/F und eleganter **Pinot Noir** sind bewährte Begleiter.

LAMMZUNGE SAUER

✐ Zart gepökelte Lammzunge in Wurzelwerk weichkochen, enthäuten, in dünne Tranchen schneiden, in Essigwasser, gehackten Zwiebeln, Thymian, Gewürznelken, Pfefferkörnern und Lorbeer beizen und kalt mit Petersiliensträußchen kredenzen.

🍷 **Muskateller trocken** bzw. **Muscat d'Alsace** (!), **Riesling-Sylvaner halbtrocken**, **Pinot Gris** sowie **Graves Blanc**/Bordeaux/F und **Gewürztraminer Spätlese trocken** sind die erfolgreichsten weißen Anwärter auf einen Platz an der Tafel der Lammzunge. Unter den roten Bewerbern konnte eigentlich nur ein geradezu fruchtexplodierender **Pinot Noir** aus dem Elsaß von LUCIEN ALBRECHT, Orschwihr, gefallen.

LAMPRETE → NEUNAUGE

LANGOSTINOS

✐ Langusten aus dem Südostpazifik, die vor allem von der chilenischen Küste kommen. Sie werden meist gleich nach dem Fang (Oktober bis Dezember) gekocht, und das zarte Fleisch ihrer rötlichen Schwänze kommt tiefgefroren oder in Dosen zu uns.

🍷 Milde, fruchtige Weißweine (**Riesling-Sylvaner**, **Riesling**, **Chasselas**/CH …) sind ideal. Zu Langostinos mit grünem Pfeffer erfreuten ein erfrischender **Riesling-Sylvaner** aus der Schweiz; zu Langostinos gratiniert wählen Sie **Sylvaner** oder **Sauvignon Blanc**; zu Langostinos mit Öl und Zitrone vertrauen Sie sich einem jugendlichen **Muscadet**/Loire/F (3–6 Monate) an; und zu Langostinos vom Grill mit Knoblauchbutter war (roter) **Chinon**/Loire, kalt serviert, die positive Überraschung. Das Meer-Jod-Aroma wird dabei gnadenlos verstärkt. Langostinos al Forno (im Ofen geschmort) vermählten wir erfolgreich mit dem fruchtcharmanten **Extrisimo seco** von MASIA BACH, Penedès/E. Canelones con langostinos waren dem delikaten zartfruchtigen **Marqués de Alella seco** (PANSA BLANCA, MAC, CHB, 1–2 Jahre, 7–9 °C) aus Parxet/Penedès aufmerksame Zuhörer.

LANGUSTE (PANZERKREBS, STACHELHUMMER)

(frz. LANGOUSTE, engl. SPINY LOBSTER/ROCK LOBSTER/CRAWFISH, ital. ARAGOSTA, span. LANGOSTA)

Die berühmte Locusta der römischen Feinschmecker ist ein scherenloser Zehnfußkrebs, der in seiner europäischen Spielart vor allem an der französischen Atlantikküste und im Mittelmeer vorkommt und besonders lange Fühler aufweist. Das Fleisch des Schwanzes ist schneeweiß und frisch gefangen noch fester, zarter und edler als Hummerfleisch! Ideale Genußzeit ist von Mai bis Dezember.

Als Partner bietet sich die Hocharistokratie der Weißweine an. Zu Langustenmayonnaise ist **Puligny-Montrachet**/Burgund das richtige Zauberwort; zu Langustengâteau (Kuchen) verdrehen einem **Chablis GC „Vaudésir"**/Burgund oder ein älterer Edel-**Riesling** den Kopf; zu Langustenragout darf es auch Rotwein sein: **Musigny GC**/Burgund ist genial, alkoholverstärkter **Banyuls Rouge**/Roussillon hat Tradition, konnte uns aber nicht überzeugen, und zu Langustenmedaillons sollten Sie schlicht und einfach champagnisieren (z. B. **Krug „Clos du Mesnil"**/Reims, **Bruno Paillard Première Cuvée brut**/Reims, **A. Salon „Brut S" Blanc de Blancs**/Avize oder Louis **Roederer „Cristal brut"**/Reims).

LANGUSTE ÜBERBACKEN

Languste in kochendem Salzwasser garen, halbieren, Darm entfernen, salzen, pfeffern, mit zerlassener Butter beträufeln und 20 Minuten im heißen Ofen überbacken; zerlassene Butter mit → Worcestershiresauce verrühren, mit gehackter Petersilie und Anchovisfilets (Sardellen) vermischen, schaumig schlagen und extra reichen.

Gut gekühlter **Sherry Fino light dry** und **Montilla-Moriles**/E der modernen, leichten Art (14–15%) erweisen auch den Anchovis gebührenden Respekt. **Chardonnay** (Stahltank), frischer, schäumender **Cava**/E, edler **Rieslingsekt** und **Champagne Blanc de Blancs** sind in Sommer von geradezu erfrischend einfacher Nonchalance und Noblesse. An Herbst- und Winterabenden in festlicher Umgebung sind **Meursault Premier Cru** (z. B. **„Les Grands Charrons"** von GUY ROLAND oder **„Perrières"** von JACQUES PRIEUR, Meursault/Burgund) sowie **Corton-Charlemagne GC** (z. B. von ANDRÉ NUDANT oder J. FAIVELEY/Burgund) kaum an Wirkungskraft zu überbieten. Letztere zeigten trotz ihrer enormen Spannkraft unerwartete Sensibilität und Anpassungsfähigkeit. Aus heimischer Sicht erzielte der erstklassige **Chardonnay Qualitätswein** vom MANTLERHOF, Brunn im Felde/NÖ, ähnlich hohe Noten – auch von unseren französischen Gästen!

LANGUSTENSCHWÄNZE KALT IN SHERRYSAUCE

Languste in kochendem Salzwasser mit Weißwein, Dill, Zitronensaft und Zitronenschale garen, ausgekühlt in 1 cm dicke Scheiben schneiden, Rahm steifschlagen, → Mayonnaise mit → Sherry, Worcestershiresauce und Zitronensaft verrühren, salzen, pfeffern, zuckern und mit dem steifen Rahm vermischen, in mit Salatblättern ausgelegte Cocktailgläser geben, mit der Sauce überziehen, mit Dillspitzen und eingeschnittener Zitronenscheibe garnieren.

Es gibt keine Alternative zu einem köstlichen **Sherry Fino light dry** von GONZÁLES BYASS, VALDESPINO, GARVEY oder PEDRO DOMECQ, Jerez/Andalusien/E.

LANGUSTINE → KAISERGRANAT

LASAGNE

Eine der berühmten warmen italienischen Vorspeisen: lange, breite Teigwaren (mit oder ohne Eier), die man auch als Hauptspeise anbieten kann. Man serviert sie mit den verschiedensten Füllungen und diversen Saucen. Helle Lasagne werden meist mit Tomatensugo kredenzt, grüne, mit Spinatsaft, garniert man mit verschiedenen Kräutersaucen.

Lasagne con Funghi e Carciofi (mit Pilzen und Artischocken) geben (rotem) **Donnic** (GAGLIOPPO und GRECO NERO, 1–3 Jahre, 14–16 °C) aus Kalabrien eine Chance; Lasagne e Fagioli (mit Bohnen, Pfeffer und Knoblauch) sind wie geschaffen für den jungen **Metapontum Rosso** (SAN, NEGROAMARO, MAL NERA,

1–3 Jahre, 14–16 °C) aus der Basilikata, Lasagne Verdi al Forno (grüne Lasagne mit Hackfleisch und Béchamelsauce) sind ein Fall für (roten) **Lambrusco „Vigna del Cristo“** von UMBERTO CAVICCHIOLI, San Prospero/Emilia/I, und Lasagne mit schwarzen Trüffeln wurden zu einem geradezu göttlichen Erlebnis, begleitet von einem **Verdicchio Spumante di Matelica** (Flaschengärung, 2–5 Jahre, 7–8 °C) von GIOACCHINO GAROFOLI, Loreto/Marken/I; Lasagne mit Mohn und **Verduzzo** (3–5 Jahre, 9–11 °C) von RONCHI DI FORNAZ, Cividale, oder GIOVANNI DRI, Nimis/Friaul/I, sind eine sensationelle Melange, und Lasagne mit Hasenragout werden zu einem unvergeßlichen Erlebnis gemeinsam mit einem edlen (jungen) **Chianti Classico** von MONSANTO, Barberino Val d'Elsa/Toskana/I.

LASAGNE ÜBERBACKEN („LASAGNE MANTECATE“)

✐ Lasagne wird in Salzwasser al dente (bißfest) gekocht, mit Rahm übergossen, mit geriebenem Parmesan bestreut und im heißen Rohr überbacken (gratiniert).

🍷 **Frascati**/Latium, **Orvieto secco**/Umbrien und **Riesling Italico** (z. B. die Fruchtbombe von BRUNO VERDI, Canneto Pavese/Lombardei) sind als sommerliche Mittagsweine konkurrenzlos. Der elitäre **Soave Classico „Monte Fiorentine“** (GAG, TRE, 1–3 Jahre, 8–9 °C) von CA' RUGATE, Monteforte/Venetien, war der Rahm-Parmesandecke noch etwas milder gestimmt als die Vorgänger und ist auch für ein festliches Abendessen geeignet. Süße Zungen werden allerdings die Paarung mit dem edelsüßen **Orvieto Pourriture Noble** (PROCANICO, VO, GRE, 4–8 Jahre, 7–9 °C) von DECUGNANO DEI BARBI, Orvieto/Umbrien – manchmal als Italiens **Château d'Yquem** tituliert – als Matrimonio d'amore (Liebesheirat) der romatischsten Art bezeichnen.

LAUCH

(frz. POIREAU, engl. LEEK, ital. PORRO, span. PUERRO)

✐ Zu den Liliengewächsen gehörende Zwiebelpflanze mit röhrenförmigen Blättern (→ Porree). Der leicht rundliche Sommer-Lauch ist aromatisch-erdig und intensiver als der Herbst-Winter-Lauch. Lauch enthält viel Vitamin B und C und ist kalorienarm. Man verwertet sowohl die Zwiebel als auch die Blätter; doch waren es die Blätter, die dem Lauch Berühmtheit verschafft haben.

🍷 Es ist bekannt, daß **Sauvignon Blanc**, **Sylvaner**, **Cava**/E, **Champagne Brut**/F und junger (roter) **Beaujolais**/Burgund/F eine besondere Zuneigung für Lauch hegen. **Rieslinge** und trockene **Muskateller** sind etwas kämpferischer veranlagt, können aber neutralisiert werden. Lauch in Blätterteig sollten Mutige einmal mit edelsüßem Sauternes (z. B.**Château Suau 2ᵉ CC**/Barsac/Bordeaux/F) oder **Gewürztraminer**/Elsaß vermählen.

LAUCH IM HEMD

✐ Lauch, in ca. 6 cm lange Stücke geschnitten, in Wasser, Salz und Öl gegart, abgetropft, mit Muskatnuß gewürzt, in Mehl und Ei gewendet, in heißem Fett goldbraun gebraten und serviert.

🍷 Neben **Sauvignon Blanc**, **Sylvaner** und **Cava**/Penedès/E konnte hier ein junger **Grüner Veltliner** mit attraktiver Pfeffer-Muskatnuß-Note (1 Jahr, 8–9 °C) von ROMAN PFAFFL, Stetten/Weinviertel/NÖ/A, überzeugen.

LEBER

(frz. FOIE, engl. LIVER, ital. FEGATO, span. HIGADO)

✐ Der „Star“ unter den Baucheingeweiden ist von leichter Verdaulichkeit und beachtlichem Nährwert; Fischleber ist weniger nahrhaft, aber oft von großem Wohlgeschmack (Hecht-, → Dorsch- und Makrelenleber). Neben der legendären → Gänseleber gelten noch die → Enten-, → Hühner-, → Kalbs-, Kaninchen-, Lamm-, → Reh- sowie Taubenleber von jungen Tieren als Leckerbissen. (Ältere Tiere – vor allem Rotwild und Truthahn – haben meist sehr viele Schadstoffe und Gifte in ihrer Leber gespeichert.)

🍷 Zu Leber gebacken sind **Pinot Gris Spätlese** und **Côtes de Duras Blanc**/Dordogne/F jederzeit ein Erlebnis; Leber blanchiert vermag auch dem raren **Condrieu**/nördl. Rhône etwas abzugewinnen; Leber „Venezianisch“ und (roter) **Cabernet di Pramaggiore**/Venetien sind längst ein Paar; Leber im Kohlblatt und weißer edelsüßer **Monbazillac**/Bergerac ist fast Pflicht; zu Leberwurst ist Waadtländer Dézaley (z. B. **„La**

Gruyre" von LOUIS HEGG, Epesses) Spitze; zur gebratenen Leber sind (**roter**) **Merlot**/Friaul/I und **Pinotage**/Südafrika (LAIBACH VINEYARDS und KANONKOP) längst keine Geheimtips mehr; Geflügelleberterrine verlangt nach (rotem) **Cahors**/SW-F, und Leberauflauf mit → Sauce Béchamel vertrauten wir erfolgreich einer halbtrockenen badischen **Gutedel Spätlese** an. Mit gewisser Berechtigung seien noch frisch-herbe **Pilsbiere** angeführt, die immer wieder – je intensiver der Lebergeschmack, desto besser – begeistern können.

LEBERKNÖDEL

✐ Knödelbrot salzen, mit lauwarmer Milch übergießen und zugedeckt stehenlassen; Leber und eventuell Milz faschieren; Zwiebeln und Petersilie in Butter andünsten und mit dem Fleisch, dem Brot, Salz, Pfeffer, Majoran und Knoblauch zu Knödeln formen und in Salzwasser etwa 25 Minuten kochen.

🍷 Trotz gegenteiliger Lehrmeinung sind Weißweine hiezu allemal attraktiver und anpassungsfähiger als Rotweine. (Es sei denn, daß nur Leber von alten Schweinen und Rindern verarbeitet wird!) Als besonders geglückt darf die Verbindung mit fruchtig-eleganten Tropfen ohne aggressive Säure, im speziellen Fall ein **Malvasier** (1–2 Jahre, 9–10 °C) vom GRÄFLICH STUBENBERGSCHEN SCHLOSSWEINGUT, Schloß Walkersdorf/Krems/NÖ/A, bezeichnet werden, wobei die flaumige Zartheit der Leber unterstrichen und Geschmack und Würze auf sublime Weise erhöht wurden.

LEBERNOCKERLN

✐ Österreichische Spezialität. Rohe Kalbsleber, Nierenfett und eingeweichte Semmeln faschieren, mit Eigelb binden, mit gehackter Petersilie, Salz, Pfeffer, Majoran und gerösteten Zwiebeln würzen, mit Semmelbröseln binden, zu Nockerln formen und in Salzwasser ziehen lassen.

🍷 War bei Leberknödeln noch der Anteil der Kalbsleber für die Auswahl des Weins entscheidend, so stellt sich hier diese Frage von Anfang an nicht. Die flaumigen Lebernockerln sehnen sich geradezu nach fruchtigen, samtmilden Weißweinen (**Riesling-Sylvaner**, **Riesling**, **Malvasier**, **Pinot Gris**, **Zierfandler** ...). Wundervoll der **Riesling-Sylvaner** (1–3 Jahre, 8–9 °C) von HENRI CRUCHON, Echichens/Genfersee/CH.

LEBERSPIESSCHEN

✐ Kalbsleber wird in etwa 4 cm lange und 1 cm dicke Streifen geschnitten, in Butter angebraten und gemeinsam mit Räucherspeckscheiben und halbierten Champignons auf einen Spieß gesetzt, mit Öl beträufelt, gegrillt, gesalzen und gepfeffert.

🍷 **Pinot Blanc** und **Pinot Gris Kabinett** und wegen des Räucherspecks auch junger **Grüner Veltliner**, **Sauvignon Blanc** sowie (hellroter) **Kalterer See**/Südtirol, **Côtes du Rhône Rouge** und leicht gekühlter **Bergerac Rouge „Château Calabre"** wurden gewogen und für nicht zu leicht befunden.

LEBERKÄSE

✐ Bayerisch-österreichische Spezialität aus Leber, Schweinefleisch, Mehl, Eiern, Milch, Salz und Gewürzen. Leberkäse wird durch den Fleischwolf gedreht und in Backsteinform gekocht. Der Name leitet sich von „Laibkäse" (Käselaib) ab.

🍷 Ein frisches, hopfiges **Bier** ist für viele nach wie vor der Weisheit letzter Schluß. Wir kennen aber einen großen Weinkenner, der sich nicht scheut, alleredelsten (roten) **Pauillac**/Bordeaux/F dazu zu trinken.

LEBKUCHEN (HONIGKUCHEN, PFEFFERKUCHEN, LECKERLI)

(frz. PAIN D'EPICE, engl. FRIANDS, ital. PANFORTE, span. PAN DE ESPECIAS)

✐ Mit Anis, Gewürznelken, Koriander, Muskatnuß, Piment und Zimt gewürzter und mit Honig versüßter Teig, der zur Herstellung des beliebten Weihnachtsgebäcks dient.

🍷 Neben **Strohweinen** sind auch **Beeren-** und **Trockenbeerenauslesen** geeignet, da der Botrytiston eine feine Partnerschaft mit den Gewürzen eingeht. Nicht-Leckermäuler bevorzugen hingegen **Glühwein**, würzige Rotweine (**Toskana**/I, **Rioja**/E) und Weißweine (**Traminer**, **Muskateller** …) mit nur zarter Restsüße. Ein seltenes komplementäres Vergnügen bereiteten uns eine Tasse **Mocca** und ein Gläschen **Triple sec** (**Orangenlikör**).

LEIPZIGER ALLERLEI

✐ Originalrezept: Mischgemüse aus Spargel, jungen Erbsen, Karotten und → Lorcheln.
🍷 **Sauvignon Blanc** und **Sylvaner** (jung) oder reifer bis überreifer **Pinot Blanc**, **Neuburger**, **Riesling** und **Rieslingsekt** sollten hier eingesetzt werden. Wobei die jugendlichen Kreszenzen das Gericht akzentuieren und die reifen selbst am meisten gewinnen.

LENDENBRATEN (LENDE)

(frz. ALOYAU, engl. LOIN, ital. LOMBATA, span. SOLOMILLO)
✐ In Österreich und Bayern als Lungenbraten bezeichnet. Zartes Fleisch unterhalb des Rückgrats. Bei einem Tier mittlerer Größe ein etwa 50 bis 55 kg schweres Stück vom Hinterteil des Rindes, das zwischen Schwanzstück und Rippenstück liegt. → Beefsteak, Ochsenbraten, → Porterhousesteak, → Roastbeef – sie alle künden vom Ruhm des Lendenbratens.
🍷 Nicht immer verlangt der edle Lendenbraten nach einem großen Rotwein. Sehr oft sind es sogar einfache rustikale Weine (**Cahors**, **Madiran**/SW-F, die das Aroma des Fleisches ideal ergänzen, während zarte, geschliffene Gewächse mitunter an Finesse einbüßen. Erst edle Garnituren und Saucen lenken uns in die Richtung der Premiumweine.

LENDENSCHNITTE

→ FILET MIGNON, → TOURNEDOS
✐ Rund geschnittene Scheibe aus der Spitze der Filets (Lungenbraten) von ca. 100 g Gewicht und 4 bis 5 cm Durchmesser.

LENDENSCHNITTE „CHORON"

✐ Lendenschnitte, angebraten, gewürzt, auf mit gebutterten Spargelspitzen gefüllte Artischockenböden gesetzt und mit → Sauce Choron und Strohkartoffeln aufgetragen.
🍷 Wie bei vielen Gerichten stehen sich auch hier die diversen Aromen im Wege, und es ist fast unmöglich, einen adäquaten Wein für alle Ingredienzien zu finden. Daher kann es durchaus lohnend sein, verschiedene Weine (Getränke) zu einem Essen zu bestellen. Weiß: **Hermitage Blanc**/nördl: Rhône, **Pinot Blanc Spätlese** trocken. Rot: exotischer **Cabernet Sauvignon**, **Pinot Noir**, **Merlot**. Südwein: **Sherry Amontillado dry**/E. Der sensationelle chilenische **Cabernet Sauvignon Antiguas Reservas** (3–6 Jahre, 16–17 °C) aus dem Maipo Valley von VIÑA COUSIÑO MACUL, Santiago (leuchtendes Dunkelrot, feiner Cassis-Eichen-Duft, elegant-vollmundig-würziger Ausklang), verlieh zwar dem etwas geschmacklosen Fleisch Flügel, kam aber mit Sauce, Spargelspitzen und Artischocken nicht zurecht. Also beschlossen wir, einen zweiten Wein zu ordern und tranken zum Gemüse einen herrlich würzigen (weißen) **Bellet Blanc** (→ Hammelrücken auf „Nizzaer Art"), der nicht nur Gemüse und Sauce ins rechte Licht rückte, sondern auch den schon etwas müden Gaumen erfrischte und solcherart dem Rotwein eine bessere Startposition verschaffte. Seien Sie mutig, trinken Sie abwechselnd weiß und rot, wenn die Harmonie auf dem Teller in keiner Weise stimmen sollte – und ignorieren Sie dabei gelassen die hochgezogenen Augenbrauen des Sommeliers.

LENDENSCHNITTE MIT ÄPFELN

✐ Geschälte Apfelscheiben, mit Zitronensaft beträufelt, mit gewürfelten Schalotten glasig gedünstet, mit Cidre (Apfelwein) abgelöscht, reduziert und warm gestellt; Lendenschnitte, in Butterschmalz angebraten und mit Calvados flambiert, auf den Apfelscheiben angerichtet und mit Sauce aus verrührtem Maismehl, Crème double, Bratensatz, eingerührter Butter, Salz und Cayennepfeffer serviert.

🍷 **Cidre**, **Calvados**, Apfelscheiben und Crème double geben auch einem großen Weißwein (**Hermitage Blanc**/nördl. Rhône, **Pinot Blanc Spätlese**/BGLD, **Grüner Veltliner „Smaragd"**/Wachau, **Corton-Charlemagne** oder **Pouilly Fuissé Vendange Tardive**/Mâconnais/Burgund/F) eine Chance. In Frankreich wird nicht selten **Calvados** (!), **Apfelschnaps** aus der Normandie, dazu getrunken. Unter den verkosteten Rotweinen entsprach nur ein fulminanter, sieben Jahre alter **Château Cheval Blanc Premier CC**/Saint-Émilion/Bordeaux/F, der sogar mit der Sauce einen Modus vivendi fand.

LENDENSPITZEN → FILETSPITZEN

LENDENSTEAK → FILETSTEAK

LENDENSTÜCK, DOPPELTES → CHÂEAUBRIAND

LENGFISCH (LENG, LANGFISCH)

(frz. LINGUE, engl. LING, ital. LINGUA)

Zur Familie der Dorsche zählender gefürchteter Raubfisch von bis zu 2 m Länge und 25–30 kg Gewicht, der bevorzugt in der Nordsee vor der britischen Küste, Norwegen und Island sein Revier hat. Er weist zwei Rückenflossen auf, und sein mageres, eiweißarmes Fleisch ähnelt dem des Kabeljaus.

🍷 Jene Weine, die zu → Kabeljau in den verschiedensten Variationen angeführt wurden, gelten auch hier.

LEVERPOSTEJ

Dänische Spezialität. Pastete aus Schweinsleber, rohem Bauchspeck, Zwiebeln, Sardellenfilets, alles faschiert, mit Eiern, Rahm und Mehl vermengt, mit Salz, Pfeffer, Muskatnuß, Thymian und → Madeira gewürzt, in mit Räucherspeckscheiben ausgelegte Pastetenform gefüllt, im Wasserbad gegart und erkaltet auf eine Platte gestürzt.

🍷 Im Zweifelsfalle ist ein Gläschen **Madeira** immer richtig, doch auch die leicht gekühlten roten Weine (CF) der Touraine (**Chinon** und **Bourgueil**/Loire/F) fanden großen Zuspruch. Deckte der **Madeira** (**Verdelho**) alles ein wenig zu und sorgte für ein bestechendes Grundaroma, so holten die beiden Rotweine eine Unmenge an Nuancen heraus und machten vor allem den Sardellengeschmack transparent. Auch edle (dunkle) **Malzbiere** konnten Wohlgefallen erzeugen. Ideal das dänische **Gammel Porter** (Portwein-Karamelaroma) von CARLSBERG.

LIMANDE → ROTZUNGE

LIMBURGER KÄSE

Seiner Gestalt wegen auch Backsteinkäse genannt. Ein sogenannter Rotschmierkäse, von starkem Geruch und würzig-pikantem Geschmack, der ursprünglich aus Limburg/Belgien stammt. Der Vollmilchkäse darf beim Anschnitt „fließen". Er weißt 20–50 % F. i. d. T. auf.

🍷 **Riesling Spätlesen**, vor allem aus dem Elsaß/F, Franken und Rheinpfalz/D sowie Kamptal/A, stehen dazu hoch im Kurs. Unter den Rotweinen bieten sich reifer **Pinot Noir** und **Garrafeira**/P an. Altgediente Limburger-Fans greifen allerdings zu **belgischem Bier** oder sehr reifem **Champagne**.

LINSEN

(frz. LENTILLES, engl. LENTILS, ital. LENTICCHIE, span. LENTEJAS)

Hülsenfrüchte, die sowohl als Sommer- wie auch als Winterfrucht angebaut werden. Chile, die USA und Algerien sind die wichtigsten Exporteure der stärke- und eiweißreichen Schmetterlingsblütler, die schon in der Steinzeit kultiviert wurden. In der französischen Küche werden sie trotz ihrer schlechten Verdaulichkeit gerne eingesetzt. Ihr Gehalt an Phytohormonen wirkt zusammen mit einem Glas edlen Weins stimmungsausgleichend und harmonisierend.

🍷 Zu Linsensuppe mit Langustinen ist elsässischer **Pinot Gris GC** gerade richtig; Linsen gratiniert und **Gamay Rosé**/Loire sind altbewährt; Linsensalat und **Chenin Blanc**/Loire/F sind eine Sünde wert, und Linsensoufflé verehelichten wir erfolgreich mit rassigem **Silvaner**/Franken/D. Linsen mit Speck genossen wir sowohl mit **Lagrein dunkel**/Südtirol als auch mit (weißem) **Dézaley** (**Chasselas**)/Schweiz. Speckrahmlinsen wehren sich allerdings gegen Gerbstoffe!

LINSEN AUF „FRANZÖSISCHE ART“

✎ Eingeweichte Linsen, halb gar gekocht, mit angeröstetem Frühstücksspeck in Rotwein gedünstet und mit hellbrauner Mehlschwitze gebunden.

🍷 (**Roter**) **Beaujolais Primeur**/Burgund, **Gamay**/Touraine/Loire und **Gigondas**/südl. Rhône/F sind sichere Tips, wenngleich die große Überraschung die rote **Jungweinpremiere** (BLP, 2–3 Monate, 12–14 °C) der Familie REINISCH, Tattendorf/Thermenregion/NÖ/A, war, die das Linsenaroma auf unnachahmliche Weise in den kulinarischen Himmel hob.

LINZER TORTE

✎ Der Stadt Linz/Donau/A zugerechnete Torte, aber in Wirklichkeit von einem Konditor namens Linzer kreierte Mehlspeise aus Mehl, Zucker, Biskuitbröseln, gemahlenen Mandeln, Backpulver, Zimt, abgeriebener Zitronenschale, gestoßenen Gewürznelken, 1 Ei und 1 EL Rum, roter Ribiselmarmelade und Mandelstiften.

🍷 **Österreichs Prädikatsweine** stehen hier Schlange. **Auslese**, **Beerenauslese**, **Ausbruch** und **Eiswein** sind raffinierte Begleiter, die jedoch vielen Gourmets als zu süß erscheinen. Auch exquisite extraktsüße rote **Barriqueweine** sollten ins Kalkül gezogen werden. Ein reifer **Vin Santo** von LUNGAROTTI, Umbrien/Italien, und eine botrytisgeprägte 15jährige **Weißburgunder BA** von ANTON KOLLWENTZ, Großhöflein/BGLD, betonten hingegen die Würze des Desserts und stellten die Süße in den Hintergrund.

LIPTAUER KÄSE

✎ Schafkäse aus den mährischen und ungarischen Karpaten von → topfenähnlicher Streichart. Butter, Salz, Kümmel, Paprika, Kapern, Zwiebeln und Schnittlauch werden zu einem Teig geknetet, der ein beliebter Aufstrich ist.

🍷 Burgenländischer und ungarischer **Welschriesling** (**Olaszrizling**) und würzige **Sauvignons Blancs Spätlesen** sind bewährte Partner des pikanten Streichkäses. Interessant ist der modern vinifizierte **Sauvignon** (2–3 Jahre, 9–10 °C) von ZEMEDELSKÉ DRUZSTVO JISKRA aus Ceikovice/Mähren/Slowakei (ein Geheimtip).

LITSCHIS → LYCHEES

LIVAROT

✎ Seit dem 19. Jahrhundert ein in Frankreich sehr beliebter weicher, salzig-würziger Rotschmier-Kuhkäse aus Magermilch, der nach dem Ort Livarot/Normandie benannt und in Riedgras eingehüllt ist. Erst wenn er in der Mitte etwas einsinkt (nach 3–4 Wochen) ist er auch für Käse-Freaks à point.

🍷 In der Normandie trinkt man üblicherweise **Cidre** (**Apfelwein**) und **Calvados** (**Apfelschnaps**) dazu; Weißweinliebhaber sollten sich an lieblichen **Bonnezeaux**/Loire/F, **Riesling Spätlese** sowie **Gewürztraminer**/Elsaß und eventuell **Sainte-Croix-du-Mont**/Bordeaux/F (ähnlich einem **Sauternes**) halten. Auch reife **Champagnes** können mithalten.

LIWANZEN

Böhmische Spezialität aus Hefeteig, mit abgeriebenen Zitronenschalen und Macis (Muskatblüte) gewürzt; kleine flache Pfannkuchen, mit → Powidl (Pflaumenmus) gefüllt und mit Zucker und Zimt bestreut.

Genießer mit eher herbem Gaumen halten sich an fruchtcharmante, nur zartsüße Spätlesen/Auslesen (**Riesling-Sylvaner**, **Riesling**, **Welschriesling**, **Traminer** ...), während Honigmäuler sich an höheren Prädikaten (**Beerenauslese**, **Ausbruch**, **Trockenbeerenauslese**, **Strohwein**) erfreuen. Die erstgenannten Weine akzentuieren die einzelnen Ingredienzien auf meist signifikante Weise, letztere überrollen oft das Dessert durch Fülle, Alkohol und teilweise ausgeprägte Oxydationsnoten, gewinnen aber im Gegenzug über die Fruchtsäure (Powidl) an Finesse und Fruchtaroma. Als denkbarer Kompromiß bietet sich frischer, zartsüßer **Eiswein** an. In der Slowakei versuchen Sie einmal den zartsüßen **Muskat „Mopr"** (2–5 Jahre, 9–11 °C) von ZEMEDELSKÉ DRUZSTVO JISKRA, Ceikovice. Aus österreichischer Sicht wäre der rote **Schilfwein** von GERHARD NEKOWITSCH, Illmitz/BGLD, die ideale Lösung, da er sowohl Würze als auch gebändigte Süße mitbringt.

LÖFFELENTE

Wildente aus den Nordländern mit löffelförmigem Schnabel und intensivem Wildgeschmack,
der durch alte Rot- (und Weißweine) mit einem Touch von Leder und Wildbret (**Syrah**/Rhône, **Shiraz**/AUS, **Madiran**/SW-F, **Brunello di Montalcino**/Toskana/I) perfekt ausbalanciert werden kann.

LOOSE VINKEN

Flämisches Nationalgericht: dünne, zarte Rindfleischscheiben, gesalzen und gepfeffert, belegt mit je einer dünnen Scheibe magerem Speck, gewürzt mit Muskatnuß und einem Stück Salzgurke, gerollt, gebunden, angebraten, mit angerösteten Zwiebelstücken, Malzbier, Lorbeerblättern und Thymian vermengt, mit Wasser aufgefüllt und zugedeckt gedünstet; Sauce, passiert, mit Stärkemehl gebunden und mit Salz, Pfeffer und Senf aromatisiert; als Beilage Kartoffelpüree.

Das in der Speise enthaltene **Malzbier** war auch als korrespondierendes Getränk unschlagbar. Sehr gut das malzig-würzige **De Koninck**/Antwerpen, das das Gericht zu höchster Geschmacksentfaltung brachte.

LORCHEL (SPEISELORCHEL)

Ein der → Morchel nahe verwandter Speisepilz, der in Mitteleuropa von April bis Juni in mehreren Arten vorkommt und ein zartes, am Gaumen fast zergehendes Fleisch von wenig ausgeprägtem Aroma besitzt. Da Lorcheln die giftige Helvellasäure enthalten, müssen sie unbedingt ca. 10 Minuten ausgekocht werden.

Alte **Pinots Noirs**, **Pinots Blancs** und **Neuburger**/A sind verläßliche Gefährten von zeitloser Delikatesse.

LOTHRINGER SPECKTORTE („QUICHE LORRAINE")

Tortenform mit ungezuckertem Mürbteig auslegen, mit dünnen Räucherspeck-, Zwiebel- und Emmentalerscheiben bedecken; Milch, Rahm und Eigelb zu einem glatten Teig verrühren, zart würzen und im heißen Rohr 25 bis 30 Minuten backen.

Wählen Sie zwischen **Edelzwicker**, **Riesling** und **Pinot Gris**/Elsaß/F; interessante Außenseiter sind **Muscat d'Alsace** und **Pinot Blanc**/Elsaß. (→ Quiche)

LÖWENZAHN (BUTTERBLUME)

(frz. PISSENLIT, engl. DANDELION, ital. DENTE DI LEONE, span. DIENTE DE LEÓN)

Die zarten jungen Blattrosetten der wildwachsenden Butterblume kommen in ganz Europa, Nordamerika sowie im gemäßigten Asien vor und gelten als vortrefflicher Salat von großer Zartheit, großem Vitaminreichtum und feinem Bittergeschmack. Am besten munden sie bei uns von April bis Juni, wenn sie vor dem Blühen geerntet werden. Wegen seiner harntreibenden Wirkung auch „Bettpisser" genannt.

Wieder einmal gehören **Sylvaner** und **Sauvignon Blanc** zu den erfolgreichsten Begleitern. Zu Löwenzahnpastete gefiel ein **Quincy** (SB, 1–2 Jahre, 8–9 °C) von MARDON FRÈRES, Loire, und zu Löwenzahnsalat mit Speck konnten wir sowohl dem (**weißen**) **Sauvigon**/Loire bzw. S-STMK/A als auch dem (roten) **„Menetou-Salon"** (**Pinot Noir**) von der DOMAINE DE CHATENOY, Menetou-Salon/Mittelfrankreich, etwas abgewinnen; auch **Valpolicella Classico**/Venetien/I konnte gefallen.

LUMMELBRATEN → RINDERFILET

LUMPFISCH → SEEHASE

LUNCHEON MEAT

Englisch-amerikanische Fleischpastete aus Kalb- und Schweinefleisch, Speck und Gewürzen, die als Aufstrich oder gebraten angeboten wird.

Unkomplizierte Weißweine (**White Zinfandel**, **Chenin Blanc**/KAL) oder mittelkräftige Rotweine (**Gamay**, **Merlot**/KAL etc.) sind immer passend.

LUNGE

Das große zweilappige Brusteingeweide besteht aus Muskelfasern, Bindegewebe und elastischem Gewebe, Blut und Stickstoffsubstanz. Die Kalbs- und Lammlunge (→ Beuschel) wird vor allem in Österreich und Frankreich sehr geschätzt, während die Lungen von Rind und Schwein meist zu Blut- und Leberwurst (→ Blunzen) verarbeitet werden.

LUNGENBRATEN → LENDENBRATEN

LUNGENHASCHEE → BEUSCHEL, → KALBSBEUSCHEL

LYCHEES (LICHEES, LITSCHIS, CHINESISCHE HASELNÜSSE)

Ostasiatisches Seifennußgewächs mit rotbraunen, pflaumengroßen, lederschaligen Früchten. Die ursprünglich aus China stammende Frucht wächst auf etwa 9 m hohen Bäumen und wird heute in vielen tropischen Gebieten angebaut. Ihr festes weißes Fleisch erinnert ein wenig an eine Mischung aus Sauerkirschen und Muskat und enthält viel Vitamin C.

Trumpfas im Kombinationsspiel mit der Tropenfrucht ist die Sorte **Scheurebe**/D im niedrigen Prädikatsbereich (**Spätlese/Auslese**). Von exemplarischer Delikatesse sind die Kreszenzen von HEINRICH MÄNNLE, Durbach/Baden, HANS WIRSCHING, Iphofen/Franken, und von FUHRMANN-EYMAEL, Bad Dürkheim-Pfeffingen/Rheinpfalz/D. Auch zartsüße **Muskateller**, **Gewürztraminer** und **Riesling-Sylvaner** waren erfolgreich. Zu Lychees in Pernod triumphierte allerdings die fulminante **Bouvier TBA** von MARTIN HAIDER, Illmitz/BGLD/A.

MACAIREKARTOFFELN

Große ungeschälte Kartoffeln, bei 240 °C im Rohr gebacken, heiß geschält, zerdrückt, mit Butter, Salz und Pfeffer vermengt, Kartoffelmasse in heißer Butter goldgelb gebraten und gewendet.

Mit den bekannten weißen Kartoffelfreunden (**Riesling**, **Welschriesling**, **Riesling-Sylvaner** ...), aber auch jugendlich frischen Rotweinen (**Zweigelt**, **Blauer Portugieser**/A, **Gamay**/F, **Bardolino**/Venetien/I) kann man das oft unterdrückte Kartoffelaroma genußvoll steigern.

MACCHERONI → MAKKARONI

MADEIRA

Neben → **Sherry**, → **Portwein**, **Marsala**, **Málaga** und **Samos** einer der sechs großen gespriteten **Südweine** aus den Rebsorten **Malvasia**, **Alicante**, **Moscatel**, **Sercial** und **Verdelho**. Die im Atlantik gelegene portugiesische Vulkaninsel ist seit 400 Jahren Umschlagplatz der feurig-belebenden oxydativen Weine, denen vor Abschluß der Gärung Sprit und Mistella (verdickter Süßmost) zugesetzt wird, wobei die Geschmackspalette von **Sercial** (trocken), **Verdelho** (trocken-halbsüß), **Bual** (rauchig-bitterwürzig-süß) bis zu **Malmsey** (honigsüß) reicht. Zum Kochen werden trocken-halbtrockene Exemplare verwendet.

Madeira in Speisen kann mit **Madeira** zum Essen beantwortet werden. Madeirareduktionen (in Saucen) werden von altem (rotem) **Château Haut-Brion Premier CC/Graves**, **Château Pétrus**/Pomerol und **Château Ausone**/Saint-Émilion/Bordeaux/F perfekt begleitet; auch kraftvolle, reife **Cabernets** (AUS, KAL) sind möglich (→ Sauce Madére). Zu hellem Fleisch sind kraftvolle, extraktreiche **Spät-** bis **Auslesen** der Sorten **Pinot Blanc** und **Pinot Gris** die sichersten Tips!

MAGRET

Das rosa gebratene, in dünne Scheiben geschnittene Brustfilet des Geflügels nennt man in Frankreich Magret oder Aiguillette.

Berühmt ist das Entenbrustfilet (Magret de Canard), das man bevorzugt mit edlem **Saint-Émilion Premier Cru Classé** (**rot**) vermählt. Auch samtige **Syrah**-Kreszenzen (bzw. **Shiraz**) und würzige **Pinots Noirs** sind als Begleiter willkommen. Das kalte Brustfleisch bevorzugt allerdings tanninarme, fruchtige Rot- und halbtrockene Weißweine (**Riesling**, **Zierfandler**, **Pinot Blanc**).

MAHALLEBI

Türkisches Dessert. Milch und Zucker, aufgekocht, mit Reisstärke gebunden und gallertartig eingekocht, kaltgerüht, mit Rosenwasser parfümiert und in Gläsern serviert.

Cava/Penedès/E, **Moscato-Schaumweine** und **Picolit**/Friaul/I mit feiner Süße sind grazilköstliche Kreszenzen von meist nobler Zuverlässigkeit. Ein Hochgenuß für Leckermäuler ist allerdings ein Südtiroler **Rosenmuskateller** (**Moscato Rosa**), z. B. von SCHLOSS SALLEGG, Kaltern/I. In der Türkei hielten wir uns an süßen (**weißen**) **Narbag** aus Anatolien, der dabei selbst an Ausdruckskraft gewann!

MAILÄNDER SCHNITZEL

Kalbsschnitzel, mit Mehl, Ei, geriebenem Weißbrot und Parmesan paniert, in Fett beidseitig angebraten, auf Buttermakkaroni mit Schinken-, Pökelzunge- und Champignonjulienne und geriebenem Parmesan angerichtet und mit Tomatensauce serviert.

Seit Generationen haben sich in der Lombardei einige Weine als mehr oder weniger ideale Weggefährten bewährt: **Riesling Italico** (z. B. von LA VERSA, S. Maria della Versa), **Riesling-Sylvaner** (z. B. von MONTELIO DI ANNA, Codevilla), **Riesling Renano** (z. B. von LA MUIRAGHINA, Montu

Beccaria) und auch jugendlich charmante Rotweine, wie **Bonarda** (z. B. von PICCOLO BACCO DEI QUARONI, Montu Beccaria) und Stahltank-**Pinot Nero** (z. B. von M. & G. FUGAZZA, Rovescala).

MAINZER HANDKÄSE

Ein laibförmiger, dem → Harzer Käse ähnlicher Sauermilchkäse von pikantem Aroma und goldgelber bis rötlichbrauner Farbe, der sich am ehesten mit milden **Rosé-** und Weißweinen vereinen läßt, wobei eine Restsüße von etwa 15 g durchaus vertretbar ist. **Bier** und **Apfelwein** haben allerdings Tradition.

MAINZER RIPPCHEN

Mild gepökeltes Schweinskarree und mild gesalzenes Sauerkraut, in Weißwein weichgekocht und mit Kartoffelpüree angerichtet.

Würziger **Silvaner**, **Riesling** und **Pinot Blanc** aus Rheinhessen sind eine Wucht im Zusammenspiel mit den Rippchen und lassen vor allem das Sauerkraut in voller Schönheit erblühen. Pars pro toto seien die nervig-würzige **Riesling Spätlese „Niersteiner Pettenthal"** von BÜRGERMEISTER ANTON BALBACH ERBEN und die knochentrockene, rassige **Weißburgunder Auslese „Bechtheimer Geisersberg"** von CHRISTIAN BRENNER, Rheinhessen/D, angeführt.

MAIS (TÜRKISCHER WEIZEN)

(frz. MAIS, engl. INDIAN CORN, ital. GRANOTURCO, span. MAIZ)

In Europa erstmals im Jahre 1500 unter den Einfuhrartikeln von Sevilla erwähnt, stammt das 2 bis 5 m hohe Grasgewächs ursprünglich aus Peru. Die USA, Mexiko, Südamerika, Indien, Italien und Frankreich sind heute die Hauptlieferanten. Frisch ist er bei uns von Ende Juli bis Mitte Oktober zu bekommen, er enthält dann mehrfach ungesättigte Fettsäuren, Lezithin und Vitamin E.

Die Palette der möglichen Partner reicht von leichten Weißweinen (Wachauer „Steinfeder"/NÖ/A; **Galestro**/Toskana/I) bis zu kraftvollen Rotweinen (**Cabernet-Merlot**, **Teroldego Rotaliano**/Trentino/I usw.). In letzter Konsequenz entscheidet jedoch die Zubereitungsart. Zu Maisgebäck sind **Bianco di Custoza** und **Vespaiolo di Breganza**/Venetien von beeindruckender Anpassungsfähigkeit, und zu süßer Maistorte war **Recioto di Soave** (aus halbgetrockneten GAG- und TRE-Trauben, 5–7 Jahre, 8 °C und 14 % Alkohol) von ROBERTO ANSELMI, Monteforte, FRATELLI BOLLA, Soave, GUERRIERI-RIZZARDI, Bardolino, oder LEONILDO PIEROPAN, Soave/Venetien/I, wie ein schlafender Riese, der plötzlich zum Leben erweckt wurde. Im Zweifelsfalle sind **Pinot Gris Spätlesen** stets von einfühlsamer, nützlicher Art. Auch der **Grüne Veltliner „Spiegel"** von J. MANTLER/Kremstal/NÖ hat eine gewisse Affinität für Maiskolben.

MAJORAN (WURSTKRAUT)

(frz. MARJORLAINE, engl. MARJORAM, ital. MAGGIORANA, span. MEJORANA)

Ist mit → Origano und → Thymian verwandt und in den Mittelmeerländern beheimatet, wird aber auch bei uns als Sommerkraut angebaut. Schon die Ägypter schätzten das etwas minzige Aroma und nutzen es so wie wir zum Würzen von Speisen und Wurstwaren. Wegen seiner empfindlichen ätherischen Öle darf man ihn nur kurz erhitzen.

Ausgleichende Gewächse mit milder Säure und zurückhaltendem Aroma sind **Pinot Grigio** und **Pinot Bianco**/Friaul sowie **Frascati**/Latium, während die Weine der Provence (**Bellet**, **Bandol**, **Cassis**, weiß, rot oder rosé) die Würzenote köstlich verstärken. Der wahrscheinlich ideale Partner ist aber ein (weißer) **Châteauneuf-du-Pape**/südl. Rhône (z. B. **Château de Beaucastel**) mit hohem **Roussanne**-Anteil. Nicht zu vergessen junge, fruchtcharmante **Pinots Noirs** aus aller Welt, die ebenfalls harmonieren.

MAKKARONI („MACCHERONI")

Lange, röhrenförmige, aus Weizengrieß und Eiern hergestellte Nudeln, die schon um 1000 v. Chr. bei den Etruskern bekannt waren. Bis ins 17. Jahrhundert waren sie ein Privileg der Italiener (Neapel, Genua), seither werden sie auch bei uns verwendet. „Al dente" (bißfest) in Salzwasser gekocht, mit frischem Wasser kalt abgeschreckt und mit geriebenem Parmesan bestreut, ergeben sie ein köstliches Gericht.

Zu Makkaroni mit Butter ordern Sie in Italien **Frascati**/Latium, zu Makkaroni mit Tomatensauce **Cerasuolo Rosato**/Abruzzen, zu Makkaroni mit Fleischsauce roten **Montepulciano d'Abruzzo**, zu Makkaroni mit Sardinen **Corvo Bianco**/Sizilien, und zu Makkaroni mit Kalbsnieren testen Sie einen **Chiaretto della Riviera del Garda**/Venetien/I. Makkaroni mit Wurst (Salsiccia) paaren Sie mit **Bianco di Monterotondo**/Latium/I.

MAKKARONI AUF „MAILÄNDER ART"

Al dente gekochte Makkaroni, mit geriebenem Parmesan und Tomatensauce gebunden, mit Salz, Pfeffer, Muskatnuß gewürzt und mit Pökelzunge, Schinken, Champignons und Trüffeln in Julienne vermengt.

Piemontesischer **Chardonnay** und **Gavi** sind hier als flüssige Ergänzung kaum zu überbieten, wenngleich man aus lokalpatriotischen Gründen sehr oft **Riesling Italico** und **Riesling Renano**/Lombardei/I empfiehlt.

MAKKARONI AUF „SIZILIANISCHE ART"

Al dente gekochte Makkaroni, mit geriebenem Parmesan gebunden, mit Salz, Pfeffer und Muskatnuß gewürzt und mit gerösteten Hühnerlebern serviert.

Unter den einheimischen Gewächsen bewährten sich junger (weißer) **Grecanico di Sicilia** von CARLO PELLEGRINO; der allgegenwärtige **Etna Rosato** (**Nerello-Mascalese**, 1–2 Jahre, 9–10 °C) als Wein für alle Tage und der kraftvolle **Corvo Rosso** (**Nerello-Mascalese**, **Perricone**, **Nero d'Avola**, 5–8 Jahre, 16–17 °C) von DUCA DI SALAPARUTA, Casteldaccia, vor allem als beeindruckender Gegenspieler der Hühnerleber.

MAKKARONI „CAMERANI"

Al dente gekochte Makkaroni, mit gebratenen Champignons und Auberginenwürfeln vermengt, mit Butter und Parmesan liiert und mit gebratenen Hahnenkämmen und Hahnennieren garniert. Ein bei italienischen Männern beliebtes Aphrodisiakum.

Ciro Rosato/Kalabrien, **Ischia Bianco**/Kampanien und (roter) **Cerasuolo di Vittoria**/Sizlien sind altbewährt. Zu besonderen Anlässen sollten Sie edlen **Spumante Brut Metodo Classico** (z. B. von LUNGAROTTI, Torgiano/Umbrien) versuchen. Es lohnt sich!

MAKRELE

(frz. MAQUEREAU, engl. MACKEREL, ital. SGOMBRO, span. CABALLA)

Bis 60 cm großer Bewohner des Atlantischen Ozeans, der Nord- und Ostsee sowie des Mittelmeeres und des Schwarzen Meeres, besitzt ein mit zartem Jodgeschmack ausgestattetes rötliches und grätenarmes Fleisch, das wegen seines hohen Ölgehalts leider nicht sehr lange haltbar ist und daher oft geräuchert auf den Markt kommt. Im Mai und Juni kommen die Fische zum Laichen an die Küsten. Frisch und jung sind sie am schmackhaftesten. Besonders die Leber der Makrele hat es den Feinschmeckern angetan. Der hohe Vitamin-B6-Gehalt des Fisches bekämpft erfolgreich Nervosität und Stimmungstiefs.

Zu Makrele in Folie ist **Sauvignon Blanc** (**Sancerre**) beliebt; zu Makrele gebacken mit Parmesan sind **Riesling Italico** und samtiger **Sémillon-Sauvignon**/AUS ideal; zu Makrele auf Lauch wählen sie zwischen **Pinot Blanc** und **Sauvignon Blanc**, und zur Makrele geräuchert ist würziger **Silvaner**/Franken/D Spitze! **Chablis AC**/Burgund betont ebenso wie gekühlter roter **Chinon**/Loire die jodige Seite des Fisches!

Makrelenleber läßt sich von fruchtigen Rotweinen ohne Eiche (**Pinot Noir**, **Gamay**, **Cabernet Franc**) sehr gut konterkarieren.

MAKRELEN GEGRILLT MIT KRÄUTERBUTTER

Makrelen, entgrätet, in eine Schüssel gelegt, mit Zitronensaft beträufelt, gesalzen, gepfeffert, mit Öl übergossen und beidseitig kurz gegrillt, angerichtet und mit Zitronenscheibe, Kräuterbutter, Tomate und Petersilie garniert.

Jugendlicher **Sauvignon Blanc**/S-STMK bzw. Loire oder rassig-frischer **Muscadet de Sevre et Maine** (1 Jahr, 7–9 °C) von PIERRE LUSSEAUD, Le Pallet/Loire, betonten vor allem die rauchige Grill- und die Zitrusnote auf höchst angenehme Weise. Würziger **Sylvaner**/Elsaß/Franken oder trockener **Riesling** (z. B. der elsässische Parade- **Riesling „Kaefferkopf"**, 6–10 Jahre, 9–10 °C, von SICK-DREYER, Ammerschwihr/F) imponierte mit stahliger Säure und kraftvollem Körper. Ein Wein für ein Galadîner. Ähnliches schaffte auch die prachtvolle **Weißburgunder Spätlese** (2–6 Jahre, 9–11 °C) von ANTON KOLLWENTZ, Großhöflein/BGLD. Akzentuierte der **Riesling** jede einzelne Ingredienz, so schuf der **Pinot** eher ein stupendes Gesamtkunstwerk.

MAKRONEN

(frz. MACARONS, engl. MACAROON, ital. AMARETTI, span. MACARRÓN)

Mehlfreies Gebäck aus Mandeln, Zucker und Eiweiß, das eine beliebte Näscherei, Beilage zu Cremen oder (in kleiner Form) Suppeneinlage ist.

Milde bis süße Weißweine (**Muskateller**, **Muskat-Ottonel**, **Morio-Muskat**, **Sherry Oloroso**/E, **Recioto di Soave** und **Moscato dei Colli Euganei**/Venetien/I) sind im Verein mit den Makronen beeindruckend. Stellvertretend für viele andere seien der **Recioto di Soave „Capitelli"** von ROBERTO ANSELMI, Monteforte/Venetien, der **„Torcolato"** von FAUSTO MACULAN, Breganze/Venetien, und der verführerische **Malvasia delle Lipari Passito** von CARLO HAUNER, Salina/Sizilien gepriesen.

MALAKOFFTORTE

Gebackene Löffelbiskuits (Biskotten), in Tortenform gegeben, mit Maraschinocreme bedeckt, darauf wiederum eine Biskottenschicht, mit Milch-Rum-Mischung aromatisiert, mit Maraschinocreme bedeckt, mit weiterer Biskuitschicht gekrönt, mit Schokoladenglasur überzogen und gut gekühlt mit Schlagrahm bestrichen (Namensgeber ist der französische General Petissier, der im Krimkrieg, 1855, die Bastion Malakow in Sewastopol eroberte).

Riesling-Sylvaner, **Pinot Gris** und **Welschriesling Ausbruch** stehen in direkter Konkurrenz mit kraftvollen **Strohweinen** (**Vin Santo**), und für gastrosophische Abenteurer ist z. B. reifer (roter) **Grands Echézeaux Grand Cru** von der elitären DOMAINE DE LA ROMANÉE-CONTI, Burgund/F, ein hochinteressantes Versuchsobjekt. Unentschlossene sollten ein Glas **Maraschino**(**Kirsch**)-**Likör** oder **Antillenrum** dazu wählen. Zur imposantesten Ausdrucksform der Torte führte allerdings der prachtvolle **Ruster Ruländer Ausbruch** von PETER SCHANDL, Rust/Neusiedlersee-Hügelland/BGLD/A.

MALOSSOL → KAVIAR

MANCHEGO

Der berühmteste → Schafkäse aus Spanien (La Mancha) ist ein Hartkäse mit charakteristisch pikant-würzigem bis scharfem Aroma und unterschiedlichen Reifestadien. Der Manchego en Aceite mit grauschwarzer Rinde wird in Olivenöl eingelegt und reift bis zu zwei Jahre. Die Spanier genießen ihn gerne als Nachspeisenkäse und zu diversen Konfitüren und Kompotten.

Zu reifem Manchego genießen sie am besten delikaten **Sherry Fino light dry** und zu den jüngeren Exemplaren wählen Sie mittelreifen **Chardonnay** (z. B. von JEAN LEÓN, MIGUEL TORRES oder RAIMAT, Penedès). Im Zweifelsfalle sind spanische **Rosados** sehr hilfreich.

MANDARINEN

(frz. MANDARINES, engl. TANGERINES, ital. MANDARINI, span. MANDARINAS)

✐ Wurden zum ersten Mal im 19. Jahrhundert in Palermo auf einem aus China importierten Stamm gezogen. Sie sind kleiner als Orangen, mit dunkelrotgelber Schale, blutrotem Fleisch und kräftigem, säuerlichem Aroma (Dezember bis März). Der Name stammt von den farbähnlichen Roben chinesischer Mandarine (Hofbeamter). Zu den kernreichen, saftigen Früchten zählen auch die Satsumas, Tangerinen und Clementinen.

🍷 Als kongeniale Partner bieten sich reifer **Eiswein**, **Ausbruch** und **Dessertwein** an, die bei ausgewogenen Süße-Säure-Werten an Frische gewinnen und sich das köstliche Mandarinenaroma gerne einverleiben (→ Rehkoteletts mit Mandarinen). Die exeptionelle **Traminer TBA** von MARTIN HAIDER, Illmitz/BGLD, trägt das Aroma schon in sich!

MANDELN

(frz. AMANDES, engl. ALMONDS, ital. MANDORLE, span. ALMENDRAS)

✐ Der flachgewölbte Samen der Steinfrüchte des Mandelbaums, der vorwiegend in den Mittelmeerländern kultiviert wird und aus Asien (Syrien) stammt. Es gibt drei Mandelarten: 1. Milde (geschälte) Mandeln werden in der Patisserie zu Marzipan verarbeitet, da sie kein Amygdalin (giftige Blausäure) enthalten. Verbindet man Mandelöl mit Wasser, so erhält man Mandelmilch. 2. Krach- oder Knackmandeln sind milde Mandeln mit dünner, leicht zerbrechlicher Schale, die leider fast nur noch geschwefelt auf dem Markt kommen. 3. Bittermandeln werden wegen ihres ausgeprägten Aromas zum Würzen von Süßspeisen verwendet. Da sie Blausäure entwickeln, sollte man nicht mehr als zehn Stück pro Tag essen. Aus den Kernen der Bittermandeln wird Öl gewonnen, das in der Patisserie und zur Herstellung von Likören gebraucht wird. Frisch sind die Mandeln von September bis Dezember erhältlich. Mild-süße Mandeln sind magenfreundlich und helfen bei Sodbrennen.

Zu Mandelkonfekt war **Muscat de Beaume de Venise VDN**/südl. Rhône/F ein mächtiger, aber effizienter Partner; zu Mandelkipferln begeisterte uns eine **Traminer Beerenauslese**, während griechischer **Samos** (von TSANTALIS, Chalkidike) fast zu sehr dominierte; zu Mandelcreme sollten Sie himmlischen **Moscato di Pantelleria Naturalmente Dolce** von DIEGO RALLO, Sizilien/I, genießen; zu Mandelcremepaste ist (roter) **Aleatico di Gradoli**/Latium genehm; zu Mandel-Honig-Gebäck ist **Passito di Chambave**/Aosta (z. B. von EZIO VOYAT, Chambave) eine Sünde wert; zu Mandel-Nuß-Creme ist eine deutsche **Morio-Muskat Beerenauslese** nützlich, und zu köstlichen Mandelbissen dürfen **Sherry Oloroso Dulce**/E und **Vintage Port** nicht fehlen. Salzmandeln lieben den aromatischen Schlagabtausch mit edelsüßen **Sauternes**/Bordeaux/F. Klassische Begleiter sind allerdings **Sherry Fino** und **Sherry Manzanilla**/E.

MANGO

(frz. MANGUE, engl. MANGO, ital. MANGO, span. MANGO)

✐ Eine der edelsten Tropenfrüchte mit Pfirsichduft und saftig-süßlich-pikantem Aroma, das ein wenig an Terpentin erinnert. Sie hat den höchsten Vitamin-A-Gehalt und ist auch reich an Vitamin C. Wenn die Schale grün ist, sollte die Frucht an einem hellen Platz nachreifen.

🍷 Mangosauce und **Gewürztraminer Spätlese**, Mangosorbet und **Welschriesling Beerenauslese** (z. B. von GERHARD NEKOWETSCH, Illmitz/BGLD), Mangokuchen und **Scheurebe Beerenauslese** (z. B. die **Sämling BA „Zwischen den Seen"** von ALOIS KRACHER, Illmitz/Neusiedlersee/BGLD/A) sind ein Gedicht. Prinzipiell harmoniert der friulanische **Verduzzo Amabile**/I hervorragend mit Mango in allen Variationen.

MANGO-CHUTNEY

✐ Fertige Würzsauce aus Mangofrüchten, Ingwer, Rosinen, Pfeffer, Honig u. a., dick eingekocht. Es gibt sie in scharfer Form als Hot Sliced Mango Chutney und mild als Sweet Sliced Mango Chutney.

🍷 Zur scharfen Sauce hat sich der (weiße) **Condrieu**/nördl. Rhône/F einen Namen gemacht, und zur milden Form sind **Riesling-**, **Muskat-** und **Gewürztraminer Spätlesen** beinahe unbesiegbar. Achtung: Allzu intensive Holz(Barrique)-Töne stören die Harmonie! Ideal der **Marsanne Blanche** von MARIE-THÉRÈSE CHAPPAZ, Fully/Walllis/CH!

MANGOLD (RIPPENMANGOLD, BLATTMANGOLD)

(frz. BETTE, engl. SPINACH-BEET, ital. BIETOLA, span. ACELGA)

✎ Blattmangold sind die fleischigen Blätter einer Rübenart, zu der auch die rote Rübe und die Runkelrübe zählen. Der „Spargel des kleinen Mannes" wurde schon von den Griechen und Römern geschätzt. Die Blattstiele sind schmackhaft und zart, solange sie jung sind. Vom zartnussigen Rippenmangold kann man nur den Stiel verwenden und wie Spargel zubereiten. Die Blätter hingegen erinnern im Geschmack an Spinat. Beste Genußzeit ist von Mai bis August und von September bis November.

🍷 Zu Mangoldtorte ist **Bellet Blanc**/Provence kaum zu übergehen; für Rippenmangold sind naturgemäß **Sauvignon Blanc** und **Sylvaner** prädestiniert. Zu den Blättern sind **Rieslinge** an erster Stelle zu nennen, und zu Mangold mit Käse gratiniert empfahl man uns in Frankreich superben (**roten**) **Saint-Joseph** von M. CHAPOUTIER /nördl. Rhône, der einen interessanten geschmacklichen Kontrapunkt setzte.

MARACUJA → PASSIONSFRÜCHTE

MARÄNE

(frz. MARÈNE, engl. MARENA, ital. MORENA, span. MORENA)

✎ Etwa 30 cm langer Süßwasserfisch aus der Familie der Lachse, verbreitet von Norddeutschland bis zu den Seen Skandinaviens. Die Maräne schenkt uns ein zartes, wohlschmeckendes, beinahe grätenloses Fleisch, das gerne gebraten, gebacken, gedünstet und geräuchert wird. Empfehlungen siehe → Lachsforelle.

MARILLEN

✎ Österreichische Bezeichnung für → Aprikosen, aber eigentlich eine veredelte Art, die erst im 17. Jahrhundert gezüchtet wurde.

🍷 Fruchtig-charmante bis liebliche Weißweine (**Riesling**, **Riesling-Sylvaner**/A bzw. D, **Condrieu**/nördl. Rhône, **Furmint**/H und **Amigne** sowie **Humagne**/Wallis/CH) gehören zum engsten Kreis der Favoriten.

MARILLEN (APRIKOSEN) FLAMBIERT AUF „WALLISER ART"

Aprikosen, halbiert, entsteint, mit Zucker und Zimt bestreut, in zerlassener Butter kurz gedünstet, mit Walliser Aprikosengeist flambiert, mit Vanilleeis angerichtet und mit Zimt bestreut.

Pinot Gris, **Arvine**, **Johannisberg**, **Amigne** und **Humagne**/Wallis/W-CH zählen zu den absoluten Topstars für dieses Gericht, eventuell ergänzt durch ein edles Gläschen **Walliser Aprikosengeist**. Königsweine waren der bezaubernde **Amigne de Vétroz** von URBAIN GERMANIER, Vétroz/Wallis/W-CH, und der edle **Pétite Arvine Grains Nobles** von MARIE-THÉRÈSE CHAPPAZ, Fully/Wallis/CH, die dieses Gericht zu einem „Event" der besonderen Art machten.

MARILLENKNÖDEL

✎ Beliebte österreichische Mehlspeise. Dünn ausgerollter, rechteckig geschnittener Germ(Hefe)teig, mit jeweils einer Marille und einem Stück Würfelzucker zu einem Knödel geformt, in siedendem Wasser langsam gekocht, abgetropft, in gerösteten Semmelbröseln gewälzt und mit Staubzucker bestreut.

🍷 Jugendlicher **Riesling-Sylvaner** und **Riesling Kabinett/Spätlese** ist für ein sommerliches

Mittagsmahl auf der Terrasse gedacht. Das **Riesling Federspiel „Ried Kollmütz“** (1–3 Jahre, 8–9 °C) von RICHARD BRUCH, Sankt Michael/Wachau/NÖ, faszinierte mit glockenreiner, traubiger Marillenfrucht sowie prickelndem Säurespiel und entlockte den Knödeln und besonders den Bröseln ein Höchstmaß an Ausdruckskraft. Ein Wein für Säurefanatiker! **Riesling-Sylvaner** und **Riesling Auslesen** sind für den Abend gedacht. Die unglaublich fein strukturierte **Riesling Auslese „Kremser Kögl“** vom WEINGUT SALOMON, Krems/NÖ, verfeinerte nicht nur das Marillenaroma, sondern sorgte mit subtiler Honigsüße auch für ein viel bewundertes Pendant zum Teig. Süßweinfanatiker werden allerdings nach einem Hochprädikatswein (**Riesling**, **Welschriesling**, **Pinot Blanc** oder **Tokaji Aszú**/H) rufen. Der delikate, süße **Welschriesling Ausbruch** (6–12 Jahre, 8–11 °C) von ROLAND MINKOWITSCH, Mannersdorf/Weinviertel/NÖ, überwältigte mit einem exquisiten Duftstrauß und cremiger Edelsüße, die auch die Leckermäuler zufriedenstellen wird.

MARK (KNOCHENMARK, RÜCKENMARK)

(frz. MOELLE, engl. MARROW, ital. MIDOLLA, span. MÉDULA)

Das gallertartig-fette, lezithinreiche Innere der Knochen von Kalb und Rind wird für diverse Leckerbissen genützt, doch auch Fruchtinneres (z. B. Tomatenmark) kann als solches bezeichnet werden. Der Genuß von Rindermark ist allerdings wegen des sogenannten „Rinderwahnsinns“ zum Risiko geworden.

Zu Markscheiben mit Trüffeln wählen Sie zwischen edlem **Saint-Émilion** (**Château Figeac**, **Château Belair** ...), Bordeaux/F, und **Barbaresco Riserva** (CERETTO, CHIARLO, GIACOSA, GAJA, SOTTIMANO/Piemont/I); zu Ofenkartoffeln mit Mark versuchen Sie jungen (roten) **Beaujolais**/Burgund bzw. **Pinot Noir** oder **Sankt Laurent**, und zu Rinderfilet mit Markscheiben genießen Sie am besten samtigen roten **Margaux** (**Château Lascombes**, **Château Palmer** usw.), Haut-Médoc/Bordeaux/F. Artischockenböden mit Markscheiben und leichter **Sherry Fino** der modernen Art ist eine Delikatesse!

MAROILLES

Französischer Weichkäse in quadratischer Form, dessen Haut von einer braungelben Flora überzogen ist. Die Mönche der Abtei Thiérache erfanden schon im 10. Jahrhundert das Grundrezept des berühmten Käses, der während der Reifung mehrmals mit Salzwasser eingerieben wird und in reifer Form hochintensiv riecht und sehr scharf schmeckt. Sorbais und Mignon werden nach dem Vorbild des Maroilles hergestellt.

Kraftvoll-milde bis süße Weißweine (**Traminer Spätlese**/Elsaß, **Jurançon**/Pyrenäen und **Barsac**/Sauternes/Bordeaux/F) sind die erprobten Favoriten. Ein **Sauternes** (**Château Guiraud**) erschien uns besonders ideal, da er dem Maroilles schmeichelte und selbst schlanker und weniger süß wirkte. Rotweintrinker bevorzugen **Côtes du Roussillon** und **Pomerol**, die jedoch das Aroma etwas überdecken. Manche altgediente Käsespezialisten meinen, daß **Milchkaffee**, neben reifem **Champagne**, der einzig wahre Begleiter sei.

MARONENPILZ (MARONENRÖHRLING)

(frz. BOLET BAI, ital. BOLETO FULVO)

Exquisiter Speisepilz, der vor allem in Nadelwäldern vorkommt und in den ersten kühlen Septemberwochen erscheint. Neben dem Steinpilz ist der Maronenpilz der bekannteste aller Röhrenpilze, sein Geruch ist zurückhaltend, dezent und sein Geschmack von ausgeprägter Milde und zartem Nußaroma. Da er radioaktives Cäsium speichert, sollte er nicht allzuoft genossen werden.

Reife Weißweine (**Pinot Gris**, **Pinot Blanc**, **Chardonnay** bzw. **Morillon**, **Zierfandler**, **Neuburger**, **Grüner Veltliner** ...) schmeicheln dem edlen Pilzaroma am meisten und nehmen sehr oft ein Verjüngungsbad darin. **Merlot** und **Pinot Noir** feinster Art sowie **Barbera** und **Barbaresco**/Piemont/I gehören zu den dunkelhäutigen Idealpartnern.

MARZIPAN (MANDELMASSE)

(frz. MASSEPAIN, engl. MARZIPAN, ital. MARZAPANO, span. MAZAPÁN)

Schon im 15. Jahrhundert entstand die deliziöse Rohmasse, aus der auch gerne kunstvolle Figuren geformt werden. Süß- und Bittermandeln werden geschält, gemahlen, mit Zitronenschale und etwas Rosenwasser vermischt und nach etwa 10 bis 12 Stunden geformt und im Rohr etwas angebräunt.

Die Palette der möglichen Begleiter reicht von jugendlich mildem **Riesling-Sylvaner** oder **Soave**/Venetien/I bis zu den feinsten edelsüßen Kreszenzen der Welt. Unter dem Stichwort → Mandel finden Sie weitere Anregungen.

MASCARPONE

Ungesalzener Doppelrahm-Frischkäse aus der Lombardei von geschmeidig-milder Art und feiner Säuerlichkeit, bei 45 bis 55 % F. i. T., der als Ersatz für Schlagrahm, als Füllmittel für Teigwaren und Backwerk sowie als Bestandteil von süßen Cremen (→ Tiramisu) verwendet wird.

Zu Gorgonzola al Mascarpone tranken wir köstlichen, auf der Zunge gemeinsam mit der Sauce zergehenden **Picolit Colli Orientali del Friuli** von der ABBAZIA DI ROSAZZO, Manzano/Friaul, den uns noch der einstige Spiritus rector, Walter Filiputti, verehrte. Zum Mascarpone selbst genießen Sie lombardischen **Champenois Crémant** von BELLAVISTA, Erbusco, oder einen der bekannten Süßweine, wie den **Torcolato** von FAUSTO MACULAN, Breganze/Venetien/I. Auch **Espresso** (!) und rassige **Eisweine** haben Tradition (z. B. der fulminante **Grüne Veltliner Eiswein** von HELMUT LANG, Illmitz/BGLD).

MASTHAHN → KAPAUN

MASTHUHN

(frz. POULARDE, engl. PULLET, ital. POLLASTRA)

Junges gemästetes Hühnchen mit hellem, zartem, wohlschmeckendem Fleisch von fester Konsistenz. Es wiegt zwischen 1500 und 2500 g und wird ca. 12 bis 13 Wochen lang gemästet. Die berühmtesten Exemplare kommen aus der mittelfranzösischen Bresse (nordöstlich der Feinschmeckerstadt Lyon). Um ein Austrocknen des Brustfleisches zu verhindern, sollte man es mit Räucherspeckscheiben umhüllen, die allerdings unter den korrespondierenden Weinen Verwirrung stiften können.

Zu Masthuhn gefüllt ist superber **Graves Blanc**/Bordeaux/F (oder **Pinot Gris**) ein Juwel; zu Masthuhn in Salzkruste war **Pouilly Fuissé**/Burgund/F hervorragend. Weiters empfehlenswert: Masthuhn mit Trüffeln und (**roter**) **Musigny GC**/Burgund, Masthuhn in Biersauce und **Altbier**, Masthuhn mit Morcheln und **Pinot Blanc Spätlese** oder **Meursault**/Burgund/F, Masthuhn mit Flußkrebsen und **Champagne Blanc de Blancs**, Masthuhn mit Sauerampfer und junger **Sauvignon Blanc** oder **Riesling**, und Masthuhn „Baskisch“ mit **rotem Penedès** (z. B. dem eleganten **Viña Toña Parellada** von CELLER RAMÓN BALADA, Sant Marti Sarroca/Katalonien).

MASTHUHN AUF „ANDALUSISCHE ART“

Huhn, gedünstet, enthäutet und mit Geflügelrahmsauce, die mit Paprikaschotenbutter montiert wurde, übergossen; als Beilage halbierte, mit griechischem Reis gefüllte rote Paprikaschoten und mit Tomaten bedeckte gebratene Auberginenscheiben.

Als Sommer- und Mittagswein testeten wir jugendlichen **Arcos de la Frontera** (**Riesling**)/Andalusien/E. Aber auch Weißweine aus Chiclana/Cádiz gehen mit Paprikaschoten, Tomaten, Reis und Auberginen sehr geschickt um. Eine weitere sommerliche Alternative stellt der ebenso frische wie exotische **Rioja Beron Blanco seco** (VIU 90 % ,1–2 Jahre, 8–9 °C) von den BODEGAS BERONIA, Ollauri/Rioja Alta/E, dar. **Rieslinge** und fruchtige **Sauvignons Blancs** kann man eigentlich fast blind dazu bestellen, während leichte Rotweine, wie die hochgelobte **Rioja Reserva Viña Albina**, von den BODEGAS RIOJANAS, Cenicero, sich nicht allzugut akklimatisieren konnten und Würze- und Bittertöne erhöhten. Der relativ leichte, kaum gespritete (15 %) **Montilla-Moriles „Fino Festival"** von ALVEAR, Montilla/Andalusien, ergab im Herbst und im Winter eine fast überirdisch anmutende Verbindung von größter Ausdruckskraft und übertraf sogar den **Sherry Fino „Don Zoilo"**, Jerez/Andalusien, an Wirkung.

MASTHUHN „MARENGO"

Huhn, mit Salz, Pfeffer und Knoblauch eingerieben, in Olivenöl angebraten, mit Weißwein aufgefüllt, zusammen mit kleingeschnittenen Champignons und Tomaten weichgedünstet, mit Petersilie bestreut, mit gebackenen Eiern und gekochten Krebsen garniert und mit Croûtons serviert. (Das Gericht wurde zu Ehren Napoleons I. kreiert und erinnert an die Schlacht im Jahre 1800 gegen die Österreicher, denen er in der Nähe des oberitalienischen Dorfes Marengo eine vernichtende Niederlage zufügte.)

Ein klassisches, üppiges Mahl, in dem mit Knoblauch, Tomaten, Eiern und Krebsen einige Fallen eingebaut sind. Mittags schaffen **Bellet Blanc**/Provence, **Chablis AC**/Burgund und **Entre-deux-Mers**/Bordeaux den Drahtseilakt. Der samtig-würzige **Château La Tuilerie** (SÉM 45 %, SB 30 %, ML 25 %, 1–3 Jahre, 8–9 °C) von CLAUDE und BERNARD GREFFIER, Entre-deux-Mers, paßte sich geschickt an und verlieh vor allem der würzigen Seite Gewicht. Am Abend sind **Chardonnay**, **Pinot Gris** und **Pinot Blanc** sowie **Zierfandler Spätlesen**/Thermenregion/NÖ, **Hermitage Blanc**/nördl. Rhône und exquisite **Graves Blanc**/Bordeaux (z. B. der **Domaine de Chevaliers CC**, SB 70 %, SÉM 30 %, 5–8 Jahre, 9–10 °C) am ehesten in der Lage, die Balance zu halten. Für kalte Winterabende stehen **Montilla-Moriles „Fino Festival"** von ALVEAR/Andalusien, **trockene bis halbsüße Sauternes** und **Châteauneuf-du-Pape Blanc**/südl. Rhône in den Startlöchern. Da die trockene Version der berühmten Sauternes von **Château Guiraud** nicht greifbar war, hielten wir uns an den empfohlenen reifen **Château Suau 2e CC**, Capiau (SÉM 85 %, SB 15 %, 15 Jahre, 7–9 °C), der mit goldener Farbe, dosierter Honigsüße sowie zartem Firnton aufwartete und Knoblauch und Olivenöl auf feinste Weise hervorholte und dabei seinen Alterston vorübergehend einbüßte. Sicherlich keine Mésalliance!

MASTKALB → KALB

MASTOCHSE

Das kastrierte männliche Rind liefert im Alter von drei bis sieben Jahren das beste fettmarmorierte Fleisch in Konsistenz und Aroma – es ist zart und doch nicht weichlich – und sollte vor allem in den Monaten von Jänner bis März verzehrt werden. Sogenannte Weidemastochsen oder Rennochsen verfügen über das delikateste Fleisch. Ab dem 12. Jahr tritt eine entschiedene Abwertung des Fleisches ein.

Weinempfehlung wie bei → Rind, → Ochse. Mastochsenfilet mit Gurken und grünem Pfeffer sollte von samtigem **Merlot** oder jungem **Blaufränkisch** (Stahl) entschärft werden; Mastochsenfleisch „Lyonnaise" (mit Zwiebeln, Weißwein und Butter: → Zwiebelrostbraten) wurde von kernig-würzigem Edel-Beaujolais **„Chénas"** von GEORGES TRICHARD, La Chapelle de Guinchay/Burgund, pointiert untermalt, und gekochtes Mastochsenfleisch wird in Österreich traditionellerweise von würzigen Weißweinen (**Grüner Veltliner**, **Pinot Blanc**, **Sylvaner** ...) in Szene gesetzt, obwohl fruchtcharmante Rotweine (**Pinot Noir**, **Zweigelt**, **Blauburger**,**Blaufränkisch** ...) durchaus bestehen können. Kalter Ochsenbraten bevorzugt mildfruchtige **rote Jungweine**!

MATJESHERING (JUNGFERNHERING)

Junger, noch nicht geschlechtsreifer (laichfähiger) Hering, der von Mai bis Juni vor Schottland und Irland in die Netze geht und, mild gesalzen und zartfleischig, aber fett (23 %), auf den Markt kommt. Als klassisches Küstengericht wird Matjes meist mit Pellkartoffeln, grünen Bohnen und ausgelassenem Speck angeboten.

Lagerbier und junge erfrischende Weißweine mit pointierter Säure und zartsalziger Note (**Sauvignon Blanc**, **Chardonnay**, **Aligoté**/Burgund, **Muscadet**/Loire ...) kommen dem ausgeprägten Aroma des Meeresbewohners am effizientesten entgegen. Im Zweifelsfalle ist **Sherry Fino light dry**/E immer richtig!

MAULBEEREN

(frz. MÛRES, engl. MULBERRY, ital. MORE NERE)

Die fleischigen, zuckersaftigen, weißen oder schwarzen Früchte des Maulbeerbaumes von brombeerähnlichem Geschmack. Seit Jahrtausenden in West- und Mittelasien kultiviert, kamen sie erst im 16. Jahrhundert zu uns. Ideale Genußzeit von Juni bis August.

Grundsätzlich sind fruchtbetonte Schaumweine (**Riesling-** und **Muskatellersekt**, **Vouvray/** Loire/F ...) das ideale Pendant zu den Beeren, doch auch kraftvolle, beerensüße junge Rotweine (**Bordeaux mit hohem Merlotanteil**; **Rioja Alta**/E; **Primitivo di Manduria**/Apulien/I; **Cabernet-Merlot/** KAL ...) sind sehr oft Träger des edlen Maulbeertones.
Aus Österreich empfehlen wir unter anderen **St. Laurent** von M. und G. LUNZER/Gols, **„Comondor“** – M/CS – von HANS und ANITA NITTNAUS/Gols/BGLD, **„Inamera“** – M/CS – von STIEGELMAR (JURIS), Gols; **Cabernet Sauvignon-Merlot** von FAM. MAD, Oggau, und von JOHANN HEINRICH, Deutschkreutz/BGLD.

MAULTASCHEN (MUNDTASCHEN)

Schwäbisches Gericht. Eine Abart der → Ravioli. Mehl, Eier und Butter, zu einem Nudelteig geformt, 1 mm dünn ausgerollt und zu etwa 6 x 6 cm großen Quadraten ausgeschnitten; Hackfleisch, gedämpfter Spinat, eingeweichtes Weißbrot, Ei, gehackte, gedünstete Zwiebeln und Petersilie, mit Majoran, Salz, Pfeffer und Muskatnuß vermengt, auf die Teigflächen gegeben, zu Dreiecken geformt, ca. 10 Minuten in einer Fleischbrühe ziehen gelassen und mit der Brühe serviert.

Pinot Gris, **Pinot Blanc QbA** und einfacher (roter) **Trollinger** aus Württemberg/D sind die sichersten Begleiter für alle Tage. **Grauburgunder**, **Weißburgunder**, **Chardonnay** und **Riesling Kabinett** sind auch für festliche Anlässe geeignet. Zwiebeln und Spinat verhindern den Einsatz von großen, barriquegereiften Rotweinen, doch fruchtcharmante **Spätburgunder** und **Lemberger** (z. B. die finessenreiche **„Gündelbacher Wachtelkopf“ Spätlese**, 2–4 Jahre, 16–17 °C, von BEZNER & FISCHER, Vaihingen-Gundelbach/Württemberg, können allemal bestehen.

MAYONNAISE

Eigentlich Mahónnaise, weil die Kreation zu Ehren der Hafenstadt Mahón auf Menorca (1756) benannt wurde. Kalte Tafelsauce aus geschmacksneutralem Öl und Eigelb, gewürzt mit Salz, Estragonessig, weißem Pfeffer und etwas Zitronensaft; 3 zimmerwarme Eigelb, mit einer Messerspitze Salz schaumig gerührt, 1/2 l lauwarmes Öl unter ständigem Rühren langsam dazugegeben, weitergerührt, bis die Mayonnaise cremig ist und dann gewürzt. Zu kaltem Fleisch, Geflügel und Fisch früher ein gern gesehener Begleiter, der durch die Nouvelle Cuisine etwas verdrängt worden ist.

Je nach Produkt, Tages- und Jahreszeit wählen Sie zwischen **Vin Jaune**/Jura, **Aligoté**, **Chardonnay** (Côte Chalonnaise)/Burgund, **Sylvaner**, **Sauvignon Blanc** und **Pinot Blanc**, **Muskateller**, **Riesling**, **Zilavka** und **Gambellara** sowie **Bianco di Custoza**/Venetien/I. In Frankreich gilt der **Tavel Rosé**/südl. Rhône als klassischer Begleiter für alle Jahreszeiten.

MAYONNAISE AUF „RUSSISCHE ART“ („MAYONNAISE À LA RUSSE“)

Mayonnaise, mit geriebenem Kren versehen und mit Gelee gebunden, dient zum Überziehen von kalten Gerichten wie Fischstücken, Eiern, Fleisch usw.

Durch den Zusatz von Kren (Meerrettich) und Gelee (Aspik) kommen auch jugendlich-fruchtige Rotweine (**Pinot Noir**, **Gamay**, **Blauer Portugieser**, **Blauburger** ...) und frisch-fröhliche **Schaumweine** (**Riesling**, **Welschriesling**, **Chardonnay** ...) ins Rampenlicht.

MEERÄSCHE (MEERALANT)

(frz. MULET GRIS, engl. GREY MULLET, ital. CEFALO)

Barschähnlicher Meeresfisch von maximal 50 cm Länge und 4 kg Gewicht (gute Zeit ist September bis Oktober und Jänner bis Februar), der in allen europäischen Meeren, außer der Ostsee, vorkommt. Das weiße, zarte, zugleich fette und wohlschmeckende Fleisch wurde schon von den Römern geschätzt.

In Frankreich ist der Rogen als Boutargue eine beliebte Vorspeise, die gesalzen, gepreßt und getrocknet angeboten und mit gekühlten Rotweinen (**Gamay**, **Cabernet Franc** …) gepaart wird. In Sardinien schwört man hingegen auf den sherryartigen **Vernaccia di Oristano** (z. B. von JOSTO PUDDU, San Vero Millis). Zu Meeräsche gebraten trinkt man in Italien landauf, landab **Frascati**/Latium und in Frankreich **Muscadet**/Loire. Zu Meeräsche „Müllerin" ist junger, zarter (weißer) **Apremont**/Savoyen/F ein wahres Vergnügen, und zu gekochter Meeräsche konnte auch **Grüner Veltliner „Smaragd"** von FRANZ HIRTZBERGER, Spitz/Wachau, begeistern. Vorsicht vor Weinen mit grüner, grasiger Säure.

MEERÄSCHE IN SALZTEIG

Salz, Mehl, Eier und Wasser zu einem Teig verarbeiten, Meeräsche, mit Pfeffer würzen, in den Salzteig wickeln, im heißen Rohr garen, aus dem Ofen nehmen, Salzteigkruste entfernen (Haut der Meeräsche soll leicht zu lösen sein) und servieren.

Weißweine mit zart salziger Note (**Chardonnay** bzw. **Morillon**, **Pinot Blanc**, **Muscadet**/Loire, **Verdelho**/Sizilien, **Arvine**/Wallis, **Sherry Manzanilla**/E) sind hier gefragt; selbstverständlich kann man dazu auch „chablisieren"! Einen interessanten Schlagabtausch ergibt die Kombination mit mäßig süßem **Sauternes**/F.

MEERBARBE (SEEBARBE)

(frz. MULET ROUGE, engl. RED MULLET, ital. MULLO, span. MÚJOL)

Der Meeräsche ähnlicher Meeresfisch von sehr großem Wohlgeschmack und delikatem weißem sowie fest-fettem grätenarmem Fleisch; ideale Fangzeit ist September bis Februar.

Zu Meerbarbe mit Ingwerbutter sind **Condrieu** und **Château Grillet**/nördl. Rhône ein Genuß; zu Meerbarbe au Beurre Blanc ist aristokratischer **Corton-Charlemagne**/Burgund geradezu unwiderstehlich, und zu Meerbarbe gegrillt sind **Muscadet** oder **Sancerre**/Loire sowie **Sauvignon Blanc**/S-STMK (z. B. von TSCHERMONEGG, Glanz) ein Trumpfas – wenn die Säure gut abgepuffert ist!

MEERESFRÜCHTE

(frz. FRUITS DE MER, engl. SEAFOOD, ital. FRUTTI DI MARE, span. MARISCOS)

Alle eßbaren Tiere des Meeres, außer den Fischen, wie → Austern, → Garnelen, → Hummer, → Langusten, → Muscheln, → Seeigel, → Tintenfische.

Zu geschmorten Meeresfrüchten mit Tomaten ist **Verdicchio San Niccolò** von MARIA UND GIORGIO BRUNORI, Jesi/Marken/I, ein Geheimtip unter Freunden. Meeresfrüchtespieß lassen Sie von modernem **Sherry Fino light dry**/E, **Muscadet** oder **Gros Plant**/Loire/F eskortieren. Zu kalten Meeresfrüchten, die auf Eis und Algen angerichtet werden, sind **Chablis**/Burgund, **Muscadet**/Loire und **Sylvaner**/Elsaß populär. Frisch-fruchtige **Schaumweine** sind immer ein Thema.

MEERRETTICH → KREN

MELANZANE → AUBERGINEN

MELONE

(frz. MELON, engl. MELON, ital. MELONE, span. MELÓN)

Ein der Gurke und dem Kürbis verwandtes Gewächs. Die Melone ist in verschiedenen Spielarten in Indien, Zentralafrika und Europa zu Hause. Die Römer konnten ihr keinen Geschmack abgewinnen, doch Araber und Spanier lernten sie zu schätzen. Kaiser Friedrich III. aß sich 1493 sogar daran zu Tode. Der eigenwillige deutsche Feinschmecker Freiherr von Vaerst empfahl nicht Zucker, sondern Pfeffer (!) als Beigabe. Die wichtigsten Spielarten sind Ananasmelonen mit orangefarbenem, nach Ananas schmeckendem Fruchtfleisch; Cantaloupe mit gelber Farbe und aromatischem, süßem Geschmack; Honigmelonen mit hellem Fleisch und honigsüßem Aroma; Wassermelonen (Pasteken, Arbusen) kommen aus Afrika, sind von kürbisartiger Größe mit rotem, saftigem Fruchtfleisch. Am besten munden sie alle in den Monaten Juli bis September.

🍷 Ananasmelone, Cantaloupe und Honigmelone lassen sich – je nach Zubereitungsart und Süßegrad – hervorragend mit **Muskateller(Moscato)**-Gewächsen aller Art, mit **Pinot Gris Auslesen**, **Sherry Oloroso**/E, **Tawny Port** und **Madeira Bual** sowie **Malmsey**/P, **Aleatico di Gradoli** und **Aleatico di Puglia**/I, **Prošek**/Dalmatien, **Vouvray demi-sec**/Loire und dem roten **Rasteau**/südl. Rhône vereinen. Auch **Rieslinge** im Prädikatsbereich sind möglich. Exotische Melonencreme mundete sowohl mit **Riesling Noble Harvest** von STELLENZICHT/ZA als auch mit einer **Riesling BA**, SCHLOSS SAARSTEIN, Serrig/Saar/D!

MELONE MIT ROHSCHINKEN

🍷 **Verdicchio** aus den Marken (z. B. der superbe **Cru „Le Moie“** von FAZI-BATTAGLIA, Castelplanio), **Muskateller**, z. B. der finessenreiche **Muscat d'Alsace** von JEAN-PAUL ECKLE ET FILS, Turckheim, und der duft- und alkoholreiche rote **Aleatico di Gradoli** von der CANTINA SOCIALE DI GRADOLI, Latium, dieser allerdings als eindeutig dominierender Begleiter, ergaben hochinteressante, sorgfältig abgestimmte Highlights. Aus unserer Sicht sind **Riesling-** und **Traminer Spätlesen** mit dezenter Restsüße zu beachten.

MERINGUE (MERINGE, MERINKE, SPANISCHER WIND) → BAISER

MERLAN (WITTLING)

(frz. MERLAN, engl. WHITEBAIT, ital. MERLANO)

✎ Eine Schellfischart von 40 bis 50 cm Länge, die im östlichen Atlantik, im Mittelmeer und im Schwarzen Meer vorkommt und frisch genossen (von Oktober bis April) von zartem, feinaromatischem und leicht verdaulichem Fleisch ist.

🍷 Zu Merlan mit Anchovis (Sardellen) und Schnittlauch ist auf **Hermitage Blanc**/nördl. Rhône Verlaß; zu gebratenem Merlan sollten Sie einen **Entre-deux-Mers**/Bordeaux (z. B. **Château Bonnet**) oder **Rioja Blanco**/E versuchen; zu Merlan in weißer Sauce sind **Graves Blanc**/Bordeaux und **Pinot Gris Kabinett** schlechthin ideal, und zu Merlan alla Pescatora (mit Tomaten, Olivenöl, Zwiebeln) bestehen Sie (energisch) auf **Verdicchio Classico dei Castelli di Jesi** von den FRATELLI BUCCI, Ostra Vetere/Marken/I (eine Entdeckung). Zu Merlan auf „Englische Art“ (paniert) kann man auf **Chasselas**/CH, **Neuburger** und **Roter Veltliner**/NÖ vertrauen.

MERLANFILETS IN ASPIK

🍷 **Grüner Veltliner** und **Welschriesling Kabinett**, **Riesling**, **Silvaner** und **Pinot Blanc Kabinett**/A bzw. D sowie rassiger **Sauvignon Blanc**/Loire/F bzw. S-STMK/A sind stimulierende Stichwortgeber des Aspiks, wobei die saure Note auf pikante Weise betont wird. Die in der Schweiz verkosteten weißen **Aigle** und **Dézaley**/Waadtland, beide aus der **Chasselas**-Rebe, waren hingegen geschmacksausgleichend tätig.

MIESMUSCHELN (PFAHLMUSCHELN)

(frz. MOULES, engl. MUSSELS, ital. COZZE, MITILI, span. MEJILLONES)

✎ Weltweit verbreitet und allgemein bekannt, werden Miesmuscheln vor allem in den europäischen Meeresteilen in starkem Maße genutzt. Von September bis März munden die „Austern für alle Tage“ am besten, sind aber etwas schwerer verdaulich. Schon im 13. Jahrhundert legten französische Fischer die ersten Muschelkulturen an und bemerkten, daß jene mit durchscheinendem Gehäuse nicht von idealem Geschmack sind. Miesmuscheln sind sehr nahrhaft und enthalten

Eisen, Mineralsalze, Vitamine sowie viel Eiweiß. Da sie ihrer Ernährungsweise wegen auch Schadstoffe speichern, sollte man ihren Genuß allerdings nicht übertreiben.

🍷 Zu Miesmuscheln mit Senfsauce testeten wir mit Genuß einen **Hautes Côte de Beaune Blanc** und einen **Chablis AC**/Burgund; zu Miesmuscheln „Marinière" verwöhnte uns ein rassiger **Sylvaner**/Elsaß/F; zu Miesmuschelsuppe darf es auch ein **Riesling** sein, und zu Miesmuscheln mit Pilawreis wählen Sie zwischen **Muscadet**/Loire, **Sherry Fino light dry** sowie **Montilla-Moriles**/Andalusien. Zu Miesmuscheln mit Safran sind **Bianco Falerio dei Colli Ascolani**/Abruzzen oder **Scheurebe Spätlese** mehr als simple Begleiter. Miesmuscheln gratiniert schlürften wir mit samtigem **Pinot Blanc**/Südtirol, und geräucherte Miesmuscheln veredelten wir mit **Sherry Fino**/E. (**Sherry** und **Montilla-Moriles** sollten modern vinifiziert sein und nicht mehr als 15 % Alkohol aufweisen!)

MIESMUSCHELN IN MAYONNAISE

🖋 Gekochte Miesmuscheln werden aus der Schale gelöst, ausgekühlt und mit (Knoblauch-) Mayonnaise und gehackten Schalotten vermengt.

🍷 Knoblauch, Mayonnaise, Schalotten und Miesmuscheln können Sie mit modern vinifiziertem, leichterem **Sherry Fino light dry** und **Montilla-Moriles** (z. B. **„Fino Festival"** von ALVEAR, Montilla/Andalusien), **Chablis** AC/Burgund, **Sauvignon Blanc** (Stahltank), **Riesling** halbtrocken und schäumendem **Cava**/E sowie **Vouvray demi-sec**/Loire in den kulinarischen Himmel heben. Auch die in Italien degustierten **Gambellara**, **Bianco di Custoza**/Venetien, **Verdicchio di Matelica** von den FRATELLE BISCI, Ceretto d' Esi/Marken. Der kraftvolle, extraktreiche **Weißburgunder „Villa Barthenau"** (3–5 Jahre, 9–11 °C) von J. HOFSTÄTTER, Tramin/Südtirol, durchbrach zeitweise sogar die Aura der Knoblauchmayonnaise und gab den Muscheln direkte Impulse. Ein Winterwein mit Charisma!

MIESMUSCHELN „PROVENZALISCH"

🖋 Gekochte Muscheln werden aus der Schale gelöst, die Hälfte der Schalen mit jeweils zwei Muscheln gefüllt, mit Kräuterbutter zugestrichen, mit Paniermehl bestreut, im Ofen überbacken und mit → Sauce Béchamel, die mit Tomatenmark, Knoblauch und Zitronensaft versetzt wurde, angerichtet.

🍷 Hier waren wieder einmal die schon so oft zitierten Produkte der Provence (**Bandol Rosé**, **Coteaux d'Aix**, **Bellet**, **Cassis**, alle drei weiß und rosé) sowie Südfrankreichs gefordert, doch exotische Stahltank-**Chardonnays** (AUS, KAL, CHILE), **Chenin Blanc**/Loire sowie **Riesling Spätlesen** konnten mehr als achtbar bestehen.

MILCHER → KALBSBRIES

MILCHRAHMSTRUDEL (MILIRAHMSTRUDEL)

🖋 Eine köstliche altösterreichische Mehlspeise. Glatter Teig aus Mehl, Ei, Rum, lauwarmer Margarine, Wasser und einer Prise Salz, geknetet, mit Öl bepinselt und 20 Minuten ruhen gelassen; Füllung aus altbackenen Semmeln, Milch, Butter, Zucker, Eigelb, abgeriebener Zitrone, Obers, Eiweiß, Rosinen. Im vorgeheizten Ofen bei 220 °C 45 Minuten gebacken und mit → Vanillesauce übergossen.

🍷 Nicht zu hochgradige weiße Prädikatsweine (Spätlese, Auslese) mit weniger als 30 g Restsüße (**Riesling-Sylvaner**, **Pinot Gris**, **Pinot Blanc**, **Neuburger**, **Traminer**, **Welschriesling**) und milde **Schaumweine** gelten als scheinbar unüberbietbare geschmackliche Förderer. Doch für Honigmäuler ist nach wie vor ein traubig-frischer, süßer **Eiswein** (z. B. der **Scheurebe Eiswein** von ENGELBERT GESELLMANN, Deutschkreutz/Mittelburgenland/A) die Krönung eines Mahles.

MILCHREIS

🖋 Milch mit Zucker, Vanillemark, Butter und etwas Salz aufkochen, Reis hineingeben, im geschlossenen Topf bei kleiner Hitze köcheln, bis alle Milch aufgesogen ist, mit Eigelb vermischen und mit Zimt bestreuen.

🍷 Sollten Sie auf **Kakao** (**Trinkschokolade**) verzichten können (wollen, dürfen), so sind zartsüße **Prädikatsweine** (**Pinot Gris**, **Zierfandler**, **Riesling-Silvaner** ...) eine angenehme Abwechslung. Versuchen Sie einmal den **Recioto di Soave „Arzimo"** von LA CAPPUCCINA, Monteforte/Venetien/I. Süß, aber gut!

MILZ

Gehört zu den → Innereien. Die Blutlymphknoten der Wirbeltiere – sie erzeugen die weißen Blutkörperchen – werden in der Küche selten eingesetzt (Kalb, Rind, Schwein, Hammel), sind aber reich an Phosphor und Vitamin B und C. Wir finden sie vor allem in der → Blutwurst und manchmal auch in den → Leberknödeln vor.

MINCE PIE

Weihnachtsgericht aus „Old England". Rindernierenfett, Orangeat und Zitronat feinhacken, eingeweichte Rosinen, Zucker und abgeriebene Zitronenschale beimischen, mit etwas Salz, Ingwer, Zimt, Muskatblüte und je einem Gläschen Weinbrand, Madeira und Rum aromatisieren, einige Tage stehenlassen und mit gebratenem, würfeligem Rinderfilet und Äpfeln vermischen, in eine Schüssel füllen, mit Blätterteig bedecken und im Rohr backen.

🍷 Neben **Rum** und **Madeira** (**Verdelho** bis **Bual**) konnte auch gehaltvoller, trockener roter **Reserva Dão** von SOGRAPE, Porto/Portugal, bestehen. Die wahren Sieger waren aber die (weißen) **Gewürztraminer** und **Pinot Gris Spätlesen**, eine superbe australische **Riesling Auslese**, ein weißer **Graves CC**/Bordeaux/F und der extraktsüße, mächtige, exotische (rote) **Grange** von PENFOLDS/S-AUS, der uns immer wieder an edlen **Vintage Port** erinnerte. Hohe **Prädikatsweine** (**BA**, **TBA**) und gespritete **australische Muscats** wurden als zu süß empfunden!

MINESTRONE

Legendäre italienische Gemüsesuppe. Eingeweichte Bohnen würfelig schneiden, Speck in Butter anbraten, Schalottenwürfel, etwas Knoblauch, grobgeschnittene Karotten, Porree, Knollensellerie und Tomaten mitbraten, gehackte Suppenkräuter beifügen, mit Kraftbrühe auffüllen, mit Salz, Pfeffer, Oregano und Paprika würzen, langsam durchkochen, mit Nudeln versetzen und mit geriebenem Parmesan bestreuen. Die Italiener genießen sie meist aufgewärmt.

🍷 Falls Sie Wein dazu trinken wollen, raten wir Ihnen zu **Soave Classico**/Venetien, **Pinot Bianco**/Friaul oder **Tocai Bianco**/Venetien/I. Auch milde **Roséweine** und (roter) **Aglianico del Vulture**/Basilikata sind möglich.

MINTSAUCE

Eine von „Old Englands" Paradesaucen. Pfefferminzblätter, gehackt, mit Butter und Schalottenwürfeln angedünstet, mit Fleischfond abgelöscht, aufgekocht, abgeseiht, mit Salz und Pfeffer gewürzt und mit etwas Weinessig und karamelisiertem Zucker vollendet. Beliebt zu Lamm- und Hammelgerichten.

🍷 **Cabernet Sauvignon**, **Merlot** und **Syrah** sind kongeniale Genossen der Mintsauce. Als Crème de la crème darf man ruhigen Gewissens die Kreszenzen aus Pauillac/Haut-Médoc (**Château Lynch-Bages**, **Château Mouton Rothschild** ...) und Südaustralien/Coonawarra (**Cabernet**, **Cabernet-Shiraz**, **Shiraz**) von PENFOLDS, PETALUMA, WYNNS usw. bezeichnen. (→ Lammkeule mit Minzsauce) Je höher der Alkohol und die Extraktsüße, desto eher können die Störfaktoren (karamelisierter Zucker und Weinessig) ausbalanciert werden. Unter den Weißweinen gelingt dies **Muskateller-** und **Roter Veltliner Spätlesen/Auslesen** vorzüglichst!

MINZE → PFEFFERMINZE

MIREPOIX

✐ Beliebte Würzbeigabe für Saucen und Fleischgerichte. Zwiebeln, Wurzelwerk und Räucherspeck, in kleine Würfel geschnitten, mit Thymian und Lorbeerblatt gewürzt, angeröstet, Fett abgegossen und in die kochende Sauce gegeben. (Namensgeber ist der Herzog von Mirepoix (1699–1757), dessen Leibkoch ihn auf diese Weise verewigte.)

🍷 Zwiebeln, Thymian, Lorbeerblatt und Räucherspeck sind aus unserer Sicht eher ungeliebte Begleiter diverser Speisen und sollten, unter Berücksichtigung des Gerichts, von würzigen **südfranzösischen Roséweinen**, **Côtes du Rhône** (weiß und rot) sowie jugendlichen Weißweinen der Provence (**Cassis**, **Bellet**, **Bandol**) in aromatische Obhut genommen werden.

MIROTON

✐ Südfranzösischer Auflauf. Gekochtes Rindfleisch, in dünne Scheiben geschnitten, in eine Auflaufform gegeben, mit gewürfelten Karotten und Sellerie bestreut und mit einer Sauce aus Zwiebeln, Speckwürfeln, Mehl, Salz und Pfeffer begossen, mit Semmelbröseln bestreut, mit Butterflocken belegt und im Backofen bei 225 °C goldgelb gratiniert und mit gehacktem Schnittlauch garniert.

🍷 Als Mittags- und Sommerwein raten wir zu köstlich erfrischendem rotem **Champigny** (CF, 1–3 Jahre, 14–15 °C) von GILBERT LAVIGNE oder DOMAINE FILLIATREAU, **Saumur-Champigny**/Loire; an Herbst- und Winterabenden greifen Sie zu einem **Côtes du Rhône Rouge**, z. B. von der DOMAINE BERTHET-RAYNE, Courthézon, oder – noch besser – vom CHÂTEAU DE COURAC (SYR, 3–5 Jahre, 16–17 °C), der mit düsterer Farbe, würzigem Duft (Pfeffer, Trüffel, warme Erde) und reichem Körper sozusagen Wucht, Kraft und edle Fruchtstruktur vereinte und uns einen denkwürdigen, brieftaschenfreundlichen Abend bescherte.

MIXED GRILL

✐ Kleine Fleischstücke (→ Filet Mignon, Kalbsfilet, Hammelkotelett, Schweinsfilet, Kalbsleber Hammelniere, Speck, kleine Würstchen ...), am Spieß gegrillt und mit Kräuterbutter und gebackenen Kartoffeln serviert. Beim Grillen und Räuchern über offenem Feuer ist es sehr wichtig, eine eventuell angerußte Oberfläche des Fleisches bzw. das Herabtropfen des Fettes zu verhindern, um solcherart die Entstehung von krebserregendem Benzpyren zu vermeiden.

🍷 „Beerensäfte", die eine besondere Affinität für den mehr oder weniger intensiven Rauchgeschmack aufweisen, sind **Rioja**/E, **Pomerol**/Bordeaux/F, **Marzemino**/Trentino, **Bonarda**, z. B. von MAZZOLINO, Emilia/I, und interessanterweise der weiße, geharzte **Retsina**/Griechenland. Dieser mundet allerdings nur unter Einbeziehung des Klimas und der Ferienstimmung. Für festliche Grillabende legen wir Ihnen die sensationellen Napa-Valley-**Cabernets** (z. B. HOWELL MOUNTAIN, LAUREL GLEN, DIAMOND CREEK) ans Gourmetherz – auch **Zinfandel**/KAL (z. B. von RIDGE oder STORYBOOK) sind gourmetrichtig!

MIXED PICKLES

✐ Engl. gemischtes Gepökeltes. In Essig eingelegtes Gemüse. Silberzwiebeln, kleine Karfiolrosen und Maiskolben, Spargel, junge Karotten, kleine Gurken, rote Paprikastreifen und Senfgurken, in Salzwasser halbgar gekocht, erkaltet, in Gläser gegeben, mit Weinessig, der mit Dill, Pfefferkörnern und Lorbeerblatt aufgekocht wurde, aufgefüllt, nach zwei bis drei Tagen abgegossen, mit frisch aufgekochtem Weinessig neu begossen und mit Salz, Cayennepfeffer, Paprika und Ingwerpulver gewürzt.

🍷 Schäumender **Coteaux du Layon** und **Vouvray demi-sec**/Loire, **Muskat**-Weine aller Art, **Condrieu**/nördl. Rhône, **Tocai Friulano** usw., aber auch manche **weiße Primeurweine** (**Jungweine**) und **exotische Biere** sind hier Retter in der Not. Zarte Restsüße wirkt im Prinzip immer ausgleichend!

MOCK-TURTLE-SOUP (FALSCHE SCHILDKRÖTENSUPPE)

(frz. POTAGE À LA FAUSSE TORTUE, ital. ZUPPA DI TARTARUGA FALSA)

Die „Schildkrötensuppe des kleinen Mannes" ist eine Fleischsuppe mit einer Einlage von gekochtem Kalbskopf, Kalbshirn, Kalbszunge, nebst Trüffeln, Champignons, Petersilie, Gewürznelke, Pfeffer, Tomaten und → Madeira. Sie ist nicht gerade leicht verdaulich, aber sicherlich eine der anregendsten Spezialsuppen überhaupt.

Der **Madeira** (**Verdelho bis Bual**) in der Suppe sollte auch als Begleiter gewählt werden.

MOHN (MAGSAMEN)

(frz. PAVOT, engl. POPPY-SEED, ital. PAPAVERO, span. AMAPOLA)

Der Samen der Mohnpflanze, ursprünglich im Orient zu Hause, wird heute weltweit angebaut. Die geheimnisvolle Pflanze, die als Opiumlieferant „Weltruhm" erlangte, wird bei uns generell als verdaulichstes aller Pflanzenöle sowie in der Patisserie eingesetzt. Der Mohnsamen war früher, mit zerstoßenem Zucker gemischt, eine begehrte Näscherei. In Kombination mit einem Glas edlen Dessertweins hat Mohn eine beruhigende, schlaffördernde Wirkung.

Prädikatsweine (Spätlesen, Auslesen) mit maximal 30 bis 35 g Restzucker (**Riesling**, **Welschriesling**, **Gewürztraminer**, **Pinot Blanc** ...) sollten grundsätzlich in Erwägung gezogen werden. Zu Mohnmousse erfreute uns eine **Sämling Auslese** von JOSEF LEBERL, Großhöflein/Neusiedlersee-Hügelland/BGLD/A, und zu Mohnpalatschinken mit Marillensauce ließen wir uns gerne eine **Riesling Auslese** von JOSEF JAMEK, Joching/Wachau/NÖ/A, empfehlen. In Italien schwört man hingegen auf süßen **Verduzzo**/Friaul (z. B. von RUSSIZ SUPERIORE, Capriva del Friuli).

MOHNBEUGEL

Österreichisches Gebäck. Hefeteig, dünn ausgerollt, in Dreiecke geschnitten, jeweils mit einer Farce aus gekochtem Mohn, Butter, Zucker, Zimt und abgeriebener Zitronenschale belegt, zu Kipferln (Hörnchen) geformt, mit Eidotter bestrichen und gebacken.

Von den oben angeführten Sorten blieben uns eine exquisite **Riesling Spätlese „Dürnsteiner Hollerin"** von HANS KIRCHMAYR, Weistrach/NÖ/A, und eine **Gewürztraminer Spätlese** von JOSEF MANTLER, Brunn im Felde/Kremstal/NÖ/A, in freudvoller Erinnerung. **Strohweine** und auch **Vin Santo** waren zu süß, lediglich die fulminante **Weißburgunder Beerenauslese** von LUDWIG HIEDLER, Langenlois/Kamptal/NÖ/A, ließ ob ihres perfekt balancierten Süße-Säure-Haushaltes aufhorchen.

MOHRRÜBEN (MÖHREN) → KAROTTEN

MONDSEER

Ein vollfetter Schnittkäse aus dem oberösterreichischen Salzkammergut, mit schmieriger Rinde, gelblichem, halbfestem Inneren und kräftig würzigem Geschmack.

Etwas geschmacksneutralere Vertreter der Sorten **Neuburger**, **Pinot Blanc** und **Grüner Veltliner** können dem Mondseer am meisten abgewinnen; auch steirischer **Schilchersekt** (z. B. von CHRISTIAN REITERER, Wies) betont die Würze auf dezente Weise. Rotweine (**Sankt Laurent**, **Pinot Noir**, **Merlot** ...) sind auch akzeptable Begleiter, doch wird hierbei der Käse etwas neutraler, während die Weine oft an Finesse und Samtigkeit gewinnen. Auch **Zwetschkenbrände** sind einen Versuch wert.

MONTE CAPRINO

Schweizer (Tessin) Weißschimmelkäse aus Ziegen- und Kuhmilch, der einen angenehm würzigen Ziegengeschmack aufweist.

Fruchtige Weißweine mit milder Säure (**Chasselas**, **Riesling-Sylvaner**, **Sylvaner** ...) sind wie geschaffen für den Monte Caprino; auch **Chardonnay** und **Pinot Gris**/CH sind denkbar, sie aktivieren allerdings den Ziegengeschmack etwas mehr. **Tessiner Merlot** (z. B. die prächtige **Giornico Riserva Oro** von FELICIANO GIALDI, Bodio/CH) ist die richtige Alternative für Rotweinliebhaber. Gerbstoffreiche Rotweine kollidieren mit dem Weißschimmel, doch mittelreife **Schaumweine** sind attraktive Partner.

MOOSBEEREN → PREISELBEEREN

MORCHELN

(frz. MORILLES, engl. MORELS, ital. SPUGNOLI)

Die zu den Schlauchpilzen gehörenden Morcheln sind äußerst schmackhafte Frühlingspilze von zartfleischiger, würzig duftender Art. Bereits in der mittelalterlichen Klosterküche heimisch, entwickelten sie sich zu einem der besten Speisepilze überhaupt. Man bekommt sie leider sehr oft nur getrocknet vorgesetzt. Der hohe Zinkgehalt frischer Morcheln wirkt anregend auf Immunsystem und Geschlechtshormone! Durch Kochen oder Trocknen kann man die giftige Helvellasäure entschärfen.

Ältere Weißweine, reife **Champagnes** und ebensolche **Pinots Noirs** gehen harmonische Ehen mit den Morcheln ein und gewinnen dabei an Frische und Ausdruckskraft. Als „Morchelweine" par excellence gelten die **Vins Jaunes** des französischen Jura. Reife **Blaufränker** aus Deutsch-Schützen/S-BGLD (z. B. von FAM. KRUTZLER, FAM. WACHTER, ALFRED WEBER, JOSEF WIESLER) bringen eine Affinität für den Schlauchpilz mit!

MORCHELPASTETCHEN

Morcheln würfelig schneiden, im eigenen Saft dünsten, salzen, pfeffern, mit frischem Rahm einkochen, mit Butter montieren. Pilze und Rahmsauce (gebunden) in die heißen Blätterteigpastetchen füllen.

Die Rahmsauce forciert mildwürzige Weißweine mit runder Säure und ohne pikante Eichenwürze. Reifer **Grüner Veltliner Kabinett bis Spätlese**, **Neuburger**, **Pinot Gris**, **Pinot Blanc**, **Zierfandler**/Thermenregion, **Roter Veltliner Spätlese**/NÖ und **Yvorne**/Chablais/Waadtland/CH können diese Aufgabe mit Bravour erfüllen. Besonders imponierte uns die prachtvolle **Neuburger Spätlese „Ried Hochluss"** von MELITTA & MATTHIAS LEITNER, Gols, Neusiedlersee/A, die die Würznote der Pilze perfekt unterstützte und trotzdem auch der Rahmsauce zu ihrem Recht verhalf. Sehr reife **Gewürztraminer**-, **Pinot Gris**- und **Roter Veltliner Spätlesen** gewannen sogar an Ausdruck und Frische.

MORTADELLA

Rosafarbene italienische Wurst aus gepökeltem Rind- und Schweinefleisch mit Speckeinlage, Zungenwürfeln, Knoblauch, Oliven, Pistazien und Kräutern.

Einfache, würzige Weiß- (**Albana di Romagna secco**) und Rotweine (**Barbera** oder **Sangiovese di Romagna**) der Region sind gerade richtig.

MOUSSAKA (MUSSAKA)

Griechisch-türkische Spezialität. Kalb- und Rindfleisch faschieren (hacken), mit gehackten Zwiebeln anbraten, salzen, pfeffern und mit Rahm und Eiern vermischen; die Masse abwechselnd mit gebratenen Auberginen-, Kartoffel- und Kürbisscheiben belegen, in eine Auflaufform geben und im heißen Rohr backen, mit Eierstichmasse bedecken und kurz gratinierten.

Griechische Rotweine sind hier an Effizienz kaum zu überbieten. Wohl mag ein erfrischender Rosé als Mittagswein seine Pflicht tun, doch wer einmal Moussaka mit einem makedonischen **Naoussa** (XYNOMAVRA, 3–6 Jahre, 15–16 °C) von J. BOUTARI & SON, Thessaloniki, genossen hat, der weiß, wovon wir schreiben. Als Alternative bieten sich südländische **Merlots** und **Grenaches** und auch geharzte (weiße) **Retsinas** an, die das üppige Gericht ein wenig „entschlacken".

MOZZARELLA

Italienischer Frischkäse (Kampanien) aus Kuh- oder Büffelmilch von leicht säuerlichem Aroma, der schnell verzehrt werden sollte. Heute ist der Mozzarella aus Kuhmilch weiter verbreitet als das Original aus Büffelmilch. Vorbild für den Provolone.

Pinot Bianco, **Riesling Renano** und **Pinot Grigio** sind für den Kuhmilchkäse hervorragend geeignet; für die Büffelmilch „dürfen" es auch die einheimischen Stars **Greco di Tufo** und **Fiano di Avellino** (von FAM. MASTROBERARDINO) sein. Im Winter brillieren auch eichenwürzige **Chardonnays** aus Übersee.

MULLIGATAWNY

Scharfe indische Hühnersuppe. Huhn, in acht gleichmäßige Teile geschnitten, mit Wurzelgemüse in Butter angebraten, mit Mehl bestäubt, mit Kraftbrühe aufgefüllt, mit Salz, Lorbeerblatt, Gewürznelken, Kurkuma (Ingwer) und Curry gewürzt, weichgekocht, mit Kokosmilch und Rahm legiert, mit etwas Portwein parfümiert und mit gekochtem Reis als Einlage aufgetragen.

Briten der Kolonialzeit schwörten auf kühles **Lagerbier**, doch inzwischen wagt man sich auch an **Gewürztraminer**, **White Riesling**, **Sauvignon Blanc** und natürlich **Portwein** heran – wobei letzterer natürlich zu einer Explosion der Gewürze führen kann.

MÜNCHNER WEISSWÜRSTE

Kochwürste aus Kalbfleisch, Jungrindfleisch, Schweinefleisch und Speck, gewürzt mit Salz, Pfeffer, Petersilie, Zwiebeln und geriebener Zitronenschale. Beilage: Brezel, süßer Senf und **Münchner Weißbier**. Was sonst?

MÜNSTER („MUNSTER")

Bekannter elsässischer Weichkäse, der bereits im 7. Jahrhundert hergestellt wurde. Ähnlich dem → Limburger ist er hellgelb mit Rotschmierrinde und mildwürzigem, an Wein erinnernden Geschmack, der sich im Alter zu ehrfurchtsgebietender Strenge wandelt.

Für den jungen Münster sollte es eine elsässische **Selection des Grains Nobles** (**Beerenauslese**) vom **Riesling** sein, und für reifen Münster ist die **Selection des Grains Nobles** vom **Gewürztraminer** (z. B. von ZIND-HUMBRECHT, Wintzenheim) als Partner bereits legendär! Außerhalb des Elsaß trinkt man in Frankreich gerne edelsüßen **Coteaux du Layon**/Loire (CHB) und auch **Loupiac**/Bordeaux. Relativ **trockene Gewürztraminer Spätlesen** kehren allerdings die Würzenoten mehr hervor! Auch reife **Champagnes demi-sec** sind möglich.

MURÄNE (MEERAAL)

(frz. CONGRE, engl. CONGER EEL, ital. GRONGO, span. MURENA)

Formengruppe mit mehr als hundert Arten. Die Mittelmeermuräne ist ein 1 bis 1 ½ m langer Raubfisch des Mittelmeeres (Golf von Neapel), dessen feines, fettes, schmackhaftes Fleisch schon bei den Römern der Kaiserzeit als große Delikatesse galt. Kaiser Vidius Pollio hielt ihn in einem großen Aquarium und verwendete angeblich Sklavenfleisch als Futter. Biß und Blut der Muräne sind giftig; der Fisch wird zur Laichzeit (März/April) gefangen und wie → Aal zubereitet.

Die Weinkombinationen mit Aal sind im wesentlichen auch hier anwendbar, ergänzt durch einige italienische Gewächse. So trinkt man jenseits der Alpen zu Ragout von der Muräne gerne gekühlten roten **Cabernet Franc**/Friaul und **Merlot** von den Colli Euganei/Venetien; zu Muräne gegrillt wird ebenfalls Rotwein bevorzugt, z. B. **Colli del Trasimeno Rosso**/Umbrien, und zu Muräne gebraten ist der **Falerno Bianco**/Kampanien als Mittagswein empfehlenswert, doch der **Fiano di Avellino** von VADIAPERTI, Montefredane/Kampanien/I, ist geradezu sensationell!

MUSCHELN

(frz. COQUILLAGES, engl. SHELLFISH MUSSELS, ital. CONCHIGLIE, span. CONCHAS)

Die zweischaligen Weichtiere (→ Austern, → Herzmuscheln, → Jakobsmuscheln, → Miesmuscheln, → Venusmuscheln) munden im Herbst/Winter am besten und enthalten bis zu 11 % Eiweiß, nur 1,2 % Fett und bedeutende Mineralien und sind leicht verdaulich. Nur die ganz frischen Exemplare sollte man roh essen. Da Muscheln Schadstoffe speichern, sollte man ihren Genuß nicht übertreiben.

Zu Muscheln „Provenzalisch" wählen Sie am besten **südfranzösischen Roséwein**; zu Muscheln geräuchert ist kühler **Sherry Fino light dry**/E ideal; zu Muscheln gebacken ist **Chenin Blanc**/Loire/F ein Genuß, und zu Muscheln mit Safran überbacken wäre **Condrieu**/nördl. Rhône oder **Riesling Spätlese** geradezu eine Herausforderung. Kalte pikante Muscheln mit Paprikasauce verbanden wir glücklich mit trockenem, nicht schäumendem **Vinho Verde** von SOLAR DE BOUÇAS, Amares/P, der übrigens nur für den Export nachgesüßt wird.

MUSCHELN MIT KÄSE GRATINIERT

Schalottenwürfel in Butter anschwitzen, mit Weißwein löschen, mit Thymian und Lorbeerblatt würzen, einkochen, Muscheln beigeben, 3–4 Minuten kochen (bis die Schalen aufgehen), aus der Pfanne nehmen, Jus sieben; Mehlschwitze bereiten, mit gesiebtem Jus binden, mit Salz, frischem Pfeffer und gehackter Petersilie würzen; Muscheln in eine feuerfeste Form geben, mit eingedicktem Jus bedecken und mit Käse im heißen Rohr überbacken (gratinieren).

Grüner Veltliner, **Pinot Blanc** und **Pinot Gris Kabinett** sowie **Cortese** (**Gavi**), Piemont (z. B. der mit quicklebendiger Säure ausgestattete **Cortese dell' Alto Monferrato** von BERTO PINELLI GENTILE), sind angenehme Mittagsweine, die auch dem Käsearoma Rechnung tragen. Am Abend stehen **Neuburger**, **Pinot Blanc** und **Pinot Gris Spätlesen**, **Chenin Blanc**/Loire und **Châteauneuf-du-Pape Blanc**/südl. Rhône (z. B. DOMAINE BEAURENARD) bereit, um eine allumfassende Harmonie zu erzielen. Der erste Weißwein vom „König des Madiran", ALAIN BRUMONT, **Pacherenc du Vic Bilh „Château Montus"** (ARRUFIAT, CB, MANSENG, SB, SÉM, 2–5 Jahre, 9–10 °C) aus Maumusson/SW-F gilt bereits als neuer „Stern des Südwesten" und verlieh dem Gericht denn auch Eleganz, Pikanterie und einen Hauch von Exotik.

MUSCHELSALAT

Gekochte Muscheln in Essig-Öl-Dressing einlegen und mit gehackter Petersilie bestreuen.

Weißer **Martina** (**Franca**)/Apulien/I, **Kluser Pinot Blanc**, **Aigle**/CH, **Riesling Spätlese** sowie **Sémillon**/F bzw. KAL können wir guten Gewissens weiterempfehlen.

NASI GORENG

Indonesisch nasi/gekochter Reis, goreng/gebacken. Ostasiatisches Reisgericht aus geschnetzeltem Schweinefleisch, Hühnerbrust, Krabben, gedämpftem Reis und diversen exotischen Gewürzen, gut gemischt und in Kokosnußöl gebraten; als Beilage werden → Kroepoek, → Mango Chutney und → Sojasauce angeboten.

Exotisches **Bier** ist sicherlich ein angenehmer Durstlöscher, doch **Condrieu**/nördl. Rhône, **Gewürztraminer** und **Scheurebe Spätlese** sowie **Vouvray demi-sec**/Loire/F gehen behutsam auf das Gericht ein und bringen auch diverse Nuancen zum Tragen.

NATURSCHNITZEL

Kalbsschnitzel unpaniert (natur) in Butter braten, Bratbutter über das Schnitzel gießen und mit Reis garnieren.

Kalbfleisch, Bratbutter und Reis verlangen nach mittelschweren, samtigmilden Weißweinen (**Riesling-Sylvaner**, **Pinot Gris**, **Malvasier**, **Neuburger**, **Zierfandler** usw.) ohne akzentuierte Säure. Wird das Schnitzel von einem gemischten Kompott begleitet, ist auch eine kleine Restsüße „gestattet", während Bratkartoffeln den Weg zu eher trockenen Gewächsen (**Riesling**, **Grüner Veltliner**, **Pinot Blanc** ...) weisen. In besonders schwärmerischer Erinnerung haben wir in dieser Formation einen rassigen **Grünen Veltliner Kabinett „Ried Achleiten“** (2–3 Jahre, 9–10 °C) von FRANZ ZOTTL, Weißenkirchen/Wachau/NÖ/A, der den Bratkartoffeln gekonnt die Hauptrolle überließ.

NAVETS → WEISSE RÜBCHEN

NAVARIN

→ *HAMMELRAGOUT*

Der Name geht auf die Hafenstadt Navarino, heute Pylos, in Griechenland zurück. In der Seeschlacht bei Navarino (frz. Navarin) besiegte 1827 die französisch-englische Flotte die türkischen Seestreitkräfte.

NEUNAUGE (LAMPRETE)

(frz. LAMPROIE, engl. LAMPREY, ital. LAMPREDA, span. LAMPREA)

Aalähnlicher, fetter, aber zarter (60–120 cm langer) Meeresbewohner, der im Frühjahr zum Laichen in die Flüsse zieht, dann gefangen wird und vor allem in Frankreich als große Gaumenfreude gilt. Die bis zu 1 m lange Lamprete saugt sich mit ihrem großen Maul an anderen Fischen fest und holt sich auf diese Weise vampirhaft Blut und Körpersäfte als Nahrung.

Y Da der Fisch Blut über alles liebt, ist es verständlich, daß man ihm dunkle Säfte zuführt. Kraftvolle **südfranzösische Roséweine** (**Tavel**, **Lirac**) und nicht allzu gerbstoffbetonte Rotweine (**Bergerac Rouge**/SW-F, **Graves Rouge**/Bordeaux/F) sind die begehrtesten Partner. Wenn in heller Sauce aufgetragen, greift man allerdings besser nach süßem Saft – und gleich vom Feinsten! Dann darf es auch **Sauternes** sein. Zu Neunauge „Bordelaise“ trinken Sie standesgemäß samtigen **Saint-Émilion** (z. B. **Château Trotte-Vieille** oder **Château Magdelaine**/Bordeaux/F).

NIEREN

(frz. ROGNONS, engl. KIDNEYS, ital. ROGNONI, span. RIÑONES)

Drüsige Organe zur Harnabsonderung von vitaminreicher, körnig-fester Art mit strengem Geschmack. Das Fleisch der jungen Tiere (→ Huhn, → Kalb, → Lamm) gilt als Delikatesse, jenes der älteren, vor allem von Schwein, Rind und Hammel, hat oft Cadmium und Blei gespeichert.

Y Zu sautierten Nieren in **Portwein** oder **Madeira** trinkt man den Kochwein oder allenfalls einen reifen roten **Pomerol** oder **Saint-Émilion**/Bordeaux, auch ein **Muscat de Rivesaltes VDN** wäre denkbar; zu sautierten Nieren (ohne Port ...) sind im allgemeinen junge Rotweine (**Blaufränkisch**, **Zweigelt**, **Pinot Noir**, **Gaillac Rouge**/Pyrenäen/F) vorzuziehen; zu Nieren „Turbigo“ (Lammnieren mit kleinen Würstchen, Champignons und dick reduzierter Tomatensauce) sind die reifen roten Rhôneweine **Hermitage** und **Gigondas** ideal, wie überhaupt reife **Syrah** und **Shiraz** dem besonders strengen Geschmack der Lammnieren perfekt entgegenwirken; und zu Nieren mit Ochsenmark (kein Gericht für alle Tage!) versuchen Sie kraftvollen reifen **Cabernet Sauvignon** oder **Merlot**. Last not least seien herbe **Pils-Biere** angeführt, die immer wieder – je intensiver der Geschmack, desto besser – begeistern können.

NIERENRAGOUT AUF „FRANZÖSISCHE ART“

Kalbsnieren würfelig schneiden, salzen, pfeffern, in Nierenfett braten, warmstellen; Zwiebelscheiben in Mehlschwitze anbraten, mit Rotwein und Kraftbrühe aufgießen, kleingeschnittene Tomaten beigeben, Sauce über die Nieren gießen, mit Petersilie bestreuen und mit Zwiebelkartoffeln auftragen.

Y Trotz des roten Kochweins sollten wir wegen der Tomaten und Zwiebelkartoffeln auf einen ganz schweren „Brocken“ verzichten. **Gamay**/Touraine/Loire, **Beaujolais**/Burgund, **Gaillac**/Pyrenäen, junger **Blauburger**, **Blaufränkisch** oder **Pinot Noir** heißen die bemerkenswert frischen Mittagsweine für den eiligen Luncher. Der sich am Höhepunkt seiner Entwicklung befindende **„Clos de la Roche“ GC** (PN, 6–9 Jahre,

16–17 °C) DOMAINE DUJAC, Morey-Saint-Denis/Burgund, betörte mit großer aromatischer Power und subtilem Endspiel und war den Nieren, mit Einschränkung auch Tomaten und Zwiebelkartoffeln, ein vorzüglicher Partner.

NIERNDL MIT HIRN

✎ Altösterreichische Spezialität aus Kalbshirn, in Wurzelsud gekocht, grob gehackt, mit gehackten Zwiebeln in Butter angebraten, und Kalbsnieren, in dünne Scheiben geschnitten, in Butter gebraten, gesalzen, gepfeffert, mit dem Hirn vermengt und mit Kartoffelpüree serviert.

🍸 Milde bis halbtrockene Weißweine sind pointierte und geschmacklich stimmige Freunde des Gerichts. Besonders **Chardonnay**, **Neuburger**, **Riesling-Sylvaner**, **Pinot Blanc** sowie **Rotgipfler** aus der Thermenregion/NÖ/A (DIPL.-ING. KARL ALPHART für **Neuburger** und **Pinot Blanc**, ING. ANDREAS SCHAFLER für **Rotgipfler**, JOHANN STADLMANN für **Neuburger** und **Pinot Blanc**, MANFRED BIEGLER für **Rotgipfler**, FRIEDRICH KUCZERA für **Neuburger**, GOTTFRIED SCHELLMANN für **Rotgipfler**, JOSEF UND VERONIKA WEISZBART für **Riesling-Sylvaner**, E. UND CH. FISCHER für **Pinot Blanc** und Familie REINISCH für **Pinot Blanc** und **Chardonnay**) konnten sich immer wieder positiv in Szene setzen. Es lebe die neue Thermenregion, deren Weine nach wie vor als Speisenbegleiter unersetzlich sind!

NOILLY-PRAT → VERMOUTH

NOUGAT

(frz. NOUGAT, engl. NOUGAT, ital. TORRONE, span. TURRÓN)

✎ Rohmasse, die unter Verwendung von gehackten, gerösteten Mandeln oder Haselnüssen, leicht karamelisiertem Zucker und Kakao hergestellt wird.

🍸 Zartsüße reife **Schaumweine** (**Champagne**, **Blanquette de Limoux**/F, **Cava**/E ...) ergänzten das Gericht geschmacklich ideal, aber auch **Tokaji Aszú**/H, **Traminer Beerenauslese**, **Vin Jaune**/Jura/F und **Banyuls**/Roussillon/F gaben sich keine Blöße. Hier dürfen wir den reifen **Cava Parés Baltà Privèe Cuvèe** (XAR, MAC, PAR, 5–8 Jahre, 6–8 °C) aus Pacs del Penedés/E in den Vordergrund stellen, dessen subtile Nußaromen sich voll und ganz in den Dienst des Turrón stellten und es kulinarisch noch erhöhten. Einer der wenigen Rotweine, die eine aromatische Annäherung schafften, war der stupende **„Dedicado"** (CS, SYR, MAL, 4–6 Jahre, 16–18 °C) von FLICHMAN, Mendoza/ARGENTINIEN. Das wohl himmlischste Erlebnis hatten wir aber mit einem **La Mauny Rhum Grande Réserve XO** aus Martinique. Versuchen Sie selbst!

NUDELN

(frz. NOUILLES, engl. NOODLES, ital. TAGLIATELLE, span. FIDEOS)

✎ Kochfertige Teigwaren aus Weizengrieß oder Weizenmehl mit oder ohne Eier, meist in Band, aber auch in Faden-, Rohr-, Stern-, Rad-, Ring-, Herzform usw. Seit dem 16. Jahrhundert in Frankreich (durch die Medici) und etwas später auch bei uns auf dem Küchenzettel, wurden sie schon vor 3000 Jahren von den Etruskern (Italien) hergestellt.

🍸 Zu Fadennudeln mit Rosinen und Früchten ist süßer roter **Aleatico di Puglia „Dolce Naturale"** von FELICE BOTTA, Trani/Apulien/I, oder FRANCESCO CANDIDO, San Donaci/Apulien/I, eine wundermilde Ergänzung; Nudeln mit Gemüse und Muschelsauce vermählten wir erfolgreich mit **Cirò Rosato** (GAGLIOPPO, 2–3 Jahre, 10–12 °C) von VINCENZO IPPOLITO, Cirò Marina/Kalabrien/I. Nudeln auf Teufelsart (mit Chilisauce) entschärfen Sie mit köstlichem **Castel del Monte Rosato**/Apulien, und Nudelsalat mit Knoblauch bekommen Sie mit **Torgiano Bianco**/Umbrien oder **Malvasia della Lucania secco**/Basilikata/I in den Griff. Nudeln mit Meeresfrüchten genossen wir in Spanien mit erfrischendem **Cava** aus 100 % **Chardonnay** (!) von RAIMAT, Lérida/Katalanien/I.

NUDELN „ITALIENISCH"

✎ In Salzwasser gekochte Nudeln, mit Butter und geriebenem Parmesan vermengt und mit Tomatensauce aufgetragen.

🍷 Die gefürchtete Tomatensauce läßt die Zahl der Anwärter von vornherein schrumpfen: **Chardonnay**/Toskana und Lombardei, **Pinot Bianco**/Norditalien, **Vermentino**/Ligurien und **Verduzzo**/Friaul gehören zum inneren Kreis der Favoriten, wobei auch die roten **Valpolicella Classico**/Venetien und **Chianti Classico**/Toskana nicht chancenlos sind (speziell im Winter). Unentschlossene haben immer noch die Möglichkeit, sich einen würzigen **Rosato** oder **Chiaretto** zu Gemüte zu führen.

NÜSSE

(frz. NOIX, engl. NUTS, ital. NOCI, span. NUECES)

✎ Botanisch Schließfrüchte mit holzartiger Fruchtknotenwand. Nur die Haselnuß (Oktober bis Dezember) ist die einzig wahre Nuß! → Walnuß, → Kokosnuß, → Pistazie (Steinfrucht), Paranuß (Kapselfrucht), Erdnuß (Hülsenfrucht) und Muskatnuß (Beerenfrucht) zählen eigentlich nicht dazu. Nüsse enthalten Lezithin, viele Vitamine der B-Gruppe und ungesättigte Fettsäuren, die das gefürchtete LDL-Cholesterin senken und auch die Nerven stärken.

🍷 Geschmacklich ergänzende Weine sind unter den einzelnen Stichworten nachzuschlagen.
Mit dem feinen Aroma der Haselnuß harmonieren besonders einige Weißweine (**Roter Veltliner**/A, **Meursault**/Burgund/F, **Sherry Amontillado dry**/E, **Château-Chalon**/Jura/F, **Malvasia**/I); und Haselnußöl, gepaart mit **Puligny-Montrachet**/Burgund, ist ein geradezu himmlisches Erlebnis, wobei die Jahrgangs-**Champagnes** von KRUG, BOLLINGER und POL ROGER kaum nachstehen. Gesalzene Erdnüsse und **Sherry Fino** bzw. **Sherry Manzanilla**, Erdnußbutter und reifer **Chardonnay**/KAL sind erprobte Kombinationen. Mit Erdnußöl zubereitete Süßspeisen reflektieren auf weißen **Sémillon-Chardonnay**/AUS/KAL; dunkles Fleisch mit Erdnußöl ist besonders auf **Vega Sicilia Valbuena**/E erpicht. Zu Cashew-Nüssen ist **Moscato d'Asti**/Piemont und zu Cashew-Huhn (mit Cashew-Nüssen) **Gewürztraminer** optimal. Süße Pekannuß-Pie und gespritete **Muscats** sind delikat.

NUSSKIPFERL (NUSSKIPFEL)

✎ Österreichisches Gebäck. Haselnüsse mahlen, mit etwas Milch aufkochen, mit Honig und abgeriebener Zitronenschale verrühren, Masse auf Blätterteigdreiecke geben, zu Kipferln (Hörnchen) rollen, mit Eidotter bestreichen und im heißen Rohr backen.

🍷 Aus österreichischer Sicht kommen hier **Prädikatsweine** (**Roter Veltliner**, **Pinot Blanc**, **Malvasier**, **Sylvaner**) im **Spätlese-** oder **Auslesebereich** in Frage. Besonders beeindruckten uns allerdings diesmal eine **Spätrot-Rotgipfler Auslese** vom WEINGUT BIEGLER, Gumpoldskirchen/Thermenregion/NÖ/A, die auf derselben Aromalinie schwamm und der grandiose, allerdings etwas zu süße **Ruster Pinot-Cuvée Ausbruch** von FEILER-ARTINGER, Rust/Neusiedlersee-Hügelland/BGLD/A, der unser sensorisches Empfinden mit immer neuen Nuancen beinahe überbeanspruchte. Mehr konnte auch der nachfolgende Parade-Sauternes **Château Guiraud Premier CC**/Bordeaux/F nicht bieten.

OBERS

Österreichische und süddeutsche Bezeichnung für → Sahne bzw. Rahm.

OBERSKREN (MEERRETTICHSAHNE)

✎ 2 Eßlöffel geriebener Kren, mit einem Spritzer Essig verrührt, mit je einer Messerspitze Salz und Zucker gewürzt und mit 1/8 l Schlagobers vermischt.

🍷 **Riesling-Sylvaner**, **Grüner Veltliner**, **Welschriesling** und **Riesling** mit milder Säure und eventuell zarter Restsüße gelten unter den heimischen Kreszenzen als dankbare Partner. Der friulanische **Verduzzo** (z. B. von RONCHI DI CIALLA, Prepotto) ist aber als Oberskren-Begleiter kaum zu schlagen. Weitere Empfehlungen ergeben sich aufgrund der zentralen Speise (→ Forelle geräuchert mit Oberskren, → Wels Blau mit Oberskren).

OBST

(frz. FRUITS, engl. FRUIT, ital. FRUTTA, span. FRUTA)

✐ Sammelbezeichnung für alle genießbaren Früchte sowohl kultivierter als auch wildwachsender mehrjähriger Pflanzen. Rohes Obst ist wegen der Vitamine, Fruchtsäuren, Mineralstoffe, Ester und Zuckerstoffe von großem gesundheitlichem Wert.

🍷 Fruchtige Prädikatsweine (**Muskateller**, **Muskat-Ottonel** …), **liebliche Roséweine** und milde **Schaumweine** sind grundsätzlich anzuraten. Zu Obst mit Fleisch bzw. Braten sind jugendlicher **Pinot Noir** (und **Gamay**) unwiderstehlich. Obstkuchen mit **lieblichem Muskateller** (**Muskat-Ottonel**) oder **Recioto di Soave**/Venetien kann nie falsch sein; Obst(Frucht)mark vereint sich gern mit exotisch-milden Schaumweinen aus aller Welt, und süßes Obst verleiht den besonders süßen, oft plumpen **Dessertweinen** (**Monbazillac**/Bergerac/F, **Muscat de Rivesaltes** und **Banyuls**/Roussillon/F, **Moscatel**/E, **Moscato di Pantelleria Passito**/Sizilien usw.) über die Fruchtsäure jene Frische, die wir oft schmerzlich vermissen. Tropisches Obst paaren Sie am besten mit exotischen Schaumweinen, **Vouvray demi-sec**/Loire, rotem perlendem **Freisa d'Asti Amabile**, z. B. von GILLI DI GIANNI, Castelnuovo Don Bosco/ Piemont/I, usw.

OCHSE

(frz. BOEUF, engl. OX, ital. MANZO, span. BUEY)

✐ Kastriertes männliches Rind. Insbesondere → Mastochsen vom 3. bis zum 7. Jahr liefern das beste Fleisch mit dem vollsten Geschmack. Wie jedes Rind wird auch der Ochse total verwertet, doch sollte man vom Genuß von Hirn, Mark oder Innereien Abstand nehmen.

🍷 Klassische Rotweine von **Bordeaux** bis zur **Côtes du Rhône** (über unsere einheimischen Kreszenzen) sind hier zur geliebten Tradition geworden. Kalter Ochsenbraten hat allerdings eine Aversion gegen Holz- und Traubentannine!

OCHSENMAULSALAT

✐ Dünne Scheiben von gepökeltem, gekochtem Ochsenmaul, mit Zwiebelringen, Kapern und gehackten Kräutern in Essig-Öl-Dressing angemacht.

🍷 Grundsätzlich ist **Bier** der verläßlichste Begleiter – wenn ohne Kräuter angerichtet. Mit Kräutern und Kapern sind auch leichte, spritzige Weißweine willkommen. **Welschriesling**, **Sauvignon Blanc**, **Muskateller** trocken, **Sylvaner** usw. können einen einfachen Ochsenmaulsalat zu einem Festessen werden lassen. Vorsicht ist allerdings vor allzu grasigen, säurebetonten Weinen geboten.

OCHSENSCHWANZ (OCHSENSCHLEPP)

✐ Der preiswerteste Teil des Rindes besteht nicht nur aus Knochen; besonders im oberen Teil bietet er uns festes, saftiges, mageres Fleisch von kräftigem Geschmack, das für Ragouts und Suppen verwendet wird. Der in den Jahren der Nouvelle cuisine geächtete Ochsenschwanz ist durch den neuen Regionalismus wieder ins Gespräch gekommen.

🍷 Wie eh und je bedient man sich dunkler, kraftvoller Begleiter (**Zinfandel**/KAL, **Shiraz**/AUS, **Syrah**/ Rhône, **„Chénas"**/Beaujolais/Burgund/F, **Rioja**/E, **Zweigelt**/A …). Der hellere, zartere Kalbsschwanz verträgt sich mit reifen halbtrockenen **Riesling Spätlesen** und fruchtcharmanten Rotweinen (**Pinot Noir**, **Blauer Portugieser** …) ausgezeichnet.

OCHSENSCHWANZ NACH „GÄRTNERINNENART"

✐ Ochsenschwanz wird in Scheiben geschnitten, in kaltem Wasser, Kümmel, Salz und Pfeffer langsam geköchelt und entfettet, mit Schalotten, Karotten, Stangensellerie, Knollensellerie, Kohlrüben, Weißkraut – alles in Scheiben geschnitten – versetzt, in eine Suppenterrine gegeben und mit gehackter Petersilie bestreut.

🍷 Auch in dieser Kombination müssen nicht die ganz schweren „Kaliber" herangezogen werden. Diese behalten wir uns für ein Ochsenschwanzragout vor. Schalotten, Karotten und Weißkraut sind auch für sehr reife Weißweine (**Bianco del Ticino**/CH, **Pinot Gris**, **Pinot Blanc** und **Riesling Kabinett/Spätlese**

trocken/halbtrocken) attraktive Gespielinnen. Jugendlich-fruchtige Rotweine (**Dôle**/CH, **Pinot Noir**, **Blaufränkisch**, **Zweigelt**/BGLD) sind zu Mittag eine kompetente Alternative, z. B. der geschmeidige **Zweigelt** von RUDOLF WAGENTRISTEL, Großhöflein/Neusiedlersee-Hügelland. Der elegante **Montepulciano d'Abruzzo „Colle Secco"** von CANTINA TOLLO, Tollo/I, räumte eindringlich mit der Mär vom rustikalen Abruzzenwein auf und verlieh dem Gericht Finesse und Würze.

OCHSENSCHWANZSUPPE („OX-TAIL SOUP")

Ochsenschwanz in Scheiben schneiden, mit grobgeschnittenen Zwiebeln, Karotten und Lauch in Rinderfett anrösten, mit Mehl anbräunen, mit Kraftbrühe auffüllen, salzen, langsam köcheln, Fleisch aus der Suppe nehmen, passieren, mit Thymian, Salbei, Rosmarin und Basilikum würzen und mit einem Schuß → Sherry aromatisieren.

Unvergeßlich bleiben uns ein (roter) **Coteaux du Lyonnais „Boulieu"** (GAM, 2–3 Jahre, 15–17 °C) von M. BOULIEU, Vernaison/Rhône, und ein **Cabernet-Shiraz-Merlot** (3–5 Jahre, 16–17 °C) **„Church Block"** von WIRRA VINEYARDS, Mc Laren Vale/S-AUS. Dritter im Bunde ist natürlich der in der Suppe bereits enthaltene **Sherry**/E.

OCHSENZUNGE → RINDERZUNGE

OCTOPUS (POLYP, KRAKE)

(frz. POULPE, engl. OCTOPUS, ital. POLPO, span. PULPO)

Ein Kopffüßler mit acht saugnapfbesetzten Fangarmen und einer Durchschnittsgröße von 30 cm bei 5 kg Gewicht. Besonders in den Mittelmeerländern gilt er als Spezialität. Die jungen Tiere sind besonders zart und wohlschmeckend, müssen jedoch weichgeklopft bzw. vorblanchiert werden.

Zu Krake in Tomatensauce liegen Sie richtig mit einem ligurischen **Vermentino**; zu gefülltem Octopus probieren Sie **Gaillac Rouge** oder **Robola**/Griechenland, zu Octopus mariniert ist die französische **Colombard** fast unersetzlich. Bei einem Octopus-Ragout kommen auch die Rotweinfreunde auf ihre Rechnung; dunkle, kraftvolle Weine (**Cahors**/SW-F, **Valdepeñas**/E, **Shiraz**/AUS) sind erwünscht. Zu geschmorten Moschuskraken war **Verdicchio „Villa Bucci"** von den FRATELLI BUCCI, Ostra Vetere/Marken/I, grandios. (Siehe auch → Kalmar und → Tintenfisch)

OKRAS (GOMBOS)

Die unreifen Früchte einer Eibischart (Rosenpappel), die in Mittelamerika, Südeuropa und im Nahen Osten geerntet werden und an kleine pelzige Paprikaschoten erinnern. Ihr bohnenähnliches, säuerlich-herbes Aroma verlangt nach pikanten Gewürzen. Vor dem Essen werden sie meist kurz blanchiert. Reich an Vitamin A, Kalzium und Eisen!

Korrespondierende Weine sind vor allem die weißen friulanischen Kreszenzen (**Tocai**, **Sauvignon**, **Verduzzo** und **Ribolla** …)/I.

OLIVEN

Kugelige oder eiförmige Früchte des Öl- bzw. Olivenbaumes, der in den Mittelmeerländern, in Kalifornien und Südamerika kultiviert wird und schon die Sintflut erlebte. Das Fruchtfleisch enthält 20 bis 30 % Öl und ist bei den unreif geernteten grünen Früchten salzig-herb appetitanregend. Die dunklen, nussig-herben reifen Oliven wirken hingegen verdauungsfördernd.

Bei grünen Oliven sollten Sie an **Sherry Fino light dry**/E, **Sauvignon Blanc**, **Roussanne**/südl. Rhône, **Chablis AC**/Burgund/F, **Soave**/Venetien/I usw. denken. Zu Tartine alla Polpa di Olive (Toastbrot mit schwarzem Olivenaufstrich) entzückte uns rassiger **Schaumwein „Lungarotti brut"**/Torgiano/Umbrien/I. Grünen Olivensalat genossen wir mit **weißem Rioja**/E. Mit Fleisch gefüllte Oliven sind eine sichere Angelegenheit für den weißen **Falerio dei Colli Ascolani** von COCCI GRIFONI, San Savino di Ripatransone/

Marken/I. Ein Rumpsteak mit schwarzer Olivensauce paarten wir höchst erfolgreich mit dem selbst nach Oliven duftenden kalifornischen **Cabernet** von JORDAN VINEYARD, Healdsburg/Sonoma, den tiefdunklen Austia-Stars **Cabernet-Merlot**/ERNST TRIEBAUMER, Rust/BGLD, und – schon des Namens wegen – mit dem **„Olivin"** (ZW) von WINKLER-HERMADEN, SCHLOSS KAPFENSTEIN/SO-STMK.

OLIVENÖL

Das Öl aus dem Fruchtfleisch der Oliven. Ein Baum liefert pro Jahr etwa 5 kg Öl. Das kalt gepreßte Öl ist das wertvollere; das feinste (oft herb-bitter, dann wieder mildsüßlich) wird durch Austreten mit den Füßen gewonnen. Das Jungfernöl (Olio extra vergine, Huile vierge) stammt aus erster Pressung und schmeckt nie ranzig. Die besten Öle kommen zur Zeit aus Kreta, Spanien und Italien. Äußerst gesund und cholesterinsenkend!

Es gibt zwei Weine, die das jungfräuliche Öl auf chevalereske Art zum Aufblühen bringen und dabei selbst noch an Subtilität gewinnen: reifer **Châteauneuf-du-Pape Blanc**/südl. Rhône/F mit hohem **Roussanne**-Anteil (z. B. **Château de Beaucastel**) und alter **Puligny-Montrachet**/Burgund/F. Zu Olivenöl sollten Sie generell **südländische Roséweine** mit Substanz, Würze und Extrakt ordern. Oliven, Olivenöl und Kräuter wurden von jugendlichem **Malvasier** kongenial begleitet, Olivenöl-Sauce erreichte durch die Partnerschaft mit einer **Sauvignon Blanc Spätlese** erst ihren Höhepunkt, und Olivenöl mit Knoblauch sollten Sie mit lieblichem **Orvieto Pourriture Noble** von DECUGNANO DEI BARBI, Orvieto/Umbrien/I oder edelsüßen **Sauternes**/Bordeaux geschmacklich auffangen.

ÖLSARDINEN

Kleine, von Kopf und Eingeweiden befreite, gesalzene, gekochte und in Olivenöl eingelegte Sardinen, die in Konservendosen angeboten werden. Wenn wir auch manchmal gekühltem jungem Rotwein im Verein mit Fisch das Wort geredet haben, hier sollten Sie ihn nicht versuchen, da sonst der Öl- und Fischgeschmack auf unangenehme Weise hervortritt.

Frisch-fruchtige Weißweine oder **Roséweine** mit belebender Säure sind da schon angenehmer (**Penedès Blanco**/E, **Rosé de Provence** und **Bellet Blanc**/Provence). Das perfekte Gegengewicht zu den Ölsardinen bildeten allerdings eine kraftvolle **Gewürztraminer**- und **Pinot Gris Spätlese**, und auch portugiesischer **Vinho Verde** (z. B. von SOLAR DE BOUÇAS, Amares) löste die ölige Konsistenz der Speise genial auf.

OMELETT

(frz. OMELETTE, engl. OMELET, ital. FRITTATA, span. TORTILLA)

Eierspeise ohne Mehlzusatz, die in den verschiedensten Varianten existiert (mit Fleisch oder Gemüsefüllung, flambiert, souffliert usw.). Bereits die Römer waren Meister in der Omelettbereitung, doch die französischen Chefs des 18. und 19. Jahrhunderts machten eine wahre Kunst daraus und ersannen immer neue Kreationen. Der große Küchenmeister Auguste Escoffier (1846–1935) berichtet von über 1000 Variationen. Generationen von Gastro-Schriftstellern rieten von der Kombination Ei und Wein ab, da ersteres den Gaumen mit einem dünnen Film überzieht, der den Wein lange nicht zur Geltung kommen läßt, und außerdem Eier einen Schwefelgehalt einbringen, der vom Wein meist angenommen wird.

Verzagen Sie nicht! Wie bei so vielen anderen „Todfeinden" des Rebensaftes (Alkohol, Curry, Cocktailsauce, Eis, Essig, Meerrettich, Schokolade, Speck, Tomatensauce, Zitrusfrüchte ...) gibt es auch hier einige vorzügliche Kombinationsmöglichkeiten. Omelett „Bourguignon" (mit Schnecken und halbreifen Nüssen) verlangt nach großen **Chardonnays** (**Meursault**, **Montrachet**/Burgund). Omelett mit Käse liebt **Neuburger**, **Pinot Blanc**, **Chardonnay** usw. Omelett mit Pilzen verlangt nach **Pinot Blanc**, **Grünem Veltliner**, **Dão Blanco**/Portugal oder rotem **Dolcetto**/Piemont/I; Omelett mit → Pignoli mag **südländische Roséweine**; Omelett „Norvegienne" (Speiseeis in Biskuitteig, mit Meringuemasse überbacken) freut sich auf milden reifen **Champagne**/F oder **Moscato-Schaumwein**/I; Omelett „Arlesienne" (mit Tomaten, Auberginen und Knoblauch) verehrt **Bellet Blanc**/Provence/F; Omelett „Chevreuse" (mit Spargelspitzen, Artischockenböden und Trüffeln) bildet mit **Corton-Charlemagne GC**/Burgund/F eine ideale Zweisamkeit; Omelett „Florentine" (mit

Spinat) ist mit **Riesling Italico**/I gut beraten; Omelett mit Zucchini ist ohne **Ravello Rosato**/Kampanien/I nur das halbe Vernügen; Omelett mit Zwiebeln geht mit **Tocai Friulano**/I eine harmonische Ehe ein; Omelett mit Meeresfrüchten spülen Sie im Sommer mit frischem **Galestro**/Toskana/I oder **Vinho Verde**/Portugal hinunter, im Winter „dürfen" es auch **Frascati**/Latium, **Gavi**/Piemont, **Riesling** oder **Chardonnay** sein; Omelett mit Kräutern kombinieren Sie mit jugendlichem **Sauvignon Blanc**; Omelett mit Schinken verfeinern Sie durch **Aligoté**/F, und Omelett mit grünem Spargel verleihen Sie durch **Muscat du Valais** (z. B. **Muscat „Grimpereau"** von PAUL BRIGUET, Saillon/Wallis/CH) oder **Muscat d'Alsace**/F einen Hauch von Exotik.

OMELETTE EN SURPRISE → ÜBERRASCHUNGSOMELETT

ORANGEN (APFELSINEN)

(frz. ORANGES, engl. ORANGES, ital. ARANCIE, span. NARANJAS)

Die Früchte des aus China stammenden Orangenbaumes wurden schon im 10. Jahrhundert über die alten Karawanenstraßen nach Persien und nach Europa gebracht. Der bis zu 12 m hohe Orangenbaum kommt in zwei Arten vor: als Pomeranze oder bittere Orange und als Apfelsine bzw. süße Orange. Hauptanbaugebiete sind Süditalien, Sizilien, Südspanien, Westindien, Israel und Kalifornien. Das saftige, gelbe bis blutrote Fruchtfleisch ist reich an Vitamin C, Zucker und Zitronensäure. Ideale Genußzeit ist von November bis März.

Die klassischen Weißweine mit Orangennote (**Vin Santo**/I, **Sauternes**/Bordeaux/F, **Malvasia delle Lipari**/Sizilien, **Muscat de Rivesaltes**/F, **Tokaji Aszú**/H, **Gewürztraminer**) sind hier begehrte Begleiter. Der spanische **Conca de Barberà Rosado**/Katalonien, der sizilianische **Cerasuolo di Vittoria** und der französische **Collioure Rouge**/Roussillon sind für wilde, herb-würzige Orangen bestens geeignet. Orangencreme vermählten wir höchst erfolgreich mit einer raren **Orangetraube Spätlese** von MECHTHILDE WIMMER, Oggau/Neusiedlersee-Hügelland/BGLD/A, auch **Orangenmuskateller**/KAL und **Goldburger** (Kreuzung aus **Orangetraube** und **Welschriesling**) **Auslesen** sind adäquate Partner ohne Konkurrenzdenken. Orangensauce zu Fleischspeisen ergänzen Sie durch **Gewürztraminer** oder **Sémillon Spätlesen**. Orangensauce zu Desserts erhöhen Sie durch jugendliche, edelsüße **Barsac**/Sauternes, **Sainte-Croix-du-Mont**/Bordeaux/F oder exquisiten **Eiswein** (**Pinot Gris**). Orangensalat verfeinern Sie durch zartsüßen **Verduzzo di Ramandolo**/Friaul/I oder milden **Riesling-** bzw. **Muskatellersekt**. Orangenpalatschinken lassen sich bereitwillig von einer **Traminer**- oder **Bouvier Auslese** verführen. Orangenpudding wird zum willfährigen Opfer des süßen **Muscat de Frontignan**/Südfrankreich, eine nur dezent süße **Muskat-Ottonel Auslese** aus dem Burgenland/A strebte hingegen harmonischen Gleichklang an. Orangenkeks untermalen Sie mit **Tokaji Aszú „3–4 Puttonyos"** oder **exotischen Strohweinen**; der diffizilen Orangen-Kräuter-Vinaigrette begegnen Sie mit **Riesling-Sylvaner** oder **Pinot Blanc Spätlesen**, und Orangeneis sollten Sie einmal mit schäumendem **Cava** von FREIXENET, Sant Sadurni d'Anoia/Penedès/E, versuchen!

ORECCHIETTE (ÖHRCHEN)

Italienische Nudeln in ohr- oder hutförmiger Art von ca. 2 cm Dicke aus Hartweizengrieß und Weizenmehl, meist mit Tomatensauce oder Ragouts angeboten.

Zu Orecchiette mit Tomatensauce ist ein italienischer **Chardonnay** (z. B. der intensiv fruchtige **„Ronc di Juri"** von GIROLAMO DORIGO, Buttrio/Colli Orientali/Friaul/I) anzuraten, und im zweiten Fall sollte sich der Wein nach dem Fleisch des Ragouts richten.

ORIGANO (OREGANO)

(frz. ORIGAN, engl. OREGAN, ital. ORIGANO)

Der wilde Majoran stammt aus Italien und Mexiko und wird zum Würzen von Pizza, Suppen, gedünstetem Fleisch und Tomatengerichten verwendet. Sein Aroma übertrifft den gewöhnlichen Majoran, ist von anregender, zartbitterer Art und wirkt im Magen-Darm-Trakt leicht desinfizierend.

🍷 Zwei Roséweine, die besonders gut mit dem Gewürz harmonieren, es geschmacklich auffangen und dann zeitweise in sich selbst spiegeln, sind der apulische **Five Roses** von LEONE DE CASTRIS, Salice Salentino/I, und der berühmte **Tavel**/südl. Rhône/F. Besonders subtil wird er von den weißen südfranzösischen Verehrern **Roussanne** und **Viognier**/nördl. Rhône stimuliert.

ORIGINAL GEISSBERGER KÄSE

🍷 Österreichischer Camembert aus reiner Ziegenmilch von feiner Würze und deftig-pikantem Aroma, der sich gerne mit eleganten **Rieslingen im Spätlesebereich** paart und dabei mit seinen rustikalen Reizen nicht geizt. Auch **Riesling-** und **Welschrieslingsekte** sind einen Versuch wert.

OSSOBUCO

Zersägte Kalbshaxe (Stelze), auf italienische Art, mit Knochen und Mark, angeboten.
🍷 Kräftige, etwas deftige Rotweine mit runden Tanninen – nicht zu alt – (**Valpolicella**, **Chianti**, **Oltrepó Pavese Rosso**, **Montepulciano d'Abruzzo** ...) sind hier gefragt. Aus östereichischer und deutscher Sicht kommen **Blaufränkisch** und **Pinot Noir** (**Spätburgunder**) in Frage. Ossobuco alla „Ticinese" wurde von **Merlot del Ticino „San Martino"** von FERRARI-HOSTETTLER, Termine/Tessin/CH, ideal begleitet.

OSSOBUCO ALLA „MILANESE"

Kalbshaxe in Stücke von etwa 200 g zersägen, in Olivenöl anbraten, → Julienne von Karotten, Zwiebeln und Sellerie beigeben, anrösten, mit Weißwein auffüllen, mit Tomatenmark binden, würzen (Majoran), einkochen, mit Kraftbrühe auffüllen und langsam schmoren; Fond mit abgeriebener Zitronenschale, gehackter Petersilie und zerdrückter Knoblauchzehe würzen, durchkochen und mit Safran-Risotto anrichten.
🍷 Aus 36 lombardischen Rotweinen haben wir letztendlich drei herausgefiltert: a) **Franciacorta Rosso „Cornaleto"** von CORNALETO, Adro, war dem Haxerl ein rustikal-herber Stiefelknecht. b) Beim **Oltrepó Pavese Barbera** (3–4 Jahre, 15–16 °C) von CA' MONTEBELLO, Cigognato, griffen die Aromen ineinander wie die Räder einer Präzisionsuhr. c) Beim **Oltrepó Pavese Pinot Nero** von MONTELIO, Codevilla, kam sogar ein Hauch von Burgund auf! Der mit süßem Extraktschmelz ausgestattete **Chianti Classico Riserva** (SAN, 5–8 Jahre, 16–17 °C) von CASTELLO DI FONTERUTOLI, Castellina/Toskana, war schon fast „overdressed" für das bäuerliche Haxerl, verlieh aber der Sauce einen Hauch von Haute Couture. Über das Safranrisotto und die Sauce verjüngte sich auch ein überreifer, kapitaler weißer **Traminer Aromatico** von CASTELVECCHIO, Sagrado/Friaul.

OSTERLAMM

→ *LAMM*
Ein 4 bis 10 Wochen altes Lamm von hellem, feinem, zartem, leicht verdaulichem Fleisch, das gerne paniert angeboten wird.
🍷 Milde Weißweine mit eventuell zarter Restsüße dienen der Verfeinerung des Osterlamms am besten.

OYSTERS „MANHATTAN"

Nordamerikanische Austernspezialität. Frische Austern, aus der Schale genommen, mit feingehackten roten und grünen Paprikaschoten, Champignons, Räucherspeck, Kräutern und ein wenig Zwiebel belegt, mit zerlassener Butter beträufelt und im heißen Rohr überbacken. (Gilt in amerikanischen Männerrunden als spezielles Aphrodisiakum.)
🍷 **Sauvignon Blanc**, **Riesling** und **Chardonnay** aus den USA sind befähigt, Austern, Paprikaschoten, Räucherspeck und Zwiebeln geschmacklich unter einen Hut zu bringen. Auch **Pils** und **Weißbier** werden manchmal empfohlen, doch der Lorbeer gebührt dem elitären **„Clos de la Coulée de Serrant"** von NICOLAS JOLY, Savennieres/Loire (CHB, 10–15 Jahre, 9–10 °C), der diesmal alle Stars beinahe zu Statisten

degradierte, wären da nicht zwei New Yorker Granaten gewesen, die die Ehre der heimischen Weinindustrie wiederherstellten: der eichenwürzige **Finger Lakes Chardonnay** von HERMAN J. WIEMER, Dundee/New York, und der wie Kristall funkelnde, feinperlige **New York State Champagne Gold Seal Blanc de Blancs** von GOLD-SEAL VINEYARDS, Hammondsport, aus der Meisterhand des Franzosen CHARLES FOURNIER, der lediglich mit dem Räucherspeck kollidierte.

PAELLA „VALENCIANA"

Berühmter spanischer Eintopf, der in vielen Varianten angeboten wird. Grundrezept: Hähnchenfleisch, Rohschinken, Paprikaschoten, Tomaten, Artischocken, Erbsen, Krabben, Reis, Olivenöl, Salz, Pfeffer, Knoblauch, Safran, Petersilie und einheimischer Weißwein.

Der Kochwein könnte auch zum Essen getrunken werden, doch haben sich vor allem Weißweine und **Roséweine** aus dem Penedès (**Gran Viña Sol** von MIGUEL TORRES, **Chardonnay** von JEAN LEÓN, **Rosado** von MASIA BACH ...) auszeichnen können. Auch kühler **Sherry Fino light dry**/E kommt mit den Gewürzen gut zurecht. Seien Sie bitte nicht überrascht, wenn Ihr spanischer Gastgeber Rotwein bestellt, es ist beinahe Tradition, vor allem, wenn die Paella ohne Wasserbewohner angerichtet wird. Aber es verlangt einen „feuerfesten" Gaumen.

PAGEL (ROTBRASSE)

(frz. PAGEAU, ital. PAGELLO FRAGOLINO, span. BESUGO)

Mittelmeerfisch mit hellem, schmackhaftem Fleisch, der zumeist mit Salz, Zitronensaft und Öl gebeizt und dann auf dem Rost gebraten wird. Beste Genußzeit von August bis Januar.

Vernaccia di San Gimignano/Toskana, **Sauvignon**/Friaul, **Verdicchio Classico dei Castelli di Jesi** von FAZI-BATTAGLIA, Castelplanio, und vor allem **Verdicchio di Matelica** von den FRATELLI BISCI, Cerreto d' Esi/Marken/I, sind exzellente flüssige Ergänzungen.

PALATSCHINKEN

(frz. CRÊPES/PANNEQUETS, engl. PANCAKES, ital. PANICETTI)

Spezialität aus Österreich-Ungarn. Dünne, süß oder auch pikant gefüllte gerollte Pfannkuchen.

Mildsüßliche Weißweine mit belebender Säure sind glorreiche Partner. Zu Palatschinken mit Marzipanfüllung, Eierlikör und Erdbeersauce goutierten wir einen fulminanten **Strohwein „Schilfwein The Red One"** von GERHARD NEKOWITSCH/Illmitz/BGLD; Palatschinken mit Pfirsichsauce und **Riesling Auslese** oder **Muskat-Ottonel Beerenauslese** sind hinreißend; Palatschinken mit Marmelade verlangen nach **Riesling-Sylvaner Spätlesen**; Palatschinken mit Zitrone und (perlender) **Saumur Pétillant**/Loire sind genial; Palatschinken mit Ahornsirup und Schlagobers werden von **Grand Marnier** exzellent kombiniert, und Palatschinken mit Nußfüllung und **Pinot Blanc**- oder **Welschriesling Beerenauslese** muß man erst erlebt haben (auch **Sauternes** sind fein!). Die berühmten Topfenpalatschinken liieren Sie am besten mit **Muskat-Ottonel**- oder **Riesling-Sylvaner Auslesen**, auch **Moscato-Schaumweine** sind grandios. Orangenpalatschinken verwöhnen Sie mit elitären **Bouvier-** oder **Traminer Auslesen**, und Palatschinken mit Austern-Kaviar-Fülle begleiten Sie standesgemäß mit edlem **Champagne Blanc de Blancs**/F.

PALMENHERZEN (PALMKOHL)

(frz. COEUR DE PALMIER, engl. PALM TREE MARROW, ital. PALMITO)

Das zarte, spargelkopfartige Herzmark aus dem Ansatz der Palmwedel gilt als besonders erlesene exotische Delikatesse, die geschmacklich ein wenig an Spargel und Artischocke erinnert. Bei uns bekommt man sie in Dosen konserviert (Brasilien ist der wichtigste Lieferant).

Exotischer **Sauvignon Blanc**, **Chardonnay** und **Riesling**, **Muscat d'Alsace**/Elsaß und **Graves Blanc**/Bordeaux/F sowie fernöstliche **Biere** (**Kirin Lager Beer**/Japan und **Tsingtao Beer**/China) sind die bisher erfolgreichsten Tischgenossen und „Herzensbrecher" des zarten Marks. Gebackene Palmenherzen versuchen Sie mit **Graves Blanc**/Bordeaux oder **Riesling Spätlesen**. Palmenherzen „Italienisch" (mit Schalotten, Zitronensaft und Petersilie gedünstet) kombinieren Sie mit jugendlichem **Sauvignon**/Friaul, Palmenherzensalat schmeicheln Sie mit **südländischen Roséweinen**.

PAMPELMUSEN

(frz. PAMPLEMOUSSES, engl. GRAPEFRUITS, ital. PAMPLEMUSE, span. POMELOS)

Gehören zu den Zitrusfrüchten und sind größer, dickschaliger, birnenförmiger und im Aroma zitronenähnlicher als die Grapefruit, die eine Kreuzung aus Orange und Pampelmuse darstellt. Ideal zu genießen sind sie von Dezember bis März.

Früher wurden sie als Weinfeinde eingestuft, aber heute weiß man, daß sich reife **weiße Prädikatsweine** mit harmonischem Süße-Säure-Spiel und vor allem exotische Schaumweine die Zitrusaromen gerne einverleiben und dadurch an Frische und Lebendigkeit gewinnen.

PANADA

In der Emiglia-Romagna/I als „Brotsuppe" bekannt. Argentinische Spezialität. Gewürfeltes Rindfleisch, mit Zwiebeln und Knoblauch angebraten, mit Mehl gestäubt, mit Wasser gelöscht, mit entgräteten Sardellen zerkocht, durch ein Sieb gestrichen und lauwarm angerichtet.

Argentinische und spanische **Rosados** (bzw. **Clarete**) und jugendlich-fruchtige argentinische Rotweine ohne Barriqueausbau (**Perdriel** von NORTON, **Merlot** von FLICHMAN BODEGAS und diverse **Jungweine** von TRAPICHE ...) sind die sichersten Garanten für ein bekömmliches Mahl.

PANETONE (PANETTONE)

Eierreiche italienische Hefekuchenart (Mehl, Hefe, Zucker, lauwarme Milch, Eier, Salz, Butter, Orangen und Zitronat gehackt, kandierte rote Kirschen, Rosinen, Butter), die besonders in Mailand sehr beliebt ist und zwischen Weihnachten und Neujahr als krönender Abschluß eines üppigen Mahles nicht fehlen sollte.

Traditionelle Begleiter sind **Moscato-Schaumweine**, **Marsala Dolce**/Sizilien und **Vin Santo**/Toskana, wobei insbesondere die Version mit einem **Moscato Spumante**/Lombardei (von LA VERSA, S. Maria della Versa) ein prickelndes Spiel von Frucht, Süße und Säure ergab.

PANIEREN

Fleisch, Geflügel, Fisch oder Gemüse in Paniermehl (bzw. Semmelbröseln) gewendet. Als Bindemittel wird Eidotter und Milch oder zerlassene Butter verwendet.

Zu panierten Speisen sollte man milde Weißweine ohne biologischen Säureabbau (**Riesling-Sylvaner**, **Pinot Gris**, **Neuburger**, **Zierfandler**, **Chasselas/Gutedel**, **Sémillon** ...) wählen, da sie den Brotgeschmack hervorragend unterstreichen. Wird jedoch Fett als Bindemittel verwendet, sind auch rassige, säurebetonte Weißweine (bis hin zum zwiebelfarbenen **Schilcher**) willkommen, die ihrerseits den Fettgeschmack sublimieren und auch Verdauungshilfe leisten.

PANIERMEHL → SEMMELBRÖSEL

PANNA COTTA

Ital. gekochter Rahm. Gestürzte Creme mit diversen Aromazutaten (Vanille, karamelisierter Zucker usw.) und Erdbeersauce.

Feinster **Moscato d'Asti**/Piemont/I (z. B. der **„La Caudrina"** von CAUDRINA, Castiglione Tinella) war der schillerndste aller Begleiter. An zweiter Stelle folgt der exquisite vanillig-süße **„Torcolato"** von F. MACU-

LAN, Breganze/Venetien, und fast gleichauf der famose üppig-süße **Recioto di Soave Capitelli** von R. ANSELMI, Monteforte d'Alpone/Venetien.

PANNFISCH

✐ Gekochter, entgräteter und enthäuteter → Kabeljau, feingehackt, mit angeschwitzten Zwiebeln vermengt, gesalzen, gepfeffert, in Butter gebraten, mit geriebenen, gekochten Kartoffeln vermischt, mit geriebenem Weißbrot bestreut und kurz gratiniert.

🍷 **Weißer Rioja**/E (ohne Holzausbau), **südländischer Rosé** sowie jugendlich frischer **Tocai Rosso**/Venetien/I helfen Ihnen bei der Suche nach dem passenden Wein im richtigen Land.

PAPAYAS (BAUMMELONEN, KRESSENFEIGEN)

(frz. PAPAYE, ital. PAPAIA)

✐ Früchte des südamerikanischen Melonenbaumes, der heute auch in Florida, Südafrika, auf den Philippinen und an der Elfenbeinküste vorkommt. Die ovalen Früchte sind 7 bis 30 cm lang, haben eine dünne Schale, besitzen im reifen Zustand ein orangefarbenes Fruchtfleisch mit hohem Enzym- und Vitamin-A- und -C-Gehalt und munden wie eine Melange aus Aprikosen, Melonen und Himbeeren. Sie wirken im Körper fettabbauend!

🍷 Exotische Weißweine und **Schaumweine** mit milder Süße bis hin zu **Dessertweinen** sind, je nach Zubereitungsart, die Startrampe für kulinarische Gleichklänge und Erlebnisse. Die Empfehlungen zu → Melone gelten auch hier. Ricottaeis mit Papaya und **Moscato d'Asti**/Piemont, Papayacreme und **Sémillon Botrytis** von BRIAR BRIDGE, Hunter Valley/AUS, und Papayas à la Miranda (mit Piment, Pfeffer und Parmesan gratiniert) und **Scheurebe Auslese** sind bereits erprobte Kombinationen.

PAPRIKA (SPANISCHER/TÜRKISCHER PFEFFER)

(frz. POIVRON, engl. JAMAICAN PEPPER/PAPRIKA, ital. PEPERONCINO/PEPE CORNUTO, span. PIMENTÓN)

✐ Ein Nachtschattengewächs, das durch Christoph Kolumbus 1494 aus dem tropischen Amerika zuerst nach Spanien, Frankreich, Italien und später Ungarn kam. Man unterscheidet Delikateßpaprika (entsteht aus dem Fruchtfleisch und ist mild aromatisch), Edelsüßpaprika (entsteht aus dem Fruchtfleisch und dem etwas scharfen Samen; sehr begehrt mit milder Schärfe) und Rosenpaprika (sehr scharf mit wenig Fruchtfleischanteil). Der scharfe, bittersüße Geschmack des Paprikas beruht auf dem Gehalt an Kapiszin. Der Anteil an Vitamin C entspricht dem Fünffachen einer Zitrone. In mäßigen Dosen genossen, macht Paprika Appetit und fördert die Verdauung. Im Winter stärkt er das Immunsystem und wirkt stimmungsaufhellend.

🍷 Als „Paprikawein" par excellence hat sich der **Sauvignon Blanc** bewährt, aber auch **Riesling**, **Grüner Veltliner**, **Rotgipfler**, **Chardonnay**, **Hermitage Blanc**/nördl. Rhône oder **Aligoté** sind aufregend kühlende („Feuer und Eis") Durstlöscher. Nicht zu vergessen die weißen Aosta-Stars **Blanc de Morgex** und **Blanc de la Salle**/I. Unter den wenigen Roten kommen **Blaufränkisch**, **Pinot Noir** und **Zweigelt** (Stahltank) ganz gut mit dem Paprika zurecht. Milde **Roséweine** verhalten sich relativ neutral.

PAPRIKASCHNITZEL

✐ Kalbsschnitzel, gesalzen, in Mehl gewendet, in Butter gebraten, Bratfond mit Rahm und Paprika eingekocht, über das Schnitzel gegossen und mit gekochtem Reis serviert.

🍷 **Sauvignon Blanc**, **Muskateller**, **Sylvaner**, **Riesling-Sylvaner**, **Riesling halbtrocken**, **Pinot Blanc**, **Grüner Veltliner**, **Chardonnay** und **Zierfandler** (Stahltank)/A sowie **Furmint**, **Olaszrizling** (**Welschriesling**) und **Badacsony Szürkebarát** (**Grauburgunder**) aus Ungarn (z. B. von HUBA SZEREMLEY, Badacsony) kamen in die engere Wahl. Rahm und Reis wehrten sich allerdings gegen Kreszenzen mit hoher Säure wie **Riesling**/NÖ und **Sauvignon Blanc**/STMK! Milde **Roséweine** wirkten ausgleichend und auch samtige Rotweine (**Blaufränkisch**, **Blauer Portugieser**, **Pinot Noir**) konnten einigermaßen bestehen. Die kraftvolle, fruchtcharmante **Blauburgunder Spätlese** von PAULINE und WALTER HAHNENKAMP, St. Georgen/Neusiedlersee/BGLD, betonte die Schärfe auf erträgliche Weise und verstärkte den Bitterton der Tannine nur minimal.

PAPRIKASCHOTEN GEFÜLLT

✐ Grüne Schoten, ausgehöhlt, mit einer gut gewürzten Farce aus körnigem Reis, gehacktem (faschiertem) Fleisch, gehackten Tomaten und gehackten Kräutern gefüllt, in eine Pfanne gegeben, mit Öl begossen, zugedeckt im Ofen geschmort und mit Tomatensauce kredenzt.

🍷 Im Laufe der Jahre haben sich in diversen Ländern einige Spezialweine für die Paprikaschoten herauskristallisiert. Frankreich: rote **Mâcon-Villages**/Burgund, **Minervois**/Midi und diverse **Roséweine** (Rhône); Italien: **Refosco**/Friaul, **Valpolicella**/Venetien und einfacher **Chianti**/Toskana; Griechenland: roter **Demestica**; Österreich: weißer **Pinot Gris**, **Riesling**, **Chardonnay**; Australien: roter **Shiraz** sowie **weißer Riesling** und **Sémillon** ...; Spanien: einfache rote **Rioja Baja** ...; Deutschland: **Spätburgunder**, **Gewürztraminer**/Baden; Schweiz: **Nostrano Rosso**/Tessin; Kalifornien: **Zinfandel** rot und **Chardonnay** weiß.

PAPRIKASPECK

✐ Frischer Speck, mit Salz eingerieben, mit Rosenpaprika gewürzt und an der Luft getrocknet.

🍷 Wegen des Paprikas kommen auch die eingangs erwähnten Weißweine ins Spiel. Generell sind es aber Rotweine, die das Speckaroma ideal konterkarieren und dabei selbst an Ausdruckskraft und Finesse gewinnen. **Kalterer See**/Südtirol/I, **Côtes du Rhône**/F, **Rioja**/E. Tanninreiche Rotweine sind allerdings nicht ideal!

PARASOLPILZ (SCHIRMPILZ)

(frz. LÉPIOTE/PARASOL, ital. LEPIOTA BRUNA/PARASOLE)

✐ Ein bis zu 30 cm hoher köstlicher Speisepilz, mit einem Hutdurchmesser von 25 bis 30 cm. Er kommt von Sommer bis Herbst an Lichtungen und Waldrändern vor. Sein Hut ähnelt in reifem Zustand einem Sonnenschirm (Parasol), schmeckt saftig-fleischig und wird meist wie ein Schnitzel paniert. Der Stiel ist nur in getrocknetem Zustand, als Pilzpulver, interessant.

🍷 Mildsamtige Weißweine ohne pointierte Säurestruktur, aber mit feiner Würze (**Grüner Veltliner**, **Pinot Blanc**, **Pinot Gris**, **Malvasier**, **Roter Veltliner**, **Zierfandler**, **Neuburger** usw.) sind allzeit verheißungsvolle Mitstreiter auf dem Weg zu kulinarischen Höhepunkten.

PARMASCHINKEN

(ital. PROSCIUTTO DI PARMA)

✐ Berühmter italienischer Rohschinken von mindestens zwölf Monate alten Schweinen aus der oberitalienischen Provinz Emilia-Romagna. Dort stehen die hohen, luftigen Schinkengebäude, in denen die später so begehrten Schinken (zart, mager, saftig, fein gewürzt und mit reinem Meersalz zurückhaltend gepökelt, mit 6 bis 10 kg Gewicht) rund 12 bis 15 Monate lufttrocknen müssen. Seit 1970 ist er herkunftsgeschützt!

🍷 Das mildnussige Aroma des hauchdünn aufgeschnittenen Parmaschinkens verlangt nach adäquaten Kreszenzen aus der Emilia-Romagna. Der rote **Lambrusco di Sorbara secco** (z. B. von der CANTINE COOPERATIVE RIUNITE, Reggio Emilia) und der weiße **Monterosso Val d'Arda secco** sind die bekanntesten. Zu Parmaschinken mit Melone (oder frischen Feigen) ist der weiße **Malvasia dei Colli Piacentini**/Emilia-Romagna sehr harmonisch; hochinteressant ist auch der **Malvasia Val Nure** von CONTE OTTO BARATTIERI, Piacenza/Emilia-Romagna/I. Aus heimischer Sicht bieten sich **Pinot Blanc**, **Pinot Gris**, **Neuburger**, **Malvasier** und **Chardonnay** (Stahltank) an. International gesehen sind **Chardonnays** mit mineralischer Note (z. B. **Chablis AC** und **Mâconnais**/Burgund), **Riesling**/Mosel/D oder **Colombard**/AUS oder KAL, sowie die Rotweine **Barbera** (Stahltank) und **Gamay** (gekühlt) gefragt.

PARMESAN („PARMIGIANO“)

Gelber, extraharter lombardischer Hartkäse von der Gestalt und Größe des → Emmentalers, der bereits seit 1955 herkunftsgeschützt ist. Die Feinheit des Aromas hängt von der Lagerzeit ab (bis zu 4 Jahren). Er ist hellgelb und von milder Schärfe, enthält bis 32 % Fett in der Trockenmasse, wird aus roher, teilentrahmter Kuhmilch von April bis November hergestellt und hat seine Berühmtheit als Reib- und Würzkäse erlangt. Als solcher ist er „Manna für den Gaumen und Balsam für den Magen“.

Junger bis mittelreifer Parmesan läßt sich von weißem **Riesling Italico**/Lombardei, rotem **Lambrusco di Sorbara secco** und **Gutturnio secco** (BAR, BONARDA, 3–4 Jahre, 16 °C) von M. & G. FUGAZZA, Rovescala, beide aus der Emilia-Romagna, sinnvoll begleiten. Älteren, reifen Exemplaren entlocken alter **Chianti Classico**/Toskana, **Barolo Riserva**/Piemont und **Amarone**/Venetien ein Höchstmaß an Aromen und Individualität. International gesehen passen zum jungen Käse auch große **Chardonnays** (z. B. **Chablis GC**, **Pouilly Fuissé**/Burgund) und zum reifen **Madeira Bual**/P, **Hermitage Rouge**/nördl. Rhône und große, alte **Shiraz**/AUS. Auch **Weichselschnäpse** haben eine gewisse Affinität für reife Exemplare.

PARRILLADA MIXTA

Argentinische Delikatesse. Zwischenrippenstück vom Rind, Hammelkeule, Rinderherz, Rinderniere, Kutteln und Euter weichkochen, Kalbsbries in 50-g-Stücke schneiden, auf dem Holzkohlengrill braten, Fleisch dabei ständig mit Beize aus Essig, Öl, Wasser, Zwiebeln, Knoblauch, Paprika, Salz und Rosmarin bepinseln. Als Beilage Salat und Weißbrot.

Einheimische **Rosados** sind die unverfänglichsten Begleiter dieses allzu diffizilen Gerichts. Doch auch **argentinische Rotweine**, oft kellerkühl serviert, wie der **Cabernet Sauvignon Fond de Cave** von TRAPICHE und der Aufsteiger **Perdriel Tinto Malbec** von J. P. NORTON, beide aus Mendoza, werden eingesetzt. Wegen seiner Affinität für Holzraucharoma zählt auch der rote spanische **Rioja** zu den willkommenen Gästen.

PASSIONSFRÜCHTE

(span. MARACUYÁ)

Die Früchte verschiedener Arten der Passionsblume sind oval, hühnereigroß, gelborange bis dunkelrotviolett, mit grüngrauem, weichem, geleeartigem Fleisch, das an Wein und Himbeeren erinnert und mit kleinen Kernen durchsetzt ist. Die frischen Früchte sind reich an Vitamin C, säurearm, exotisch-süß und kommen vor allem aus Ostafrika, Südafrika, Südamerika, Formosa, Kalifornien und Australien.

Exotische Schaumweine, **australische Rieslinge „Auslese Style“** und vor allem der traditionsreiche südwestfranzösische „König des Béarn“, der **Jurançon**, sind lustvolle Kostbarkeiten geschmacksergänzender und -erhöhender Art. Zu Eisparfait mit Passionsfrüchten mundete auch ein halbtrockener **Rieslingsekt**, und zu einem Passionsfruchtsoufflé bescherte uns sowohl der **australische Schaumwein Home & Landragain**/Yellowglen/Victoria als auch die superbe **Welschriesling-Sämling „Silver Lake“ TBA** von WILLI OPITZ, Illmitz/BGLD, euphorische Stunden. Ein Passionsfrucht-Mousse war bei einer aufregend süßen **Marsanne Blanche Grains Nobles** von MARIE-THÉRÈSE CHAPPAZ, Fully/Wallis/CH, in bester Gesellschaft.

PASTA ASCIUTTA (PASTASCIUTTA)

Ital. trockene Teigware. Überbegriff für italienische Teigwarengerichte, die in Wasser gekocht und mit einer bestimmten Sauce versehen wurden.

Zu Pasta Asciutta mit Kräutersauce wählen Sie roten **Grignolino del Monferrato Casalese**/Piemont. Pasta Asciutta mit Cremesauce verlangen nach mildsüßem **Orvieto Abbocato**/Umbrien, zu Pasta Asciutta mit Waldpilzen ordern Sie am besten **Raboso** oder **Pinot Nero**/Venetien; Pasta Asciutta mit → Ricotta und Mangold geht mit dem weißen **Monterosso Val d'Arda**/Emilia-Romagna eine begeisternde Allianz ein; zu Pasta Asciutta con le Sarde (mit Sardinen und wildem Fenchel) ist der sizilianische **Corvo** (**Bianco**) **„Prima**

Goccia" von DUCA DI SALAPARUTA, Casteldaccia, ein Labsal; zu Pasta Asciutta „Aglio e Olio" (Knoblauch und Olivenöl, aber kein Parmesan) sind **Galestro**/Toskana oder **Pinot Grigio**/Friaul vorprogrammiert; zu Pasta Asciutta Pomodoro (mit Tomatensauce, Zwiebeln, Basilikum) ist **Valpolicella Classico**/Venetien unerreicht, und zu Pasta Asciutta alla Sangiovanniello (Tomaten-Sardellen-Sauce, Knoblauch, Pfeffer, Basilikum) kommt endlich auch **Soave Classico**/Venetien zum Zug.

PASTA ASCIUTTA „CALABRESE"

Al dente (bißfest) gekochte Makkaroni, mit dicker Tomatensauce, die mit Ingwer gewürzt wurde, übergossen.

Die kalabrischen Favoriten sind **Cirò Rosato**, **Cerasuolo di Scilla Rosato** und **Cirò Rosso** (GAL, 3–5 Jahre, 16 °C), letzterer ein seit Urzeiten berühmter, feurig lodernder Wein, der uns zwar ein wenig einheizte, was aber im Winter durchaus angenehm sein kann. (Besonders zu empfehlen sind der **Cirò Rosato** von der FATTORIA SAN FRANCESCO, Casale San Francesco, und der **Cirò Rosso Classico** von VINZENZO IPPOLITO, Cirò Marina.)

PASTETCHEN („BOUCHÉES")

Kleine Blätterteigpasteten, die als Vorspeise oder kleine Leckerbissen nach der Mahlzeit gereicht werden.

A priori sind hier samtmilde bis liebliche Weißweine vorzuziehen. Manche Fleischfüllungen brauchen auch einen würzigen Rotwein. (→ Bordeauxpastetchen, → Hubertuspastetchen)

PASTETCHEN AUF „KAPUZINERART"

Rühreier, mit gedünsteten Kalbsbriesstücken und Trüffelgebäck verfeinert, in Blätterteighüllen gefüllt und im heißen Ofen überbacken.

Piemontesischer **Gavi**, halbtrockener deutscher **Riesling**, elitärer **Meursault**/Côte de Beaune/Burgund und exotischer **Condrieu**/nördl. Rhône, sie alle mußten zurücktreten, um dem superben **Verduzzo di Ramandolo** von GIOVANNI DRI, Nimis/Friaul/I, zu weichen.

PASTETCHEN „NIMOIS"

Geflügelleber, Hammelfleisch und etwas Räucherspeck, alles gewürfelt, gemeinsam angebraten, püriert und mit Basilikum und etwas Cognac parfümiert, in Blätterteig gefüllt und im heißen Rohr gebacken. (Der Name geht auf die südfranzösische Stadt Nimes zurück.)

Die Cru-Beaujolais **„Julienas"** und **„Regniè"** werden besonders gern empfohlen, aber auch Weißweine, **Condrieu**/nördl. Rhône und **Tokay** (**Pinot Gris**) **d'Alsace,** sind einen Versuch wert.

PASTETEN

(frz. PATÉ, engl. PIE, ital. PASTICCIO, span. EMPANADA)

Bestehen aus einer Teig- oder Speckhülle mit einer Füllung aus Fleisch-, Wild-, Geflügel- oder Fischfarce. Schon vor ca. 1000 Jahren von den spanischen Mauren erstmals zubereitet, erlebten sie im 14. und 15. Jahrhundert, als die Gewürze für Europa entdeckt wurden und die Renaissance zu einer Prachtentfaltung der Tafel führte, ihren Höhepunkt. Die klassische Kochkunst (17. bis 19. Jahrhundert) bescherte uns die berühmten Lerchenpasteten aus Chartres, die Schnepfenpasteten aus Abbéville und die → Gänseleberpasteten aus Straßburg. Das Motto für eine gute Pastete lautet: „Schön sollen des Gewandes Falten sein, doch schöner muß, was sie enthalten, sein." (→ Hasenpastete, → Hechtpastete, → Fasanpastete, → Flamiche, → Galantinen und → Terrinen sowie → Leverpostej)

Zu Fleischpastete nach „Tourainer Art" (mit Kartoffeln, weißen Rüben, Lauch, Markknochen und Ochsenschwanz) wählen Sie **Gamay de Loire**/F oder jungen **Blaufränkisch**/Horitschon/Mittelburgenland/A. Kalbsleberpastete verlangt nach jungem, fruchtcharmantem **Traminer**/STMK/A, und Koulibiac (Teigpastete russischen Ursprungs, gefüllt mit Lachs, harten Eiern, Gemüse …) paaren Sie mit **Graves Blanc**/F oder **Pinot Blanc Kabinett**/A und D.

PAUCHOUSE

Südfranzösische Fischspezialität. Gewürfelter Magerspeck und gehackte Knoblauchzehen in Butter schwenken, dazu Süßwasserfische mit Weißwein und Fischfond garkochen und mit gedünsteten Champignons und Zwiebeln garnieren; Fond mit Mehlbutter, Eigelb und Rahm binden und mit Salz und Pfeffer würzen; dazu werden geröstete Weißbrotscheiben gereicht.

Interessanterweise haben sich hier die südfranzösischen Weißweinspezialitäten nicht so durchsetzen können und mußten den **Burgundern** (**Mâcon-Villages**, **Pouilly Fuissé** und vor allem **Meursault AC** ...) das Feld überlassen.

PAUPIETTES

Frz. Röllchen. Kleine gefüllte Fleisch-, Fisch- und Krautrouladen.

Zu Paupiettes de Veau (Kalbsröllchen) ist köstlicher **Costières du Gard Blanc** vom CHÂTEAU DE CAMPUGET, Languedoc, anzuraten; Paupiettes de Poisson (Fischröllchen) vermählt man gerne mit **Coteaux d'Aix en Provence Rosé** oder elsässischem **Sylvaner**, Paupiettes de Choux (Krautröllchen) wurden von **Anjou Gamay**/Loire oder **Beaujolais Nouveau**/Burgund/F hervorragend assistiert, und die noch nicht erwähnten Paupiettes de Boeuf (Rindsrouladen) spannen Sie mit würzig-saftigem (rotem) **Rhônewein** (**Gigondas**, **Saint-Joseph** usw.) zusammen.

PECORINO

Scharfer italienischer Hartkäse aus Schafvollmilch. Ähnlich dem → Parmesan wird er vorwiegend als Reib- und Würzkäse verwendet.

Für jungen Pecorino bieten sich apulischer **Copertino Rosato**, **Valpolicella Classico**/Venetien und auch formidabler roter **Sangiovese di Romagna Superiore** (VINICOLA SAMORI, Bertinoro, oder CARLA FOSCHI, Cesena) an; für Käse in Mittelreife wählen Sie **Chianti Classico Riserva**/Toskana oder edlen **Ruby Port**, und für reife Exemplare sind **Tawny Port** und der sherryartige **Mantonico di Bianco**/Kalabrien (FRANCESCO SAPORITO oder UMBERTO CERATTI) gediegene Ergänzungen.

PEPERONE

(frz. PIMENT, engl. GREEN/RED PEPPER)

Mehrzahl: Peperoni. Italienische Bezeichnung für Pfefferoni (Pfefferschoten), die es von fruchtig-süß bis würzig-scharf gibt. Beste Genußzeit ist von Juni bis November.

Südländische Roséweine und der sizilianische **Alcamo Bianco** (CAT BIANCO, 1–2 Jahre, 8 °C) sind auch den scharfen Schoten gewachsen; zu Peperoni mariniert ist **Sherry Fino light dry** fast unumgänglich, und zu Peperoni mit Basilikum, Tomaten und Frascarelli (Spätzle) entzückte friulanischer **Chardonnay** von BORGO DEL TIGLIO, Brazzano di Cormons/I. Gewürzerprobte Genießer vertrauen auf die feurig-würzige Kraft der roten **Grenache**/S-F bzw. **Garnacha**/E und **Shiraz**/AUS. Von ausgleichender Verläßlichkeit sind reifer **Gewürztraminer** und **Pinot Grigio**/Friaul.

PERLHUHN (GUINEAHUHN)

(frz. PINTADE, engl. GUINEA FOWL, ital. GALLINA FARAONA, span. PINTADA)

Westafrikanischer Hühnervogel, der schon von den alten Griechen als Haustier gehalten wurde. Das Fleisch ist im Alter von 8 bis 14 Wochen eine Delikatesse von etwas dunkler Farbe und saftig-aromatischem Geschmack. Das Perlhuhn ist kleiner als das Haushuhn, weist viel Brustfleisch auf und wird vor allem in Südfrankreich, Ungarn und Jugoslawien angeboten.

Ähnlich dem Fasan sind Kombinationen in allen Farben möglich. Perlhuhn mit Morcheln und **Vin Jaune de Jura** ist eine grandiose Paarung; Perlhuhn mit Estragon ist **Pinot Blanc** regelrecht verfallen; Perlhuhn mit Knoblauch und Orangenschale liebt sowohl **Pinot Gris** als auch **Traminer** und **Barsac**/Sauternes/

Bordeaux/F; Perlhuhn mit Sellerie verlangt nach fränkischem **Silvaner** oder **Spätburgunder** (Ahr, Baden ...) Perlhuhn mit Äpfeln und trockener **Cidre** (**französischer Apfelwein**) oder **Grüner Veltliner**/Wachau/A sind von aromatischer, stilistischer Konsequenz; Perlhuhn in Armagnac und **Vino Nobile di Montepulciano**/Toskana/I oder – noch besser – **Château Haut-Marbuzet**/Saint-Estèphe/Haut-Médoc/Bordeaux/F ist eine Klasse für sich; Perlhuhn mit Knoblauch, Tomaten und Rosmarin ist eine klare Sache für den robusten **Rosso Conero** von UMANI RONCHI, Osimo Scalo/Marken/I (speziell im Winter); Perlhuhnmousse ruft nach **Pinot Gris**, **Pinot Noir** oder samtigem **Merlot**, und Perlhuhn in Pfeffersauce wird zur „glühenden" Verehrerin im Verein mit etwas rustikalem **Cabernet Sauvignon**.

PERLHUHN AUF „AFRIKANISCHE ART"

✐ Perlhuhn, in sechs gleichmäßige Portionen zerteilt, gewürzt, angebraten, mit gehackten Zwiebeln und Knoblauch versehen, mit Mehl bestäubt, leicht angeröstet, mit Weißwein, Geflügelfond und Tomatenmark gebunden, zugedeckt weichgeschmort und mit gebratenen Süßkartoffeln (Bataten) sowie Bananen garniert.

🍷 Eine diffizile Kombination, da Zwiebeln, Knoblauch, Tomaten, Süßkartoffeln und Bananen eigentlich unterschiedlichste Weine verlangen. Drei weiße Südafrikaner schafften den Balanceakt auf bravouröse Weise: der exotischwürzige **Chardonnay** von BACKSBERG, Paarl, der an klassische **Rieslinge** erinnernde **Rhine Riesling** von NEIL ELLIS, Stellenbosch, und schließlich der berühmte halbtrockene **Gewürztraminer „Jean Gardé"** von BOSCHENDAL, Paarl. Der oft so superbe **Sauvignon Blanc** von KLEIN CONSTATIA blieb in dieser Zusammensetzung leider ein Fremdkörper.

PERLHUHN GEFÜLLT

✐ Perlhuhn, mit Butter, Schalotten, Thymian und zerstoßenem Lorbeerblatt gefüllt, zunähen, mit Salz und Pfeffer einreiben, Brust mit Speckscheiben belegen, mit Geflügelfond begießen und 30 Minuten schmoren lassen; Weißkraut vierteln, Strunk auslösen, in Streifen schneiden, mit Schmalz und Speckwürfeln anbraten, pfeffern und mit → Bouquet garni und Fond etwa 10 Minuten leise kochen und anrichten.

🍷 Gegen **Pinot Blanc** und **Riesling** ist hier kein „Kraut" gewachsen. Beiden gelang es vorzüglich, die Gewürze zart zu aktivieren, dem gefürchteten Speck sogar noch Finesse zu verleihen und dem Weißkraut alle Geschmackskomponenten zu entlocken. Mit dem Fleisch allein kam der **Pinot Blanc** noch einen Deut besser zurecht. Im konkreten Fall handelte es sich um einen im Barrique ausgebauten **Riesling „Dorsheimer Pittermännchen"**/Nahe/D vom unkonventionellen ARMIN DIEL, Burg Layen, und um eine begeisternde **Weißburgunder Spätlese** von ALOIS SCHUSTER, Halbturn/Neusiedlersee/Burgenland/A. Als Rotweinalternativen bieten sich fruchtcharmanter **Blauer Portugieser**, samtiger **Pinot Noir** oder fruchtig-weicher **Barbera d'Alba** (2–3 Jahre, 16–17 °C), z. B. von MATTEO COREGGIA, Piemont/I, an.

PERLHUHN MIT GRAPEFRUIT

✐ Perlhuhn in acht Portionen zerteilen, in heißer Butter und Öl anbraten, mit Salz und Pfeffer würzen, mit etwas Portwein und Geflügelfond aufgießen, zugedeckt schmoren, herausnehmen, Bratensaft mit frischem Grapefruitsaft löschen, Geflügel und rosa Grapefruitfilets dazugeben, kurz ziehen lassen und anrichten.

🍷 An heißen Sommertagen sind mittelkräftige, fruchtig-frische Weißweine mit angedeuteten Zitrusnoten und etwas Rest- bzw. Extraktsüße (**Grüner Veltliner**, **Riesling**, **Chardonnay Kabinett**, **Chenin Blanc**, **Hermitage Blanc**, **Champagne Blanc de Blancs**) in der Lage, das Zitrusaroma zu erleuchten und der Säurenote gleichzeitig die Spitze zu nehmen. Am Abend sind es kraftvolle Spätlesen/Auslesen (**Grüner Veltliner**, SCHLOSSWEINGUT GRAF HARDEGG, Seefeld-Kadolz/Weinviertel/NÖ; **„Riesling Dürnsteiner Hollerin"**, HANS KIRCHMAYER,Weistrach/NÖ, und **Chardonnay „Kammerner Heiligenstein"**, FAM. HIRSCH, Kammern/Kamptal/NÖ), die sowohl Portwein- als auch Grapefruitaroma geschickt auffangen. An kalten Winterabenden sind kraftvoller, mildsüßer **Bonnezeaux** (CHB), Loire, und übermächtiger **Mantonico di Bianco** von UMBERTO CERATTI, Kalabrien, einen Versuch wert!

PESTO

Italienische Sauce (kalte Würzpaste) aus Olivenöl, → Pecorinokäse, geriebenen (zerstoßenen) → Pignoli, Basilikum, Majoran, Salz, Pfeffer und Knoblauch. Pesto wird zu kalten Vorspeisen, kaltem Fisch, Makkaroni, Spaghetti, Gnocchi, Pasteten und Suppen oder auf Brot serviert.

Dem pikant-scharfen Aroma des Pesto kann man mit Erfolg einige erfrischende weiße Kreszenzen aus Ligurien (**Buzzetto di Quiliano**, **Lumassina**, **Pigato d'Albenga** und **Vermentino** ...) entgegensetzen. Wobei der **Pigato**, von MASSARETTI, Cascina Feipu, ein geradezu sensationeller Partner war! Auch reifer **Tocai** und **Pinot Grigio**/Friaul sind erwähnenswert. International gesehen sind mineralische Stahltank-**Chardonnays**, die ungarischen **Hárslevelü** und **Szürkebarát** (PG, z. B. von HUBA SZEREMLEY, Badacsony) und die argentinische **Torrontes** (z. B. von NORTON, Mendoza) gefragt. Manchmal empfiehlt man auch frische, gekühlte Rotweine (Stahltank).

PETERSFISCH → HERINGSKÖNIG

PETITS FOURS

Frz. kleine Öfen. Kleines Naschwerk aus Biskuitboden, mit Buttercreme gefüllt, verschiedenfarbig glasiert und mit Pistazien, Mandeln und kandierten Früchten garniert. Wurde bereits im 18. Jahrhundert kreiert.

Das allzu verführerische Naschwerk – man ißt, ohne es zu merken – läßt sich bestens mit milden, fruchtigen **Schaumweinen** vereinen.

PETITE MARMITE (HENRI IV.)

Frz. kleiner Suppentopf. Bouillon mit Hühner- und Rindfleisch, Markscheiben und Gemüse. (Namensgeber war Henri IV., französischer König, 1563–1610, aus dem Béarn, der jedem Franzosen am Sonntag ein Huhn in der Suppe versprochen hatte.)

Animierende flüssige Ergänzungen sind einige **Cru Beaujolais** (**Chénas**, **Morgon** ...), jugendliche **Gamay**- und **Cabernet Franc**-Weine der Loire sowie **elsässischer Pinot Noir**.

PFEFFER

(frz. POIVRE, engl. PEPPER, ital. PEPE, span. PIMIENTA)

Im Gegensatz zu den unreif geernteten Früchten des schwarzen scharfen Pfeffers kommt der weiße milde Pfeffer aus reifen und geschälten Früchten. Immer mehr wird auch der grüne unreife Pfeffer aus Madagaskar geschätzt. Alexander der Große brachte das Universalgewürz (326 v. Chr.) in die Mittelmeerländer. Mäßig genossen weckt Pfeffer den Appetit, fördert die Verdauung und bringt im Winter Feuer in Gemüt und Organismus. Während der Gewürzorgien des Mittelalters wurde Pfeffer in unvorstellbaren Mengen verbraucht. So wurden bei der Hochzeit des Herzogs Karl von Burgund (1468) die Speisen mit nicht weniger als 190 Kilogramm Pfeffer gewürzt!

Grundsätzlich sind leichte, mild-fruchtige Weiß- und **Roséweine** in Erwägung zu ziehen, doch Art des Fleisches und Zubereitung können auch pfeffrig-würzige bis samtig-fruchtige Rotweine ins Spiel bringen. Schwarzer Pfeffer überdeckt sehr oft die Finesse großer Rotweine (**Bordeaux**, **Burgunder**, **Toskana**), verleiht aber im Gegenzug schweren Alkohol-, Extrakt- und Tanninbomben mehr Ausdruck und ein elegantes Aromaspiel und verjüngt alte, firnige Weißweine.

PFEFFERSTEAK

Filetsteak mit grob zerstoßenen Piment-, weißen und schwarzen Pfefferkörnern einreiben, in heißem Öl rosa braten, salzen, in Folie warmhalten; Bratensatz mit Cognac (Weinbrand) löschen, → Crème fraîche hineingeben und kurz einkochen.

🍷 Prinzipiell sollte man hochkarätige, finessenreiche Rotweine vermeiden, doch bei entsprechendem Extrakt dürfen es auch würzige, nicht zu elegante Exponate sein. **Dolcetto** und **Barbera d'Alba**/Piemont/I, **Syrah**/Rhône/F, **Shiraz**/AUS, **Zinfandel**/KAL usw.; zu Pfeffersteak mit grünem Pfeffer sollten Sie einmal einen fruchtigen **Pinot Noir**, z. B. von JEAN-DANIEL GIAUQUE, La Neuveville/Neuenburgersee/CH, probieren, der die Gewürze mit Feingefühl untermalt.

PFEFFERFISCH

✐ Kleiner → Dorsch, Goldbarsch oder → Kabeljau, außen und innen mit Senf, weißem Pfeffer und Salz eingerieben, mit Paprikaschoten, halbierten Tomaten, Essig und Öl in Fischbrühe gedünstet und mit Pommes frites serviert.
🍷 **Frascati** und **Marino Superiore**/Latium (FONTANA CANDIDA und PAOLA DI MAURO), südländischer **Sauvignon Blanc** und sizilianischer **Rapitalà** (CAT BIANCO, 1–2 Jahre, 8–9 °C), z. B. von der TENUTA RAPITALÀ, Camporeale, oder von CONTE DE LA GATINAIS, sind erfrischende Durstlöscher mit Pfiff und Quintessenz.

PFEFFERMINZE

(frz. MENTHE POIVRÉE, engl. PEPPERMINT, ital. MENTA PEPE, span. MENTA)
✐ Ursprünglich aus dem Fernen Osten (Japan, China) stammende Zuchtform diverser wilder Minzearten, die speziell in Europa, Nordafrika und Amerika kultiviert wird. Von allen Minzearten hat die aus England stammende Pfefferminze (Mentha piperita) die größte Bedeutung. Ihr charakteristischer Duft rührt von einem ätherischen Öl, dem Menthol, her. Die Briten haben eine besondere Vorliebe für die Pfefferminze als Küchenkraut (→ Minzsauce). In Kombination mit einem Glas edlen Weins bewirkt sie ein Ansteigen der Energie und der Gemütslage.
🍷 Unter den Weißweinen der Welt haben sich **Roter Veltliner**, **Muskateller**, **Scheurebe** und **Vermentino** (Ligurien, Sardinien) einen Namen als Begleiter gemacht. Als „König" gilt der elsässische **Muscat GC.** Bei den Rotweinen sind **Syrah** (Rhône), **Shiraz** (S-AUS), **Cabernet Sauvignon** (Pauillac/Bordeaux/F, S-AUS), **Brunello di Montalcino**/Toskana/I und **internationale Merlots** mit Barriqueausbau (bzw. **Cabernets/Merlots**) Spitzenreiter. Wird die Minzsauce (Mint Sauce/GB, Mint Jelly/USA) mit Zucker und Essig zubereitet, so ist bei den genannten Weißweinen ein Restzuckergehalt und bei den Rotweinen ein hoher Extrakt- und Alkoholgehalt wünschenswert. Ein wahrer Traum ist der **Dominicio de Pingus** (TEM, 4–8 Jahre) von PETER SISSECK/Ribera del Duero/E!

PFERDEFLEISCH

(frz. CHEVAL, engl. HORSE, ital. CAVALLO, span. CABALLO)
✐ Etwas zäh in der Faser und leicht süßlich im Geschmack, aber doch von großem Nährwert und einiger Saftigkeit. Die Germanen schätzten es als Festtagsbraten, und die Franzosen gehen noch heute gerne zum Pferdefleischer, wenn sie junges Fleisch bekommen können, das sie dann gerne als Tatar zubereiten und auch gegen Anämie einsetzen.
🍷 Elegante **Pinots Noirs** und **Merlots** gehören zu den auserwählten Begleitern junger Tiere. Etwas ältere, geschmorte Pferde brauchen kraftvolle, würzig-rustikale Kreszenzen wie **Rosso di Montalcino**/Toskana, **Venegazzù della Casa**/Venetien oder **Amarone** (z. B. von GIUSEPPE QUINTARELLI, Monteforte).

PFIFFERLING (EIERSCHWAMMERL)

(frz. CHANTERELLE, engl. CHANTERELLE, ital. CANTARELLO, span. CANTARELA)
✐ Blätterpilz, der von Juni bis September in Laub- und Nadelwäldern wächst und ein festes gelbliches Fleisch mit etwas scharfem, pfeffrigem Geschmack aufweist. Von größtem Wohlgeschmack sind kleine Pilze mit einem Kopfdurchmesser von 15 bis 30 mm.

🍷 Große Weiß- und Rotweine (**Pinot Blanc**, **Grüner Veltliner**, **Pinot Noir** oder **Rioja**/E usw.) in vielen Variationen sind möglich. Auch hier gilt die Regel, daß ältere, modrig-firnige Gewächse dabei an Frische und Frucht gewinnen. (Siehe auch → Trompetenpilz)

PFIFFERLINGE IN BUTTER

🍷 Pilze werden mit gehackten Zwiebeln in Butter gedünstet und mit Petersilie bestreut. Ein ebenso wohlschmeckendes wie simples Gericht, das sich auf geniale Weise – in der Einfachheit liegt oft das Geniale – mit einer reifen **Pinot Blanc Spätlese** von JOHANN ZWICKELSTORFER, Höflein/Donauland-Carnuntum, vereinte. Ein überreifer **Rioja „Viña Tondonia Gran Reserva"** von LÓPEZ DE HEREDIA, Haro/E, büßte seinen modrigen Firnton ein und stieg verjüngt aus dem Jungbrunnen. Ein ähnlich wundersames Erlebnis hatten wir mit einem überreifen **Château Haut-Brion Rouge**/Graves/Bordeaux/F.

PFIFFERLINGE IN OBERS (RAHM)

✎ Gehackte Zwiebeln in Butter anschwitzen, Pfifferlinge darin dünsten, mit Rahm binden, kurz reduzieren, salzen und mit frischem weißem Pfeffer bestreuen.

🍷 Der halbtrockene **Pinot Blanc „Schneckenkogler"** (6 Jahre, 9–10 °C) von ING. KLAUS PRÜNTE, Spielfeld/S-STMK/A, wurde zum Sieger des Tages und brachte sowohl die Aromen der Speisen als auch unsere Geschmacksknospen zum Erblühen. Zwei Kreszenzen aus dem Friaul, ein samtiger **Pinot Grigio** (ENO-FRIULIA, Capriva) und ein munterer **Isonzo Tocai** (VAZZOLER aus Mossa) waren ihm dicht auf den Fersen, gefolgt vom superben **Neuburger „Smaragd"** von JOHANN SCHMELZ, Joching/Wachau/NÖ/A.

PFIRSICH

(frz. PÊCHE, engl. PEACH, ital. PESCA, span. MELOCOTÓN)

✎ Der asiatische Pfirsichbaum, der durch die römischen Legionen bis nach Gallien kam, wird heute in allen Gebieten mit gemäßigtem Klima angebaut. Echte Pfirsiche haben eine samtartige Haut, Nektarinen dagegen sind glatthäutig. In den wärmeren Zonen ist die Steinfrucht süßer und saftiger, während sie in Mitteleuropa in den Monaten von Juli bis September würzig-säuriger schmeckt. Allesamt sind sie reich an Vitaminen und arm an Kalorien.

🍷 **Riesling Spätlese** (z. B. von FRANZ K. PICHLER, Wösendorf/Wachau/NÖ), **Condrieu**/nördl. Rhône, **Riesling-Sylvaner**, **Muskateller**, **Jurançon/Béarn**, **Barsac**/Sauternes/Bordeaux/F und viele andere sind exquisite Kandidaten für eine Liaison mit der illustren Steinfrucht. Pfirsiche gebacken mit Pistazien und Karamelsauce adelten wir durch die Verbindung mit elitärem **Sherry Oloroso dry** von EMILIO LUSTAU, welcher über seine Karamelaromen ein aromatisches Feuer herstellte. Zu Pfirsichsalat bezauberten die beiden **Amigne**-Pretiosen von URBAIN GERMANIER, Vétroz/Wallis, und MICHEL CLAVIEN, Pont de la Morge/Wallis/CH. Pfirsich „Melba" fand über das Himbeerpüree zu einem roten perlenden **Freisa** von FRANCO FIORINA, Alba/Piemont, auch pfirsichduftiger, lieblich-schäumender **Vouvray Pétillant** von MARC BRÉDIF, Touraine/Loire/F, konnte gefallen.

PFIRSICH FLAMBIERT

✎ Zuckerstücke, an einer Zitronenschale abgerieben, mit Butter und zwei Schuß Kirschwasser geschmolzen, halbierte Pfirsische dazugegeben, angedünstet, mit Crème de Cacao und → Cognac flambiert, auf Vanilleeis gesetzt und mit dem Saft begossen.

🍷 Neben **Kirschwasser**, **Crème de Cacao** und **Cognac** gefiel auch ein **Grand Marnier Cordon Jaune** (Edellikör aus Bitterorangenschalen und **Cognac**), doch sind diese Alkohol- und Süßebomben nur im Winter empfehlenswert. Dem heutigen Ernährungsbewußtsein entsprechen da schon eher **gespritete Südweine** (**Moscatel de Setúbal**/P, **Muscat de Beaume de Venise** und **Muscat de Frontignan VDN**/S-F oder elitärer **Liqueur Muscat** von MORRIS aus Rutherglen/Victoria/AUS usw.). Noch besser, leichter und subtiler sind Edelsüßweine mit Pfirsichakzenten und belebender Säure wie manche **Riesling Beerenauslesen**, **Welschriesling Ausbruch**, **Ortega** (**Riesling-Sylvaner-Siegerrebe**), **Eiswein** sowie jugendlicher **Barsac**/Sauternes/Bordeaux/F, **Jurançon Spätlese** (**Vendange Tardive**)/SW-F und edelsüß-üppiger **Bonnezeaux**/Loire/F. Geschenke des Himmels, vor allem im Sommer, sind jedoch liebliche **Muskateller-**

(**Moscato-**) und **Riesling-Sylvaner-Schaumweine** (z. B. der **Grand Vin Mousseux** von SILVIA UND ROLAND STÄMPFLI, Schernelz/Bielersee/CH).

PFLAUMEN

(frz. PRUNES, engl. PLUMS, ital. PRUGNE, span. CIRUELAS)

Der in vielen Variationen vorkommende persische Wildpflaumenbaum kam im 3. Jahrhundert v. Chr. durch Alexander den Großen nach Griechenland. Gemeinsame Eltern des Pflaumenbaumes (Prunus domestica) waren Prunus spinosa (Schlehe) und Prunus divaricata (kaukasische Pflaume). Zu den besten Pflaumen, die von September bis Oktober zu erhalten sind, gehören die großen blauen Edelpflaumen, die kleinen → Zwetschgen, die runden gelben Mirabellen, die grünroten Reineclauden und die kugeligen Kriechenpflaumen. Sie alle haben einen charakteristischen süßen, gleichzeitig leicht säuerlichen Geschmack, sind appetitanregend und enthalten außerdem viele Vitamine (A, B, C) und Mineralstoffe (Kalium, Kalzium, Eisen, Magnesium).

Zu den Pflaumen kann man sowohl klassische Rotweine (**Rhône**, **Bordeaux** ...) als auch edelsüße Weißweine geben. Je süßer die Speise, desto süßer der Wein. Zu einer Tarte aux Prunes (Pflaumentorte) tranken wir mit Genuß **Cabernet d'Anjou Rosé**/Loire, während unsere Gastgeber (Schleckermäuler und Naschkatzen) sich an einem süßen **Jurançon**/Pyrenäen delektierten. Zu Pflaumenkuchen ist für einen Rotweintrinker superber burgenländischer **Blaufränkisch** (E. TRIEBAUMER, ENGELBERT GESELLMANN, ROSI SCHUSTER, FRANZ SCHINDLER ...) oder pflaumenfruchtiger toskanischer **Carmignano** (VILLA DI TREFIANO, LA LOCCO, FATTORIA AMBRA) gerade richtig, während Süßweinspezialisten kühlen **Monbazillac**/Bergerac (**Vieux Vignoble du Repaire**), **Tokaji Aszú**/H oder eine **Zierfandler Auslese**/Thermenregion/NÖ/A bevorzugen; zu Pflaumenmus mit Mandeln sind **Moscato Amabile**/Molise (TENUTA SAN MARCO), **Recioto di Soave**/Venetien oder **Sämling Ausbruch**/Neusiedlersee/BGLD/A (z. B. von HELMUT LANG, Illmitz) illustre Begleiter mit stimmiger Aromatik, wobei sich die Fruchtsäure der Pflaumen ideal mit der Restsüße der Weine verbindet und letzteren zusätzlich Frische und Frucht verleiht. Dörrpflaumen werden von Rotweinfreaks mit **Brunello di Montalcino**/Toskana vermählt, während Süßweinliebhaber eher an **Sherry Oloroso**/E oder **Albana di Romagna Amabile**, FATTORIA PARADISO, Bertinoro/Emiglia-Romagna/I, denken.

PFLAUMENKRAPFEN

Entsteinte Pflaumen, in → Rum eingelegt, durch den Backteig gezogen und in heißem Fett herausgebacken.

Reifer **Hermitage Blanc**/nördl. Rhône (M. CHAPOUTIER, H. SORREL, DELAS FRÈRES, PAUL JABOULET AINÈ) schaffte eine perfekte Aromabrücke zum Rum und gewann durch die Fruchtsäure der Pflaumenkrapfen wieder an Frische und Eleganz. Dessertweinliebhaber können es mit **Vin Santo**/Toskana (AVIGNONESI, CASTELLARE), schäumendem **Vouvray demi-sec**/Loire (CHÂTEAU DE VALMER oder G. CHAMPION) oder einer elitären **Zierfandler Auslese** von FRANZ UND ANTONIA KURZ, Gumpoldskirchen/Thermenregion/NÖ/A, versuchen.

PFLAUMENMUS → POWIDL

PFLAUMENRÖSTER → ZWETSCHGENRÖSTER

PICCATA

Italienische Spezialität aus besonders zarten, hauchdünn ausgeklopften Kalbsschnitzelchen vom Kalbsfilet mit ca. 7 cm Durchmesser, rasch in Butter gebraten. Man rechnet pro Person 3 bis 5 Stück.

Zu Piccata al Marsala (in Butter mit Marsala zubereitet) sollten Sie (im Winter) den Kochwein auch zum Essen genießen oder sich (im Sommer) an einem erfrischenden Dienerwein (**Galestro**, **Frascati** ...) laben; zu Piccata alla „Napoletana" (mit Ei, geriebenem Parmesan und Semmelbröseln paniert, in Butter gebraten, auf Spaghetti mit Sauce aus frischen Tomaten, Basilikum und geriebenem Parmesan angerichtet) sind **Lumassina** (Bianco)/Ligurien, (roter) **Valpolicella Classico**/Venetien, **Chianti Classico**/Toskana und die Lokalfavoriten aus Kampanien, **Ravello Rosato** von GRAN CARUSO, Ravello, **Lacrimarosa d'Irpina** von MASTROBERARDINO, Atripalda, und schließlich der weiße **Vesuvio** von SAVIANO, Ottaviano, erprobte Partner der geschmacksgebenden Sauce.

PICHELSTEINER FLEISCH

✐ Altdeutsches Eintopfgericht. Je 200 g Kalb-, Rind-, Schweine- und Hammelfleisch würfelig schneiden, je 400 g Weißkraut, Karotten, Zwiebeln und Sellerie zerkleinern, Schmortopf mit Räucherspeckscheiben auslegen, Fleisch und Gemüse daraufgeben, mit Kraftbrühe auffüllen und 30 Minuten garen; 600 g Kartoffelscheiben beifügen, salzen, pfeffern und zugedeckt fertigschmoren.

🍷 Kraftvoller **Pinot Blanc** und **Pinot Gris** oder deftige Rotweine sind neben **Weißbier** die sicherste Grundlage für ein köstliches Mahl.

PIE

✐ Englische Schüsselpasteten, die in speziellen Pie-Formen gebacken werden. Man füllt sie mit Fisch, Fleisch, Wild, Geflügel bzw. als süße Variation mit Obst oder Cremespeisen; Blätter-, Mürb- oder Hefeblätterteig ist am besten (→ Chicken-Pot-Pie). Korrespondierende Getränke finden Sie unter den jeweiligen Stichworten (→ Geflügel, → Wild usw.).

PIGNATELLI

✐ Italienische Delikatesse aus Brandteig, geriebenem Parmesan und gehacktem Schinken, in Nockerlform mit Schweineschmalz herausgebacken.

🍷 Noch mehr als der trockene, bernsteinfarbene **Marsala Vergine** (CAT, GRILLO, INZ, 10–15 Jahre, 10–12 °C) von INGHAM WHITAKER, Sizilien/I, begeisterte der **Sherry Amontillado dry** von SANDEMAN/E. Beiden gemeinsam war jedoch die Rasse, Duftvielfalt, Komplexität und Affinität, die sie dem Gericht zukommen ließen, wobei über den Brandteig (Schweineschmalz) die Glanzlichter gesetzt wurden.

PIGNOLI

✐ Italienische Bezeichnung für die hartschaligen, ölig-harzig-mandeligen Samen der südeuropäischen Pinie (Pinienkerne).

🍷 **Südländische Roséweine** (**Tavel**/südl. Rhône, **Cannonau Rosato**/Sardinien, **Etna Rosato**/Sizilien, **Cirò Rosso** und **Castel del Monte Rosato**/Kalabrien usw.) und auch mildgeharzte **Retsina-Roséweine** (**Kokkineli**)/Attika/Griechenland sollten für diverse Pignoli-Gerichte in Erwägung gezogen werden.

PILAW (PILAF)

✐ Osman. Reisbrei. Orientalisches Reisgericht mit Hühner- oder Hammelfleisch, wobei der Reis körnig und locker sein soll. (→ Hammelpilaw, → Geflügelpilaw)

PILAWREIS

✐ Gehackte Zwiebeln in Butter glasig andünsten, Putenreis (Langkornreis) mitdünsten, mit Kraftbrühe begießen, Nelke, Lorbeer, etwas Salz und Muskat beigeben, Reis garkochen, bis die Brühe aufgesogen ist, vor dem Servieren Butterflocken unter den Reis ziehen.

🍷 Mild-samtige bis halbtrockene Weißweine (**Muskateller**, **Pinot Gris**, **Malvasier**, **Roter Veltliner**, **Zierfandler**, **Traminer** ...; in Italien **Soave Classico**, **Pinot Bianco**, **Nosiola**/Trentino ...; in Frankreich **Vouvray**/Loire, reifer **Pouilly Fuissé**/Burgund ...) verleihen dem Gericht jene Inspiration, die Durchschnittsköche oft vermissen lassen. Zu Pilawreis mit Champignons (Zwiebeln, Knoblauch, dunkler Reis) konnte sich auch ein (roter) Cru-Beaujolais **„Moulin à Vent“** von NAIGEON-CHAUVEAU/Burgund in Szene setzen, und zu Pilawreis „Orientalisch“ sind **halbtrockene Muskateller** und **Gewürztraminer** oft Lichtblicke an kulinarisch trüben Abenden.

PILGERMUSCHELN → COQUILLES SAINT JACQUES

PILZE (SPEISEPILZE, SCHWÄMME)

(frz. CHAMPIGNONS, engl. WHITE MUSHROOMS, ital. FUNGHI, span. HONGOS)

Die oberirdischen Fruchtkörper höherer Pilze. Bei den eßbaren (nicht giftigen) Pilzen unterscheidet man Edel- und andere Speisepilze. Zu den beliebtesten Edelpilzen gehören → Champignons, → Morcheln, → Pfifferlinge, → Steinpilze und → Trüffel. Sie enthalten sehr viel Wasser (etwa 90 %), Eiweiß, Kohlehydrate, Mineralsalze, Vitamine, sind nicht gerade leicht verdaulich, und da sie auch Blei, Quecksilber und Cadmium speichern, sollte man sie nicht allzuoft genießen. Der hohe Zinkgehalt, vor allem in Morcheln, Steinpilzen und Trüffeln, wirkt allerdings anregend auf Immunsystem und Geschlechtshormone. Gezielte Empfehlungen finden Sie unter den jeweiligen Stichworten.

Zu gemischten Pilzen eignen sich besonders **Pinot Blanc**, **Pinot Gris**, **Neuburger**, **Grüner Veltliner**, **reifer Puligny-Montrachet**/Burgund, **Sherry Fino**/E, **Tocai**/Isonzo/Friaul, **Parrina Bianco**/Toskana, **Pigato d'Albenga**/Ligurien bei den Weißweinen, und bei den Rotweinen reifer **Pinot Noir**, **Irouléguy**/Béarn, **Dolcetto**/Piemont (z. B. von MARCHESI DE GRESY, Barbaresco), **Marzemino**/Trentino, **Rioja**/E, **Blaufränkisch**/A. Ältere Weine gewinnen durch Kontakt mit Pilzen an Frische und Finesse.

PIMENT (NELKENPULVER, ENGLISCHES GEWÜRZ, ALLGEWÜRZ)

Die unreifen, getrockneten, pfefferartigen Beeren des tropischen Pimentbaumes kommen aus Mittelamerika und Venezuela. Der kleine Jamaika-Piment ist feinwürzig und erinnert an Muskat, Gewürznelken und Zimt. Piment wird in der Küche als Back- und Wurstgewürz verwendet, ist auch Bestandteil von Würzmischungen und kommt in Saucen und Marinaden vor.

Prinzipiell stehen **Chianti Classico**/Toskana, **Barbaresco**/Piemont und **Cabernet Sauvignon** (Barriqueausbau) den Saucen, Marinaden und Würzmischungen sehr freundlich gegenüber; bei den Backwaren erweitert sich der Kreis um **Strohweine** (**Vin Santo**), **Tokaji Aszú**/H und **Gewürztraminer Prädikatsweine**.

PINBONE STEAK

Scheibe aus dem flachen → Roastbeef, zwischen → Sirloin- und → Porterhouse Steak.

PIPÉRADE

Baskisch-provenzalisches Omelett. Paprikaschoten und Tomaten, kleingeschnitten, in Olivenöl gedünstet, mit Salz, frisch gemahlenem Pfeffer und Knoblauch gewürzt, mit aufgeschlagenem Ei übergossen und wie ein Omelett – nicht zusammengeschlagen – gebacken.

Abgesehen von den Provence-Spezialitäten (weiß und rosé) **Bandol**, **Bellet** und **Cassis** hat sich hiezu der baskische **Irouléguy Rosé** (CS, CF, TAN, 1 Jahr, 8–10 °C) bewährt; auch roter **Roussillon** ist verläßlich.

PIROSCHKI

Russische Hefeteigpastetchen, gefüllt mit Fleisch, Kraut, Pilzen, Eiern usw. Sie sind eine Abart der Piroggen und werden meist als Vorspeise gereicht.

🍷 In Rußland versuchen Sie einmal das mit 19 % Stammwürze ausgestattete, sehr hopfige **Bernstein-Bier** mit dichtem, beinahe weinigem Körper, das in den meisten Fällen eine erfreuliche Abwechslung gegenüber den oft ausdruckslosen oder oxydativen Weinen darstellt. In der Heimat sind **Grüner Veltliner**, **Pinot Blanc**, **Pinot Gris** und **Neuburger** erste Wahl.

PISSALADIÈRE

Provenzalischer Sardellenkuchen, der eine Abart der italienischen → Pizza darstellt. Hefeteig 1 cm dick ausrollen, dünn geschnittene Zwiebelscheiben in Öl hell andünsten, Knoblauch, Salz, Pfeffer, Nelkenpulver, Sardellenfilets und schwarze Oliven darauflegen und mit Öl im Ofen herausbacken.

🍷 Die provenzalischen „Stars" **Bellet Rosé** und **Bandol Blanc** sind erquickende Begleiter für jede Jahreszeit. Generell sind **Sauvignon Blanc**, **Chardonnay** und **Cabernet Rosé** anzuraten.

PISTAZIEN (GRÜNE MANDELN)

(frz. PISTACHES, engl. PISTACHIO-NUTS, ital. PISTACCHI, span. PISTACHOS)

Scheinfrüchte des im Mittelmeergebiet heimischen Laubbaumes, der von den Römern aus Syrien nach Südeuropa gebracht wurde. Die länglichen oder runden Fruchtkerne sind hellgrün, ölreich und von mandelartig süßem Geschmack. Feinschmecker jenseits der Alpen bevorzugen die runden Pistazien.

🍷 Der Möglichkeiten gibt es hier viele. Unter den Weißweinen ragen die italienischen Weine (**Soave**/Venetien und **Fiano di Avellino**/Kampanien) hervor; unter den Rotweinen sind es **Pinots Noirs**, vor allem aus **Vosne-Romanée**/Burgund/F, die geschmacklich harmonieren. Zu Pistaziensauce ist auch **Portwein** (**Ruby** und **White**) ein stimmiger Partner.

PIZZA

Arab. Pita/Brot. Italienische Hefeteigspezialität. Mehl, Schweineschmalz, Hefe (in Wasser gelöst), etwas Salz und Zucker, mit lauwarmem Wasser zu einem mittelfesten Teig verarbeitet, etwa ½ cm dick ausgerollt, auf ein geöltes Backblech gebreitet, mit diversen Zutaten (Käse, Artischocken, Tomaten, Paprika, Oliven, Sardellen, Thunfisch, Muscheln, Salami, Schinken) belegt, mit Olivenöl beträufelt und im heißen Ofen knusprig gebacken.

🍷 „Al Formaggio" (mit Schafkäse, Ei, Olivenöl) paart sich gerne mit dem exquisiten, fruchtigen **Falerio dei Colli Ascolani**/Marken (TRE, 1 Jahr, 8–9 °C). „Calabrese" (mit Thunfisch und Sardellen) verspeist man mit kühlem **Rosato** (z. B. **Cerasuolo di Scilla**), natürlich aus Kalabrien. „Napoletana" (im Original mit Tomaten, Salz, Pfeffer, Origano, Basilikum) läßt sich mit **Valpolicella**/Venetien, **Chianti**/Toskana und dem einheimischen **Asprino**, einem fruchtig-spritzigen Weißwein, doppelt so gut genießen. „Romana" (Tomaten, Salami, Sardellen, Oliven, Mozzarella, Parmesan) und **Frascati** ist in Rom beinahe Pflicht. „Siciliana" (Tomaten, Mozzarella, schwarze Oliven, Pfeffer, Origano) und **Etna Rosato**/Sizilien haben Tradition.

PLÖTZE (BRATFISCH, ROTAUGE, SCHWAL)

30 cm langer und bis 1,5 kg schwerer, fettarmer mitteleuropäischer Weißfisch aus der Familie der Karpfen, der leider mit allzuvielen Gräten „gesegnet" ist und dem oft ein Modergeschmack anhaftet, da er sich gerne in schlammgründigen Gewässern aufhält. Die besten Zubereitungsarten sind daher noch das Braten oder Backen. Komplementäre Getränke siehe → Karpfen.

PLUKFISK

Dänisches Fischgericht. Kabeljau in kleine Würfel schneiden, mit Salz, Pfeffer und Lorbeer würzen, in Weißwein und Wasser andünsten; Fond mit Mehlschwitze, Milch und gemahlenen

Senfkörnern zu einer Sauce bereiten; Fisch und gekochte, gewürfelte Kartoffeln in die Sauce geben und mit gehackter Petersilie bestreuen.

🍷 Mehlschwitze und Milch bedingten einen samtig-milden bis halbtrockenen Weißwein (**Pinot Blanc**, **Riesling-Sylvaner**, **Chasselas**/CH, **Soave**/Venetien). Besonders beeindruckt waren wir von einem jugendlich munteren **Malvasier** von GRAF STUBENBERG, Walkersdorf, bei Krems/Kamptal/A, der vielleicht nicht ganz so samtweich war wie **Chasselas** oder **Soave**, aber dafür jedes einzelne Gewürz, jede Ingredienz zu Tage förderte und fein nuancierte.

PLUMPUDDING (CHRISTMASPUDDING)

✎ „Old Englands" Paradeweihnachtsdessert aus Rindernierenfett, geriebenem Weißbrot, Mehl, Rosinen, Dörrpflaumen, Äpfeln, Eiern, Orangeat, Zitronat, Zimt, Gewürznelken, Muskatnuß, Ingwer, Brandy und Sherry, im Wasserbad gegart und mit Rum flambiert. Noch immer ist es üblich, daß alle Frauen, die bei der Zubereitung des jahrelang (!) haltbaren Puddings mithelfen, ein Geldstück (Sixpence) in den Teig geben, und wer am Weihnachtsabend eine Münze in seiner Portion vorfindet, dem sollen im kommenden Jahr Glück und Reichtum winken.

🍷 Neben den schon enthaltenen Ingredienzien **Brandy**, **Cream Sherry** und **Antillenrum** hat sich der ungarische **Tokaji Aszú** einen Namen als verläßlicher Begleiter gemacht. Neuerdings ist es Mode geworden, zartsüße, schäumende **Moscato**-Kreszenzen dazu anzubieten, um Frische auf den Gaumen zu bringen.

POCHIERTE EIER → VERLORENE EIER

POCHOUSE → PAUCHOUSE

PÖKELN

✎ Zubereitungs- und Konservierungsart für Fleisch mittels Kochsalz oder Nitritpökelsalz. Durch das Pökeln wird die rote Farbe des Fleisches erhalten und sein Geschmack verstärkt, andererseits kommt es aber zu einem Verlust an Eiweiß- und Mineralstoffen. Bereits in der Antike verstand man es, Fleisch durch Einreiben mit Salz haltbar zu machen. Der Holländer Willem Bökel führte 1347 diese Methode der Fleischkonservierung in Europa ein. Gepökelte Produkte sollte man nicht grillen, da sich dabei krebserregende Stoffe bilden können.

🍷 Zu Pökelzunge in Madeirasauce sind außer dem Kochwein noch der König des Beaujolais **„Moulin à Vent"**, große reiche **Cabernets** (Australien, Kalifornien ...) mit exotischem Flair und der gespritete **Banyuls**/Roussillon der Erwähnung wert. (Siehe auch → Labskaus)

PÖKELZUNGE „NELSON"

(frz. LANGUE À ÉCARLATE, engl. RED TONGUE, ital. LINGUA ALLO SCARLATTO, span. LENGUA SALMUERA)

✎ Pökelzunge kochen, enthäuten, in Scheiben schneiden, je zwei Scheiben mit Zwiebelpüree liieren, mit Ei und geriebenem Weißbrot panieren, in heißem Fett herausbacken und mit Buttererbsen und Nußkartoffeln auftragen. (Der Namensgeber, Admiral Horatio Nelson (1758–1805), führte die Engländer in den Seeschlachten bei Abukir (1798), Kopenhagen (1801) und Trafalgar (1803) zum Sieg gegen die Flotten Napoleons.)

🍷 Wegen Panier und Zwiebelpüree sind hier würzige **Rosé-** und kraftvolle Weißweine ohne biologischen Säureabbau gefragt. **Sylvaner**, **Sauvignon Blanc** und, mit Abstrichen, **Riesling** betonen die Würzenote und den Fettgeschmack der Panier; der **Riesling** liierte sich zusätzlich mit den Kartoffeln am schönsten (ideal der **Riesling „Ried Steinriegl"** von FRANZ K. PICHLER, Wösendorf/Wachau/NÖ). **Grauburgunder**, **Zierfandler** und **Gewürztraminer** sowie **Chenin Blanc**/Loire und **Tocai**/Friaul akzentuieren geschickt die süße Seite von Zwiebeln, Panier und Erbsen. Rotweine erzeugen zumeist eine würzig-bittere Gesamtnote. Nur ganz junge Stahltankcharmeure (**Pinot Noir**, **St. Laurent**, **Blauer Portugieser**, **Gamay**/Loire, **Bardolino**/Venetien) konnten gefallen. Der einzigartige **Tavel Rosé**/südl. Rhône erfüllte einmal mehr unsere

Erwartungen mit Bravour. Dem berühmten Admiral Horatio Nelson stellten wir aus reiner Spielfreude die famose **„Cuvée Admiral"** (ZW, BLF, CS, 3–5 Jahre, 16–17 °C) von JOSEF PÖCKL, Mönchhof/Neusiedlersee/BGLD, entgegen, doch die beiden Kommandeure konnten sich nicht über die Befehlsgewalt einigen. Trotz einiger Dissonanzen über die Tannine ein wahrlich „aufregendes" Mahl.

POLENTA (MAIS)

✎ Ital. das Gemehlte. Ursprünglich Tessiner Maisbrei. Maismehl, gesalzenes Wasser, Butter und Parmesan. Der Brei enthält kaum Vitamine und Eiweiß, ist aber nahrhaft und sättigend.

🍷 Hiezu können wir aus dem vollen schöpfen. Junger burgenländischer **Blaufränkisch**, **Gamay**/Burgund, **Teroldego Rotaliano**/Trentino, **Oltrepó Pavese „Barbacarlo"**/Lombardei/I, **Merlot**/Tessin/CH, **Refosco del Peduncolo Rosso di Lison-Pramaggiore**/Venetien/I und **White Zinfandel**/Kalifornien.

POLONAISE

✎ Semmelbrösel werden in Butter gebräunt und mit gehackten Eiern und Petersilie vermengt. Für Gemüse (Karfiol) und Fische.

🍷 Unter den mannigfachen Möglichkeiten ist jene mit **Muscat d'Alsace**/F sicherlich die spektakulärste. Des weiteren sind trockene **Muskateller**, **Neuburger**, **Malvasier** und **Roter Veltliner**, **Rotgipfler** usw. anzuraten. Wenn es die zentrale Speise zuläßt, können Rotweine geschmacksverstärkend wirken.

PONT L'ÉVÊQUE

✎ Frz. Bischofsbrücke. Einer der traditionsreichsten und berühmtesten Kuhmilchkäse aus der französischen Landschaft Pays d'Auge in der Normandie. Er hat einen weichspeckigen Teig, ist mit rotbraunem Schimmel überzogen und schmeckt nußartig würzig.

🍷 Klassiker unter den weißen Gefährten sind **Meursault**/Burgund, **Gewürztraminer**, **Riesling** und kraftvolle **Pinots Blancs**; unter den roten haben sich **Bourgueil**/Loire, **Châteauneuf-du-Pape**/südl. Rhône und reife **Pinots Noirs** durchsetzen können. Im Zweifelsfalle ist edler **Calvados** (**Apfelbrand**) der Retter in der Not.

PÖRKÖLT

✎ Ungar. geschmort. Ungarische Abart des → Gulaschs auf Paprikabasis. Feinstreifige Zwiebeln werden in Schweineschmalz angeschwitzt, mit Paprika, Wasser, großen Fleischwürfeln (Rind-, Schweine- oder Hammelfleisch, Huhn oder Wild), Salz, Tomatenachteln und grünen Paprikaschoten geschmort und mit saurem Rahm gebunden. (Komplementärgetränke: → Gulasch)

PORREE (→ LAUCH, WELSCHZWIEBEL)

✎ Kulturform des Wildlauchs, dessen Heimat das Mittelmeergebiet ist. Er wurde schon von den alten Ägyptern kultiviert und kam zur Zeit Kaiser Neros nach Westeuropa. Unter allen Zwiebelgewächsen ist er das mildeste, hat den höchsten Wasseranteil, ist reich an Kali und Phosphorsäure und gilt als Suppenwürze schlechthin. Der Scheinstengel ergibt beliebte saftige Gemüsegerichte. Ideale Genußzeit ist von Januar bis Mai. Korrespondierende Getränke siehe → Lauch.

🍷 Zu Porree in Teighülle sind mittelreife, nicht zu rassige **Sylvaner**, **Sauvignons Blancs** und **Rieslinge** dankbare, artverwandte Gesellen. (Siehe auch → Flamiche)

PORTERHOUSE STEAK

✎ Stück aus dem flachen Roastbeef mit Knochen und Filet von etwa 5 cm Höhe und einem Gewicht zwischen 700 und 1000 g, das ebenso gebraten wird wie ein Rumpsteak, wobei die Bratzeit etwa 12 Minuten pro Seite beträgt. (Der Name leitet sich von einem Gasthaus ab, in dem das englische Dunkelbier (Porter) ausgeschenkt und gegen den Hunger ein Porterhouse Steak serviert wird, das früher für einen kräftigen Mann reichte, heute aber 2 bis 3 Personen sättigt.)

🍷 Kraftvolle Rotweine aus aller Welt – Beilagen und Saucen entscheiden über die Art des Weines – können hier ihr Glück versuchen.

PORTERHOUSE STEAK AUF „LONDONER ART"

✐ Das Steak wird etwas gesalzen und geölt, zusammen mit zwei halbierten Lammnieren, Speckscheiben, Tomaten und großen Champignons auf dem Rost gebraten, mit frisch gemahlenem weißem Pfeffer gewürzt und mit Kräuterbutter, Brunnenkresse und Strohkartoffeln präsentiert.

🍷 Kraftvoll-würzige Rotweine, wie **Syrah**/nördl. Rhône, **Shiraz** und **Cabernet-Shiraz**/AUS, **Tannat**/SW-F, **Primitivo di Manduria secco**/Apulien (VINICOLA SAVESE, Sava), **Cabernet Sauvignon** und **Zinfandel**/Kalifornien, aber auch die besten heimischen **Zweigelt** (z. B. von ANTON KOLLWENTZ, Großhöflein, HANS ARTNER, Höflein, JOSEF UMATHUM, Frauenkirchen, ...) konnten bestehen. „Königswein" war jedoch der prachtvolle australische **Shiraz** (3–6 Jahre, 16–17 °C) von WYNN'S, Coonawarra/S-AUS, der von Konsistenz und Aroma für die Gemeinschaft mit dem Porterhousesteak wie geschaffen war und auch Nieren und Speck sublime Aromakoloraturen entlockte. Lediglich die Tomaten waren bei fast allen Kombinationen ein Störfaktor!

PORTWEIN

✐ Für den berühmten gespriteten Südwein aus dem portugiesischen Dourogebiet verwendete man früher an die zwanzig Rebsorten. Heute sind es vornehmlich zwei weiße (Malvasia Fina und Codega) und fünf rote (Barroca, Roriz = Tempranillo, Tinto Cao, Touriga Nacional und Touriga Francesa). Der weiße Port, der auch zum Kochen ideal ist, wird ausschließlich aus den zwei weißen Sorten gekeltert und erinnert mit seiner Bittermandelwürze an einen trockenen Sherry. Der Ruby ist dunkelrubin, jung und fruchtig mit Bittermandel- und Erdbeertönen. Der Tawny ist in Holz gealtert, bernsteinfarben und haselnussig oxydativ. Der Vintage ist der absolute König, brilliert mit elitärer Karamelsüße sowie pfeffriger Würze und erreicht oft ein biblisches Alter. Der Late Bottled Vintage erreicht nicht ganz die Klasse des echten Vintage, ist billiger und früher trinkbar.

🍷 Die Empfehlungen zu → Madeira gelten im wesentlichen auch hier. Im Fadenkreuz diverser Portweinreduktionen sind vor allem reifer **Château Haut-Brion**/Graves/Bordeaux, Australiens roter Stern **„Grange"**, die mächtigen Rotweine des spanischen Priorato (**„L'Ermita"**, **„Clos Mogador"**, **„Gran Clos"** usw.) und schließlich Chiles Super-Premiumweine **„Almaviva"** (CS, CF, M), **„Clos Apalta"** (M, CS, CARMENÈRE), **„Seña"** (CS, M, CARMENÈRE) und **„Gran Araucano"** (CS).

POT AU FEU (FEUERTOPF)

✐ Ein in ganz Frankreich beliebtes Eintopfgericht, das je nach Jahreszeit mit diversen Gemüsen zubereitet und nach klassischer Art in drei Gängen serviert wird. Zum Kochen eignet sich am besten ein hitzebeständiger Topf aus Kupfer. Rindfleisch (Schulterdeckel, Rippe), Markknochen, Wasser, Salz, weißer Pfeffer, → Teltower Rübchen, Lauch, Knollensellerie, Wirsingkohl, Knoblauch.

🍷 Die Palette der verdienstvollen „Doppelpartner" reicht vom **Cru Beaujolais** (**„Morgon"**) bis zu roten **Loire** (**Anjou**)-Weinen. Auch die etwas rustikalen roten **Cahors** (z. B. von PRIEURÉ DE CENAC, Luzech) und **Bergerac**/SW-F überstehen immer wieder die Vorrunden der Ausscheidungen.

POULARDE → MASTHUHN

POWIDL

Österreichisch-böhmische Bezeichnung für Pflaumenmus.

In harmonischem Einvernehmen stehen sowohl klassische Rotweine mit (Pflaumen)-Fruchtschmelz (z. B. **I Sodi di San Niccolò**/CASTELLARE/Toskana; **Blaufränkisch** aus Horitschon/Mittelburgenland von FRANZ WENINGER oder VEREINIGTE WINZER BLAUFRÄNKISCHLAND oder PAUL KERSCHBAUM) oder, noch besser, **Prädikatsweine** (→ Powidltascherl).

POWIDLTASCHERL (POWIDLTATSCHKERL)

Traditionelle böhmisch-österreichische Mehlspeise. Kartoffeln, Mehl, Grieß, Ei, Butter, Salz, Powidl, Zimt, Zucker, Rum, Semmelbrösel.

Niedrige Prädikatsweine (Spätlese, Auslese) mit Restsüße (**Riesling-Sylvaner**, **Welschriesling**, **Pinot Blanc**, **Pinot Gris**, **Zierfandler** …) ergeben eine köstliche Gemeinschaft mit den Powidltascherln, gewinnen dabei an Aromatik und Frucht, büßen aber ein wenig an Süße ein. Für echte „Naschkatzen" sind **rote Prädikatsweine** (z. B. **Pinot Noir TBA** von JOSEF PÖCKL, Mönchhof/Neusiedlersee, oder **roter Schilfwein** von GERHARD NEKOWITSCH, Illmitz/Neusiedlersee/BGLD) das Nonplusultra.

PRAWNS → SHRIMPS

PREISELBEEREN (KRONSBEEREN)

Die scharlachroten, kugeligen Früchte sind reich an Zitronensäure und schmecken herbsäuerlich, weshalb sie eher selten roh gegessen werden. Roh, mit Kristallzucker gerührt, ergänzen sie Wildgerichte auf ideale Weise und stehen auch den auf sie zukommenden Rotweinen – in Barrique ausgebaut oder nicht – durchaus freundlich gegenüber.

Ältere und auch jüngere Rotweine (mit **Cabernet Sauvignon**- und/oder **Merlot**anteil) verleiben sich oft die Frucht der Preiselbeeren ein und gewinnen dadurch auf spektakuläre Weise an Frische und Ausdruckskraft. (→ Lachsforellenschnitzel mit Preiselbeeren)Preiselbeerbirne vermählten wir gleichzeitig – beim Wein ist Vielehe erlaubt – mit rotem **Sankt Laurent Barrique** von GERNOT HEINRICH, Gols/Neusiedlersee/BGLD/A, weißem **Kamptaler Riesling Kabinett** von J. JURTSCHITSCH, Langenlois/Kamptal/NÖ/A, sowie fein perlendem **Rieslingsekt Extra dry** von MUMM, Geisenheim/Rheingau/D, wobei der Rotwein sich ganz gut anpaßte und dabei selbst aufblühte; der **Riesling** nahm etwas an Süße weg und gewann selbst noch an Ausdruckskraft; der **Rieslingsekt** brachte bereits einen Hauch von Preiselbeeren ein und belebte den Gesamtgeschmack auf superbe Weise. Zu Preiselbeer-Pie ergötzten wir uns in Frankreich an edelsüßem **Sauternes**/Bordeaux und mild-fruchtigsäuerlichem **Bonnezeaux**/Loire (**Chenin Blanc**). Preiselbeerkompott ist auch **Muskat-Schaumweinen** zugetan. Preiselbeersauce „asiatisch" (mit süß-säuerlich-scharfen Komponenten) kann allerdings eleganten, finessenreichen Rotweinen (**Bordeaux**, **Burgunder**, **Super-Toskaner**) weh tun. Hier sind Alkohol- und Extraktbomben (**Zinfandel**, **Cabernet**, **Merlot**) sowie halbtrockene alte Spätlesen (**Riesling**, **Riesling-Sylvaner**) gefragt.

PROFITEROLES

Frz. kleine Gewinne/Geschenke. Kleine Windbeutel aus ungesüßtem Brandteig, mit diversen Pürees (salzig-würzig) und Crèmes (süß) gefüllt, z. B. Profiteroles au Chocolat.

Diese galten lange Zeit als praktisch unkombinierbar, doch die gespriteten **Banyuls** und **Maury**/Roussillon/SW-F, **australischer Liqueur Muscat**, sizilianischer **Ala** (**Antico Liquore Amarascato**) von DUCA DI SALAPARUTA, Casteldaccia, und gespriteter **Moscatel de Setúbal**/Portugal gehören zu jenen **Likörweinen**, die die Profiteroles in Konsistenz und Wohlgeschmack noch erhöhen können.

PROVENCE-KRÄUTER („FINES HERBES DE PROVENCE“)

Gezielt abgestimmtes Bouquet der wichtigsten hocharomatischen Kräuter der Provence: Basilikum, → Fenchel, Lavendel, → Majoran, → Rosmarin, → Thymian.

Korrespondierende Weine finden Sie unter den einzelnen Stichworten. Jedoch darf vorweggenommen werden, daß vor allem die Weine der Provence eine naturgegebene Affinität und Aromaähnlichkeit mitbringen.

PUCHERO

Spanisch-argentinische Abart des → Pot au Feu. Eingeweichte Kichererbsen, Rinderbrust, Hammelfleisch, gepökeltes Schweinefleisch, Räucherspeck, Hühnerfleisch und harte Knoblauchwurst werden in Wasser gekocht, mit Weißkraut, Kartoffeln, Zwiebeln, Mais, Pfefferschoten, Tomaten, Lauch und Knollensellerie vermischt und mit körnigem Reis serviert.

Unter den weißen Gewächsen sind **Sauvignon Blanc**, **Riesling** und **Traminer**, aber auch **Sherry trocken** die berühmtesten Partner. Unter den Roten setzten sich vor allem junge, fruchtcharmante Stahltank-**Tempranillos** (1 Jahr, 15–16 °C) durch.

PUDDING

(frz. POUDING, engl. PUDDING, ital. BUDINO, span. BUDIN)

So nennt man irrtümlicherweise alle mit Puddingpulver zubereiteten Süßspeisen, die küchentechnisch aber zu den → Flammeris zählen. Originäre Puddings (→ Kabinettpudding, → Schokoladenpudding, → Vanillepudding) sind jedoch mit Eigelb verbundene, mit Eierschnee gelockerte Breimassen, die in einer Form im Wasserbad gekocht werden. Sie gelten als eine Kreation der englischen Küche und wurden durch Henry Fieldings Romane („Tom Jones“ ...) weltberühmt (→ Plumpudding, → Yorkshirepudding ...). Eingehende Beschreibungen passender Weine finden Sie unter den oben angeführten Stichworten.

PUMPKIN PIE

Nordamerikanische Kürbispastete/-torte. Kürbis wird geschält, entkernt und im Ofen gebacken, durch ein Sieb gestrichen und mit Eiern, Zucker, Milch, Salz, Zimt, Ingwer und geriebener Muskatnuß vermischt, in einen Mürbteigboden gefüllt und mit Schlagrahm überzogen.

Prinzipiell kommen gut gekühlter süßer **Picolit**/Friaul und **Loupiac**, Cadillax/Bordeaux, in Frage, doch war in unseren Tests der superbe **Picolit** von der ABBAZIA DI ROSAZZO haushoher Sieger gegenüber den stets etwas breiten und plumpen Franzosen. Unter den amerikanischen Anwärtern tat sich besonders die kalifornische **Johannisberg Riesling Special Select Late Harvest** vom CHÂTEAU ST. JEAN, Alexander Valley/Sonoma (10–15 Jahre, 8–10 °C), mit faszinierendem Beeren-, Aprikosen-, Pfirsich- und Edelsüßearoma und der sauternesähnliche **Sémillon de Soleil** von STONY HILL/Napa Valley hervor! (Siehe auch → Kürbis)

PUTE, PUTER → TRUTHAHN

PYRAMIDE

Käse, der wie eine abgeschnittene Pyramide geformt. Ohne Belag: Pyramide Blanche. Mit Holzkohlenbelag: Pyramide Cendré. Es sind allesamt rassige Ziegenkäse mit milchsäuerlich weißem, auf der Zunge schmelzendem Teig.

Zum Pyramide Blanche ist mildsüßlicher **Rosé d'Anjou** (→ Crottin de Chavignol) die ausgleichende Gerechtigkeit, und zum Pyramide Cendré hielt exquisiter Champagne **Laurent-Perrier „Grand Siècle“ brut**/Tours-sur-Marne (PN 50 %, CH 50 %, 3–5 Jahre, 7–8 °C. Kohlensäure, Säure und Restzucker neutralisierten den säuerlich-salzigen Geschmack ausgezeichnet!) ein leidenschaftliches Plädoyer für die Kombination von Pyramide mit Champagne.

PYRÉNÉES PUR BREBIS

✐ Ein ausschließlich aus Schafmilch hergestellter Halbhartkäse aus den Pyrenäen mit 45 % F. i. T. und würzigem Aroma.

🍷 In Frankreich sind elsässischer **Edelzwicker** (ein Verschnitt aus diversen weißen Rebsorten) und vor allem **Rosé de Béarn**/SW-F hochgelobte und oft empfohlene Begleiter. Der **„Aouti"** von den VIGNERONS DE BELLOCQ, Béarn (TAN, 2–4 Jahre, 10–11 °C), bezauberte uns auch tatsächlich mit lachsfarbenem Kleid, exotischem Duft, feinem Erdbeeraroma und rassigem, zartherbem Finale. **Chablis AC**/Burgund paßt immer und überall.

QUARGEL

✐ Ursprünglich eine Art Sauermilchkäse aus Magermilch, die mit Salz oder Kümmel gewürzt, vorgetrocknet, zur Entfernung des Schimmels mit heißem Wasser geputzt und dann nachgetrocknet wird. In der ersten Trockenperiode wird der aus Schlesien stammende Käse (Olmützer Quargel) mit Bier angefeuchtet, sein Aroma ist aromatisch-scharf und erinnert sensible Nasen an Bier- und Schweißdunst.

🍷 Klassische Partner des Quargels sind seit jeher **schlesische Biere** (heute zu Polen gehörend und auf dem Biersektor nicht gerade von aufregender Qualität), die jedoch durch Ihr Lieblings-**Pils** ersetzt werden können. Auch **Apfelmost** ist von erfreulicher Anpassungsfähigkeit.

QUARK (TOPFEN)

(frz. FROMAGE BLANC, engl. CURD, ital. QUARG, span. REQUESÓN)

✐ Frischkäse, der mittels Lab oder durch natürliche Säuerung aus Milch gewonnen wird. (→ Topfen)

🍷 Milde **Rosé-Schaumweine** oder halbtrockene Weißweine (**Traminer**, **Pinot Gris**, **Muskat-Ottonel**, **Riesling-Sylvaner**, **Riesling**, **Chasselas** ...) dienen zur raffinierten Verfeinerung des Frischkäses, der lange Zeit als Sorgenkind der Sommeliers galt und als unkombinierbar abgeschrieben wurde.

QUARKSOUFFLÉ → TOPFENSOUFFLÉ

QUESO DEL CASAR

✐ Span. Hochzeitskäse. Spanischer Ziegen-Schnittkäse mit dunkler Rinde, festem Teig und säuerlich-kräftigem Aroma.

🍷 Spanische **Rosados**, aber vor allem **Schaumweine** (z. B. **Cava Agus seco**) aus dem Penedès sind Meilensteine auf dem Weg zur Kunst des Genießens.

QUESO MANTECOSO

✐ Span. Fettkäse. Argentinischer Weichkäse, der dem italienischen → Bel Paese ähnelt.

🍷 Mildsüßliches **Malzbier** (das mexikanische **Negra Modelo** mit cremig-malzig-schokoladigem Aroma ist ein verführerischer Partner) und zartsüßliche, nicht zu alte **Moscatel**-Weine (z. B. von DE MULLER, Tarragona/Katalonien/E, der übrigens Messweinlieferant des Vatikans ist) fanden spontanen Kontakt zum stolzen Argentinier. Superb auch der **Torrontes** von NORTON, Mendoza/Argentinien.

QUICHE

✐ Berühmte warme Vorspeise, die schon im 13. Jahrhundert in Frankreich erwähnt wurde und um deren Originalrezept sich Lothringen und Elsaß streiten. Ein Snack aus Mürb- bzw. Blätterteig, mit diversen Ingredienzien versehen. Am bekanntesten ist die Quiche Lorraine (→ Lothringer Specktorte).

🍷 Zu Quiche mit Lauch versuchen Sie ein Glas **Champagne Brut** (z. B. J. DE TELMONT); zu Quiche mit Pilzen ist reifer **Pinot Noir** von stets überraschender Wirkung; zu Quiche mit Meeresfrüchten wählen Sie **halbtrockenen Riesling** oder **Muscadet**/Loire; zu Quiche mit Tomaten und Kürbis ist **weißer Côtes du Luberon**/Rhône ein Volltreffer, und zu Quiche mit Muscheln ist weißer **Savennières**/Loire schon vorprogrammiert. (Siehe auch → Chrutwähe, → Speckkuchen, → Zwiebelkuchen und → Zwiebelwähe).

QUITTEN (KITTEN)

(frz. COINGS, engl. QUINCES, ital. COTOGNE, span. MEMBRILLOS)

Die apfel- bis birnenförmigen Früchte des persischen Quittenbaumes sind roh ungenießbar, erinnern gekocht ein bißchen an Ananas und enthalten Vitamin C und Phosphorsäure. Die apfelförmigen Früchte sind herber als die birnenförmigen. Der Gattungsname „Cydonia" ist von der Stadt Cydon (Kreta) abgeleitet.

🍷 Würzig-fruchtig-süßliche Weißweine (**Chenin Blanc**, **Riesling**, **Sémillon**, **Muskateller** ...) sind prädestiniert für den Austausch von Aromen. Zu Quittengelee betörte uns jugendlicher **Château Doisy-Dubroca 2° CC** (SEM 90 %, SB 10 %, 4–6 Jahre, 8–9 °C) aus Barsac/Sauternes/Bordeaux/F, und zu Quittenpüree war die feingliedrige **Riesling Beerenauslese „Grünhäuser Abtsberg"** (6–8 Jahre, 9–10 °C), VON SCHUBERT'SCHE SCHLOSSKELLEREI, Grünhaus/Ruwer/D, eine lebendige, lustvolle Ergänzung. Dem beliebten Quittenbrot war der **Vin Santo** von LUNGAROTTI, Torgiano/Umbrien/I, ein üppig-süßer Wegbegleiter und schlußendlich betörte zu Quittenkuchen eine rare **Grüner Veltliner Auslese** von FRANZ HIRTZBERGER, Spitz/Wachau/NÖ.

RABBIT → RAREBIT

RACLETTE

Frz. Schabeisen. Elfenbeinfarbiger bis hellgelber, feinnussiger Halbhartkäse aus der Schweiz mit 6 kg Gewicht, der dank seiner Fähigkeit zu schmelzen, ohne sofort zu zerfließen, für das gleichnamige Walliser Nationalgericht Verwendung findet und geschmolzen mit Gewürzgurken und heißen Pellkartoffeln serviert wird.

🍷 **Riesling-Sylvaner**, **Sauvignon Blanc**, **Sylvaner** (z. B. der beachtliche **„Johannisberg Zoumaz"** von VINCENT FAVRE, Chamoson/Wallis) und **Côtes du Jura**/F sind die favorisierten Weißweine; unter den Roten konnten sich der **Dôle** (z. B. der kraftvolle **„Dôle Apogée"**, PN, GAM, 2–3 Jahre, 14–15 °C, von PAUL BRIGUET, Saillon/Wallis) und einige **Pinots Noirs** (z. B. **Pinot Sélection** von VINCENT FAVRE, Chamoson/Wallis) sowie der Cru-**„Julienas"** /Beaujolais/F hervortun. Klare **Schnäpse** (**Kirsch** und **Korn**) sowie **schwarzer Tee** haben allerdings die größte Tradition. Aus österreichischer Sicht sind **Grüner Veltliner** und **Pinot Blanc**, ihrer verdauungsfördernden Wirkung wegen, hervorzuheben.

RADICCHIO

Aussprache: „Radikkio". Italienische Abart des → Chicorée, mit rot-weiß gefärbten Blättern und zartbitterem Aroma. Die Blätter werden auch fritiert, gegrillt oder gedünstet und harmonieren besonders gut mit Tomaten, Orangen und Federwild. Beste Zeit ist von Oktober bis März.

🍷 Hier ist Vorsicht vor Rotweinen mit (grasigen) Tanninen geboten. Die Bitterstoffe der Speise addieren sich mit den Gerbstoffen des Weins und ließen selbst einen (vergleichsweise fruchtcharmanten) dreijährigen **Chianti Classico** wie **Fernet Branca** (Magenbitter) schmecken. Ein mild-samtiger weißer **Frascati**/Latium entsprach allerdings auf sensationelle Weise, er verwandelte den Radicchio blitzschnell in ein mildes, zahmes „Salaterl" und holte neue, nie gekannte Nuancen aus ihm heraus. Bravo! Zu Risotto mit Radicchio begeisterte uns ein **Pinot Grigio** von JERMANN/Friaul/I.

RADIESCHEN (RADIES)

(frz. RADIS, engl. RADISHES, ital. RAVANELLI, span. RABANITOS)

Mit dem → Rettich verwandte, kleine weißrote Knollen von kugeliger Form und feinwürzig-scharfem Geschmack, der von einem ätherischen Öl (Senföl) stammt.

🍷 Auch hier ist Vorsicht vor jugendlich-herben Rotweinen geboten, die die Schärfe der Radieschen enorm steigern können. (Ausnahme sind fruchtcharmante **Primeurweine** à la **Beaujolais.**) **Weiße Jungweine** mit gut balancierten Säurewerten (**Malvasier**, **Riesling-Sylvaner**, **Sylvaner**, **Grüner Veltliner**) sind allerdings eine ebenso köstliche wie simple Ergänzung. Im Zweifelsfalle ist **Weizenbier** immer richtig.

RAGOUT FIN

Trotz des französischen Namens eine Spezialität der Berliner Küche, nämlich ein feines Vorspeisengericht (Kalb- und Geflügelfleisch, Bries, Kalbszunge, Pilze, Kalbsbouillon, Zitronensaft und Worcestershiresauce), das warm, überkrustet in Muscheln oder Pasteten, serviert wird. Daß ein Ragout fin als Würzbissen zu später Stunde bisweilen Magendrücken hervorrufen kann, nimmt der Feinschmecker mit Gelassenheit zur Kenntnis.

🍷 Halbtrockene bis lieblich süße Weißweine dienen der raffinierten Verfeinerung des schon „feinen Ragouts" und beweisen einmal mehr, daß die (manchmal noch immer verpönte) Restsüße als kulinarischer Begleiter durchaus von Wichtigkeit sein kann. Die Lieblingspartner des Ragout fin sind also **Pinot Gris**, **Riesling-Sylvaner**, **Gutedel** (**Chasselas**), **Zierfandler**, **Neuburger**, **Malvasier**, **Chenin Blanc**/Loire sowie **Sémillon**/F; und als einer der wenigen Rotweine, die sich an das Gericht heranwagen können, kommt der sinnliche, feminine Grand-Cru-Star **Musigny** (COMTE GEORGES DE VOGÜÉ oder J.PRIEUR) von der Burgund'schen Côte d'Or/F in Frage.

RAHM → SAHNE

RAHMSCHNITZEL

Kalbsschnitzel mehlen, in Butter beidseitig anbraten, salzen, pfeffern, warmstellen; Fond mit Fleischbrühe löschen, mit saurem Rahm und Mehl binden, mit Salz, Pfeffer und etwas Zitronensaft aromatisieren, über das Schnitzel leeren und mit Reis servieren.

🍷 Würzig-fruchtige bis samtig-liebliche Weißweine sind hier als Begleiter zugelassen, wobei erstere für Leben auf dem Gaumen sorgen und zweitere Harmonie anstreben. Entscheiden Sie je nach Temperament, Lust und Laune. In die erste Gruppe gehören Weine wie **Grüner Veltliner**, **Muskateller**/NÖ (Wachau, Kamptal ...) und in die zweite Gruppe die bekannten Gaumenschmeichler **Riesling-Sylvaner**, **Malvasier**, **Zierfandler usw**. (Thermenregion/NÖ oder Burgenland).

RAPUNZEL (RAPUNZE)

(frz. MÂCHE, engl. LAMB'S LETTUCE, ital. RAPERONZOLO, span. RAPÓNCHIGO)

🍷 Kleine, grüne, wohlschmeckende, winterfeste Salatpflanze, die sich je nach Dressing sehr gut mit nicht zu säurebetonten Weißweinen vereinen läßt. In der Kombination mit Kartoffeln ist mittelreifer, gut balancierter **Riesling** einfach hinreißend (z. B. der superbe **Riesling „Ried Burgstall"** von FRANZ K. PICHLER, Wösendorf/Wachau/NÖ).

RAREBITS (RABBITS)

→ WELSH RAREBIT

Kleine delikate Käsewürzbissen aus „Old England", die man am Ende eines großen Dinners serviert oder auch zum Supper (Soûper) nach dem Theater reicht. (Rabbit/Kaninchen dürfte eine Verballhornung des Wortes Rarebit/seltener Bissen sein.)

🍷 Da nach einem großen (und langen) Dinner auch das sensorische Empfinden nachläßt, „dürfen" die Weine auch etwas mehr Säure enthalten, um die Gewürze zur Entfaltung zu bringen und um für Anregung und Abwechslung zu sorgen. Man spricht in diesen Fällen laut Weinpfarrer JOHANN DENK von „Reparaturweinen".

RATATOUILLE

Frz. umgerührter Fraß. Provenzalische (Nizza) Spezialität, die um 1920 kreiert wurde. Gehackte Zwiebeln in Olivenöl goldgelb dünsten, geschälte Auberginen und Tomaten, Zucchini, Salz, Pfeffer, Thymian, Majoran, Lorbeerblätter und Knoblauch eine Stunde garen.

Naturgemäß stehen hier die Weine der Provence an erster Stelle. **Bandol Rosé**, **Côtes de Provence Rosé**, **Coteaux d'Aix „Terres Blanches"**, **Bellet Blanc**, **Terret-Sauvignon** und **Cassis Blanc** enttäuschten uns auch in keiner Weise. Star des Tages war ein nach Rosmarin, Majoran, Thymian und Wacholder duftender **Rosé de Saint-Tropez „Carte Noire"** von den MAÎTRES VIGNERONS der Provence (CAR, CIN, TIB, GR, 1 Jahr, 8–9 °C), der das Gericht und sich selbst dabei um Klassen erhöhte. Vorsicht vor gerbstoffreichen Rotweinen, sie zerstören den großartigen Geschmack und bringen Bittertöne hinein; bei höherem Alkoholgehalt kommt es auch zu einer Verschärfung der Gewürze. Lediglich die amerikanische rote **Zinfandel** bringt eine gewisse Neigung dafür mit! Zu Ratatouille kalt mit Safran bewährten sich milde **Roséweine** aller Art, alter **Tokaji trocken**/H bzw. **Furmint**/BGLD (z. B. von HEIDI SCHRÖCK, Rust) und samtige **Scheurebe Spätlese**.

RÄUCHERSPECK (RAUCHSPECK)

(frz. LARD FUMÉ, engl. SMOKED BACON, ital. SPECK (BACON) AFFUMICATO, span. BACON)

Fetter Speck vom Schweinsrücken, der trocken gepökelt und kalt geräuchert wurde.

Neben den klassischen „Speckweinen" aus Südtirol (**Lagrein dunkel**, **Kalterer See** bzw. **Vernatsch** allgemein; **Marzemino**/Trentin) bieten sich auch die piemontesischen **Nebbiolo**-Kreszenzen **Carema** und **Ghemme** an, deren Tannine aber oft als zu bitter empfunden werden. Rassiger **Grüner Veltliner**/Weinviertel/NÖ und weststeirischer (**Rosé-**)**Schilcher** sind für den Sommer geeignet. Unter den **Bieren** sind **Pils** und **Weißbier** zu bevorzugen.

RAUCHFLEISCH

Bereits in der Antike verstand man es, Fleisch, Fisch und Geflügel durch Räuchern haltbar und schmackhaft zu machen. Als Räucherholz verwendet man heute wie damals vornehmlich Eiche, Buche, Erle und Wacholder. Nadelhölzer verleihen einen etwas derben, herb-bitteren Geschmack. Das besonders im Holzfeuerrauch enthaltene Kreosot schützt vor Fäulnis, und der Gehalt an Phenol und Formaldehyd wirkt eiweißgerinnend und damit konservierend. Rauchfleisch wird durch mehrtägiges Einlegen in Salzlake und kaltes Räuchern über Holzfeuer hergestellt. Rind, Schwein und Gänsebrust eignen sich besonders hiefür, da sie mit Fett durchwachsen sind und vom Räuchern, das saftentziehend wirkt, nicht so trocken und holzig werden wie etwa Hase, Hirsch und Reh. Durch den aufsteigenden Rauch können sich allerdings auch Benzpyrene (aromatische Kohlenwasserstoffe) auf dem Fleisch ablagern, denen man eine Magen- und Darmkrebs fördernde Wirkung nachgewiesen hat.

Das weststeirische Rosé-Unikat **Schilcher**, **Sauvignon Blanc**, **Grüner Veltliner**/NÖ/A, **Pouilly Fumé**/Loire, **Silvaner**/Franken als Weißweine sowie **Rioja Reserva**/E, **Patrimonio**/Korsika, **Aloxe-Corton**/Burgund, Pomerol/F, **Barolo** und **Marzemino**/Trentin/I als Rotweine haben eine Affinität für Rauchgeschmack. Die Art des Fleisches, Ihr persönlicher Geschmack, Zeitpunkt und Anlaß entscheiden über die Wahl des Weines. Unter den **Bieren** sind **Pils** und **Weizenbier** anzuraten.

RAVIOLI

Ital. Kleinkram, Mischmasch. Einzahl: Raviolo. Italienische Nudelteigpastetchen. Dünn ausgerollter Nudelteig, in ca. 3 cm breite Stücke geschnitten, mit diversen Füllhäufchen belegt, Ränder mit Ei bestrichen, zu Mundtaschen geformt, in kochender Brühe gegart, abgetropft, mit Parmesan bestreut, mit Butter beträufelt und im heißen Rohr überkrustet. Ravioli Verdi sind mit Spinat gefärbte Ravioli.

Zu Ravioli mit → Ricotta ist junger **Bianco del Molise** angenehm, zu Ravioli alla „Trentina" (mit Braten-

und Hühnerfleisch) probieren Sie weißen **Vernaccia di San Gimignano**/Toskana; zu Ravioli „Porcini" (mit Steinpilzen) sind **Südtiroler Chardonnay** oder **Pinot Bianco** ideal; zu Ravioli alla „Piemontese" (mit Rindfleisch, Gemüse, Parmesan) ordern Sie einheimischen **Nebbiolo**; zu Ravioli alla „Genovese" (mit Lammleber und -hirn, Geflügel, Kalbsbries, Blattgemüse) ist ligurischer **Vermentino** ausgezeichnet; zu Ravioli mit Wurst- und Käsefüllung war **Riviera del Garda Chiaretto**/Lombardei eine sommerliche Erfrischung; zu Ravioli mit Kürbisfüllung ist der weiße **Lugana**/Lombardei zurecht berühmt; Ravioli „Carnici" (mit Spinat) spannen Sie mit **Tocai Friulano**/Friaul zusammen, und Ravioli „Sardisch" wurden von **Cannonau Rosato**/Sardinien perfekt interpretiert. Zu Ravioli süß versuchen Sie einen der zahlreichen **Moscato-Schaumweine**.

RAZNJICI

✐ Grillspieß aus Kalbfleisch, magerem Schweinefleisch, Zwiebeln, Knoblauch, Öl, Zitronensaft, Salz, schwarzem Pfeffer, Paprikaschoten und Lorbeerblättern.

🍷 Wenn Sie keine Scheu vor Gewürzen haben, versuchen Sie einen starkwürzigen roten **Plavac Mali** aus Dalmatien oder die zwei außergewöhnlichen Rotweine von VINAKOPER (**Cabernet Sauvignon** und **Merlot**) aus Koper/Slowenien. Im gegenteiligen Fall ist dunkler, charaktervoller mazedonischer **Rosé „Ruzica"** (PROKUPAC, 1–2 Jahre, 10 °C) die angenehmere Lösung. Ein erfrischender Geheimtip ist der elitäre weiße **Movia Sauvignon** vom WEINGUT MOVIA/Slowenien.

REBHUHN (FELDHUHN)

(frz. PERDRIX, engl. PARTRIDGE, ital. PERNICE, span. PERDIZ)

✐ Gehört zum Wildgeflügel und wird etwas größer als die Taube. Ursprünglich am Schwarzen Meer daheim, kam es im Mittelalter auch nach Mittel- und Nordeuropa. Am besten schmeckt es im zarten Alter von 1 bis 2 Jahren (September bis Januar). Klein und sättigend, zart und doch kräftig, saftig und doch nicht fett – so gehört es neben der Schnepfe zum edelsten Federwild. (Zuchttiere schmecken allerdings hühnchenhafter.) „Toujours perdrix" (alle Tage Rebhuhn) hieß der Wahlspruch französischer Feinschmecker im 19. Jahrhundert.

🍷 Zu Rebhuhn sind die unterschiedlichsten Weine (weiß und rot) möglich. Manche schwärmen für weißen **Meursault**, **Bâtard-Montrachet Blanc GC**/Burgund und junge edelsüße **Sauternes**/Bordeaux (!), andere begeistern sich an rotem **Volnay**, **Vosne-Romanée** und **Chambertin**/Burgund/F. Hier ist kaum ein Konsens zu finden. Wir haben es trotzdem versucht. Zu mariniertem Rebhuhn genossen wir fulminanten **Blaufränkisch "Ried Marienthal"** von E. T. (ERNST TRIEBAUMER), Rust/Neusiedlersee-Hügelland/BGLD/A, auch **Schwarzriesling** ist interessant und abwechslungsreich. Zu Rebhuhn mit Beerensauce war ein reifer kalifornischer **Cabernet Sauvignon** von FETZER, Mendocino, erfrischend und sich selbst verjüngend (zu fast allen anderen Gerichten versagte aber die Sorte **Cabernet Sauvignon**). Zu Rebhuhn „Chartreuse" (mit Kohl, Karotten, Zwiebeln, Erbsen, weißen Rüben, Speck) setzte sich der elitäre **Château Margaux**/Bordeaux/F gegen die Grand Cru-Stars aus Burgund durch; zu Rebhuhnhaxen gebacken mit Sesam zog der edle, samtige **Welschriesling** von JOSEF PÖCKL, Mönchhof/Neusiedlersee/BGLD/A, das große Los; zu Rebhuhn mit Pfifferlingen gewannen ex aequo ein **Sancerre Rouge**/Loire und – unser Favorit – ein hinreißend weiblicher **„Volnay Premier Cru „Clos d'Audignac"**, DOMAINE DE LA POUSSE D'OR, Burgund; zu Rebhuhn mit Weißkraut sind **Gewürztraminer**, **Meursault**/Burgund und **Riesling** nicht zu ersetzen, und zu Rebhuhn mit Schokoladensauce wählen Sie superben roten **Brunello di Montalcino** von CASE BASSE oder CASTELLO BANFI, Toskana/I, oder ergeben sich der himmlischen Grandezza eines edelsüßen reifen **Sauternes**/Bordeaux/F, den Sie gleich zu Käse und Dessert weitertrinken können.

REBHUHN AUF „DIPLOMATENART"

✐ Junges Rebhuhn wird mit getrüffelter Wildfarce gefüllt, in Speck gewickelt, in Butter gebraten und mit Champignons und Gänselebernockerln in → Sauce Madère kredenzt.

🍷 Egal ob man sich für Weiße oder Rote entscheidet, es sollten nur hochkarätige schwerblütig-extraktreiche Weine sein. Mittags sind große weiße Spätlesen (**Pinot Gris**, **Pinot Blanc**, **Chardonnay**, **Zierfandler**, **Traminer**) sowie **Pouilly Fuissé Vendange Tardive**/Burgund ins Gourmetauge zu fassen. Am Abend sind **Moulin à Vent**/Burgund, **Barbaresco**/Piemont sowie einige österreichische Edel-Cuvées (**„Perwolff"**, BLF, CS, FAM. KRUTZLER, Deutsch-Schützen/S-BGLD, **„Rosenberg"**, ZW, CS, BLF, FAM. MARKOWITSCH, Göttlesbrunn/Carnuntum und **„Harterberg"**, CS, M, ZW, LEOPOLD AUMANN, Tribuswinkel/Thermenregion) jene „Diplomatenweine", die geschickt zwischen den diffizilen Ingredienzien vermitteln. Für festliche Winterabende sind die reifen französischen Weißweinstars **Corton-Charlemagne GC** und **Montrachet GC**/Burgund (trocken) und **Château d'Yquem**/Sauternes/Bordeaux (edelsüß) sowie reife Luxus-**Champagnes** (z. B. von BOLLINGER, KRUG, POL ROGER ...) sowie die Rotweinelite aus Pomerol (**Château Pétrus**, **Château Le Pin**, **Château Lafleur**) oder reifer **Château Haut-Brion**/Graves/Bordeaux das Maß aller Dinge.

REBHUHN MIT LINSEN

Spezialität aus Thüringen. Kleingeschnittene Zwiebeln und Magerspeck in Butter anschwitzen, mehlen, eingeweichte Linsen dazugeben, mit Kraftbrühe auffüllen, junges angebratenes Rebhuhn darin weichschmoren und mit grobgewürfelten Kartoffeln servieren.

Zwiebeln und Linsen weisen in Richtung Weißwein (**Grauburgunder**, **Weißburgunder**, **Sylvaner**, **Neuburger Kabinett/Spätlese trocken**) und mildwürziger **Roséweine**. Doch über Speck und Schmoraroma konnten sich auch junge bis mittelreife **Spätburgunder** (**Pinot Noir**), **Lemberger** (**Blaufränkisch**) und **Blaue Portugieser** profilieren. Da wir keine Weine aus Thüringen zur Verfügung hatten, hielten wir uns an einige hervorragende Kreszenzen aus Württemberg und Baden/D. Der milde fruchtig-würzige Rosé **„Freiburger Schloßberg" Spätburgunder Weißherbst Kabinett** (PN, 1–2 Jahre, 10–12 °C) der GEBRÜDER MEZ ERBEN, Freiburg/Baden, gefiel als unkomplizierter Mittagswein, der sich geschickt durch die einzelnen Aromen lavierte. Der jugendliche **Lemberger Kabinett „Affaltracher Dieblesberg"** (1–3 Jahre, 15–16 °C) von der SCHLOSSKELLEREI AFFALTRACH, Obersulm/Württemberg, etablierte sich als ge schickt agierender Mittags- und Abendwein. Für festliche Abende ist allerdings die großartige, burgunderhafte **Spätburgunder Spätlese „Reichholzheimer First"** (3–5 Jahre, 16–17 °C) von KONRAD SCHLÖR, Wertheim-Reichholzheim/Baden, gedacht, die zuerst nobel dominierte, aber mit jedem Bissen dem Fleisch und der Sauce näher kam.

REBHUHN „WINZERART"

Junges Rebhuhn mit etwas Salz einreiben, in mageren Speck wickeln, in Butter braten, halbieren und auf Toast kredenzen; Fond entfetten, mit Weißwein ablöschen, einkochen, mit Wildfond reduzieren; enthäutete, entkernte Weintrauben in Wildfond erhitzen, über das Rebhuhn gießen und mit Kartoffelpüree anrichten.

Weißwein, Speck und Kartoffelpürree bieten kraftvollen, extraktreichen Weißweinen mit einem Hauch von Restsüße (für den Wildfond) die Möglichkeit, sich zu akklimatisieren (**Welschriesling**, **Pinot Blanc**, **Pinot Gris**, **Traminer**, **Muskateller** und **Riesling**). Unter den Rotweinen sind mittags eleganter **Merlot**, **Pinot Noir** und **Sangiovese** (herausragend die Kombination mit dem fulminanten **Fontalloro** von FELSINA/Toskana!) gefordert. Am Abend könnten Sie sich auch einen großen roten Burgunder (**Volnay**, **Vosne-Romanée**, **Clos de Vougeot GC**) oder einen elitären, klassischen **Barbaresco** (z. B. von BRUNO GIACOSA, Neive, oder FRATELLI CIGLIUTTI, Neive/Piemont) gönnen. Beide begeisterten vor allem über den Wildfond. Der würzig-pikante **Welschriesling Kabinett „Ried Steinmühle"** (5–8 Jahre, 8–9 °C) von ANTON KOLLWENTZ, Großhöflein/BGLD, akzentuierte vor allem Fleisch, Speck und Trauben. Der luxuriöse **Riesling Kabinett „Rüdesheimer Berg-Schloßberg"** (5–9 Jahre, 9–10 °C) von GEORG BREUER, Rüdesheim/Rheingau, verlieh Püree und Trauben sowie der Haut des Edelvogels einen Hauch von Noblesse. Reife **Gewürztraminer Spätlese** oder junger, edelsüßer **Barsac**/Sauternes/F hieß die Frage an die Süßwein-Abteilung. Wir entschieden uns letztlich für eine reife, sich verjüngende **Gewürztraminer Spätlese halbtrocken** (8–12 Jahre, 9–11 °C) von PAUL BUECHER ET FILS, Colmar/Elsaß, die sich glänzend anpaßte und auch dem Wildfond (!) Gerechtigkeit widerfahren ließ.

REBHUHNBRÜSTCHEN AUF MARONEN

Rebhuhnbrust wird ausgelöst, gesalzen, gepfeffert, angebraten, gewendet und mit Sauce (aus Knochen, Tomatenmark, Suppengrün, Lorbeerblatt, Zwiebeln, Rosmarin, Weißwein, Paprika, →

Crème double, Salz und Pfeffer) begossen und mit gerösteten Maronen und Wildpilzen garniert.

🍷 **Tokay (Pinot Gris) d'Alsace**/Elsaß/F als Weißwein (als Mittagswein ist auch samtiger **Dorin**/Bex/Waadtland gefällig) oder der beste **Brunello di Montalcino**, den Sie bekommen können, soll das Festmahl begleiten. Hier verschmelzen die Aromen miteinander und inspirieren sich gegenseitig zu neuen Höhenflügen; lediglich der Tomatengeschmack sträubt sich etwas. Den könnte man mit einem edlen **Barbera d'Alba** von MATTEO CORREGGIA, Canale d'Alba/Piemont, oder feinstem **Pinot Noir** von JOSEF LENTSCH, Podersdorf/BGLD, veredeln.

REBHUHNPASTETE („TERRRINE DE NÉRAC")

✎ Junge Rebhuhnbrust auslösen, mit Salz und Pfeffer würzen, in Butter anbraten und mit → Armagnac flambieren; das restliche Fleisch, rohen Speck und Geflügelleber durch die feine Scheibe des Fleischwolfs drehen, mit Eigelb, Salz, → Piment und etwas Armagnac vermengen; ein Drittel der Farce in mit Rauchspeckscheiben ausgelegte feuerfeste Form füllen, Rebhuhnbrüste daraufgeben, mit einigen Trüffel- und Gänseleberscheiben belegen, mit restlicher Farce auffüllen und im Rohr garen. (In Nérac in Südwestfrankreich wurde 1776 diese Pastete vom Pastetenbäcker Taverne kreiert.)

🍷 Man sollte ein Kunstwerk wie diese Pastete nicht durch einen einfachen Wein abwerten. Nur drei Weine hatten hiezu eine seriöse Chance: eine fruchtige elsässische **Gewürztraminer Spätlese** von PIERRE FRICK, Pfaffenheim, die sich als Mittags- und Sommerwein etablierte, ein nobler reifer **Bâtard-Montrachet Blanc GC** von J. DROUHIN, der ein üppiges Aromafestival bewirkte, und jugendlich charmanter Sauternes **Château Climens Premier Cru Classé**, der weniger auf üppige Süße, sondern mehr auf Eleganz, Rasse und Fruchtigkeit setzte, solcherart das Idealbild des modernen **Süßweins** repräsentierend.

REBLOCHON

✎ Frz. reblocher/ein zweites Mal machen. Kleiner, runder Kuhmilch-Weichkäse mit geschmeidiger Konsistenz, mildem Aroma und gewaschener gelborangener Rinde, der seit 1958 herkunftsgeschützt ist. In reifer Form bekommt er einen leicht modrig-schimmeligen Duft.

🍷 **Gutedel**/Elsaß, **Mâcon Blanc**/Burgund, **Sancerre** (SB) und **Vouvray sec** (CHB)/Loire/F scheinen uns die idealsten Partner zu sein. Unter den Roten konnten nur ganz reife, samtige **Pinots** gefallen.

REGENBOGENFORELLE → FORELLE

REH

(frz. CHEVREUIL, engl. VENISON, ital. CAPRIOLO, span. CORZO)

✎ Die „Ziege des Waldes" gilt als beliebtestes Haarwild der gemäßigten Zonen Europas und Asiens. Es ernährt sich vom Feinsten (Pilze, Knospen, Blüten, Eicheln usw.) und beschenkt den Feinschmecker im Alter von 12 bis 18 Monaten (von Mai bis Juli und im November) mit besonders zartem Wohlgeschmack. Zuchtrehe schmecken allerdings wesentlich neutraler!

🍷 Waren es früher würzige schwere Rotweine, die den direkten Weg zum „Bambi" fanden, so unterscheidet man heute subtil nach Zubereitungsart, Beilagen, Gewürzen und Saucen, und manchmal haben auch samtigmilde bis halbtrockene Weißweine eine Chance. Zu Rehkeule „Grand Veneur" (Keule mariniert, gebraten, mit Pfeffersauce, gemischt mit Marinade, Crème double und Kastanienpüree) ist **Syrah**/Rhône, **Shiraz**/AUS oder üppiger **Cabernet-Merlot** gerade richtig. Zu Rehfilet mit Morcheln ist reifer **Echézeaux GC**/Burgund einfach himmlisch; zu Rehnüßchen „Saint-Hubert" (mariniert, gebraten und von Pfeffersauce, gemischt mit Mandeln und Weintrauben, begleitet) ist das Beste gerade gut genug. **Grange**/AUS und **Côte Rôtie „La Mouline"**/nördl. Rhône/F warten auf Sie; zu Rehcrepinetten darf es ein großer **Margaux**/Bordeaux (z. B. **Château Palmer** …) sein; zu einer Rehterrine mit Preiselbeeren ist eine sublime **Zweigelt Barrique Cuvée** (z. B. **„Hallebühl"** von UMATHUM, Frauenkirchen/Neusiedlersee/BGLD/A) ein Beweis für österreichische Winzerkunst. Rehrücken „Windsor" (in Butter gebraten, mit Stangensellerie, Rahm, geriebenem Meerrettich, Pfeffersauce und glasierten Edelkastanien) bräuchte eigentlich zwei Weine als Begleiter, so diffizil sind seine

Beilagen. Doch superber **Merlot del Ticino** von C. TAMBORINI, Lamone/CH, schaffte es auch im Alleingang. Rehsalmis (Ragout) vereinten wir erfolgreich mit erdig-würzigem friulanischem **Schiopettino** von VIGNE DAL LEON, Premariacco, und kraftvollem **Nebbiolo** von GIANCARLO TRAVAGLINI, Gattinara/Piemont; und Rehrücken „Baden Baden" (mit Wildsauce, gedünsteten Birnen, Zimt, Zitronenschale, Kartoffelkroketten) verbanden wir geschickt mit einer hochkarätigen **Spätburgunder Auslese „Schweigener Sonnenberg"** von FRIEDRICH BECKER, Schweigen/Rheinpfalz/D. Rehkeule mit Eierschwammerln (Pfifferlingen) ist das ideale Verjüngungsbad für reifen **Pinot Blanc** und **Pinot Noir**.

REHKOTELETTS MIT MANDARINEN

Koteletts salzen, in Butter anbraten, Bratenfond mit einem Gläschen Cognac und Mandarinensaft aromatisieren, mit Wildsauce binden, kurz einkochen, Mandarinenspalten darin erhitzen und über die Koteletts gießen.

Mittags und im Sommer sind feine **Roséweine** (**Conca de Barberà Rosado**/E oder **Cerasuolo di Vittoria**/Sizilien) von erfrischender Anschmiegsamkeit. Unter den möglichen milden Weißweinen sind **Gewürztraminer** und **Muskateller Spätlese trocken** sowie **Ramandolo**/Friaul von erfreulicher Anpassungsfähigkeit. Große **Zweigelt-Barrique** (z. B. von HORST und GEORG SCHMELZER, Gols/BGLD) und exotisch-üppige Eichencuvées (z. B. **„Cuvée Rêve de Jeunesse"**, ZW, SYR, 3–5 Jahre, 16–17 °C, FAM. PÖCKL, Mönchhof/BGLD) machen auch am Abend Furore. Aus dem Ausland sind die mächtigen Weine des Roussilon/S-F **Collioure Rouge** (GR, CAR, 4–6 Jahre, 16–17 °C), z. B. der **Collioure „Les Piloums"** von DOMAINE DU MAS BLANC und der **Collioure „Guy de Barlande"** aus Banyuls-sur-Mer, von geradezu sensationeller Aromaähnlichkeit! Weiters zu erwähnen sind die spanischen Priorato-Pretiosen (**Clos Mogador**, **Gran Clos**, **Cartoixa d'Scala Dei**) und die besten australischen **Shiraz** (z. B. von HENSCHKE, PENFOLDS oder CLARENDON HILLS).

REHLEBER

Eine besondere Wildspezialität. Leber wird in Tranchen geschnitten, gesalzen, gepfeffert, gemehlt und rosa in Butter angebraten. Vorsicht vor den dunklen Lebern älterer Tiere, diese sind extrem mit dem giftigen Schwermetall Kadmium belastet!

Dem etwas strengen Aroma der Rehleber sollte man rustikal-herbe Rotweine wie **Madiran**/SW-F, **Refosco** und **Schiopettino**/Friaul, **Cabernet Franc**/Venetien/I, **Zweigelt**/A, **Rioja Reserva**/E und **Pomerol**/Bordeaux/F entgegensetzen. Auch würzige **dunkle Biere** (**Guinness**/Irland, **Porter**/GB …) und alte, firnige Weißweine sind richtig eingesetzt.

REHMEDAILLONS AUF HOLUNDERSAUCE

Rehfilet wird in vier gleich große Medaillons geschnitten, etwas gesalzen und gepfeffert, gemehlt, in Butter gebraten und mit Holundersauce (Wildfond, Holundersaft, Salz, Pfeffer, Wacholderbeeren, Holundergelee, Butter und ein Gläschen Sambucca) serviert. (Sambucca ist ein herb-strenger italienischer Likör aus Anis, Holunderblüten und Dillfenchel.)

Côtes du Roussillon/S-F, **Rioja Crianza**/E, **Humagne Rouge** und **Dôle**/CH (z. B. der exzellente **„Vieux Saillon"**, PN, GAM, 2–4 Jahre, 15–16 °C, von MARC RAYMOND, Saillon/Wallis) sind für den Mittagstisch geeignet. Am Abend sind hervorragende Gewächse aus Saint-Émilion/Bordeaux und Saint-Julien/Médoc/Bordeaux (z. B. der **Super Second** par excellence **Château Léoville-Las-Cases**, CS 65 %, CF 14 %, M 18 %, PV 3 %, 7–10 Jahre, 16–17 °C) finessenreiche amüsante Gesellschafter. Aus österreichischer Sicht sind die besten **Cabernets-Merlots** (z. B. von FRANZ WENINGER, Horitschon; FEILER-ARTINGER, Rust, oder HANS IGLER, Deutschkreutz/BGLD) anzupreisen. Für kalte Winterabende seien noch modern vinifizierte Piemonteser (z. B. der verführerische **Barolo „Cerequio"** von MICHELE CHIARLO, Calamandrana) oder die **Super-Toskaner** (z. B. **„Fontalloro"**, **„Lupicaia"**, **„Ornellaia"**) in Erwägung zu ziehen.

REHRAGOUT (REHPFEFFER) MIT PILZEN

Schulterfleisch in mundgerechte Würfel zerteilen, in Salz, Pfeffer, gehackten Zwiebeln, → Piment, Zitronenschale, Lorbeer, Wacholderbeeren, Öl und Weinbrand marinieren, in heißem Öl kräftig anbraten, mehlen, mit kräftigem Rotwein und Marinade auffüllen, zugedeckt bei kleiner

Hitze schmoren; magere Räucherspeckwürfel, gehackte Zwiebeln in Butter anrösten, mit rohen Champignons vermischen, Sauce neben dem Herd mit Rahm und Rehblut binden und mit Butternudeln anrichten.

🍷 Das Rehblut verstärkt die animalische Note des Gerichts und bevorzugt eindeutig reife Kreszenzen mit Kraft, Würze und einem Hauch von Wildbret (**Syrah**/nördl. Rhône/F, **Madiran**/SW-F, **Nebbiolo**/I, **Vega Sicilia**/E, **Shiraz**/AUS, **Château Musar**/Libanon ...). Als Weißweinalternative bot sich eine trockene **Ruländer Spätlese** von STEFAN SCHNEIDER, Illmitz/Neusiedlersee/BGLD/A, an. Wegen der Pfifferlinge versuchten wir uns an dem seltenen roten **Torrete** (PETIT ROUGE, 3–5 Jahre, 16–17 °C) von FILIPPO GARIN, Aostatal/I, (rubinrot leuchtend, erdig-würziger Terroirton mit exquisiter Beerenwürze, kräftiger Geschmack mit animalischer Würze und Anklängen von Wacholderbeeren), der nicht nur die Pilze, sondern auch das Ragout glänzend managte und ihnen zu einer unerwartet intensiven Aromaentfaltung verhalf. Die Pfeffersauce verhindert allerdings den Einsatz von großen finessereichen Rotweinen (**Bordeaux**, **Burgunder**, **Toskana**), die an Subtilität einbüßen können, während mächtige Alkohol- und Extraktbomben eher dazugewinnen!

REHRÜCKEN GEBRATEN

✍ Rücken wird gesalzen, gepfeffert, in heißem Öl beidseitig angebraten, im vorgeheizten Backrohr bei 200 °C 10 bis 15 Minuten gegart, in heißer Butter gewendet, in Tranchen geschnitten und mit einer Sauce aus Knochen, Zwiebeln, Karotten, Wacholderbeeren, Knoblauch, Rahm, Zucker, Salz und Pfeffer präsentiert.

🍷 Wegen seiner besonderen Eignung für Wacholderbeeren steht der toskanische **Vino Nobile di Montepulciano** (SAN, CAN, MAL, TRE, 8–10 Jahre, 16–18 °C) von BOSCARELLI, Montepulciano, hier an erster Stelle. Die als unschlagbar geltenden Grand Cru-Stars **Corton** und **Chambertin**/Burgund/F mußten diesmal die Segel streichen und die Überlegenheit des Italieners anerkennen. Aus dem Burgenland/A beeindruckten aber drei „Granaten": der wie ein großer Saint-Émilion duftende **„Comondor"** (CS, M) von HANS und ANITA NITTNAUS, Gols, die beerig-fleischige **„Cuvée Bela Rex"** (CS, M) von FAM. GESELLMANN, Deutschkreutz, und schließlich die mächtige beerig-tintige **„Cuvée Perwolff"** (BLF, CS) von FAM. KRUTZLER, Deutsch-Schützen.

REIBERDATSCHI (REIBEKUCHEN)

✍ Geschälte rohe Kartoffeln werden gerieben, entwässert, mit Eiern, Mehl, Salz und Pfeffer vermischt, mit Eßlöffel rund ausgestochen und in heißem Öl goldbraun gebraten.

🍷 **Rieslinge** (!) aus Baden und Württemberg sowie einige fränkische **Silvaner**/D sind begehrte und oft erprobte Gefolgsleute der populären Speise.

REINDLROSTBRATEN

✍ Altösterreichische Spezialität. Fingerdicke Scheibe aus dem Zwischenrippenstück eines jungen Ochsen beidseitig scharf anbraten, salzen, pfeffern, in einem Reindl (flache Kasserolle) Zwiebeln in Schweineschmalz anschwitzen, Braten dazugeben, Tomatenpüree, gehackten Kümmel, Majoran und Kraftbrühe beifügen, zugedeckt weich dünsten und mit Salzgurkenscheiben und Salzkartoffeln dekorieren.

🍷 Einige blutjunge **Primeurweine** (**Blauer Portugieser**, **Blaufränkisch**, **Pinot Noir**, **Zweigelt**, **Sankt Laurent**) kamen mit Sauce und Gewürzen glänzend zurecht, doch das Fleisch selbst verlangt eigentlich nach deftigeren Säften, was aber schließlich zu einer Verschärfung des Gesamtaromas und zu einer Dissonanz mit den Salzgurken und dem Tomatenpüree führte. Als Kompromißlösung gelungener Art mag die Paarung mit mittelreifem **Blaufränkisch „Ried Johanneshöhe"** von ENGELBERT PRIELER, Schützen am Gebirge/BGLD, und fruchtig-würzigem **Zweigelt Rosé** – als Sommerwein – von FAM. SCHMID, Stratzing-Kremstal/NÖ, gelten.

REINECLAUDEN → PFLAUMEN

REIS

(frz. RIZ, engl. RICE, ital. RISO, span. ARROZ)

✐ Gehört zu den Grasgewächsen und wird in allen tropischen und subtropischen Gebieten angebaut. Ursprünglich in China heimisch, kam er 1000 v. Chr. nach Ägypten und im 8. Jahrhundert nach Spanien. Zu den besten Sorten zählen der Patnareis aus Vorderindien, der Siamreis aus Hinterindien und der Carolinareis aus den USA. Die Verdaulichkeit von altem, mindestens halbjährigem Reis ist sehr gut, nur der frische erzeugt Diarrhöe! Besonders der ungeschälte Reis ist von großem gesundheitlichem Wert. Insgesamt sind sie alle glutenfrei (Klebereiweiß) und somit gut für Allergiker.

🍷 Das milde Aroma verträgt sich nicht mit säure- oder tanninreichen Gewächsen. Besonders Italiens milde Weißweine (**Pinot Grigio**, **Pinot Bianco**/Emilia-Romagna, **Nosiola**/Trentino, **Soave Classico**/Venetien ...) entwickelten eine Vorliebe für das Grasgewächs. Zu Reispudding sind **Moscato-Schaumweine**, **Cava**/E und **Vouvray Pétillant**/Loire/F jederzeit ein Gaumenkitzel (→ Serbisches Reisfleisch). Eine Ausnahme erfuhren wir in Spanien, wo man Reis mit knuspriger Eierkruste (Arroz con Costra al Estila del Elche) von einfachen **roten Rioja Baja** eskortieren ließ. Der dunkle Wildreis lebt mit fruchtigem **Riesling** und **Chardonnay** in friedlicher Eintracht und läßt sich auch durch leichte Rotweine nicht aus der Fassung bringen.

REIS „CONDÉ" (SÜSSPEISEN-REIS)

✐ 100 g Rundkornreis mit ½ l Milch und einer Prise Salz aufkochen, 1 Päckchen Vanillinzucker einrühren und zugedeckt dünsten, 1 EL Butter und 3 Eidotter daruntermischen und mit Fruchtsauce servieren.

🍷 Zu dieser klassischen Kreation sind liebliche, süße **Loire** (**Chenin Blanc**)-Kreszenzen nicht mehr wegzudenken. Nur mit halbem Kohlensäuredruck versehener Schaumwein **Crémant de Loire**, der auch mit etwas **Chardonnay** und **Cabernet Franc** verschnitten werden darf, ist ein köstlicher Begleiter (DOMAINE RICHOU und GRATIEN & MEYER sind Spitze), doch als geradezu unwiderstehliche Verführer erwiesen sich ein reifer **Vouvray Moelleux** (CHB, 15–18 Jahre, 8 °C) von DANIEL ALLIAS, Vouvray/Loire, und der unvergleichliche, mit Edelfäule ausgestattete **Quarts de Chaume** (CHB, 15–20 Jahre, 8–9 °C) von der DOMAINE DES BAUMARDS, Rochefort sur Loire/F. Aus heimischer Sicht können wir milden **Pinot Gris** (z. B. den **Grauburgunder AL lieblich** von JULIUS STEINER, Podersdorf/BGLD, und feinste zartsüße **Zierfandler Spätlesen/Auslesen** von der Thermenregion/NÖ empfehlen (z. B. von MANFRED & OTHMAR BIEGLER und FAM. KRUG, Gumpoldskirchen).

REIS „TRAUTMANSDORF"

✐ Süßspeisenreis wird wie Reis „Condé" gekocht, abgekühlt, mit Schlagrahm vermischt, mit Maraschino parfümiert und mit Himbeersauce serviert. (Benannt nach Graf von Trauttmansdorff, 1825–1870, österreichischer Staatsmann.)

🍷 Neben **Picolit** und **Verduzzo Amabile**/Colli Orientali del Friuli/I von RONCHI DI FORNAZ, Cividale, konnten uns auch zwei modern vinifizierte österreichische **Prädikatsweine** begeistern: die vielleicht eine Spur zu süße, aber betörende **Illmitzer Bouvier Trockenbeerenauslese** (10–15 Jahre, 8–10 °C) von JOSEF KLEIN, Illmitz/Neusiedlersee/BGLD, und der imponierende **Ruländer Ruster Ausbruch** (6–10 Jahre, 8–9 °C) von PETER SCHANDL, Rust/Neusiedlersee/BGLD.

REISAUFLAUF

✐ 250 g Carolinareis in Salzwasser körnig kochen, mit Eigelb, 3 EL Rahm, etwas Salz, Pfeffer und Muskatnuß vermischen; 350 g Bratwurstfülle mit Eigelb, gehackter Petersilie, gehackten grünen Oliven und etwas Weißwein vermischen; Reis und Wurstmasse schichtweise in gebutterte Auflaufform geben, mit Räucherspeckwürfeln bestreuen und im heißen Rohr backen.

🍷 **Sherry Manzanilla** und **Amontillado seco** (**dry**)/E haben hier die Pole-position inne. Weitere Anwärter auf vordere Plätze sind modern vinifizierte, frisch-fruchtige **weiße Riojaweine** (**Marqués de Cáceres**, **Faustino VII**) und jugendliche Weißweine aus dem Friaul (**Pinot Grigio**, **Tocai** ...). Angenehme

Alternativen aus österreichischer Sicht sind mildwürziger **Frühroter Veltliner** von LUDWIG HIEDLER, Langenlois/NÖ, und würziger **Weißburgunder** von JULIUS STEINER, Podersdorf/BGLD.

REISFLEISCH → SERBISCHES REISFLEISCH

REISTAFEL „INDONESISCH"

✐ Beliebte Zusammenstellung indonesischer Gerichte. Wird traditionell mit Saijoor (scharfe Gemüsesuppe) begonnen und dann in jeweils verschiedener Reihenfolge serviert: → Sateh (Fleischspießchen), gedünstete Hühner, gebratene Fische, gebackene Garnelen, hartgekochte Eier und gedünstete Gemüse in würziger Sauce (→ Sambal). Zwischen den Gängen werden → Kroepoek, Kokosnußspäne (gegen die Schärfe) und Erdnüsse angeboten; zum Schluß reicht man Atjar (süßsaures Gemüse); das wichtigste sind natürlich – nomen est omen – körniger, trockener Reis und diverse Würzsaucen.

🍷 Neben → **Sake** und → **Sherry Fino light dry**/E sind einige Begleiter der asiatischen Küche (**Muskateller**, **Gewürztraminer**, **Riesling**, **Pinot Gris**, **Sauvignon Blanc**, **Malvasier**, **Roter Veltliner**, **Spätrot-Rotgipfler**, ungarischer **Tokaji** usw.) einmal mehr von großer Nützlichkeit. Auch dunkles **Malzbier** (**Vollbier**) sollte nicht unerwähnt bleiben.

REISWEIN → SAKE

REIZKER (ECHTER REIZKER)

(frz. LACTAIRE, ital. AGARICO DELICIOSO)

✐ Ein sehr wohlschmeckender trichterförmiger Blätterpilz, der von August bis Oktober wächst und mit festem, delikatem Fleisch, milchartigem Saft und angenehmem Geruch ausgestattet ist. Meistens wird er gedünstet oder gebraten angeboten. Man dünstet ihn in Butter, Pfeffer und Salz mit etwas Bouillon und Petersilie.

🍷 Erprobte Mitspieler des Pilzes sind samtweiche Weißweine (**Pinot Gris**, **Pinot Blanc**, **Neuburger**, **Grüner Veltliner**, **Roter Veltliner** ...) sowie, seltener, einige reife Rotweine ohne rauhe Tannine (**Lagrein dunkel**/Südtirol; **Zweigelt**, **Pinot Noir** ...), die sehr oft eine Verjüngungskur im Kontakt mit den Pilzen erfahren.

RENKE → BLAUFELCHEN

RENTIER (REN)

(frz. RENNE, engl. REINDEER, ital. RENNA)

✐ Dem Hirschgeschlecht angehörendes Wandertier des hohen Nordens beider Welten. Es besitzt ein delikates mageres Fleisch mit zartem Wildaroma, das bei gefangenen Tieren einen Süßehauch aufweist. Bei uns kaum zu erhalten, gelten die geräucherte Zunge, Rückenmark, Schinken und Rücken unter den Gourmets des Nordens als besonderer Gaumenkitzel.

RENTIERSCHINKEN

✐ In guten Feinkostgeschäften erhält man bisweilen den mageren, würzigen Schinken, der ein wenig an Rauchfleisch oder Bündner Fleisch erinnert.

🍷 Mit dem Raucharoma des Schinkens kommen einige Rotweine (**Rioja Reserva**/E, **Marzemino**/Trentino, **Pinot Noir**/F, **Vernatsch**/Südtirol, **Côte de Brouilly**/Beaujolais/F, **Merlot del Ticino**/CH ...), **Roséweine** (weststeirischer **Schilcher**/A, **Lagrein Kretzer**/Südtirol ...) und reife Weißweine (**Grüner Veltliner**/NÖ, **Pinot Gris**/Graubünden/CH, **Sauvignon Blanc**, **Silvaner**/Franken ...) recht gut zurecht. Entscheiden Sie nach Tages- oder Jahreszeit, Lust, Laune, Neigung oder nach Alkohol-, Tannin- bzw. Säuregehalt der Weine. Achtung: Rotweine mit prononcierten Gerbstoffen wurden metallisch bitter!

RENTIERSTEAK AUF „SCHWEDISCHE ART"

Filet vom Ren in vier Tranchen schneiden, salzen, pfeffern, mehlen, in Öl anbraten, warmstellen; Fond mit einem Glas Weißwein aufgießen, einkochen und mit Zitronensaft aromatisieren, gehackte Zwiebeln in Butter glasig anschwitzen, Morcheln dazugeben, mit Rahm binden, mit den Filets anrichten und mit Schloßkartoffeln servieren.

Weißwein, Zitronensaft, Zwiebeln, Morcheln und Rahm plädieren eindeutig füt kraftvoll-extraktreiche, mildwürzige weiße „Essenzen" (**Pinot Gris**, **Pinot Blanc**, **Grüner Veltliner**, **Neuburger**, **Chardonnay**, **Zierfandler**) im Spätlesestil. Zu Mittag besaß die nussig-würzige **Tokay** (**Pinot Gris**) **„Cuvee Charlotte"** von P. REINHARDT, Orschwihr, Elsaß/F, eine deutliche Zuneigung für das Ren. Am Abend war es die wundervolle, reife, nussig-pilzige **Weißburgunder Spätlese** (8–10 Jahre, 9–10 °C) von MANFRED BIEGLER, Gumpoldskirchen/NÖ, die das üppige Gericht geschmacklich zur Vollendung führte und dabei selbst über Morcheln und Gewürze an Jugendlichkeit gewann. Unter den angetretenen Rotweinen aus aller Welt konnten sich nur sehr reife, samtig-milde Gewächse aus Burgund, Piemont (**Barbaresco**) und **Rioja**/E durchsetzen. Die sehr reife **Gran Reserva „Marques de Arrienzo"** (TEM, GR, 12–15 Jahre, 16–17 °C) BODEGAS DOMECQ, Elciego/E, fand einen direkten Zugang zur Sauce und führte ihr jene Aromatik zu, die man bei den Weißen oft vermißte. So nebenbei erholte sie sich auch von ihrer Altersmüdigkeit.

RETTICH (RADI)

(frz. RADIS, engl. RADISH, ital. RAFANO, span. RÁBANO)

Ein ursprünglich aus dem Kaukasus stammendes Wurzelgemüse, das hauptsächlich roh verzehrt wird. Der scharfe Geruch und der beißende Geschmack werden durch ätherische Senföle hervorgerufen. Einsalzen hilft ein wenig. Freilandrettich gibt es von Mai bis Oktober. Er ist reich an Vitamin B, C, Provitamin A und Mineralstoffen und gilt als Schlankmacher sowie Leber- und Gallenfreund.

Märzenbier ist an Wirkungskraft und Harmonie kaum zu überbieten, doch können Sie rohen Rettich auch mit mildem **Sauvignon Blanc**, diversen **Jungweinen** (**weiß und rot**), **Chardonnay** (Stahltank) und **Sylvaner** vereinen.

RHABARBER

(frz. RHUBARBE, engl. RHUBARB, ital. RABARBARO, span. RUIBARBO)

In Österreich, Deutschland und der deutschen Schweiz meist nur als Zierpflanze genützt, wurde das aus Tibet stammende feinsäuerliche Gemüse bereits im England des 18. Jahrhunderts ein wichtiger Bestandteil der damaligen Hofküche. Erst um 1840 gelangte die Wurzel nach Deutschland und eroberte sich nach und nach einen festen Platz in unserem Küchenrepertoire. Rhabarber ist appetitanregend, und sein Gehalt an Phytohormonen wirkt stimmungsausgleichend. Nieren- und Gichtkranke sollten ihn allerdings meiden (Oxalsäure!).

Grundsätzlich sind jugendliche **Grüne Veltliner**, **Rieslinge** und **spanische Schaumweine** (**Cava**) der zartsäuerlichen Wurzel sehr zugetan. Zu einer Rhabarber-Pie (Pastete) erfreute uns feiner **Pinot Gris Kabinett** aus Württemberg/D. Topfen(Quark)-Gratin mit Erdbeeren und Rhabarber vermählten wir glücklich mit mildsüßem **Rieslingsekt** aus dem Rheingau/D (z. B. von der SEKTKELLEREI SCHLOSS VAUX, Eltville), und Rhabarber auf Zimtcreme und Rotweingelee paarten wir auf waghalsige Weise mit reifem rotem **Sangioveto „Le Pergole Torte"**, FATTORIA DI MONTE VERTINE, Radda/Toskana/I. Rhabarbersoufflé mit Vanillesauce und honigsüßer, feinsäuerlicher (!) **Caluso Passito** von LUIGI FERRANDO, Ivrea/Piemont/I, weckten Assoziationen an kulinarische Sternstunden besonderer Art. Rhabarbertorte verbanden wir genußreich mit einem rassigen **Welschriesling Eiswein** von FRITZ RIEDER, Kleinhadersdorf/Weinviertel/NÖ/A.

RIBISEL → JOHANNISBEEREN

RICOTTA

✎ Ital. die Wiedergekochte. Frischer, feuchter Schaf- oder Kuhmilchkäse aus der Molke dieser Tiere, dem zusätzlich frische Milch beigegeben wurde. Mit seinem Fettgehalt von 20 bis 30 % wird er auch als Ersatz für → Topfen (Speisequark) verwendet.

🍷 Gelato di Ricotta (Ricottaeis) vermählten wir erfolgreich mit **Moscato Passito di Pantelleria „Martingana"** (5–8 Jahre, 8–9 °C) von SALVATORE MURANA, Pantelleria/Sizilien/I. **Moscato**(**Schaum**)-**Weine** in all ihren Variationen weisen auch eine besondere Affinität für den reichen Käse auf. Ricottaeis mit Mango und edelsüße **Scheureben** (z. B. von ALOIS KRACHER oder HELMUT LANG, Illmitz, sowie JOSEF PÖCKL, Mönchhof/BGLD) stehen den südländischen Kombinationen in keiner Weise nach.

RIESLINGBEUSCEL → KALBSBEUSCHEL

RIND

(frz. BOEUF, engl. BEEF, ital. MANZO, span. BUEY/VACA)

✎ Die männlichen Rinder werden als Stiere bezeichnet, kastrierte Tiere als → Ochsen, die weiblichen vor dem Kalben Färsen und nachher Kühe. Das beste Fleisch, rot, feinfaserig, saftig, etwas marmoriert (mit Fett durchwachsen), liefern drei- bis fünfjährige → Mastochsen oder etwa eineinhalbjährige Maststiere (-bullen) und Mastfärsen (letztere sind besonders zart). Jüngeres Fleisch gibt saftige Braten, aber dünne Suppen, älteres hervorragende Kraftbrühen, aber faserig-holziges Fleisch. BSE-Skandal, Hormone und Antibiotika in der Massentierhaltung lassen viele heute verstärkt zu Bio- und Edelrindfleisch greifen: Charolais/F, Angus/Schottland, Shimofuri/Japan oder argentinisches Rind.

🍷 Charolais-Rind und **Pinot Noir Chassagne Rouge** (z. B. von ROGER BELLAND, Santenay/Burgund) sowie **Tannat**/SW-F sind erprobt. Zu gekochtem Rindfleisch trinkt man in Österreich traditionellerweise Weißweine, während man sich anderswo meist an samtige Rotweine hält. In Italien servierte man uns zu mariniertem Rindsbraten robust-würzigen **Rosso Conero Riserva** von ALESSANDRO MORODER aus Montacuto/Marken.

RINDERBRATEN NACH „ELSÄSSER ART"

✎ Rindfleisch aus dem Schlögel (Keule) mit Faden zusammenbinden, in heißem Butterschmalz anbraten, gewürfelte Zwiebeln mitbraten, mit Wacholderschnaps flambieren, salzen, pfeffern, mit Wasser auffüllen und zugedeckt zwei Stunden schmoren; Sauerkraut und Wacholderbeeren in Weißwein 30 Minuten kochen; geschälte Kartoffeln zum Fleisch geben, 15 Minuten zugedeckt ruhen lassen; Kartoffeln in vorgewärmte Schüssel geben, Bratfond etwas reduzieren, mit Speisestärke binden, abseihen; Sauerkraut anrichten, mit dem in Scheiben geschnittenen Braten belegen, mit Bratenfond übergießen und mit den Kartoffeln garnieren.

🍷 Alles andere als elsässischer Wein käme hier einem Sakrileg gleich, wobei man die Wahl zwischen **Pinot Noir** und **Riesling** sowie **Pinot Blanc** hat. Obwohl dies eigentlich ein Gericht ist, das zwei Weine als Begleiter verlangt, nämlich einen roten für den Rinderbraten und einen weißen für das Sauerkraut, müssen wir gestehen, daß der reife, kraftvoll-würzige **Pinot Blanc** von ALBERT MAURER, Eichhoffen, die Sache auch im Alleingang recht gut löste.

RINDERFILET (LUNGENBRATEN, LUMMELBRATEN)

→ LENDENBRATEN

✎ Zwei lange Muskeln auf der inneren Seite des Rinderrückens sind die feinsten, zartesten, wohlschmeckendsten und teuersten Teile des Rindes. Das Filet wird sorgsam enthäutet, gespickt, gebraten oder poeliert, mit dem Ziel, den inneren Teil rosa und saftig zu erhalten.

🍷 Unter den **roten Burgundern** ist der delikate **Volnay** (z. B. von J. PRIEUR, Meursault) Favorit. In Bordeaux empfiehlt man sehr oft die Kreszenzen aus **Pauillac**/Haut-Médoc/F, und in der übrigen Weinwelt ist ein Rinderfilet stets eine Herausforderung für einen großen, nationalen Rotwein. (→ Filet Mignon, → Filet

„Wellington“, → Filetspitzen „Stroganow“, → Filetsteak, → Filetsteak „Amerikanisch“, → Châteaubriand, → Tournedos). Rinderfilet in Rotweinsauce vermählten wir mit würzigem **Château de la Dauphine**/Fronsac/Bordeaux/F. Rinderfilet mit Holundersauce zeigte sich sowohl **Chianti Classico**/Toskana als auch feinem **Merlot** vom MALTESER RITTERORDEN, Mailberg/Weinviertel/NÖ/A, zugetan. Rinderfilet gesotten mit Gemüse genossen wir mit kellerkühl serviertem **Bourgueil** (CF)/Loire/F (von PIERRE-JACQUES DRUET, Bourgueil), Rinderfilet mit Madeirasauce läßt sich durch edlen **Barbaresco Riserva**/Piemont/I oder reifen **Saint-Émilion** (**Château Cheval Blanc**, **Château L'Angelus**, **Château Ausone**, **Château Figeac** ...) geschmacklich abrunden.

RINDERGAUMEN (OCHSENGAUMEN)

✐ Rindergaumen gut wässern, überbrühen, Haut abziehen, in leicht gesalzenem und gemehltem Wasser vier Stunden weichkochen.

🍷 Dieses schmackhafte, meist deftig zubereitete Gericht erfordert einen kraftvoll-rustikalen Partner, je nach Zubereitungsart und Saucen weiß, rot oder rosé.

RINDERGAUMEN IN CURRY

✐ Geraspelten Apfel und gehackte Zwiebeln in Butter glasig anschwitzen, mit Currypulver großzügig bestreuen, Reismehl beigeben, gut durchschwitzen, mit etwas Rindsuppe auffüllen, feingeschnittenen gekochten Rindergaumen warmhalten; würfelig geschnittene Schalotten und entsteinte, streifenförmige schwarze Oliven in den Jus geben, Noilly Prat Vermouth zugießen, aufkochen und dann zwei Minuten köcheln, Crème fraîche unterrühren, salzen, pfeffern, Steaks anrichten und mit der Sauce übergießen.

🍷 Die gefürchteten schwarzen Oliven und der noch diffizilere Vermouth gaben nur ganz wenigen alten Weißweinen eine Chance: **Sauvignon Blanc-** und **Traminer Spätlese**, **Châteauneuf-du-Pape Blanc** mit hohem **Roussanne-Anteil** (z. B. **Château de Beaucastel**) und kraftvoller **süditalienischer Malvasia** (z. B. **Malvasia di Cagliari** von der GENOSSENSCHAFT MARMILLA, Sardinien). In der übrigen Zeit sind die bekannten roten Winterweine wie **Barolo Riserva**/Piemont, **Amarone**/Venetien/I, **Clos Mogador**/Priorato, **Hermitage**/nördl. Rhône und **Châteauneuf-du-Pape**/südl. Rhône/F hervorragende Garanten für ein gleichermaßen ausgewogenes wie üppiges Mahl. Aus Österreich konnten sich die Burgenland-Granaten **Cabernet-Merlot** von ERNST TRIEBAUMER, Rust, **Cabernet Sauvignon** von FRANZ WENINGER, Horitschon, und die **Cuvée „Steinzeiler“** (BLF, ZW) von ANTON KOLLWENTZ, Großhöflein, eindrucksvoll in Szene setzen.

RINDERKARBONADE → KARBONADE AUF „FLÄMISCHE ART“

RINDERLEBER

✐ Die etwas derbe Rinderleber gerät gegenüber der zarten Kalbsleber meist ins kulinarische Hintertreffen und wird sehr oft zur Wurstverarbeitung weitergereicht. Wegen der hohen Ablagerung von Umweltgiften in Rinderlebern rät man heute vom Genuß dieser Speise ab.

🍷 Im Prinzip sind es erdig-würzige Rotweine, wie **Cabernet Franc**, **Zinfandel**, **Syrah** usw., die das erforderliche Gegengewicht mitbringen. (Siehe auch → Holsteiner Leberpudding)

RINDERNIEREN

✐ Ähnlich der Rinderleber stehen sie wegen ihres etwas strengen, rustikalen Geschmacks im Schatten der Kalbsnieren, und nur junge Rinder sind eine kulinarische Versuchung wert. Wegen der heute extrem hohen Cadmiumbelastung von Rindernieren wird vom Genuß jedoch abgeraten. (Cadmium ist ein gefährliches Nierengift, das auch über Phosphatdüngung in den Nahrungskreislauf gelangt.) (Siehe auch → Kalbsniere, → Nieren)

RINDERSCHWANZSTÜCK (SCHMORBRATEN)

✐ Sehr oft gespickt und/oder durch Marinieren mürbe gemacht und dann in würzigem Fond zugedeckt geschmort. Durch Maßlosigkeit beim Würzen wird allerdings das Aroma des ehrwürdigen Schmorbratens sehr oft verfälscht und unkenntlich gemacht.

🍷 Die kraftvoll-würzigen Rotweine (**Syrah**/nördl. Rhône, **Shiraz**/AUS, **Grenache**/südl. Rhône, **Tannat**/SW-F, **Pinotage**/Südafrika, **Zinfandel**/Kalifornien, **Raboso**/Venetien, **Cabernet**/Südtirol bzw. Trentino, **Nebbiolo**/Piemont) und auch der legendäre **Aglianico del Vulture** (z. B. von FRANCESCO SASSO, Rionero in Vulture, Basilikata/I) zählen zu den erprobtesten Gegenspielern des Küchenklassikers. Zu Rinderschmorbraten auf „Florentiner Art“ (mit Sellerie, Karotten, Olivenöl, Tomaten) ist rustikaler **Chianti Montalbano**/Toskana/I geradezu ein „Mundartgedicht“. Schmorbraten auf „Lyoner Art“ (in Weinessig, Weißwein und Zwiebelscheiben mariniert, weichgeschmort und mit gebratenen Zwiebelscheiben und Kartoffelpüree serviert) versuchten wir erfolgreich mit sehr reifem weißem **Pouilly Fuissé** der DOMAINE FERRET/Burgund zu bändigen, und Rinderschmorbraten mit Sauce Béarnaise wurde zu einem unerwarteten Festessen, begleitet von einem sich in Olympiaform befindendem **Château Montus „Cuvée Prestige“** (TAN 100 %, 6–10 Jahre, 17–18 °C) des Senkrechtstarters ALAIN BRUMONT, Maumusson/Béarn/SW-F.

RINDERZUNGE (OCHSENZUNGE)

✐ Die Zunge eines jungen Rindes gehört zu den „Schmankerln“ der klassischen Küche. Gepökelte Zunge (→ Pökelzunge) wird in heißem Wasser gekocht und dann dem Rezept folgend weiterbehandelt. Frische Zunge wird gekocht, gedünstet oder geschmort. (→ Zunge)

🍷 Rinderzunge getrüffelt wurde sowohl von exquisitem **Sherry Amontillado dry**/E als auch von reifem **Champagne R. D.** von BOLLINGER/F spannend untermalt. Rinderzungensalat paarten wir mit fruchtcharmantem **Malvasia Val Nure**, CONTE OTTO BARATTIERI, Vigolzone/Emilia-Romagna/I; Rinderzunge geräuchert ergänzten wir durch wundervollen **Jurançon Blanc sec** von JEAN CHIGÉ, Jurançon/SW-F; auch **halbtrockener Rheingauer Riesling** imponierte. Rinderzunge in Madeira kredenzte man uns in Australien höchst eindrucksvoll mit einheimischem **Cabernet Sauvignon Family Reserve** (BROWN BROS./Victoria). Rinderzunge „Mehmed-Ali“ (mit Safranreis, grünen Peperoni, Rosinen, Johannisbeergelee) wurde ein leichte Beute der reifen zartsüßen **Gewürztraminer Spätlese** von LACKNER-TINNACHER, Gamlitz/S-STMK/A, und Rinderzunge auf „Limousiner Art“ (mit glasierten Zwiebelchen, Kastanienpüree und Tomatensauce) testeten wir auf sehr zufriedenstellende Weise mit jungem **Blaufränkisch**/Mittelburgenland (z. B. von HANS IGLER, Deutschkreutz; ANTON IBY, Horitschon, oder TIBOR SZEMES, Pinkafeld) und wunderbar fruchtig-beerigem **Chinon Rouge** (CF) von LE LOGIS DE LA BOUCHARDERIE/Loire/F.

RINDFLEISCH „PROVENZALISCH“

✐ Gewürfelte Zwiebeln und Magerspeck in Olivenöl anbräunen, gewürfeltes Rindfleisch (Keule) und Knoblauch in Scheibchen dazugeben, mit einfachem südfranzösischem Rotwein aufgießen, Lorbeerblätter beifügen, aufkochen, salzen, pfeffern (Mühle), zwei Stunden zugedeckt schmoren lassen, mit Sauce anrichten und mit einer Mischung aus gehackter Petersilie und zerdrückter Knoblauchzehe bestreuen.

🍷 Einfache **südfranzösische Rotweine** (bzw. der Kochwein selbst) sind zumeist gourmetrichtig; wurde das Gericht aber von einem subtilen Kochkünstler bereitet, so sollten Sie nicht zögern, etwas tiefer in die Tasche zu greifen und eine Kreszenz vom Range des erdig-würzigen **Cornas** (SYR, 4–6 Jahre, 16–18 °C) von M. CHAPOUTIER, Cornas/nördl. Rhône/F, zu ordern.

RINDFLEISCHSALAT

✐ Würfelig geschnittenes, gekochtes mageres Rindfleisch, Schalottenringe, Tomatenwürfel (enthäutet, entkernt), grüne Paprika in Streifen, Salatgurke gewürfelt, in einer Salatschüssel mit → Sauce Vinaigrette angemacht.

🍷 Helles **Bier**, kräftig-nerviger **Rosé**, **Sylvaner**, nicht zu säuriger **Sauvignon Blanc**, portugiesischer **Vinho Verde**, trockener **Chenin Blanc**/Loire/F sowie **rote Jungweine** (im Herbst oder Winter) sind zu empfehlen. Zu Rindfleischsalat mit Pilzen war die Idealbesetzung ein charaktervoller, trocken-würziger piemontesischer **Dolcetto** vom Jungstar MAURO VEGLIO, La Morra/I. Achtung! Kaltes Fleisch läßt gerbstoffreiche Rotweine bitter erscheinen!

RIPPCHEN MIT KRAUT

Frankfurter Spezalität. Leicht gepökeltes Schweinskotelett wird gemeinsam mit Sauerkraut weichgekocht und mit Kartoffelpüree angerichtet.

Traditionellerweise wird dazu **„Appelwoi"** (**Apfelwein**) getrunken, doch auch rassig-würzige rheinhessische Weißweine, wie **Riesling**, **Weißburgunder** und **Silvaner Kabinett** sind von großer Anpassungsfähigkeit. Auch **Weiß-** und **Bockbier** werden zuweilen getrunken, doch bei unserem Testessen überragte der geschliffene **Riesling Kabinett „Oppenheimer Sackträger"** (3–5 Jahre, 9–10 °C) von DR. DAHLEM ERBEN, Oppenheim, alle Konkurrenten turmhoch.

RIPPENSTÜCK DES RINDES → ROASTBEEF

RISI-PISI (RISO E PISELLI/REIS UND ERBSEN)

Eine Spezialität aus Venetien. Feingehackte Zwiebeln in Butter anschwitzen, grüne Erbsen und etwas Kraftbrühe, später Reis und weitere Kraftbrühe zugeben, mit Salz und Lorbeerblatt würzen, zugedeckt kochen und mit geriebenem Parmesan und Butter vermischen.

Die venetianischen Weißweine (**Lessini-Durello**, **Tocai di Lison**, **Soave Classico** und **Bianco di Custoza**) nehmen hiezu eine Sonderstellung ein, und es kommt fast einem Sakrileg gleich, vor Ort etwa **Verdicchio**/Marken oder **Frascati**/Latium (obwohl sie auch gut passen) zu bestellen.

RISOTTO (KÄSEREIS)

Reisraffinesse aus Norditalien. Grundrezept: Zwiebelwürfel in Öl weichdünsten, Reis dazugeben und glasig dünsten, mit Kraftbrühe begießen und langsam trockengaren, geriebenen Parmesan und etwas Butter unter den Reis ziehen, Risotto sofort servieren, damit es nicht klebt, und vorzugsweise mit Tomatensauce anbieten.

Zu Risotto alla „Certosina" (mit Froschschenkeln, Flußbarschfilet und Süßwassergarnelen) ist lombardischer **Oltrepó Pavese Riesling** (BRUNO VERDI) „buonissimo", zu Risotto mit Trüffeln schwanken Sie wahrscheinlich je nach Präferenz zwischen **Gavi** (weiß) und **Barbera** (rot) aus dem Piemont; zu Risotto alla „Bolognese" (mit Schinken und Speck) wählen Sie am besten den weißen Lokalfavoriten **Monterosso Val d'Arda**/Colli Piacentini/Emilia-Romagna; zu Risotto alla „Calabrese" (mit Mozzarella-Käse, geriebenem Käse und Eiern) ist der einheimische **Fiano di Avellino** (z. B. von VADIAPERTI, Montefredane) vorgesehen; Risotto alla „Genovese" (mit Weißwein, Gemüse, Kräutern und Pilzen) ist (weißem) ligurischem **Pigato d'Albenga** versprochen; Risotto alla „Napoletana" (mit Speck und Tomatensauce) und weißer **Greco di Tufo**/Kampanien sind gute alte Bekannte; Risotto alla „Siciliana" (mit Artischocken, Sardellen und Zitrone) mit **Corvo Bianco**/ Sizilien ist ein Genuß; Risotto alla „Toscana" (mit gehacktem Rindfleisch, Kalbsnieren und -leber, Tomaten und Rotwein) gibt auch Rotwein (**Chianti Putto**) eine Chance; Risotto mit Spargel bildet bekanntlich mit **Sauvignon**/Friaul und **Breganze Bianco**/Venetien ein tolles Duo; Risotto mit Kartoffeln und **Riesling Renano** (RH) /Südtirol ist so genial wie einfach, und Risotto mit Meeresfrüchten vermählt sich gerne und oft mit den weißen **Vespaiolo di Breganza** und **Bianco di Custoza**/Venetien sowie dem weißen **Martina Franca** von MIALI, Martina Franca/Apulien. Zu den meisten Kreationen (außer jenen mit Speck, Wild oder Tomaten) sind auch erlesene **Schaumweine** möglich.

RISOTTO ALLA „MILANESE"

Risotto wird mit Hühnerleber, Kalbsmark und Champignonscheiben vermischt und mit Salz, Pfeffer und Safran aromatisiert.

Hühnerleber, Champignons und Safran engen den Kreis der Partnerweine von vornherein ein. Aus lokaler Sicht sind **Riesling-Sylvaner** (MONTELIO DI ANNA) und **Malvasia** (LA MUIRAGHINA/Lombardei) zu empfehlen, doch der wahre Lorbeer ging an den benachbarten reifen **Gewürztraminer Alto Adige** des Bozener Einzelgängers GIORGIO GRAI. Als Rotwein-Ausweichmöglichkeit können wir Ihnen den einheimischen **Bonarda dell'Oltrepò Pavese** von MAZZOLINO, Pavia, anbieten.

RISOTTO ALLA „PIEMONTESE"

✐ Risotto, mit Hühnerfleischstückchen und Tomatenmark versehen und mit Salz, Petersilie, Basilikum und weißen Trüffeln aromatisiert.

🍷 Aus piemontesischer Sicht sind die Weißweine **Arneis** (BRUNO GIACOSA oder MATTEO CORREGIA), **Favorita** (RENATO RABEZZANA oder ROBERTO VOERZIO) und **Cortese di Gavi** (FONTANAFREDDA; CARLO LIEDHOLM; MICHELE CHIARLO; PIO CESARE …) die harmonischsten Begleiter.

RISOTTO CON LE SEPIE

✐ Risotto wird mit kleinen Tintenfischen und Tomatenmark bereichert und mit Salz und Knoblauch vollendet.

🍷 **Verdicchio Classico dei Castelli di Jesi**/Marken (FRATELLI BUCCI), **Riesling Italico** (WR) /Lombardei (BRUNO VERDI) und Siziliens Weißwein-Stolz **Regaleali „Nozze d'Oro"** (CATARATTO, INZOLIA, SB, 2–3 Jahre, 8–9 °C) von CONTE TASCA D'ALMERITA, Vallelunga di Pratameno, sind allesamt erfrischende Kreszenzen mit bestechender Fülle und mit den erwünschten ausgleichenden Aromen für ein kultiviertes Mahl ohne Geschmacksabenteuer.

RISSOLEN (HALBMONDPASTETCHEN)

✐ Pastetenart aus Hefe-, Blätter- oder Pastetenteig, oft gefüllt mit Ragout fin, paniert und in heißem Fett herausgebacken. („Rissoles" rührt vom französischen Wort „roussâtre"/rötlich her und bezieht sich auf die Farbe der Pasteten.)

🍷 Korrespondierende Getränke: → Ragout fin. Im Prinzip sind bei Rissolen mit oder ohne Füllung samtig-milde Weißweine ohne aggressive Säure – ein zarter Zuckerrest ist „erlaubt" – zu favorisieren.

RISSOLI

✐ Italienische Spezialität. Hefeteig dünn ausrollen, in 15 x 15 cm große Flächen schneiden; je einen Teil mit → Mozzarella, gekochten Schinkenwürfeln, Basilikum und gehackter Petersilie bedecken, zusammenfalten, verschließen, in Öl goldgelb backen und mit Steinpilzsauce servieren.

🍷 Mozzarella, Basilikum und Steinpilze sind das Leitmotiv. Für Weißweinfreunde bieten sich reifer **Pinot Grigio** und **Pinot Bianco**/Lombardei an. Liebhaber roten Saftes sollten sich an **Barbera** oder **Dolcetto**/Piemont halten.

ROASTBEEF

✐ Aus dem Rinderrücken zwischen der letzten Rippe und dem Schlögel (Keule) geschnitten, kann das Roastbeef vollendet, innen rosa und im ganzen gebraten, ein herrlich saftiges Mahl ergeben. Diese Spezialität des britischen Empire wird mit dem eigenen Bratensaft und → Yorkshirepudding original angeboten. In der übrigen Welt werden auch andere Kombinationen gewagt.

🍷 Zum „Originalrezept" trinken die Briten gerne australischen **Cabernet Sauvignon**, **Rioja Reserva**/E und natürlich ihre geliebten **Clarets** aus Pauillac/Haut-Médoc/Bordeaux/F. Nicht zu vergessen das traditionelle **Yorkshire Bitter** (**Bier**). In Frankreich selbst neigt man hingegen mehr zu den Rotweinen des Madiran, der Rhône (**Gigondas**, **Cornas** …) und Burgunds (**Aloxe-Corton**, **Gevrey-Chambertin** …). Zu kaltem Roastbeef kommen auch fruchtcharmante, leicht gekühlte Rot- und **Roséweine** und pikant-würzige Weißweine (**Chardonnay**, **Pinot Blanc**, **Grüner Veltliner**, **Riesling**) zum Zuge, da kaltes Fleisch Gerbstoffe bitter und metallisch erscheinen läßt. Sollte Preiselbeersauce dazu gereicht werden, sind **halbtrockene Rieslinge** zu bevorzugen.

ROASTBEEF IN SALZTEIG

Aus Mehl, Salz und etwas Wasser einen Teig kneten, Roastbeef pfeffern, mit Knoblauch einreiben, mit Thymian und Rosmarin belegen, in den Teig hüllen und im Backofen garen, aus dem Ofen nehmen, etwas beiseite stellen, damit sich der Fleischsaft gut verteilt, Roastbeef aus der Salzkruste nehmen, in Tranchen schneiden und sofort anrichten, da es schnell trocken und fade wird.

Es besteht die Möglichkeit, den Salz-Knoblauchgeschmack mit einem mineralischen Stahltank-**Chardonnay** (z. B. **Chablis AC**/Burgund) oder modernst vinifiziertem **Sherry Fino light dry** (mit 14–15 % Alkohol) subtilst zu betonen und zu verfeinern. Wagemutige Gastrosophen lieben allerdings den aromatischen Schlagabtausch mit mäßig süßem **Sauternes** oder reifem **Champagne Blanc de Blancs**. Die ideale Vermittlerrolle nimmt der kraftvoll-würzige, zart salzig-tanninige **Lirac Rosé** (GR, CIN, MV , 1–2 Jahre , 9–12 °C) vom CHÂTEAU DE BOUCHASSY, Roquemaure/südl. Rhône, ein, der sowohl die Salznote als auch die Gewürze aufs feinste akzentuierte und für ständige Frische am Gaumen sorgte. Unter den getesteten Roten bestachen neben **Gigondas**/südl. Rhône, **Cornas**/nördl. Rhône und **Chénas**/Beaujolais vor allem der sogfältigst vinifizierte **Vino Nobile di Montepulciano** von RUDOLF BINDELLA, Montepulciano/Toskana, der geschickt alle Aromen vereinte und der salzig-ledrige australische **Bailey's 1920 Block Shiraz**/Victoria, der mit dem Beef zu einem Gesamtkunstwerk verschmolz.

ROCAMADOUR → CABÉCOU DE ROCAMADOUR

ROCHEN

(frz. RAIE, engl. SKATE, ital. RAZZA, span. RAYA)

Knorpelfisch mit abgeflachtem Körper von 0,5 bis 4,5 m Länge und maximal 1200 kg Gewicht, der sich als Feinschmecker hauptsächlich von Muscheln und Seeschnecken ernährt und dessen mageres, grätenfreies, zartrosa Fleisch in den Mittelmeerländern und den Niederlanden besonders gewürdigt wird. Beste Genußzeit der Flügel und Schwanzstücke ist im Sommer. Die Leber und die Backen sind ein echter Geheimtip unter Feinschmeckern.

Zu Rochen „Grenobler Art“ (mit Knoblauch sautiert, mit Weißwein und Tomaten fertiggegart) ist – natürlich! – Weißwein aus Savoyen/F (**Apremont**, **Ayze**, **Seyssel**) erste Wahl. Marinierter Rochen läßt sich gerne von trockenem **Sémillon** begleiten, und geräucherter Rochen ist ohne **Pouilly Fumé** (**Sauvignon Blanc**)/Loire/F nur halb so gut. Rochen auf „Normannische Art“ (in würzigem Fischsud gekocht, mit Essig übergossen, mit Crème fraîche bedeckt und mit Kapern garniert) wird zu einer Götterspeise, unterstützt von edlem **Muscat d'Alsace GC** oder elitärem **Chenin Blanc**/Loire. Rochenflügel in brauner Butter verehelichten wir ideal mit einer samtigen **Grauburgunder Spätlese „Oberrotweiler Eichberg“** von F. KELLER, Vogtsburg-Oberbergen/Kaiserstuhl/Baden/D.

ROCHEN GEBACKEN

Rochenfilets werden gesalzen, durch einen Backteig gezogen, in Fett herausgebacken und mit gebackener Petersilie und Zitronenspalten dekoriert.

Rochen und Backteig verlangen nach einem mildwürzigen Wein ohne aggressive Säure, doch der Fettgeschmack wird interessanterweise durch rassige Weißweine perfekter artikuliert. Es bedarf also einer Gratwanderung zwischen Samtigkeit und Rasse, die von großen reifen **Chardonnays** und **Pinots Blancs** am ehesten gemeistert werden kann. Als Sommerwein österreichischer Provenienz gefiel der trocken-aromatische **Spätrot** (**Zierfandler**)-**Rotgipfler Kabinett** (2–3 Jahre, 9–10 °C) von KUCZERA & TEICHGRABER, Gumpoldskirchen, der zuerst dem Backteig huldigte. Der brillante **Chablis Premier Cru „Vaillons“** (CH, 3–4 Jahre, 9–10 °C) von RENÉ und VINCENT DAUVISSAT, Chablis/Burgund, bestach gleichzeitig durch seidenweichen Schmelz und männlich-rassigen Duktus. Ein Duo Furioso, in dem sowohl der Backteig (inklusive Fett) als auch der Fischgeschmack herausgestrichen wurden. Der grandiose **Puligny-Montrachet AC** (CH, 5–7 Jahre, 9–11 °C) von LOUIS CARILLON, Puligny-Montrachet/Burgund, besaß alle Tugenden für den etwas diffizilen Rochen und verlieh ihm mit jedem Schluck mehr Glanz.

ROGEN

Die Eier der Fische, die noch nicht abgelaicht haben, werden zumeist gesalzen oder geräuchert angeboten. Der rötliche oder weiße Botarga (Boutargue, Poutarge) der → Meeräsche wird in Essig eingelegt, gesalzen, gepreßt oder geräuchert in Scheiben oder flacher Wurstform angeboten. Ähnlich verfährt man mit den Rogen des Zanders und des Thunfisches. Als noch besser gelten die Eier von Lachs, Hecht und Seehasen. Krönung des Ganzen sind die Rogen von Stör, Sterlet, Scherg und Hausen aus Rußland und Persien (→ Kaviar).

Neben **Schaumweinen** und **Champagne** für die edelsten „Perlen des Meeres" sind auch jugendlich-fruchtige **Chardonnays** (Stahltankausbau) sehr effizient. In südlichen Ländern trinkt man kraftvolle, oxydativ ausgebaute Kreszenzen wie **Sherry**, **Montilla-Moriles**/E oder **Vernaccia di Oristano**/Sardinien/I (z. B. von ATTILIO CONTINI, Cabras).

ROHKOST

(frz. CRUDITÉS, engl. RAW VEGETABLES, ital. VEGETALI CRUDI, span. RÉGIMEN CRUDO)

Vorspeise aus rohen Gemüsen, Früchten und Pflanzenteilen, mit hohem Vitamin- und Mineralstoffgehalt, gleichzeitig aber eiweiß-, salz- und fettarm. Rohkost ist ein wichtiger Baustein für eine gesunde, ausgewogene Ernährung, sollte aber niemals Haupt-, sondern nur Begleitessen bzw. Vorspeise sein!

Falls Sie unbedingt Alkohol dazu trinken wollen, so sind **Jungweine** (weiß und rot), **weißgepreßte Rot**- und **trockene Roséweine** am ehesten geeignet.

ROLLMOPS (ROLLHERING)

Kopf- und schwanzlose Heringshälfte wird in Essig mariniert, um eine Gurke und Zwiebelscheiben gerollt und von Holzspießchen zusammengehalten. Rollmops ist wegen seines hohen Mineralsalzgehaltes ein beliebter Energiespender beim Katerfrühstück.

Frisch gezapftes **Pils**, klarer **Schnaps** (**Aquavit**) bzw. **Pils** und **Schnaps** sowie ganz junge weiße **Primeurweine** (**Pinot Blanc**, **Pinot Gris** ...) gehen mit der gebührenden Distanz an das Unternehmen heran.

ROLLSCHINKEN

Aus der Hinterkeule des Schweines ausgelöster knochenloser Schinken, gerollt, gebunden und gepökelt.

Rollschinken vermählen Sie mit reifen, etwas rustikaleren Weißweinen (**Riesling**, **Pinot Blanc**, **Morillon**, **Grüner Veltliner**) ohne sublime Fruchtnoten, dafür mit erdiger Würze und kraftvollem Säurebiß ausgestattet. Dies gilt auch für die beliebte Kombination mit Sauerkraut. Unter den Rotweinen sind **Pinot Noir**, **Blauer Portugieser** und **Zweigelt** (Stahltank) positiv besetzt.

ROMADOUR (ROMADUR)

Schafmilchkäse, der ursprünglich in den Pyrenäen in der Stadt Romadou hergestellt wurde und heute als Romadour in Stangenform in den Handel kommt. Er ähnelt dem → Limburger und wird heute bevorzugt im Allgäu aus Kuhmilch hergestellt. Sein Teig ist weißgelb mit gelblicher bis rötlichbrauner, feuchter Käseflora und weichem, vollmundigem Aroma. Er darf beim Anschnitt „fließen"!

Unter den Weißweinen sind **Gewürztraminer**, **Sylvaner**, **Riesling** und **Pinot Blanc** zu bevorzugen. Fruchtcharmante **rote Jungweine** (**Blaufränkisch**, **Sankt Laurent**, **Vernatsch**/Südtirol/I, **Gamay**/F bzw. **Rioja**/E) sind erst an zweiter Stelle zu nennen. Reife **Rieslingsekte** sollten nicht unerwähnt bleiben.

ROQUEFORT

Der „König der Käse" wird, hauptsächlich im Departement Aveyron/SW-F, aus roher Schafmilch gewonnen und in den Höhlen des Kalkgebirges Combalou bei einer ständigen Temperatur von 4 bis 6 °C behutsam zur Reife gebracht. Der pikante Luxuskäse mit seinem typischen salzigen Nachgeschmack ist von blaugrünem Schimmel durchzogen und schmeckt umso besser, je frischer und weicher er sich präsentiert, was schon von Plinius dem Älteren vor fast 2000 Jahren erwähnt wurde. In den letzten Jahren wurde das Anbaugebiet erweitert, und der spezielle Schimmelpilz Penicillium Roqueforti wird den Laiben nunmehr eingeimpft.

Jugendlich frische, weiche Exemplare haben eine latente Schwäche für allerfeinste Süßweine (**Sauternes** bzw. **Barsac**/Bordeaux, nicht zu junge säurereiche **Prädikatsweine** aus **Muscat**, **Muskat-Ottonel**, **Riesling**, **Riesling-Sylvaner** sowie **Picolit**/Friaul und **Eisweine**). Mittelreife, etwas würzigere Käse werden durch würzig-kraftvolle, auch alkoholverstärkte süße Kreszenzen (**Tokaji Aszú**/H, **Vintage Port**, **Vin Santo** bzw. **Strohwein**, **Passito**/I sowie **Vins Doux Naturels** (**VDN**) aus dem Roussillon = **Muscat de Rivesaltes** weiß und **Maury** rot/F bzw. **Moscatel de Setúbal**/Portugal …) ideal aufgefangen. Reife, rezentscharfe Produkte lassen sich neben obigen Konzentraten auch von kraftvollen, samtweichen, extraktreichen, reifen roten Gewächsen (**Châteauneuf-du-Pape**/südl. Rhône, **Saint-Émilion**/Bordeaux bzw. **Merlot** allgemein; **Salice Salentino**, z. B. von COSIMO TAURINO, Guagnano/Apulien, **Chianti Classico Riserva**, z. B. CASTELLO DI AMA, **Rioja Gran Reserva**/E …) begleiten. Wie bei allen Grün- und Blauschimmelkäsen wird auch bei der Produktion des Roqueforts Fett in süßes Glyzerin umgewandelt, was natürlich edelsüßen Weißweinen entgegenkommt. Bei reiferen Käsen genügt ein hoher Anteil an Extrakt, um Harmonie am Gaumen herzustellen.

ROQUEFORT-DRESSING (SALATSAUCE)

Mayonnaise, mit → Crème fraîche, Zitronensaft, zerdrücktem Roquefort, gehackter Petersilie und ein wenig Zucker gut verrührt.

Weiße Graves, **trockene Sauternes**/Bordeaux/F und **Gewürztraminer-** sowie **Pinot Gris Spätlesen** seien an erster Stelle als passende Begleitung genannt.

ROSENKOHL (KOHLSPROSSEN, BRÜSSELER KOHL)

(frz. CHOU DE BRUXELLES, engl. BRUSSELS SPROUTS, ital. CAVOLO DI BRUXELLES, span. COL DE BRUSELAS)

Die kleinen Blattsprossen (Röschen) einer Kohlart sind ein begehrtes Wintergemüse. Sie werden in Belgien schon seit 1785 gezüchtet. Frost schadet nicht, sondern verbessert das Aroma. Die äußeren Blätter werden weggegeben, der Rest in siedendem Wasser weichgekocht oder in Butter langsam gargedämpft und nach der jeweiligen Rezeptur zubereitet.

Roséweine, **Riesling**, **Riesling-Sylvaner**, **Neuburger**, **Malvasier** und (eventuell) **rote Jungweine** sind bewährte Partner der kleinen Sprossen.

ROSINEN

(frz. RAISINS SEC, engl. RAISINS, ital. UVAE PASSAE, span. PASAS)

Rosinen sind getrocknete Weinbeeren. Die größten Produzenten befinden sich in Griechenland, der Türkei, Spanien, Persien und Kalifornien. Alle Arten von getrockneten Beeren heißen Rosinen, doch gibt es für den Kenner eklatante Unterschiede: Sultaninen gibt es in allen Größen und Farben; Korinthen sind klein und schwarz; Zibeben sind besonders groß, und die echten Rosinen sind an den Kernen zu erkennen, sie werden nach der Ernte getrocknet und sollen nicht in der prallen Sonne liegen. Alle positiven Inhaltsstoffe – außer dem Vitamin C – werden durch das Trocknen konzentriert.

🍷 Das oft hervorstechende süßliche Rosinenaroma bestrickt vor allem in **Stroh-** und **Dessertweinen** aus getrockneten oder edelfaulen Trauben und taucht auch als Madeiraton in älteren Weinen auf. Unter diesen Gewächsen sind daher auch die Partner für Rosinendesserts nach dem Süßegrad (Süße und Süße hebt sich auf) auszuwählen. Rosinenbrot und junger **Sauternes**/Bordeaux/F ist eine exquisite Mischung. Rosinenkuchen und süßer, roter, gespriteter **Maury**/Roussillon/S-F (z. B. von MAS AMIEL, Maury) oder spanischer **Málaga Dulce** stehen der ersten Kombination in keiner Weise nach. Aus österreichischer Sicht sind die **Strohweine** von GEORG & AXEL STIEGELMAR, Gols, und JOSEF JURTSCHITSCH, Langenlois, sowie die **Bouvier BA** von FRANZ HEISS, Illmitz/BGLD, eine Erwähnung in goldenen Lettern wert!

ROSINENHÖCKLI

✍ Schweizer Spezialität. Steifgeschlagener Eischnee, Zucker und Rosinen werden in Häufchenform auf ein Blech gegeben und im Ofen gebacken.

🍷 Unter den Schweizer Süßweinen bestachen der edle **Johannisberg de Chamoson** von SIMON MAYE und der elitäre **Dézaley „Clos de Moine"** von den STÄDTISCHEN WEINGÜTERN, Dézaley/Waadtland. Unter den „Ausländern" begeisterten ein rosinensüßer, ölig-schwerer **Mavrodaphne** (MAVROUD, 10 Jahre, 9–11 °C) von ACHAIA-CLAUSS, Patras/Griechenland, und eine fulminante Weltklasse-**TBA „Putto-Der Süßwein"** von REINHOLD SCHWARZ/KLOSTER AM SPITZ, Purbach/BGLD/A.

ROSMARIN

(frz. ROMARIN, engl. ROSEMARY, ital. ROSMARINO, span. ROMERO)

✍ Der immergrüne, wildwachsende Strauch ist im ganzen Mittelmeerraum verbreitet und wird seit dem Mittelalter auch bei uns als Zier- und Heilpflanze angebaut. In den lederartigen Blättern befindet sich ein ätherisches Öl, das Gerbstoffe und Harz enthält, einen kampferartigen Geruch verströmt und pinienartig herbwürzig schmeckt. Die Griechen weihten Rosmarin der Göttin der Liebe, Aphrodite. Rosmarin wird zum Würzen von Salaten, Pilz-, Geflügel-, Fisch- und vor allem Lammgerichten eingesetzt. Er wirkt verdauungsfördernd, magen- und darmdesinfizierend und kreislaufaktivierend.

🍷 Es ist kein Geheimnis mehr, daß die Weiß- und **Roséweine der Provence** (**Cassis**, **Bellet**, **Bandol** ...) und die weiße **Viognier**/nördl. Rhône eine naturgegebene Affinität zu den Kräutern des Landes aufweisen. Aus unserer Sicht sollte man vor rassigen Weißweinen warnen und lieber rundere Sorten mit gut balancierter Säure (**Riesling-Sylvaner**, **Zierfandler**, **Roter Veltliner** ...) bevorzugen.

ROSTBRATEN (WIENER ROSTBRATEN)

→ ESTERHAZY ROSTBRATEN, → REINDLROSTBRATEN, → TIROLER ROSTBRATEN, → ZWIEBELROSTBRATEN

✍ Österreichische Spezialität. Eine Abart des französischen → Entrecôte. Fingerdicke Tranche aus dem Zwischenrippenstück eines jungen Rindes, geklopft, gewürzt, gemehlt und gedünstet.

Erdig-würzige, ältere Rotweine ohne Fruchtcharme (**Zweigelt**, **Pinot Noir**, **Nebbiolo**/Piemont/I, **Cabernet Franc**, **Malbec**/F ...) begegnen den diversen Rostbraten am selbstsichersten. Eine Ausnahme ist die nachfolgende Zubereitungsart.

ROSTBRATEN „GIRARDI" GEDÜNSTET IN RAHMSAUCE

✍ Speck, Zwiebeln, kleine eingelegte Gurken, Kapern und Zitronenschale werden gehackt, in Butter geröstet, der Rahmsauce beigefügt und mit Petersilie und Senf vollendet. (Alexander Girardi, 1850–1918, legendärer österreichischer Komödiant und Sänger.)

🍷 Reifer **Pinot Blanc**- und **Pinot Gris Spätlesen** aus dem Burgenland/A sind kampferprobte Recken im Umgang mit „Alexander Girardi", auch junger **Blaufränkisch** aus Horitschon (z. B. von PAUL KERSCHBAUM) und Neckenmarkt (z. B. von STEFAN WELLANSCHITZ, Mittelburgenland/A) hielt sich sehr tapfer.

ROTBARBE

(frz. ROUGET-BARBET, ital. TRIGLIA MINORE, span. SALMONETE)

Ein Mittelmeerfisch aus der Familie der → Meerbarben, der sich bevorzugt in felsigen Küstengewässern aufhält und ein Verwandter der Streifenbarbe ist. Die etwa 120 g schwere und 25 cm lange Rotbarbe hat keine Galle und wird in Frankreich auch unausgenommen zubereitet. Ihr Fleisch ist delikat, weiß, bißfest und fettarm, mit kleinen spitzen Gräten. Der berühmte französische Gastrosoph Brillat-Savarin (1755–1826) bezeichnete sie als „Schnepfe der Meere". Die Leber ist ein besonderer Gaumenschmaus und wird bevorzugt zum Aromatisieren von Fischsaucen verwendet.

Zu Rotbarbe gebacken wählen Sie einen **Rosé** aus Süditalien (**Five Roses** von LEONE DE CASTRIS, Salice Salentino/Apulien, **Castel del Monte Rosato**/Kalabrien von RIVERA, Andria, sowie **Etna Rosato**/Sizilien); zum Salat mit Rotbarbe, Rochen und Kaviar genießen Sie reifen, firnigen weißen **Chassagne-Montrachet Blanc** (z. B. von ANDRÉ RAMONET, Burgund/F); zu Rotbarbe à la „Nantaise" (gegrillt, mit würziger Sauce aus Leber, Schalotten, Wein, Butter, Petersilie) sind einheimischer roter **Gamay** und weißer **Muscadet de Sevre et Maine sur lie**/Loire/F sehr beliebt, und Rotbarbenfilet auf Erdäpfel-Kohlrabi-Gratin adelten wir durch die Begegnung mit einem Wachauer **Riesling Federspiel „Singerriedel"** von FRANZ HIRTZBERGER, Spitz/NÖ/A.

ROTBARBE MIT FENCHEL

Rotbarbe wird ausgenommen, in eine Kasserolle gegeben, mit blanchierten Fenchelstreifen belegt, mit Olivenöl beträufelt, gesalzen, gepfeffert (aus der Mühle) und mit Aniskörnern bestreut, in vorgeheizten Backofen geschoben, bei 225 °C ca. 15 Minuten gegart und mit Kartoffelpüree aufgetragen.

Sauvignon Blanc/S-STMK oder Loire, **Pinot Gris**/Elsaß, **Sylvaner**/Franken, **Pinot Blanc**/BGLD, **Pouilly Fuissé**/Burgund, **Coteaux du Languedoc**/S-F, **Rioja Blanco**/E, **Riesling Spätlesen** und **südländische Roséweine** sind hier die „üblichen Verdächtigen". Die vielleicht schönste Brücke zu Anis und Fenchel baute allerdings der cremig-würzige **Spumante Brut** (VER, 1–3 Jahre, 6–8 °C) von FAZI-BATTAGLIA, Titulus/Marken/I. Vorsicht vor tanninreichen Rotweinen, sie multiplizieren die Bitterstoffe von Fenchel und Anis.

ROTBARBE „NIZZAER ART" (ROUGET-BARBET „NIÇOISE")

Rotbarbe wird gewürzt, gemehlt, auf dem Rost gebraten, mit gehackten Tomaten, Sardellenfilets, entsteinten schwarzen Oliven garniert und mit Sardellenbutter gekrönt.

Rosé de Provence, **Muscadet**/Loire und **Côtes du Roussillon Rosé** (CAR, GR, CIN, SYR, 1–2 Jahre, 9–10 °C) von der DOMAINE CAZES, Rivesaltes/Roussillon/F, sind durch Duft, Aroma und Geschmack bestens für ein einvernehmliches Mahl geeignet, wobei natürlich ein aus Nizza stammender Wein Vorrang haben sollte. Der auf den Hügeln bei Nizza wachsende **Bellet Rosé „Château de Crémat"** erfüllte alle Bedingungen für ein kurzweiliges Mahl auf erfrischende Weise; und sogar die rote Version des **Château de Crémat** fand über die Oliven zu einem Konsens.

ROTBARSCH (GOLDBARSCH, SEEBARSCH)

(frz. SÉBASTE, engl. ATLANTIC REDFISH, ital. PESCE DEGLI SCORPENIDI, span. GALLINETA NÓRDICA)

Ein durch seine ziegelrote Farbe auffallender, lebendgebärender Meeresfisch mit mächtigem Drachenkopf und stacheliger Rückenflosse, der bis zu 1 m lang wird und sich in den norwegischen und isländischen Küstengewässern und vor allem vor Grönland aufhält. Sein Fleisch ist fett, fest und sehr schmackhaft. Zwischen Oktober und März erfreut er die Gaumen der Feinschmecker. Eine besondere Delikatesse ist die Leber.

Zu Rotbarsch mit Schalotten bewährten sich sowohl trockener (weißgepreßter) kalifornischer **White Zinfandel**, **Sylvaner** und **Riesling Spätlese** (Elsaß/F, Franken, Rheinhessen/D, NÖ/A) sowie auch gekühlter **roter Beaujolais Primeur**. Zu Rotbarbe mit Sardellenbutter ordern Sie **Pinot Gris Kabinett** oder jungen

Beaujolais Blanc (**Château de Jacques**, **Château de Chaintré**). Rotbarsch mit Balsamico-Sauce gleichen Sie mit **Muskateller Auslese** oder **Pinot Gris Spätlese** aus. Rotbarbe gefüllt vermählen Sie mit würzigem **Greco di Tufo Bianco „Vignadangelo"** (2–3 Jahre, 9–10 °C) von FAMILIE MASTROBERARDINO, Atripalda/Kampanien/I. Zu gegrilltem Rotbarsch sind auch die Roten, **Syrah** und **Cabernet Franc**, von erfreulicher Anpassungsfähigkeit, wobei die Grill-Rauchnote und der Fischgeschmack pikant betont werden.

ROTBARSCH MIT WACHSBOHNEN

Rotbarsch in Streifen schneiden, Schalotten würfeln, in Olivenöl anschwitzen, Fenchelkörner, Bohnenkraut und Wachsbohnen beigeben, mit Kraftbrühe aufgießen, aufkochen und 10 Minuten köcheln; Rotbarsch auf die Gemüse geben und ca. 20 Minuten garen, in den letzten 5 Minuten gehäutete, halbierte Tomaten dazugeben.

Schalotten, Olivenöl, Fenchel, Bohnenkraut, Wachsbohnen und Tomaten sind bei **südländischen Roséweinen** bestens aufgehoben. Unter den Weißen sind **Ribolla**/Friaul, **Muskateller**, **Riesling**, **Sauvignon Blanc**, **Coteaux d'Aix**/Provence (z. B. der faszinierende **Château de Beaupré** (SB 40 %, UB 60 %) aus Saint-Cannat empfehlenswert. Ideal auch die mit südfranzösischer Würze ausgestatteten Österreicher **Sauvignon Blanc** von HERBERT SCHILLING, Wien-Strebersdorf, und **Muskat-Ottonel Kabinett** von ALOIS KRACHER, Illmitz/BGLD.

ROTE BETE → ROTE RÜBEN

ROTE GRÜTZE

Norddeutsche Spezialität. 500 g rote Johannisbeeren, 250 g Himbeeren, 250 g Erdbeeren, 250 g Brombeeren mit etwas Wasser aufkochen und abseihen, 100 g Zucker beigeben, 30 g Speisestärke in Wasser auflösen und zur Fruchtsuppe geben, aufkochen, in Glasschalen füllen und eiskalt mit süßer Sahne servieren.

Edle **Rieslingsekte** mit dezenter Süße führten zu den gelungensten Blendings: **Deinhard Lila Imperial**, DEINHARD & CO, Koblenz, **Fürst von Metternich extra trocken**/Wiesbaden-Schierstein/Rheingau, **Moselriesling extra dry** von RUDOLF MÜLLER, Reil/Mosel, und **Mumm extra dry**, G. H. VON MUMM'SCHES WEINGUT, Geisenheim/Rheingau, standen in höchst erfreulichem Einklang mit dem deutschen Dessertklassiker.

ROTE RÜBEN (ROTE BETE, ROHNEN)

(frz. BETTERAVES, engl. BEET-ROOT, ital. BARBABIETOLI, span. REMOLACHAS)

Die dicken, fleischigen Knollen (Wurzeln) einer roten Rübenart, die als Salat und Wintergemüse sehr geschätzt wird. Die Wurzeln werden geschält, zumeist in Essig-Salzwasser weichgekocht und dann nach Rezeptur weiterverarbeitet. Da der Gehalt an Oxalsäure hoch ist, sollten Nieren- und Gichtkranke die Rohnen meiden.

Zum Salat von roten Rüben eignen sich Weißweine wie **Pinot Blanc** und **Pinot Gris**, **Welschriesling**, **Neuburger** sowie mildwürzige **Roséweine** internationaler Prägung. Rote-Rüben-Sauce läßt sich gerne von **Riesling-Sylvaner** aus der Aroma-Reserve locken.

ROTE RÜBEN MIT KÜMMEL

Gekochte Rüben in Streifen schneiden, mit etwas Essig begießen, Mehl in Schweineschmalz anschwitzen, mit Wasser löschen, Essig, Salz, etwas Zucker und Kümmelkörner dazugeben und die Rüben kurz einkochen.

Junge, tanningeprägte Rotweine vertragen sich kaum mit dem farbverwandten Gemüse, aber große, reife Gewächse (**Pinot Noir**) gewinnen oft an Samtigkeit, Frische und Würze, da sie sich Elemente der Rüben und der sie umgebenden Gewürze einverleiben. Charaktervolle **Roséweine** aus südlichen Gefilden sind fast immer richtig, und unter den Weißweinen ragen **Pinot Blanc** und **Pinot Gris**, **Neuburger** und **Welschriesling** hervor. Als Partner nach Maß zeigte sich ein imposanter **Welschriesling Kabinett** (1–3 Jahre, 8–9 °C) von

JOSEF PÖCKL, Mönchhof/Neusiedlersee/BGLD/A, der sich ganz eng an das Gemüse anschmiegte und dabei deutlich an Wärme, Saftigkeit, Würze und Finesse gewann. Säurereiche Kollegen aus der Steiermark und Niederösterreich/A dominierten eindeutig. **Rosésekte** sind allerdings auch einen Versuch wert. Aus der Gruppe der reifen **Pinots Noirs** seien die Gewächse der FAM. FAULHAMMER-KÖRPER, Deutsch-Schützen/S-BGLD, HANS REINPRECHT, Oggau, und GEORG & AXEL STIEGELMAR, Gols/BGLD, erwähnt.

ROTER DRACHENKOPF

(frz. RASCASSE ROUGE, engl. LARGE SCALED SCORPION FISH, ital. SCORPENA, span. CABRACHO)

Ein zur Familie der Skorpionfische zählender Meeresfisch von roter Farbe, großem, furchterregendem Kopf und spitzen Giftstacheln an den Rückenflossen. Mit etwa 25 cm Länge erreicht er seine Idealgröße im Mittelmeer, im Westatlantik, an der kalifornischen Küste und bei Neuseeland. Sein mageres, bißfestes, weißes Fleisch wird vor allem (Frühling und Herbst) in der → Bouillabaisse genützt; aber auch seinen „Bäckchen" und seiner Leber gilt das Interesse der Genießer.

Trockener **Sémillon** (z. B. vom CHÂTEAU XANADU, Margret River/Western Australia) gilt als das Nonplusultra aller Möglichkeiten. Er verband sich am geschicktesten mit dem Fischaroma, ohne es allerdings zu vertiefen. Sollten Sie dies eventuell wünschen, so greifen Sie auf einen gekühlten jungen Rotwein (**Bourgueil** und **Chinon** (CF), z. B. von CHARLES JOGUET, Sazilly L'Île-Bouchard/Touraine/Loire) oder einen superben **Pinot Noir** aus Oregon/USA (z. B. von PETER und CAROL ADAMS oder von der CAMERON WINERY) zurück.

RÖTHEL (ZUGER RÖTHEL)

Gilt unter Kennern als rarster und edelster aller Süßwasserfische! Er wird nur etwa 100 g schwer und besitzt ein weißes, unglaublich zartes Fleisch, das wie Forelle zubereitet wird. Zum Leidwesen der Feinschmecker kommt der Verwandte des → Saiblings nur im Zuger See/CH vor.

Zu so einem brillanten Stück Fisch versteht es sich von selbst, daß nur zarte und edle Weißweine in Betracht kommen: **Riesling-Sylvaner**, z. B. der charmante **Riesling-Sylvaner „Chrüzberger"** von ADOLF BISANG, Dagmerseilen, und der **Riesling-Sylvaner „Leutschner"** von STEFAN UND ERNST KÜMIN, Freienbach/Zentralschweiz, und **Chasselas** aus der W-CH, **Riesling** (die weltbesten) sowie rassiger **Chardonnay** mit wenig Holzausbau für die gegrillte Version.

ROTKAPPE (ROTHÄUBCHEN)

Feiner Speisepilz (Röhrling), der von Juli bis Oktober unter Birken und auf Heideflächen wächst. Der wohlschmeckende Pilz färbt sich beim Zubereiten schwarz, doch ändert dies nichts an seiner Qualität.

So wie die meisten Pilze ist auch das Rotkäppchen auf alte, pilzig-firnige Weißweine wie **Pinot Blanc** und **Pinot Gris**, **Neuburger**, **Grüner** und **Roter Veltliner**, **Malvasier** ...) eingeschworen. Jugendlich-fruchtige Exponate schaffen keine Harmonie, sondern übertönen das zarte Pilzaroma gnadenlos.

ROTKRAUT (ROTKOHL, BLAUKRAUT, ROTER KAPPES)

(frz. CHOU-ROUGE, engl. RED CABBAGE, ital. CAVOLO ROSSO, span. LOMBARDA)

Ein aus China stammendes Kopfgemüse von violetter Farbe, das heute weltweit angebaut wird. Vorbereitung: Außenblätter abbrechen, Kopf vierteln, Strunk beseitigen, Julienne schneiden und etwa eineinhalb Stunden weichdünsten. Ein Tip: Die Beigabe von etwas Essig intensiviert die schöne Farbe.

Ein superber schäumender **Vouvray demi-sec**/Loire/F betont vor allem die süßliche Note des Rotkrauts, während klassische Rotweine (**Pinot Noir**, **Cabernet-Merlot**, **Sangiovese**, **Blaufränkisch** ...) die Würze hervorheben, aber keineswegs mit der Süße kollidieren. Zu Rotkrautsuppe ist allerdings (weißer) **Sylvaner** anzuraten. Die Aromen eines an und für sich schon exquisiten Rotkrauts auf „Westfälische Art" wurden durch einen saftigen **Spätburgunder „Dernauer Pfarwingert"**, WEINGUT MEYER-NÄKEL, Dernau/Ahr, noch zusätzlich verfeinert.

ROTKRAUT MIT KASTANIEN

✐ Zwiebelwürfel und Apfelspalten in Gänseschmalz andünsten, Rotkrautstreifen 10 Minuten mitdünsten, Zucker, Weinessig, Salz, Pfeffer aus der Mühle, Lauchringe und eine mit Gewürznelken gespickte Zwiebel dazugeben, zugedeckt 1 Stunde schmoren, 15 Minuten vor Ende der Garzeit Kastanien (Maronen) im heißen Backrohr 10 Minuten rösten, Schalen ablösen, Kastanien zum Rotkohl geben und anrichten.

🍷 **Pinot Noir** (vor allem **Gevrey-Chambertin** und **Santenay**/Burgund/F), edler **Blaufränkisch** (E. TRIEBAUMER, Rust, TIBOR SZEMES, Horitschon, PROF. MÜHLGASSNER, Eisenstadt/Neusiedlersee-Hügelland/A ...), die Toskana-Stars **Brunello di Montalcino** und verschiedene **Super-Tuscans** (**Fontalloro**, **Solaia**, **Lupicaia**, **Sammarco** ...) sowie einzelne **Sankt Laurent** (GERNOT HEINRICH, Gols, JOSEF PÖCKL, Mönchhof, GEORG & AXEL STIEGELMAR, Gols/Neusiedlersee/A ...) und **Cabernet-Merlot** (MALTESER RITTERORDEN, Mailberg/NÖ, HANS MOSER, Eisenstadt/BGLD, DOMÄNE MÜLLER, Groß Sankt Florian/S-STMK, GERALD MALAT, Furth-Palt/Kremstal/NÖ/A ...), im Barrique ausgebaut, sind allesamt aufregende Begleiter von zeitloser Schönheit und Delikatesse.

ROTZUNGE (KLIESCHE, GLAHRKE)

(frz. LIMANDE, engl. DAB, ital. LIMANDA, span. LIMANDA)

✐ Plattfisch aus der Familie der Schollen, der sich in den nördlichen Meeren, vorzugsweise südlich von Island, findet. Er erreicht nicht die Klasse der Seezunge (das Fleisch ist weniger konsistent), obwohl er manchmal dafür ausgegeben wird!

🍷 Zu Rotzunge im Schweinenetz sind sardischer **Torbato di Alghero** von SELLA & MOSCA, Alghero, sowie **Cassis** und **Bellet Blanc**/Provence/F illustre Begleiter, zu Rotzunge „Müllerin" (in Milch und Mehl gewendet, in frischer Butter gebraten, mit Zitronenscheiben garniert) haben sich internationale **Rieslinge** (A/D/ZA ...) bewährt, und zu Limande (Rotzunge) au Chambertin ist der Rotwein ja schon vorprogrammiert, z. B. der geschmeidige **Griotte-Chambertin GC** von GEANTET-PANSIOT, Gevrey-Chambertin/Burgund/F.

ROTZUNGENFILETS AUF „ELSÄSSISCHE ART"

✐ Filets in gutem Fischfond dünsten, auf Weinsauerkraut plazieren, mit → Sauce Mornay überziehen, kurz überkrusten und auftragen.

🍷 Neben den haushohen Favoriten (**Riesling** und **Sylvaner**/Elsaß) konnten sich überraschenderweise auch einige kühle, frische Rotweine (**Pinot Noir**/Elsaß und **Beaujolais**/Burgund) in Szene setzen.

ROTZUNGENFILETS MIT MEERRETICHCREME

✐ Rotzungenfilets in Fischfond etwa 10 Minuten pochieren und warmstellen; Weißwein mit Schalottenwürfeln aufkochen und reduzieren, Crème fraîche einrühren, frisch geriebenen Meerrettich beigefügen, Sauce mit Schneebesen aufschlagen, nach und nach Butter einrühren, salzen, pfeffern (Mühle); Filets auf Tellern anrichten, mit Sauce begießen, mit Petersilie bestreuen und mit Püree von frischen Erbsen servieren.

🍷 Im Sommer sind jugendlicher **Penedès Blanco**/E, **Chardonnay** mit nur zartem Holzton und **Sauvignon Blanc**/S-STMK oder Loire/F von gaumen- und herzerfrischender Art, doch die wahren Freuden erlebt der Feinschmecker nur mit elegantem, traubig-frischem **Rieslingsekt**, z. B. **„Ritter von Dürnstein"** von KARL INFÜHR, Klosterneuburg/A, und perlschnurartig schäumendem **Cava Blanc de Blancs** (XAR, VIU, PAR, 2–4 Jahre, 6–8 °C) von SEGURA-VIUDAS, Sant Sadurni d'Anoia/Penedès/E, die im Zusammenwirken mit Meerrettich, Crème Fraîche und Schalotten all ihre Eleganz und Finesse einbrachten. Der berühmte **„R"** (PN, 5–10 Jahre, 6–8 °C) von RUINART, Reims/Champagne, ging zwar mit der Sauce eine Scheinehe ein, flirtete aber gleichzeitig mit den Schalotten und hatte für die Zunge wenig übrig.

ROUILLE

Scharfe südfranzösische Würzpaste. Knoblauchzehe abziehen und mit kleiner roter Pfefferschote im Mörser zerstoßen, gekochte kalte Pellkartoffel oder in Fischbrühe eingeweichte Semmelbrösel beigeben, Safran und Olivenöl peu à peu einrühren, bis eine mayonnaiseartige Sauce entsteht. (Die Rouille hat als rassige Begleiterin der → Bouillabaisse auch bei uns Furore gemacht.)

Prominenteste und bewährteste Begleiter der heißblütigen Rouille sind würzig-frische, fruchtig-kühlende **Roséweine** aus Südfrankreich (**Côtes de Provence**, **Côtes du Roussillon** ...) und von der Loire (**Rosé de Loire**, **Rosé d'Anjou** ...) sowie die Weißweine **Muscadet**/Loire und **Clairette de Languedoc**/S-F (z. B. von der DOMAINE D'AUBEPIERRE, Roujan).

RÜHREIER

(frz. OEUFS BROUILLÉS, engl. SCRAMBLED EGGS, ital. UOVE STRAPAZZATE, span. HUEVOS REVUELTOS)

Eier werden in zerlassener Butter mit etwas Rahm, Salz und Pfeffer gerührt, bis die Masse weich ist, und je nach Rezeptur mit diversen Materialien weiterbehandelt. Ein kleines Problem ist der Schwefelgehalt der Rühreier, der vom Wein angenommen werden kann.

Zu Rühreiern mit jungen Knoblauchschößlingen hält **Rioja Blanco**/E (mit Eichenausbau) die Balance; zu Rühreiern mit Estragon und Tomaten sind reifer **Malvasier** und Walliser **Malvoisie** (**Pinot Gris**), z. B von JOSEF-MARIE CHANTON, Visp, ideal; zu Rühreiern mit Lachs und Kaviar ist **Champagne Brut** superb; zu Rühreiern mit Schinken raten wir zu weißem **Aligoté/F** oder **Pinot Gris**, und zu Rühreiern mit Speck waren die Roten (**Kalterer See**/Südtirol und **Rioja**/E) begeisternde Mitstreiter. Rühreier mit Geflügelleber werden von würzigem **Pinot Noir** behutsam untermalt, doch das Duett mit trockenem **Vouvray**/Loire von G. HUET wurde zu einem elitären Wunschkonzert für den Gaumen. Rühreier mit Sauerampfer und Crème fraîche schaffen nahezu ideale Bedingungen für hochklassige, reife **Sauvignons Blancs** und **Sylvaner** ohne aggressive Säure, am besten im Spätlesebereich.

RUM

Branntwein aus Zuckerrohr, Zuckerrohrmelasse oder anderen Rückständen der Zuckerrohrgewinnung. Spanische Siedler bauten nach der Entdeckung durch Columbus auf den Westindischen Inseln in der Karibik Zuckerrohr an und brannten daraus das von den Einheimischen als „Rumbullion" (Krawall) bezeichnete Feuerwasser. Britische Seeleute nannten das hochprozentige Getränk „Killdevil" (Teufelstöter), und erst in diesem Jahrhundert wurde daraus ein kultiviertes Getränk. Man unterscheidet weißen (klaren) und mit Zuckercouleur gefärbten dunklen Rum. Zu den berühmtesten Marken zählen der weiße „Bacardi", Kuba, und der dunkle „Coruba", Jamaika.

Rum als Speisenbegleiter wird infolge seiner Intensität von den meisten Weinen gefürchtet. Zu Fleischspeisen mit Rum-Reduktion eignen sich alte **Pinot Blanc Spätlesen**, reifer **Hermitage Blanc**/nördl. Rhône/F, reifer roter **Saint-Émilion** (**Château Cheval Blanc**/Bordeaux) und mächtiger **Grange**/AUS. Zu Süßspeisen mit Rum sind vor allem **Strohweine** (**Vin Santo** ...), **australische Liqueur Muscats**, roter **Banyuls Grand Cru**/Roussillon, **Pineau des Charentes**, sehr alte **Sauternes**/Bordeaux/F und einzelne reife **Trockenbeerenauslesen** gefragt. Als Begleiter von üppigen, süßen Schokoladedesserts ist Rum einsame Spitze!

RUMPSTEAK

Engl. rump/Rumpf; steak/Stück. Tranche aus der Rinderhüfte bzw. aus dem verlängerten Roastbeef, manchmal auch aus dem flachen Roastbeef geschnitten, ca. 200 g schwer und fingerdick. Das Rumpsteak wird in idealer Form englisch (rosa) gebraten, der weiße Fettrand in Abständen von ca. 1 ½ cm eingeschnitten, damit sich das Fleisch beim Braten nicht krümmt.

🍷 Die Empfehlungen für → Entrecôte sind auch hier anwendbar. Saftiges Rumpsteak geht gerne Bündnisse mit ebenfalls saftigen, fleischig-rustikalen Rotweinen (**Médoc**/Bordeaux, **Rhône**/F, Australien ...) ein, die im Sommer auch etwas fruchtcharmanter sein „dürfen". Rumpsteak „Danichew" (mit → Sauce Béarnaise, Kaviar, Buttererbsen und Kartoffelkroketten) vesuchten wir im Sommer mit rotem **Chinon**/Loire, würzigem **Cru Bourgeois**/Médoc und blumigem Cru-Beaujolais **„Fleurie"**/Burgund/F, doch im Winter sind die „Landadeligen" aus Béarn/Baskenland (**Irouléguy** von der DOMAINE DE MIGNABERRY, Mignaberry) und **Madiran** (vom CHÂTEAU BOUSCASSÉ, Maumusson) nicht zu überbieten. Rumpsteakstreifen mit Schalotten, Oliven Pfefferschoten und Tomatenwürfeln genossen wir mit jugendlichem **Coteaux d'Aix en Provence Rouge**/Provence/F und erdigem **Minervois**/Languedoc/SW-F, die beide für ein feuriges Mahl sorgten; im Winter ist extraktreicher **Brunello di Montalcino**, z. B. von SCOPETONE, Montalcino/Toskana/I, eine Klasse für sich.

RUMPSTEAK „MIRABEAU"

🖋 Rumpsteak in Öl anbraten, salzen, pfeffern (Mühle), im Bratfond Sardellenstreifen, halbierte grüne Oliven und Estragonblätter kurz dünsten, über das Steak gießen, mit frischer Brunnenkresse dekorieren und mit Sardellenbutter und Strohkartoffeln vollenden. (Graf von Mirabeau, 1747–1791, war französischer Staatsmann, Präsident der Nationalversammlung und gemäßigter Initiator der Französischen Revolution.)

🍷 Oliven, Estragon und Sardellen sind keineswegs als Rotweinfreunde zu bezeichnen, und es ist durchaus möglich, hier einmal auf einen kraftvoll würzigen reifen Weißwein (z. B. **Coteaux d'Aix**/Provence, **Beaujolais Blanc**/F bzw. exotische, internationale **Chardonnays**, **Châteauneuf-du-Pape Blanc**/südl. Rhône oder **Sherry Fino** bzw. **Montilla-Moriles seco**/E) auszuweichen. Die interessantesten „Kompromißweine" sind wieder einmal **südländische Roséweine**, die besonders im Sommer ihren Reiz haben. Unter den möglichen Rotweinen sind frisch-fruchtige **Jungweine** (15–16 °C) der Rebsorten **Barbera**, **Gamay**, **Pinot Noir** und **Blaufränkisch** an vorderster Stelle zu nennen. Geradezu faszinierend ist die Zusammenstellung mit **Châteauneuf-du-Pape „La Bernardine Blanc"** (z. B. von M. CHAPOUTIER oder CHÂTEAU RAYAS, CL, BLC, 4–6 Jahre, 8–11 °C), ein Wein zum Kauen, der Oliven (!), Estragon, Sardellen und Steak mit Leichtigkeit in den Griff bekam.

SABAYON → CHAUDEAU → ZABAIONE

SACHERTORTE

🖋 Berühmte Wiener Mehlspeise. 140 g Butter mit 80 g Zucker schaumig rühren, 180 g geschmolzene Schokolade, 8 Eigelb und eine Packung Vanillezucker darunterrühren, 8 sehr steif geschlagene Eiweiß (Schnee) mit 80 g Zucker verrühren und unter die Masse ziehen, jetzt noch 140 g Mehl beimengen, das Ganze in eine gebutterte, mit Bröseln bestreute Backform geben und bei mittlerer Hitze backen; ausgekühlte Torte umdrehen, mit 200 g Marillenmarmelade bestreichen, mit Schokoladenfondant überziehen und stets mit Schlagobers servieren. (Franz Sacher, 1816–1907, Gründer des berühmten Wiener Nobelhotels bei der Oper, kreierte die Torte bereits als sechzenhnjähriger Kochlehrling am Hofe des Fürsten Metternich.)

🍷 Österreichs Parade-Prädikatsweine im Auslese-, Beerenauslese- und Ausbruch-Bereich (**Bouvier**, **Neuburger**, **Riesling**, **Riesling-Sylvaner**, **Traminer**, **Zierfandler** ...) sind die beste Grundlage für einen gelungenen Menüabschluß im Verein mit der geschichtsträchtigen Torte. Mag es der Bouviertraube auch ein wenig an Finesse mangeln, als Partner der berühmten Wiener Süßspeise hat sie eigentlich noch nie enttäuscht. Die **Bouvier Beerenauslese** (8–12 Jahre, 9–11 °C) von JOSEF KLEIN, Illmitz/Neusiedlersee/BGLD/A (bernsteinfarben mit Goldschimmer; verhaltener Duft mit feinsten Nuancen nach Schokolade, Zitrusfrüchten und Gewürzkräutern, dicht, ölig, mit elitärer Honig-Botrytis-Süße im fulminanten, nicht klebrigen Schlußchor), überraschte uns durch ihren jugendlich frischen Geschmack. Weitere Bouvier-Spezialisten sind MARTIN HAIDER, Illmitz, und JOHANN MÜNZENRIEDER, Apetlon/BGLD. Kulinarisch Wagemutige sollten einmal ein Glas **Antillenrum** dazu versuchen – es lohnt sich!

SÄCHSISCHES SCHNITZEL

✐ Vier Eier mit gehackter Petersilie vermengen, salzen, über sautierte Steinpilze gießen, flaumiges Rührei bereiten und auf ein gebratenes Kalbsschnitzel (natur) setzen.

🍷 Traditionsreiche Begleiter des ehrwürdigen Schnitzels sind reifer **Grau-** oder **Weißburgunder** aus Deutschland und neuerdings auch mittelreife **Chardonnays** und **Spätburgunder** im Kabinettbereich.

SAFRAN

(frz. SAFRAN, engl. SAFFRON, ital. ZAFFERANO, span. AZAFRÁN)

✐ Ein seit der Antike bekannter Würz- und Farbstoff, der aus den getrockneten Blütennarben der kultivierten Safranpflanze gewonnen wird. 80.000 Blüten ergeben nur 1 kg Safran, was dieses Gewürz zum teuersten der Welt macht. Safran gibt den Speisen (Bouillabaisse, Reis, Hammelgerichten, Back- und Teigwaren) eine kräftiggelbe Farbe und einen scharf-bitteren Geschmack, der von einem ätherischen Öl stammt. Die Griechen streuten Safran ins Brautbett, die Römer benutzten Safrangetränke gegen die Übermacht des Weins, und im Mittelalter gab es fast keine Speise, die nicht mit Safran gewürzt wurde. Bis ins 19. Jahrhundert galt der österreichische Safran als der weltbeste, heute hat der südfranzösische Gâtinais-Safran seinen Platz eingenommen. Gemäß neuester Forschungen gilt Safran als echter Stimmungsmacher, der über die Geschmacksnerven eine Ausschüttung von Glückshormonen bewirkt.

🍷 Glanzvolle Verfeinerer des „roten Goldes" sind leicht perlender **Gaillac Blanc**/SW-F, reifer **Corton-Charlemagne**/Burgund, **Furmint**, **Traminer**, **Sauvignon Blanc Spätlese**, **Pinot Gris**, **Riesling**, **Pinot Blanc Spätlese**, **Rotgipfler**, **Malvasier**, **Chasselas**/CH, **Trebbiano** und **Soave**/I. Fischterrine mit Safrangelee und Jakobsmuscheln, an sich schon ein aromatischer Traum, wurde durch die Kombination mit rarem edlem **Château Grillet**, Verin/nördl. Rhône/F, zu einem Göttermahl. Safrankuchen mit Mandelcreme ist **Spätrot-Rotgipfler Berenauslesen** ein dankbarer Helfer. Safrankuchen mit Honigsauce ist reifen **Sauternes**/F zugetan, und Safrantorte mit Marzipan erlag dem geist(alkohol)reichen Charme eines **Muscat de Rivesaltes** von M. CHAPOUTIER/Roussillon/S-F; exzellent auch das Zusammenspiel mit exotisch-süßen **Scheureben** (z. B. von JOHANN TSCHIDA oder ALOIS KRACHER, Illmitz; JOSEF PÖCKL oder ROBERT KERINGER, Mönchhof/Neusiedlersee/BGLD/A).

SAHNE (RAHM, OBERS, SÜSSE SAHNE, SCHMAND, NIDEL)

(frz. CRÈME, engl. CREAM, ital. CREMA, span. NATA)

✐ Ein Milchprodukt aus Milchfett, das der Milch beim Zentrifugieren entzogen wird und weiters aus Wasser, Milcheiweiß, Milchzucker, Vitaminen und Mineralstoffen besteht. Sahne ist sehr kalorienreich und weist mindestens 10 % Fett auf. Schlagsahne hat mindestens 28 % Fett. Englische und französische Sahnen sind im Fettgehalt noch höher. Saure Sahne ist in Milchsäuregärung übergegangene Sahne. (→ Schlagsahne) Außerdem ist Sahne ein wichtiger Aromaträger, der den Geschmack begleitender Produkte erst richtig zur Geltung bringt.

🍷 Der Milchzucker und das Fett verlangen nach milden bis lieblich-süßen, gut gepolsterten Weißweinen (**Riesling-Sylvaner**,**Pinot Gris**, **Neuburger**, **Muskateller**, **Muskat-Ottonel**, **Zierfandler**, **Malvasier**, **Gutedel/Chasselas** und **Humagne Blanche**/CH, **Chenin Blanc**/Loire, **Sémillon**/Sauternes, **Verduzzo** und **Picolit**/Friaul/I usw.). Biologischer Säureabbau ist dabei von Vorteil.

SAIBLING (SEESAIBLING, SALMLING, RÖTLING, ROTFORELLE)

(frz. OMBLE CHEVALIER, engl. CHAR, ital. SALMERINO)

✐ Ein Süßwasserfisch aus der Familie der Salmoniden (Lachse), der als Wandersaibling in den Tiefen unserer Alpenseen, den schottischen, englischen und skandinavischen Binnenseen und

Teichen vorkommt. Er wird 20 bis 40 cm lang und etwa 1 kg schwer, besitzt ein rosafarbenes, nussiges Fleisch, das sogar die Forelle an Zartheit, Bißfestigkeit und Wohlgeschmack übertrifft. Der gezüchtete Bachsaibling ist etwas weniger schmackhaft.

🍷 Zum Saiblingsfilet mit Flußkrebsen gönnen Sie sich **Champagne Brut**/F; Saibling in Dill-Gurken-Sud ist gut kombinierbar mit mittelreifem **Riesling Kabinett**/Wachau/NÖ/A oderMosel/D. Saibling nach „Zuger Art" wird von feinstem **Malvoisie Crête Ardente**, DOMAINE DU MONT D'OR, Sion/Wallis/CH, perfekt untermalt. Saibling blau gekocht nahm zarten **Moselriesling** (bzw. **Riesling-Sylvaner**) als Partner. Saibling mit Ruccolasauce schickten wir siegreich mit südsteirischem **Morillon** in den Ring. Saiblingscarpaccio wurde von rassigem **Grünem Veltliner** von JOSEF SCHMIDT, Wien-Stammersdorf/A, begleitet. Saiblingsfilet mit Zitronensauce und Blattspinat wurde von WILHELM SATTLERS **Weißem Klevner**, Gamlitz/S-STMK/A, gekonnt in Szene gesetzt. Saibling gebraten knüpfte zarte Bande mit dem finessenreichen **Chardonnay** von MANFRED PLATZER, Tieschen/SO-STMK. Saibling in Kartoffelkruste mit Spargel verlangt nach **Sauvignon Blanc**. Saibling fritiert wurde von der seidenweichen **Ruländer Erstlese „Ried Gabrissen"** von PETER BERNREITER, Wien-Großjedlersdorf/A, geschickt umgarnt. Saibling „Ançienne" (gespickt mit gesalzenem Schweinefleisch und Trüffelstreifen und gefüllt mit einer Mischung aus Brotkrumen, Fischrogen, Butter, Eier und Rahm) fand seinen Herrn und Meister im gewaltigen reifen **Hermitage Blanc „Chevalier de Sterimberg"** von Altmeister PAUL JABOULET, Tain l'Hermitage/nördl. Rhône/F. Saiblingsragout wurde letztendlich vom elitären roten (**Grand Cru**) **Corton** von J. FAIVELEY/Burgund/F in noch höhere Sphären geführt; mittags sind allerdings etwas leichtere **Pinots Noirs** (Stahltank), gekühlt serviert, einzuplanen.

SAIBLING IN CRÈME FRAÎCHE

✎ Saibling salzen, pfeffern (Mühle), mit gehackten Kräutern in Zitronensaft und etwas Wasser dünsten, Fond mit Crème fraîche verkochen und über den Fisch gießen, mit geriebenem Weißbrot bestreuen, mit zerlassener Butter beträufeln und im heißen Backofen kurz gratinieren.

🍷 Kräuter, Zitronensaft und Crème fraîche können von samtig-milden Weißweinen mit hohem Extrakt (**Graves Blanc**/Bordeaux, **Chenin Blanc**/Loire, **Riesling-Sylvaner Spätlese**, **Chasselas**, **Malvasier**, **Pinot Gris**, **Zierfandler**, **Rotgipfler**, **Roter Veltliner**) sehr gut betreut werden. Der zart moussierende **Saint Saphorin „Roche Ronde"** (CHA, 1–3 Jahre, 8–9 °C) von J. & P. TESTUZ, Cully/Waadt/CH, begeisterte durch samtige Weichheit, mit der er die Creme einhüllte, und gleichzeitig durch prickelnde Finesse, die die Kräuter-Zitrus-Note aktivierte. Der feine **Ruländer Kabinett „Bötzinger Lasenberg"**/WG BÖTZINGER/Baden/D schaltete auf totalen Gleichklang und die kraftvoll-weiche, haselnussig-minzige **Roter Veltliner Spätlese „Ried Welfel"** (2–5 Jahre, 9–11 °C) von ANTON SÖLLNER, Gösing am Wagram/NÖ, konnte besonders die Reize der Sauce und der Haut hervorheben.

SAKE (SAKI)

✎ Japanischer Reiswein, der aus hefevergorenem poliertem Reis hergestellt wird und 12 bis 15 % Alkohol enthält. Das sherryähnliche Nationalgetränk der Japaner wird auch in China seit zweieinhalb Jahrtausenden meist warm aus kleinen Tassen geschlürft oder auch zum Aromatisieren von Speisen verwendet. Man unterscheidet zwischen dem samtigen „Amai", der herb-kräftigen „Karai", dem superben, harmonischen „Gekkaikan", dem fruchtigen „Ginjoh Shu" und dem reifen Jahrgangs-Sake „Koshu".

🍷 Je nach Lust, Laune, Tages- und Jahreszeit ist **Sake** zu Fisch, Muschel-, Krustentieren und Gemüsegerichten in seinen diversen Variationen ein angenehmer Begleiter. Insbesondere → Kroepoek, → Frühlingsrolle, → Quiche, Sashimi (Rohfischgericht), Sushi (Kanapeeart aus Reis, Tang, Gewürzen, Fisch, Pilzen usw.), → Sukiyaki, Tempura (Fisch-, Krabben- und Gemüsestücke in Backteig) sowie → Pilze (Matsutake, Tong-Ku usw.) gewinnen durch edlen **Reiswein** an fernöstlicher Exotik. Sake mildert Salz- und Fischgeschmack und überdeckt (leider) auch manchen Küchenfehler.

SALADE NIÇOISE (SALAT NACH „NIZZAER ART“)

✐ Umgangssprachlich „Niçoise“. Südfranzösische (Nizza/Provence) Spezialität aus frischen Tomaten, Gurken, Prinzeßbohnen, Artischocken, grünen Paprikaschoten, kleinen Zwiebeln, Knoblauch, schwarzen Oliven, Sardellenstreifen und harten Eiern. Wird oft abgewandelt und verfälscht.

🍸 **Côtes de Provence Rosé**, **Coteaux d'Aix en Provence Rosé**, **Sylvaner**/Elsaß, **Terret-Sauvignon** und **Bellet Blanc**/Provence als Weißwein-Abgeordnete und der fruchtig-frische, gekühlte rote (!) **Gamay de Touraine**/Loire gehören zu den Lieblingen französischer Sommeliers im Umgang mit dem schwierigen Gericht.

SALAMI

✐ Eine berühmte fette, harte Rohwurst, deren Name vom italienischen „saláme“/Salzfleisch abgeleitet wird. Früher in Italien und Ungarn aus fein gehacktem Schinkenfleisch des Schweins mit Zusatz von Rind-, Esel-, Büffel- und Pferdefleisch bereitet, ist sie heute meist nur mehr ein Produkt aus Eselfleisch, Schweinefleisch und Speck, gewürzt mit Pfeffer, Salz, Knoblauch und Rotwein (aus Italien), fest gewickelt und drei bis sechs Monate luftgetrocknet, wo sie mit trockenem Edelschimmel überzogen wird. In österreichischen und deutschen Produkten wird Rindfleisch, Schweinefleisch und Speck verwendet, und der weiße Belag ist kein Schimmel, sondern durch Kalk oder Magnesia entstanden.

🍸 In Italien sind die Roten (**Barbera**, **Nebbiolo**/Piemont, **Monica di Sardegna**/Sardinien und **Merlot** …) sowie die Weißen (**Verduzzo**/Friaul, **Lugana**/Lombardei und **Pinot Grigio**) als „Weichspüler“ der harten Rohwurst in aller Munde. Allgemein gesehen sind einfache Rotweine (**Syrah**, **Zweigelt** …) oder **Roséweine** (**Schilcher**/W-STMK, **Zweigelt Rosé** …) verheißungsvolle Empfehlungen.

SALATE

(frz. SALADES, engl. SALADS, ital. INSALATE, span. ENSALADAS)

🍸 Wegen des Dressings hielt man Salate lange Zeit für weinfeindlich. Doch haben wir bereits unter Essig berichtet, daß man mit runden, säurearmen bzw. aromatischen oder restsüßen Weißweinen (**Tocai Friulano**, **Pinot Grigio**/I, **Muscat d'Alsace**/F usw.) oder leichtem **Pils** sehr wohl ein Pendant finden kann. Zu gemischtem Salat empfehlen wir zum Beispiel **Malvasier Jungwein** oder **Chardonnay** (Stahltank). Zu Salat von Keimlingen eignet sich junger **Riesling-Sylvaner**. Zu einer Salatkombination mit Kalbsbries und Madeiradressing paßte **Südtiroler Pinot Blanc** haargenau. Sojasalat mischten wir erfolgreich mit **Pinot Gris** und auch **Clairette de Languedoc**/F. Ruccolasalat verlangt nach **Verdicchio**/Marken/I. Wichtig ist natürlich auch die Art des Dressings (Essig, Olivenöl usw.). (Siehe auch → Salade Niçoise) Rassige Weißweine sollten etwas Restsüße aufweisen!

🍸 Knoblauchdressing wird von **Grünem Veltliner**/Wachau oder **weißen Penedès**/E in Schach gehalten. Liebstöckeldressing konterkarierten wir mit **Traminer** und **Grünem Veltliner**. French Dressing ist auf **Muscat d'Alsace** eingestellt. Kräuterdressing (mit Kresse) wartet auf milden reifen **Sauvignon Blanc**. (Siehe auch → Roquefort-Dressing, → Thousand-Islands-Dressing, → Zitronen-Öl-Dressing)

SALBEI

(frz. SAUGE, engl. SAGE, ital. SALVIA, span. SALVIA)

✐ Grünlichsilbergraue Würz- und Heilpflanze (Lippenblütler), etwa einen halben Meter hoch, die vorwiegend aus Jugoslawien importiert wird. Die eiförmigen, länglichen Blätter enthalten neben ätherischem Öl, das balsamartig riecht und bitterwürzig schmeckt, Flavanoide, Gerbsäuren und Spuren von Östrogen, die als Seelenbalsam und Magenreiniger gelten. Salbei dient zum Würzen von Suppen, Saucen, Eier-, Fisch- und Fleischgerichten, Teigwaren, Desserts usw.

Getrockneter Salbei hat eine höhere Würzkraft als frischer. In England dient Salbei zum Würzen von → Gloucesterkäse, und in Italien finden wir ihn in der → Saltimbocca à la Romana. (→ Schleie in Salbei)

🍷 In Frankreich (**Chinon** und **Bourgueil**/Loire, **Bellet Rouge**/Provence, **Minervois Rosé**/Languedoc und **Rully Blanc**/Burgund sowie trockener **Cidre**) und Italien (**Valcalepio Rosso**/Lombardei, **Brunello**/ Toskana sowie die weißen **Frascati**/Latium, **Blanc de Morgex**/Aostatal, **Greco di Tufo**/Kampanien, **Sauvignon**/Friaul ...) eignen sich zahlreiche Weiß-, Rosé- und Rotweine als Begleiter der bitterwürzigen Pflanze. In unseren Breiten greift man meist auf **Riesling-Sylvaner**, **Pinot Gris**, **Malvasier** und **Roter Veltliner** zurück.

SALM → LACHS

SALMI (SALMIS)

Federwildragout mit brauner Sauce. Das Wildgeflügel wird saignant (blutig) gebraten und in kleine Stücke zerteilt. Aus den Knochen und der Karkasse (Gerippe) mit etwas Fleisch daran wird eine würzige Sauce zubereitet, in der die Fleischstücke angerichtet werden. (Der Name geht auf eine ebenso schöne wie lebenslustige Hofdame der Maria von Medici, Salmangondi, zurück, die das Rezept aus Italien nach Frankreich mitbrachte.)

🍷 Empfehlungen siehe → Fasan, → Rebhuhn, → Schnepfe, → Wildente, → Wildtaube.

SALONBEUSCHEL

Österreichische Spezialität. Feingehackte Zwiebeln, Petersilie, Gewürzgurke, Sardelle und Kapern mit abgeriebener Zitronenschale in brauner Mehlschwitze zart anrösten, mit Rindsuppe auffüllen, mit Salz, Pfeffer und Essig würzen, durchkochen, durchseihen, feinstreifig geschnittene Kalbslunge hineingeben, mit Senf, Majoran und Estragonessig aromatisieren und mit Spiegelei und Knödeln servieren. (Siehe auch → Kalbsbeuschel)

🍷 **Weißbier** sowie einige fruchtig-würzige Weißweine (**Riesling**, **Welschriesling**, **Muskateller** und edler **Grüner Veltliner**/Wachau/NÖ/A ...) können ein gutes Salonbeuschel aus der Anonymität herausheben. Bei unseren Tests dominierten die rassigen Südsteirer (**Morillon**, **Chardonnay**, **Pinot Blanc**, **Welschriesling**, **Sauvignon Blanc** ...) allzusehr, doch einige weiße Burgenländer, allen voran die superben **Welschrieslinge** von JOSEF PÖCKL, Mönchhof, und FRANZ LENTSCH, Podersdorf/Neusiedlersee/A, erhöhten sogar das vielschichtige Beuschelaroma und verfeinerten die Innereientöne auf subtilste Weise.

SALSA ROMESCO → SAUCE ROMESCO

SALSA VERDE

Ital. grüne Sauce. Kalte Sauce zu gekochtem Fleisch (→ Bollito Misto) usw. 1 bis 2 hartgekochte Eier, Kapern, Petersilie und 1 Knoblauchzehe werden gehackt und mit $^1/_{10}$ l Olivenöl und dem Saft einer halben Zitrone vermengt, gesalzen und gepfeffert (Mühle).

🍷 Unabhängig von der regionalen Art des Bollito Misto sind **Frascati**/Latium, **Soave**/Venetien, **Verdicchio**/Marken, **Sauvignon** und **Tocai**/Friaul sowie internationale **Malvasier** und **südländische Roséweine** die begehrtesten und bewährtesten Partner. Säurereiche Weißweine kollidieren mit dem Zitronensaft, und die Tannine junger Rotweine erscheinen durch den frischen Knoblauch und den Zitronensaft bitter und deplaziert. Mit dem rohen Knoblauch sollte man generell etwas Zurückhaltung üben, da er die Geschmackspapillen vorübergehend irritieren kann!

SALTIMBOCCA ALLA „ROMANA“

Ital. Spring in den Mund. Italienische (römische) Spezialität. 4 kleine Kalbfleischscheiben (aus der Kalbsnuß) mit Salz und Pfeffer (Mühle) würzen, mehlen; jedes Stück mit je einem Salbeiblatt und einer Scheibe Parmaschinken belegen, mit Kalbfleischscheibe zudecken und mit Zahnstocher befestigen, in heißem Öl beidseitig braten, Öl abgießen, Fond mit trockenem Weißwein verkochen, mit Butter binden und über das Fleisch gießen.

Die diffizilen Haupgeschmacksträger Salbei und Parmaschinken sind mit einigen exquisiten italienischen Weißweinen (**Sauvignon**/Friaul, **Greco di Tufo**/Kampanien, **Chardonnay** und **Malvasia**) recht gut in den Griff zu bekommen. In Rom trinkt man natürlich die landeseigenen Spezialitäten: Nummer 1 ist der **Frascati** (superb der **„Vigna Adriana“** von CASTEL DE PAOLIS, der **„Santa Teresa“** von FONTANA CANDIDA und der **„Vigna dei Preti“** von VILLA SIMONE). Nummer 2 ist der einst weltberühmte **Est! Est! Est! di Montefiascone** (TRE, MAL, 1–2 Jahre, 8–9 °C), z. B. von ITALO MAZZIOTI, Bolsena, oder der **„Poggio dei Gelsi“** von CANTINA FALESCO, Montefiascone/Latium. Nummer 3 ist der rote **Colle Picchioni „Vigna del Vasallo“** (M, CESANESE, SAN, MON, 2–4 Jahre, 15–16 °C) von PAOLA DI MAURO, Marino/Latium. Aus unseren Landen empfehlen wir milden **Malvasier** und den seltenen **Roten Veltliner** (z. B. vom MANTLERHOF, Brunn im Felde, oder ANTON SÖLLNER, Gösing am Kamp/NÖ).

SALZ (NATRIUMCHLORID)

(frz. SEL, engl. SALT, ital. SALE, span. SAL)

Das einzige Gewürz aus dem Mineralreich ist für den menschlichen Körper, der täglich etwa drei Gramm davon braucht, nahezu unentbehrlich. Das Salz kommt in der Natur als Steinsalz vor oder wird aus dem Meerwasser gewonnen. Wer Salz hat, sagt das Sprichwort, dem sind Glück und Gesundheit beschieden; wer es verschüttet, wird Ärger, Streit oder Unglück haben; wer das Essen versalzt, ist verliebt.

Im Verein mit Weinen gilt es zu wissen, daß sich Salz und Säure addieren und beide zusammen ätzend scharf werden können. Salz und Süße gleichen sich zumeist nicht aus, doch kann die Impression von Salzigkeit durch Süße gemäßigt werden. Salz und Tannine neutralisieren sich nicht, sondern der Salzgeschmack explodiert gewissermaßen. Kommt der salzige Geschmack – cum grano salis – einer Speise nicht vom Würzen, sondern durch den Eigengeschmack zustande, wie bei Muscheln, Austern und manchen Meeresfischen (Salz-Jod-Geschmack), so sind (Weiß-)Weine mit ähnlich mineralischer Note (**Chablis**/Burgund, **Muscadet**/Loire/F, **Arvine**/Wallis/CH, **Verdello**/Sizilien/I, **Sherry Manzanilla**/E) durchaus angemessene Begleiter, die den Eigengeschmack noch erhöhen und verfeinern können. Auch manche Rotweine, kühl serviert, (**Sankt Laurent**, **Blauburger**, **Gamay**, **Cabernet Franc**, **Syrah** bzw. **Shiraz** ...) können, bei entsprechendem Fingerspitzengefühl, eingesetzt werden. Immer wieder interessant ist der aromatische Schlagabtausch mit edelsüßen weißen **Sauternes**/Bordeaux/F.

SALZBURGER NOCKERLN

Berühmte österreichische Mehlspeise. 40 g Butter mit 80 g Staubzucker, 1 Packung Vanillezucker und 2 TL Stärkemehl schaumig rühren, 4 Eidotter beigeben, 4 steifgeschlagene Eiweiß (Schnee) unter die Masse ziehen, in 3 Portionen teilen, in Butter beidseitig goldbraun backen, zuckern und schnell servieren. (Von den Salzburger Nockerln gibt es einige Rezeptvariationen, Erzbischof Wolfdietrich von Raitenau, 1559–1617, bezeichnete sie in jeder Form als „feinste aller Mehlspeisen“!)

Milde bis lieblich-süße **Schaumweine** (**Riesling**, **Riesling-Sylvaner**, **Muskateller**, **Welschriesling** ...) sind die sichersten Garanten für einen gelungenen Menü-Ausklang. Als Verkostungshöhepunkt stellte sich der zartsüße **Hochriegl halbsüß** (WR, GV, 1–3 Jahre, 7–8 °C) von JOHANN KATTUS, Wien/A, heraus, der mit mildcremiger Konsistenz aufwarten konnte und eigentlich keine Wünsche übrig ließ. Diese Mixtur sollte man sich merken! Wenn die Nockerln mit Himbeerschaum oder -sauce zubereitet werden, rücken zartsüße **Rieslingsekte** sowie **Prädikatsweine** von **Riesling** und **Traminer** in den Mittelpunkt der

Gourmetinteressen. Zu Nockerln mit Vanillesauce gönnen Sie sich eine faszinierende **Welschriesling TBA** des WEINGUTS GARTNER, Illmitz/Neusiedlersee/BGLD, oder einen traubig-frischen **Sämling 88 Eiswein** von RICHARD FISCHER, Leobersdorf/THERMENREGION/NÖ.

SAMBALS

Indonesische tafelfertige Würzsaucen (mit Chilipulver) von meist enormer Schärfe, die ein wichtiger Bestandteil der → Indonesischen Reistafel sind.

Das brennend-scharfe Chilipulver bedingt von vornherein einen Durstlöscher (**Bier**, **Rosé** oder exotisch-leichte Weißweine wie **Traminer**, **Chardonnay**, **Sauvignon Blanc**, **Pinot Gris** usw.) als Begleiter; auch moderner **Sherry Fino light dry**/E ist neben → **Sake** gefragt, doch kann Chili in Zusammenspiel mit hohen Alkoholwerten den Gaumen regelrecht betäuben. In Kombination mit Spirituosen können sogar Geschmackspapillen „verbrennen"!

SAMBUR

Polnisches Dessert aus pürierten, mit Gelatine gebundenen Früchten, in Formen gefüllt, im Kühlschrank erstarrt, gestürzt und mit Schlagrahm garniert.

Wegen der jahrhundertealten Beziehungen zwischen Ungarn und Polen in Sachen **Tokaji Aszú** ist dieser zur geliebten Tradition geworden, doch sind zartsüße **Muskat-Schaumweine**, vor allem im Sommer, zu bevorzugen.

SANCERRE

Ein dem → Crottin de Chavignol ähnlicher Ziegenkäse aus dem Department Cher in Burgund/F, mit graubläulichem Schimmel und ausgeprägt strengem Ziegenaroma.

Fruchtige Weißweine mit balancierten Säurewerten, wie der gleichnamige **Sancerre**/Loire/F, **Sauvignon Blanc Spätlesen** oder **Sémillon-Sauvignon**/Bordeaux/F sind die unverfänglichste Empfehlung. Für rezente, reife Exemplare bevorzugen ausgeprägte Rotwein-Individualisten kraftvolle Kreszenzen wie **Hermitage Rouge** und **Châteauneuf-du-Pape**/Rhône/F.

SANDAAL

Kleine, längliche Meeresfische, die in Schwärmen die Küsten der Nordsee bewohnen und sich bei Ebbe in den Sand eingraben. Die kleinen Fische werden hauptsächlich paniert angeboten.

Zu den panierten Meeresbewohnern sind **Pinot Blanc**, **Pinot Gris**, mittelreifer **Chardonnay**, **Chenin Blanc** und Italiens Weißwein-Riege die ideale geschmackliche Ergänzung.

SANDWICH

Dünne Weiß- oder Schwarzbrottranchen, mit Butter bestrichen, verschiedenartig belegt, je zwei Scheiben zusammengeklappt und ringsum beschnitten. Klassische Ingredienzen sind: → Roastbeef mit Senf und geriebenem Meerrettich, → Pökelzunge, → Schinken, → Hühnerbrust, Gänselebercreme, → Lachs, → Sardellen, → Thunfisch, → Kaviar, → Käse usw. (Erfinder der belegten Brote war John Montagu, der vierte Earl of Sandwich (1718–1792), der auf diese Weise seiner Leidenschaft, dem Kartenspiel, mit fettfreien Fingern huldigen konnte.)

Da hiezu die Auswahl von Getränken sehr stark von der Tages- und Jahreszeit abhängt, ersuchen wir Sie, sich unter den einzelnen Stichworten Inspiration, Lust und Appetit zu holen.

SANKT SEVERIN-KÄSE

Pikanter, rotgeschmierter Weichkäse aus dem oberösterreichischen Kloster Schlierbach, der cremigen Teig und vollmundigen, reifen Geschmack aufweist.

Reifer **Gewürztraminer**, **Pinot Blanc**, **Sylvaner** und **Riesling** im oberen **Kabinett**- bis **Spätlese**-Bereich sowie samtig-reifer **Blaufränkisch** (z. B. von PAUL KERSCHBAUM, Horitschon/Mittelburgenland/A, oder JOSEF LEBERL, Großhöflein/Neusiedlersee-Hügelland/BGLD/A) und **Sankt Laurent** (z. B. von JOHANN BERGER, Mönchhof/Neusiedlersee) stellten sich erfolgreich der Herausforderung des als diffizil geltenden Weichkäses.

SARDELLE (ECHTE ANCHOVIS)

(frz. ANCHOIS, engl. ANCHOVY, ital. ACCILIGHA, span. ANCHOA)

Heringsartige kleine und sehr fette Schwarmfische mit besonders tiefer Maulspalte. Die Europäische Sardelle wird im Atlantik, im Mittelmeer und an den Küsten des Schwarzen Meeres bis ins Asowsche Meer hinein in großen Mengen gefangen. Durch Gewürze konserviert, gewinnt die Sardelle nach längerer Lagerung an Aroma und Geschmack. Die Sardelle gilt in jeder Form als Appetitwecker und wird als Ganzes, entgrätet als Sardellenfilet, als Sardellenringe, in Öl eingelegt oder als Sardellenpaste (pikant gewürztes Püree aus Sardellenfleisch) angeboten. Die berühmte Fischsülze der Römer, Garum, wurde auch aus der Sardelle hergestellt. (→ Sauce aux Anchois)

Sardellen-Auberginen-Torte und weißer **Malvasia del Vulture** (2–3 Jahre, 9–11 °C) von ARMANDO MARTINO, Rionero/Basilikata, sind einen kleinen Ausflug wert. Für alle Sardellen-Vorspeisen ist gekühlter **Sherry Fino light dry**/E nie falsch am Platze! Siehe auch → Pisssaladière und → Salade Niçoise.

SARDINEN

(frz. SARDINES, engl. SARDINES, ital. SARDINE, span. SARDINAS)

Die Jungfische des Pilchards, eines bis 25 cm langen, ölhaltigen Herings, der an den Küsten Spaniens, Portugals, Italiens, Frankreichs und Marokkos von März bis September zu Millionen gefangen wird. Etwa 10 bis 15 cm lange, geköpfte, ausgenommene, gekochte, in Olivenöl eingelegte Sardinen erhält man als → Ölsardinen in Konserven.

Sardinen gefüllt vermählten wir mit erfrischendem **Cirò Bianco**, z. B. von VINCENZO IPPOLITO, Cirò Marina/Kalabrien/I. Sardinen mit Fenchel (Alici al Finocchio) und **Corvo Bianco**/Sizilien waren von beeindruckender Harmonie. Sardinen „Provenzalisch" sind **weißem Bellet**/Provence/F vorbehalten. Sardinen mariniert werden zur Götterspeise, begleitet von den besten **edelsüßen Chenins Blancs** (**Bonnezeaux**, **Quarts de Chaume**) der Loire/F, und Sardinen gegrillt sind bei **Entre-deux-Mers**/Bordeaux, **Aligoté**/Burgund, **Jurançon sec**/Béarn/F sowie **Tocai Bianco** und **Garganega**/Venetien/I in bester Obhut. Weitere Empfehlungen siehe → BECCAFICCU.

SATEH (SATAY, SATEÉ)

Kleiner indonesischer Fleischspieß. Hammel-, Schweine- und Rindfleischwürfel, auf Bambusstäbchen gespießt, mit Salz, Pfeffer und Curry gewürzt und gegrillt. Beilage ist scharfe Erdnußsauce.

Gewürztraminer, **Pinot Gris**, **Muscat d'Alsace**/Elsaß/F, **Hermitage Blanc**/nördl. Rhône/F, Barrique-**Chardonnay** aus Übersee und **exotische Biere** zählen zu den verläßlichsten Mitspielern des würzigen Spießes. Unter den Rotweinen hat nicht zu schwerer spanischer **Tempranillo** eine gewisse Affinität entwickelt.

SAUCEN (SOSSEN, TUNKEN, BEIGÜSSE)

(frz. SAUCES, engl. SAUCES, ital. SALSE, span. SALSAS)
Würzende, mehr oder weniger flüssige Ergänzung vieler Gerichte. Im Laufe der kulinarischen Geschichte wurden mehr als 3000 Saucen kreiert, die sich aber laut Carême und Escoffier von den fünf Grundsaucen (Sauce Espagnole/braune Grundsauce, Sauce Demiglace/Kraftsauce, Sauce Tomate/Tomatensauce, Sauce Velouté/weiße Grundsauce, Sauce Allemande/deutsche Sauce) ableiten.
Schon bei den Römern gab es Meister in der Bereitung feiner Saucen. Kaiser Heliogabal (204–222 n. Chr.) war der größte Saucenliebhaber, er belohnte jeden Koch, der eine neue schmackhafte Sauce kreierte. Entsprach sie nicht, so mußte sie der Bedauernswerte so lange schlürfen, bis ihm eine bessere gelang. Im 17. und 18. Jahrhundert waren es die französischen Sauciers, die immer wieder neue raffinierte Kreationen hervorbrachten. Die berühmten französischen Gastrosophen Grimod de la Reynière (1758–1838) und Anthelme Brillat-Savarin (1755–1826) waren große Bewunderer feiner Saucen, und letzterer sagte: „Eine gute Sauce in höchster Vollendung zu bereiten, ist das Schwierigste, was es auf dem Gebiet der Kochkunst gibt.“ Schärfster Kritiker der damaligen Saucen-Manie war der französische Romancier und Feinschmecker Honoré de Balzac (1799–1850), der einmal meinte, „die Köche würden nur deshalb so würzige, phantasievolle Saucen erfinden, um ihre Fehler besser kaschieren zu können“. (→ Süßspeisensaucen/Fruchtsaucen)

SAUCE AÏOLI → AÏOLI (AILLOLI)

SAUCE ALLEMANDE (DEUTSCHE SAUCE)

Verfeinerte weiße Grundsauce, in Frankreich erfunden. Champignonfond, Kalbsfond und Eigelb werden schaumig geschlagen, in weiße Grundsauce gegossen, mit weißem Pfeffer, Muskatnuß, Zitronensaft aromatisiert und mit Rahm vollendet. Wird zu gedünstetem Geflügel, Kalb oder Lamm gereicht.

Mild-samtige Weißweine wie **Muscat d'Alsace**, **Pinot Blanc**, **Riesling-Sylvaner**, **Neuburger**, reifer **Chardonnay**, **Tocai**/Isonzo/Friaul/I und **Chasselas**/CH sind wahre Koryphäen im Umgang mit der deutsch-französischen Sauce, während rassige, säurebetonte Weißweine (wie **Riesling**, **Sauvignon Blanc** ...) oft die Harmonie durchtrennen.

SAUCE AUX ANCHOIS (SARDELLENSAUCE)

Weiße Grundsauce, mit Sardellenbutter montiert, kleingeschnittene Sardellenfilets beigegeben. Ideal zu gedünstetem Fisch, Fischnockerln, Kalbsschnitzel, Kalbszunge.

Hermitage Blanc/nördl. Rhône, **Beaujolais Blanc**/Burgund/F, **Sylvaner**, **Pinot Gris**, **Malvasier** sowie **südländische Roséweine** (vor allem **Côtes du Roussillon Rosé**) und gekühlter **Sherry Fino** bzw. **Montilla-Moriles seco**/E fanden am schnellsten den Zugang zum eigenwilligen Sardellengeschmack.

SAUCE AU GENIÈVRE (WACHOLDERSAUCE)

Gewürfelter Magerschinken, mit gehackten Schalotten und zerdrückten Wacholderbeeren in Butter angeröstet, mit Rotwein (SAN, SYR, PN ...) abgelöscht, reduziert, mit brauner Grundsauce (→ Sauce Espagnole) aufgefüllt, durchgekocht und passiert; meist zu Hammelbraten, Hammelnieren und Wildgerichten serviert.

In den seltenen Fällen, wo helles Fleisch im Spiel ist, sind rassiger **Riesling**, reicher **Traminer** sowie **Pinot Gris** und **Roséweine**/Provence/F angebracht; im übrigen sind **Carmignano**, **Brunello di Montalcino** und **Vino Nobile di Montepulciano**/Toskana/I, **Blaufränkisch**, **Syrah**/Rhône und **Shiraz**/AUS vorprogrammiert.

SAUCE AU XÉRÈS (SHERRYSAUCE)

✐ Bratenfond, mit Kalbsjus gelöscht, mit Mehl gebunden und mit trockenem Sherry, Salz und Pfeffer aromatisiert. (→ Langustenschwänze kalt in Sherrysauce)

🍷 Außer **Sherry** bestanden **Montilla-Moriles seco**, ein Bruderwein aus Andalusien/E, **Tokaji trocken** bis halbsüß, **Pinot Blanc** und **Pinot Gris Spätlese trocken**, **Neuburger halbtrocken**, **Traminer** und **Gewürztraminer Spätlese trocken**, **Château-Chalon**/Jura/F und **Sémillon**/AUS die Reifeprüfung mit guten Noten.

SAUCE AUX ECREVISSES (KREBSENSAUCE)

✐ → Sauce Béchamel mit Fischfond durchkochen, Rahm beifügen, zuletzt ein Stück Krebsenbutter hineingeben, mit Cayennepfeffer würzen und Krebsenschwänze als Einlage verwenden; zu Forelle gebacken und diversen Fischgerichten kredenzen.

🍷 Edle Schaumweine (**Champagne**/F, **Cava**/E, **Rieslingsekt**/A bzw. D), **Zierfandler halbtrocken**, **Chardonnay** mit Extraktsüße oder Eichenwürze, **Sauvignon Blanc Spätlese**, **Pinot Blanc Spätlese trocken**; **Condrieu** und **Hermitage Blanc**/nördl. Rhône, **Graves Blanc**/Bordeaux und **Chenin Blanc**/Loire/F sind die sichersten Garanten für aromatische Harmonien und Gemeinsamkeiten.

SAUCE AUX FINES HERBES (KRÄUTERSAUCE)

✐ Feingehackte Kräuter (Estragon, Kerbel, Schnittlauch) in rassigen Weißwein legen; braune Mehlschwitze mit Bouillon verkochen, den durchgeseihten Kräuterauszug zur Sauce geben, mit Salz, Pfeffer und Zitronensaft würzen und mit gehackten frischen Kräutern vermischen; ideal zu Kalbshirn, Hammelrippchen und Steaks; mit Fischfond zubereitet, zu Aal und Seezunge.

🍷 Zu hellem Fleisch sind **Sauvignon Blanc**, **Sylvaner**, **Grüner Veltliner**, **Muskateller trocken**, **Welschriesling**, **Riesling**, **Pigato d'Albenga** und **Buzzetto di Quiliano**/Ligurien/I, **Chenin Blanc trocken** und **Gros Plant**/Loire, **Cassis** und **Bellet Blanc**/Provence sowie **südfranzösische Roséweine** anzuraten; zu dunklem Fleisch wiederum sind **Zinfandel**/KAL, **Pinot Noir**, **Merlot**, **Barbera**/I und **Gamay**/F erprobte und erfahrene Adjutanten. Achtung: schwere Tannin- und Eichenbomben vertragen sich nicht mit den Kräutern!

SAUCE BÉARNAISE (BÉARNER SAUCE)

✐ Feine Buttersauce, auch als Fertigprodukt erhältlich. Ein Glas Weißwein (z. B. Chardonnay …) und 1 TL Weinessig mit 2 feingehackten Schalotten, feingehackten Estragonblättern und 2 zerdrückten Pfefferkörnern zur Hälfte reduzieren, nach leichtem Abkühlen 3 Eidotter hineinrühren, unter ständigem Rühren 250 g lauwarme Butter dazugeben, passieren, mit Salz und Cayennepfeffer aromatisieren, zuletzt feingehackte Estragon- und Kerbelblätter darüberstreuen; zu gebratenem dunklem Fleisch und zu Fisch. (Nach König Henri (Heinrich) IV. benannt, der aus der Landschaft Béarn im äußersten Südwesten Frankreichs stammte.)

🍷 Zu Fischspeisen stehen **Puligny-Montrachet**, **Aligoté**/Burgund/F, **Champagne Blanc de Blancs**, **Riesling Spätlese trocken**, **Welschriesling Kabinett**, **Pinot Blanc**, **Zierfandler Spätlese**, **Jurançon sec**/Béarn sowie gekühlter roter **Chinon**/Loire/F in erfreulichem Einklang; und zu (dunklem) Fleisch haben sich die roten Stars des Béarn (**Irouléguy** und **Madiran**) einen Stammplatz erworben. Doch auch **Médoc** (**Moulis**, **Listrac**)/Bordeaux (Vorsicht vor Jungweinen mit grasigen Tanninen!), Burgund (**Saint-Aubin**, **Santenay**), sowie sortenreine **Gamays** und **Cabernets Sauvignons** passen fast immer. Unter den **Roséweinen** wird besonders der **Lirac Rosé**/südl. Rhône geschätzt.

SAUCE BÉCHAMEL (BÉCHAMELSAUCE)

✐ Milchgrundsauce. Rezept 1: 1 EL Mehl in 1 EL Butter hellgelb anschwitzen, ½ l kochendheiße Milch einrühren, mit wenig Salz und weißem Pfeffer aromatisieren und mit 3 EL Rahm vollenden. Rezept 2: 1 Zwiebel in Scheiben und 100 g Speck in kleine Würfel schneiden und in 1 EL Butter glasig anschwitzen, 1 EL Mehl darunterrühren, ½ l kochendheiße Milch einrühren, mit etwas Salz und weißem Pfeffer abschmecken. (Nach Louis de Béchamel, Marquis de Nointel, neureicher Bankier und Haushofmeister am Hofe von Louis XIV.)

🍷 Halbtrockene bis liebliche Weißweine (**Riesling-Sylvaner**, **Chasselas/Gutedel**, **Zierfandler**, **Rotgipfler**, **Neuburger**, **Sémillon**, **Chenin Blanc**, **Pinot Gris**, **Verduzzo**/Friaul/I usw.) bringen den Geschmack der Sauce erst so richtig auf den Punkt, während säurebetonte, jugendliche Weißweine nicht eine Sekunde lang Harmonien anstreben!

SAUCE BERCY (BERCYER SAUCE, BERCYSAUCE)

Feingehackte Schalotten in Butter anschwitzen, mit Weißwein (SIL, RH ...) verkochen, weiße Fischgrundsauce (→ Sauce Velouté) beigeben, passieren, durchkochen, mit Butter aufschlagen und mit gehackter Petersilie bestreuen. (Bercy ist ein Vorort von Paris.) (Siehe auch → Kalbsleber gegrillt „Bercy")

🍷 **Sylvaner**, **Riesling**, **Chardonnay**, **Pinot Blanc**, **Sauvignon Blanc**, **Vouvray sec**/Loire, **Pacherenc du Vic Bilh**/SW-F, **Tocai Friulano**/I sowie jugendlich frischer (roter) **Gamay**, **Pinot Noir** und **Bardolino**/Venetien/I sind die erklärten Favoriten der Sauce.

SAUCE BORDELAISE (BORDELAISER SAUCE)

Feingehackte Schalotten in Butter andünsten, mit Rotwein – tanninreiche Bordeauxweine sind interessanterweise nicht ideal – löschen, stark einkochen, mit brauner Grundsauce (→ Sauce Espagnole) auffüllen, durchkochen, passieren und mit Fleischextrakt, Zitronensaft, Salz und Cayennepfeffer würzen; Rindermarkwürfelchen dazugeben; zu gebratenem Fleisch, Geflügel und Fisch. (Siehe auch → Entrecôte „Bordelaise")

🍷 Naturgegebene Begleiter der würzigen Sauce sind Aquitaniens Rotweine, vor allem aus dem Médoc (**Moulis**, **Listrac**, **Saint-Julien**, **Pauillac** ...) mit etwas erdig-würzig-rustikaler Note. Geschliffene Barrique-Weine sind hier fehl am Platze. Interessante Außenseiter sind die Gewächse aus dem Cahors/SW-F (z. B. **Clos Triguedina**).

SAUCE CHORON (CHORONSAUCE)

→ Sauce Béarnaise, mit Tomatenmark anstelle von Estragon und Kerbelblättern vollendet; zu Grillspezialitäten, Fisch, Eiergerichten offeriert. (Nach Choron, einem bekannten Küchenchef des 19. Jahrhunderts.)

🍷 Die Roten (**Coteaux du Languedoc Rouge**/S-F, **Saint-Amour**/Beaujolais/Burgund, **Hermitage** und **Gigondas**/Rhône/F; **Chianti Classico**/Toskana und **Valpolicella Classico**/Venetien/I, **Pinot Noir** und **Blauburger**) sowie **südländische Roséweine** auf der einen und die Weißen (**Bellet** und **Bandol**/Provence, **Gaillac**/SW-F, **Châteauneuf-du-Pape**/südl. Rhône, **Chardonnay**, **Muscat d'Alsace**, **Sauvignon Blanc**, **Malvasier**, **Riesling**, **Traminer**, **Chasselas**/CH ...) auf der anderen Seite haben ein ausgeprägtes Faible für die rosarote Sauce.

SAUCE CIVETTE (SCHNITTLAUCHSAUCE)

Weiße Mehlschwitze wird mit Bouillon durchgekocht, mit Salz und Pfeffer aromatisiert und mit viel Schnittlauch vollendet. (→ Kalbszunge in Schnittlauchsauce)

🍷 Zur kalten Schnittlauchsauce sind **Riesling** und **Chardonnay Kabinett** (mit viel Fruchtcharme) von subtil ergänzender Wirkung; zur warmen Sauce dürfen wir natürlich **Sauvignon Blanc**, **Sylvaner**, **Muskateller trocken** nicht unerwähnt lassen. **Vinho Verde**/P und **Chenin Blanc**/ZA bereichern die Palette der Sommerweine.

SAUCE CUMBERLAND (CUMBERLANDSAUCE)

Pikante Tafelsauce, auch im Handel erhältlich. Johannisbeergelee mit etwas heißem Wasser, Orangensaft, Zitronensaft und Senf dick gerührt, Orangenschale Julienne und fein gehackte Schalotten in Rotwein (z. B. Merlot ...) gekocht, mit Cayennepfeffer und jungem Portwein aromatisiert; zu kaltem Wild, Wildgeflügel, kalter Ente und Pasteten gegeben. (Nach einem Sohn des britischen Königs Georg V., dem Duke of Cumberland, benannt.)

🍷 Neben **Portwein** sind extraktreiche **rote Bordeaux-** und **Burgunderweine**/F, reinsortige **Merlots**, **Sankt Laurent** und **Zweigelt**, **Bourgueil**/Loire, **Collioure Rouge**/Pyrenäen und **Mas de Daumas**

Gassac/Coteaux du Languedoc, **Rioja Reserva**/E, **Teroldego Rotaliano**/Trient, **Solaia**/Toskana/I sowie der exotische **Château Musar**/Libanon von besonderem Interesse für den Gourmet. Zu hellerem Geflügel sind auch **halbtrockener Pinot Blanc**, **Morillon**, **Pinot Gris** und **Gewürztraminer Spätlese** sowie der mächtige **Greco di Bianco**/Kalabrien/I von Bedeutung.

SAUCE DEMIGLACE (KRAFTSAUCE)

Verfeinerte braune Grundsauce (Sauce Espagnole). Zwei Teile braune Grundsauce und ein Teil Kalbsfond werden verrührt, um ein Drittel reduziert und mit etwas Fleischextrakt vollendet.

Weinempfehlung siehe → Sauce Espagnole.

SAUCE DIABLE (TEUFELSSAUCE)

Gehackte Zwiebeln werden in Butter glasig angedünstet, mit Weißwein aufgegossen und stark reduziert, mit → Sauce Demiglace aufgefüllt, durchgekocht, passiert und mit Pfeffer abgeschmeckt; passend zu gegrilltem Geflügel und Grillspezialitäten aller Art.

Südländische Roséweine (**Tavel**/Rhône/F, **Etna Rosato**/Sizilien/I, **Rosado di Navarra**/E) oder fruchtcharmante **Blanc de Noirs** (hellgepreßte Rote) sind besonders für sommerliche Grillfreuden geeignet. **Weizen-** oder **Lagerbier** (**Dos Equis Lager**/E) sind nie falsch, und im Winter fordert man den Gaumen manchmal auch mit kraftvollen, pfefferwürzigen Rotweinen (**Cabernet Franc**, **Syrah**/Rhône, **Shiraz**/AUS, **Nebbiolo**/Piemont/I, **Zinfandel**/Kalifornien usw.) heraus. Unter den Weißweinen haben **Grüner Veltliner**/NÖ/A, **Chardonnay** und **Welschriesling** eine besondere Vorliebe für teuflische Saucen, die sie aber manchmal bei hoher Säure noch anheizen. Da sind die Friaul-Stars **Tocai**, **Pinot Grigio** und **Sauvignon** sowie der rote **Terrano del Carso** schon milder gestimmt. Achtung: Finessenreiche große Rotweine (**Bordeaux**, **Burgunder**, **Toskana**) verlieren hiezu an Feinheit, während Alkohol- und Extraktbomben sowie firnige, alte Weißweine oft an Ausdruckskraft gewinnen!

SAUCE ESPAGNOLE (BRAUNE GRUNDSAUCE, SPANISCHE SAUCE)

Kleingehackte Kalbsknochen, Zwiebelscheiben und gewürfeltes Wurzelwerk in Fett anrösten, Tomatenmark und Mehl zugeben, mit kalter Bouillon löschen und mit heißer wieder auffüllen, zwei Stunden kochen, abseihen und mit Salz und Pfeffer würzen.

Chasselas/CH, **Chardonnay**, **Sauvignon Blanc**, **Riesling**, **Traminer**, **weißer Rioja** und spanische **Rosados**, **Arbois Blanc**/Jura, **Gaillac Blanc**/Südwesten und **Bellet Blanc**/Provence/F sowie die Roten **Chinon**/Loire, **Minervois**/Languedoc/F, **Valpolicella Classico**/Venetien, **Chianti Classico**/Toskana, **Pinot Noir** und **Blauburger** sind gut gerüstet für einen aromatischen Schlagabtausch mit der rassigen Spanierin. Da die Espagnole einen relativ hohen Anteil an Fett und Gallert – über die Reduktion – aufweist, sollten die Partnerweine auch über Extrakt und Körper verfügen, um nicht sofort unterzugehen.

SAUCE GRAND VENEUR (GRAND VENEURSAUCE)

Frz. veneur/Hetzjäger. Rotweinpfeffersauce aus Wildfond, Johannisbeergelee und Rahm (bzw. Créme fraîche).

Reife, samtweiche Rotweine (**Pinot Noir**, **Merlot**, **Sangiovese**) mit Extraktsüße und runden Tanninen sind stets verträgliche und dankbare Begleiter von nicht allzu kräftigen Wildsaucen. Wenn zusätzlich mit Wildblut und Senf zubereitet wird, dürfen die Weine kraftvoll-würziger (**Syrah**/Rhône, **Madiran**/SW-F, **Nebbiolo**/Piemont, **Zinfandel**/Kalifornien ...) sein, um den Wildgeschmack in den Griff zu bekommen. Generell darf gesagt werden, daß subtile, finessenreiche Rotweine durch den Pfeffer- und Wildanteil an Delikatesse verlieren, während Alkohol- und Extraktbomben sowie alte Weißweine sogar an Feinheit gewinnen!

SAUCE GRIBICHE (GRIBICHESAUCE)

Hartgekochtes Eigelb mit Senf und Essig verrühren, salzen, Olivenöl tropfenweise einrühren, Kapern, Cornichons, gehackte Kräuter und Eiweißstreifen daruntermischen; zu kaltem Fisch, → Pökelzunge usw. kredenzt.

Zu kaltem Fisch sind **Riesling**, **Chardonnay**, **Malvasier**, **Sauvignon Blanc**, **Pinot Blanc**, **Muskateller trocken**, **Orvieto secco**/Umbrien/I, **Aligoté**/F Stimmungsmacher, und zu Pökelzunge und kaltem Fleisch sind neben oben genannten Weißweinen auch leicht gekühlte **rote Jungweine** (**Gamay**, **Sangiovese**, **Pinot Noir**, **Blaufränkisch**, **Blauer Portugieser**, **Sankt Laurent** ...) Brückenpfeiler für angenehm aromatische Erlebnisse.

SAUCE HOLLANDAISE (HOLLÄNDISCHE SAUCE)

✐ Als Grundsauce aller Buttersaucen vielfältig variiert, auch als Fertigprodukt erhältlich. Je eine Messerspitze Salz und weißer Pfeffer aus der Mühle, 1 EL Weißwein (z. B. Chardonnay, Riesling ...) und 3 Eidotter in eine Schüssel gegeben und im Wasserbad cremig (nicht schaumig) geschlagen, unter ständigem Schlagen langsam 250 g lauwarme Butter hineingeträufelt und mit Zitronensaft aromatisiert; ideal zu gekochtem Fisch, zu Schalen- und Krustentieren oder zu feinem Gemüse (Spargel, Artischocken usw.).

🍷 **Champagne Blanc de Blancs**, **Chardonnay**, **Pinot Blanc**, **Riesling**, **Riesling-Sylvaner**, **Muskateller trocken**, **Sauvignon Blanc Kabinett bis Spätlese**, **Chenin Blanc**/Loire/F bzw. Kalifornien, **Graves Blanc**/Bordeaux, **Hermitage Blanc**/nördl. Rhône/F usw. zeigen sich von ihrer schönsten Seite im Umgang mit der Holländerin. Zu mit Hollandaise gratinierten Fleischspeisen sind auch elegante (Barrique-)Rotweine (**Pinot Noir**, **Zweigelt**, **Cabernet** ...) möglich. Früher galten Eiersaucen als praktisch unkombinierbar, da man meinte, daß Eier und Fett die Zunge belegen und erstere auch noch Geschmacksstoffe binden. Das hat sich inzwischen als sehr übertrieben herausgestellt, da man früher die falschen Weine (öligsüßlich) wählte. Im Winter sind üppig-buttrige kalifornische **Chardonnays** das absolute Nonplusultra, wenn sie auch über stützende Säure verfügen.

SAUCE HONGROISE → UNGARISCHE SAUCE

SAUCE ITALIENNE (ITALIENISCHE SAUCE)

✐ → Sauce Duxelles, mit gehacktem, gekochtem Schinken vollendet; zu gebackenen Gurken, Auberginen und Zucchini angerichtet.

🍷 Gegenüber den Empfehlungen zur Sauce Duxelles ändert sich nicht viel, das italienische Angebot wird lediglich etwas erweitert durch (weißen) **Verduzzo**/Friaul, **Malvasia**, **Trebbiano**, **Cirò Rosato**/Kalabrien und roten **Cerasuolo di Vittoria**/Sizilien.

SAUCE MADÈRE (MADEIRASAUCE)

✐ Beliebte Bratensauce. Bratenfond wird entfettet, mit Kalbsjus gelöscht, mit Pfeilwurzelmehl gebunden und mit Salz, Pfeffer (Mühle) und trocken bis halbtrockenem Madeira aromatisiert; zu vielen Fleisch- und Geflügelspeisen. (→ Kalbszüngerl in Madeira, → Rinderfilet mit Madeirasauce, → Rinderzunge in Madeira) Auch unter dem Stichwort → Madeira finden Sie eine Menge Anregungen.

SAUCE MAYONNAISE → MAYONNAISE

SAUCE MORNAY (MORNAYSAUCE)

✐ Käsesauce zum Gratinieren von Speisen. 1 EL Mehl in 1 EL Butter hellgelb anschwitzen, ½ l kochendheiße Milch einrühren und mit etwas Salz und weißem Pfeffer (Mühle) würzen, mit 2 Eidottern liieren und mit 2 EL geriebenem Parmesan vermischen, 2 steifgeschlagene Eiweiß darunterziehen. Siehe auch → Kalbsnuß mit Sauce Mornay.

🍷 **Chasselas** (**Gutedel**), **Pinot Blanc** und **Pinot Gris**, **Neuburger**, **Chardonnay**, **Morillon Spätlese**, **Sémillon**, **Sémillon-Chardonnay**/AUS bzw. KAL, **Apremont** und **Seyssel**/Savoyen sowie **Côtes du Jura**/F sind eher problemlose Empfehlungen. Bei den Rotweinen wird es schon schwieriger, da kommt es auf die Farbe des Fleisches (Lamm, Hammel, Rind, Wild ...) an: **Chianti Classico** und **Brunello di Montalcino**/Toskana, **Lambrusco**/Emilia-Romagna und **Nebbiolo**/Piemont/I sind die erprobtesten Recken im Umgang mit der Käsesauce.

SAUCE MOUSSELINE (MOUSSELINESAUCE)

Eine → Sauce Hollandaise mit Schlagrahm. Zu hellem Geflügel, Hummer, Spargel, Artischocken.

Die milde, zart-cremige Mousseline ist sehr extravagant und lebt nach dem Vorsatz „Das Beste ist gerade gut genug für mich!“ Nur die edelsten Weißweine mit Extraktsüße und einer gehörigen Portion Charme finden bei ihr Gehör. **Muscat d'Alsace GC**, **Graves Blanc**/Bordeaux/F, **Puligny-Montrachet Premier Cru**/Burgund (bzw. **Montrachet GC**), edelste süße **Sauternes**/Bordeaux und **Chenin Blanc**/Loire/F. Außerdem sind Deutschlands und Österreichs beste **Riesling-Sylvaner**, internationale **Chardonnays** sowie **Zierfandler** und **Rotgipfler Kabinett** oder **Spätlese**/Thermenregion/A und reifer **Grüner Veltliner „Smaragd“**/Wachau willkommen.

SAUCE MOUTARDE (SENFSAUCE)

Gehackte Zwiebeln werden in Butter glasig angedünstet, gemehlt und hellbraun angeröstet, mit Bouillon aufgefüllt, durchgekocht, mit Salz, Pfeffer, Zucker, Essig und viel (pikantem) Senf aromatisiert; zu gekochten Eiern, Fisch, Rindfleisch, Kalbsnieren. (→ Kalbsnieren in Senfsauce)

Zu Eiern, hellem Fleisch und vor allem Fisch sind **Chardonnay** (insbesondere **Chablis AC** und **Premier Cru**/Burgund), **Pinot Blanc** und **Pinot Gris**, **Morillon** sowie **Côtes de Provence Blanc**/F zu favorisieren. Zu dunklem Fleisch und Innereien vereinen sich **Pinot Noir**, **Gamay** und **Merlot** ideal mit dem Senfgeschmack und dem über allem schwebenden Essighauch. Eine besondere Affinität für die Sauce haben **Pinot Noir**/Oregon und **Vino Nobile di Montepulciano**/Toskana.

SAUCE NEWBURG (NEWBURGSAUCE)

Kleine Tranchen von gekochtem Hummer in Butter angebraten, mit trockenem Sherry abgelöscht, mit Rahm verkocht, Hummer herausgenommen, Sauce mit Eigelb liiert, mit Cayennepfeffer gewürzt, mit Butter aufgeschlagen und Hummer hineingegeben; ideal zu gedünsteter Seezunge, Hummer, Austern, Muscheln.

Der Kochwein bzw. exzellenter **Sherry Amontillado dry**/E, **Tokaji** trocken bis süß/H, **Cru Classé de Graves Blanc**/Bordeaux und modern vinifizierter edelsüßer **Sauternes** (**Barsac**)/Bordeaux, **halbsüßer Chenin Blanc** (**Coteaux du Layon**, **Bonnezeaux**, **Quarts de Chaume**/Loire), **Pouilly Fuissé Vendange Tardive**/Burgund, **Riesling** und **Zierfandler Spätlese halbtrocken**, **Hermitage Blanc**/nördl. Rhône und **Château-Chalon**/Jura/F, allesamt mit hohen Extraktwerten und mehr oder weniger Restsüße ausgestattet, bildeten ein interessantes Gegengewicht zur Sherry-Rahmsauce und betonten den zartsüßlichen Hummergeschmack auf angenehmste Weise; nur der **Pouilly Fuissé** und der **Hermitage Blanc** lagen nicht auf der weichen Welle, sondern akzentuierten ihrerseits die pfeffrige Note und sorgten gleichzeitig für willkommene Frische und Abwechslung am Gaumen.

SAUCE NORMANDE (NORMANNISCHE SAUCE)

Weiße Fischgrundsauce (→ Sauce Velouté de Poisson) und Champignonfond verrühren, mit Eidotter und Schlagsahne liieren, mit Sahne und frischer Butter vollenden; zu Seezunge, Steinbutt, Aal, Lachs, Hecht, Karpfen usw. reichen.

Dieses üppige Überbleibsel aus der Zeit der klassischen Küche braucht einen ähnlich gearteten Gegenpart, um geschmacklich, aber auch verdauungsmäßig aufgefangen zu werden, z. B. **Chablis GC**, **Puligny-Montrachet**, **Meursault Premier Cru**/Burgund und **Vouvray sec**/Loire/F, **Verduzzo secco**/Friaul/I, **Neuburger**, **Pinot Blanc**- und **Pinot Gris Spätlese trocken** sowie **Grüner Veltliner „Smaragd“**/Wachau.

SAUCE PERIGUEUX (TRÜFFELSAUCE)

Die „Königin der Saucen“. → Sauce Madère, mit Trüffelfond und gehackten schwarzen Trüffeln veredelt; zu Kalbsnierenbraten, Lendenschnitten, Masthuhn und Wildgeflügel serviert.

Im Prinzip neige ich hier eher zu superben Rotweinen, obwohl letztlich der persönliche Geschmack, Tages- und Jahreszeit sowie das Gericht selbst entscheiden. Großer **Pomerol** (**Château Pétrus**, **Château Le Pin**, **Château Trotanoy**, **Château La Conseillante**), reifer **Graves** (**Château Haut-Brion**, **Château La**

Mission Haut-Brion ...), mittelreifer **Saint-Émilion** (**Château Cheval Blanc**, **Château Canon** ...), alle **Bordeaux**/F und der unvergleichliche **Chambertin Grand Cru** (ANTONIN RODET, ARMAND ROUSSEAU, JACQUES PRIEUR ...), Burgund/F, wurden für Bonvivants nach dem Motto „Grande Cuisine und Grands Crus gehören schlicht und einfach zusammen" ausgewählt. Interessante weiße Alternativen sind der sauternesähnliche **Monbazillac**/Dordogne und der elitäre, rare (reife) **Château Grillet** (VIO, 6–10 Jahre, 8–10 °C)/nördl. Rhône/F.

SAUCE POIVRADE (PFEFFERSAUCE)

Kleingeschnittene Zwiebeln und einige zerdrückte Pfefferkörner mit etwas Thymian in Butter glasig andünsten, mit kraftvoll-würzigem Weißwein löschen, braune Grundsauce (→ Sauce Espagnole) beifügen, durchkochen und mit Zitronensaft und Johannisbeergelee aromatisieren. Exzellent zu Hammelrippchen, Lendenbraten, Rinderzunge und Wild.

Auf den ersten Blick sind die Weinempfehlungen für die → Sauce diable auch hier gültig, doch durch die Beigabe von Johannisbeergelee verlagert sich der Schwerpunkt eindeutig zu den Rebsorten **Cabernet Sauvignon** und (an zweiter Stelle) **Pinot Noir**. Unter den reifen Weißweinen sind **Chardonnay** und **Pinot Blanc**, mit gebändigter Säure, zuerst zu nennen. Achtung: subtile Rotweine verlieren hiezu eher an Finesse, während „Überseebomber" oft an Feinheit gewinnen!

SAUCE PORTUGAISE (PORTUGIESISCHE SAUCE)

Feingehackte Zwiebeln in Öl andünsten, kleingeschnittene Tomaten (enthäutet und entkernt) beifügen, salzen, pfeffern (Mühle) und mit Knoblauch würzen, 10 Minuten dünsten, mit Tomatensauce auffüllen, Fleischextrakt dazugeben und gehackte Petersilie darüberstreuen. Harmonisch zu Fisch, Nierenbraten, Rouladen und Zunge.

Vinho Verde von SOLAR DAS BOUÇAS oder **Quinta de Camarate** (RH, MOS, GEW, 1–3 Jahre, 8–9 °C) von FONSECA, Azeitão, und trockener **Moscatel Joao Pires White**, allesamt aus Portugal, bereiteten uns die größten Gourmetfreuden in Zusammenhang mit Fisch und hellem Fleisch. Für dunkles Fleisch entdeckten wir auch einige aufregende, relativ modern bereitete Rotweine: **Barca Velha**, der neue Star von FERREIRA, Douro, der reinsortige **Cabernet Sauvignon „Quinta da Bacalhao"** von JOÃO PIRES und der **„Quinta de Camarate"** (PERIQUITA, CS, 2–5 Jahre, 16–17 °C) von JOSE MARIA DA FONSECA, Azeião, nahe Lissabon.

SAUCE RAIFORT (MEERRETTICHSAUCE)

Weiße Mehlschwitze bereiten, mit würziger Bouillon auffüllen, mit Rahm durchkochen, geriebenen Meerrettich (Kren) dazugeben, kurz aufkochen, mit wenig Salz und Essig würzen. Zu Hammelrippchen, Kalbsbrust, Rindfleisch gekocht, Suppenfleisch usw.

Chardonnay (Stahltank), **Grüner Veltliner**, **Welschriesling**, **Pinot Gris** und **Pinot Blanc**, **Neuburger**, **Riesling**, **Muskateller Kabinett** bis **Spätlese trocken/halbtrocken**, **Chenin Blanc**/Loire/F, **Champagne Blanc de Blancs**/F, **Cava**/E, **Muskateller-Schaumweine** (mit dezenter Dosage) sowie fruchtcharmante, samtige Rot- und **Roséweine** (**Pinot Noir**, **Gamay**, **Sangiovese**, **Merlot** ...) sind sowohl Meerrettich als auch Essig gleichermaßen zugetan und können auch dem Rahm Paroli bieten.

SAUCE RAVIGOTE

Frz. ravigoter/erquicken. Kräuter (Estragon, Kerbel, Petersilie, Schnittlauch), Zwiebeln und Kapern werden fein gehackt, vermischt, mit Salz, Pfeffer und Essig gewürzt und mit Öl aufgeschlagen; zu kaltem Fleisch, Salaten usw. offeriert.

Die erquickende „Tunke" bevorzugt Weißweine mit tiefer Frucht und belebender, aber nicht aggressiver Säure: **Sauvignon Blanc**, **Sylvaner**, **Riesling**, **Pinot Blanc**, **Welschriesling**, **Chardonnay** sowie **Chenin Blanc** und **Gros Plant**/Loire, **Aligoté**/F, **Buzzetto di Quiliano** und **Lumassina**/Ligurien/I; MONISTROL'S **Vin Natur Blanc de Blancs**/Katalonien/E, **Roséweine** (Provence, Süditalien, Spanien ...) sowie jugendlich-fruchtige Rotweine, ohne bittere Tannine, eventuell kellerkühl kredenzt, z. B. **Gamay**, **Cabernet Franc**/Loire, **Pinot Noir**, **Blauer Portugieser**, **Bardolino**/Venetien/I usw. Im Winter gilt der eleganteste aller **Rhôneweine**, der **Côte Rôtie**, als Idealbesetzung.

SAUCE REMOULADE (REMOULADENSAUCE)

✐ Kräutermayonnaise, die auch im Handel erhältlich ist. Fein gehackte Sardellenfilets, Cornichons und Kapern werden unter die → Mayonnaise gemengt, mit Salz, Pfeffer, Senf und diversen Kräutern (Petersilie, Schnittlauch, Estragon, Kerbel usw.) gewürzt; zu kaltem Roastbeef, kaltem Braten, Fisch und Schalentieren empfohlen. Siehe auch → Karpfen gebacken mit Sauce Remoulade.

🍷 **Sauvignon Blanc**, **Chardonnay**, **Pinot Blanc**, **Sylvaner**, **Riesling**, **Welschriesling**, **Neuburger**, **Pinot Gris Kabinett/Spätlese trocken**, **Aligoté**, **Bellet Blanc**/Provence, **Muscat d'Alsace**/F bzw. **Muskateller** trocken, kräuterwürzige **südländische Roséweine** zu Fisch und Schalentieren. Zu kaltem Roastbeef und dunklen kalten Braten sind rote **Rhôneweine** (**Lirac Rouge**, **Côtes du Rhône Villages** ...) sowie kraftvoller **Blaufränkisch**, **Pinot Noir** und **Gamay** (auch als Jungwein) sichere Kombinationen ohne Tücken. Achtung! Kalter Braten verträgt sich nicht mit harschen Tanninen!

SAUCE ROBERT (ROBERTSAUCE)

✐ Braune Zwiebelsauce. Gehackte Zwiebeln werden in Butter glasig angedünstet, gemehlt, mit Weißwein gelöscht, mit Kraftbrühe aufgefüllt, gut durchgekocht, passiert, mit Salz, Pfeffer (Mühle) und ein wenig Senf aromatisiert; vor allem zu gegrilltem Schweinefleisch und Geflügel kredenzt. (Namensgeber war wahrscheinlich der berühmte französische Saucier Robert Vinot.)

🍷 Als Mittags- und Sommerweine sind weiße Gewächse mit einer Affinität für Zwiebeln, Pfeffer und Senf gesucht. **Chardonnay**, **Pinot Blanc**, **Sauvignon Blanc**, **Sylvaner**, **Côtes de Provence Blanc** und **Vouvray sec**/Loire erfüllten diese Wünsche ebenso wie **südfranzösische Roséweine** (**Tavel**/südl. Rhône, **Bandol**, **Cassis** und **Bellet**/Provence). Im Herbst und Winter greift man auch gerne zu einem Glas erwärmendem Rotwein (**Pinot Noir**, **Gamay**, **Merlot**, **Cabernet Sauvignon** ...).

SAUCE ROMESCO (SALSA ROMESCO)

🍷 Scharfe spanische (Katalonien) Sauce aus Mandelstiften, Tomaten, Knoblauch, Cayennepfeffer, Salz, Weinessig und Olivenöl, zu der einige fruchtig-frische Weißweine aus demselben Gebiet die ideale – entschärfende! – Ergänzung darstellen und die vor allem zu Fischgerichten gereicht wird. Der zart perlende **Vin Natur Blanc de Blancs** (PAR 60 %, XAR 40 %, 1 Jahr, 7–8 °C) von MARQUÈS DE MONISTROL, Sant Sadurni d'Anoia/Penedès/E, stellte allerdings den Modellfall einer perfekten Harmonie dar.

SAUCE ROUILLE (→ ROUILLE)

SAUCE SOUBISE (SOUBISESAUCE)

✐ Eine Zwiebelsauce. Saftige Zwiebeln werden in dünne Scheiben geschnitten, in Butter weichgedünstet, passiert, Zwiebelpüree wird unter → Sauce Béchamel gezogen, aufgekocht, mit Zucker, Salz und weißem Pfeffer abgeschmeckt, mit etwas frischer Butter vollendet. Hervorragend zu gedünstetem Geflügel, Kalbsbrust, Kalbsmedaillons usw.

🍷 Weißweine mit intensiver Sämigkeit, reifer Säure, Extraktsüße, aber nur dezentem Restzucker sind hiezu auf unserer Wunschliste. Im großen und ganzen können Sie auch die Weine für → Sauce Béchamel heranziehen, doch die spektakulärsten Ergebnisse hatten wir mit einem bezaubernd schäumenden **Vouvray demi-sec** (CHB, 5–8 Jahre, 8–10 °C) von JEAN-CLAUDE AUBERT, Loire/F, einem samtigen **Tocai** von STELIO GALLO, Mariano del Friuli/Isonzo/I, sowie einer fulminanten **Riesling Spätlese** von SCHLOSS VOLLRADS, Oestrich-Winkel/Rheingau/D.

SAUCE TATARE (TARTARENSAUCE)

✐ Hartgekochtes Eigelb mit Salz, Pfeffer (Mühle) und Essig zu einer Paste vermengen, mit Olivenöl zu einer → Mayonnaise aufschlagen und gehackten Schnittlauch darunterziehen. Passend zu Fischen aller Art.

🍷 Stahltank-Weißweine mit perfekt integrierter Säure wie **Pinot Gris**, **Pinot Blanc**, **Riesling**, **Neuburger**, **Sauvignon Blanc**, **Muskateller trocken**, **Zierfandler**, **Roter Veltliner** und **Malvasier** und Südfrankreichs weiße Elite (**Châteauneuf-du-Pape Blanc**/südl. Rhône, **Cassis** und **Bellet Blanc**/Provence …), nicht zu vergessen diverse mineralische **Chardonnays**, weißer **Rioja** sowie moderner **Sherry Fino**/E zogen hier das große Los. Bei den Rotweinen hatten wir keine so glückliche Hand. Leicht gekühlte **Jungweine** wie **Gamay**/Beaujolais und Loire sowie einfache **Merlots** und **Côtes du Rhône Rouge** entsprachen am ehesten, doch mit kraftvoll-kräuterwürzigen **Roséweinen** lagen wir nie falsch.

SAUCE TOMATES (TOMATENSAUCE)

Eine Grundsauce, die mannigfaltig abwandelbar ist. 50 g Brustspeck und etwas Wurzelwerk würfelig schneiden, 1 Zwiebel hacken, mit etwas Thymian, Basilikum und Lorbeerblatt in Butter anrösten, 1 EL Mehl darüberstreuen, kurz mitrösten, mit ½ l Bouillon auffüllen, 2 EL Tomatenmark beifügen, Sauce 30 Minuten leise kochen, mit Salz, Pfeffer und Zucker würzen, passieren.

Zu Tomatensauce mit Reis genossen wir auf Sardinien den superben weißen **Torbato di Alghero „Vigna Terre Bianche“** (2–4 Jahre, 9–10 °C) von SELLA & MOSCA, Alghero, **Vermentino**, ebenfalls aus Sardinien, und **Verduzzo**/Friaul standen in keiner Weise nach. **Gaillac Blanc**/SW-F, **Chenin Blanc**/Loire, **Bellet Blanc**/Provence/F, **Bandol** und **Coteaux d'Aix en Provence Rosé**/Provence vertraten Galliens Farben mit Anstand, und **Chardonnay**, **Sémillon-Sauvignon**, **Grüner Veltliner**, **Sauvignon Blanc**, **Riesling**, **Traminer**, **Bouvier**, **Chasselas**/CH und **Malvasier** stellten einmal mehr ihre Vorliebe für die rote Sauce unter Beweis. Unter den Rotweinen kristallisierten sich **Barbera**, **Valpolicella Classico**/Venetien, **Corvo Rosso**/Sizilien, **Chianti Classico**/Toskana/I, **Minervois**/Languedoc, **Rioja Crianza** und **Cornas**/nördl. Rhône sowie **Pinot Noir** und **Blauburger** als Freunde des diffizilen Tomatenaromas heraus. Vanillige „Eichensäfte“ werden holzig-bitter und **Champagnes** bekommen einen schalen, unangenehmen Geschmack!

SAUCE VELOUTÉ (WEISSE GRUNDSAUCE, SAMTSAUCE)

35 g Butter schmelzen, 2 EL Mehl glattrühren; langsam unter ständigem Rühren ½ l Kalbsfond dazugießen, 30 Minuten leise köcheln, salzen, pfeffern (weißer Pfeffer), durch ein Tuch abseihen; auch als Fertigsauce erhältlich.

Die Samtsauce wünscht sich artverwandte, samtig-milde weiße Mitspieler, die zuweilen, je nach Art des Fleisches, von großer Aromatik sein dürfen.

SANCE VELOUTÉ DE POISSON (WEISSE FISCHGRUNDSAUCE)

Weiße Mehlschwitze wird bereitet und unter ständigem Rühren Fischfond dazugegeben, 15 bis 20 Minuten geköchelt und mit Salz und weißem Pfeffer abgeschmeckt.

Je nach Zubereitungsweise und Art der Fische (Süß- bzw. Salzwasser, fett oder mager) werden die klassischen „Fischweine“ (siehe Stichworte) eingesetzt. Vermeiden Sie säurereiche, unreife Weißweine!

SAUCE VILLEROI (VILLEROISAUCE)

Weiße Grundsauce (→ Sauce Velouté) wird mit Eidotter und etwas Kalbsfußextrakt gebunden, mit Zitronensaft und weißem Pfeffer gewürzt und mit frischer Butter montiert. Ideal zum Überziehen diverser Speisen.

Große Weißweine mit mildem Extrakt und gebändigter Säure (**Graves Blanc** und trockene **Sauternes**/Bordeaux, **Chenin Blanc**/Loire, **Corton-Charlemagne** und reifer, öliger **Chablis GC**/Burgund/F, **Pinot Gris**, **Pinot Blanc** und **Neuburger Spätlese trocken**, **Zierfandler**, **Rotgipfler**, **Roter Veltliner** und **Malvasier** im oberen Kabinettbereich, **Tocai** und **Verduzzo**/Friaul sowie edler **Chasselas**/CH …) sind standesgemäße Geschmacksträger der weißen Sauce. Weißweine mit pikanter Säure und entsprechendem Extrakt wie **Sauvignon Blanc**, **Riesling**, **Riesling-Sylvaner**, **Sylvaner**, **Grüner Veltliner**, **Welschriesling** sowie **Aligoté**, **Muscadet**/Loire und **Hermitage Blanc**/nördl. Rhône/F usw. können angenehme Frischenoten vermitteln. Doch Vorsicht vor allzu rassigen Weißweinen, deren Säure sich mit Zitronensaft, Pfeffer und Salz verbindet und letztlich oft als unharmonisch und ätzend empfunden wird.

SAUCE VIN BLANC (WEISSWEINSAUCE)

Fischfond einkochen, einfachen Burgunder-Weißwein dazugießen, mit weißer Fischgrundsauce (→ Sauce Velouté de Poisson) auffüllen, durchkochen, mit Eigelb und Rahm binden und mit Cayennepfeffer und Zitronensaft aromatisieren. Hauptsächlich zu gedünstetem Fisch.

🍷 Der Kochwein oder kraftvolle Weißweine aus der Burgunder-Familie (**Pinot Blanc**, **Pinot Gris**, **Neuburger** sowie **Chardonnay** (**Morillon**), **Hermitage Blanc**/nördl. Rhône, **Chenin Blanc**/Loire, **Graves Blanc**/Bordeaux/F usw.), die die Sauce geschmacklich ergänzen, aber nicht erschlagen, sind begehrte Begleiter. Im Sommer sind auch leichtere Kaliber (**Prosecco**/Venetien, **Riesling-Sylvaner Kabinett**, jugendlicher **Chasselas** und **Grüner Veltliner**, bei entsprechendem Extrakt) einsetzbar. Vorsicht ist auch hier vor säurereichen, nicht abgepufferten Weißweinen geboten. Die Säure addiert sich mit Zitronensaft und Salz und wird als grün, unharmonisch und aggressiv empfunden.

SAUCE VINAIGRETTE (VINAIGRETTE)

Kalte, würzige Essigkräutersauce. Kräuter (Estragon, Kerbel, Petersilie, Schnittlauch), Zwiebeln, Kapern, Sardellenfilets und Cornichons werden fein gehackt, mit hartgekochtem Ei vermengt, mit Salz, Pfeffer und Essig aromatisiert und mit Öl aufgeschlagen. Zu gekochtem Rindfleisch, Hammelfüßen, Kalbskopf, Fisch, Spargel usw. (→ Spargel mit Sauce Vinaigrette)

SAUCE VINAIGRETTE (VINAIGRETTE)

Kalte, würzige Essigkräutersauce. Kräuter (Estragon, Kerbel, Petersilie, Schnittlauch), Zwiebeln, Kapern, Sardellenfilets und Cornichons werden fein gehackt, mit hartgekochtem Ei vermengt, mit Salz, Pfeffer und Essig aromatisiert und mit Öl aufgeschlagen. Zu gekochtem Rindfleisch, Hammelfüßen, Kalbskopf, Fisch, Spargel usw. (→ Spargel mit Sauce Vinaigrette).

🍷 Ohne Rücksichtnahme auf die einzelnen Produkte ist zu sagen, daß grundsätzlich leichtes **Pils** am unverfänglichsten ist. Zu einer steirischen (Kürbis-)Kernöl Vinaigrette war samtiger **Malvasier** von ausgleichender Wirkung; zu Vinaigrette mit Orangensaft und Kräutern waren sowohl eine **Riesling Spätlese** als auch ein **Traminer Kabinett** erfolgreich; zu weißem und grünem Spargel mit Vinaigrette und Hollandaise begeisterte trockener **Muskateller** von F. X. PICHLER, Loiben/Wachau/NÖ/A; Artischocken „Vinaigrette" kombinierten wir mit edlem **Graves Blanc**/Bordeau.', Vinaigrette mit Sherry-Essig wurde von **Vouvray sec**/Loire genial ausbalanciert; Vinaigrette mit Honig war bei **Château-Chalon**/Jura gut aufgehoben, und Vinaigrette mit Himbeeressig wurde sogar von den roten **„Fleurie"**/Beaujolais/Burgund und **Bourgueil**/Loire/F gekonnt interpretiert. Weitere Möglichkeiten stellen **Vinho Verde**/P, **Sémillon-Chardonnay**/KAL bzw. AUS, **Clairette de Bellegarde** und **Tavel Rosé**/südl. Rhône/F, **Pinot Grigio**, **Tocai** und **Verduzzo**/Friaul dar. Die oft empfohlenen **Muscadet**/Loire und **Sauvignon Blanc**/Loire/F (bzw. S-STMK/A) und **Chardonnay** werden von den meisten Gästen als zu säurebetont abgelehnt. Hier wäre ein kleiner Restzuckerhehalt von 2–5 g hilfreich.

SAUERAMPFER

(frz. OSEILLE, engl. SORREL, ital. ACETOSA, span. ACEDERA)

Grasart, die auf feuchten Wiesen, an Wegrändern und in den Wäldern Mitteleuropas zu Hause ist und schon von Plinius gelobt wurde. Die Stengel und Blätter schmecken ausgesprochen säuerlichbitter. Sauerampfer hat einen hohen Vitamin-C-Gehalt, sein saurer Geschmack stammt hauptsächlich von der Oxalsäure, die auch im Rhabarber enthalten ist. Sowohl in der Naturküche als auch in der Nouvelle Cuisine ist Sauerampfer ein fester Bestandteil.

🍷 Neben **Sauvignon Blanc** haben auch **Chardonnay** (**Morillon**) und **Pinot Blanc** ohne Holzausbau, jugendlicher **Riesling** und **Grüner Veltliner** gute Aussichten auf einen Stammplatz an der Tafel; empfindliche Gaumen lehnen sie jedoch sehr oft als zu säurehältig ab. Ein kleiner Restzuckergehalt von 2–5 g wäre hier hilfreich. Siehe auch → Sauerampfersalat!

SAUERAMPFERSALAT

Sauerampfer und Spinat in feine Streifen schneiden, wenig Schnittlauch dazugeben und mit Rahm vermischen.

🍷 Die ideale ausgleichende Gerechtigkeit war ein **Johannisberg du Valais** von JEAN-BERNARD ROUVINEZ, Sierre/CH, dicht gefolgt von einem trockenen **Chenin Blanc „La Roche-aux-Moines"** von der

DOMAINE AUX MOINES, Savennières/Loire, während der rassige **Sauvignon Blanc** aus der S-STMK/A nur bei Säure-Fanatikern ankam. Blutjunger roter **Gamay**/Loire oder **Beaujolais**, leicht gekühlt, erfrischten den Gaumen und schlugen sich tapfer im Kampf gegen Rahm, Schnittlauch und Spinat.

SAUERBRATEN

Ein Klassiker der deutschen Küche, der im Rheinland erfunden wurde. Rindfleisch aus der Schulter oder vom Schwanzstück wird ca. drei Tage mit Wurzelwerk, Zwiebeln, Pfefferkörnern, Wacholderbeeren, Gewürznelken und Lorbeerblatt in verdünntem Essig gebeizt, abgetrocknet, kräftig angebraten, gemehlt, mit Bouillon und Tomatenmark aufgefüllt, zugedeckt weichgeschmort und mit Kartoffelklößen aufgetragen.

Zwiebeln, Essig und Tomatenmark machen von vornherein den meisten Rotweinen das Leben schwer, doch deutsche **Spätburgunder** (ohne Barriqueausbau) schlugen sich überaus wacker. Zum Beispiel die hervorragende **Spätlese „Weiler Schlipf"** (2–5 Jahre, 15–17 °C), BEZIRKSKELLEREI MARKGRÄFERLAND, Efringenkirchen/Baden. Zu Mittag sind deutsches **Altbier** sowie **Scheurebe-**, **Ruländer-** und **Riesling Kabinett** (z. B. der männlich-wacholderwürzige **„Winninger Hamm"** von HEYMANN-LÖWENSTEIN, Winnigen/Mosel, der besonders Würze, Tomaten- und Kartoffelaroma zum Singen brachte) gut geeignet. Für kalte Abende sind weiße Spätlesen/Auslesen (**Scheurebe**, **Ruländer**, **Riesling** und **Traminer**) halbtrocken vorgesehen. Die üppige **Traminer Auslese „Neipperger Schloßberg"** (3–6 Jahre, 9–11 °C) GRAF VON NEIPPERG, Schwaigern/Württemberg, brachte exotische Elemente ins Spiel und veränderte die gewohnte Aromatik auf raffinierte Weise. Nichts für Traditionalisten!

SAUERKRAUT (SAUERKOHL)

(frz. CHOUCROUTE, engl. SAUERKRAUT, ital. CRAUTI, span. CHUCRUTA)

Gehobeltes Weißkraut wird gesalzen und der Gärung überlassen, wobei ein fein säuerlicher Geschmack entsteht, wenn sich auf noch immer nicht vollständig geklärte Weise Milchsäure bildet. Es ist mit einem hohen Anteil an Vitaminen (B_1 und C) und Mineralsalzen ausgestattet. Sauerkraut sollte nie gewaschen werden, da es sonst stark an Aromen einbüßt. Man kann noch verschiedene Kräuter, Gewürze und auch Zucker beisetzen. Weinkraut enthält auf 25 kg etwa einen halben Liter Wein. Milchsäure löst die Eiweißstoffe fetten Fleisches und Fisches auf!

Zu deftigem Kraut sind rustikal-würzige Weißweine mit frischer Säure (**Riesling**, **Sylvaner**, **Grüner Veltliner**, **Traminer**, **Pinot Blanc**, **Morillon**) anzuraten, während zu den Spitzenerzeugnissen subtiler Küchenmeisterhände die finessenreichen „Brüder" oben genannter Tropfen zu forcieren sind. Wenn es das Fleich erfordert, sind auch leicht gekühlte, frische Rotweine (**Pinot Noir**, z. B. heller **Frühburgunder „Bachemer Karlskopf"** vom WEINGUT J. J. ADENAUER, Ahrweiler/Ahr/D, sowie **Blaufränkisch** und **Gamay** …) anpassungsfähig. Zu Sauerkraut mit Erbsen entzückte auch eine **halbtrockene Scheurebe Kabinett** von G. A. HEINRICH, Heilbronn/Württemberg/D.

SAURE NIEREN

Schweinsnieren in kleine Tranchen schneiden und in Butter anbraten, aus dem Jus nehmen, leicht salzen; im Jus etwas Mehl anrösten, peu à peu mit Kraftbrühe auffüllen, durchkochen, mit Salz, Pfeffer (Mühle) und Zitronensaft aromatisieren, gebratene Räucherspeckwürfel, Kümmelkörner und die Nieren dazugeben und mit Semmelknödeln anrichten.

Das etwas deftig-säuerliche Gericht verlangt nach kraftvoll-würzigen Weinen (weiß, rosé, rot) mit hohen Extrakt- und niedrigen Säurewerten. **Pinot Gris**, **Pinot Blanc** und **Neuburger Kabinett/Spätlese trocken** sowie **Zweigelt Rosé** im oberen Kabinettbereich (z. B. von JOHANN TOPF, Straß/Kamptal/NÖ/A, oder der mächtige **Zweigelt-Merlot Rosé** vom MANTLERHOF, Brunn im Felde/Kremstal/NÖ/A) und **Blauer Portugieser Kabinett bis Spätlese trocken** sollten jene Opulenz und Kraft bei gleichzeitiger Milde mitbringen, die die säuerliche Wildheit des Gerichts zähmen kann. In allerbester Manier gelang dies JULIUS STEINERS kraftvollem **Weißburgunder Kabinett**, Podersdorf/Neusiedlersee/BGLD/A.

SAVARIN (RINGKUCHEN)

✐ Ringförmiger, in Spirituosen (Rum, Kirsch usw.) getränkte Hefekuchen. Kleine Ringform halbvoll mit Savarinteig auslegen, backen, aus der Form stürzen, mit Rumläuterzucker tränken, Kuchenring mit Schlagrahm oder → Frangipane füllen und mit Maraschinokirschen dekorieren (benannt nach dem französischen Gastrosophen Brillat-Savarin).

🍸 Neben **Rum** und **Kirschwasser** ist der **französische Kräuterlikör Chartreuse** ein wahrlich berauschendes, hochgeistiges Getränk zum Nachgenießen. In Frankreich trinkt man gerne **Muscat d'Alsace Spätlesen** und den gespriteten **Banyuls Rouge Grand Cru** (GR, 5–12 Jahre, 10–12 °C), z. B. von der DOMAINE DU MAS BLANC, **Banyuls-sur-Mer**/Roussillon/S-F. Unter den zahlreichen **Dessertweinen** sind vor allem **Beerenauslesen**, **Ausbruch**, **Trockenbeerenauslesen** und **Strohweine** der Sorten **Muskat-Ottonel**, **Bouvier**, **Riesling-Sylvaner**, **Riesling**, **Welschriesling**, **Sämling 88**, **Pinot Gris**, **Sémillon** ...) sowie liebliche **Muskat-Schaumweine** von verführerischer Süße und ästhetischem Verständnis. Unter den vielen Austria-Kandidaten sei, pars pro toto, die lasziv-üppige **Grüne Veltliner TBA** vom SCHLOSS-WEINGUT METTERNICH-SÁNDOR, Straß/Kamptal/NÖ, hervorgehoben.

SAVOURIES

✐ Engl. savoury/gewürzt. Kleine Würzbissen der anglo-amerikanischen Küche, die am Ende eines Mahles anstelle der Käseplatte angeboten werden und Durst und Verdauung anregen. Neuerdings reicht man sie auch als Cocktailhappen. Siehe → Angels on horseback oder → Welshrarebit.

🍸 Sehr oft bewirken die kleinen Bissen, daß man wieder einen fruchtig-frischen Weißwein bestellt, um die erhitzten und ermüdeten Papillen – ebenso wie den Geist – zu sensibilisieren.

SBRINZ

✐ Ein ursprünglich aus der Innerschweiz stammender Extrahartkäse, der aus Rohmilch gewonnen wird, von gehaltvollem Aroma ist und schon den Römern bekannt war. Das Innere ist von gelber Farbe und hat keine Löcher. Er ist ein idealer Reibkäse und zieht keine Fäden, wenn er erhitzt wird.

🍸 Rotweine mir würzig-aromatischem Flair, wie **Pinot Noir** (z. B. die fulminanten **Blauburgunder** von THOMAS DONATSCH, Malans/Graubünden/CH) und **Merlot del Ticino**/CH, **Chianti Classico** und **Brunello di Montalcino**/Toskana/I, **Blaufränkisch** sowie die weißen **Chasselas**/CH und **Pinot Gris** ergänzen den Hartkäse auf bewährte Art und Weise. Reifer Sbrinz läßt sich gerne von reifem **Tawny Port** aus der Aromareserve locken.

SCAMPI

✐ Einzahl: Scampo. Dem → Kaisergranat ähnelnde fingerlange Meereskrebse, die vor allem im Mittelmeer vorkommen. Scampi werden beim Kochen rosarot und ihre entschälten Schwänze haben ein feines, zartsüßliches Aroma. Die früher oft fälschlich gebrauchten Bezeichnungen (Langustinenschwänze, → Hummerkrabben) sind im Handel nicht mehr zugelassen.

🍸 Zu Scampi-Kuchen reichte man uns milden **Fendant**/CH, Scampi auf gefülltem Paprika lassen sich gerne von reifem **Riesling** begleiten; Scampi mit Knoblauch sind für **weißen Penedès**/E die richtige Herausforderung; Scampi gegrillt und edler **Grüner Veltliner**/Wachau/NÖ/A liebten sich auf den zweiten Blick; Scampi „Provençale" (mit Weißwein, Cognac, Olivenöl, Knoblauch, Tomaten) sind für **Cassis** und **Bellet Blanc**/Provence/F kein Problem, und Scampi mit Limettennudeln begegnen Sie mit modernem **Hermitage Blanc**/nördl. Rhône oder dem fulminanten extraktsüßen **Riesling „Gaisberg"** von PETER DOLLE, Straß/Kamptal/NÖ.

SCAMPI ALL' „AMERICANA"

Scampi werden in Olivenöl gebraten und mit einer Sauce aus in Öl geschmolzenen Tomaten, gewürzt mit Salz, Cayennepfeffer, Knoblauch, Brandy (Cognac) und Petersilie begossen und von körnig gekochtem Reis begleitet.

In Europa bewiesen schäumender **Cava**/Penedès und moderner **Sherry Fino light dry**/E, mineralischer **Chablis AC**/Burgund/F sowie der fulminante **Chardonnay „Ca'del Bosco"** von MAURIZIO ZANELLA, Franciacorta/Lombardei/I, Standfestigkeit. In den USA selbst waren rassiger **Sauvignon Blanc**, SILVERADO VINEYARDS, Napa Valley/KAL, sowie der außergewöhnliche Chardonnay **Grgich Hills** (3–5 Jahre, 9–10 °C) von MILJENKO „MIKE" GRGICH, Napa Valley/KAL, den anderen (20) verkosteten Weinen turmhoch überlegen, wobei die buttrige Würze, unterlegt von delikaten Aromen (Muskatnuß, Vanille-Zimt, Birnen), bei kraftvollem Körper, die reichen Ingredienzien der Speise vorzüglich kontrastierte.

SCAMPI GEBACKEN

Scampi werden mit Salz und Paprika gewürzt, in Mehl, Ei und geriebenem Weißbrot gewendet, in heißem Fett paniert und mit gebackener Petersilie, Zitronenvierteln und → Sauce Tatare serviert.

Bianco del Ticino/CH, **Rotgipfler Kabinett**/Gumpoldskirchen/Thermenregion/A, **Riesling halbtrocken**/D sowie **Frascati**/Latium/I sind vier Beispiele, mit denen man zum Selbstverwöhner werden kann.

SCAMPISALAT AUF „MODERNE ART"

Kleingeschnittene Scampi, Gurkenwürfel, Tomaten und gedünstete Champignons werden mit Sauce aus Rahm, geriebenem → Kren, Ketchup, Salz, Paprika und englischem Senf kombiniert, mit längshalbierten Scampi, Spargelspitzen und Trüffelscheiben dekoriert.

Milder **Sauvignon Blanc**, **Riesling-Sylvaner**, **Gavi**/Piemont, **Frascati**/Latium (VILLA SIMONE), **Chiaretto**/Venetien/I und **weißer Rioja**/E beherrschen das Zusammenspiel mit den diffizilen Aromen.

SCHAF (HAUSSCHAF)

(frz. MOUTON, engl. MUTTON, ital. PECORA, span. OVEJA)

Das älteste unserer Haustiere ist weltweit verbreitet und wegen seiner Wolle und seine Fleisches überaus beliebt. Das männliche Tier (Widder bzw. Bock) wird in der Küche kaum verwendet, da es einen unangenehm strengen Geschmack aufweist. Das kastrierte männliche Tier (→ Hammel oder Schöps) und das weibliche Mutterschaf (Zibbe) sind umso besser, je jünger man sie schlachtet. Das → Lamm zählt zu den höchsten Genüssen der internationalen Gourmets. Siehe Stichworte!

Schaffleisch gekocht in Wurzelsud wurde von einem kraftvoll-würzigen **Grünen Sylvaner** von LEOPOLD KLAGER, Wien-Stammersdorf, köstlich untermalt.

SCHAFKÄSE

(frz. FROMAGE DE BREBIS, engl. SHEEP'S CHEESE, ital. CACIO PECORINO)

Muß einen Anteil von mindestens 25 % Schafmilch aufweisen und reift monatelang in 4–10%iger Salzlake. Wegen seines charakteristisch salzig-würzigen Aromas ist er, besonders im Mittelmeerraum, sehr beliebt. Berühmte Schafkäse sind → Corsica, → Roquefort und → Pyrénées pur Brebis in Frankreich, → Beenleigh blue in England, → Kefalotiri in Griechenland, → Idiazabal und → Manchego in Spanien, → Pecorino in Italien, → Weißer Prinz und → Trautenfelser in Österreich.

Ennstaler Schafkäse mit Kürbiskernen genossen wir mit südsteirischem **Cabernet** (wobei auch Knoblauchtöne aktiviert wurden). Ein samtiger **Pinot Noir** von ING. JOSEF SCHÜLLER, Eisenstadt/Neusiedlersee-Hügelland/BGLD/A, rückte wiederum die Kürbiskerne in den Vordergrund. Relativ ausgleichend verhielt sich der pikant-würzige **Weißburgunder** von TSCHERMONEGG, Glanz/S-STMK.

SCHALENTIERE (SCHALTIERE)

(frz. COQUILLAGES)
Sammelbezeichnung für mit Kalkschalen geschützte Wasserbewohner wie → Muscheln und → Austern, die ob ihres Jodgehaltes Müdigkeit und Schilddrüsenunterfunktion bekämpfen können. (Irrtümlich zählt man oft → Garnelen, → Hummer, → Krabben, → Krebse, → Langusten, → Scampi usw. dazu, obwohl sie zur Gruppe der → Krustentiere gehören.) → Schnecken zählen zu den Weichtieren. Siehe auch → Coquilles Saint-Jacques, → Herzmuscheln, → Miesmuscheln.

SCHALOTTEN (ESCHLAUCH, ASCHLAUCH, ASKALONZWIEBELN)

(frz. ÉCHALOTES, engl. ESCHALOTS/SHALLOTS, ital. SCALOGNI, span. CHALOTES)
Kleine, eiförmige Lauchknollen, einst von den christlichen Kreuzrittern aus Palästina nach Europa gebracht. (Nach dem palästinensischen Hafen Askalon benannt.) Die „Königin der Lauchgewächse" besitzt ein violettes, mildes, aromatisches Fruchtfleisch und einen angenehm würzigen Duft nach Frühlingszwiebeln, grünen Äpfeln und Muskat. In der Küche wird sie vielfältig eingesetzt, aber vor allem in roher Form in exquisiten Salaten usw.
Zu Schalotten in Apfelwein genießen Sie am besten **Cidre** oder **Grünen Veltliner**/Wachau/A. Schalotten in Rotweinsauce werden durch den Kochwein oder fruchtigen **Pinot Noir** geschmacklich unterstützt. Schalotten gegrillt kombinierten wir ideal mit schäumenden **Vouvray demi-sec**/Loire/F, und Schalotten süß-sauer blieben mildem **Moscato**, **Malvasier** und **Bianco di Custoza** (z. B. von ARVEDI D'EMILEI, Cavaleaselle/Venetien/I) vorbehalten. Auch **halbtrockene Rieslinge** sind möglich!

SCHALOTTENBUTTER („BEURRE D'ECHALOTE")

125 g gehackte Schalotten werden mit 125 g Butter vermengt und durch ein Sieb gestrichen.
Tocai Friulano und **Pinot Grigio**/Friaul/I, **Sauvignon Blanc Spätlese** und **Muskateller trocken** zählen zum engsten Kreis der Anwärter für den kapriziösen Lauch.

SCHASCHLIKS

Kleine Spieße (→ Kebabs), die über dem Rost oder in heißem Fett gebraten werden. Ursprünglich aus dem Orient stammend, haben sie auch in den Balkanländern eine gewisse Popularität erreicht. Wurden sie früher nur aus Hammelfleisch komponiert, so ist die Zubereitung auf kleine Scheiben von Niere, Räucherspeck, Rindfleisch, Zwiebeln und Paprika erweitert worden. Sie werden stets großzügig mit Thymian, Muskat, Paprika und Currypulver bestäubt und von diversen → Würzsaucen begleitet.
Erfrischende **Biere**, **Roséweine** sowie exotische Weißweine sind das Tüpfelchen auf dem i und keine (!) Sturmangriffe auf die Geschmacksnerven. Eine besondere rote Spezialität lernten wir in Rumänien mit dem hervorragenden süßen (!) **Pinot Noir Fruvimed** von FRUVIMED, Dobrudja, kennen und – nach einiger Zeit – schätzen. Ein wahres Labsal ist allerdings der pikant-fruchtige, weiße **Movia Sauvignon** vom WEINGUT MOVIA/Slowenien.

SCHASCHLIK AUF „TÜRKISCHE ART"

Zartes Hammelfleisch wird würfelig geschnitten, in Olivenöl, Salz, Pfefferkörnern, gehackter Petersilie und frischer Minze mariniert, auf Spieße gesteckt, gegrillt und auf → Pilawreis plaziert.
Der trockene **Sémillon** von VILLA DOLUCA, der führenden Weinkellerei der Türkei, sowie trocken-würziger, etwas oxydativer **Urgup**/Anatolien/Türkei waren dem öligwürzig-scharfen Schaschlik durchaus gewachsen und fanden sogar Zeit, dem frischen Minzegeschmack Respekt zu zollen. Der rote **Cabernet Sauvignon/Gamay** der VILLA DOLUCA zählt zu den wenigen kontrolliert vergorenen Gewächsen und zeigte auch

Fruchtcharme und Finesse zu gleichen Teilen, was der Harmonie mit dem Spieß sehr entgegenkam. Alle übrigen verkosteten Rotweine erwiesen sich als zu schwer, üppig, oxydativ, plump und süßlich!

SCHEITERHAUFEN

Österreichisch-süddeutsche Spezialität. Milch mit Ei und Zucker werden geschlagen, über Semmelscheiben gegossen, in eine gebutterte Auflaufform schichtenweise mit den Semmelscheiben, geraspelten Äpfeln und Rosinen gegeben, mit der restlichen Milch-Ei-Zucker-Mischung begossen, im Rohr überbacken und mit → Süßspeisensauce serviert.

Mildsüße, apfelig-fruchtige Auslesen (**Grüner Veltliner**, z. B. die fulminante Auslese **„Ried Spiegel"** vom MANTLERHOF, Brunn im Felde/Kremstal/NÖ/A, **Welschriesling**, **Pinot Blanc** ...), prickelnde, fruchtige **Schaumweine** (**Riesling**, **Welschriesling**, **Grüner Veltliner** ...) und für „Naschkatzen" rosinensüße **Beerenauslesen** bzw. **Ausbrüche** und **Strohweine**, die zwar dominieren, aber auf durchaus „erträgliche" Art, sind als Begleiter immer angebracht.

SCHELLFISCH

(frz. ÉGLEFIN, engl. HADDOCK, ital. NASELLO, span. EGLEFINO)

Zur Familie der Dorsche gehörender Fisch, von Murmansk bis zur Biskaya verbreitet, der sich nur vom Feinsten ernährt (Muscheln, Heringsrogen, Würmer) und sich durch ein mageres, weißes, festes und aromatisches Fleisch auszeichnet, das den größeren Kabeljau an Wohlgeschmack übertrifft. Bei einer Mittelgröße von 40 cm in den Monaten Oktober bis Mai ist er am zartesten. In England hat er geräuchert als → Smoked Haddock Berühmtheit erlangt und ist ein fixer Bestandteil des „Englischen Frühstücks".

Trocken-vollmundige Weißweine mit gut integriertem Säurekleid (**Pinot Blanc**, **Pinot Gris**, **Chardonnay**, **Puligny-Montrachet**, **Meursault**/Burgund, **Graves Blanc CC**/Bordeaux/F, **Riesling Kabinett bis Spätlese trocken**) sind „Schellfischer" von hohem Ansehen. Zu Schellfisch mit Senfsauce erfreute uns fragiler, weicher **trockener Müller-Thurgau Kabinett „Bürgstädter Centgrafenberg"**, von RUDOLF FÜRST, Bürgstadt/Franken/D; Schellfisch gedünstet verwöhnten wir durch elegant milden **Grauburgunder Kabinett trocken „Weisenheimer Rosenbühl"**, WG WEISENHEIM, Sand/Rheinpfalz/D; Schellfisch gebraten lockten wir mit vitalem **Riesling** von ERICH BERGER, Gedersdorf/Kamptal/NÖ/A, aus der Reserve, und Schellfisch „Florentiner Art" (mit Spinat, Käsesauce und pochiertem Ei) genießen sie mit **Sauvignon** (z. B. von CA' RONESCA, Dolegna del Collio/Friaul/I).

SCHELLFISCH AUF „PARISER ART"

Filets mit Salz und Pfeffer (Mühle) würzen, in Mehl wenden, Ei mit → Crème fraîche verrühren, Filets durch die Eiermischung ziehen und in heißer Butter drei Minuten von jeder Seite anbräunen.

Hier imponierten besonders ein blaßrötlicher **Gris de Toul**/Lothringen als Sommerwein, ein samtweicher weißer **Château Haut-Bailly CC** aus Léognan/Graves/Bordeaux als Gaumenschmeichler in Bestform und ein grandioser **Puligny-Montrachet Premier Cru „Les Combettes"** von JACQUES PRIEUR, Meursault/Burgund, der Würze, Noblesse und Subtilität einbrachte.

SCHICHTKÄSE

Quarkähnlicher deutscher Frischkäse, der aus drei Schichten besteht und von formfester, geschmeidiger, milchsäuerlicher, leicht speckiger Art ist. Die mittlere Schicht ist die fettreichste.

Von allen Frischkäsen ist dies noch einer der leichtesten in seiner Anpassungsfähigkeit an Weißweine. **Riesling**, **Riesling-Sylvaner**, **Gutedel** und auch **Pinot Blanc**/D kommen mit ihm relativ problemlos aus. Durch den speckigen Mittelteil kommen auch **Sauvignons Blancs** und milde **Pinots Noirs** (**Spätburgunder**) zur Geltung.

SCHILDKRÖTE

(frz. TORTUE, engl. TURTLE, ital. TARTARUGA, span. TORTUGA)

Kriechtier, das mit einem Knochenplattenpanzer versehen ist. Echtes Schildkrötenfleisch bzw. Schildkrötensuppe bekommt man nicht mehr, da die Tiere vom Aussterben bedroht sind und seit 1988 unter Naturschutz stehen. Der Ruhm der Schildkrötensuppen dürfte auch nicht auf dem Wohlgeschmack des getrockneten Fleisches, sondern auf den raffinierten Zutaten beruhen. (→ Mockturtle-Suppe → Lady Curzon) Das gleiche gilt auch für die fernöstliche Schwalbennestersuppen und -ragouts.

SCHINKEN

(frz. JAMBON, engl. HAM, ital. PROSCIUTTO, span. JAMÓN)

Die Keule des Schweines, gepökelt, geräuchert oder gekocht, hat dem Allesfresser den Platz im gastronomischen Himmel erobert. Die französischen Gastrosophen Monselet und Grimod waren die ersten, die den Schinken zur feinen Küche zählten, Loblieder auf die diversen Spezies sangen und vor allem den Räucherschinken neben der Gänsebrust als das schmackhafteste Rauchfleisch schlechthin bezeichneten. Der würzige, schwere Schinken aus Westfalen begeisterte schon die römischen Schlemmer, der englische aus York gilt für viele als bester kalter und der Prager als bester warmer Schinken, der dünn geschnittene aus → Parma ist ideal zu Melone oder Spargel, der unter Zusatz von Wacholderbeeren geräucherte belgische aus den Ardennen ist ein würziges Hors d'oeuvre, der baskisch-französische aus Bayonne ist herrlich mild geräuchert, und die Spanier lieben den mit Meersalz gepökelten und 12 Monate luftgetrockneten Serranoschinken aus Andalusien ebenso wie ihren Asturier-Schinken mit Zuckerüberzug und Sirupgarnitur. (→ Kochschinken, → Lachsschinken, → Rentierschinken, → Rollschinken)

Zum berühmten Burgunder Jambon Persillé (gekochter Schinken in Petersilienaspik) ist **Aligoté** Anlaß zu kulinarischer Lebensfreude (auch **Beaujolais Rouge**, gekühlt, ist fein). Zum milden spanischen Guijuela-Schinken vertrauen Sie auf haselnußwürzigen **Sherry Amontillado**/E. Salzigem Rohschinken begegnen Sie mit milden, durstlöschenden **südeuropäischen Roséweinen** oder **Sherry Fino**/E. Schinken mit Kartoffelgratin vereinen Sie mit **Pinot Gris Kabinett** oder **Montagny Blanc** (CH)/Burgund. Dem von Gourmets verschmähten Schinken-Käse-Toast begegnet man am ehesten mit (dunklem) **Bier** (**Ale**, **Guinness** ...). Schinkenfleckerln genießt man in Österreich mit pfeffrigem **Grünem Veltliner**/NÖ. Schinkensandwich (Ham Sandwich) mit englischem Senf versuchen Sie doch einmal mit **rotem Bordeaux Supérieur**/F; Räucherschinken kombiniere man mit **Riesling** (Elsaß/F, Nahe/D ...), **Sauvignon Blanc**/Loire/F bzw. S-STMK/A oder rotem **Rioja** bzw. **Nebbiolo** alten Stils. Schinkenauflauf unterstützen Sie aromatisch durch finessenreichen **Chardonnay**/NZ. Den feinen italienischen Rohschinken aus San Daniele können Sie mit **Tocai Friulano**, **Verduzzo** oder **Pinot Grigio**/Friaul/I genießen, und zu Schinkenmedaillons „Rothschild" (mit Gänseleberpüree, Trüffelscheiben, Portweingelee) paßt standesgemäß **Champagne Henriot Reserve Baron Philippe de Rothschild** (CH 50 %, PN 50 %, 7–10 Jahre, 7–9 °C), Reims/F.

SCHINKEN IN BROTTEIG

Einen Prager Schinken von etwa 2,5 kg 50 Minuten in Wasser kochen, leicht abkühlen, Schwarte und überschüssiges Fett entfernen, in Brotteig hüllen, im Ofen backen und mit Sauce Madère kredenzen.

Brotteig und Sauce stellten die Weichen für ungarischen **Tokaji Szamorodni Száraz**, der mit seiner brotigen Würze und Dichte schlechthin ideal besetzt war, doch auch die **Grauburgunder Auslese trocken „Birkweiler Mandelberg"**, ING. JOHANNES KLEINMANN, Birkweiler/Rheinpfalz/D, traf den Ton der Speise haargenau. Der erdig-würzige, an einen **Pomerol** erinnernde **Blaufränkisch-Cabernet** von MARTHA & HERMANN KRUTZLER, Deutsch-Schützen/Südburgenland/A, war Sauce und Schinken ein ebenbürtiger Partner, der nur mit dem Brotteig kleine Unstimmigkeiten hatte.

SCHINKEN IN BURGUNDER

Einen Prager Schinken (2,5 kg) etwa 50 Minuten in Wasser kochen, abkühlen, Schwarte und überschüssiges Fett entfernen, mit angeschwitztem Wurzelwerk in eine Kasserolle geben, eine Flasche weißen Burgunder darübergießen, zugedeckt garschmoren, mit Staubzucker bestreuen und aufgedeckt bei starker Oberhitze braun glasieren; Fond entfetten, mit Kraftsauce verkochen, ein Dash Madeira dazugeben und mit Steinpilzen und gebutterten Nudeln auftragen.

Als einfacher Mittags- und Sommerwein ist simpler **Aligoté**, der auch der Kochwein war, goldrichtig. **Pinot Blanc Spätlese trocken** oder **Meursault Premier Cru**/Burgund (wegen der Steinpilze) sind die Grundlage für ein festliches Mahl. Auch **Pinot Noir**, z. B. **Chambertin GC** von LOUIS LATOUR, Côte de Nuits, oder **Volnay Premier Cru „Les Pitures"** von RÈGIS ROSSIGNOL, Volnay/Côte de Beaune/F, waren über Steinpilze und Madeira eine Hommage an Burgund.

SCHINKENSTEAK „MARYLAND"

Tranche von mild gepökeltem Schinken wird gegrillt, mit Honig bestrichen und mit längshalbierten gebratenen Bananen, Maiskroketten und Meerrettichsahne (Oberskren) angerichtet.

Honig, Bananen, Maiskroketten und Meerrettichsahne mögen für manchen Wein ein Problem darstellen, doch kalifornischer **Sauvignon Blanc** von MIRASSOU, San José/Central Coast, extraktsüßer, würziger **Chardonnay** von ACACIA, Napa, sowie der spätleseartig honigwürzige **Riesling** von GRGICH HILLS CELLAR, Rutherford/Napa, konnten der kulinarischen Herausforderung standhalten.

SCHLAGSAHNE (SCHLAGRAHM, SCHLAGOBERS)

(frz. CRÈME FOUETTÉE, engl. WHIPPED CREAM, ital. PANNA MONTATA, span. NATA BATIDA)

Frische, stark abgekühlte, fest geschlagene Sahne, die nach Gutdünken (z. B. mit Vanillezucker) gesüßt und parfümiert werden kann. Sie weist 30 % Fett auf und bringt die sie begleitenden Produkte erst richtig zur Geltung.

Milde, säurearme Weißweine (biologischer Säureabbau!) eignen sich aufgrund des Fettgehalts und vor allem des Milchzuckers hervorragend. Der Milchzucker gleicht sogar die Restsüße eines halbtrockenen Weines aus; trockene, säurereiche Weißweine werden jedoch urplötzlich als sauer empfunden. Weißweine aus der Schweiz und Italien gelten als besonders geeignet: **Chasselas**, **Riesling-Sylvaner**, **Pinot Gris** (im Wallis als **Malvoisie** bezeichnet), **Sylvaner** (im Wallis **Johannisberg** genannt), **Marsanne Blanche** (im Wallis als **Hermitage** berühmt), **Amigne**, **Humagne Blanche**/CH, **Pinot Bianco**, **Pinot Grigio**, **Tocai Verduzzo**/Friaul, **Frascati**/Latium, **Orvieto**/Umbrien, **Soave Classico**/Venetien/I usw. Wenn zum Schlagrahm Früchte gereicht werden, dann sind auch **Riesling**, **Malvasier**, **Roter Veltliner**, **Zierfandler**, **Rotgipfler Kabinett oder Spätlese trocken** geeignet, und selbst fruchtintensive, extraktsüße **rote Jungweine** ohne (störende) Holznoten können sich als passend erweisen. Last not least soll auch auf die vielen Kombinationsmöglichkeiten mit fruchcharmanten Schaumweinen hingewiesen werden. Wurde der Rahm mit Vanillezucker gesüßt, so bieten sich mild-süße **Muskat-Schaumweine** und zartsüße weiße **Prädikatsweine** an (z. B. die dezent-süße **Traminer Auslese** von ERWIN POLLER, Röschitz/Weinviertel/NÖ).

SCHLEIE (SCHLEI, SCHLEIERKARPFEN)

(frz. TANCHE, engl. TENCH, ital. TINCA, span. TENCA)

Eine Karpfenart, die in schlammigen Flüssen und Seen Europas beheimatet ist und bis zu 50 cm lang und etwa 4 kg schwer wird (heute auch gezüchtet). Schleiensaison ist von April bis Juni. Das Fleisch der Jungfische (bis zu 2 kg) ist weiß und fett, jedoch zart und wohlschmeckend. Fische aus schlammigen Gewässern müssen allerdings vor dem Schlachten einige Tage in fließendem Wasser gehalten werden, um den sogenannten „Moderton" zu verlieren.

Ähnlich wie beim → Karpfen sind auch hier reife, würzige, extraktreiche Weißweine mit gut eingebundenen Säurewerten erwünscht. Schleie in Wurzelsud versuchten wir erfolgreich mit **Silvaner Kabinett** (Franken,

Baden, Rheinhessen/D). Schleie in Aspik kombinierten wir mit edlem **Grünem Veltliner „Smaragd"** von EMMERICH KNOLL, Loiben/Wachau/A. Schleie gefüllt und **Pinot Gris Spätlese trocken** kann überzeugen, und Schleie gebacken harmonierte sowohl mit einer kraftvoll-milden **Neuburger Spätlese trocken** von ERNST TRIEBAUMER, Rust/Neusiedlersee-Hügelland/BGLD/A, als auch mit der samtig-fülligen **Weißburgunder Auslese trocken „Siebeldinger im Sonnenschein"** von ÖKONOMIERAT REBHOLZ, Siebeldingen/ Rheinpfalz/D. Große **Chardonnays** (**Chablis GC**, **Meursault Premier Cru**, **Corton-Charlemagne GC**) sind vielleicht nicht ganz so harmonisch wie obige Kreszenzen, doch verleihen sie dem Fisch meist mehr Würze, Charakter und Aussagekraft.

SCHLEIE MIT SALBEI

✐ Feuerfestes Geschirr gut einfetten, mit frischen Salbeiblättern auslegen, vorbereitete, gesalzene und gepfefferte Schleie in das Geschirr legen, mit Salbeiblättern bedecken, mit Crème fraîche auffüllen und garen.

🍷 Salbei und Crème fraîche bedingen samtweiche, mildfruchtige Kreszenzen ohne störende Säure- und Tanninspitzen. **Roter Veltliner**/A, **Chasselas** und **Riesling-Sylvaner**/CH, **Pinot Gris Spätlese** trocken bis halbtrocken, **Pinot Grigio**, **Tocai** und **Verduzzo**/Friaul/I, exotische **Chardonnays** (Neuseeland, Australien, Kalifornien ...) führen zu erdverbundenen, köstlichen Gemeinsamkeiten. Die von französischen Sommeliers des öfteren angebotenen roten Exponate (**Chinon**, **Bourgueil**/Loire, **Bellet Rouge**/ Provence ...) konnten uns in diesem Zusammenhang nicht allzusehr begeistern.

SCHLEIE MIT SPECKSAUCE

✐ Braune Grundsauce (→ Sauce Espagnole) wird mit Essig und Zucker aromatisiert, mit kleinen gerösteten Speckwürfeln und feingehackter Petersilie vermischt und zu blaugekochter Schleie gereicht.

🍷 Dies war die Speise und anscheinend auch der Tag für Südtiroler (Trentiner) Weißweine: **San Siro Bianco**/Trentino und würzig-frischer **Terlaner Welschriesling** als Mittagsweine; kraftvoller **Pinot Bianco „Villa Barthenau"** von HOFSTÄTTER, Tramin/Südtirol, oder der als „Fischwein" angepriesene **Weißburgunder** von KÖSSLER, St. Pauls/Südtirol/I, als Partner mit viel Anpassungsgefühl und doch mit akzentuierter Kraft.

SCHLESISCHES HIMMELREICH

✐ Schlesische Spezialität. Mageres Rauchfleisch (Räucherspeck) vom Schwein wird mit eingeweichtem Dörrobst (Apfel, Birnen und Pflaumen) weichgekocht, mit Mehlschwitze gebunden, mit Salz, Zucker, Zimt und Zitronensaft aromatisiert und mit schlesischen Kartoffelklößen serviert.

🍷 Als das ehemals zu Deutschland gehörende Schlesien noch seine erstklassigen Brauereien besaß, trank man dunkle, würzig-süße **Malzbiere** zu dem „Nationalgericht". Das polnische **Slodowe** (würzig-süß mit wenig Alkohol) ist immerhin eine Alternative zu Wein. Das salzige, würzig-süßliche Gericht ist gar nicht so leicht mit Wein auszuloten, was allerdings einen echten Schlesier zu einem milden Lächeln veranlaßt, denn für ihn sind **Ruländer**, **Weißburgunder** und **Traminer Spätlesen trocken** bis **halbtrocken** die richtigen Gefährten auf dem Weg ins Himmelreich.

SCHLOSSERBUBEN

✐ Österreichische Mehlspeise. Auflaufkrapfen, abgetropft, sofort mit heißem Powidl gefüllt, in Schokoladeraspeln gerollt, mit Staubzucker bestreut und heiß angerichtet.

🍷 **Pinot Gris**, **Traminer** (z. B. der **Ausbruch „Nouvelle Vague"** von ALOIS KRACHER, Illmitz/Neusiedlersee/BGLD/A), **Riesling**, **Muskat-Ottonel** und **Bouvier** im **Ausbruch**-Bereich mit zarter Restsüße sowie Honigwürze- und Botrytis-Anklängen und der exzellente, im Barrique ausgebaute **„Il Roncat Bianco"** aus **Verduzzo** und **Picolit** von GIOVANNI DRI, Nimis/Friaul/I, sorgten für Gaumenfreuden harmonischer, aber nicht übertrieben süßer Dimension. Süße Zungen werden sich an höheren **Prädikats-** und **Strohweinen** laben, und Rotweinfans sollten einmal exquisite (Barrique)-Weine mit Extraktsüße sowie Schoko- und Pflaumen-Noten (**Zweigelt**, **Pinot Noir**, **Cabernet Sauvignon**, **Syrah**, **Sangiovese** usw.) versuchen. Sie bringen zwar einen dezenten Bitterschokoton hervor, saugen aber gleichzeitig die Fettnote des Gerichts besser auf (z. B. die extraktsüße **Cuvée Villa Nomine Lusmann** (CS, CF, M) von HELMUT und RUDOLF WEBER, Lutzmannsburg/Mittelburgenland.

SCHMELZKÄSE

Unter Zusatz von Schmelzsalzen in Vakuum geschmolzener Käse, der meist mit pikanten Gewürzen und feingehackten Zutaten (Schinken, Gurke, Champignons, Paprika usw.) vermischt wird. Schmelzkäse wurde erstmals 1911 in der Schweizer Stadt Thun kreiert und ist eine Weiterentwicklung der → Fondues.

Mildfruchtige **Roséweine** oder hellgepreßter **Blanc de Noirs** (**Klarett**), sowie einfachere kraftvollwürzige Weißweine (**Pinot Blanc**, **Grüner Veltliner**, **Sylvaner** oder **Sauvignon Blanc**, z. B. von CHARLES UND JEAN-MICHEL NOVELLE, Satigny/Genfersee/CH), können sich am besten auf den pikanten Käse einstellen.

SCHMORBRATEN → RINDERSCHWANZSTÜCK

SCHNECKEN (WEINBERGSCHNECKEN)

(frz. ESCARGOTS, engl. SNAILS, ital. LUMACHE, span. CARACOLES)

Weichtiere, die sich im Oktober auf den langen Winterschlaf vorbereiten und in ihr Haus zurückziehen. In dieser Zeit werden sie in Frankreich, der Schweiz, Osteuropa und Süddeutschland eingesammelt und zu delikaten Gerichten verarbeitet (heute auch gezüchtet). Schon die Römer delektierten sich an den Tieren und mästeten sie in den Weingärten Burgunds, und die Mönche des Mittelalters verehrten sie als Fastengericht. Die asiatische Meeresschnecke (Ohrschnecke, Abalone) gilt als besonders wirksames Aphrodisiakum in der dortigen Männerwelt.

Wie Austern und Muscheln sind Schnecken sehr leimig und sollen der besseren Verdaulichkeit halber eher von einem säurereichen Wein (weiß oder rot) unterstützt werden. Schnecken in Blätterteig auf Steinpilzen werden sowohl von trockener weißer **Pinot Blanc Spätlese** als auch von rotem **Santenay Premier Cru**/Côte de Beaune/Burgund/F einfühlsam untermalt. Schnecken im Sud genossen wir einmal mit trockenem weißen **Lessini-Durello**/Venetien/I und ein andermal mit mildem **Riesling-Sylvaner** aus Südtirol/I. Schnecken mit Brennesselsauce sind ohne **Chenin Blanc**/Loire oder **Sauvignon Blanc** bzw. **Sylvaner** fast gar nicht denkbar. Schnecken → Cassolette paßt zu **Languedoc-Roussillon Blanc** und – noch besser – zu **Chassagne-Montrachet Rouge**/Burgund/F. Schneckenragout mit Petersilienbutter kann sehr wohl mit **Cirò Bianco**/Kalabrien/I, aber auch mit **Silvaner di Terlana**/Südtirol/I und **Châteauneuf-du-Pape Blanc**/südl. Rhône/F begeistern. Schnecken auf „Küchenmeisterart“ (in Zitronensaft und Öl mariniert, mit Speck umwickelt, am Spieß gebraten und mit Schneckenbutter bestrichen) versuchten wir mit rassigem **Sauvignon Blanc**/Südteiermark, doch mineralischer, würziger **Chardonnay** (Stahltank), z. B. der **Chardonnay Classic** von J. JURTSCHITSCH, Langenlois/Kamptal/NÖ/A, schien uns noch besser geeignet. Schneckenpastete (feingehackt, mit Schneckenfond, Maronipüree und etwas Cognac vermengt und in Blätterteig gefüllt) war mit einer **Grauburgunder Auslese trocken „Ungsteiner Weilberg“** vom BÄRENHOF, St. Martin/Rheinpfalz/D, ideal besetzt, und Schneckensalat in Zitronen-Öl-Dressing (mit gehackten Schalotten, Sardellenfilet, harten Eiern, grünen Oliven, Tomaten, Champignons, gehackten Kräutern, Knoblauch und Kopfsalat) wird von **südländischen Roséweinen** am unverfänglichsten begleitet, doch **Sauvignon Blanc**, **Chardonnay**, **Riesling** und **Chenin Blanc** (**Vouvray sec**)/Loire setzten Glanzlichter und Akzente, die man so schnell nicht vergißt. Vorsicht ist vor jungen, grasig-säurigen Weißweinen geboten!

SCHNECKEN AUF „BURGUNDER ART“

Weinbergschnecken (aus der Dose) werden mit etwas Cognac parfümiert und in die ausgekochten, gut gewaschenen und getrockneten Gehäuse gefüllt, mit Schneckenbutter zugestrichen, auf ein Schneckengeschirr gegeben und im Backrohr so lange erhitzt, bis es zu schäumen anfängt.

🍷 Die Burgunder-Weißweine **Aligoté**, **Mâcon Blanc** und für festliche Stunden elitärer **Puligny-Montrachet Premier Cru** (CH) erfüllen ihre Aufgabe besser als die roten **Saint-Amour** (GAM)/Beaujolais oder **Mercurey Rouge** (PN)/Côte Chalonnaise/Burgund/F.

SCHNECKEN AUF „SPANISCHE ART"

✎ Weinbergschnecken (aus der Dose) in kleine Keramikgefäße füllen, grüne Paprikaschote entkernen, in kleine Würfel schneiden, in Olivenöl weichdünsten, ein Stück Butter (pro Person ca. 30 g) mit geschälten, entkernten Tomaten und mit der gedünsteten Paprikaschote vermengen, mit Salz, Petersilie, Thymian, Salbei und ein wenig Cayennepfeffer würzen, die Buttermischung in die Keramikgefäße geben und die Schnecken im heißen Rohr erhitzen.

🍷 Der empfohlene **Sherry Manzanilla**, gekühlt serviert, kam mit allen Beteiligten sehr gut zurecht, kollidierte aber ein wenig mit der Salbeinote; noch etwas besser gefiel uns der **Gran Viña Sol** (CH, PAR) von M. TORRES, der auch erfrischend wirkte. Einziger ernstzunehmender Widerpart war der schotenwürzige, dezente **Sauvignon Blanc** von MARQUÉS DE RISCAL/Rueda/E.

SCHNECKENBUTTER („BEURRE POUR LES ESCARGOTS")

✎ Für Weinbergschnecken: 125 g Butter schaumig rühren, mit Salz und Pfeffer (Mühle) würzen, 1 EL feingehackte Petersilie, 1 feingehackte Schalotte und 1 geriebene Knoblauchzehe vermischen.

🍷 Der **„Vin Natur Blanc de Blancs"** von MONISTROL, Katalonien, der schäumende **Cava** von ANTONIO MESTRES SAGUÉS, San Sadorni de Noya/Penedès/Katalonien/E, wie auch **Chardonnay** (Stahltank), **Grüner Veltliner** und **Sauvignon Blanc** sind jederzeit für eine Konfrontation mit der knoblauchwürzigen Butter bereit. Höhepunkt war allerdings die Begegnung mit dem **Rioja Blanco** (VIU) von PALACIOS REMONDO, Logroño/Rioja/E.

SCHNEPFE (WALDSCHNEPFE, BRACHVOGEL)

(frz. BÉCASSE, engl. WOODCOCK, ital. BECCACCIA, span. BECADA)

✎ Die Königin der Sümpfe ist ein Zugvogel, der im Frühjahr und Herbst mittels einer Schnepfenpfeife vor die Flinten der Jäger gelockt wird. Das erlesene Federwild zeigt sich im Herbst von besonderem Wohlgeschmack und übertrifft sogar Wachtel und Fasan. Früher war es üblich, die Schnepfen einige Tage abzuhängen und mit einem zarten Hautgoût zu servieren, heute wird dies nur noch in den seltensten Fällen getan.

🍷 Interessanterweise werden zu den Schnepfen, im Gegensatz zu Wachtel und Fasan, fast nur klassische Rotweine empfohlen, obwohl sich großer **Pinot Gris**, **Pinot Blanc**, **Grüner Veltliner** und **Chardonnay** durchaus einen Ehrenplatz an der Tafel verdienen.

SCHNEPFE AUF „BURGUNDER ART"

✎ Schnepfen in Butter braten, würzen, Bratfond mit Rotwein (aus Burgund) und etwas Cognac löschen, über die geteilten Vögel gießen; dazu braun glasierte kleine Zwiebeln, gebratene Champignonköpfe, geröstete Speckwürfel und → Schnepfendreck auf Toastbrot servieren.

🍷 Es versteht sich von selbst, daß große rote Burgunder wie **Musigny**, **Volnay** und **Clos de Vougeot GC** (z. B. von GEORGES ROUMIER, Gevrey-Chambertin, RENÉ ENGEL, Vosne-Romanée, MÉO-CAMUZET, Vosne-Romanée, ...) hier nicht zu überbieten sind. Ein denkwürdiges Erlebnis unter der Ägide des grandiosen Sommeliers Jean-Luc Pouteau war die Paarung mit einem Bilderbuch-**Musigny-Grand-Cru** (PN, 6–9 Jahre, 16–18 °C) von COMTE GEORGES DE VOGÜÉ, der mit Finesse, Zartheit, Eleganz und hochfeinen Aromen die Bedeutung des Gerichts erst richtig bemerkbar machte, um schließlich selbst zu einem wunderschönen Finale anzusetzen.

SCHNEPFE MIT CHAMPAGNE

Schnepfen in sechs Stücke zerteilen, in Butter braten, würzen; Bratfond mit Champagne oder einem anderen feinen Schaumwein löschen, mit gehackten Eingeweiden (ohne Magen) zur Sauce geben, mit Cayennepfeffer würzen, aufkochen, passieren, über die Schnepfenstücke leeren und mit Cognac flambieren.

Reifer Luxus-**Champagne mit hohem Pinot Noir-Anteil** und dementsprechend weiniger Fülle, wie **Bollinger's R.D.** oder **Pol Roger's „Cuvée Sir Winston Churchill"**, kann hier durchaus mithalten und demaskiert sich keineswegs als High-Snobiety-Getränk. Unter den Rotweinen stellten **Saint-Émilions Premier Grand Cru Classé**-Stars, wie **Château Magdelaine**, **Château Belair** oder **Château Ausone**, die hohe Schule der Begleitmusik (fehlerfrei und einzigartig) dar.

SCHNEPFENBRÜSTCHEN „HORCHER"

Schnepfen saignant (blutig) braten, Fleisch und Eingeweide vom Gerippe (Karkasse) lösen, Karkasse auspressen; roten Burgunder (Beaujolais) stark reduzieren, Gänseleberparfait mit etwas Butter zerdrücken, in den Wein geben, Saft der Karkasse beigeben, mit Salz und Mühlenpfeffer würzen, mit flambiertem Cognac parfümieren, Brüste in der Sauce warmhalten; aus dem Restfleisch und dem Eingeweide (ohne Magen) ein gut geröstetes Püree bereiten, neben den Brüstchen anrichten und mit Kartoffelpüree auftragen.

Der Kochwein (**Burgunder**, **Beaujolais**) ist auch als Speisenbegleiter erwünscht und sollte jene animalische Note mitbringen, die von den Eingeweiden und dem rosa Fleisch ausgehen. **Chénas**, **Morgon** und **Côtes de Brouilly**/Beaujolais sowie **Pommard „Premier Cru „Les Epenot"**, ANTONIN RODET, Côte de Beaune, reifer **Echézeaux GC** von der DOMAINE DU CLOS FRANTIN und wildbret-, moschusartiger **Chambertin „Clos de Bèze"** von J. FAIVELEY, beide Côte de Nuits, erfüllten unsere Erwartung auf leidenschaftlich feurig-virtuose Weise, wobei sich als „primus inter pares" der auch den Cognac- und Gänselebergeschmack perfekt interpretierende **Echézeaux** herausstellte. Auf höchster Ebene agierte auch der fulminante **Clos Mogador**/Priorato/E und alte, firnige Weißburgunder.

SCHNEPFENDRECK

In der Sprache der Gourmets die Eingeweide des Vogels. „Der Schnepf ist nämlich eines von dem köstlichen Wildprett, das man mitsamt dem Ingeweid zu essen pflegt", sagt schon ein Chronist des Mittelalters. Leber, Herz und Gedärm (ohne Magen und Galle) werden mit Räucherspeck, Schalotten, etwas Knoblauch und Petersilie fein gehackt, in Butter angebraten, mit etwas Paniermehl gebunden, gesalzen, gepfeffert, auf geröstetes Toastbrot gestrichen, mit Parmesan bestreut und im heißen Rohr gratiniert.

Die Empfehlungen zu → Schnepfenbrüstchen „Horcher" haben auch hier Gültigkeit, zusätzlich erweitert durch **Syrah**/nördl. Rhône (**Hermitage**, **Saint-Joseph** ...), **Shiraz**/AUS (von WYNN'S oder BAILEY'S ...) und **Cabernet-Shiraz**/AUS (PENFOLDS, BERRI ...). Auch **Barolo** und **Barbaresco Riserva**/Piemont, **Brunello di Montalcino** und **Vino Nobile di Montepulciano**/Toskana/I sowie österreichischer **Zweigelt** (JOSEF UMATHUM, Frauenkirchen/BGLD, GERNOT HEINRICH, Gols/BGLD, ...) und **Cabernet Sauvignon** (GERALD MALAT, Palt/NÖ, HANS IGLER und ENGELBERT GESELLMANN, Deutschkreutz/BGLD, ...) konnten überzeugen.

SCHNITTLAUCH (GRASLAUCH, SCHNITTLING)

(frz. CIBOULETTE, engl. CHIVE, ital. ERBA CIPOLLINA, span. CEBOLLINO)

Ein Küchenkraut, das zur Familie der Lauchgewächse zählt und dessen röhrenförmige Blätter viel Vitamin C und eine einzigartige Würzkraft besitzen, die allerdings nur in rohem Zustand zur Wirkung kommt. Kaiser Nero aß in Olivenöl eingelegten Schnittlauch, um seine „rare" Tenorstimme zu kräftigen.

Sauvignon Blanc, **Muskateller trocken**, **Chardonnay** und **Morillon**/S-STMK erhöhten die Intensität des Küchenkrauts auf pikante Weise, während **Riesling**/Wachau, **Welschriesling** und **Pinot Blanc**/BGLD/A sich eher neutral verhielten, aber dabei selbst an Frische und Frucht gewannen. **Pouilly**

Fuissé/Mâconnais und **Puligny-Montrachet**/Côte de Beaune/Burgund/F legten sogar an Ausdruckskraft, Finesse und Subtilität zu! Schnittlauchknödel vereinten wir mit kräuterwürzigem **Grünem Veltliner** von JOSEF STRELL, Radlbrunn/Weinviertel/NÖ, ein ebenfalls getesteter feiner roter **Zweigelt Kabinett** von KARL FRITSCH, Kirchberg am Wagram/Donauland/NÖ, fiel zwar nicht aus der Rolle, bewies aber einmal mehr, daß Rotweine und Schnittlauch nicht unbedingt zusammengehören, sieht man einmal vom **Gigondas** ab (z. B. von der DOMAINE LES PALLIÈRES, Gigondas/südl. Rhône/F).

SCHNITTLAUCHSAUCE → SAUCE CIVETTE

SCHNITZEL

✐ Dünne, gebratene Fleischtranche (seit 1850), entweder vom Kalb (→ Kalbsschnitzel) oder vom Schwein (→ Schweinsschnitzel) genommen. Die berühmtesten internationalen Exemplare sind: → Berliner Schnitzel, → Holsteiner Schnitzel, → Mailänder Schnitzel, → Naturschnitzel, → Paprikaschnitzel, → Rahmschnitzel, → Sächsisches Schnitzel, → Schwäbisches Schnitzel, → Wiener Schnitzel, → Zigeunerschnitzel.

SCHOKOLADE

(frz. CHOCOLAT, engl. CHOCOLATE, ital. CIOCCOLATO, span. CHOCOLATE)

✐ Altmexikanisch: Xocolatl. Bereits um 1500 mischten Spanier in Mexiko die Kakaomasse der Azteken mit Zucker und hatten damit das Schokoladegetränk erfunden, das zu Beginn des 17. Jahrhunderts über Spanien auch nach Mitteleuropa kam. Schokolade wird heute aus Kakaomasse, Zucker, Kakaobutter, Milch, Sahne, Gewürzen, Nüssen, Früchten, Mandeln usw. produziert. Sie schmilzt bei 35 °C, hat einen hohen Nährwert (ohne Cholesterin!) und ist durch ihren Gehalt an Theobromin und Katecholamin von leicht anregender Wirkung. Über die Kakaobutter werden auch Endorphine aktiviert, die für Hoch- und Glücksgefühle sorgen. Vor allem die Patisserie ist durch die Erfindung der Schokolade wesentlich bereichert worden.

🍸 Die süß-bittere Komponente der Schokolade galt jahrhundertelang als Erzfeind des Weins, und es ist eigentlich schade, daß sich viele berühmte Gastrosophen um ein herrliches Vergnügen bringen ließen. Weiße Prädikatsweine mit ausgeprägter Honig-Botrytis-Note, gespritete Südweine, reifer **Champagne demi-sec** und klassische Rotweine, die in neuen Barriques ausgebaut wurden – diese bringen allerdings Bitterschokotöne ins Spiel – sind der „dunklen Schönen" mit Haut und Haar verfallen. Schokoladencreme erlebte durch portweinähnlichen roten **Banyuls VDN**/Pyrenäen/S-F von MAS BLANC eine Aromaentfaltung sondergleichen. Schokoladenmousse (Mousse au Chocolat) verbündete sich in Sekundenschnelle mit goldgelbem **Málaga Dulce** von SCHOLTZ HERMANOS, Málaga/E. Schokoladenmakronen (Mandeln und geschmolzene Schokolade) lösten durch dunkelgoldenen, reifen, orangenwürzigen **Moscatel de Setúbal** von J. M. DA FONSECA, Azeitão/Portugal, wahre Begeisterung aus. Schokoladenpudding mit Vanillesauce und **Sauternes**/Bordeaux (und eine **Riesling Beerenauslese** von JOSEF PRÜM, Wehlen/Mosel/D) stiegen in himmlische Sphären auf. Schokoladetrüffel und **Amaretto** (Bitterlikör) ist an Winterabenden eine verführerische Mischung. Zu Schokocreme mit Nüssen steigerte **Vin Jaune de Jura** (**Château-Chalon**) die Nußwürzigkeit bis zum Exzeß. Schokoladentorte und **Liqueur Muscat** von MORRIS WINERIES, Victoria/AUS, überzeugte uns mehr als der in Frankreich sehr oft empfohlene **Pineau des Charentes Rosé** von CAMUS, Cognac. Schokoladeneis badeten wir in **Asti Spumante**/Piemont/I (auch schäumender **Clairette de Die** von BUFFARDEL, Die/Rhône, war ein köstlicher Begleiter); weiße Schokoladenmousse mit Mandelcreme kredenzte man uns in Italien mit rosinensüßem **Recioto di Gambellara**/Venetien/I und Bitterschokolade gepaart mit **Madeira „Malmsey"**/Portugal (z. B. von BLANDY oder LEACOKS) oder – noch besser – mit **Martinique-Rum** (z. B. der **Hors d'Age** von LA MAUNY oder von SAINT JAMES) gehören zu den Weltwundern der Harmonielehre. Der hohe Alkohol des Rums löst die Bitterstoffe und befreit die von Kakaobutter umhüllten Aromen. Tannine, Süße und Fette der Schokolade mindern die Schärfe des Alkohols. Wohlige Wärme und geradezu himmlische Aromen und Glückshormone durchströmen Körper, Geist und Seele.

SCHOKOLADENSAUCE (→ SÜSSPEISENSAUCE)

Schokolade wird mit Wasser aufgekocht, mit Vanillezucker vermengt und mit Süßrahm und etwas Butter vollendet; heiß zu Vanilleeis, Birne Helene und überbackenen Bananen und kalt zu Vanillepudding gereicht.

Zur Sauce selbst, ohne Eis, Früchte und dgl., waren die verstärkten Weine auf verlorenem Posten, wirkten plump aufdringlich und mußten sich diesmal eindeutig feinschliffigen weißen **Prädikatsweinen** (**Riesling Beerenauslese**, WEINGUT KARLSMÜHLE, Ruwer/D, **Traminer Ausbruch**, WEINGUT HOLLER, Rust/Neusiedlersee-Hügelland/BGLD/A, und **Welschriesling TBA** von HELMUT LANG, Illmitz/Neusiedlersee/BGLD/A, beugen.

SCHOLLE (GOLDBUTT, MAISCHOLLE)

(frz. CARRELET, engl. PLAICE, ital. PASSERA, span. PLATIJA)

Der neben der Flunder wahrscheinlich bekannteste Plattfisch wird im Atlantik, in der Nord- und Ostsee und im Eismeer gejagt. Im Monat Mai (bis November) bei einer Größe von etwa 50 cm ist sie als Maischolle von zarter, wohlschmeckender Art und erinnert dann ein wenig an die „Königin der Meere", die Seezunge, für die sie manchmal ausgegeben wird.

Zu Scholle mit Zitronenbutter paßt **Entre-deux-Mers**/Bordeaux/F oder **Muscadet sur lie**/Loire/F. Scholle gebraten wünscht sich **weißen Rueda**/Altkastilien/E als Begleiter. Scholle gebacken ist eine Empfehlung für **Chenin Blanc**/Loire oder **Pinot Gris Kabinett/Spätlese trocken**. Scholle gegrillt versuchen Sie mit **Sylvaner**/Elsaß bzw. Franken/D oder **Chardonnay**/NZ ...; Scholle pochiert liebt samtweiche Weißweine (**Riesling-Sylvaner**, **Chasselas**/CH oder **Graves Blanc**/Bordeaux/F); Scholle gefüllt mit Shrimps läßt sich gern von edlem **Riesling Kabinett** (**trocken** bis **halbtrocken**) verführen; Schollenfilets „Elffelturm" („Tour d'Eiffel", mit feingehackten Schalotten, Champignonpüree sowie → Sauce Hollandaise und → Sauce Mornay gratiniert) übergaben wir der Obhut des brandneuen weißen Bordeaux **Blanc de Lynch Bages** (SB 40 %, SÉM 40 %, ML 20 %, 2–3 Jahre, 9–10 °C) von JEAN-MICHEL CAZES, Pauillac/Haut-Médoc/Bordeaux/F. Schollenfilets mit Sauerampfersauce sollten von nichts anderem als rassigem **Sauvignon Blanc** oder trockenem **Chenin Blanc**/Loire begleitet werden. Zu Schollenragout passen auch tanninige Rotweine!

SCHOLLE NACH „GROSSMUTTERS ART"

Scholle wird in Butter gebraten und mit kleinen glasierten Zwiebeln und winzigen Kartoffeln umkränzt, mit gehackter Petersilie bestreut, mit Zitronensaft beträufelt und mit brauner Butter übergossen.

Zitronensaft, Zwiebeln und Kartoffeln werden von großen **Rieslingen** im Kabinettbereich – etwas Restsüße ist gestattet – geradezu perfekt interpretiert (z. B. von SCHLOSS SAARSTEIN, Serrig/Saar/D, oder FRANZ HIRTZBERGER „Hochrain", Spitz/Wachau/A). Auch finessenreiche **Grüne Veltliner** (z. B. von KARL LAGLER, Spitz/Wachau), **Sylvaner**, **Sauvignon Blanc**, **Chardonnay** (Stahltank), **Muscadet** und **Chenin Blanc**/Loire, **Hermitage Blanc**/nördl. Rhône, **Rieslingsekt** und **Cava**/E betonten die Zitrusfrische des Gerichts, verhielten sich aber gegenüber den anderen Ingredienzen etwas neutraler. Für Weinphilosophen und Geschmacksabenteurer ist an kälteren Abenden die Begegnung mit kraftvoll dominierenden Spätlesen eine interessante Abwechslung.

SCHOPFBRATEN → SCHWEINSKAMM

SCHWÄBISCHES SCHNITZEL

Ein Kalbsschnitzel natur in Butter braten, würzen, mit Zitronensaft beträufeln; dazu Sahnesauce und Spätzle (Teigwaren), die in Butter und geröstetem Paniermehl gewälzt wurden.

Riesling-Sylvaner, **Pinot Blanc** und **Pinot Gris Kabinett/Spätlese/Auslese trocken**, vornehmlich aus dem Schwabenland (Baden-Württemberg)/D, sind verläßliche Begleiter. Herausragendster Partner war die cremig-kraftvolle, mit dem Feuer spielende **Weißburgunder Auslese trocken „Obergener Baßgeige"** von Altmeister FRANZ KELLER, Vogtsburg-Oberbergen/Kaiserstuhl/Baden/D.

SCHWARZE JOHANNISBEERE

(frz. CASSIS, engl. BLACK CURRANT, ital. RIBES NERO, span. CASIS)

Die in Europa und Amerika vorkommende schwarze Johannisbeere gehört zur Gattung der Steinbrechgewächse, enthält viel Vitamin C, Gerbsäure und Mineralstoffe. Die Beeren haben ein rauchig-würziges Aroma (Cassis), das wir auch in der Rebsorte Cabernet Sauvignon vorfinden. Sie werden in der Naturheilkunde gegen Gicht, Rheuma und Lebererkrankungen eingesetzt.

Schwarzer Johannisbeerkuchen und **Saint-Joseph rouge** (SYR, 4–6 Jahre, 16–18 °C) von JEAN-LOUIS GRIPPAT, Tournon-sur-Rhône/nördl. Rhône/F, ergaben eine überraschend gut gelungene Mixtur; auch **Cabernet Sauvignon** und **Pinot Noir** stellen für Rotweinfreunde eine Abwechslung dar. Doch vor allem als Beilage zu Hirsch, Reh oder Ente wird Cassis als Partner für Rotweine interessant. Australische **Shiraz-Schaumweine** sind zu allen Zeiten ein Thema.

SCHWARZER HEILBUTT

Ein dem → Heilbutt ähnelnder Plattfisch, der in den Tiefen des Nordatlantiks und Nordpazifiks sein Revier hat. Seine Oberseite ist fast schwarz und sein Fleisch, das geräuchert angeboten wird, fett und würzig aromatisch.

Kraftvoll-würzige Weißweine mit kompetenter, aber nichtsdestoweniger gut abgepufferter Säure sind hier an der richtigen Adresse. **Riesling**, **Riesling-Sylvaner**, **Pinot Blanc**, **Chardonnay**, **Sauvignon Blanc** und **Grüner Veltliner Kabinett** oder **Spätlese trocken** sowie einige Rotweine, die sich allein schon der Farbe wegen anboten, konnten hier bestehen. **Zweigelt**, **Merlot**, **Pinot Noir** wie auch **Refosco**/Friaul und **Rioja**/E erhöhten und akzentuierten das Rauch- und Fischaroma auf spektakuläre Weise. Vorsicht ist allerdings vor allzu tanninreichen Rotweinen geboten, die einen unangenehmen Bittergeschmack einbringen können.

SCHWARZWÄLDER KIRSCHTORTE

4 Eigelb mit 50 g Zucker schaumig rühren, 60 g geriebenes → Marzipan und 1 TL abgeriebene Zitronenschale dazugeben, 4 geschlagene Eiweiß, 50 g Zucker, 60 g Mehl, 40 g zerlassene Butter und 20 g Kakaopulver daruntermischen, Teig in eine Springform füllen, backen und nach dem Erkalten in 3 gleich dicke Böden schneiden; 500 g Sauerkirschen mit 400 g Zucker ohne Wasser dünsten und mit Stärkemehl binden, den untersten Teil mit Vanillecreme bestreichen, Kirschen darüber geben und mit Sahnecreme bedecken; den zweiten Teil mit einem Gläschen Kirschwasser tränken und mit Sahnecreme bestreichen, den dritten Boden aufsetzen, mit Kirschwasser tränken und die Sahnecreme auf die Oberfläche und den Rand verteilen, mit Schokoladeraspeln und Sahnecremetupfen garnieren.

Neben **Kirschwasser** und **Kirschlikör**, die man problemlos dazu anbieten kann, sind auch **Ala** (**Antico Liquore Amarascato**) von DUCA DI SALAPARUTA/Palermo/Sizilien/I, sehr reifer, gespriteter **Moscatel de Setúbal**/P wie auch traubig-schokoladig-honigsüßer **Malmsey** von BLANDY BROTHERS, Funchal/Madeira/P, von großer Durchschlagskraft. Nicht zu vergessen hohe edelsüße **Prädikatsweine** (**Riesling**, **Traminer**, **Muskat-Ottonel**, **Pinot Blanc** ...), die mit strahlend goldener Farbe und geschliffenem Süße-Säure-Spiel schon von vornherein die Speicheldrüsen anregten und nie ein Gefühl von plumper Süße aufkommen ließen. Aus der Fülle der Möglichkeiten seien zwei Beispiele herausgegriffen, die wir so schnell nicht vergessen werden: die nach Schokolade, Karamel und Blütenhonig duftende **Riesling Beerenauslese** von ROBERT WEIL, Kiedrich/Rheingau/D, und die zartsüße, nach Bitterschokolade, Karamel und Weichseln (!) schmeckende **„Dürkheimer Rittergarten" Spätburgunder Beerenauslese Weißherbst** von E. KARST, Bad Dürkheim/Rheinpfalz, die einen besonderen Glücksfall in Sachen Harmoniesuche darstellte. Rotweinfanatiker sollten einen mittelreifen **Côte Rôtie** (SYR) von CLUSEL-ROCH, Ampuis/nördl. Rhône/F oder den Super-Toskaner **Masetto** (M) von LODOVICO ANTINORI versuchen. Mildsüße **rote Schaumweine** (**Spätburgunder**, **Lemberger**) bilden einen interessanten, erfrischenden Gegenpol.

SCHWARZWILD → WILDSCHWEIN

SCHWARZWURZELN (SKORZENER WURZELN)

(frz. SALSIFIS, engl. BLACK SALSIFY, ital. SCORZONERA, span. ESCORZONERA)

Kamen 1651 aus Spanien nach Frankreich und erwiesen sich dort als ein delikates Wurzelgemüse, das von November bis März auf den Markt kommt und einen spargelähnlichen, würzig-säuerlichen Geschmack besitzt. Die 2 bis 3 cm dicken, etwa 25 cm langen Wurzeln sind außen dunkelbraun bis schwarz und innen weiß, enthalten viel Eiweiß und Insulin, was sie auch für Zuckerkranke interessant macht.

Im großen und ganzen gelten auch hier die Empfehlungen für → Spargel, doch durch andere Zubereitungsarten ergeben sich auch andere Partner. Schwarzwurzeln in Backteig verlangen einen mildwürzigen Weißwein, wie **Riesling-Sylvaner**, **Neuburger**, **Malvasier**; Schwarzwurzeln in Butter mögen eleganten **Riesling Kabinett**, **trockenen Muskateller** oder **Klarett** (**Blanc de Noirs**). Zu Schwarzwurzelpastete mit Lammbries gilt es, elegant-subtile bis halbsüße Weißweine (**Riesling Spätlese**, **Graves Blanc**/Bordeaux/F, **Sauvignon Blanc Spätlese trocken** ...) zu wählen. Schwarzwurzeln geröstet spannten wir mit **Rueda blanco**/Altkastilien und modernem leichtem **Sherry Manzanilla**/Andalusien/E zusammen. Schwarzwurzeln in Olivenöl gebraten und mit Parmesan bestreut wurden von **Breganze Bianco**, FAUSTO MACULAN, Breganze/Venetien, und **Pinot Grigio**, ABBAZIA DI ROSAZZO, Manzano/Friaul/I, harmonisch begleitet. Schwarzwurzelsalat mit Kräuterdressing vertrauten wir kräuterwürzigem **Welschriesling Kabinett** von JOSEF PÖCKL, Mönchhof/Neusiedlersee/BGLD/A, sowie mildem, nach Schoten und Schwarzwurzeln duftendem **Sauvignon** von ATTIMIS-MANIAGO, Buttrio/Friaul/I, an; und Schwarzwurzeln gebacken mit Sauce Remoulade konnten sich dem verführerischen Charme eines **Riesling Smaragd „Ried Steinborz"** von KARL LAGLER, Spitz/Wachau/NÖ/A, nicht entziehen; auch **Silvaner Spätlesen trocken** aus Franken (z. B. JULIUSSPITAL, Würzburg/D) gefielen durch herzhaften Säurebiß und Essenslust weckende Würze.

SCHWEIN (HAUSSCHWEIN)

(frz. PORC, engl. PORK, ital. MAIALE, span. CERDO)

In Mitteleuropa vor 6000 Jahren gezähmt, entwickelte es sich unaufhaltsam zu einem der beliebtesten Schlachttiere in den Haushalten. Die höheren Weihen der Gastronomie erlebten allerdings nur der Schinken und das Schweinsfilet. Für die Qualität des Fleisches ist das Alter und die Art der Mästung von größter Wichtigkeit. Hormonspritzen, Medizinalfutterbeigaben und Massenhaltung in Ställen brachten in den letzten Jahren allerdings oft farb-, saft- und kraftloses Fleisch auf die Tafel und ließen das gewonnene Vertrauen der Feinschmecker wieder schwinden. Vielerorts gibt es bereits Gegenbewegungen durch natürliche Haltung und Vollwert-Futtermittel, die feinfaseriges, saftig-zartes, wohlschmeckendes Fleisch hervorbringen. Das zarteste Fleisch kommt vom Milchschwein (→ Spanferkel) und das knusprigste von der → Schweinshachse.

Je nach Zubereitungsart, Tages- und Jahreszeit sowie Anlaß wählen Sie zwischen Weiß-, **Rosé-** und Rotweinen, die aber eine gehörige Portion an Charakter und Würze mitbringen sollten, um entweder fehlende Würzigkeit auszugleichen oder das nötige aromatische Gegengewicht zu erzeugen. Mariniertes Schweinefleisch genossen wir mit dem außergewöhnlichen roten **Montepulciano d'Abruzzo** (8–12 Jahre, 16–18 °C) von VALENTINI, Loreto Aprutino/I. Einer der verläßlichsten Rotweine in Sachen Schwein ist der **Aglianico del Vulture** von der CASA VINICOLA D'ANGELO, Rionero in Vulture/Basilikata/I. Zu Schweinefleisch gegrillt delektierten wir uns an rustal-würzigem **Squinzano** (**Negroamaro**-Rebe)/Apulien/I.

SCHWEINEBAUCH GEBRATEN

Tranchen vom Bauchfleisch werden flachgeklopft, gesalzen, in Ei und Semmelbröseln gewendet, knusprig braun gebraten und mit Senf und Schwarzbrot serviert.

Fast die ganze Phalanx der **Biere** (**Weiß-**, **Spezial-**, **Bock-** und **Märzenbier**) bietet sich nachdrücklich an.

SCHWEINSBRATEN

✐ Gebratene oder geschmorte größere Stücke vom Schwein wie Rücken, Keule (Schlegel), Kamm, Schulter.

🍷 Zu mariniertem Schweinebraten in Milch gegart (Maiale Vino e Latte) ergötzten wir uns an einem samtigen **Pinot Nero „Pinero"** von CA' DEL BOSCO, Erbusco/Lombardei/I, und zu Schweinebraten mit Mirabellen servierte man in Frankreich köstlich fruchtigen roten **Bourgueil** (CF)/Touraine/Loire/F (z. B. von LAMÉ-DELILLE-BOUCARD, Bourgueil). Zu Schweinsbraten mit Semmelknödeln und Krautsalat halten Sie sich im Sommer am besten an **Märzen-** oder **Weißbier** und im Herbst und Winter an kraftvolles **Bock-** oder **Spezialbier**; rassig-würziger **Grüner Veltliner**, **Sylvaner** oder **Riesling** wird auch die Weinpuristen befriedigen. Zu fettem Schweinsbraten versuchten wir einmal würzigen **Rotgipfler Kabinett** von KARL ALPHART, Traiskirchen/Thermenregion/NÖ/A, dessen zarte Restsüße den Fettgeschmack überaus geschickt neutralisierte. Zu einem scharfen Schweinsbraten nach „Balkanart" (mit Knoblauch eingerieben und mit Pfefferonistiften gespickt) rettete uns erfrischend kühles **Pils**; auch **Zupsko Ruzica** (**Zupa-Rosé**) aus Zentralserbien konnte den Flächenbrand am Gaumen nach einer Weile löschen. Schweinsbraten mit Zwetschkenkompott serviert man im Elsaß traditionellerweise mit feinem **Pinot Noir Rosé**, im Herbst und Winter sind auch pflaumige rote **Syrah**/Rhône von Interesse, z. B. der **Saint-Joseph** von PIERRE COURSODON, Mauves/nördl. Rhône. Schweinsbraten mit Tomatensauce, Oliven und Provencekräutern verlangt nach **Bellet Blanc** oder -**Rosé**/Provence/F.

SCHWEINSBRUST GEFÜLLT

✐ Schweinsbrust wird mit pikant gewürzter Farce aus Kalbfleisch und Semmeln gefüllt, zugenäht, im Ofen gebraten und mit Kartoffelknödeln angerichtet.

🍷 Füllung (Farce) und Kartoffelknödel votierten neben **Weißbier** eindeutig für **Grünen Veltliner „Federspiel"**/Wachau/NÖ/A, **Riesling Kabinett**/Kamptal/NÖ/A und **Sylvaner**/Elsaß/F. Schweinsbrust nach „alter Art" (im eigenen Saft) sollten Sie durch relativ einfachen **Pinot Noir** bzw. einige fruchtcharmante rote und weiße **Jungweine** zur Entfaltung bringen.

SCHWEINSFILET (SCHWEINSLENDE, SCHWEINSLUNGENBRATEN)

✐ Die beiden langen, zarten Muskeln auf der jeweils inneren Seite des Schweinslendenstücks, direkt unterhalb des Rückenknochens. Man bereitet das Schweinsfilet im ganzen zu oder in dicke Tranchen geschnitten. (→ Jungfernbraten)

🍷 Zu Schweinsfilet „Soubise" (mit Zwiebelpüree) tranken wir mit Hochgenuß einen würzigen **Rully Blanc** (CH, 2–3 Jahre, 8–9 °C) von JEAN DAUX, Rully/Côte Chalonnaise/Burgund/F. Schweinsfilet mit Kapern genossen wir in Umbrien mit spektakulärem **Rosso d'Arquata** von den FRATELLI ADANTI, Bevagna; Schweinsfilet mit Eierschwammerlfülle vermählten wir glücklich mit einem **Frühroten Veltliner** (MAL, 1–2 Jahre, 8–9 °C) von FRANZ LETH, Fels am Wagram/NÖ/A; Schweinsfilet mit Gorgonzolasauce genießen Sie in Italien mit edlem **Frascati „Vigneto Santa Teresa"** von FONTANA CANDIDA, Latium; zu Hause ist auch eine trockene bis halbtrockene **Riesling-Sylvaner Auslese** von zeitloser Gültigkeit. Schweinsfilet in Milch verlangt nach dem samtigsten (roten) **Merlot** oder (weißen) **Pinot Gris**; zu Schweinsfilet mit Frühlingsgemüse wählen Sie **Sauvignon Blanc**, **Neuburger** oder **Sylvaner Spätlese trocken**. Zu Schweinsfilet mit Morcheln war reifer (roter) **Vino Nobile di Montepulciano**/Toskana/I gerade richtig, und zu Schweinsfilet mit Pflaumenfüllung weiß ich (fast) keine bessere Lösung als tiefdunklen, pflaumigen **Saint-Joseph** (z. B. von JEAN-LOUIS GRIPPAT, Tournon-sur-Rhône, oder M. CHAPOUTIER/nördl. Rhône/F).

SCHWEINSFILET IN BIERSAUCE

✐ Filet mit Salz und Pfeffer (Mühle) würzen und in heißem Butterschmalz 10 bis 12 Minuten beidseitig braten, warmstellen, Zucker in den Fond streuen, bräunen, mit 2 EL Essig löschen, mit Bouillon und 100 ml Bier aufgießen, einige Minuten köcheln lassen, etwas reduzieren und mit gedünsteten Gemüsestreifen (Karotten, Sellerie, Lauch) und Filet anrichten.

🍷 Die Biersauce verlangte energisch nach feinem Gerstensaft. Original **Pils** aus Böhmen befriedigte schließlich die Geschmackspapillen am nachhaltigsten; unter den verkosteten Weißweinen konnten sich nur ein samtiger **Grauburgunder Kabinett** von der WG WEISENHEIM, Rheinpfalz/D, und ein nach Bier duftender, milder, entsäuerter (**Chasselas**) **Dorin Coteaux de Vincy** von JEAN-JACQUES STEINER, Waadtland/CH, einigermaßen behaupten.

SCHWEINSFILET „WESTMORLAND"

✐ Filet würzen und braten; Fond mit Rotwein löschen, mit Kraftsauce (→ Sauce Demiglace) verkochen, Sauce mit gehackten Mixed Pickles, gehackten Champignons und Kapern aromatisieren. (Westmorland ist eine einstige Grafschaft in Nordwestengland.)

🍷 Rotweinsauce, Mixed Pickles und Kapern sind nicht leicht unter einen Aromahut zu bringen, doch mit jungen, leicht gekühlten Rotweinen wie **Gamay**/Touraine/Loire oder **Gamay**/Beaujolais/Burgund/F ließ sich auch hier eine einigermaßen zufriedenstellende Lösung finden. Noch ein bißchen besser paßten sich ganz junge **Primeurweine** (**Gamay**, **Sangiovese**, **Blauer Portugieser** ...) an, und auch zwei **weiße Jungweine** (**Malvasier** und **Pinot Blanc**) hielten sich respektabel.

SCHWEINSFÜSSE (SPITZBEINE)

✐ Meist mit Wurzelwerk in etwas gesalzenem Wasser gekocht und nach jeweiliger Rezeptur bearbeitet. Pro Person rechnet man einen Schweinefuß. (→ Zampone)

🍷 Schweinsfüße mit Knoblauch wurden von den „Knoblauchfreunden" **Lirac Blanc**/südl. Rhône/F, **Penedès Blanco**/Katalonien/E und **Chardonnay** (Stahltank) aufmerksamst betreut. Schweinsfüße gegrillt brachten wir durch **Sauvignon Blanc Kabinett** und roséartigen **Schilcher Kabinett** (z. B. von CHRISTIAN REITERER, Wies/W-STMK/A) in Form, und jugendlicher **Cabernet Franc**/Venetien/I kontrastierte die Grill-, Fett- und Gallertnote des Gerichts auf rustikale, würzige Art. Schweinsfuß gefüllt mit Perigordtrüffelsauce wurde durch eine **Rote Traminer Spätlese trocken** (6–9 Jahre, 10–11 °C) von MANFRED TEMENT, Ehrenhausen/S-STMK/A, sehr gut interpretiert, wobei der Wein etwas pikanter wurde, aber gleichzeitig exotische Früchtenoten aus dem Gericht hervorzauberte.

SCHWEINSFÜSSE PANIERT

✐ Schweinsfüße kochen, längsseitig halbieren, Knochen herauslösen, Füße in Ei und Paniermehl wenden, mit zerlassener Butter beträufeln, auf dem Rost braten und mit Kartoffelpüree kredenzen.

🍷 Die Panier und das Kartoffelpüree wurden durch klassische Weißweine mit gut integrierter Säure und eventuell einem Hauch von Restsüße am besten in Szene gesetzt. **Riesling Kabinett oder Spätlese** trocken bis halbtrocken (z. B. von FRANZ K. PICHLER, Wösendorf/Wachau/NÖ), **Riesling-Sylvaner**, **Neuburger**, **Rotgipfler**, **Zierfandler**/Thermenregion, **Pinot Gris** und **Gewürztraminer Spätlese trocken** harmonierten besonders gut; und des **Rieslings** Umgang mit Kartoffeln (Püree) ist ja bereits legendär.

SCHWEINSHACHSE (SCHWEINSHAXE)

✐ Die fettarme Hinterkeule eines Jungschweins ca. 30 Minuten in kochendem Wasser steifmachen, Schwarte einritzen, salzen und unter ständigem Begießen durchbraten; zur Aromatisierung grobgeschnittenes Wurzelwerk und einen Apfel mitbraten und mit Kümmel würzen; mit etwas hellem Bier begießen, knusprig braten und mit Salzkartoffeln servieren.

🍷 Jede andere Empfehlung als **Märzenbier** kommt fast einem Sakrileg gleich, doch für Weißweinfreunde gibt es Hoffnung in Form von rassigem **Pinot Blanc**, **Morillon** oder **Chardonnay**. Schweinshaxe mit grünem Pfeffer wurde von einem reifen **Riesling-Sylvaner Kabinett**/Franken/D perfekt begleitet und entschärft. Zur Schweinshaxe trinkt man in Burgund/F gerne fruchtig-würzigen **roten Jungwein**. Siehe auch → Eisbein.

SCHWEINSKAMM (SCHOPFBRATEN)

✐ Nackenstück des Schweines, meistens geschmort zubereitet.

🍷 Zu getrüffeltem Schweinskamm versuchen Sie eine (weiße) **Roter Veltliner Spätlese**/NÖ/A (z. B. von RUDOLF BRÜNDLMAYER, Langenlois) oder einen mittelreifen, trüffelfreundlichen (roten) **Pomerol**/Bordeaux/F.

SCHWEINSKAMM IN WEISSWEIN

✐ Nacken rollen, binden, über Nacht in Wurzelwerk und Weißwein marinieren, anbraten, in der Marinade und braunem Fond schmoren; Fond entfetten, reduzieren, passieren, aromatisieren und mit Maronenpüree und dem Schweinskamm präsentieren.

🍷 Neben dem Kochwein sind Weißweine mit beachtlichen Extraktwerten – aber keine Alkoholmonster! –, die auch eine Affinität für das Maronenpüree mitbringen (**Chasselas** bzw. **Dorin**/Bex/Waadtland/CH, **Pinot Blanc** und **Pinot Gris Spätlese trocken** sowie trockene **Schilcher Spätlese**/W-STMK/A), als Geschmacksverstärker und -entwickler geeignet. Als einzige Rotweinempfehlung möchte ich würzigen **Pinot Noir** aus Santenay (z. B. von MAURICE MASSON, Nolay/Côte de Beaune/Burgund/F) anführen, da dieser am besten mit den einzelnen Ingredienzien (besonders mit dem Maronenpüree) auskam.

SCHWEINSKARREE (RIPPENSTÜCK, RIPPENSPEER, KOTELETTSTÜCK)

✐ Aus dem vorderen Teil des gespaltenen Schweinsrückens, mit Rippen, aber ohne Rückenknochen, geschnitten. Das Schweinskarree wird entweder frisch oder gepökelt gebraten bzw. geschmort. Aus dem Karree schneidet man Koteletts, Nüßchen und Schnitzel.

🍷 Zum legendären Schweinskarree mit Sauerkraut oder Krautsalat sind rustikal-kraftvolle **Sylvaner**, **Rieslinge**, **Pinots Blancs**, **Grüne Veltliner** und natürlich **Pils** nahezu unschlagbar.

SCHWEINSKOPF

✐ Der Schweinskopf wird mit Wurzelwerk, gespickter Zwiebel und etwas Essig in Wasser weichgekocht, entbeint, in Portionen aufgeteilt und mit geriebenem Kren oder mit Sauce Vinaigrette angerichtet bzw. zu Sülze verarbeitet.

🍷 Das gallert- und fettreiche Fleisch wird in allen Zubereitungsarten am problemlosesten von (belgischem) **Bier** bzw. **Märzenbier** begleitet. Wenn mit Vinaigrette serviert, sind (weißer) **Malvasier** oder **Pinot Gris** von geschmacksausgleichender Wirkung. Schweinskopf mit Kren (Meerrettich) erheben Sie mit reifem **Riesling „Smaragd"**/Wachau/NÖ/A in den kulinarischen Adelsstand, und Schweinskopfzsülze verschmilzt zusammen mit einer **Sauvignon Blanc Spätlese trocken** zu einer scheinbar neuen, sensibleren Kreation.

SCHWEINSKOTELETT (SCHWEINSRIPPCHEN)

✐ Tranche aus dem → Schweinskarree.

🍷 Zu geschmorten Schweinerippen tranken wir in Kalabrien/I köstlichen **Pollino Rosso Superiore** von VINI DEL POLLINO; in Frankreich empfahl man uns dazu erdig-würzigen **Graves Rouge** (CS, M)/Bordeaux/F; zu Schweinskotelett gebacken trinke ich gerne würzigen **Neuburger**/Thermenregion/NÖ/A oder **Welschriesling Kabinett**/BGLD/A; wenn in heißem Fett oder Schweineschmalz herausgebacken, sind auch rassigere Weißweine (**Grüner Veltliner** bzw. **Riesling**/Weinviertel, **Pinot Blanc**/S-STMK/A usw.) erwünscht. Schweinskotelett mit Fenchel und (**Grüner**) **Sylvaner** oder **Pouilly Fuissé**/Mâconnais/Burgund/F sind ein Schmankerl für feine Zungen. Schweinskotelett vom Grill war bei mittelreifem, würzigem **Zweigelt** von ROSI SCHUSTER, Zagersdorf/Neusiedlersee-Hügelland/BGLD/A, bestens aufgehoben, während das Fruchtpotential junger Rotweine als störend empfunden wurde. Pfeffrig-würziger **Grüner Veltliner** konnte als Mittags- und Sommertropfen gefallen. Schweinskotelett auf „Normannische Art" (in Butterschmalz durchgebraten, Bratfond, mit Rahm und Zitronensaft reduziert, mit ungesüßtem Apfelmus angerichtet) und **Chenin Blanc** (z. B. der **Vouvray sec**, DOMAINE DU CLOS NAUDIN, Vouvray/ Loire/F) sind empfehlenswert. Schweinsripperl (-rippchen, Spare Ribs) verlangen nach würzigen Rotweinen wie **Syrah**/Rhône, **Shiraz**/AUS, **Cabernet Franc**, **Zinfandel**/KAL oder mittelreifem **Zweigelt**/BGLD/A.

SCHWEINSKOTELETT MIT SENFCREME

✐ Kotelett mit Salz und Pfeffer (Mühle) würzen, mehlen, beidseitig 8 Minuten in Butter anbraten, 5 Minuten bei schwacher Hitze weiterbraten, warmhalten; Zwiebelwürfel in Butter glasig dünsten, mit Bouillon und Crème fraîche vermengen, 1 EL Senf zufügen, Creme vom Herd nehmen, kalte Butter unterschlagen, salzen, über Kotelett gießen und mit Kapern dekorieren.

🍷 Zwiebeln, Crème fraîche, Kapern und Senf favorisieren cremige Weißweine (**Chardonnay**, **Sylvaner**, **Chenin Blanc**, **Pinot Gris**, **Zierfandler**, **Malvasier**, **Riesling-Sylvaner trocken/halbtrocken**) mit gebändigter Säure, reichem Extrakt und wenig Holz. Der Senf schlägt aber auch die Brücke zu samtig-würzigen Rotweinen (**Gamay**, **Blaufränkisch**, **Merlot**, **Pinot Noir** ...) mit feinem Extraktschmelz. Der Ausnahme-**Pinot Noir „Rochiole“** (4–7 Jahre, 16–17 °C) von WILLIAMS & SELYEM/Russian River/Sonoma/KAL entfachte gedämpftes Feuer und gewaltige Sinneslust, wenn auch Kapern und Crème fraîche nicht unbedingt zu seinen Freunden gehören. Der mächtige **Cabernet Sauvignon „Stellenryck Collection“** (5 Jahre, 16–18 °C) von BERGKELDER, Stellenbosch/ZA, eckte hingegen mit seinen männlichen Tanninen an und erzeugte Schärfe und Bittertöne am Gaumen.

SCHWEINSLEBER (SCHWEINELEBER)

✐ Erreicht nie die Klasse der Kalbsleber, hat einen etwas derben Geschmack und wird auch meist zu Pasteten oder Wurst verarbeitet (→ Leverpostej). Ältere, sehr dunkle Exemplare sind mit Umweltgiften belastet.

🍷 Schweineleberterrine servierte man uns an der Loire/F mit vorzüglichem **Cabernet Franc**. Schweineleber mit Lorbeerblättern sollten Sie von erdig-würzigem **Zinfandel**/KAL (z. B. von RIDGE/Cupertino/Santa Cruz Mountain) oder strengem toskanischem **„Morellino di Scansano VDT“** (ALI 15 %, SAN GROSSO 85 %, 4–6 Jahre, 16–17 °C) von der FATTORIA LE PUPILLE, Scansano, konterkarieren lassen. Schweinsleber geröstet verträgt noch bissigere Tannine und läßt selbst gallebittere „Medizinal“-Weine vorübergehend zu samtigen Engelstropfen werden. Schweineleberknödel trachten nach rustikalen Rotweinen. Schweineleberpastete läßt sich auch von reifen Weißweinen (**Grüner Veltliner Kabinett** bis **Spätlese** trocken, **Pinot Blanc**, **Neuburger** ...) einladen. Auch Schweinsleberwürste zeigen deutlich ihre Neigung für robuste, tanninhältige Rotweine (**Colli Altotiberini**, SAN, M/Umbrien/I, und **Montepulciano Rosso**/Abruzzen/I, z. B. von der CANTINA TOLLO) und alte, firnige Weißweine.

SCHWEINSLEBER AUF „SPANISCHE ART“

✐ Leber wird gewürfelt, mit gehackten Zwiebeln in Olivenöl angebraten, mit Pfefferkörnern, Paprika, Gewürznelken, Zimt, Safran und Minze gewürzt, in etwas Bouillon gedünstet und mit gehackter Petersilie bestreut.

🍷 Wegen des Stakkato an Gewürzen erkoren wir erfrischende **spanische Rosados** (**Navarra**, **Rioja** ...) sowie reife, aromatische Weißweine (**Rioja** alten Stils mit exotischer Eichenwürze oder den perfekt harmonierenden **„Esmeralda“** (GEW, MU) von M. TORRES, Vilafranca del Penedès/Katalonien/E, zu unseren Lieblingskindern. Erfrischende **Biere** und natürlich schäumender **Cava** sollten auch nicht unerwähnt bleiben.

SCHWEINSLENDCHEN → SCHWEINSFILET

SCHWEINSLUNGENBRATEN (SCHWEINSJUNGFERNBRATEN)

✐ Österreichische Spezialität. Schweinsfilet spicken, salzen, anbraten, im Bratensatz gehackte Zwiebeln anschwitzen, mehlen, mit Bouillon aufgießen, mit Knoblauch und Kümmel würzen und das Fleisch weichschmoren.

🍷 Zwiebeln, Knoblauch und Kümmel forderten vehement nach **Grüner Veltliner Spätlese** (z. B. von HELMUT TAUBENSCHUSS, Poysdorf/Weinviertel/NÖ/A), **Chardonnay** und **Sauvignon Blanc Spätlese trocken**, die allesamt eine innige Beziehung zu den Gewürzen entwickelten und dabei jeden Exzeß vermieden; trotzdem entschieden sich einige Koster für mittelreife Rotweine (**Zweigelt**, **Pinot Noir**, **Blaufränkisch** ...). (Siehe auch → Jungfernbraten)

SCHWEINSNETZ

✐ Falte des Bauchfells, die als Wursthülle und zum Einwickeln von Faschiertem (Gehacktem) verwendet wird.

SCHWEINSNIEREN

✐ Nur von ganz jungen Tieren ein einigermaßen interessantes Mahl (→ Saure Nieren).

SCHWEINSNÜSSCHEN (SCHWEINSMEDAILLONS)

✐ Kleine, runde, fettlose Tranchen aus dem Filet- oder Karreestück (→ Schweinskarree).

🍷 Zu den zarten, fettlosen Medaillons sind auch elegante, finessenreiche Weißweine – je nach Sauce – (**Riesling**, **Sylvaner**, **Chardonnay**, **Pinot Blanc**, **Zierfandler**, **Rotgipfler**, **Neuburger** usw.) willkommen.

SCHWEINSNÜSSCHEN MIT CHAMPIGNONSAUCE

✐ Nüßchen salzen, pfeffern, mehlen, in Butter beidseitig anbraten, zwei Minuten zugedeckt weiterbraten, warmstellen; gewürfelte Schalotten und Champignonscheiben andünsten, mit trockenem Weißwein aufgießen, mit Bouillon und Crème fraîche verrühren, aufkochen, mit Zitronensaft aromatisieren und mit Petersilie bestreuen.

🍷 Die von der französischen Sommelière charmant und eloquent empfohlenen Rotweine (**„Chénas" Cru Beaujolais** und **Mâconnais „La Roche Vineuse"**/Burgund/F) waren zwar der Champignonsauce sehr gewogen, doch kollidierten sie abwechselnd mit Schalotten, Crème fraîche und Zitronensaft – was natürlich auch amüsant sein kann und Leben auf den Gaumen bringt. Perfekten Ausgleich strebte hingegen der **Meursault** (CH, 6–9 Jahre, 9–10 °C) der M. DUSSORT, Meursault/Côte de Beaune/Burgund/F, an. Seine grüngoldene Farbe, sein eichenwürzig-nussiger Duft und sein geschmeidig-kraftvoller Geschmack mit zarter Altersfirne und pilzig-nussigem Flair gefielen in Harmonie mit dem Gericht. Der Wein selbst – schon ein wenig Frucht verlierend – richtete sich an der Sauce wieder auf und erblühte neuerlich in jugendlichem Glanz.

SCHWEINSOHREN

✐ In einem Wurzelsud weichgekocht, auf Kartoffelpüree, das mit Kren gewürzt wurde, angerichtet und mit gedünsteten grünen Erbsen gefüllt.

🍷 **Weißbier**, **Riesling Kabinett** (Rheinpfalz/D, Kamptal-Donauland/NÖ/A), **Silvaner**/Franken/D, Elsaß/F) und **Sauvignon Blanc**/S-STMK/A konnten uns am meisten überzeugen. Unter den verkosteten Rotweinen imponierte nur ein **Jungwein** vom **Blauen Portugieser**/Thermenregion/A. Ein echter Geheimtip ist **Scheurebe halbtrocken** (z. B. von FREIHERR HEYL ZU HERRNSHEIM, Nierstein/Rheinhessen).

SCHWEINSRÜCKEN

✐ Setzt sich aus dem → Schweinskarree und dem → Schweinslendenstück zusammen, wird aber auch als ganzes Stück angeboten.

SCHWEINSRÜCKEN MIT BIERSAUCE

✐ Schweinsrücken mit zerdrücktem Knoblauch und schwarzem Pfeffer einreiben, mit Öl bepinseln, salzen und bei 200 °C im Rohr braten, mit Wasser begießen, mit Salbeizweig belegen; dunkles Bier mit 3 EL Senf verrühren, Fleisch nach 10 Minuten Bratzeit damit begießen, nach 50 Minuten, wenn die Oberfläche knusprig ist, in Tranchen schneiden, mit Jus begießen und mit Salbeiblättern dekorieren.

🍷 Die Sauce war wieder einmal der Indikator für die folgenden Getränke: (**dunkles**) **Bier**, **Pinot Blanc** sowie **Roter**- und **Grüner Veltliner Spätlese trocken**. Unter den ausländischen Knoblauch- und Salbeifreunden imponierten uns mineralisch würziger **Chardonnay** von der Côte Chalonnaise/Burgund, kräuterwürziger **Lirac Rosé**/südl. Rhône und der als Geheimfavorit gehandelte rote **Chinon** (CF, 2–4 Jahre, 14–15 °C) von LE LOGIS DE LA BOUCHARDERIE, Touraine/Loire/F. Unter den **Grünen Veltlinern** sei besonders der **„Ausstich"** von HANS SETZER, Hohenwarth/Weinviertel/NÖ, hervorgehoben!

SCHWEINSSCHNITZEL

✐ Dünne Tranche, aus dem Filet oder aus dem Karree geschnitten.

🍷 Grundsätzlich sind alle Kombinationen möglich, doch wie immer entscheiden in allerletzter Konsequenz Zubereitungsart, Tages- und Jahreszeit sowie Budget.

Zu Schweinsschnitzel gebacken (paniert) gelten dieselben Regeln wie für → Schweinskotelett gebacken. Schweinsschnitzel mit Calvados flambiert begegneten wir mit einer fulminanten **Weißburgunder Spätlese trocken „Siebeldinger Königsgarten"**, ALFONS ZIEGLER, Siebeldingen/Rheinpfalz/D; ähnlich energisch setzte sich die reife **Pinot Gris Spätlese trocken** von HEINRICH LUNZER, Gols/Neusiedlersee/BGLD/A, gegenüber Calvados und Crème fraîche durch, und schließlich stellte ein kraftvoller **Hermitage Blanc** von JEAN-LOUIS CHAVE, Mauves/nördl. Rhône/F, erneut seine Begabung gegenüber Calvados-Reduktionen unter Beweis. Schweinsschnitzel in Sauerrahmsauce mit Portwein hofieren Sie an einem heißen Sommertag mit perlendem **Prosecco Frizzante**/Venetien/I, der eine besondere Neigung für Sauerrahmsaucen hat. Im Herbst und Winter versuchen Sie Ihr Glück mit reifem **Chenin Blanc**/Loire/F oder einer kraftvoll-würzigen **Riesling Spätlese trocken** (Nahe, Rheinpfalz/D, Elsaß/F oder Kamptal-Donauland/NÖ/A), z. B. von JOSEF BAUER, Großriedental/Donauland/A.

SCHWEINSSTEAK

✐ Tranche aus dem Filet (Filetsteak), dem Lendenstück (Sattelsteak) oder dem Schinken (Schinkensteak).

🍸 Wenn es sein muß, dann trinken Sie zu Schweinssteak mit Ananasscheiben artverwandten **Hermitage Blanc**/nördl. Rhône/F oder exotischen **Riesling**/S-AUS. Schweinssteak mit Zwiebelpüree ist für **Sylvaner** oder **Riesling Kabinett** reserviert. Den hochgelobten roten Widerparts (**Beaujolais Primeur**/Burgund und spritziger **Lambrusco**/Emilia-Romagna/I) konnten wir weniger abgewinnen. Schweinssteak auf Schalottensauce ließ sich von einigen herrlichen Rotweinen willig begleiten und wurde zur kulinarischen Nebensache. Den besten Eindruck hinterließ dabei der elitäre **Chianti Classico „Vigna del Sorbo"** von FONTODI. Schweinssteak mit Äpfeln (Fleisch paniert, süßsaurer Apfel in Weißwein und Zitronensaft mitgedünstet) wurde von der feingliedrigen, apfelfruchtig-pikanten Edelriesling **Scharzhofberger Spätlese** (5–7 Jahre, 9–10 °C) von EGON MÜLLER, Scharzhof/Saar/D, genial einfühlsam interpretiert und letztlich zum Symbol der Harmoniesuche über verwandte Aromen.

SCHWEIZER NOCKEN

✐ Aus einem Brandteig werden kleine Nocken ausgestochen, auf ein Backblech gegeben, mit geriebenem Emmentaler bestreut, mit zerlassener Butter beträufelt und gratiniert.

🍸 Die beim Emmentaler in der dritten Gärung entstandene Propionsäure verleiht dem Käse eine nussig-milde, zartsüße Note, die durch den Brandteig noch verstärkt und von einigen milden Schweizer Weißweinen (**Sylvaner** bzw. **Johannisberg**, **Riesling-Sylvaner**, **Chasselas**, **Pinot Gris** bzw. **Malvoisie** sowie **Gewürztraminer**) kongenial umgesetzt wird. Zu unserem Lieblingswein erkoren wir den mit lockenden Aromen und bestechender Milde auftrumpfenden **Dézaley Premier Cru „L'Arbalète"** (CHA) von J. & P. TESTUZ, Cully/Waadtland/CH.

SCHWERTFISCH

(frz. ESPADON, engl. SWORDFISH, ital. PESCE SPADA, span. PEZ ESPADA)

✐ Bis 5 m langer und ca. 300 kg schwerer Makrelenriese mit einem Schwertfortsatz am Oberkiefer. Der wahrscheinlich schnellste Fisch (100 km/h) ist in den Tiefen der Meere zu finden, ernährt sich von Schwarmfischen, die er mit seinem Schwert aufspießt, und besitzt ein festes, feinfaseriges, wohlschmeckendes Fleisch, das bis auf die Rückengräte grätenfrei ist und keinerlei Fischgeschmack aufweist. Bei einem Gewicht von 60 bis 100 kg ist er im Frühling (Sommer) besonders schmackhaft. Der immer seltener werdende Schnellschwimmer, der auch den Hai nicht fürchtet, wird in Süditalien noch relativ oft angeboten.

🍸 Schwertfischspießchen vom Rost vermählten wir auf angenehme Weise mit weißem **Bianco di Nocastro**/Kalabrien/I. Schwertfisch mit saurer Sauce, gepaart mit dem sherryartigen **Vernaccia di Oristano Riserva** (10–15 Jahre, 10–12 °C) von JOSTO PUDDU, San Vero/Sardinien/I, wurde zu einem warmherzig-kraftvollen Treffen der Giganten. Schwertfisch mit Gewürzen (Kapern, Knoblauch, Paprika ...) verlor seine furchterregende Aura im Beisein von **Cirò Bianco** (GRECO BIANCO, 1–2 Jahre, 8–9 °C) der FRATELLI CARUSO, Kalabrien. Aber auch der unvergleichliche „gebirgsfrische" **Regaleali Bianco „Nozze d'Oro"** – goldene Hochzeit – (CAT, INZ, SB, 1–3 Jahre) von CONTE TASCA D'ALMERITA, Vallelunga di Pratemeno/Sizilien/I, nahm Gewürzen und Fisch jede Gefährlichkeit und ist immer für eine „Gaumenhochzeit" gut. Kalifornische **Chardonnays** und eichenwürzige Rotweine überzeugten vor allem zu den gegrillten Versionen.

SCOTCH HOTCHPOTCH

Schottisches Fleischragout. Hammelfleisch, Karotten, weiße Rüben, Porree, Zwiebeln, Stangensellerie, Schnittbohnen, Karfiol und grüne Erbsen.

Ein kühles Glas **Archibald Arrol's 70** (schottisches **Dunkelbier**) ist hiezu ebenso traditionell wie passend. Weinempfehlungen finden Sie unter → Hammelragout.

SEEBARBE → MEERBARBE

SEEBARSCH → ROTBARSCH

SEEHAHN → KNURRHAHN

SEEHASE (LUMPFISCH)

(frz. LUMP)

Stachelflossiger Meeresfisch, der sowohl in der Nord- und Ostsee als auch an beiden Atlantikküsten vorkommt. Besonders in geräucherter Form begeistert er die Gaumen der Fischliebhaber. Sein Rogen kommt als deutscher Kaviar (Kaviarersatz) in den Handel.

Das wäßrige, etwas fad schmeckende Fleisch profitiert enorm durch die Vereinigung mit würzig-aromatischen Weinen (weiß und rosé). Geräuchert ist es ohnehin von größerer Ausdruckskraft und gewinnt dann noch zusätzlich vom rauchigen Flair eines **Sauvignon Blanc**/Loire/F oder **Patrimonio Blanc**, **-Rosé** oder **-Rouge**/Korsika/F. Ineressant auch der rote **„Clos Capitoro"** (SCIACCARELLO, GR) von CLOS CAPITORO, Porticcio/Korsika/F. Zum Rogen ist trockener **Schaumwein** nach wie vor unerreicht.

SEEHECHT (MEERHECHT, HECHTDORSCH)

(frz. MERLU, engl. HAKE, ital. LUCCIO MARINO, span. MERLUZA)

Etwa 1 m langer und bis zu 16 kg schwerer Vertreter der Dorschfamilie, dessen Laichplätze südlich von Island und vor Frankreichs und Spaniens Küsten liegen. Der Raubfisch ist sowohl im Atlantik als auch im Mittelmeer auf der Jagd nach Sardinen, Makrelen und Blauen Wittlingen (auch der eigenen Brut stellt er nach) und besitzt ein weißes, leicht verderbliches, aber gut verdauliches Fleisch von fester, magerer Konsistenz, das von Mai bis September seinen geschmacklichen Höhepunkt erreicht.

Seehecht auf Paprikasauce goutierten wir mit rauchigem **Coteaux Champenois Blanc de Blancs de Chardonnay** von LAURENT-PERRIER, Tours sur Marne, (**weißer Stillwein** aus der Champagne), rassigem **Riesling GC „Rangen"**/Clos Saint-Theobald/Colmar/Elsaß/F und einem feinen **Sauvignon Blanc** in Spätlesestil von LACKNER-TINNACHER, Gamlitz/S-STMK/A. Zu Seehechtragout sind auch jugendliche, tanninreiche Rotweine (**Shiraz**, **Cabernet** …) gefragt!

SEEHECHT GEGRILLT

Seehecht mit Olivenöl einpinseln, salzen, pfeffern (Mühle), mit 2 EL englischem Senf bestreichen, beidseitig je fünf Minuten grillen. Rahm in einer Pfanne erwärmen, mit etwas englischem Senf, Zitronensaft, Salz und Pfeffer vermengen und über den Fisch gießen.

Olivenöl, Senf, Rahm, Zitronensaft und Gewürze kann man mit einem samtweichen Weißwein (**Pinot Gris**, **Chasselas**/CH, **Tocai Friulano**/I) geschickt bändigen, aber leider auch verniedlichen. Große **Chardonnays** (z. B. der **Collio Chardonnay** von GRAVNER, Oslavia/Friaul/I) und **Pinots Blancs** (z. B. der **Weißburgunder „Scheiben"** von WIMMER-CERNY, Fels am Wagram/Donauland/A) bringen hingegen alle Nuancen zur Geltung und lassen die Papillen nicht so schnell zur Ruhe kommen.

SEEIGEL (MEEREIER)

(frz. OURSIN, engl. SEA URCHIN, ital. RICCIO DI MARE, span. ERIZO DE MAR)

Die zu den Stachelhäutern zählenden Meeresbewohner (würzig-jodiger Geschmack) werden in den Mittelmeerländern in Küstennähe, wo sie sich von Meeresalgen ernähren, gefangen und als „Kastanien des Meeres" gerühmt und meist roh verspeist. Die reifen Seeigelrogen (Eierstöcke) sind eine besondere kulinarische Rarität. Wegen der Verschmutzung der Küsten werden auch gezüchtete Igel angeboten. Siehe auch → Trepangsuppe.

Seeigel „Marinière" (mit Zwiebeln, Knoblauch, Petersilie und Weißwein gekocht) können wir mit zitrussäurigem **Muscadet**/Loire, knoblauchfreundlichem **Lirac Blanc** (GRB 40 %, CL 40 %, BLC 20 %, 1–2 Jahre, 8–9 °C) vom CHÂTEAU DE BOUCHASSY, Roquemaure/südl. Rhône/F, und für festliche Anlässe mit feinperligem spanischem **Cava „Mont Marçal brut"**/Castelvi de la Marca/Penedès empfehlen. Zu rohen Seeigeln ist mineralisch-würziger **Chablis AC** (CH)/Burgund/F noch immer unerreicht.

SEEIGELCREME („OURSINADE")

Südfranzösische Delikatesse. Geöffnete Seeigel mit Gewürzen und Provencekräutern in Salzwasser kochen, das Fleisch pürieren und mit Mayonnaise vermischen. Die Creme wird als warme Vorspeise oder Beilage zu Fischgerichten gereicht.

Weiß- und **Roséweine der Provence** wären vernachlässigt, würde man sie zu dieser geradezu maßgeschneiderten Speise nicht berücksichtigen. (In Klammer sei erwähnt, daß auch rassiger **Sauvignon Blanc** und **Chardonnay** eine angeborene Affinität für die Vorspeise besitzen.) Das beeindruckendste kulinarische Intermezzo hatten wir allerdings doch mit einem weißen Provencewein, dem nach Provencekräutern duftenden, würzig-trockenen **Bellet Blanc** vom CHÂTEAU DE CRÉMAT/Nizza/F.

SEELACHS (KÖHLER)

(frz. LIEU NOIR, engl. COALFISH, ital. MERLUZZO NERO, span. CARBONERO)

Eine wirtschaftlich bedeutende Dorschart, die an den Küsten Skandinaviens vorkommt, bis zu 135 cm lang wird und dort wegen ihres etwas trockenen, aber wohlschmeckenden Fleisches sehr beliebt ist. Meist wird er als Lachsersatz, Filet oder Fischfrikadelle angeboten. Beste Genußzeit ist von Oktober bis April. Negative Berühmtheit erlangte er als rot gefärbter, geräucherter und in Öl eingelegter Lachsersatz.

SEELACHS-SCHNITZEL

Fisch salzen, pfeffern, mehlen und in Olivenöl 7 bis 8 Minuten braten; Sauce aus Zitronensaft, Salz, Pfeffer, Crème fraîche einkochen, Butter einrühren, mit gehacktem Basilikum bestreuen und über den Seelachs gießen.

Dieses Gericht ist geradezu prädestiniert für trockenen **weißen Penedès**/E, wird aber zu einer vergnüglichen Entdeckungsreise in die Welt der Düfte und Aromen, wenn es von einem schäumenden **Cava** (CH 100 %, 2–3 Jahre, 6–8 °C) von RAIMAT, Lleida/Penedès/E, begleitet wird. Der modernste und frischeste sardische Weißwein, der **Torbato di Alghero „Vigna Terre Bianche"** von SELLA & MOSCA, Alghero, ließ uns die Aromaergüsse etwas kürzer empfinden, war aber trotzdem ein heftig akklamierter Sommerwein, den man sich merken sollte. Das Tandem mit erfrischendem, würzigem **Sauvignon Blanc** wäre auch einen Versuch wert.

SEETEUFEL (ANGLER)

(frz. BAUDROIE, engl. FROG-FISH, ital. ROSPO/RANA PESCATRICE)

Ein Bewohner des Meeresbodens von maximal 2 m Länge mit riesigem Kopf und gewaltigen Zähnen, der sogar kleine Haie und Rochen verschlingt. Seine Jagdgründe sind das Mittelmeer, der Atlantik und die Ostsee. Sein Fleisch ist von April bis Juni besonders fest und das Schwanzstück sogar von hummerähnlichem Aroma, besitzt keine Gräten und wurde durch die Nouvelle Cuisine auch bei uns bekannt. „Angler" heißt er seiner auffallenden Stirnantennen wegen.

🍷 Auch geräuchert eine Delikatesse, die sich mit **Graves Blanc**/Bordeaux/F und edlem **Fendant**/CH sogar noch verfeinern läßt. Zu Seeteufelterrine verlangen Sie **Pinot Blanc Spätlese trocken**; Seeteufelsalat mit Reis und → Mayonnaise paktiert gerne mit spanischem **Viña Sol** (CH 50 %) von TORRES, Penedès/E, und Seeteufelmedaillons mit Erdäpfel-Steinpilz-Salat können Sie beruhigt mit reifem edlem **Riesling Kabinett**/A oder D genießen. Seeteufel mit Senfsauce goutierten wir mit mittelreifem **Chablis Premier Cru „Vaillons"** von DANIEL DEFAIX, Chablis/Burgund/F; auch **Cassis Blanc**/Provence/F ist zu empfehlen; **elsässischer Riesling** blieb hingegen etwas blaß und fast ein Fremdkörper. Seeteufel mit Sojasauce wurde von einem **Pinot Gris Kabinett**/Baden gut untermalt, während ein **Chardonnay Barrique**/BGLD/A, gemeinsam mit der Sojasauce, das Fischaroma total übertönte. Zu Seeteufelspießchen genießen Sie **Hermitage Rouge**/nördl. Rhône. Seeteufel mit Pfifferlingen (Eierschwammerl) ist auf sehr reife Weißweine (**Pinot Blanc**, **Pinot Gris**, **Chardonnay**) fixiert; Seeteufel und Schnittlauchsauce können Sie mit klassischem **Riesling** oder **Pinot Gris** trocken bis halbtrocken eine Freude bereiten. Seeteufelfrikassee mit Oliven und Kapern ist auf südfranzösische Weißweine (**Bandol Blanc**/Provence, **Châteauneuf-du-Pape Blanc**/südl. Rhône) eingestellt. Seeteufelsteak mit schwarzen Oliven und → Ratatouille und roter **Pomerol** (**Château Gazin**) ist ebenso gewagt wie faszinierend feurig; weißer **Condrieu** (DELAS FRÈRES, Tournon sur Rhône/nördl. Rhône) ist allerdings mit etwas feinerer Klinge am Werk. Seeteufelmedaillons und Langustenschwänze mit Safran werden nur von wenigen Weinen „beherrscht", nämlich von **Gewürztraminer Spätlese trocken**, **Château-Chalon**/Jura und reifem **Jahrgangs-Champagne**/F. Seeteufelstreifen mit Knoblauch wurden von **Riesling**/Saar und rotem **Bourgueil**/Loire/F nicht ideal interpretiert, der Fisch legte sich quer, doch schäumender **Cava**/E war knoblauchrichtig. Seeteufel mit Pfeffer-Koriander-Zitronen-Sirup war mit reifem **Graves Blanc**/Bordeaux/F gut besetzt (nur die Sauce wurde etwas bitter); jugendlicher, eleganter, zartsüßer **Barsac**/Sauternes/Bordeaux, (**Château Doisy-Dubroca**) war allerdings ein Meilenstein auf unserer Suche nach harmonischen Ergänzungen.

SEETEUFEL „AMERICAINE"

✎ Seeteufel auslösen, in Streifen schneiden, mehlen, in Olivenöl anbraten, mit Cognac flambieren, warmstellen; Schalotten würfeln, mit zerdrückter Knoblauchzehe andünsten, mit Tomatenmark und trockenem Weißwein 20 Minuten köcheln, mit Salz und grünem Pfeffer aufkochen; Fisch in die Sauce geben, nochmals aufkochen und servieren.

🍷 Cognac, Olivenöl, Schalotten, Knoblauch, Tomatenmark und grüner Pfeffer sind nicht gerade pflegeleicht. Reife und extraktreiche Weißweine (großer **Chardonnay**, **Pinot Blanc**, **Pinot Gris**, **Riesling halbtrocken**, **Grüner Veltliner „Smaragd" Spätlese**, **Graves Blanc**, **Hermitage Blanc** und **Châteauneuf-du-Pape Blanc**/Rhône sowie **Sherry medium**) können diese Hürden meistern. Der samtig-exotische **Pinot Grigio** von ENO-FRIULIA aus Capriva del Friuli schlug sich wacker und neutralisierte sogar die Cognacnote – seine Holztöne eckten jedoch bei der Tomatensauce an. Der reife **Hermitage Blanc „Cuvée Marquise de la Tourette"** (MAR, ROU, 8–10 Jahre, 9–11 °C) von DELAS FRÈRES, Tournon sur Rhône, eindeutig von der Sonne der Rhône geprägt, legte wie ein Symphonieorchester los und strich trotzdem einzelne Instrumente (Olivenöl, Knoblauch, Tomaten) heraus. Ein grandioses Wechselspiel der Aromen! Die nach Rosen duftende reife **Riesling Auslese „Saarburger Rausch"** von ZILIKEN-FORSTMEISTER GELTZ ERBEN, Saarburg/Saar/D, setzte einige faszinierende Glanzlichter über Cognac, Schalotten, Knoblauch, Tomaten und Pfeffer, doch Harmonie wollte sich über Säure und Restsüße nicht einstellen. Trotzdem – ein aufregendes Paar!

SEEWOLF → STEINBEISSER

SEEZUNGE

(frz. SOLE, engl. DOVER SOLE, ital. SOGLIOCA, span. LENGUADO)

✎ Die „Königin der Meere" ist ein Plattfisch mit besonders zartem, magerem, saftig-weißem, leicht verdaulichem Fleisch, wird bis zu 50 cm lang und 3 kg schwer und erreicht von April bis Juni ihren vollkommensten Geschmack. Einzig der Steinbutt, der „Fasan der Meere", ist ihr an Wohlgeschmack ebenbürtig. Die berühmtesten Exemplare (Ostender und Dover Sole) kommen nicht aus dem Ärmelkanal, die allerschönsten Exemplare werden aber von dort aus verkauft. Die marokkanische Seezunge besitzt einen etwas faden Geschmack. Da es allein in Frankreich über 400 Zubereitungsarten der Seezunge gibt, ist Vollständigkeit natürlich nicht zu erwarten, doch seien einige wichtige klassische Garnituren angeführt.

🍷 Das zarte Fleisch der Seezunge sollte man nur von den edelsten (Weiß)weinen berühren lassen, und es käme einer Majestätsbeleidigung gleich, sie mit unausgewogenen, rustikal-derben Gesellen auf eine Stufe zu stellen. Der **Riesling**, oft als reiner „Süßwasserwein“ abgestempelt, reüssierte in einigen Formationen auf brillante Weise. Seezungenfilets mit Artischockengemüse paarten wir höchst erfolgreich mit **Chenin Blanc**/Loire und **Rheingauer Riesling**/D. Seezunge mit → Sauce Bercy wurde von **fränkischem Silvaner** zu einem Stelldichein gebeten. Seezunge „Müllerin“ (in Milch und Mehl gewendet, in frischer Butter gebraten, mit Zitronenscheiben belegt) lockten wir mit **Meursault**/Burgund und **elsässischem Riesling**/F aus der Reserve. Seezunge in Sauce Verte (Mayonnaise mit Estragon, Kerbel, Kresse, Petersilie, Spinat und Cayennepfeffer versetzt) wurde von feinem **Entre-deux-Mers**/Bordeaux und **Muscadet**/Loire/F (im Sommer) hofiert. Seezungenröllchen mit Sauerampfersauce harmonierten mit feinem **Chablis Premier Cru „Vaudésir“** (z. B. DOMAINE DE LA MALADIÈRE, Chablis/Burgund). Seezunge gegrillt wartete auf rassigen **Pouilly Fuissé**/Burgund, aber auch edler **Sauvignon Blanc** ist akzeptabel. Seezunge „Hermitage“ (gefüllt mit Bröseln, Butter, Ei, Schalotten und Kräutern) und **Hermitage Blanc**/nördl. Rhône ist nicht neu, aber gut. Seezunge mit Rotweinbutter liebäugelt mit blutjungem (leicht gekühltem) rotem **Gamay** (Beaujolais oder Loire). Seezunge „Kardinal“ (Sauce Béchamel mit Rahm und Hummerbutter) kombinierten wir mit edler **Chardonnay**- und **Pinot Gris Spätlese**. Zu Seezungenstreifen-Salat genossen wir schäumenden **Crémant de Champagne**. Seezunge „Bonne Femme“ (Weißweinsauce mit Schalotten, Champignons und Zitronensaft) ist für **Chablis Grand Cru**/Burgund, aber auch für große **internationale Chardonnays** eine Reise wert. Seezunge „Portugiesisch“ (in Fischfond und Weißwein gedünstet, mit Tomaten, Zwiebeln, Champignons und Petersilie garniert) testeten wir in Portugal mit frischem **Vinho Verde** und verwöhnten wir in Italien mit trockenem, fruchtig-perlendem **Prosecco di Conegliano-Valdobbiadene Frizzante** von PINO ZARDETTO, Conegliano/Venetien/I; in der kühleren Jahreszeit entschieden wir uns für vollmundig-buttrigen **Chardonnay** von RAPOSEIRA/P. Seezungensalat „Andalusisch“ (mit Reis, Paprikaschoten, Tomaten, Knoblauch, Olivenöl, Zitronensaft, grünen Oliven und Safranmayonnaise) war sowohl mit modernem leichtem **Sherry Manzanilla** und **Montilla-Moriles seco**/Andalusien/E als auch mit schäumendem **Cava**/Penedès/E einverstanden. Seezungenfilet „Normannisch“ (mit Austernwasser, Champignonfond, Eigelb, Rahm und Butter) überzeugte uns zweimal auf höchst unterschiedliche, aber nichtsdestoweniger faszinierende Weise: erstens mit superbem **Chablis „Les Clos“ GC** von WILLIAM FÈVRE, Chablis/Burgund, der besonders die Austern- und Champignon-Note unterstrich, und zweitens mit delikatem, samtigem, mild perlendem **Vouvray demi-sec** vom CHÂTEAU DE VALMER (CHB, 8–12 Jahre, 8–10 °C), der das süßliche Flair der Sauce in den Vordergrund stellte und auch dem eigentlichen Hauptakteur, der Seezunge, seine Reverenz erwies. Seezunge „Argenteuil“ (in Fischfond und Weißwein gedünstet, mit Spargelspitzen garniert) ist für hochedlen **Sauvignon Blanc**, **Graves Blanc** oder **Riesling** und **Grünen Veltliner „Smaragd“**/Wachau eine Herausforderung. Zu Seezungenragout passen auch gerbstoffreiche Rotweine!

SEEZUNGE „COLBERT“

Seezunge enthäuten, beiderseits des Rückens aufschneiden und die Gräte sowohl am Kopf als auch am Schwanz abbrechen, salzen, in Mehl, Ei und geriebenem Weißbrot wenden, in Fett schwimmend herausbacken, entgräten und direkt vor dem Auftragen mit schaumig geschlagener Kräuterbutter füllen. (Nach Jean Baptiste Colbert, 1619–1683, französischer Staatsmann und Finanzminister unter Louis XIV.)

🍷 Der Seezunge kann man mit samtweichen, gehaltvollen Weißweinen (**Pinot Gris**, **Riesling-Sylvaner**, **Sémillon-Sauvignon**, **Chenin Blanc**, **Zierfandler**, **Chasselas**, **Muskateller** …) eine besondere Freude machen, vorausgesetzt, die Weine gehören zu den besten und nobelsten Vertretern der einzelnen Sorten. Für besonders erwähnenswert halten wir die Zusammenführung mit dem grandiosen **Château Laville Haut-Brion Blanc** (SÉM 60 %, SB 40 %, 7–10 Jahre) aus Talence/Graves/Bordeaux, der Seezunge, Panier und Kräuterbutter in den kulinarischen Himmel hob.

SEEZUNGENFILETS AUF „BURGUNDER ART"

Backblech mit Butter bestreichen, in Butter angeschwitzte Zwiebelscheibchen daraufsetzen, mit weißem Pfeffer bestreuen, Filets darauflegen, mit gedünsteten Champignons garnieren, etwas Rotwein aus Burgund darübergießen und im heißen Rohr garen; Fond einkochen, mit Mehlbutter binden und über die Filets geben.

Da wir nun einmal die Gelegenheit haben, einen Rotwein (Burgund) einzusetzen, müßten es die elegantesten und subtilsten Vertreter sein, die, etwas kühler serviert (14–16 °C), der „Königin der Meere" zu Höchstform verhelfen sollen. Es gäbe sicherlich einige Pinots aus aller Welt zu empfehlen, doch seit ich das Gericht mit göttlichem **Musigny GC** (PN, 5–8 Jahre, 15 °C) von J. FAIVELEY, Chambolle-Musigny/Côte d'Or/Burgund/F, versuchen durfte, kann ich mir schwer einen anderen Partner vorstellen, denn das zarte Parfum (Himbeeren und exotische Süßedüfte) und der elegante, samtige, mit Grandezza, Zartheit und Finesse – bei wacher Säure – auftrumpfende Körper stimulierte Fischaroma und Gewürze auf so nachhaltige Weise, daß man es einfach nicht vergessen kann! Ähnlich großartige Erlebnisse bieten die Klasseweine von COMTES GEORGES DE VOGÜÉ und JACQUES-FRÉDÉRIC MUGNIER, Chambolle-Musigny.

SEEZUNGENRÖLLCHEN „ROSSINI"

Seezungenfilets werden leicht geklopft, mit einer Melange aus Fischfarce und Gänseleberpüree bestrichen, gerollt, in Fischfond und Weißwein gedünstet, angerichtet, mit Sauce bedeckt und mit gehackten Trüffeln bestreut.

Dieses üppige, heute oft mit Ersatzprodukten (Hühnerleberpüree und Champignons bzw. Morcheln) zubereitete Luxusgericht des 19. Jahrhunderts sollte im Ernstfall von den größten und besten Weißweinen wie **Corton-Charlemagne** und **Montrachet Grand Cru**/Burgund, **halbtrockenem Quarts de Chaume**/Loire und **Sauternes**/Bordeaux/F oder exquisiten **Gewürztraminer**- bzw. **Pinot Gris Spätlesen** hofiert werden.

SELCHFLEISCH

Österreichisch-süddeutsche Bezeichnung für gepökeltes und geräuchertes Schweinefleisch.

Das salzig-rauchige, deftige Fleisch wird vor allem von Mai bis Oktober gerne von erfrischendem **Bier** (**Pils**, **Weizen-** und **Bockbier**) entschärft. Ansonsten sind es würzig-rustikale Weißweine (**Riesling**, **Sylvaner**, **Pinot Blanc**, **Grüner Veltliner**, **Sauvignon Blanc** ...), bestimmte Rotweine (**Blaufränkisch**, **Vernatsch**/Südtirol, **Marzemino**/Trentino/I ...) sowie einige **trockene Roséweine** (**Pinot Noir**, **Zweigelt**, **Schilcher** ...) und sogar **herbe Schaumweine**, die das charakteristische Rauch-Salz-Aroma treffen bzw. manchmal (**Schilcher**, **Sauvignon Blanc**/Steiermark/A) auch übertreffen können. Ausgleichend und harmonisierend wirken hingegen reife, mild-samtige Weißweine: **Roter Veltliner**, **Neuburger**, **Pinot Gris**, **Welschriesling**, **Chardonnay** usw.

SELCHRIPPEN

Gepökeltes und geräuchertes Stück vom Schweinskarree wird in Wasser gekocht und mit Sauerkraut und Semmelknödeln serviert.

Durch das Sauerkraut sind erdig-würziger **Riesling** (Rheinhessen, Rheinpfalz/D, Elsaß/F und Kamptal-Donauland/A), **Silvaner** (Franken, Rheinhessen/D, Elsaß/F und Südtirol/I) und kraftvoller **Pinot Blanc** (Baden/D, Elsaß/F sowie NÖ, BGLD, STMK/A) in die Pole-position gekommen; aber auch **rote Jungweine** (**Pinot Noir**, **Blaufränkisch**, **Gamay**) passen sich geschickt an das Kraut an und erhöhen auf subtile Weise die Wahrnehmung des Rauch-Salzgeschmacks.

SELCHSPECK

Österreichische Bezeichnung für → Räucherspeck.

SELLERIE

(frz. CÉLERI, engl. CELERY, ital. SEDANO, span. APIO)

Gemüse- und Gewürzpflanze mit spezifischem Geruch und Geschmack, der von ätherischen Ölen stammt. Die verdickte, fleischige Wurzel heißt Knollensellerie. → Stangen- oder Bleichsellerie ist eine Zuchtform, eine Würzpflanze, deren Blätter wie Petersilie verwendet werden. Er regt Speichel- und Gallenfluß sowie Verdauung an. Neueste Forschungen belegen tatsächlich einen schwach förderlichen Einfluß auf das Sexualleben.

Das charakteristische Aroma harmoniert mit einer ganzen Reihe von Weiß- (**Sylvaner**, **Chardonnay**, **Riesling**, **Grüner Veltliner**, **Sauvignon Blanc**, **Neuburger** sowie **Bandol Blanc**/Provence/F ...), Rot- (**Pinot Noir**, **Gamay**, **Tocai Rosso**/Venetien, **Aglianico**/Basilikata/I) und **Roséweinen** (**Bardolino Chiaretto**/Venetien/I, **Côtes de Provence**/S-F ...) auf vorzügliche Weise. (→ Waldorfsalat) Zu Sellerietörtchen versuchen Sie weißen **Silvaner**/Franken oder gekühlten roten **Beaujolais**/Burgund. Fagioli e Sedano all Vino Rosso (Bohnen und Sellerie in Rotweinsauce) paarten wir erfolgreich mit rotem **Aglianico del Vulture** (6–8 Jahre, 16–17 °C) von D'ANGELO, Rionero in Vulture, Basilikata/I. Sellerie gebacken (paniert) ließ sich von einem **Neuburger Kabinett**/BGLD/A verwöhnen. Selleriesülze begegneten wir mit **Sauvignon Blanc**/S-STMK. Sellerie gebraten reichte man uns in Italien mit hellem **Bardolino Chiaretto**/Venetien. Sellerie gedämpft haben wir in Einklang mit gemüseartig würzigem **Chardonnay** von PETER DOLLE, Straß/Kamptal/NÖ/A, in allerbester Erinnerung, und den heiklen Selleriesalat (mit Essig und Öl) bekommen Sie durch **Tocai Rosso**/Venetien/I oder milden **Neuburger Kabinett**/Thermenregion/NÖ/A in den Griff.

SELLERIEHERZEN

Das weiße Innere der Stangensellerie mit kochendem Wasser überbrühen, in Butter dünsten, warmstellen; Fond mit Portwein löschen, reduzieren, mit Crème fraîche und Fleischextrakt verkochen, gemahlene Haselnüsse beifügen, Sauce mit Eigelb und Crème fraîche binden, würzen und mit Butter vollenden.

Der reiche Fond (Portwein, Crème fraîche, Eigelb) benötigt als Gegenspieler kraftvoll-extraktreiche Weißweine mit milder Säure und einer gewissen Affinität für das Nußaroma. **Meursault Premier Cru** und **Chablis GC („Les Preuses")**/Burgund/F, **Pinot Blanc Spätlese**, **Roter Veltliner Spätlese trocken**/A, aber auch (roter) **Late Bottled Vintage Portwein** und **Sherry Amontillado seco**/E sowie **Fiano di Avellino**/Kampanien, **Pomino Bianco** (MARCHESI DE FRESCOBALDI, Firenze/Toskana/I) und **Crémant d'Alsace** (**Schaumwein** aus dem Elsaß/F) können diese schwierige Rolle ausfüllen. Sellerieherzen mit Tomatensauce waren bei reifem **Bellet Blanc**/Provence, **Minervois Rouge**/Languedoc/S-F, **Traminer**, **Riesling**, **Chardonnay** sowie dem einst berühmten **Est! Est! Est! di Montefiascone** von ITALO MAZZIOTTI, Bolsena/Latium, in allerbester Obhut.

SEMMEL

Österreichische Bezeichnung für Brötchen, Schrippe, Rundstück.

Kleines rundes Weißbrot, das ganz frisch und knusprig auf den Tisch kommen soll. Wegen seiner Kronenform auch Kaisersemmel genannt.

SEMMELBRÖSEL (PANIERMEHL)

Geriebene altbackene, getrocknete Semmeln; zum Einbröseln von Fleischscheiben (Kotelett, Kalbsschnitzel) und Panieren von Fleisch, Fisch, Kroketten usw. verwendet. (→ Panieren)

SEMMELKNÖDEL

Semmeln in kleine Würfel schneiden, goldgelb braten, gehackte Zwiebeln daruntermischen, alles mit einer Melange aus lauwarmer Milch und geschlagenem Ei übergießen, mehlen, mit Salz und Muskatnuß aromatisieren, Knödel formen und in siedendem Salzwasser ca. 15 Minuten köcheln.

🍷 Zu den flaumigen Knödeln sind zartwürzig-vollmundige Weißweine (**Muskateller trocken**, **Riesling-Sylvaner**, **Riesling**, **Grüner Veltliner „Smaragd"**/Wachau/NÖ/A ...) anzuraten, doch spielt auch die Hauptspeise eine „kleine" Rolle bei derAuswahl des Weins.

SEMMELKREN

✎ Österreichische Spezialität. Kleingeschnittene Semmeln werden mit Salz und Zucker gewürzt, mit Rindsuppe durchgekocht, passiert und mit geriebenem → Kren vermengt; beliebt zu gekochtem Rindfleisch.

🍷 Da man in Österreich zum gekochten Rindfleisch meist Weißweine trinkt, wollen wir diese auch zuerst anführen. **Chardonnay** (Stahltank), **Riesling-Sylvaner**, **Riesling**, **Malvasier**, **Grüner Veltliner**, **Welschriesling**, **Pinot Gris** – allesamt mit gut abgepufferter Säure – heißen die Favoriten der würzigen Beilage. Unter den Rotweinen sind besonders elegant-fruchtiger **Pinot Noir** und **Sankt Laurent** an erster Stelle zu nennen, während der in der Steiermark empfohlene **Schilcher** die Schärfe (allzusehr) betont. **Schilcher Spätlese** kann allerdings interessant sein.

SENF (MOSTRICH)

(frz. MOUTARDE, engl. MUSTARD, ital. SENAPA, span. MOSTAZA)

✎ Schon die Römer kannten die Würzkraft der Senfpflanze, die sie auch nach Frankreich, England, Österreich und Deutschland brachten. Jene vier Länder entwickelten sich auch zu den bekanntesten Produzenten der gelbbraunen Würzpaste, die es von süß bis scharf gibt. Gemahlene schwarze und weiße Senfkörner sind die Grundlage des Mostrichs, und jedes Land setzt spezielle Gewürze (Essig, Weinmost, Salz, Pfeffer, Zimt, Zucker, Estragon, Kren usw.) zu. Österreichisch-deutscher Senf ist mildwürzig bis süß, französischer Senf wird mit Wein oder Weinessig zubereitet (der berühmteste aus Dijon schmeckt aromatisch scharf), der englische ist besonders scharf, enthält Cayennepfeffer und kann feingliedrig-subtile Weine jeder Couleur aus der Fassung bringen, während Dijon-Senf tanninreiche Rotweine sogar finessenreicher erscheinen läßt und im Winter für Gemütsaufhellung und Schwung sorgt. Generell wirkt Senf in Magen und Darm desinfizierend.

🍷 Will man von einem „Senfwein" sprechen, so muß man für die scharfen Sorten unbedingt **Chablis AC**/Burgund und **Riesling halbtrocken** nennen und generell **Chardonnay** (**Morillon**) sowie **Pinot Blanc** zitieren. Für dunkle Senfsaucen usw. bieten sich in erster Linie **Pinot Noir**, **Gamay**, **Merlot** und **Vino Nobile di Montepulciano**/Toskana an.

SENFSAUCE → SAUCE MOUTARDE

SEPIA → TINTENFISCH

SERBISCHES REISFLEISCH

✎ Gehackte Zwiebeln in Butter andünsten, großzügig Paprika, Bouillon und kleingewürfeltes Kalbfleisch beifügen, alles etwa 30 Minuten dünsten, in Butter glasig angedünsteten Reis dazugeben, mit Rindsuppe auffüllen, zugedeckt langsam weichdünsten und mit geriebenem Parmesan vollenden.

🍷 Kühles **Bier**, erfrischender fruchtiger **Riesling**/Slowenien, der seltene, feinduftige weiße **Vugava**/Dalmatien sowie die hellere und leichtere Version des zumeist sherryartigen **Grk** von der Insel Korcula (ehemaliges Südjugoslawien) sorgen für ungetrübte kulinarische Sommerfreuden. Im Winter können Sie sich auch an Deutschlands Liebling, dem roten **Amselfelder**, einem hauptsächlich aus **Pinot Noir** gekelterten angenehmen Tischwein aus der Region Koso oder dem fruchtcharmanten, leichten roten **Plavina**/Dalmatien laben.

SEWRUGA-MALOSSOL → KAVIAR

SHERRY

🍷 Berühmter gespriteter südspanischer Südwein, dessen Name nicht geschützt ist und daher auch in anderen Ländern verwendet wird. Echter **Sherry** aus Jerez de la Frontera wird hauptsächlich aus den Traubensorten **Palomino Blanco** und **Pedro Ximenez** hergestellt. Je nach Süßegrad wird er als Apéritif oder **Dessertwein** angeboten. Trocken, hell, leichter (14–16 %) und mit dem typischen Florgeschmack sind **Fino** und **Manzanilla**. Der bernsteinfarbige **Amontillado** steht mit seinem Haselnußaroma zwischen **Fino** und **Oloroso**. **Palo Cortado** ist die trockenere, kräftigere Form des Amontillado, auch seco oder dry genannt. Der Oloroso (der „Wohlriechende") wird ohne Flor ausgebaut, auf 18 % aufgespritet und gilt als würzig-süßer Dessertwein mit Karamelaroma. Der **Cream** ist eine noch gesüßte Version des **Oloroso** und wurde mit einem zuckerreichen Most aus getrockneten **Pedro Ximenez**- und **Palomino**-Trauben angereichert (Thymian-, Rosmarin- und Harzduft, gepaart mit Melasse-, Orangen- und Haselnußaroma). (→ Morcheln in **Sherry**)
Der Vehemenz und Kraft von mit zumeist trockenem oder halbtrockenem **Sherry** angereicherten Saucen und Speisen tritt man entweder mit dem Kochwein selbst bzw. einem ähnlichen, aber höherwertigen Vertreter entgegen oder verläßt sich auf einige der beständigsten Sherrybegleiter wie ungarischen **Tokaji trocken bis süß** (je nach Art der Speise), **Vin Jaune**/Jura/F, **Vernaccia di Oristano** und **Malvasia di Bosa**/Sardinien/I. Wenn Sherry mit Bedacht verkocht wird, sind auch **Pinot Gris**- und **Pinot Blanc Spätlesen trocken** bzw. **Auslesen halbsüß bis süß** (Desserts) für ein herzliches Bündnis mit der Speise zu gewinnen.

SHERRY-CREME

🖋 3 Eigelb, 100 g Zucker und 15 g Stärkemehl schaumig schlagen, ½ l heiße Milch einrühren, unter ständigem Rühren aufkochen, mit Gelatine binden, mit einem Glas Cream Sherry, ⅛ l Crème fraîche und 2 steifgeschlagenen Eiweiß vollenden.
🍷 Ein **Cream Sherry** (**Sanlúcar Cream** von BARBADILLO, Jerez, oder HARVEY'S **Bristol Cream**, Jerez) ist hier nicht zu überbieten.

SHRIMPS

🖋 Englische Bezeichnung für zehnfüßige Garnelen (früher → Hummerkrabben) kleiner und mittlerer Größe; die etwas größeren kommen aus der Tiefsee und werden von den Amerikanern Prawns genannt.
🍷 Weißweine von großer Aromatik, exotischem Flair und/oder zarter Restsüße (**exotischer Chardonnay**, **Sauvignon Blanc**, **Riesling**, **Sémillon**, **Jurançon sec**/SW-F, **Anjou Blanc** oder **Anjou Rosé** und **Chenin Blanc**/Loire/F ...) harmonieren besonders gut mit den Tiefseekrabben und entlocken ihrem mildsüßlichen Fleisch die schönsten Töne, aber auch feinperlige **Schaumweine**, die einer gewissen Exotik nicht entbehren, sind Garanten für ein erlebnisreiches, mehrdimensionales Mahl. Zu Shrimps auf Friseesalat (mit Olivenöl, Zitronensaft, Schalotten und Basilikum) löste bei manchen eine **Sauvignon Blanc Spätlese**/S-STMK/A helles Entzücken aus; zufrieden sind Sie sicher auch mit einem prägnanten **Rosé** (**Tavel**, **Lirac** ...) von der südl. Rhône/F. Shrimps mit Dill, Kräutern und Schnittlauch wurden von einem **Grünen Veltliner** hofiert, von einem **Riesling** verwöhnt, von einem **Chardonnay** betört und von einem exotischen **Sémillon** von MOSS WOOD/Margret River/W-AUS aus der Fassung gebracht!

SHRIMPSCOCKTAIL

🖋 Sektschale mit grünem Salat drapieren, mit Shrimps und kleinen Champignons belegen, mit Tomatenketchup aromatisieren, Schlagrahm darüberspritzen, mit Eierscheibe, Kaviar und Zitronenspalte garnieren und mit Butter und Toast servieren.
🍷 → Tomatenketchup und Schlagrahm machten es den begleitenden Weißweinen (perlender **Prosecco Frizzante**/Venetien/I, **Riesling**/AUS, **Sauvignon Blanc**/S-STMK/A, **Jurançon sec**/SW-F und schäumender **Cava**/E) nicht leicht. Die beiden perlenden Weine (**Prosecco** und **Cava**) konnten sich nicht ganz durchsetzen, brachten aber immer wieder elektrisierende Nuancen ein. Der herrliche **Sauvignon** wollte sich nicht richtig mischen und begann säurig zu munden. Der exotische australische **Rhine Riesling** von BRIAN CROSER, Coonawarra, kam ganz nahe an die Aura des Gerichts heran und löste einige Begeisterung aus, doch der wahre „Ketchup-Wein" war und ist der **Jurançon sec „Clos Lapeyre"** (PMA, GMA, COURBU, 4–8 Jah-

re, 10–11 °C) von JEAN-BERNARD LARRIEU, Béarn/SW-F, der mit mächtigem Körper und vielschichtigen Aromen die rote „Tunke“ zu einer Edelsauce hochstilisierte.

SIRLOIN OF BEEF

✐ Englisch-amerikanische Bezeichnung für → Entrecôte bzw. → Aloyau (Rindslende), kann mit und ohne Knochen zubereitet werden. (Der englische König Charles II., 1630–1685, berührte ein besonders saftiges Steak einmal mit dem Degen, um es auf diese Weise zum „Sir Loin“, zum „Edlen Herrn Lende“, zu adeln.)

SIRLOIN STEAK

✐ Tranche aus dem flachen Roastbeef mit Knochen, aber ohne Filet. Der Nachbar des Porterhouse Steaks zur Rinderhüfte hin ist größer als das Porterhouse, aber magerer. Es soll 4 bis 6 cm dick sein und wird meistens im Ofen gebraten. Steak wird mit schwarzem Pfeffer, Knoblauchsalz und Rosmarin eingerieben, auf den Bratrost eines vorgeheizten Ofens gelegt, mit heißem Fett begossen, um die Poren zu schließen, langsam gegart und mit gebackenen Kartoffeln und Salat kredenzt.

🍷 **Dolcetto** und **Nebbiolo**/Piemont/I, **Syrah** und **Châteauneuf-du-Pape**/Rhône/F, **Shiraz** und **Cabernet-Shiraz**/AUS, **Zinfandel**/Kal und **Pinotage**/ZA, allesamt kraftvolle Rotweine mit pfeffriger Würze, waren dem „Edlen Herrn Lende“ von Aromatik und Struktur her – wenngleich sich die Schärfe um einiges erhöhte – am besten gewachsen.

Hervorzuheben wäre noch, daß **Lirac Rouge**, **Châteauneuf-du-Pape** und **Gigondas Rouge**, alle von der südl. Rhône und aus ähnlichen Trauben (GR, SYR, MV, CIN ...) gekeltert, ein bemerkenswertes Feingefühl für Knoblauch, Pfeffer und Rosmarin aufwiesen und dadurch für die spektakulärste Abstimmung am Gaumen sorgten. Besonders hervorgehoben seien der nachtschwarze, fleischig-saftige, würzreiche **Gigondas „Cuvée de Beauchamp“** vom CHÂTEAU DE MONTMIRAIL aus Vacqueyras und der Edel-**Châteauneuf-du-Pape „Barbe Rac“** von M. CHAPOUTIER.

SMOKED HADDOCK

✐ Engl. geräucherter → Schellfisch. Englische Spezialität aus leicht gesalzenem, geräuchertem Schellfisch, in schräge Tranchen geschnitten, in Milch erhitzt, abgetropft, auf dem Rost gebraten und mit frischer Butter und Toast serviert.

🍷 Die Loire-Weißweine **Pouilly Fumé** (SB) und **Vouvray** (CHB) sind neben **Silvaner**/Franken und **Riesling**/Nahe/D sowie **weißem Patrimonio**/Korsika/F (ANTOINE ARÉNA) als Partner des geräucherten Haddocks bis ins Paradies der Gourmets vorgedrungen. Experimente mit australischem und südafrikanischem **Chardonnay** können wir nicht als gelungen bezeichnen, da der klassische Rauchton dabei verlorenging und sich süßliche Holznoten breitmachten. **Chardonnay** (ohne Barriqueausbau und Eichenorgien) kann aber durchaus versucht werden, und auch rote **Barriqueweine** können der Rauchnote manchmal etwas abgewinnen (z. B. **Rioja Crianza**/E). Lediglich zu Smoked Haddock mit Safransauce überzeugten auch Barrique-**Chardonnays**. Bierfreunde könnten deutsches Rauchbier aus Bamberg versuchen.

SMÖRGAS-BORD

✐ Berühmtes schwedisches kaltes Buffet, bestehend aus → Bücklingen, → Eiern, → Gänsebrust, → Krabben, →Käse, → Mayonnaisen, → Neunaugen, → Pökelzunge, → Räucheraal, → Räucherlachs, → Rentier(keule), → Roastbeef, → Salaten, → Sardellen, → Sardinen, → Schinken, Spanferkel in Aspik, → Sprotten, → Wildpasteten. Bei allen Buffets erkennt man die Gourmets daran, daß sie nicht alles wahllos auf einen Teller schaufeln, sondern sich zuerst kalten Fisch und Krustentiere holen, dann kaltes Fleisch, gefolgt von warmem Fisch und Fleisch extra usw.

🍷 Da einzelne Weine unmöglich für alle Gerichte gleichzeitig passen können, sei auf die einzelnen Stichworte verwiesen, doch sei trotzdem erwähnt, daß Weißweine wie **Vinho Verde**/Portugal, **Entre-deux-Mers**/ Bordeaux oder **Sancerre**/Loire/F usw. hiezu ungeheure Popularität genießen.

SMÖRREBRÖD

✐ Die dänische Abart des bekannten schwedischen Smörgas-Bord. Kleine Brote (Knäcke-, Weiß-, Grau- und Schwarzbrot) mit → Beefsteak Tatar, Dorschrogen, → Gänsebrust, → Gänseleber, → Hummer, → Kaviar, → Krabben, → Lachs, → Räucheraal, Räucherhering, → Rinderbrust, → Sardellen, → Sardinen, → Sauce Remoulade, → Schinken usw. belegt.
🍷 Hier gilt das gleiche wie bei → Smörgas-Bord, zusätzlich ergänzt durch **dänisches Bier** und **Aquavit** (**Korn-Kümmelschnaps**).

SOBREASADA

✐ Luftgetrocknete spanische Rohwurst aus Rindfleisch, gepökeltem Schweinefleisch, Speck, Gewürzen, Rotwein und Knoblauch.
🍷 **Roter Rioja** hat Tradition, doch sind an heißen Tagen fruchtig-frische (moderne) Weißweine (**Sauvignon Blanc**, **Chardonnay**, **Rioja Blanco**) mehr denn je gefragt.

SOFT SHELL CRABS (BLAUKRABBE)

✐ Zur Zeit des Panzerabwerfens gefangene Krebse (Riesenkrabben), die in den USA paniert bzw. gebacken angeboten werden und ein feines, bißfestes, delikates Fleisch aufweisen.
🍷 Nordamerikas nicht allzu kraftvolle, buttrige (Barrique-)Weißweinelite (**Chardonnay**, z. B. der **Chardonnay Estate** von CRICHTON HALL, Rutherford/Napa/KAL, **Fumé Blanc** = **Sauvignon Blanc** und **Johannisberg Riesling** = **Rheinriesling**) war hier gefordert und konnte auch zumeist bestehen.

SOJABOHNEN

(frz. SOJA, engl. SOYBEAN, ital. SOIA, span. SOJA)
✐ Etwa erbsengroße Hülsenfrüchte mit hohem Öl- (18 bis 20 %) und Eiweißgehalt (35 bis 50 %). Da das Sojaeiweiß dem Fleischeiweiß beinahe ebenbürtig ist, wird es sehr oft als Fleischersatz eingesetzt. Sojabohnen liefern Lezithine und ungesättigte Fettsäuren sowie Vitamine der B-2-Gruppe und fördern den Aufbau der Myelinschicht, die unsere Nerven schützt. Ursprünglich aus Ostasien stammend, kommt heute der Löwenanteil der Welternte aus den USA (63 %). Man bereitet aus den Bohnen Sojaöl, Sojamehl, Sojakäse und natürlich Sojasauce.
Zu Salat von Sojabohnen begeisterten uns **Tokay** (**Pinot Gris**) **d'Alsace**, **Muscadet sur lie**/Loire und **Clairette de Languedoc**/F. Im allgemeinen sind → **Sake** und **Sherry Fino light dry** unbestechliche Begleiter.

SOJASAUCE (SHOJU, SHOYA, SOYSAUCE)

✐ Aus Sojabohnen bereitet man in Japan, China und Ostasien eine → Würzsauce für praktisch alle fernöstlichen Gerichte, aber auch für europäische Ragout- und Cremesaucen, Geflügel und Wildgerichte usw. Die Bohnen werden gemahlen, gekocht, passiert, mit von Schimmelpilzen durchsetztem Reisschrot vermischt und durch langwierige chemische Umwandlung und ein Gärverfahren hergestellt. Nach mindestens 18 Monaten Reifezeit gibt es Sojasauce gesalzen, gesüßt, dick- und dünnflüssig. Sie soll schon vor der legendären Würzsauce der Römer, Garum, entstanden sein.
🍷 Neben → **Sake** sind besonders – ohne Kenntnis des Fleischgerichts – kraftvoll exotischer **Chardonnay** (**Barrique**), **Gewürztraminer**, **Riesling halbtrocken**, **Pinot Gris Spätlese trocken**, **Vin Jaune**/Jura/F, **Tokaji trocken** bis süß/H und **Sherry Amontillado seco**/E geeignet, die Würzsauce aromatisch zu unterstützen (→ Asiatische Küche).

SORBET (SCHERBET, SHERBET, SCHNEE-EIS)

(frz. SORBET, engl. SORBET, ital. SORBETTO, span. SORBETON)

✐ Ein ursprünglich aus der persischen Küche stammendes Erfrischungsgetränk (arab. Scharbat/Trank), das aus Fruchtsirup, Wasser und Moschus bestand und mit Schnee gekühlt wurde. In der europäischen Küche ist das Sorbet ein leichtes Eis, das kaum gefroren wird und mit stark gesüßtem Fruchtsaft, geschlagenem Eiweiß, Likör, Südwein, Schaumwein oder Branntwein versehen ist. Ursprünglich nach den Entrées serviert, um den Magen zu erfrischen und die Verdauung anzuregen, wird es heute meist am Ende eines Mahles gereicht.

🍷 Vor allem **mild-süße Schaumweine** (**Champagne sec** und **Champagne Rosé**, lieblicher **Saumur**/Loire, **Asti Spumante**/Piemont sowie sein südfranzösisches Gegenstück **Clairette de Die**/Rhône), die gespriteten Süßweine **Muscat de Beaume de Venise**/südl. Rhône, **Moscatel de Setúbal**/Portugal, kühler **Sherry Amontillado Dulce**/E sowie edelsüße **Sauternes**/Bordeaux und, nicht zu vergessen, die raren **Eisweine** (z. B. der grandiose **„Saarburger Rausch" Riesling Eiswein** von FORSTMEISTER GELTZ ERBEN, Saarburg/Saar/D) – nomen est omen – aus Deutschland und Österreich sind in der glücklichen Lage, dem (zumeist) an sich schon exquisiten Getränk noch zusätzliche Reize zu verleihen. Aus österreichischer Sicht sei stellvertretend für viele andere die kühle Frische des **Riesling Eiswein „Steinbügel"** vom SCHLOSSWEINGUT GRAF HARDEGG, Seefeld-Kadolz/Weinviertel, lobend erwähnt.

SOUFFLÉ → AUFLAUF

SOUVLAKIA (SUVLAKI)

✐ Griechischer Grillspieß (→ Kebap) aus mit Zitronensaft, Olivenöl, Origano und Lorbeerblättern mariniertem Fleisch sowie Speck, Käse, Tomaten und grünem Paprika.

🍷 Geharzter **Retsina**/Attika paßt sich (in Griechenland) sehr gut an den Rauch-Grill-Geschmack des Gerichts an, ebenso wie der weiße Standardwein **„Demestica"** von ACHAIA-CLAUSS, Kifissia/Athen, und der kraftvolle, leicht dominierende rote **Nemea** (AG, 2–5 Jahre, 15–17 °C) von KOURTAKIS, Attika.

SPAGHETTI

✐ Italienische Fadennudeln von ca. 2 mm Durchmesser und 50 cm Länge, die aus Neapel stammen sollen. („Spago" heißt auf italienisch „Bindfaden".) Doch schon die Etrusker verstanden es, die köstlichen Teigwaren zuzubereiten. Bis ins 17. Jahrhundert ein Privileg Italiens, werden sie heute weltweit erzeugt und in kochendem Salzwasser meist „al dente" (bißfest) gekocht.

🍷 Zu Spaghetti con Aglio e Olio (mit Knoblauch und Olivenöl, ohne Käse) versuchen Sie am besten **Tocai Friulano**; zu Spaghetti alla „Bolognese" (mit Sauce aus gehacktem Rind- und Schweinefleisch, Pilzen, Tomaten, Kräutern …) nehmen Sie weißen **Albana di Romagna** (z. B. von der FATTORIA PARADISO, Bertinoro/Emilia-Romagna) oder roten **Barbera**; Spaghetti alle Cozze (Miesmuscheln, al dente gekocht und mit Muschel-Kräuter-Sauce begossen) erleben Sie begleitet von frischem **Cortese**/Piemont oder **Pinot Bianco**/Südtirol doppelt so schön; das gleiche gilt für Spaghetti alle Vongole (mit ganz kleinen Muscheln). Spaghetti alla „Marinara" (auf Matrosen-Art mit → Sauce Béchamel, Knoblauch, Olivenöl, Muscheln ohne Schale, Sardellenfilets, Tomaten, Origano und Parmesan gratiniert) kombinieren Sie mit reichem **Pinot Grigio** (z. B. von FRANCESCO PECORARI, S. Lorenzo/Isonzo/Friaul) oder mit dem auf Fisch und Muscheln spezialisierten **Martina Franca**/Apulien (GIUSEPPE STRIPPOLI). Zu Spaghetti con Frutti di Mare (mit Meeresfrüchten) sind **Soave**/Venetien oder **Frascati**/Latium anzuraten. Spaghetti alla „Napoletana" (auf napoletanische Art mit Tomatensauce, Knoblauch, Zwiebeln und Olivenöl) werden stilgemäß von **Vesuvio Bianco secco** (FAM. MASTROBERARDINO, Kampanien) begleitet. Spaghetti alla „Norcina" (mit Salsa aus Zwiebeln, Rahm und Wurst, bestreut mit weißen Trüffeln) lassen Sie mit **Gavi**/Piemont oder – lokalkpatriotisch – mit **Orvieto Classico secco**/Umbrien (z. B. **„Vigneto Torricella"** von BIGI, Orvieto) hochleben. Spaghetti al Pesto sind ohne **Vermentino di Liguria** (VINCENZO MARIANO) oder erfrischenden **Lumassina** von GIUSEPPE MAFFEI, Ligurien, nur ein Torso. Spaghetti alla „Puttanesca" (nach „Hurenart" mit Salsa aus Tomaten, Pfeffer, Kapern, schwarzen Oliven, Sardellen und Origano) genießen Sie mit weißem **Biancolella „Vinicola**

Ocone“, der FATTORIA D'AMBRA, Schia; zu Spaghetti „Reale" (mit Lammbries, Champignons, Schalotten) bestellen Sie **Orvieto secco**/Umbrien; Spaghetti alla „Norma“ (mit Basilikum, Tomaten, Knoblauch, Käse) sollten von sizilianischem **Etna Rosato** eskortiert werden (z. B. von BARONE DI VILLAGRANDE, Milo). Spaghetti alla „Zappatora“ (auf „Bauernart“ mit gehacktem Knoblauch, viel Pfeffer und Olivenöl) nehmen Sie mit neutralem **Trebbiano d'Abruzzo** von CANTINA TOLLO oder mildem **Maccarese Rosato**/Latium viel von ihrer gefährlichen Würze.

SPAGHETTI ALLA CARBONARA (KÖHLERART)

Spaghetti in kochendem Salzwasser al dente garen, mageren gekochten Schinken in dünne Streifen schneiden, in zerlassene Butter geben, Crème fraîche hinzufügen, aufkochen, etwas salzen, mit Eigelb binden, über die Spaghetti geben, geriebenen Parmesan darüberstreuen und servieren.

Den üppigen „Köhler-Spaghetti“ wirken Sie an heißen Sommertagen mit erfrischendem **Galestro**/Toskana, im Frühjahr/Herbst mit exquisitem **Chardonnay**/Toskana und im Winter mit samtweichem **Pinot Grigio**/Friaul (z. B. von SCHIOPETTO, Capriva del Friuli/Collio) entgegen.

SPANFERKEL

(frz. COCHON DE LAIT, engl. SUCKLING PIG, ital MAIALINO DI LATTE, span. COCHINILLO)

Etwa sechs Wochen junge und 15 kg schwere säugende (spänende) Schweine, die viele gerne mit Krautsalat verspeisen und deren Haut und Ohren eine besondere Delikatesse darstellen. Am Spieß gebratenes Spanferkel gilt als gewöhnlichste und gleichzeitig beste Zubereitungsart.

Zu Spanferkel mit Knoblauch und Rosmarin am Spieß hat sich der kraftvolle und beste portugiesische Rotwein **„Barca Velha“** (ROZ) von FERREIRA, Douro, dessen Tannine das Fett neutralisierten und die Haut noch knuspriger erscheinen ließen, einen internationalen Namen gemacht, doch auch der jüngere Bruder des legendären **Vega Sicilia** aus Valladolid/Valbuena de Duero/E, der **Vega Sicilia Valbuena 5° Año** (CS, M, MC, TIF, ALB, 8–10 Jahre, 16–18 °C) machte Rechte als idealer Spanferkelwein (am Spieß) geltend. Spanferkelsülze läßt sich sowohl von **roten Jungweinen** wie auch von kraftvollem **Sauvignon Blanc**, der über gut abgepufferte Säure verfügt, feinstens charakterisieren. Spanferkel im Holzofen mit wildem Fenchel, Rosmarin und Knoblauch genossen wir in der etwas wärmeren Jahreszeit mit fruchtcharmantem, leicht gekühltem **Pinot Noir**/Elsaß/F und finessenreichem **Rubino „Colle di Sole“**/Polidori/Umbrien/I (SAN, M..., 4–6 Jahre, 15–16 °C), während ab Herbst der machtvolle rote **Cannonau di Sardegna Riserva** (→ Fiore Sardo) das Zepter übernimmt. Spanferkel gebacken (paniert) sollten Sie mit **Graves Blanc**/Bordeaux/F, **Pinot Gris**-, **Neuburger**- oder **Zierfandler Spätlese trocken** versuchen. In Spanien genießt man die in Streifen geschnittene knusprige Haut mit einem Glas (rotem) **Rioja**.

SPANFERKEL GEBRATEN MIT WARMEM KRAUTSALAT

Spanferkel reinigen, salzen, pfeffern (Mühle), mit Butter oder Öl bestreichen. Ein Holzspan in der Bauchhöhle bewirkt, daß der Braten nicht zusammenfällt. Ungefähr 1 ½ Stunden braten und mit warmem Krautsalat anrichten.

Trotz **Pinot Noir**, **Gamay** und zahlreichen **roten Jungweinen** halte ich angesichts des Krautsalats den dafür wie geschaffenen Weißweinen (**Riesling**, **Sylvaner**, **Pinot Blanc** und **Grüner Veltliner**/Wachau/NÖ/A) die Treue. Als „primus inter pares“ möchte ich den famosen **Riesling Smaragd „Ried Loibner Berg“** von LEO ALZINGER, Unterloiben/Wachau/NÖ, herausstreichen, der über den Krautsalat subtile Würze und Finesse auf den Teller brachte und dabei selbst noch an Ausdruckskraft zulegte. Ein an sich fruchtintensiver und begeisternder **Blauburger** von SEPP MOSER, Apetlon/Neusiedlersee/BGLD/A, erlebte einen Zusammenbruch und produzierte (über den Krautsalat) alkoholische Schärfe und Disharmonie.

SPANISCHER WIND → BAISER

SPARE RIBS → SCHWEINSKOTELETT

SPARGEL

(frz. ASPERGE, engl. ASPARAGUS, ital. ASPARAGO, span. ESPÁRRAGO)

Schon vor 4000 Jahren ergötzten sich die Ägypter an den zarten, wohlschmeckenden Sprossen. Die jungen Triebe der bis zu 1 ½ m hohen Spargelpflanze werden hierzulande von Mai bis Juni geerntet. Ihre bekanntesten Anbaugebiete sind in Deutschland Schwetzingen, Braunschweig, Ulm, Lübeck, in Frankreich Besançon und Argenteuil, in Österreich das niederösterreichische Marchfeld und das Tullner Becken, in Asien schließlich Taiwan (Formosa). Der köstlichste Teil des Spargels ist sein butterweicher Kopf, den der alte Cato als „Schmeichelei" für den Gaumen bezeichnete. Französische Spargelspitzen sind blaugrün verfärbt, da sie dort erst geerntet werden, wenn sie aus dem Boden ragen und Vitamin C angereichert haben. Grüner Spargel wächst über der Erde und ist von etwas ausgeprägterem Aroma. Beide sind sie jedoch leicht verdaulich und bekömmlich und üben über ihre hohe Dichte an Mineralstoffen (Kalium) eine entwässernde und entschlackende Wirkung aus.

Geeiste Spargelsuppe können Sie mit einem Glas **Pinot Grigio**/Friaul „erwärmen"; Spargel und Vogerlsalat gemischt verbanden wir mit samtigem (**Moselle-**)**Riesling**/Luxemburg; Spargelsalat mit Trüffeln genießen Sie in Frankreich mit **Saint-Véran** (feuersteinwürziger **Chardonnay**) von GEORGES DUBOEUF, Mâconnais/ Burgund, oder mit dem grandiosen **Corton-Charlemagne GC** von J. FAIVELEY/Burgund; in Italien ist **Gavi** (**dei**) **Gavi** von LA SCOLCA, Gavi/Piemont, ohnehin fast „Pflicht"; Spargel mit frischen Morcheln in Blätterteig vereinten wir auf delikate Weise mit reifem **Riesling**/Mosel/D, ebensolchem **Meursault AC**/Burgund/F und (firnigem) **Weißburgunder „Oberrotweiler Henkenberg" Kabinett**, SALWEY, Vogtsburg-Oberrotweiler/Baden/D. Weitere Spargelfreunde sind physiologisch reifer **Malvasier**, **Grüner Veltliner**, **Sauvignon Blanc**, **Muskateller**, **Chenin Blanc**, **Sherry Fino light dry** und **Viura**/E usw. Unreife, grasig-grüne Weine betonen die gemüsig-schwefelig-bittere Aura des Spargels oft auf erschreckende Weise! Gekühlte Rotweine (**Gamay**/Beaujolais oder **Cabernet Franc**/Loire) passen in Kombination mit dunklem Fleisch.

SPARGEL AUF „MAILÄNDER ART"

Gekochter Spargel wird schichtenweise in eine flache Auflaufform gelegt, mit geriebenem Parmesan bestreut, mit brauner Butter begossen und leicht gratiniert.

Der Parmesan brachte eine neue Aromanote und vor allem Vorteile für Italiens Spargelweine **Pinot Grigio** und **Sauvignon**/Friaul sowie den Lokalmatador **Riesling Renano** (**Rheinriesling**) **Oltrepó Pavese**/ Lombardei. Mittags kommt auch munter perlender **Prosecco Frizzante**/Venetien (z. B. von PINO ZARDETTO oder NINO FRANCO) dem Feinspitz nicht ungelegen.

SPARGEL AUF „POLNISCHE ART" („POLONAISE")

Gekochten Spargel auf einer heißen Platte anrichten, mit gehacktem Ei und Petersilie bestreuen, Semmelbrösel bzw. geriebenes Weißbrot in Butter goldgelb rösten und über den Spargel geben.

Pinot Gris (z. B. **„Döttinger/Tokayi"** von MEINRAD KELLER, Döttingen/Ostschweiz), **Neuburger**, **Grüner Veltliner „Smaragd"** und **trockener Muskateller** (**Muscat d'Alsace Grand Cru** inkludiert) **Kabinett** sowie **Graves Blanc** (**Sémillon-Sauvignon**)/Bordeaux/F können der „Polnischen Art" am meisten abgewinnen, wobei auch zarte Barrique-Töne nicht stören. Leicht gekühlte fruchtige Rotweine (BLP, GAM) punkten über die Brösel!

SPARGEL GRÜN MIT CRÈME FRAÎCHE

Grünen Spargel waschen, untere Hälfte großzügig schälen, ca. 2 cm vom Stangenende abschneiden, in Sud aus Wasser, Zucker, Salz, Zitronensaft und Butter 10 Minuten garen, anrichten, mit Crème fraîche bedecken und mit gehackten Kerbelblättern bestreuen.

Die üppige Crème fraîche bedingt extraktreiche, um nicht zu sagen extraktsüße Weißweine, die aber gleichzeitig eine rassige zitrusfruchtige Säure aufweisen sollen, um die Kerbelnote und das zarte Zitrusaroma vom Sud voll zum Tragen zu bringen. Die besten **Chenins Blancs**/Loire (schäumender **Vouvray sec bis demi-**

sec, zartsüßer **Bonnezeaux** und **Quarts de Chaume**), elitärer **Chablis GC**/Burgund („**Les Blanchots**" und „**Les Clos**", z. B. „**Les Clos**" von RENÉ UND VINCENT DAUVISSAT, Chablis), rassige **Riesling Spätlesen trocken bis halbtrocken** und reife **Sauvignons Blancs** im trockenen Spätlesebereich lösten diese Aufgabe mit Hingabe und Bravour, wobei Fruchtsäure und Extrakt in jeweils erfreulichem Einklang mit dem Gericht standen. An heißen Tagen im Freien „dürfen" die Weine auch ein bißchen leichter und weniger prestigeträchtig sein. Generell ist zu sagen, daß allzu säurereiche Weißweine das zartbittere Flair des grünen Spargels überdimensional betonen! Spargel weiß und grün mit Kräutersauce gab auch einem edlen **Grünen Veltliner „Federspiel"**/Wachau/NÖ/A (WEINGUT LEHENSTEINER, Weißenkirchen) Gelegenheit zu brillieren. Spargel weiß und grün mit Garnelen wurden von einem etwas „lauten" **trockenen Muskateller**/S-STMK/A an die Wand gespielt, aber von dem prickelnden, mit Spargelflair ausgestatteten **Frizzante Furioso** (CH, WR, 6–12 Monate, 6–8 °C) vom WINZERHAUS NIEDERÖSTERREICH wieder ins Zentrum der Bühne geholt.

SPARGEL MIT SAUCE HOLLANDAISE

✐ Der Spargel wird gekocht, angerichtet und von → Sauce Hollandaise begleitet.

🍷 Die mollige „Holländerin" begehrt Weißweine von bestechender Fülle und perfekt integrierter, prickelnder Säure – auch zarte Holztöne sind erlaubt – (**Muscat d'Alsace GC** bzw. **trockene Muskateller** im oberen **Kabinett**-Bereich, **Graves Blanc**/Bordeaux, **Hermitage Blanc**/nördl. Rhône, schäumender **Montlouis** (CHB) **sec** bis **demi-sec**/Loire sowie klassische **Rieslinge Kabinett** oder **Spätlese trocken**). Im Zweifelsfalle sind moderner spanischer **Sherry Fino** und **Sherry Manzanilla** (mit 14–15 % Alkohol) zu den meisten Spargelgerichten von geradezu verblüffender Anpassungsfähigkeit. Besonders die **Sherry Finos „La Ina"** von PEDRO DOMECQ, **„Tio Pepe"** von GONZÁLES BYASS, **„Tio Mateo"** von HARVEY und **„San Patricio"** von GARVEY sowie die **Manzanillas** von ANTONIO BARBADILLO, VINICOLA HIDALGO („**La Gitana**") und DELGADO ZULETA („**La Goya Manzanilla Pasada**") überzeugten durch blaßgelbe Farbe, exquisiten Florgeschmack und salzig-würzige Prägnanz. Vor allem die unvergleichliche Flor-Oxydations-Würze, die schon beim Riechen Appetit machte, brachte im Zusammenspiel mit den diversen Spargelgerichten immer wieder neue Nuancen hervor und hatte auch die kraftvollsten Saucen (Hollandaise, Mousseline …) nicht zu fürchten.

SPARGEL MIT SAUCE VINAIGRETTE

✐ Der Spargel wird in Wasser, Salz, Zucker und Butter gekocht, 10 Minuten gegart, abgetropft und (kalt) mit → Sauce Vinaigrette serviert.

🍷 Die einst gefürchtete Vinaigrette hat ja inzwischen viel von ihrem Schrecken verloren und wird durch einige anmutige Weißweine (**Vinho Verde** von SOLAR DES BOUÇAS, Amares/Portugal, **Breganze Bianco** von MACULAN, Venetien/I, **Pinot Grigio** sowie **Tocai**/Friaul/I, **trockenen Muskateller** bzw. **Muscat d'Alsace**/F, eleganten **Malvasier** und diverse weißgepreßte **Blanc de Noirs**) auch in Verbindung mit Spargel zu keiner Gefahr. Im Gegenteil, die Beteiligten verschmolzen ineinander und bescherten uns neue übergeordnete Geschmackserlebnisse. Im Zweifelsfalle ist leichtes, helles **Weizenbier** stets von erfrischender Einfachheit und Anpassungsfähigkeit.

SPARGELSPITZEN

✐ Die 5 bis 10 cm langen Kopfenden sind der zarteste und köstlichste Teil des Spargels; sie werden hauptsächlich als Beilage oder Füllung verwendet.

🍷 Zu Spargelspitzen mit → Sauce Mousseline kann man auf die Empfehlungen für → Spargel mit Sauce Hollandaise zurückgreifen, ergänzt durch feinsten **Puligny-Montrachet Premier Cru „Clos de la Pucelle"** (CH, 4–7 Jahre, 10–11 °C) von JEAN CHARTRON, Puligny-Montrachet/Côte de Beaune/Burgund, oder sich auf einen **trockenen Sauternes** (**„Y" d'Yquem**, **„R" de Ch. Rieussec** oder **„G" de Ch. Guiraud**) freuen. Schlanke, extraktarme, säurebetonte „Sommerweine" wirkten generell – und hier besonders – deplaziert!

SPARGELSPITZEN MIT RÄUCHERLACHS

✐ Die gekochten Spargelspitzen werden mit Crème fraîche bedeckt und mit dünnen Tranchen Räucherlachs garniert.

🍷 **Sauvignon Blanc**, **Riesling** und **Grüner Veltliner „Smaragd"** bzw. **Spätlese trocken bis halbtrocken** sind die heißesten Tips aus heimischer Sicht, aber auch großer, reifer, samtiger **Chardonnay** (mit Barriqueausbau; z. B. der grandiose Napa-Valley-**Chardonnay** von TREFETHEN VINEYARDS, KAL), **Pinot Gris**, **Chasselas**/CH, **Sekt**, **Jahrgangs-Champagne** (leichter Metallgeschmack!) und **Sherry Fino light dry** (zu Mittag) bzw. **Amontillado dry** (**seco**) (am Abend) von GARVEY (**„Tio Guillermo"**), GONZÁLES BYASS (**„Amontillado del Duque"**) und EMILIO LUSTAU (**„Almacenista Amontillado"**) sind Gaumenschmeichler, die uns mit mehr oder weniger Erfolg – der Weg in den Himmel kann ja auch über das Fegefeuer führen – in höchste kulinarische Höhen katapultierten.

SPECK

(frz. LARD, engl. BACON, ital. SPECK/LARDO, span. TOCINO)

🖋 Die auf dem Rücken und den Rippen des Schweins abgelagerte Fettschicht wird vorzugsweise wie der Schinken geräuchert, luftgetrocknet und gepökelt verarbeitet.

Feiner Speck ist fest, von beinahe gelblicher Farbe und dient in der Küche als Speckhemd für Geflügel, zum Spicken von Fleisch, zur Bereitung von → Speckkuchen, → Speckknödeln und als Füllung. Geräucherter weißer Speck weist einen edlen Nußgeschmack auf und enthält 75 % reines Fett. Berühmt sind noch der ungarische → Paprikaspeck, der westfälische Speck, die englischen Wiltshire und Cumberland, der Bacon (aus dem Kotelettstück), der Schinkenspeck (vom Hinterlauf) und der Bauchspeck (mit Fleisch durchzogen).

🍷 Das oben erwähnte Speckhemd verleiht zwar dem Fleisch (Geflügel, Wildgeflügel ...) mehr Aroma, doch insgesamt wird die Harmonie des Gerichts meist verändert oder gar gestört und so mancher Wein aus dem Gleichgewicht gebracht. Einer der größten Räucherspeck-Fans ist der weststeirische **Schilcher**, der aber – ähnlich dem steirischen **Sauvignon Blanc** – infolge seines hohen Säuregehalts das salzig-rauchige Speckaroma oft ins zu Salzige kehrt. Eine **Weißburgunder Spätlese** vom WEINGUT DER STADT KREMS/NÖ/A verlor scheinbar ihre Restsüße (3,8 g) und ließ im Gegenzug den Speck noch salziger erscheinen; ähnlich geartet schien mir die Paarung mit jungem **Grünem Veltliner**/Wachau/NÖ/A. Roter Südtiroler **Kalterer See** (VE, 1 Jahr, 13–15 °C) von SCHLOSS SALEGG, Kaltern, würziger **Côtes du Rhône Villages** (SYR, MV, CIN, 5–7 Jahre, 15–17 °C) aus Sablet oder Vacqeyras/südl. Rhône/F und eine **Rioja Alavesa Gran Reserva**/E (MARTINEZ-BUJANDA) hielten die Balance wesentlich besser, wobei der Spanier sogar den Speck übertönte und selbst an Ausdruckskraft, Eleganz und milder Schokowürze gewann. Zu Speckkuchen mit Kraut sind rassiger, erdig-würziger **Riesling**, ebensolcher **Grüner Veltliner** sowie **Sylvaner** oder – mit Abstrichen – **Pinot Blanc Kabinett** anzuraten.

SPECKKUCHEN „SÄCHSISCH"

🖋 100 g Weizenmehl, 100 g Roggenmehl, 65 g Fett, 15 g Zucker, Eidotter, 1/2 Tasse Milch, 25 g Hefe und 1 Messerspitze Salz zu einem Hefeteig verarbeiten, dick ausrollen und auf ein gefettetes Backblech geben, Teig mit einer Melange aus 75 g gewürfeltem, fettem Speck, 2 Eiern, 3 g Kümmel und etwas Salz belegen und backen.

🍷 Reifer **Silvaner**, **Riesling**, **Pinot Blanc** und **Pinot Gris Kabinett**/D waren allesamt im Verein mit dem Speckkuchen von hohem Genußwert und realisierten die Vorstellungen der Tester am effizientesten.

SPECKKLÖSSE AUF „FRÄNKISCHE ART"

🖋 Kleine Würfel von Räucherspeck mit gehackten Zwiebeln und Semmelbröseln zart anrösten, mit Mehl, Eiern, Sauerrahm, Salz und Muskatnuß zu einem festen Teig verkneten, Klöße formen, in Salzwasser garen und mit brauner Butter begießen.

🍷 **Fränkisches Bier** und erdig-vegetabiler **Silvaner** mit rauchig-weinig-saftiger Struktur (BÜRGERSPITAL und JULIUSSPITAL, Würzburg, FÜRSTLICH CASTELL'SCHES DOMÄNENAMT, Steigerwald, WINZERGENOSSENSCHAFT RANDERSACKER und HANS WIRSCHING, Iphofen) sind ebenso simple wie verläßliche Gefährten, wobei sich der Geschmacksfaden vom Anfang bis zum Ende gleichmäßig durchzieht. Auch **fränkischer Riesling** und **Riesling-Sylvaner** sind Anlaß für angenehme kulinarische Erfahrungen.

SPECKKNÖDEL → TIROLER SPECKKNÖDEL

SPEKULATIUS

Ein sehr würziges Weihnachtsgebäck, das in spezielle Backformen kommt und aus Mürbteig besteht. Spekulatiusgewürz ist eine Mischung aus gestoßenen Gewürznelken, Kardamon, Zimt und Muskatblüte. (Der Name geht auf Bischof von Myra zurück, zu dessen Ehren das Gebäck kreiert wurde. Das Amt des Bischofs wurde früher als „Spekulator" bezeichnet.)

Neben den unten angeführten Süßweinen ist **schwarzer Kaffee** mit **Orangenlikör** (**Grand Marnier**, **Cointreau**, **Triple sec**) eine wundersame, lebensgeisterweckende Mischung. Unter den **gespriteten Dessertweinen** war **australischer Liqueur Muscat** (BAILEY/Glenrowan/Victoria und MORRIS/ Rutherglen/Victoria), gefolgt von **Sherry Oloroso Dulce**/E und **Tokaji Aszú**/H, der absolute Star. Doch auch edelsüße Kreszenzen wie reifer **Amigne „Raisins d'Or"** von PROVINS, Sion/CH, oder **Vin Santo**/ Toskana/I und internationale **Strohweine** lösten unverhülltes Entzücken aus. Rotweinpuristen hingegen schwören auf exotisch-würzige, extraktsüße Tropfen wie **Gigondas** und **Châteauneuf-du-Pape**/südl. Rhône, die **Super-Toskaner**/I (**I Sodi di San Niccolò**, **Tignanello**, **Solaia**, **Casamurli** ...) oder die Wunderweine aus dem spanischen Priorato (**L'Ermita**, **Clos Mogador**, **Gran Clos** ...).

SPIEGELEIER (SETZEIER)

(frz. OEUFS SUR LE PLAT, engl. FRIED EGGS, ital. UOVE AL TEGAME, span. HUEVOS FRITOS)

Eier nebeneinander in eine etwas gebutterte heiße Pfanne schlagen und, ohne das Eigelb zu beschädigen, erhitzen; bis das Eiweiß geronnen ist, Eiweiß mit Salz und Pfeffer (Mühle) bestreuen und zerlassene Butter über das Eigelb träufeln.

Leichte Rotweine, **Mineralwasser** ohne Kohlensäure sowie (südländisch) aromatisch-samtige Weißweine begegnen den diffizilen Eiern am geschicktesten.

SPIEGELEIER „MEYERBEER"

Spiegeleier werden mit halbierten gebratenen Lammnieren umrahmt und mit → Sauce Perigeux (Trüffelsauce) garniert. (Giacomo Meyerbeer, 1791–1864, war deutscher Opernkomponist in Paris.)

Ein Gläschen edler **Pinot** (**Chambertin**, **Romanée-Conti GC**/Burgund ...) oder Luxus-**Pomerol** (**Château Trotanoy**, **Ch. Le Pin**, **Ch. Pétrus** ...) kann hier niemals falsch sein, doch reifer, weiniger Top-**Champagne** (**Krug**, **Bollinger**) und firniger, alter Weißwein trinken sich auch ganz angenehm dazu.

SPIEGELEIER MIT SCHINKEN („HAM AND EGGS")

Schinkenscheiben zart anbraten, je zwei Eier daraufschlagen und nach dem Grundrezept (siehe oben) verfahren.

Fruchtige **rote Jungweine** oder **Pinot Gris**, **Tocai**/Friaul und **Aligoté**/Burgund/F sind hiezu die unverfänglichsten Begleiter, es sei denn, Sie machen es amerikanisch und trinken **Coffee** dazu.

SPINAT

(frz. ÉPINARD, engl. SPINACH, ital. SPINACI, span. ESPINACA)

Ein einjähriges, überaus gesundes Blattgemüse (Eisen, Vitamin A, B_2 und C), das sich von Asien über die Araber nach Europa verbreitete. Er wird ganzjährig frisch angeboten, ist leicht verdaulich und besonders als Wintergemüse ein Hit. Durch Beigabe von Brunnenkresse, Sauerampfer oder Schnittlauch kann man sein Aroma noch verstärken. Aufgewärmter Spinat sollte von Säuglingen und Kleinkindern gemieden werden, da sich beim Aufwärmen gefährliche Nitrosamine bilden, die deren Organismus noch nicht abwehren kann.

Zu Spinattopfennockerln (Spinatquarkspätzle) ist milder **Neuburger** oder **Pinot Gris** gerade richtig. In Spanien hat sich die rote **Valdepeñas Reserva „La Mancha"** (**Cencibel**-Rebe) in Sachen Spinatbegleitung einen Namen gemacht. Spinatnockerln im Teigmantel mit Steinpilzen gewinnen – et vice versa – durch reifen **Chardonnay**, **Pinot Blanc** oder **Neuburger** im oberen **Kabinett**-Bereich; wuchtiger **Grüner Veltliner „Smaragd"**/Wachau/NÖ/A unterdrückte das Spinataroma etwas, war aber im übrigen ein angenehmer Gefährte. Cremespinat mit Rosinen und → Pignoli war mit sherryartigem **Rueda**/Altkastilien/E ein Erlebnis! Cremespinat wird durch edle **Rieslinge** feiner, subtiler und durch die besten **Chardonnays** raffiniert würzig. Auch ein sublimer **Welschriesling** von JOSEF PÖCKL, Mönchhof/Neusiedlersee/BGLD/A, holte alle Aromen heraus, während rassiger steirischer **Morillon** nicht ganz so an das Innenleben herankam. Zu Blattspinat ist auch **Aligoté**/Burgund/F von zeitloser Wirkung. Achtung! (Eisenreicher) Spinat verleiht tanninreichen Rotweinen oft einen metallisch-bitteren Touch, ebenso Weißweinen mit hoher, unreifer Säure.

SPROSSENKOHL → ROSENKOHL

SPROTTE (BREITLING)

(frz. SPRAT FUMÉE, engl. SPRAT, ital. SARDINA AFFUMICATA, span. SARDINA AHUMADA)

✐ Ein 10 bis 15 cm kurzes Fischlein vom Stamm der Heringe, das sich im Atlantik, im Mittelmeer, in der Ostsee und im Schwarzen Meer findet und hauptsächlich geräuchert als Kieler Sprotte oder, in Gewürz eingelegt, als Anchovis (→ Sardelle) auf den Markt kommt. Im Mai und Juni kommen die Fische an der englischen Küste auch frisch in den Handel.

🍸 Fritierte Sprotten genossen wir in Spanien mit erlauchtem, modernem, leichtem **Sherry Fino „Tres Palmas"** von LA RIVA, Jerez. Sprotten geräuchert und gekühlter sherryähnlicher **Fino Montilla-Moriles**/E von BODEGAS MONTE CRISTO, Montilla, ergaben ein gut eingespieltes Tandem. Sprotten mit Rührei und alter **Malvasier** führten wieder einmal zu der Erkenntnis, daß reife milde Weißweine erstens mit der diffizilen Textur von Rühreiern gut zurechtkommen und zweitens sich an ihrem Gegenspieler – hier waren es die salzigwürzigen Sprotten – aufrichten und verjüngen können.

STACHELBEEREN

(frz. GROSEILLE À MAQUEREAU, engl. GOOSEBERRY, ital. UVA SPINA, span. GROSELLA ESPINOSA)

✐ Als Verwandte der Johannisbeeren kommen die Stachelbeeren ursprünglich aus Eurasien, sind aber heute weit verbreitet und haben in den Briten ihre größten Verehrer gefunden. Die Beeren sind beborstet und wurden bereits im 12. Jahrhundert als „Groseilliers" in Frankreich schriftlich erwähnt. Die roten Beeren sind säurebetont, die weißen säuerlich-süß.

🍸 Aromaverwandte Trauben (Weine) der weißen Beeren sind jugendlicher **Grüner Veltliner**, **Riesling**, **Zierfandler**, **Sauvignon Blanc**, **Graves Blanc**/Bordeaux (**Sémillon-Sauvignon**) und **Chenin Blanc**/Loire/F. Das säuerliche Aroma der roten Beeren findet sich am häufigsten in der roten **Gamay**/Beaujolais bzw. Loire/F (auf exemplarische Weise im Cru-Beaujolais **„Morgon"** und in **Pinots** aus eher nördlichen Breiten. Stachelbeerkuchen und edle **Riesling Auslesen** (Mosel/Saar/Ruwer/D, Wachau, Kamptal, Donauland/A ...) sind eine Paarung der Superlative. Stachelbeerkompott versüßten wir durch eine hochedle **Zierfandler Auslese** von JOHANN STADLMANN, Traiskirchen/Thermenregion/NÖ/A. Im Zweifelsfalle sind lieblich-süßer **Vouvray Moelleux**/Loire und milde **Rosé-Schaumweine** anzuraten. Stachelbeercreme und süße, exotische **Rieslinge**/AUS (z. B. von ROSEMOUNT ESTATE oder BROWN BROS.) sind auch nicht zu verachten.

STANGENSELLERIE (BLEICH-, STAUDENSELLERIE)

(frz. CÉLERI EN BRANCHES, engl. CELERY STICKS, ital. SEDANO A COSTE)

✐ Ein Staudengemüse, das seiner fleischigen Stengel wegen gezüchtet wird. Es ist reich an Mineralstoffen und anregenden ätherischen Ölen, aber gleichzeitig kalorienarm und kann sowohl roh als auch gedünstet verspeist werden (→ Sellerieherzen, → Sellerie).

🍸 **Riesling**, **Sylvaner**, **Neuburger**, **Sauvignon Blanc** und diverse **Schaumweine (Welsch-**

rieslingsekt bzw. **Welschriesling**, **Grüner Veltliner**, **Crémant d'Alsace** oder **Crémant de Loire**/F ...) sind mit ihrer munteren Fruchtigkeit, Würze und Säure in der Lage, dem mineralreichen Gemüse seine feinsten und verstecktesten Aromageheimnisse zu entlocken.

STEAK

✐ Tranche, die meistens gebraten oder gegrillt wird und in den verschiedensten Formen vorkommt: → Beefsteak, → Filetsteak, → Hacksteak, → Hammelsteak, → Helgoländer Steak, → Hirschsteak, → Holländisches Beefsteak, → Kalbssteak, → Lammsteak, → Pfeffersteak, → Porterhousesteak, → Rehsteak, → Rumpsteak, → Schweinssteak, → Sirloin Steak, → T-Bone Steak.

STEINBEISSER (SEEWOLF, KATFISCH, KARBONADENFISCH)

(frz. LOUP ATLANTIQUE, engl. ATLANTIC CATFISH, ital. LUPO DI MARE, span. PERRO DEL NORTE)

✐ Meeresfisch aus dem Nordatlantik, der ähnlich dem Seeteufel ein gefürchteter Raubfisch mit riesigem Kopf und gewaltigen Zähnen ist (zum Zerbeißen von Muscheln). Wird oft mit dem Wolfsbarsch (Loup de mer) verwechselt. Er wird bis zu 2 m lang und hat ein sehr feines, festes und aromatisches Fleisch, das sich auch zum Räuchern eignet.

🍷 Zu Steinbeißerschnitzel mit Austern ist **Chablis Grand Cru** vorzuziehen; Steinbeißerfilet mit Krebsenragout verlangte vehement nach elitärem, reifem **Champagne Blanc de Blancs**/F, **Cava**/E oder edlem **Sauvignon Blanc Spätlese**. Steinbeißer mit Ingwerbutter vermählen Sie mit **Condrieu** oder **Château Grillet**/nördl. Rhône, auch alte **trockene Muskateller Spätlesen** können helles Entzücken auslösen. Steinbeißermedaillons auf Bandnudeln lassen sich von großen, im Barrique vergorenen **Chardonnays** äußerst gerne verführen, und zu geräuchertem Steinbeißer sind **Sylvaner** und **Sauvignon Blanc Spätlesen trocken** ein echtes „Schmankerl" für den Gourmet. Doch auch in Barriques ausgebaute Rotweine stehen der Speise nicht beziehungslos gegenüber!

STEINBUTT

(frz. TURBOT, engl. TURBOT, ital. ROMBO, span. RODABALLO)

✐ Der „Fasan der Meere" ist ein selten gewordener linksäugiger Plattfisch, der sich in der Nordsee, im Atlantik und im Mittelmeer aufhält. Er kann bis zu 1 m lang und 20 kg schwer werden; die ideale Fanggröße beträgt 40 bis 50 cm in den Monaten März bis Juli. Neben der Seezunge zählt er zu den edelsten Meeresfischen und besitzt ein vorzügliches, festes, weißes Fleisch mit einem saftigen, charakteristischen Geschmack. Die Gastrosophen Grimod dela Reynière und Brillat-Savarin meinten, man sollte ihn nur im ganzen Stück genießen, sonst würde man ihn seiner Würde und seiner Schönheit berauben.

🍷 Dem edlen Steinbutt gegenüber geziemt es sich, die Aristokratie der Weine aufzubieten, und nur an heißen Julitagen sind etwas leichtere, aber dennoch feine Kreszenzen erlaubt. Mit Rotweinen hatten wir diesmal weniger Glück. Am aufrichtigsten können wir südfranzösische Rotweine (**Gigondas** und **Lirac**/Rhône) in Gemeinschaft mit intensiv aromatischen Steinbuttragouts (Knoblauch, Rosmarin, Thymian, Oliven) empfehlen. Zu Steinbuttfilets mit Rotweinbutter überzeugte auch ein sortenreiner, samtweicher **Pinot Noir** von PLANTAGENET, Mount Barker/W-AUS. Zu Steinbutt mit → Sauce Mousseline hat sich der König der edelsüßen Weine, **Château d'Yquem**, einst einen Namen gemacht, heute empfiehlt man aber sehr oft schon **trockene Sauternes** oder edle **Graves Blancs**/Bordeaux/F. Steinbutt „Dugleré" (Weißweinsauce mit Tomatenwürfeln und Schalotten) durfte ich mit **australischem**, **neuseeländischem** und **kalifornischem Chardonnay** versuchen, wobei die Wahl eindeutig auf den fulminanten **Hawkes Bay** von COLLARDS, Auckland/NZ, fiel. Steinbuttfeuilleté (in Blätterteig) harmoniert seit Generationen mit **Chevalier-Montrachet GC**/Burgund und **Hermitage Blanc**/nördl. Rhône, doch konnten zwei elitäre **Weißburgunder Spätlesen trocken** (ANTON KOLLWENTZ, Großhöflein/Neusiedlersee-Hügelland/BGLD/A, und **Siebeldinger Königsgarten**/Rheinpfalz/D) einige Unruhe in die „Doppelehe" bringen. Steinbutt mit → Sauce Hollandaise verbanden wir etwa gleich erfolgreich mit **Graves Blanc**/Bordeaux und **Hermitage Blanc**/nördl. Rhône; unverhülltes Entzücken löste allerdings die großartige Kür des mittelreifen **Riesling Smaragd „Kellerberg"** von F. X. PICHLER, Oberloiben/Wachau/NÖ/A, aus, die zwar nicht zur großen Harmonie führte, aber unglaublich schöne und neue Eindrücke hinterließ. Steinbutt mit → Sauce Béarnaise vertrauten wir einer reifen **Riesling Spätlese**/Elsaß, gekühltem rotem **Chinon**/Loire und dem großartigen, fleischig-fülligen **Champagne Salon-Cuveé** (CH, 10–15 Jahre, 6–8 °C), Avize, an, wobei letzterer am nachhaltigsten beeindruckte. Steinbutt mit Currysauce eskortierten wir durch raren **Château Grillet**/nördl. Rhône und mit einem mittelreifen Klasse-**Riesling** von SCHLOSS VOLLRADS, Rheingau, wobei es bei ersterem zu einem nicht uninteressanten Kampf der Aromen kam, während der **Riesling** den Butt respektierte, in den Mittelpunkt des Essens stellte und den Curry auf angenehme Art aktivierte. Ein unvergeßliches Duett, das wieder einmal bewies, wie hervorragend sich hochedle **Rieslinge** mit Meeresfischen – trotz gegenteiliger Lehrmeinung – ergänzen. Steinbutt mit Sauerampfersauce wurde von einer edlen **Sauvignon Blanc Spätlese**/Loire perfekt interpretiert, von einer mild-samtigen **Grauburgunder Spätlese**/Baden/D behutsam gedämpft und verfeinert und von subtilem rotem **Chambave Rouge** (PETIT ROUGE, 4–6 Jahre, 14–16 °C) von EZIO VOYAT, Aostatal/I, zuerst etwas erschreckt, aber schließlich ganz gut verwirklicht. (Keine zwingende Empfehlung, aber doch einen Versuch wert.) Junge Steinbuttfilets mit Austernpilzen lassen sich von reifen Weißweinen (**Pinot Blanc**, **Chardonnay**, **Tocai**/Friaul/I ...) gerne verführen, liebäugeln aber auch unverhohlen mit mittelreifem **Graves Blanc** (z. B. **Château Carbonnieux**, Léognan/Bordeaux/F) und **Grünem Veltliner „Smaragd"**/Wachau. Steinbutt auf „Normannische Art" (Sauce Velouté mit Austernwasser, Champignonfond, Eigelb, Rahm und Butter) ist stets eine neue Herausforderung für **Chablis Grand Cru**, **Meursault Premier Cru** und vor allem 4 bis 6jährigen **Puligny-Montrachet Premier Cru „Clos de la Pucelle"** von JEAN CHARTRON, **Puligny-Montrachet**/Côte de Beaune/Burgund/F, der die manchmal in Frage gestellte Reputation des berühmten Weißweins eindrücklich unter Beweis stellte. Junger Steinbutt à l'Amiral (auf Admiralsart, pochiert in Fischfond und Sauternes, mit gehackten Schalotten, Trüffelscheiben, Austern und → Sauce Normande) bildet mit großem **Sauternes**/Bordeaux ein Erfolgsduo von üppig-verführerischer Wirkung (ein Treffen der Giganten). Steinbuttpastete war für hochnoblen **Chevalier-Montrachet GC** (z. B. JEAN CHARTRON oder CHÂTEAU DE BEAUNE) vorgesehen, doch konnte zu unser aller Überraschung auch ein grüngold funkelnder trockener **Verduzzo secco** von LIVIO FELLUGA, Brazzano di Cormons/Friaul/I, beeindrucken. Seien Sie mutig und testen Sie selbst einige sogenannte Außenseiter!

STEINBUTT AUF FENCHEL-TOMATEN-GEMÜSE

Steinbuttfilets werden in Fischfond, Zitronensaft, Salz, Pfeffer und Thymian ca. 10 Minuten pochiert und auf gedünsteten Fenchelstreifen, Tomatenvierteln, gepreßter Knoblauchzehe und gewürfelten Schalotten angerichtet.

Edler **Meursault Premier Cru**/Burgund/F ist hiezu der kultivierteste Vertreter seiner Art, an heißen Tagen sind aber auch **Silvaner Kabinett**/Franken oder **Bellet Blanc**/Provence/F willkommene Durstlöscher.

STEINBUTTMEDAILLONS ÜBERBACKEN

Steinbutt häuten, mit Salz und Pfeffer würzen und auf beiden Seiten kurz grillen; Schalottenwürfel hell anschwitzen, mit frischen Brotkrumen, feinen Krebsfleischstücken, fein gehacktem Dill und etwas Fischfond vermischen; Mischung auf die Filets streichen, goldbraun grillen und mit Sauce aus Paprikaschotenstreifen, Schalottenwürfeln, Knoblauch, Thymian, etwas Zucker, Salz, Pfeffer und Gemüsefond kredenzen.

Große, mittelreife **Rieslinge**, **Chardonnays**, **Sauvignons Blancs** (**Spätlesen**), **Grüne Veltliner** und **Graves Blancs** (**Sémillon-Sauvignon**) haben hier eine absolute Vormachtstellung als dosiert feurige Interpreten. Auf diplomatischer, harmonischer Ebene schwimmen reife, trockene **Pinot Gris**- und **Pinot Blanc Spätlesen**.

STEINPILZE (HERRENPILZE)

(frz. CÈPES, engl. BOLETUS, ital. PORCINI, span. BOLETOS)

Kommen in ganz Europa von Mai bis Juli und September/Oktober in dichten Laub- und Nadelwäldern vor und sind eine begehrte Pilzart (Röhrlinge) mit charakteristischem, braunem Hut und unvergleichlich nußartigem zartem Geschmack (→ Kalbsnierenbraten mit Steinpilzen). Ihr hoher Zinkgehalt wirkt anregend auf Immunsystem und Geschlechtshormone.

Wie fast alle Pilze gehen auch edle Herrenpilze wundersam verjüngende Wechselbäder mit reifen Weinen aller Art ein. Steinpilzgelee untermalten wir stimmig mit kraftvollem **Grünem Veltliner**/NÖ/A. Zu Steinpilzsalat wählten wir reifen (roten) **Pinot Noir**; zu Steinpilzen mit Rindfleisch (Porcini alla Moda) ist roter **Sangiovese di Romagna Superiore** von CARLA FOSCHI kaum zu überbieten. Steinpilze sautiert ließen sich von **Barbera** und **Barbaresco**/Piemont/I sowie **Blaufränkisch** und **Zweigelt**/A freiwillig dominieren und kehrten die bitteren Kehrseiten der vier Rotweine hervor, während reifer (weißer) **Meursault** der DOMAINES DES COMTES LAFON, Côte de Beaune/Burgund/F, mit subtiler Klinge vorging und die zarte Würzenote der Pilze geschickt aufzeigte. Daß er dabei selbst an Frische und Finesse gewann, braucht wohl nicht extra erwähnt zu werden. Auch dem reifen **Weißburgunder Kabinett** von GERALD MALAT, Furth-Palt/Kremstal/NÖ/A, gelang ein ähnliches Kabinettstück. Steinpilze überbacken kombinieren Sie mit mild-samtigen Weißweinen (**Pinot Grigio**, **Tocai**/Friaul; **Riesling**-, **Neuburger**- und **Pinot Gris Spätlese trocken**). Steinpilze in Blätterteig wurden gleichermaßen von samtig-duftigem (rotem) **Volnay Premier Cru** von JOSEPH VOILLOT (PN, 7–10 Jahre, 16–17 °C) aus Volnay/Côte de Beaune/Burgund sowie vollmundig-zartem **Château Magdelaine Premier Grand Cru Classé B** (M 80 %, CF 20 %; 8–10 Jahre, 16–17 °C) aus Saint-Émilion/Bordeaux/F verwöhnt. Die reife **Cuvée Admiral** (ZW, BLF, CS, 6–8 Jahre) von JOSEF PÖCKL, Mönchhof, Neusiedlersee/BGLD, stand den beiden elitären Franzosen kaum nach.

STEINPILZE AUF „GRIECHISCHE ART"

2 Teile Weißwein, 2 Teile Wasser, 1 Teil Olivenöl mit Zitronensaft, Pfefferkörner, Lorbeerblatt und Salz aufkochen, kleingeschnittene Pilze darin garen, im Fond erkalten lassen, herausnehmen und mit Fond übergießen.

Der vom Restaurantchef mit levantinischer Eloquenz empfohlene rote **Naoussa** (XYNOMAVRO, 8–10 Jahre, 15–17 °C) von J. BOUTARI, Thessaloniki (tiefdunkel, von würziger Milde und noch gerbstoffbetontem Abgang), war wie erwartet viel zu erdig-tanninig und wurde zusehends noch bitterer. Viel besser harmonierte hingegen der weiße **Côtes du Meliton** (SB, UB ..., 1–2 Jahre, 8 °C) von CHÂTEAU CARRAS, Chalkidike, der über den Zitronensaft Frische auftankte und an das Gericht wieder zurückführte. Die große Überraschung war aber der im Eichenfaß gereifte **Tsaoussi-Robola**-Verschnitt **„Gentilini"** (6–8 Jahre, 8–9 °C) von NICHOLAS COSMETATOS, Kephallinia (dunkelgelbgold, zartduftig mit Zitrusanklängen, frisch-fruchtig-würzig mit mild aromatischem Finish und ersten Alterserscheinungen), der das Gericht ideal in den Mittelpunkt stellte und gleichzeitig Gewürze und Pilze fein akzentuierte.

STEINPILZE GEGRILLT

Große Steinpilzköpfe werden mit gehackten Schalotten, Knoblauch und Olivenöl mariniert, abgetrocknet, in Butter getaucht, auf dem Rost gebraten und mit Kräuterbutter angerichtet.

Roter, ätherisch milder **Valtellina Superiore „Sassella" Riserva** (NEB, 8–12 Jahre, 16–17 °C) von NINO NEGRI, Chitiro/Lombardei/I, unterstrich den Röst-Rauch-Pilz-Geschmack geradezu ideal, während reifer **Saint-Estèphe**/Bordeaux (**Château Cos d´Estournel**) eher neutral blieb, aber seine zarte Altersnote einbüßte. Die beiden jungen Weißweine **Gran Viña Sol** von TORRES/E und **Locorotondo** (2–4 Jahre, 8–9 °C) von LEONE DE CASTRIS, Salice Salentino/Apulien/I, sowie der mittelreife **Chardonnay Classic** von J. JURTSCHITSCH, Langenlois/Kamptal/NÖ/A, arbeiteten hingegen die Gewürznote heraus und sorgten für sommerliche Erfrischung.

STEIRISCHER GRAUKÄSE (STEIRERKAS)

Sauermilchkäse, der durch spontane Säuerung aus entrahmter Milch gewonnen und einige Tage getrocknet wird. Nach einem Monat als kräftig rustikal-würziger Reibkäse ideal.

Kraftvoll-würzige (steirische) Weißweine (**Pinot Blanc**, **Pinot Gris**, **Chardonnay** bzw. **Morillon** ...) im trockenen Kabinett- bis Spätlesebereich sowie reife Rotweine (**Zweigelt**, **Blaufränkisch**, **Pinot Noir**, **Merlot**, **Cabernet-Merlot** ...) mit hohen Extraktwerten – eventuell auch mit Barriqueausbau – bringen das nötige Verständnis für die Bedürfnisse von Käse und Konsumenten mit.

STEIRISCHER KNAPPENKÄSE

Österreichischer Weichkäse mit Rotschmiere und kräftig pikantem Schafmilcharoma.

Die prägnante Rotschmiere und das würzige Schafmilcharoma verlangen nach geschmacksintensiven, aromatischen (steirischen) Weißweinen (**Traminer** bzw. **Gewürztraminer**, **Muskateller trocken** (z. B. der traubig-fruchtige **Muskateller Kabinett Prämium**, SATTLERHOF, Gamlitz/S-STMK/A), **Sylvaner**, **Riesling**, **Pinot Blanc** ...). Mit (steirischen) Rotweinen hatten wir bei unserer Suche nach harmonischer Übereinstimmung weniger Erfolg; am ehesten können wir Ihnen noch blutjunge, frisch gefüllte **Primeurweine** anraten. Reife **Welschriesling-Schaumweine** sind nicht uninteressant.

STERLET

(frz. STERLET, ital. STERLETO)

Steht zwar seinem großen Bruder, dem Stör, an Größe bedeutend nach (Maximalgröße 1 m), übertrifft ihn aber dafür ein wenig an Wohlgeschmack und Zartheit. Sein fettes, weiches Fleisch gilt im Sommer als Gourmandise ersten Ranges, und schon Friedrich der Große versuchte vergeblich, den köstlichen Fisch und feinsten Kaviarlieferanten in Pommern zu züchten.

Im Prinzip gelten die Empfehlungen zu → Stör auch hier, mit dem Zusatz, daß alles noch ein bißchen feiner, delikater und teurer sein darf.

STILTON

Roquefortähnlicher Schimmelkäse aus Vollmilch mit Rahmzusatz aus dem mittelenglischen Ort Stilton mit jahrhundertealter Tradition, der in England als „König der Käse" bezeichnet wird. Kurz gereifte, ohne Schimmelbewuchs, sind von kräftiger Milde (White Stilton), lange gereifte Käse mit blaugrünem Schimmel und Oberflächenflora munden pikant-salzig (Blue Stilton). Blue Stilton wird gerne mit Portwein, selten mit Sherry oder Madeira getränkt und erhält auf diese Weise einen unnachahmlich feinen Geschmack. Stilton ist der einzige herkunftsgeschützte britische Käse.

Wurde er mit einem der oben angeführten Südweine versetzt, so ist dieser natürlich auch der richtige Tischgeselle. Im übrigen konnten wir bei mehreren Gelegenheiten feststellen, daß sehr reife, alte, feingliedrige **Beerenauslesen** und **Eisweine** (**Riesling**, **Pinot Gris**, **Pinot Blanc**; fulminant der in Barriques ausgebaute **Weißburgunder Eiswein** von RUDOLF BRÜNDLMAYER, Feuersbrunn/Donauland/NÖ) und **Sauternes**/Bordeaux/F wesentlich mehr an Nuancen herausholten und über ihren edlen Firnton den Geschmack des rezenten Blue Stilton, ohne Südwein, wesentlich milder und angenehmer gestalteten. White Stilton benötigt weder alkoholverstärkte Dessertweine noch botrytisgeprägte Prädikatsweine zu seinem Glück und „begnügt" sich mit der fruchtigen Süße eines **Picolit** (ABBAZIA DI ROSAZZO, ATTIMIS-MANIAGO, LUIGI VALLE .../Friaul/I) oder der extraktsüßen, würzigen Milde einer **trockenen bis halbtrockenen Auslese** (**Riesling**, **Riesling-Sylvaner**, **Welschriesling**, **Pinot Blanc** ...). Unter den verkosteten Rotweinen entsprachen eigentlich nur zwei sehr reife **Châteauneuf-du-Pape**/südl. Rhône (CHÂTEAU DE BEAUCASTEL und LE BOSQUET DES PAPES), während der Kultwein der nördl. Rhône, **Côte Rôtie „La Mouline"** (SYR, 12 Jahre, 17–18 °C) des „Shooting-Stars" MARCEL GUIGAL, Ampuis, doch einige Bittertöne und Dissonanzen verursachte.

STINT (SPIERLING)

(frz. ÉPERLAN, engl. SMELT, ital. EPERLANO)

Kleiner Fisch aus der Lachsfamilie, der in den nordeuropäischen Küstengewässern und Flußmündungen vorkommt und schon vom legendären Gastrosophen Brillat-Savarin lobend erwähnt wurde. Sein zartes, rosarotes Fleisch ist von feinster Art, und sein Aroma erinnert ein wenig an Veilchen und Gurken. Häufigste Zubereitung ist die gebackene Form, aber auch geräuchert und mariniert wird er geschätzt.

Mariniert genossen wir den rosaroten Fisch angesichts eines schäumenden **Vouvray sec „Clos Baudoin“** (CHB) von der Loire, der die ölige Konsistenz genausogut auflöste wie der **Vinho Verde** von MESSIAS, Portugal. Auch die roten (gekühlten) Loire-Pretiosen **Chinon** und **Bourgueil** (CF) gehören zu den Lieblingen des Spierlings.

STOCKFISCH

(frz. MORUE SÉCHÉE, engl. SALT COD, ital. BACCALÀ, span. BACALAO)

Ein Kabeljau oder Seelachs, der gesalzen und ohne Kopf und Innereien auf Stangengerüsten gedörrt wurde, dabei etwas an Geschmack eingebüßt hat und etwas schwer verdaulich wird. In den Mittelmeerländern wird er nach wie vor angeboten und anscheinend mit Genuß verzehrt.

Dem salzigen, eintönigen Aroma des Stockfisches mit subtilen, finessenreichen Weinen begegnen zu wollen, wäre verlorene Liebesmühe. Die größten Erfolge hatten wir mit alten, deftig-rustikalen Weinen (weiß, rot, rosé), die sich erstens gegen das strenge Salzaroma durchsetzen konnten und zweitens oft an Ausdruckskraft gewannen. Zu Stockfisch (Baccalà) all'Emiliana nehmen Sie einheimischen **Lambrusco Rosato**. Zu Stockfisch „Livornese“ versuchen Sie toskanischen weißen **Galestro**, und zu Stockfisch „Cappuccina“ (in würziger Sauce) ist **Bianco dei Colli Piceni**/Marken/I erprobt. Geschmorten Stockfisch vermählen Sie mit **südländischen Roséweinen** oder leicht gekühltem rotem **Beaujolais Villages**/Burgund/F (z. B. von PIERRE FERRAUD); und zu Stockfischpürée sind gekühlte Stahltank-Rotweine (**Pinot Noir**; **Sancerre Rouge**/Loire) kaum zu überbieten. Stockfischmousse mit Knoblauch paarten wir mit neutralem weißem **Clairette de Languedoc**/S-F, fruchtigem, weichem **Gambellara Bianco**/Venetien/I und erfrischendem spanischem **Navajas Blanco Crianza**/Rioja. Stockfisch gegrillt versuchten wir mit **Rosé de Loire** und **Rosé d'Aix en Provence**, wobei sich ersterer als zu mild erwies. Zu Stockfisch mit Tomatensauce enttäuschte der edle weiße **Graves** vom CHÂTAU DE CHANTEGRIVE, Podensac, und wurde urplötzlich unharmonisch, scharf-alkohollastig-plump, während ein einfacher **Côtes de Provence Rosé** regelrecht aufblühte.

STOCKFISCH AUF „BÜRGERLICHE ART“

Gut gewässerte Stockfischstücke kochen, rasch in Butter dünsten, geröstete Semmelbrösel darübergeben und mit Sauerkraut und Bratkartoffeln anbieten.

Würzige **Silvaner** (Franken, Rheinhessen/D, Elsaß/F und, mit Abstrichen, Südtirol/I) sind in dieser Konstellation kaum zu überbieten. Erdig-würzige **Rieslinge** und **Pinots Blancs**, eventuell auch **Grüne Veltliner** im **Kabinett**-Bereich mögen als Ersatzlösung gelten.

STOPFLEBER → GÄNSELEBER

STÖR

(frz. ESTURGEON, engl. STURGEON, ital. STORIONE, span. ESTURIÓN)

Ein selten gewordener Vetter des Hausens und → Sterlets, der eine Maximallänge von 4 m aufweist und im Kaspischen und Schwarzen Meer sowohl sein festes, schmackhaftes Fleisch als auch seinen Rogen (→ Kaviar) feilbietet. Findet sich aber auch im nördlichen Teil des atlantischen Ozeans, im Mittelmeer und in der Nord- und Ostsee. Wie der → Lachs steigt er zum Laichen in die Flüsse auf. Das Fleisch erinnert ein wenig an Kalbfleisch, kommt im Sommer meist mildgeräuchert in den Handel und wird in dünnen Scheiben kredenzt. Sein Rückenmark wird ebenso wie jenes des Hausens getrocknet und als „Vesiga“ angeboten. Der römische Dichter und Feinschmecker Ausonius sang schon im 4. Jahrhundert n. Chr. in seiner „Mosella“ ein Loblied auf den „friedlichen Wal der Mosel“.

🍷 Zu geräuchertem Stör sollte man nicht „chablisieren“, aber dafür reifen **Pouilly Fumé**/Loire/F, mittelreife **Riesling Spätlesen** oder reifen **Graves Blanc**/Bordeaux/F ins Auge fassen. Das Rückenmark (Vesiga) ist eine echte Rarität auf den Tafeln der besten Restaurants geworden, und es sollte ihr von feinstem **Champagne Blanc de Blancs**/F die Reverenz erwiesen werden. Stör mit Flußkrebsen und Waldsteinpilzen erlag schließlich dem Werben des (roten) edlen, samtweichen **Château Ducru-Beaucaillou 2e Cru Classé** (CS 65 %, M 25 %, CF 5 %, PV 5 %, 8–10 Jahre, 16–17 °C) aus Saint-Julien/Haut-Médoc/Bordeaux/F, auch wenn die Flußkrebse dabei etwas zu kurz kamen.

STRACCHINO

Ein dem Gorgonzola (aber ohne Blauschimmel) verwandter, mildwürziger italienischer Weichkäse.

🍷 Traubig-süßer **Picolit**/Friaul, lieblicher **Orvieto Amabile**/Umbrien und nussig-süßer **Caluso Passito** aus halbgetrockneten **Erbaluce**-Trauben von RENATO BIANCO, Caluso/Piemont/I, befriedigten unser elementares Harmoniebedürfnis am eindrucksvollsten.

STRAUSS

(frz. AUTRUCHE, engl. OSTRICH, ital. STRUZZO, span. AVESTRUZ)

Bis zu 2,6 m hoher, schnell laufender Flachbrustvogel, der heute nur noch in den Steppen und Wüsten des südlichen Afrikas vorkommt und dessen Eier bis zu 1,5 kg wiegen. (Der australische Emu ist eine verwandte Art.) Besonders begehrt ist das Filet (Steak) der ganz jungen Tiere (1–1 ½ Jahre), das wie eine Mischung aus blutigem Englischbraten (Filetsteak) sowie zartrosa Kalbsleber anmutet und einen leicht süßlichen Geschmack aufweist. Außerdem hat es weniger Fett und Cholesterin als Hühnerfleisch.

🍷 Ideale Bündnispartner sind Rotweine mit viel Frucht, Samtigkeit und rundem Tannin (**Merlot**, **Zinfandel**, **Pinot Noir** und **Pinotage** = Kreuzung aus **Pinot Noir** und **Cinsaut**/ZA). Besonders empfehlen können wir die **Pinotages** von KANONKOP und LAIBACH VINEYARDS/Stellenbosch/ZA.

STREUSELKUCHEN

Schlesischer Hefekuchen. Hefeteig wird 0,5 cm dick ausgerollt, auf ein gefettetes Backblech gelegt, mit Streuseln aus Mehl, Butter, Zucker, Zimt bestreut und im Rohr gebacken.

🍷 Milde bis **halbsüße Rieslingsekte**, **Gewürztraminer**-, **Muskat-Ottonel**- und **Pinot Gris Auslesen bis Beerenauslesen**/D sind die gesuchten Gaumenschmeichler für den Dessertklassiker.

STRUDEL

Österreichische Mehlspeise. Gefüllte Teigrolle, die gebacken oder gekocht wird. Als Teig bietet sich je nach Füllung Hefe-, Blätter- oder Strudelteig an. Berühmte süße Strudel sind → Apfel-, → Topfen- und → Kirschstrudel, als Beilagen gibt es u. a. Grießstrudel, Lungenstrudel in kalter oder warmer Form.

STUBENKÜKEN → KÜKEN

SÜDSTEIRISCHER HAUERKÄSE

Milder österreichischer Weichkäse mit cremig-weichem Teig, dessen Oberfläche während der Reifung mit Rotwein behandelt wurde.

🍷 Der Rotwein, der während der Reifung eingesetzt wurde (oder ein ähnlicher und besserer), sollte auch auf der Tafel erscheinen. Im Prinzip hatten wir mit fruchtcharmanten, jugendlichen südsteirischen Rotweinen (**Zweigelt**, **Pinot Noir**, **Blaufränkisch**) den größten Erfolg.

SUKIYAKI

Japanisches Fleisch- und Gemüsefondue. In einer heißen Sukiyaki-Pfanne auf einem kleinen Holzkohlenofen gezupftes Kalbsfett ausbraten, mit einer Mischung aus Zucker, Sukiyakisauce, Karotten, Tong-Ku-Pilzen und Seetang passieren, mit Katzuo (getrockneter Thunfisch, Sojasauce und Sake) verrühren, darin dünne Scheiben von Rinderfilet, Schinken, Karotten, Zwiebeln, Lauch und Spinatblättern sowie ungeschnittene Bambussprossen, Tofu, Shiratakinudeln (dicke japanische Glasnudeln) dünsten und mit Toganashi (japanische Gewürzmischung) aromatisieren. Die Fleischscheiben werden in ein aufgeschlagenes Ei getaucht und direkt zum Mund geführt.

In Japan trinkt man **grünen Tee** oder erwärmten → **Sake** dazu. In unseren Breiten sind spanischer **Sherry Amontillado dry** (DOMECQ: **„Botaina Amontillado Viejo“**; SANDEMAN: **„Bone dry Old Amontillado“** ...), trockener ungarischer **Tokaji** und französischer **Château-Chalon**/Jura von zwingender Effizienz und Durchschlagskraft.

SULZ (SÜLZE, ASPIK)

Speisen, bei denen kleine Gemüse-, Fisch- und/oder Fleischstücke mit einem pikanten, auf Bouillon- oder Weinbasis beruhenden Gelee vermischt wurden und sowohl den Massenesser als auch den Feinschmecker – je nach Zubereitung – ansprechen können.

Obwohl **Bier** hiezu sehr populär ist, so sind doch **Sauvignon Blanc**, **Sylvaner** und auch **Welschriesling** – wenn der Säurehaushalt stimmt – als „Aspik-Weine“ unübertroffen. In der Schweiz bevorzugt man **Aigle** und **Fendant** (**Chasselas**) als ausgleichende Vermittler.

SUPPEN

(frz. POTAGES, engl. SOUPS, ital. ZUPPE/MINESTRE, span. SOPAS)

Bis in die sechziger Jahre des letzten Jahrhunderts waren Suppen ein beinahe unerläßlicher Bestandteil eines Mahls. Brillat-Savarin meinte: „Sie erfreuten den Magen und machten ihn zur Nahrungsaufnahme und Verdauung bereit.“ Erst die Cremesuppen der Nouvelle Cuisine lenkten in den Endsiebzigern wieder unsere Aufmerksamkeit auf den einst beliebten Magenöffner.

Während man zu den verschiedensten Suppen (Kaltschalen, Cremesuppen, Püreesuppen, Samtsuppen) kaum Wein trinkt, verträgt sich eine Bouillon, Kraftbrühe bzw. klare Suppe sehr gut mit einem Gläschen trockenen Weiß- oder Südwein. Aber vor allem Spezialsuppen (→ Andalusische Rahmsuppe, → Bouillabaisse, → Hummersuppe, → Kapusniak, → Pot au feu, → Trepangsuppe, → Vichyssoise usw.) verlangen einen adäquaten Wein als Begleiter. Zu Eisacktaler Weinsuppe versuchen Sie einheimischen **Pinot Bianco**/Südtirol, der meist der Kochwein ist und sich auch gegenüber Rindsuppen recht geschickt anstellt. Zu → Minestrone versuchten wir es auf Empfehlung sowohl mit **süditalienischem Rosé** als auch kraftvoll-anmutigem rotem **Aglianico del Vulture** von der berühmten CASA VINICOLA DI ANGELO, Rionero in Vulture/Basilikata, wobei letzterer vor allem Herbst- und Winterfreuden bereitet. In Frankreich überredete man uns – und wir bereuten es nicht! – zu fruchtcharmantem **Rully Rouge** (PN, 1–2 Jahre, 15–16 °C) von der DOMAINE DE LA FOLIE („DOMÄNE DES WAHNSINNS“), Côte Chalonnaise/Burgund/F, und Miesmuschelsuppe deckten wir hervorragend mit reifem **Rheingauer Riesling**/D ab.

SUPPENGRÜN (WURZELWERK, SUPPENGEMÜSE)

→ Karotte, → Porreestange, Petersilwurzel und Knollen- → Sellerie.

SUPPPENTOPF

Kräftige, pikant gewürzte Bouillon (Kraftbrühe, Fleischbrühe, Rindsuppe) mit großzügiger Einlage von Fleisch und Gemüse (z. B. → Pot au Feu, → Tellerfleisch, → Petite Marmite usw.).

SUPRÊME

Frz. höchst. Der jeweils beste Teil eines Tieres und die raffinierteste Zubereitung ergeben das Feinste vom Feinen – das Suprême: Brüstchen von → Ente, → Fasan → Masthuhn, → Rebhuhn, → Schnepfe, → Taube, → Wachtel ...), rosa gebratene Filets von → Hasen-, → Reh- oder → Hirschrücken, Filets der feinsten Fische (→ Seezunge, → Steinbutt ...) und das Beste von den edelsten Früchten. Es ist klar, daß der feinste Teil einer Speise nur von subtilsten und elegantesten Weinen begleitet werden soll.

SURFLEISCH → PÖKELFLEISCH

SÜSSKARTOFFELN → BATATEN

SÜSS-SAUER EINGELEGTES

Süße und saure Birnen, Champignons, Eierschwammerln (Pfifferlinge), große und kleine Gurken, Kirschen, Kürbis, Paprikaschoten, Rote Rüben, Tomaten, Zwetschken, Zwiebeln usw. in Scheiben oder Streifen schneiden, Gemüse vorkochen (Obst und Tomaten bleiben roh) und in einen Sud aus Weinessig, Wasser, Salz, Zucker und Gewürzen einlegen.

Aus dem Angebot für → Asiatische Küche können wir folgende Weine empfehlen, die den Hindernislauf gegen eines der schwierigsten Gerichte mehr oder weniger erfolgreich bestanden haben: → **Sake**, **Ruby** → **Port**, die beiden südfranzösischen **VDN Banyuls** und sehr reifen roten **Maury**/Roussillon/F. Unter den nicht verstärkten Weinen bieten sich besonders halbsüßer portugiesischer **Mateus Rosé**, **trockener Sauternes** (**„Y" d'Yquem**) und sherryartiger **Vin Jaune**/Jura/F an.

SÜSSSPEISEN-SAUCEN

Ananas-, Aprikosen-, Erdbeer-, → Hagebutten-, Himbeer-, Johannisbeer-, Kirsch-, → Schokolade-, → Vanille-, Weinschaum- (→ Chaudeau, → Zabaione) und → Zitronensauce.

Zu den noch nicht behandelten Saucen einige exemplarische Empfehlungen: Ananassauce (**Riesling Beerenauslese**, **Jurançon**/SW-F, **Crémant de Bourgogne** = **Burgunder Schaumwein** ...), Aprikosensauce (**Sauternes**/F, **Tokaji Aszú**/H, **Humagne Blanche**/CH ...), Erdbeersauce (**Riesling Auslese**, **Traminer Eiswein**, **Moscato d'Asti** ...), Himbeersauce (**Barsac**/F, **Ambonnay Rouge Coteaux Champenois** = **roter Stillwein**/Champagne und roter **Bourgueil**/Loire/F als Kontrast ...), Johannisbeersauce (lieblicher **Rieslingsekt**, **Muskat-Sylvaner Auslese**, milder **Cabernet Rosé** ...) und Kirschsauce (**Gewürztraminer Auslese**, **Vin Santo**/I, **Mailly Champagne Rosé**/F ...).

SUVLAKIA, SUVLAKI → SOUVLAKIA

SZEGEDINER GULYAS

Gehackte Zwiebeln in Fett anschwitzen, großzügig paprizieren, Kümmel und Rindsuppe dazugeben, grobwürfelig geschnittenes Rind- und Schweinefleisch beigeben, später auch Sauerkraut, alles weichdünsten. (Szeged bzw. Szegedin ist eine alte ungarische Universitätsstadt an der Theiß.)

(**Weizen-**)**Bier** sowie alte, rustikal-würzige Weißweine mit nicht zu kräftigem Alkohol- und Säurespiegel (**Sylvaner**, **Furmint**, **Olaszrizling** = **Welschriesling** und **Szürkebarát** = **Pinot Gris**) vermochten uns am meisten zu überzeugen. Unsere Gastgeber hielten sich hingegen an die (allzu) feurigen Rotweine des Landes. Lediglich der jugendliche **Soproni Kékfrankos** (**Blaufränker**) von JANOS GANGL, ein erfrischender **Beaujolais**-Typ, vermochte auch uns zu begeistern.

TACOS

✐ Span. Happen. In Mexiko versteht man darunter jede Art von gefüllter → Tortilla. In den USA meint man damit eine mit Fleisch und pikanten Gewürzen gefüllte Tortilla.

🍷 In den USA ist meist kühles **Bier** der Retter in der Not, während man sich in Mexiko nach dem Inhalt der Maisfladen richtet. Im Zweifelsfalle ist der frische, halbtrockene **Chardonnay „Château Domecq"** von PEDRO DOMECQ, Coyoaca/Mexiko, ein willkommener Durstlöscher und Begleiter. Das mexikanische **Corona-Bier** ist stets ein erfrischend fruchtiger „Feuerlöscher".

TAFELSPITZ

✐ Österreichische Spezialität. Mürbe gekochtes mageres Rindfleisch aus der Rindshüfte (Tafelstück), das meist mit Röstkartoffeln, Schnittlauchsauce (→ Sauce Civette) sowie → Apfelkren angeboten wird.

🍷 Die einstige Lieblingsspeise von Kaiser Franz Joseph I. ist nach wie vor eines der beliebtesten Mittagsgerichte Wiens und wird traditionellerweise gerne mit vollmundigen, fruchtig-würzigen Weißweinen (!) wie **Grüner Veltliner „Smaragd"** (z. B. vom WEINGUT PRAGER, Weißenkirchen/Wachau/ NÖ/A), **Riesling** und **Pinot Blanc Kabinett bis Spätlese trocken** (obwohl große **Rieslinge** sehr oft dominieren), weiters mit **Chardonnay** (**Morillon**) und **Sylvaner Kabinett**, **Welschrieslingsekt** usw. kombiniert. Im Elsaß lernte ich die Kombination mit fruchtig-frischem, leicht gekühltem (14–16 °C) **Pinot Noir** kennen und schätzen und versuchte daraufhin einige jugendlich charmante rote Österreicher (**Zweigelt**, **Blaufränkisch**, **Blauer Portugieser**), die allesamt recht gut abschnitten und selbst am meisten profitierten, indem sie milder und ausdrucksstärker wurden. Und selbst die in dieser Konstellation verpönten roten **Barriqueweine** fielen kaum aus der Rolle und waren nur leicht feldüberlegen.

TAGLIATELLE

✐ Italienische Nudelspezialität. Etwa 2 cm breite, hauchdünne, streifenförmige Nudeln, die, wie alle italienischen Teigwaren, in Salzwasser „al dente" gekocht werden.

🍷 Zu Tagliatelle al Prosciutto (mit Schinken) ist **Colli Bolognesi Bianco** aus der Emilia ebenso einfach wie köstlich; Tagliatelle „Carbonara" (Rezeptur wie → Spaghetti „Carbonara") wurden zu einer beglückenden kulinarischen Erfahrung im Verein mit dem **apulischen Rosé**-Star **Five Roses** von LEONE DE CASTRIS, Salice Salentino, aber auch traubig-milder roter **Dolcetto d'Alba**/Piemont/I (MARCHESI DI GRESY, GIUSEPPE MASCARELLO, MAURO VEGLIO) vermochte uns zu begeistern. Zu Tagliatelle con Salsa di Noci (mit Walnußsauce) ist **Südtiroler Pinot Bianco** ebenso angebracht wie weißer sizilianischer **Rapitalà**. Als köstlich dominierenden Winterwein möchte ich den trockenen (!), mit Walnuß- und Bittermandelaroma ausgestatteten sardischen Kraftprotz **Malvasia di Bosa secco** von den FRATELLI PORCU ans Gourmetherz legen. Tagliatelle Verdi alla „Genovese" (grüne Nudeln mit Bries und Tomaten-Pilz-Sauce), eine berühmte Genueser Spezialität, erprobten wir mit weißem **Vermentino di Perti** von DOMENICO UND NICOLO BOIGA, Finale Ligure/Ligurien/I. Tagliatelle „San Bernardo" (mit Tomaten- und Thunfischsauce ohne Käse) ergänzten wir auf diskrete Art durch **Pinot Bianco**/Friaul und jugendlichen **Chardonnay**/Südtirol (z. B. von SCHLOSS SALLEGG, Kaltern).

TAGLIATELLE ALLA „PIEMONTESE"

✐ Feingehackte Zwiebeln in Butter andünsten, kleingeschnittene Tomaten darin schmelzen, mit Tomatensauce und gehacktem Knoblauch durchkochen; kleingewürfeltes Rinderfilet (Filetspitzen) rosa braten, mit der Sauce binden, auf gebutterten Tagliatelle anrichten und mit geriebenem Parmesan bestreuen.

🍷 Hier haben die roten Piemont-Fixpunkte **Barbera** und **Dolcetto** kaum Konkurrenz zu fürchten. Aus der Vielzahl meiner Notizen möchte ich die besonders gelungene Paarung mit dem wundervoll milden roten **Bricco del Drago** (DOL, NEB, 4–6 Jahre, 15–17 °C) von der CASCINA DRAGO, Alba/Piemont/I, hervorheben.

TAMARILLOS (BAUMTOMATEN)

✐ Spindelförmige, braunrote, bis 9 cm lange Früchte eines Nachtschattengewächses, das in Kolumbien, auf Neuseeland, Madeira und den Kanarischen Inseln kultiviert wird. Sie besitzen ein vitaminreiches, gelborangenfarbiges Fruchtfleisch und werden zu Marmelade verarbeitet oder dienen als Garnitur für diverse Gerichte.

🍷 Die süßliche Marmelade läßt sich sehr gut mit halbtrockenen bis lieblich-süßen Weißweinen (**Riesling**, **Malvasia** bzw. **Malvasier**, **Bouvier** usw.) vereinen, während sich die Früchte selbst mehr oder weniger den Richtlinien für → Tomaten unterwerfen.

TAPAS

✐ Span. Snacks. Früher pikant-würzige kleine → Hors d'œuvres, heute kleine Portionen von allen möglichen Gerichten, die man in Spanien und z. T. auch in Südamerika zu jeder passenden und unpassenden Gelegenheit angeboten bekommt.

🍷 Automatisch – so, wie nach dem Stier auch der Torero erscheint – werden **Fino** und **Sherry Manzanilla**, **Montilla-Moriles seco** (**dry**)/Andalusien, **Rueda Blanco**/Altkastilien, **Penedès Blanco**/Katalonien und **Rioja Blanco**/E mitgeliefert oder zumindest angeboten. Zu Tapas mit dunklem Fleisch sind natürlich auch nicht zu schwere Rotweine geeignet.

TAPENADE

✐ Südfranzösische Würzpaste aus Anchovis (Sardellen), schwarzen Oliven, Kapern, Olivenöl, Zitronensaft, scharfem Senf und Knoblauch. Die pechschwarze, scharfe Würzpaste ißt man zu gegrilltem Fleisch oder Fisch, auf Brot zum Aperitif, als Vorspeise oder als Dip zu rohem Gemüse und gekochten Eiern.

🍷 Die klassischen roten Begleiter (**Gigondas**/südl. Rhône, **Patrimonio**/Korsika und internationale **Cabernets-Merlots**), die wegen ihrer Affinität für schwarze Oliven ausgesucht werden, kollidieren zumeist über ihre Tannine mit den Anchovis. **Rosé de Provence** und **Lirac**/südl. Rhône tun sich da wesentlich leichter. Die weißen **Roussanne**, **Sauvignon Blanc**, **Chardonnay** (Stahl) und vor allem moderner **Fino** oder **Sherry Manzanilla**/E sowie rassige **Blanc de Blancs Schaumweine** (z. B. **Cava**/E) setzen sich aber immer mehr durch.

TAPULON

✐ Piemontesische Spezialität aus gehacktem (faschiertem) Eselfleisch, das mit Kohl und diversen Gewürzen in einheimischem Rotwein (Nebbiolo) gegart wurde.

🍷 Die ländlich robusten Verwandten des weltmännischen **Barolo** (**Ghemme** von LORENZO BERTOLO, **Lessona** von SELLA LESSONA, Lessona, und **Spanna** von LUIGI FERRANDO, Ivrea, ...) halten spielend das Gleichgewicht gegenüber der deftig-würzigen Speise und arbeiten die Pikanz klar, aber nicht überdimensioniert heraus.

TARTE TATIN

✐ Französische Spezialität. Gestürzte Apfeltorte. Blätterteig mehlen, ausrollen, kaltstellen; Äpfel schälen, entkernen, vierteln; Auflaufform erwärmen, ausbuttern, zuckern, Äpfel mit der runden Seite nach unten in die Form geben, im Herd ca. 20 Minuten backen, stürzen und lauwarm auftragen.

🍷 Zu Mittag sind zartsüße Spätlesen (**Riesling**, **Gewürztraminer**, **Grüner Veltliner**) von erfrischender, belebender Art. Die superbe **Riesling Vendange Tardive** von HUGEL, Riquewihr/Elsaß, unterstrich geschickt das Apfelaroma, akzentuierte den Blätterteig und holte jede einzelne Ingredienz heraus. Am Abend sind jugendlicher **Sauternes**, **Riesling BA** oder brieftaschenfreundlicher **Monbazillac**/Bergerac/F gefragt. Der **Monbazillac** (SÉM, SBL, ML, 4–6 Jahre, 7–8 °C) vom CHÂTEAU LES HEBRAS überraschte durch ungewohnte Frische, feine Süße und pikantes Fruchtspiel. An Winterabenden und zu besonderen Anlässen gönnen Sie sich einen feinen reifen **Apfelbrand** (**Calvados**), **Pineau des Charentes** oder einen alten, überreifen **Sauternes** zur frischen (!) Tarte. Wir erlebten ein unvergeßliches Wunder einer sagenhaften Wiederauferstehung mit einem 60jährigen **Château Climens** (SÉM 98 %, SBL 2 %), dessen ölige Pikanz noch am nächsten Morgen am Gaumen präsent war.

TASCHENKREBS

(frz. TOURTEAU, ital. GRANCIPORRO, span. CANGREJO)

Eine Krabbenfamilie, deren für uns wichtigste Art etwa 25 cm breit und bis zu 1 kg schwer wird und sich im Mittelmeer, Atlantik und in der Nordsee aufhält. Die Krebse werden lebendig, so wie → Hummer, → Langusten usw., in siedendes Salzwasser geworfen und gekocht. Die angriffslustigen Tiere werden nach dem Kochen tiefrot und weisen ein zartes, köstliches Fleisch auf, das man nur in frischem Zustand genießen sollte. Wie bei allen Krustentieren gilt auch hier die Regel: Die „Monate ohne ‚R' sind gut zum Reisen, zum Hochzeitmachen und zum Krebsespeisen." Zu Feinschmeckers Lieblingen gehört die delikate Leber.

Die Empfehlungen zu Hummer und Langusten sind bei gleicher Zubereitungsart jederzeit übertragbar, können aber reinen Gewissens etwas weniger luxuriös ausfallen. Bei Taschenkrebs „Mornay" (mit → Sauce Mornay) können Sie Ihr Gourmetschicksal relativ beruhigt in die Hände von edlem **Graves Blanc**/Bordeaux, **Pinot Gris** und **Neuburger Kabinett bis Spätlese trocken** legen. Eine Mischung von leicht verständlicher, unkomplizierter, aber nichtsdestoweniger beeindruckender Art wurde durch den sehr reifen **Sémillon Classic Release** von LINDEMANS, Hunter Valley/New South Wales/AUS, erzielt. Taschenkrebs alla „Parmigiana" (mit Butter und Parmesan geschmort) flirtete mit charmant perlendem **Prosecco Frizzante** von AUGUSTO AGISTINI, Venetien, verlobte sich mit dem vielversprechenden trockenen **Albana di Romagna** von der FATTORIA PARADISO, Bertinoro/Emilia-Romagna/I, und ehelichte schließlich den stupenden **Chardonnay Ca'del Bosco** vom einstigen „Wunderkind" MAURIZIO ZANELLA, Erbusco/Franciacorta/Lombardei.

TASCHENKREBS AUF „ENGLISCHE ART"

Taschenkrebs wird gekocht, zerpflückt, mit Senfmayonnaise gebunden, in die gesäuberten Rückenpanzer gefüllt und mit gehacktem Eigelb, Eiweiß und Petersilie garniert. (→ Mayonnaise)

Chablis AC/Burgund/F sowie diverse reife **Chardonnays** (**Morillons**), **Zierfandler** und **Pinot Blanc Kabinett bis Spätlese trocken** mit diskretem – oder gar keinem – Barriqueausbau haben sich eine beachtliche Reputation gegenüber dem Rückwärtsläufer erworben; wobei der **Pinot Blanc** der Sauce wohl spielend standhielt, aber als einziger keine Akzente in puncto Aromaerhöhung setzte.

TATAR (TATAREN-BEEFSTEAK) → BEEFSTEAK TATARE

TAUBE (HAUSTAUBE)

(frz. PIGEON, engl. PIGEON, ital. PICCIONE, span. PICHÓN)

Die Haustaube, gezüchtet aus der Felsentaube, war in der Antike Wappenvogel der Liebesgöttin Venus, im Christentum Sinnbild des Friedens und zu allen Zeiten ein Leckerbissen für Feinschmecker. Besonders im Frühjahr weisen die nur 4–6 Wochen alten Jungvögel ein zartes, weißes, schmackhaftes Fleisch auf, das allerdings nicht den feinen Wildgeschmack der Wildtaube besitzt. Wegen des geringen Fettgehaltes ist es leicht verdaulich und für die Krankenkost geeignet, andererseits sind dadurch Speckhemd und Bratenfett beinahe unentbehrliche Begleiter des Vogels geworden. Ältere Vögel werden zu Pasteten, Suppen und Farcen verarbeitet.

Eigenartigerweise ist das köstliche helle Fleisch der Taube mit eleganten, samtig-würzigen bis kraftvollen Rotweinen fast genausogut zu interpretieren wie mit charaktervoll-vollmundigen weißen Gewächsen. Taube en Cocotte (im kleinen Timbale = Näpfchen, mit Rahm gekocht) wurde durch feinduftigen, mittelschweren Edel-Saint-Julien **Château Léoville-Barton 2e Cru Classé**/Haut-Médoc/Bordeaux/F grandios inszeniert.

Taube in Backteig ist für samtigen roten **Merlot** oder eine mildwürzige **Roter Veltliner Spätlese** vorgesehen. Täubchen in Enzian war einerseits von rotem **Faugères**/Languedoc/S-F sehr angetan, turtelte aber andererseits hemmungslos mit dem nach Alpenkräutern duftenden **Blanc de la Salle** von der ASSOCIATION DES VITICULTEURS DE LA SALLE, Aostatal/I. Taubensoufflé (Auflauf) ließ sich sowohl von würzigem **Pinot Noir**/A als auch von reichem **Pinot Grigio**/Friaul/I verwöhnen. Täubchen mit Linsen wurden durch reifen **Lagrein dunkel**/Südtirol und rustikalen **Sangiovese di Romagna**/I zu einem deftigen Mahl, während **Chambertin GC**/Burgund/F ein Galadiner daraus machte und **weißer Châteauneuf-du-Pape**/südl. Rhône/F die säuerliche Seite allzusehr betonte. Bressetaube und **Volnay Premier Cru „Clos de la Bousse d'Or"**/Côte de Beaune/Burgund/F sind ein faszinierendes Paar. Taube mit Weinbergpfirsichen und eleganter **Pinot Noir** sind von schmeichelnder Samtigkeit (auch **Riesling Spätlese trocken** ist großartig). Junge Tauben gefüllt mit → Couscous und reife **Riesling Spätlesen trocken** sind oft erprobte Paarungen. Taube mit Kastanienfüllung (Piccione Ripieno) lernten wir in den Marken mit aufregendem roten **Vernaccia di Serrapetrona** (**Schaumwein**) von ATTILO FABRINI, Serrapetrona, kennen und schätzen; unter den angebotenen Weißweinen konnte uns nur der berühmte ligurische **Cinque Terre** (BOS, ALA, VM, 2–4 Jahre, 8–10°C) von SILVANO COZZANI überzeugen. Täubchen mit Oliven und karameliger **Sherry Oloroso dry „Victoria Regina"** von DÍEZ MERITO, Jerez/Andalusien, war nicht ganz ideal, doch der etwas trockenere, haselnussige **Palo Cortado** (**Sherry**) von SANDEMAN, Jerez de la Frontera, holte das salzige Aroma der Oliven wesentlich besser heraus.

TAUBEN AUF „CHINESISCHE ART" (CHINESISCHE HONIGTAUBE)

✐ Junge Täubchen, gerupft und ausgenommen, innen und außen mit Salz eingerieben, außen mit Honig überzogen, in heißem Öl angebraten, zerteilt, in Sojasauce getaucht und angerichtet.

🍷 Über die Sojasauce ließen wir uns dazu verleiten, **Reiswein** (**Sake**) und **Sherry Amontillado dry**/E zu ordern, doch geriet dabei die zartknusprige, salzig-honigsüße Haut etwas ins kulinarische Abseits. Eine reife badische **Grauburgunder Auslese halbtrocken**/D und eine fulminante elsässische **Gewürztraminer Spätlese** (**Vendange Tardive**) von ZIND-HUMBRECHT, Wintzenheim, lösten die Aufgabe wesentlich besser, doch den Vogel schoß ein ungarischer **Tokaji „3 Puttonyos"** ab, der mit dunkelgoldener Farbe, apfeligem Bouquet und faszinierender Honigwürze sowohl die Haut als auch die Sauce betörte. Taube mit Lauch und Kohl ließ sich von verspielten **roten Jungweinen** (**Gamay**, **Pinot Noir**, **Blaufränkisch**) recht gut „einwickeln", ein paar kleine Bittertöne nahmen wir in Kauf, doch schien uns diesmal die Zusammenstellung mit einem schotenwürzigen weißen **Sauvignon Blanc Kabinett** von FEILER-ARTINGER, Rust/Neusiedlersee-Hügelland/BGLD/A, und einem lauchfreundlichen weißen **Meursault**/Burgund wesentlich besser gelungen zu sein.

TAUBEN MIT WACHOLDERBEEREN

✐ Tauben mit einer pikanten Farce aus eingeweichtem Weißbrot, Leber, Herz, Magen und fettem Speck füllen, in Butter braten, zerdrückte Wacholderbeeren beifügen und mit Cognac flambieren.

🍷 Leber, Herz, Magen, Speck, Wacholderbeeren und Cognac engten den Kreis der möglichen Begleiter bereits beträchtlich ein. Unter den weißen Anwärtern qualifizierten sich ein reifer **Riesling Smaragd „Ried Steinborz"** von KARL LAGLER, Spitz/Wachau/NÖ/A, der brillant Regie führte, und eine geschmacksausgleichende **Weißburgunder Spätlese „Ried Hausberg"** vom WEINBERGHOF FRITSCH, Oberstockstal/Donauland/NÖ/A. Von der roten Opposition meldeten sich der famose **Blaufränkisch „Ried Oberer Wald"** von E. T. (ERNST TRIEBAUMER, Rust/Neusiedlersee-Hügelland/BGLD/A) und erwartungsgemäß ein italienischer **Vino Nobile di Montepulciano** von RUDOLF BINDELLA zu Wort. Die eigentliche Sensation war aber der großartige, mit konzentrierter Waldbeerenfrucht und einem faszinierenden Spiel zwischen distinguierter Säure und aristokratischer Extraktsüße – bei nicht endenwollenden Reflexionen – aufwartende große **Château Margaux Premier CC**/Haut-Médoc/Bordeaux/F (CS 75 %, M 20 %, PV 5 %), dem das Husarenstück gelang, nicht nur Beeren und Sauce zu parieren, sondern auch Taube und Farce zu glorifizieren. Auch der famose **Côte Rôtie „La Mordorée"** (SYR) von M. CHAPOUTIER, Tain/nördl. Rhône, schaffte ein ähnliches Kunststück!

TAUBEN MIT WEISSEN RÜBCHEN

Tauben innen reichlich salzen und pfeffern (Mühle), Haut mit Salz und Pfeffer einreiben und mit Butter bestreichen, dann anbraten und ca. 15 bis 20 Minuten im heißen Rohr garen und warmstellen; Bratfond mit Portwein und etwas Wildfond 5 Minuten köcheln, Rübchen schälen, in Streifen schneiden, mit etwas Butter und Zucker glasieren, Essig und Geflügelfond dazugießen und 5 Minuten kochen, Tauben zerteilen und auf die Rübchen legen, Sauce extra anrichten.

Die für Rübchen und Täubchen selektionierte fränkische **Silvaner Spätlese trocken** enttäuschte zuerst in keiner Phase, war beiden ein hingebungsvoller Partner, der die Haut des Vogels bis zum Exzeß nuancierte, und hielt sich auch der Wildsauce gegenüber recht tapfer. Diese wiederum schenkte dem hochberühmten, fleischigsaftig-animalischen **Côte Rôtie „La Turque“** (SYR, 5–7 Jahre, 16–18 °C) von MARCEL GUIGAL, Ampuis/nördl. Rhône, ihr Vertrauen, was durch großartige Resonanz belohnt wurde. Weiters wurden Fond, Portwein, und Täubchen von einem feinfühligen reifen **Vintage Port** von POÇAS, Vila Nova de Gaia/P, der auch die Salznote nicht verkümmern ließ, zu weiteren Höhenflügen angeregt.

TAUBENBRÜSTCHEN „POMPADOUR“

Brüstchen junger Tauben auslösen, in Butter steif machen, würzen, mit Ei und Semmelbröseln panieren, in Butter braten; als Beilage feines Linsenpüree, gefüllte Artischockenböden, Trüffelsauce (→ Sauce Perigueux) und Kartoffelkroketten.

Edler **Pinot Noir** vom MALTESER RITTERORDEN, Mailberg/Weinviertel/NÖ/A, und samtig-eleganter **Barbaresco „Bricco Asili“** der GEBRÜDER CERETTO, Piemont, waren von zeitloser Faszination, wobei die Quelle der Inspiration beim Pinot Taube, Panier und Linsen, beim Barbaresco die Sauce war. Allerhöchste Maßstäbe für alle folgenden Weine legte allerdings der unvergleichliche, reife weiße **Corton-Charlemagne GC** (CH, 8–12 Jahre, 10–11 °C) von J. FAIVELEY/Côte de Beaune/Burgund/F an, der die Mineralität eines **Chablis GC**, die Samtigkeit eines **Meursault Premier Cru** und die Kraft eines **Montrachet GC** in sich vereinte und solcherart ein saftig-exotisch-warmblütiges Gaumenfest bewirkte. Rotweinpuristen werden allerdings die Top-Gewächse des **Pomerol**/Bordeaux kaum umgehen!

TAUBENPASTETE „FÜRST SCHWARZENBERG“

Sechs gerupfte Tauben entbeinen, Brüste enthäuten, in Butter anbraten, Schenkel dünsten und in kleine Würfel hacken, das restliche Fleisch mit 125 g Gänseleber, 200 g frischem Speck und 3 in Hühnerbouillon eingeweichten Scheiben Weißbrot faschieren, mit 2 Eigelb, Salz, Pastetengewürz und den Fleischwürfeln vermengen, $^1/_2$ l Schlagrahm daruntermischen, diese Farce, die Taubenbrüste und 125 g Gänseleber in Schichten in eine mit dünnen Räucherspeckscheiben ausgelegte Kastenpastete füllen und backen.

Traminer, **Rotgipfler**, **Pinot Gris** und **Pinot Blanc** im **trockenen** bis **halbtrockenen Spätlese**-Bereich schlugen sich hier am verdienstvollsten, da allzu süße **Prädikatsweine** (**Beerenauslese**, **Trockenbeerenauslese** ...) einerseits wohl die Gänseleber etwas besser illuminierten, andererseits aber mit der Räucherspecknote kollidierten und – wie immer – den nachfolgenden Wein schlecht aussehen ließen. Glanzpunkt war die Begegnung mit der superben **Weißburgunder Spätlese „Ried Zieregg“** (3–6 Jahre, 9–11 °C) von MANFRED TEMENT, Berghausen/S-STMK/A, die diesmal sogar gegenüber der zart edelsüßen Loire-Pretiose **Bonnezeaux „Mallabé“** (CHB, 8–12 Jahre, 8–10 °C) von GODINEAU PERE ET FILS, Faye-d'Anjou, die Nase in puncto Glockenreinheit und Persistenz vorne hatte.

T-BONE STEAK

In den USA, dem klassischen Steakland, geschieht die Fleischaufteilung anders als bei uns, dort haben die Steaks noch die Dimensionen von Anno dazumal. Es handelt sich um eine Tranche aus dem Rippenstück des Rindes, die nach dem großen T-förmigen Knochen benannt ist, der das Filet (Lendenbraten) vom Roastbeef trennt. Es wird meist in Öl, Essig, zerdrücktem Knoblauch, Tomatensaft, Salz, Pfeffer, Kräutern und Worcestershiresauce mariniert und dann über Holzkohle gegrillt.

🍷 Hiezu haben sich die Aroma-, Extrakt- und Alkoholbomben der Neuen Welt (**Cabernet Sauvignon**, **Cabernet-Shiraz** ...) einen Stammplatz erkämpft, doch sollten neben allen anderen Vor- und Nachteilen die Barriquetöne nicht dominieren. (Siehe auch → PORTERHOUSE STEAK)

TELLERFLEISCH

🖋 Österreichisch-bayerische Spezialität. Gekochtes unterspicktes Rindfleisch (Hoch- oder Querrippe) wird in 1 cm dicke Scheiben geschnitten und in klarer Suppe mit Wurzelwerk und geriebenem → Kren angerichtet.

🍷 Der Österreicher zeigt sich den Getränkeempfehlungen der Weinkellner gegenüber meist reserviert und begnügt sich mehrheitlich mit der bereits mitgelieferten Suppe als Durstlöscher, obwohl ein Gläschen trockenen bis halbtrockenen Weißweins (**Grüner Veltliner**, **Welschriesling**, **Neuburger**, **Zierfandler** ...) und selbst fruchtcharmante Rotweine (**Pinot Noir**, **Blauburger**) eine Bereicherung des Küchenklassikers darstellen.

TELTOWER RÜBCHEN

(frz. NAVETS DE TELTOW, engl. TELTOW TURNIPS, ital. NAVONI DI TELTOW)

🖋 Berühmte Zuchtform der → Weißen Rüben, die in den Sandböden der Mark Brandenburg Berlin angebaut werden. Die kleinen, meist bräunlichen, würzig-süßen Wurzeln gelten unter Feinschmeckern seit dem 16. Jahrhundert als Edelgemüse und fanden im Dichterfürsten Johann Wolfgang von Goethe ihren berühmtesten Verehrer.

🍷 Jugendlich frische Weißweine (**Riesling**, **Riesling-Sylvaner**, **Sylvaner** ...) sowie **rote Jungweine** (**Spätburgunder**, **Lemberger**, **Blauer Portugieser** ...) ergänzen den Eigengeschmack der Rübchen am besten.

TERRINEN (SCHÜSSELPASTETEN)

🖋 Im eigentlichen Sinn Pasteten ohne Teighülle, die in feuerfesten Schüsseln (Schüsselpasteten) zubereitet und meist auch serviert werden. Das Besondere daran ist die Saftigkeit, da die Feuchtigkeit der Farce von keiner Teigkruste aufgesogen wird. Ursprungsland ist Frankreich, wo bereits im 13. Jahrhundert simple Terrinen bereitet wurden, den Höhepunkt erreichten sie im 18. Jahrhundert (Taverne) und im 19. Jahrhundert (Carême), deren einzigartige Kreationen von den Potentaten Europas bewundert wurden. Grundrezept: Feuerfeste Schüssel mit Räucherspeck auslegen und mit Farcen und Einlagen füllen, Füllung mit Räucherspeckscheiben zudecken, Lorbeerblatt und Thymian obenauf geben, Terrine zugedeckt im Wasserbad ziehen lassen, Fett abgießen, Füllung mit Gewicht pressen, einen Tag in den Kühlschrank geben, Oberfläche mit Mixed Pickles und Salatblättern dekorieren oder mit fester → Chaudfroid-Sauce überziehen (→ Kaninchenterrine).

🍷 Überbot man sich früher gegenseitig in der Auswahl der **Dessert-** und **Prädikatsweine**, so sind heute extraktreiche Weiß- und Rotweine (je nach Fleischart und Aroma) im Kabinett- bis Spätlese-Bereich als Prélude für ein kulinarisches Fest – mit der nötigen Steigerung – gedacht. Rustikalen Fleisch- und Wildterrinen kann man mit kraftvollen Rotweinen (**Barolo**/Piemont ...) oder halbtrocken-würzigen **Dessertweinen** (**Sherry Oloroso dry**/E ...) begegnen.

TERRINE DE NERAC → REBHUHNPASTETE

TERRINE D'OIE (FRANZÖSISCHE GÄNSELEBERTERRINE)

🖋 500 g Gänsefleisch und 125 g rohen Speck grob würfeln und leicht braten, Salz, Pfeffer, Lorbeerblatt und etwas heißes Wasser beifügen, dünsten, bis das Fleisch zerfällt; Lorbeerblatt entfernen, Masse in kleine Steinguttöpfe füllen, auskühlen lassen, mit flüssigem Schweineschmalz zugießen.

🍷 Im Gegensatz zu den meisten kalten Gänseleber-Kreationen (→ Gänseleberparfait, → Gänseleberpastete) sind hier allzu süße und edelsüße Gewächse, nicht nur wegen des nachfolgenden Weins, fehl am Platz, da sie die Speck- und Würzenote unterdrücken und auch selbst eine nicht immer positive Veränderung durchmachen. **Pinot Gris**, **Pinot Blanc**, **Traminer**, **Chardonnay**, **Zierfandler**, **Neuburger**, **Grüner Veltliner**, **Riesling**, **Welschriesling**, **Sauvignon Blanc**, **Chenin Blanc**, **Sémillon** und **Tocai Friulano**/I im **trockenen bis halbtrockenen Spätlese**-Bereich ergänzen den Luxusaufstrich am uneigennützigsten und sorgen zumeist schon zu Beginn eines Mahls für gute Laune und festliche Stimmung, was natürlich zusätzlich noch durch edle **Schaumweine** unterstützt wird. Pars pro toto seien der rauchwürzig-elegante **Spätburgunder-Sekt extra brut „Heilbronner Stiftsberg"**, G. A. HEINRICH, Heilbronn/Württemberg/D, und der zartsüße rote **Zweigelt brut** von FAM. STEININGER, Langenlois/Kamptal/NÖ/A, lobend erwähnt.

TÊTE DE MOINE

Frz. Mönchskopf. Sehr schmackhafter, heute zylindrischer, vollfetter Schweizer Kuhmilch-Schnittkäse aus dem Jura, dessen Rinde mit einer rötlichen Flora überzogen ist. Sein weißer bis hellgelber Teig ist in der Jugend mildwürzig und im Alter mit einem charakteristischen kräftigen Aroma nach Unterholz und Stall ausgestattet. Ideale Genußzeit ist von September bis März.

🍷 Reicher **Chasselas** (z. B. der mächtige **Aigle Prieuré**, CHA, 2–4 Jahre, 9–10 °C, von PIERRE-ANDRÉ BAUD, Aigle/Genfersee), **Pinot Gris** und **Pinot Blanc** sind hier erste Wahl. Zum strengen reifen Käse sind reife Syrahs der nördl. Rhône (**Hermitage**, **Côte Rôtie**) der ideale Begleitschutz.

TEUFELSSAUCE → SAUCE DIABLE

THOUSAND-ISLANDS-DRESSING

Amerikanische Salatsauce, die auch in Flaschen erhältlich ist. Leichte → Mayonnaise mit gehackten roten (und grünen) Paprikaschoten vermischt und mit Paprika und etwas Chilisauce aromatisiert.

🍷 Leichte und mittelkräftige kalifornische Weißweine (**Sauvignon Blanc** bzw. **Fumé Blanc** von MONDAVI, Napa, oder HACIENDA, Sonoma, sowie **Chardonnays** von LAMBERT BRIDGE, DOMAINE MICHEL, Sonoma, und MOUNT EDEN, Santa Cruz Mountains) erleichtern den Umgang mit der üppig-würzigen Sauce.

THUNFISCH (THUN)

(frz. THON, engl. TUNA/TUNNY, ital. TONNO, span. ATÚN)

Zur Familie der → Makrelen gehörender, sehr großer (3 bis 4 m lang und 500 bis 600 kg schwer) spindelförmiger Meeresfisch, der vorwiegend in der Laichzeit (Mai bis Juli) an den Küsten des Mittelmeeres in die Netze geht. Sein rötlichweißes, festes und fettes Fleisch weist keinen Fischgeschmack auf und erinnert in zubereiteter Form an Kalbfleisch, doch ist es etwas derber. Am zartesten schmeckt das Bauchfleisch, das in den Küchen des Mittelmeeres nach wie vor eine große Rolle spielt. Da das Fleisch nicht sehr lange lagerfähig ist, wird es vor allem in Öl konserviert angeboten.

🍷 Die ölige Konsistenz des Konservengerichts löst man vorzüglich mit **Chenin Blanc**/Loire und **Vinho Verde**/P auf. Zu Thunfisch-Carpaccio sollten Sie champagnisieren. Thunfisch „Sizilianisch" (Tonno alla Siciliana; in Weißwein mit Kräutern, Gewürzen und Sardellen gekocht) wartete geduldig auf den köstlichen **Etna Bianco** von NICOLOSI. Zu Thunfisch mit Sardellensauce schätzten wir sowohl **Pinot Bianco**/Friaul/I als auch einfachen **Languedoc-Roussillon Blanc**/F. Ein Thunfischsteak erfreute sich am mächtigen roten **Cabernet Sauvignon** von JOE HEITZ, St. Helena/Napa/KAL. Thunfisch gegrillt vereinten wir erfolgreich sowohl mit einer rassigen **Sauvignon Blanc Spätlese trocken** als auch mit rotem **Merlot** und **Shiraz**. Thunfischfilet mit Ingwersauce vertrauten wir trockenem **Muskateller** im **Spätlese**-Stil an. Thunfisch mit Zwiebelsauce erhöhten wir geschmacklich durch **Coteaux du Languedoc Blanc**/F und vor allem durch rassigen **Sylvaner „Zotzenberg"** von ARMAND GILG, Mittelbergheim/Elsaß/F. Thunfisch gedünstet mit

Tomaten und grünem Paprika wurde von rotem **Irouléguy** (CS, CF, TAN, 1–2 Jahre, 12–15 °C) der DOMAINE DE MIGNABERRY, Pyrénées-Atlantique/Baskenland/F, hervorragend in Szene gesetzt, der Eigengeschmack dabei betont, aber auch die Würze! Thunfisch süß-sauer genossen wir in Italien mit flexiblem, kirschrotem **Cerasuolo di Scilla**/Kalabrien und in Frankreich mit elitärem, schäumendem **Montlouis demi-sec** (CHB, 12–15 Jahre, 8–10 °C) von BERGER FRÈRES ET FILS, Touraine/Loire. Tonno alla Livornese (Thunfischtranchen in Tomaten-Knoblauch-Sauce geschmort) ist den ligurischen Spezialitäten **Rossese di Dolceacqua** (rot) von GIOBATTA CANE, Dolceacqua (2–4 Jahre, 15–17 °C), oder dem weißen **Vermentino** (1–2 Jahre, 8–9 °C) von OTTAVANO LAMBRUSCHI, Castelnuovo Magra, vorbehalten. Beides Weine, die weit über das übliche Niveau hinausragen! Die berühmte Spezialität der Lombardei „Vitello Tonnato" (Kalbsfilet mit Thunfisch-Rahmsauce) paarten wir im Sommer erfolgreich mit weißem **Orvieto secco**/Umbrien und im Winter mit blutjungem rotem **Chianti Putto**/Toskana. Der ideale Begleiter für alle Jahreszeiten ist allerdings ein lombardischer **Spumante** (**Flaschengärung**) von den FRATELLI BERLUCCHI, Borgognato di Cortefranca, von BELLAVISTA, Erbusco, oder von CA' DEL BOSCO, Erbusco.

THYMIAN (RÖMISCHER QUENDEL)

(frz. THYM, engl. THYME, ital. TIMO, span. TOMILLO)

Der kleine Strauch kommt aus dem Mittelmeerraum und wurde im 11. Jahrhundert von den Benediktinermönchen nach Mitteleuropa gebracht. Im Altertum zählte Thymian zu den Einbalsamierungsgewürzen. Er ist ein Verwandter des Majorans, sollte mit diesem aber nicht unbedingt kombiniert werden, weist einen kräftig beißenden Geschmack und ein durchdringendes Aroma auf, das vom hohen Gehalt an ätherischem Öl (Thymol), Harz und Gerbstoff stammt. Wirkt in Magen und Darm desinfizierend. In der Küche verwendet man ihn (sparsam) meist zum Würzen von Kutteln, Würsten, Pasteten, Saucen und Tomaten.

Erwartungsgemäß sind die würzigen Weine südlicher Länder (Frankreich, Italien, Griechenland, Türkei, Tunesien ...) gegenüber dem durchdringenden Aroma des Quendels im Vorteil. Je nach Fleischart, Farbe und Beilagen setzt man Weiß-, Rot- oder **Roséweine** ein. Weiße Freunde des Gewürzes sind **Lirac-** und **Châteauneuf-du-Pape-Blanc**/südl. Rhône, **Cassis**, **Bandol** und **Bellet Blanc**/Provence/F, **Frascati**/Latium und **Vesuvio Bianco**/Kampanien. **Malvasia**- und **Trebbiano**-Weine verhalten sich ausgleichend neutral, und auch der **Grüne Veltliner**/Wachau/NÖ/A besitzt eine gewisse Affinität für das Gewürz. Fast alle **Roséweine** der südlichen Hemisphäre, allen voran die Kreszenzen der Provence, passen sich geschickt an. Zu kräftigen Braten sind die roten (**Gigondas**, **Lirac** und **Châteauneuf-du-Pape Rouge**/südl. Rhône/F, **Rossese di Dolceacqua**/Ligurien, **Lambrusco Grasparossa di Castelvetro**/Emilia-Romana, **Rosso Conero**/Marken und **Torre Ercolana**/Latium ...) ins Gourmetauge zu fassen. Aus heimischer Sicht sind insbesondere **Pinot Noir** und **Blaufränkisch** interessant.

TILSITER

Ursprünglich aus Ostpreußen (Tilsit) stammender, würzig-pikanter Kuhmilch-Schnittkäse von stechendem Geruch und herb-pikanter, leicht säuerlicher Art, mittlerer bis fester Konsistenz und mehr oder weniger intensiver Bruchlochung. Er wird mit Rotschmiere (Käseflora) oder in Folie verpackt heute in diversen Ländern hergestellt.

Zu den Exemplaren mit Rotschmiere sind **Sherry Oloroso dry**/Andalusien/E, reifer **Traminer**, **Pinot Blanc**, **Riesling** und **Chardonnay** anzuraten, eventuell auch mildwürzige Rotweine (**Blaufränkisch**, **Sankt Laurent**, **Gamay**/CH, **Bardolino**/Venetien/I ...). Wenn in Folie verpackt, wählen Sie am besten samtig-runde Weißweine (**Kerner**, **Riesling-Sylvaner**, **Sylvaner** ...). Würziges **Pils** oder **Altbier** paßt eigentlich immer.

TINTENFISCH (KUTTELFISCH)

(frz. SEICHE, engl. CUTTLEFISH, ital. SEPPIA, span. CHOCO)

Der schlanke, torpedoförmige zehnarmige Kopffüßler kann bis zu 30 cm lang und 5 kg schwer werden und fühlt sich an den Küsten Westeuropas und vor allem des Mittelmeeres besonders wohl. Das Weichtier ernährt sich von kleinen Fischen und Krebsen und schützt sich gegen Angreifer, indem es ihnen „Tinte" entgegenspritzt, die auch zum Färben und Aromatisieren von Nudeln und Fischsaucen verwendet wird. Das Fleisch der jungen Fangarme ist in frischem Zustand zartfleischig-knorpelig und von großem Wohlgeschmack. In ihrem Paradies, dem Mittelmeer, werden sie von Mai bis September nachts bei Scheinwerferlicht gefangen und wie → Kalmare ausgenommen. Von höchstem Wohlgeschmack sind die ganz kleinen Zwergtintenfische.

🍷 Geschmorte Tintenfische (Sepie in Cassuola) vermählten wir mit dem kraftvollen **Lacryma Christi del Vesuvio Bianco** (CODA DI VOLPE, 3–4 Jahre, 10 °C) von MASTROBERARDINO, Atripalda/Kampanien/I. Gebackene Tintenfische ergänzten wir ideal durch **südaustralischen Riesling** von BRIAN CROSER, Adelaide Hills, und auch durch einen **südafrikanischen Chardonnay** von HAMILTON RUSSEL, Walker Bay, wobei der Wein an Frische und Lebendigkeit gewann und seinen etwas störenden Holzton einbüßte. Tintenfische im eigenen Saft wurden durch **Riesling Italico** (WR) von LA VERSA, S. Maria della Versa/Lombardei, resch und knusprig, dabei saftig und zart. Tintenfische „Niçoise" (mit Estragon, Knoblauch, schwarzen Oliven, Anchovis und Tomaten) waren beim Lokalfavoriten **Bellet Blanc** vom CHÂTEAU DE CRÉMAT in sorgsamen Händen. Auch (roter) **Merlot** ist möglich. Tintenfischrisotto genossen wir sowohl mit dem zitrusfrischen **Vespaiolo Superiore** von FAUSTO MACULAN, Breganze, als auch mit dem unvergleichlichen **Soave Classico „Capitel Foscarino"** von ROBERTO ANSELMI, Venetien. Tintenfische gefüllt probierten wir zuerst mit etwas neutralem **Gaillac Rosé**/SW-F und anschließend mit dem exquisiten und revolutionären **Verdicchio Classico dei Castelli di Jesi** der FRATELLI BUCCI, Pongelli/Marken/I. Tintenfische mit → Aïoli testeten wir zu gekühltem rotem **Gamay**/Loire und maßgeschneidertem weißem, trockenem **Picpoul de Pinet**/Languedoc/F. Tintenfische fritiert und trockener **Prosecco**/Venetien/I gehören zusammen wie Romeo und Julia. (Im konkreten Fall handelte es sich um den Ausnahmewein von PINO ZARDETTO, Conegliano/Venetien/I.) Tintenfische schwarz mit weißer → Polenta wurden durch feinen **Vespaiolo Superiore** von FAUSTO MACULAN, Breganze, und seidigen **Pinot dei Colli Euganei**/Venetien erfrischend präsentiert.

TINTENFISCH ALLA „ROMANA"

🖋 Tintenfisch waschen, Fangarme abtrennen, Innereien entfernen, Körper in dicke Scheiben schneiden, mit gewürfelten Tomaten, einer Knoblauchzehe, gehackter Petersilie, Olivenöl und Zitronensaft in einen großen Topf geben, salzen, pfeffern, zum Kochen bringen, mit etwas Frascati aufgießen, 45 Minuten bei geringer Hitze schmoren, einkochen und anrichten.

🍷 Diese römische Spezialität bedingt natürlich wegen des Kochweins einen süffigen **Frascati**. Zu besonderen Anlässen versuchen Sie einmal den zu 100 % aus **Malvasia** gekelterten **„Colli di Catone"** oder den bereits legendären **„Santa Teresa"** von FONTANA CANDIDA, Frascati, sowie den vielleicht noch besseren **Frascati Superiore „Villa Simone"** von VILLA SIMONE DI CONSTANTINI, Monteporzio Catone/Latium/I.

TINTENFISCH MIT ZITRONE

🖋 Tintenfisch unter fließendem Wasser reinigen, in Stücke schneiden, eine Stunde in Zitronensaft marinieren, Tomaten und Schalottenwürfel in Olivenöl andünsten, zuckern, zerdrückten Knoblauch und Basilikum (feingehackt) beigeben, mit Weißwein und Zitronenmarinade löschen, Tintenfisch dazugeben, bei milder Hitze 30 Minuten schmoren und mit Salz und Pfeffer abschmecken.

🍷 Neben dem leuchtturmartig hervorragenden **Tavel Rosé** vom CHÂTEAU D'AQUERIA/Tavel/südl. Rhône/F vermochten uns in Griechenland (!) auch ein mild geharzter **Retsina** von ATTIKI sowie der gekühlt vergorene **Gentilini** (ROBOLA, TSAOUSSI, 1–2 Jahre, 7–9 °C) von NICHOLAS COSMETAS, Insel Kephallinia, zu überzeugen.

TIRAMISU

🖋 Ital. Zieh mich hinauf. Die vielbegehrte kalorienreiche Nachspeise wurde erst 1960 in Treviso kreiert und entwickelte sich alsbald zu einem internationalen Hit. Mandellikör mit Espressokaffee verrühren, Eigelb und Staubzucker mit Vanilleschotenmark schaumig schlagen, → Mascarpone unterrühren, eingeweichte Gelatine in erwärmtem Rum auflösen, Mascarponemasse untermischen, Eiweiß steifschlagen, Vanillezucker beimengen, Schnee und Schlagrahm unter die Masse geben, Löffelbiskuits in Form legen, mit Espresso-Mischung tränken, Hälfte der Mascarponecreme darauf glattstreichen, restliche Biskuits auflegen und tränken, kaltstellen, mit Kakao bestäuben.

🍷 Die berühmtesten Kavaliere der üppigen Südländerin sind gespriteter **Marsala Superiore „Garibaldi Dolce"** (CAT, GRI, INZ …, 7–12 °C) aus Marsala/Sizilien und süßer roter **Recioto della Valpolicella Liquoroso** (16 %) bzw. **Recioto Classico** (mit nur 14 %, aus teilgetrockneten COV VERONESE-, MOL- und RON-Trauben, 4–10 Jahre, 12–15 °C), z. B. von ALLEGRINI, Fumane di Valpolicella/Venetien/I. Aus heimischer Sicht begeisterten vor allem traubig-frische **Eisweine**, die allesamt subtile Nuancen herausholten und das Kaffee-Aroma in den kulinarischen Himmel hoben; doch auch die grandiose **Weißburgunder TBA** von JOSEF GANGL, Illmitz/Neusiedlersee/BGLD/A, ließ anhaltende Gaumenfreude aufkommen. Wir versuchten auch einige milde italienische Weißweine mit kaum spürbarer Restsüße (**Pinot Grigio**, **Tocai**/Friaul, **Soave**/Venetien, **Frascati**/Latium), die sich insgesamt als annehmbare Dienerweine erwiesen, sich unterordneten und dem Dessert etwas an Aromatik und Süße wegnahmen.

TIROLER LEBER

🖋 Kalbsleber in dünne Tranchen schneiden, mehlen, in Butter goldbraun braten, warmstellen, im Bratenfond Zwiebelringe hell andünsten, enthäutete und entkernte Tomaten beigeben, dünsten, über die Kalbsleber geben und mit Kartoffelkroketten anrichten.

🍷 Über Tomaten und Zwiebeln haben sich sehr reifer **Sylvaner**, **Sauvignon Blanc**, **Riesling** und **Morillon** (**Chardonnay**) einen Stammplatz als Begleiter erworben. Unter den Rotweinen konnten sich **Zweigelt Rosé**, **Blauburger**, **Pinot Noir** (ohne Barriqueausbau) und **Vernatsch**/Südtirol profilieren.

TIROLER ROSTBRATEN

🖋 Gekochte Kartoffeln und Eier in kleine Würfel schneiden, mit → Sauce Béchamel liieren und mit Salz, Paprika und Petersilie aromatisieren; fingerdicke Tranche aus dem Zwischenrippenstück eines jungen Rindes (Ochsen) dünn klopfen, salzen, paprizieren, mit der Kartoffel-Eiermasse bestreichen, rollen, binden und weichschmoren.

🍷 **Merlot**, **Pinot Nero**, **Lagrein dunkel**/Südtirol sowie die benachbarten **Marzemino** von DE TARCZAL, Marano d'Isera/Trentino, oder von SIMONCELLI, Rovereto, bzw. reifer **Teroldego Riserva** (8–10 Jahre, 16–17 °C) von CONTI MARTINI, Mezzocorona/Trentino/I, letzterer als formidabler, robust-geradliniger Winterwein mit erstaunlichem Tiefgang, sind die sichersten Garanten für Tafelfreuden auf (Süd-)Tiroler Art.

TIROLER SPECKKNÖDEL MIT SAUERKRAUT

🖋 Feingewürfelte alte Semmeln und eine gehackte Zwiebel in 40 g Butter anrösten; ca. 125 g Mehl mit ½ l Milch, einem Ei, Salz und Petersilie zu einem leichten Teig verarbeiten, die gerösteten Semmeln, die Zwiebel und 125 g gekochte Räucherspeckwürfel damit vermengen, Knödel formen, in siedendem Salzwasser kochen und mit Sauerkraut servieren.

🍷 Auch wenn manche Alt-Tiroler von rotem **Sankt Magdalener**, **Lagrein Kretzer** oder **Pinot Nero**/Südtirol schwärmen – gegen unsere rassige Weißwein-Phalanx (**Riesling**, **Sylvaner**, **Grüner Veltliner**, **Pinot Blanc**), die vor allem mit dem Sauerkraut harmonierte, standen sie diesmal auf verlorenem Posten. Nach dem Tiroler Rostbraten (wo Südtirol/Trentin siegte) also ein Unentschieden im Vergleichskampf Österreich – Italien.

TOKÁNY

🖋 Ungarische Spezialität. Zwiebelstreifen in Schweineschmalz andünsten, Rindfleischscheiben beigeben, anbraten, mit Salz, Paprika und Majoran aromatisieren, mit Weißwein löschen, angeröstete Speckscheiben, etwas Knoblauch und Rahm beifügen und fertigschmoren.

Die Empfehlungen zu → Gulasch gelten auch hier, doch sei auf den von unseren ungarischen Freunden hochgepriesenen modernen **Egri Bikavér** = **Erlauer Stierblut** (**Kadarka**, **Kékfrankos** = **Blaufränkisch**, **Merlot**) von EGERVIN in Eger hingewiesen, der allerdings echauffierend wirkte. Im Sommer raten wir jedoch zu einem erfrischenden, pikanten weißen **Olaszrizling** (WR) des Aufsteigers HUBA SZEREMLEY/Badacsony/H.

TOMATEN (PARADEISER, PARADIESÄPFEL, LIEBESÄPFEL)

(frz. TOMATES, engl. TOMATOES, ital. POMODORI, span. TOMATES)

Die strahlend roten Früchte der Tomatenpflanze kann man das ganze Jahr über bekommen, doch am besten munden sie in den Sommermonaten. Sie sind reich an Vitaminen (A_1, B_1, B_2, C), Kalium, Magnesium und Natrium und gelten gemäß neuester Studien als Förderer von guter Laune und Liebeslust. Ursprünglich in Mexiko und Peru beheimatet, gelangte das Nachtschattengewächs im 16. Jahrhundert durch die Spanier nach Europa und wurde um 1790 erstmals roh und gekocht verwendet. Die gezüchteten Früchte werden immer geschmackloser, während die südlichen Früchte ein intensiveres, zart zitronensäuriges Aroma aufweisen. Mit der Neuzüchtung „Campari" gelang allerdings ein erster Schritt in die richtige (süß-saure) Richtung. Der französische Gastrosoph Grimod de la Reynière sagte schon um 1820: „Durch Tomatensauce wird auch mittelmäßiges Fleisch zu einem wahren Leckerbissen."

Vorsicht vor Tomaten. Ihr salzig-würzig-süßliches Aroma kann Weine unangenehm verändern! Zu Tomatenparfait gönnen Sie sich eine burgenländische **Bouvier Spätlese**; Tomatensauce mit Wurst vermählten wir erfolgreich mit Rotwein aus Kampanien, dem bekannten **Solopaca Rosso** von VOLLA, Solopaca. Tomates Concassées (geschmolzene Tomaten) gingen mit der roten spanischen **Valdepeñas Reserva „La Mancha"** ein Bündnis ein; gegrillte Tomaten mischten wir genial mit Schweizer **Merlot del Ticino**; Tomaten „Provenzalisch" (mit Olivenöl, Semmelbröseln und Knoblauch gratiniert) sind auf den **weißen Bellet**/Provence eingeschworen. Tomatencoulis (flüssiges Püree) und eleganter **Sauvignon Blanc „Smaragd"** von F. X. PICHLER, Oberloiben/Wachau/NÖ/A, griffen ineinander wie die Zahnräder einer Präzisionsuhr, und Tomatencremesuppe testeten wir mit den verschiedensten Gewächsen. **Frühroter Veltliner** (LUDWIG HIEDLER, Langenlois/Kamptal/NÖ/A) blühte auf, aber seine dominierende Frucht deckte das Tomatenaroma etwas zu; eleganter **Blauer Zweigelt** (ING. JOSEF LUST, Haugsdorf/Weinviertel/NÖ) verfälschte das Tomatenaroma etwas. Feiner **Cabernet Sauvignon „Los Vascos"**/Santiago/Chile förderte gar animalische Noten zutage. Der fruchtcharmante **Blauburger** von SEPP MOSER, Apetlon/Neusiedlersee/BGLD/A, dominierte auf subtile Weise. Beim **Pinot Grigio** von ENO FRIULIA/Friaul störten die Barriquetöne doch ein wenig. Weißer **Château Reynon Bordeaux sec** verstärkte den Eigengeschmack der Suppe und wurde selbst nussiger. Königswein war ein mit reintöniger Frische ausgestatteter **Chardonnay** (Stahltank) der Familie WIENINGER, Wien-Stammersdorf. Er erleuchtete das Tomatenaroma am schönsten und hellsten. Tomaten und **Champagne** sind eine Mésalliance (schaler Geschmack). Vanillige Eichensäfte wirken erstaunlich holzig (fast korkig) im Beisein von Tomaten. Unter den Rotweinen sind **Blaufränkisch**, **Blauburger** (Stahltank), **Barbera**/Piemont, **Zinfandel** und **Rioja Crianza** an erster Stelle zu nennen.

TOMATENCOULIS → WOLFSBARSCH AUF TOMATENCOULIS

TOMATENKETCHUP

Feingewürztes Tomatenmark, im Handel erhältlich. Als Zutat zu Saucen, Fisch und Fleischgerichten, Teigwaren usw. beliebt. Besonders in den USA, aber auch bei er europäischen Jugend ist der Griff zur Ketchupflasche beinahe selbstverständlich geworden, ohne das Gericht überhaupt gekostet zu haben. Ingredienzien neben dem Tomatenmark sind: Salz, Pfeffer, Paprika, Muskatnuß, Zucker, Zwiebeln, Weinessig, Knoblauch, Zimt, Ingwer und Gewürznelken.

Das Gelächter der Gourmets höre ich jetzt schon, doch der Vollständigkeit halber sei auch hier auf geschmacksergänzende und ausgleichende Gewächse hingewiesen. **Jurançon sec** (→ Shrimpscocktail), **Prošek**/Dalmatien, **australische Rieslinge** wie auch **halbtrockene Traminer** gehören zu den seltenen Exponaten der Weinwelt, die auch dem dubiosen Ketchup etwas an kulinarischem Glanz verleihen können.

TOMATENSAUCE → SAUCE TOMATES

TOMME (TOME)

Mild-sanfter Halbhartkäse in vielen Variationen; so gibt es den Tomme de Savoie (Savoyen) aus Schaf-, Ziegen- und Kuhmilch.

Kuhmilchkäse und schäumender **Seyssel** von VARICHON ET CLERC/Savoyen, Schafmilchkäse und **Sauvignon Blanc**, Ziegenmilchkäse und **Chenin Blanc** sind seit Generationen erprobt. Der aus der Schweiz (Waadtland) stammende Tomme Vaudoise, ein kleiner Kuhmilch-Weichkäse mit Schimmelbelag und cremigem Geschmack, war den besten einheimischen **Chasselas**-Weinen (hier der **Dézaley „Les Grandins"** von ETIENNE FONJALLAZ, Epesses) vorbehalten, doch paßt er auch ganz gut zu perlenden Edelweinen (**Champagne?**). Auch frische **rote Jungweine** werden im Herbst gerne zu Mittag angeboten.

TONGKU (TUNG KU, SHITAKE)

Japanische Pilzart mit feiner Würze, die bei uns in Dosen erhältlich ist und in vielen ostasiatischen Gerichten (→ Sukiyaki) vorkommt.

Neben → **Sake** sind vor allem reifer **Neuburger**, **Pinot Blanc** und **Pinot Gris** wie auch **Roter Veltliner** (GERALD MALAT, Furth-Palt, und MANTLERHOF, Brunn im Felde/Kremstal) zu erwähnen.

TOPFEN

Österreichische Bezeichnung für → Quark. Zu Topfen mit Kräutern überzeugten einige Pracht-**Rieslinge** (Wachau, Kamptal/A), indem sie der Kräuternote geschmacklich die Krone aufsetzten. Zu Topfen mit Kräutern und Paprika glänzten neben der **Riesling**-Elite auch einige **Chardonnays** ohne Barriqueausbau. Topfenpalatschinken (→ Palatschinken). Zu Topfenpastete konnten auch **Traminer Prädikatsweine** gefallen. (Im besonderen der **Traminer Ausbruch** von JOSEF DREISIEBNER, Ehrenhausen/S-STMK, und vor allem der **Ausbruch „Nouvelle Vague"** von ALOIS KRACHER, Illmitz/Neusiedlersee/BGLD/A, die beide herrlich dominierten.) Zu Topfenflan reichte man uns in Südfrankreich einen roten **Coteaux du Languedoc**, der sich nach bitterem Beginn relativ gut anpaßte. Topfennockerln mit Bröseln wurden von einer traumhaft milden **Riesling-Sylvaner Spätlese** (FRANZ HIRTZBERGER, Spitz/Wachau) gekonnt untermalt. Auch extraktsüße Rotweine (→ Topfenknödel) sind interessant.

TOPFENKNÖDEL

Bekannte österreichische Mehlspeise. Passierten Topfen mit Sauerrahm verrühren; Eier mit Zucker, Salz, Zitronenschale, Zitronensaft und Butter schaumig rühren und mit dem Topfen, Grieß und Mehl vermengen; nach einer halben Stunde zu kleinen Knödeln formen und in kochendem Salzwasser sanft kochen, in gerösteten Semmelbröseln wälzen und mit Zucker bestreuen.

Milde **Rosé-Schaumweine** wie auch halbtrockene bis halbsüße weiße **Prädikatsweine** (**Riesling-Sylvaner**, **Riesling**, **Pinot Blanc**, **Muskat-Ottonel** usw.) bringen für altgediente „Süßspeisentiger" nichts Neues, doch wenn mit Zwetschgenröster (Pflaumenröster) serviert, stellen hochelegante, extraktsüße Rotweine, die auch über die Brösel punkten (**Tignanello** von ANTINORI, Florenz, **Merlot** vom CASTELLO DI AMA, Gaiole in Chianti/Toskana usw.), oder herrlich fruchtsüßer **Cabernet Sauvignon-Merlot** von ENGELBERT und CHRISTIAN FISCHER, Sooß/Thermenregion/NÖ, eine überraschende Abwechslung für Rotwein-Enthusiasten dar. **Rote Eisweine** (z. B. der pikant-säuerlich-süße **Sankt Laurent Eiswein** von FRITZ RIEDER, Kleinhadersdorf/Weinviertel/NÖ) sind allerdings noch besser!

TOPFENSTRUDEL

150 g Butter mit 75 g Zucker, Salz, geriebener Zitronenschale und 5 Eidottern schaumig rühren, mit 500 g passiertem Topfen und 5 in Milch eingeweichten Semmeln, ½ l Sauerrahm und 100 g Rosinen vermischen, 5 Eiklar Schnee mit 75 g Zucker aufschlagen, darunterziehen

und fingerdick auf den ausgezogenen Strudelteig (ohne Brösel) streichen, Strudel rollen, im Rohr backen und mit Vanillesauce anrichten.

🍷 Auch hier waren einige niedrige weiße **Prädikatsweine** (**Spät-** und **Auslesen**) vorgesehen (**Riesling-Sylvaner**, **Riesling**, **Pinot Blanc**, **Grüner Veltliner**, **Muskat-Ottonel** ...), doch über die Vanillesauce konnten auch höhere Prädikate imponieren, z. B. die fast perfekt ausbalancierte **Welschriesling TBA** des WEINGUTS GARTNER aus Illmitz/Neusiedlersee/BGLD/A.

TOPINAMBUR (ERDARTISCHOCKE, ERDBIRNE, ROSSKARTOFFEL)

(frz. TOPINAMBOUR, engl. JERUSALEM ARTICHOKE, ital. TOPINAMBUR)

Eine Sonnenblumenart mit eßbaren Knollen von der Größe mittlerer Kartoffeln. Ursprünglich aus Nordamerika stammend, kam sie durch französische Seeleute um 1600 nach Europa. Bis ins 19. Jahrhundert als Viehfutter und „Kartoffel des kleinen Mannes" verwendet, haben sie sich im 20. Jahrhundert durch ihren nußartigen, zart süßlichen Geschmack einen Fixplatz in der klassischen Küche erobert. Topinambur enthält keine Stärke, sondern Insulin und ist für Diabetiker eine willkommene Abwechslung.

🍷 Das nussig-süßliche Aroma liegt geradezu ideal auf der Linie von **Neuburger**-, **Pinot Blanc**-, **Sylvaner**- und **Roter Veltliner Spätlesen bis Auslesen**. Zu Topinambursalat serviert man in Frankreich auch gerne junge rote **Gamay**-Weine, aber in erster Linie die gleichgepreßten **„Vins Gris"**/Zentralfrankreich. Topinambur in Backteig wurde durch eine **Roter Veltliner Auslese** (8–10 Jahre, 10–12 °C) von GERALD MALAT, Furth-Palt/Kremstal/NÖ/A, zu einem Gaumenschmaus ersten Grades.

TORTELLINI

Italienische Teigwaren. Ähnlich den Ravioli kleine mit Fleischfarce, Spinat, → Ricotta usw. gefüllte Teigringe, die vor allem in der Toskana, Emilia und Umbrien beliebt sind.

🍷 Tortellini alla Panna (mit Fleischfarce und sahniger Sauce) teilen Sie sicher gerne mit **Soave**/Venetien und lieblichem **Frascati** (Amabile)/Latium; Tortellini all'Erbetta (mit Gemüse-Kräuter-Füllung) sind für **Lumassina**/Ligurien und **Sauvignon**/Friaul reserviert, und Tortellini Emiliani (mit Hühner- und Schweinefleisch, Mortadella, Parmaschinken in Fleischsauce) sind mit dem derzeit besten Weißwein der Emilia-Romagna, **Albana di Romagna secco**, FATTORIA PARADISO DI MARIA PEZZI in Bertinoro, zu vereinen.

TORTILLA

Ursprünglich flache, dünne, ungesäuerte mexikanische Maisfladen, auch Tostada genannt, die gerne mit Spiegeleiern, Tomaten usw. belegt werden. In Spanien und Südamerika aber pikant-würzig oder süß gefüllte Omelettes.

🍷 In Südamerika gönnt man sich **halbtrockene Roséweine**, und in Mexiko greift man meist zu kühlem **Bier** (trocken-frisches **Tecate**, mit einer Prise Salz und einer Limonenscheibe gereicht). In Spanien hält man sich bei scharfen Tortillas auch an **Bier** (**Cerveza**) oder leichte Weißweine. Tortilla à la Barcelonesa (Omelett mit Hühnerleber und Schinken sowie Käse- und Spinatsauce) genießt man jedoch mit fruchtig-leichten Rotweinen, z. B. von FERRET, Mateu/Penedès. Tortilla Madrileña (Omelett mit Schinken, Zwiebeln und Kalbsbries) und blumig-frischer Weißwein mit feiner Säure und zarter Restsüße, wie der **„San Valentin"** von M. TORRES, Vilafranca del Penedès, sind gerade richtig. Tortilla al Ron (Omelett, mit Rum flambiert) vermählten wir stilgerecht mit einem sehr alten (muy viejo), zartsüßen **Moscatel** von DE MULLER, Tarragona/Katalonien/E.

TOURNEDOS (MEDAILLONS, TENDERLOIN STEAKS)

Runde, zarte, fettfreie, gaumenbreite Tranchen vom Rinderfilet (Lendenschnitten), aus dem Stück zur Spitze hin. Das Fleisch wird nicht geklopft, sondern mit dem Handballen in runde Form gedrückt. Pro Person rechnet man entweder zwei Stück à ca. 80 g oder ein Stück zu etwa 120 g. Tournedos werden fast immer in der Pfanne gebraten oder gegrillt und auf einem Sockel, meist aus geröstetem Weißbrot, angerichtet.

🍸 Tournedos „Brillat-Savarin" (mit Morcheln und Trüffeljus) und reifer **Chambolle-Musigny Premier Cru**/Burgund (JACQUES-FRÉDÉRIC MUGNIER, GHISLAINE BARTHOD, GEORGES ROUMIER ..., alle aus Chambolle-Musigny/Côte-de-Nuits) können der Gipfelpunkt des Genusses sein. Tournedos „Caruso" (auf geröstetem Weißbrot und getrüffelten Makkaroni) sangen gemeinsam mit edlem **Barbaresco „Bricco Asili"** der Brüder CERETTO, Alba/Piemont, das hohe C. Tournedos „Alsaçienne" (Elsässer Art, mit Gänseleber, Trüffelscheiben, Madeirasauce) genossen wir zu Mittag mit feinem **Pinot Noir d'Alsace**, und am Abend mit grandiosem, trüffelverliebtem **Château Trotanoy**/Pomerol/Bordeaux/F. Tournedos mit rosa Pfeffer und **Château Montrose 2ᵉ CC** aus Saint-Estèphe/Bordeaux führten ein aufregendes Zwiegespräch. Tournedos mit Sauce Béarnaise sind den Rotweinen aus Listrac/Haut-Médoc sehr verbunden. Tournedos „Curnonsky" (mit gegrillten Tomaten, Rindermark, Trüffeln sowie Cognac-Portwein-Sauce) genoß der gewichtige Gastrosoph selbst am liebsten mit ein bis zwei Flaschen gut gereiftem rotem **Château Haut-Brion**/Graves/Bordeaux, und zu Tournedos „Verdi" (auf Gnocchiring mit Rösttomate) servierte unser Gastgeber in Italien hervorragenden **„Sammarco" VDT** (CS 75 %, SAN 25 %, 4–7 Jahre, 16–18 °C) vom CASTELLO DEI RAMPOLLA, Greve/Toskana.

TOURNEDOS „ROSSINI"

✐ Am berühmtesten, aber auch am meisten verfälscht ist jenes Gericht, dem der Komponist und Hobbykoch Gioacchino Rossini (1792–1868) seinen Namen gab: Tournedos, mit dem Handballen geformt und mit einem Faden umwickelt. Öl in einer Pfanne stark erhitzen, Fleisch auf jeder Seite knusprig anbraten, mit Salz und Pfeffer würzen, mit gebratener Gänseleberscheibe belegen, mit Trüffelscheibe obenauf garnieren, mit → Sauce Madère (Madeirasauce) überziehen und auf Croûtons anrichten; als Beilage Pommes frites.

🍸 Ähnlich wie bei Tournedos „Alsaçienne" sind auch hier große **Pinots Noirs**/Burgund und **Pomerols**/Bordeaux von überzeugender Wirkungskraft, doch hält man sich hier traditionellerweise gleich an ganz große **Burgunder** (**Chambertin** und **La Tache GC** bzw. **Romanée-Conti GC**). Unter den **Pomerols** sind **Château Pétrus**, **Château Le Pin**, **Château Trotanoy** und **Château L'Evangile** am bewährtesten. Neuerdings genießt man auch die grandiosen Aufsteiger von der nördlichen Rhône (**Côte Rôtie „La Turque"** von MARCEL GUIGAL), aus Piemont (**Barolo „Cerequio"** von MICHELE CHIARLO) und aus dem spanischen Priorato (**Clos Mogador**, **Clos de L'Obac** ...) dazu.

TRAPPISTENKÄSE

✐ Ein dem → Tilsiter ähnelnder, halbfester Schnittkäse mit buttergelbem Teig und mildsäuerlichem Aroma, der erstmals im 19. Jahrhundert in einem bosnischen Trappistenkloster hergestellt wurde, heute aber weit verbreitet ist.

🍸 Zum Trappistenkäse harmoniert ein hochinteressantes **Trappistenbier „Chimay Blanche"** aus der berühmten belgischen Klosterbrauerei. Das kraftvoll männliche Bier trumpfte mit hopfiger Note und zartsäuerlichem Abgang auf und war dem Käse ein klösterlich-himmlischer Begleiter von seltener Ausdruckskraft. (Es waren vor allem die außergewöhnlichen Meisterwerke des Trappistenklosters, insbesondere das „portweinartige" **Chimay Bleue**, die mich auch zum Biertrinker gemacht haben.)

TRAUTENFELSER EDELSCHIMMELKÄSE

✐ Steirischer Edelschimmelkäse aus Schafmilch von pikant-würzigem Aroma und vollmundig ausdrucksvollem Geschmack, der seine großen Stärken vor allem in frischem, jugendlichem Zustand ausspielt.

🍸 Neben (dunklen) **Doppelmalzbieren**, die in jedem Reifezustand Freude bereiteten, waren für den jugendlichen Käse vor allem weiße **Prädikatsweine** mit pikantem Säurekleid (**Ausbruch**, **Eiswein** ...) die richtigen Stimmungskanonen. Eine glückliche Hand hatten wir auch mit dem blutjungen, in Barriques ausgebauten **Pinot Cuvée Ausbruch** (PB, PG, 2–10 Jahre, 8–12 °C) von FEILER-ARTINGER, Rust/Neusiedlersee-

Hügelland/BGLD/A. Sehr süße Weine (**Beerenauslese**, **Trockenbeerenauslese**) übertönen zumeist das edle Käsearoma, und niedrige **Prädikatsweine** (Spätlese, Auslese) verfeinern zwar des öfteren den Schimmelgeschmack, forcieren aber gleichzeitig dessen salzige Seite. Rezente reife Exemplare lassen sich auch von großen reifen Rotweinen aromatisch führen. Die schönste aller Stunden war jene, als sich reifer „Steirer" (Käse) und graumelierter toskanischer **Brunello di Montalcino „Poggio Antico"**/Montalcino die Hand reichten.

TREPANGSUPPE

✐ Chinesische Spezialsuppe. Trepang sind gekochte und geräucherte Meeresgurkenarten, Verwandte der Seeigel, die in 5 bis 20 m Tiefe auf sandigem Grund von Tauchern eingefangen werden und denen man eine hohe erotisierende Wirkung nachsagt. Die milchig aussehenden, etwas geschmacklosen Gallertgurken sind leicht verdaulich, 10 bis 30 cm lang, müssen vom Sand gereinigt und mit Kalb- und Hühnerfleisch, Räucherschinken und exotischen Gewürzen zu einer Bouillon verkocht werden, die man zusätzlich noch mit altem Reiswein (Sake) aromatisiert.

🍸 → **Sake**, → **Sherry Amontillado dry** und → **Madeira Sercial** verleihen dem Aphrodisiakum angeblich ein noch höheres Maß an Wirkungskraft.

TRIFLE

✐ Engl. Kleinigkeit. Altenglische Süßspeise aus ½ l Milch, 3 bis 4 EL Zucker, einem Päckchen Vanillezucker und 2 bis 3 Eidottern, die im Wasserbad zu einer Creme gerührt werden; Löffelbiskuits (Biskotten), mit Marmelade bestrichen, zerbröckelte → Makronen darüber gegeben und alles mit (Cream-) → Sherry gut durchtränkt, mit Erdbeeren garniert, mit der Creme überzogen und mit Schlagrahm bespritzt.

🍸 **Cream Sherry** (**Sanlúcar Cream** von BARBADILLO, Jerez, oder HARVEY'S **Bristol Cream** bzw. **Bristol Milk**, Jerez) ist jene „Milch der frommen Denkungsart", die schon die englischen Dichterfürsten Lord Byron und Oscar Wilde zu geradezu überirdischen Elogen und Gedichten animierte.

TRIPES → KALDAUNEN (KUTTELN)

TRIPES À LA MODE DE CAËN

✐ Klassisches französisches Kuttelgericht, das dem Küchenmeister Benoit, einem Schüler Carêmes, zugeschrieben wird. Zwiebeln, Karotten und Porree Julienne geschnitten, einen zerschlagenen Ochsenfuß, kleingeschnittene frische Kutteln sowie ein Bouquet garni in einer großen Pfanne mit Salz, Pfeffer und zerdrückter Knoblauchzehe gewürzt, mit Rindernierenfett vermischt, mit Apfelwein (Cidre) aufgefüllt und zugedeckt etwa zehn Stunden gedünstet. Fett abgegossen, Knochen und Bouquet entfernt und mit Weißbrotscheiben serviert. (→ Kaldaunen)

🍸 Neben **Cidre** konnten dem salzig-säurigen, mit Zwiebel(Lauch)- und Röstnoten versehenen Gericht einige elsässische „Gewürzweine" (**Gewürztraminer**, **Riesling**, **Sylvaner**, **Muscat**), aber auch **Sauvignon Blanc** und **Chardonnay** erfolgreich begegnen, und selbst die noch strengeren roten **Fitou** und **Corbières** (Languedoc-Roussillon), kellerkühl bei 13–15 °C serviert, waren nicht fehl am Platz.

TROMPETENPILZ (TROMPETENPFIFFERLING)

(frz. TROMPETTE-DE-LA-MORT, ital. TROMBETTA DA MORTO)

✐ Der Name sagt schon einiges über die Form des Pilzes aus. Der zartfleischige Hut bildet einen tiefen Trichter in den etwa 8 cm hohen Stiel hinein. Das gelblich braune Fleisch ist von zurückhaltendem Duft sowie mildem Aroma und wird von September bis November in Nadelwäldern gefunden.

🍷 Reife Weißweine ohne Barriqueausbau (**Pinot Blanc**, **Pinot Gris**, **Chardonnay**) sind die idealen Gefährten des mittelmäßig beliebten Pilzes. Auch mittelreife bis reife Rotweine (**Pinot Noir**, **Zweigelt**, **Sangiovese**) können ihm etwas Leben und Würze vermitteln.

TRÜFFEL

(frz. TRUFFE, engl. TRUFFLE, ital. TARTUFO, span. TRUFA)
Die kostbarste Edelpilzart wird immer seltener und teurer. Die feinsten schwarzen Trüffel, die meist gekocht verspeist werden, kamen früher aus Perigord südlich von Bordeaux und heute meistens aus Quercy/südl. Rhône. Sie haben ein unvergleichliches würzhaftes Aroma und einen pikant-morbiden Duft, der dem Sexualhormon des Ebers ähnelt und deshalb von weiblichen Schweinen besonders leicht aufgespürt wird. Die besten weißen Trüffel aus dem norditalienischen Piemont weisen hingegen einen leicht knoblauchartigen Duft auf. Sie wachsen unterirdisch im Waldhumus und werden von abgerichteten Hündinnen begierig gesucht, da dieser Duft der sexuellen Aura eines männlichen Hundes nahekommt. Obwohl sich bereits die Römer an dem göttlichen Pilz „zu Tode aßen", kannte man Trüffel um 1680 in Österreich nicht einmal dem Namen nach. Der französische Gastrosoph Brillat-Savarin nannte sie die „Diamanten der Küche", und Kaiser Napoleon I. schwor auf Trüffel und Austern als beste natürliche Aphrodisiaka, was nach neuestem Forschungsstand vom hohen Androsteron- und Zinkgehalt der – frisch gehobelten! – Pilze herrührt.
🍷 Trüffelbrioche ist von köstlichen **Muskat-Schaumweinen** (**Moscato**/Piemont) und Frankreichs Gegenstück **Clairette de Die**/südl. Rhône hellauf begeistert. Trüffeln mit hellem Geflügel wird in Frankreich mit reifem **Corton-Charlemagne GC**/Burgund höchste Ehre erwiesen, während man im Piemont den besten **Gavi** (LA SCOLCA bzw. MICHELE CHIARLO) oder **Chardonnay** (ANGELO GAJA) aufbietet. Trüffelrisotto mit Wildhenderlherzen reagierte ähnlich wie der Vorgänger, war aber auch **Chardonnay**/NZ (MARTINBOROUGH VINEYARDS) und **Sauvignon Blanc** (**Fumé Blanc**)/Kalifornien (ROBERT MONDAVI, Napa) nicht abgeneigt. Truffes à la Crème (mit Rahmsauce) sind edlen, mildsüßen Kreszenzen vom Range einer **Pinot Gris Auslese** oder eines edelsüßen **Quarts de Chaume GC** (CHB, 10–20 Jahre, 7–9 °C, CHÂTEAU DE BELLERIVE oder CH. LA SURONDE, Anjou-Saumur/Loire) wie auch eines modern vinifizierten **Barsac**/Sauternes, z. B. **Château Doisy-Daëne** oder **Château Doisy-Dubroca**, bei perfekt abgeschmeckter Sauce Partner von zeitloser Delikatesse und Faszination. Truffes en Pâte à la Périgourdine (Trüffel mit Gänseleber in Butterteig) sind die richtige Herausforderung für die weißen Grand-Cru-Stars aus Burgund: **Montrachet** (DOMAINE RAMONET, DOMAINE DE LA ROMANAÉE-CONTI, J. PRIEUR, DOMAINES DES COMTES LAFON) und **Corton-Charlemagne** (BONNEAU DU MARTRAY, ANTONIN GUYON, LOUIS JADOT, J. FAIVELEY).

TRÜFFEL „CUSSY"

Frische schwarze Trüffel in Madeira weichkochen, aushöhlen, das ausgehobene Fruchtfleisch hacken, mit Wachtelpüree vermengen, pikant würzen, in die Trüffel füllen und mit in Madeira gebundenem Wildjus übergießen.
🍷 Obwohl sehr viele Sommeliers bitterwürzig-rauchig-süßen **Madeira Bual** (BLANDY, COSSART GORDON, HENRIQUES & HENRIQUES, LEACOCKS, PEREIRA D' OLIVEIRA oder RUTHERFORD & MILES) anbieten, so scheint uns doch der Pakt mit edlem, reifem (rotem) **Pomerol** (**Château Pétrus**, **Ch. L'Evangile**, **Ch. L'Eglise-Clinet**, **Ch. La Fleur-Pétrus**, **Ch. Lafleur**, **Ch. Latour à Pomerol**, **Ch. Le Pin**, **Ch. Petit-Village**, **Ch. Trotanoy** ...) der wesentlich beständigere zu sein. Auch kraftvoll-feuriger **Cabernet Sauvignon** aus Kalifornien (z. B. **„Martha's" Vineyard** von JOE HEITZ oder GRACE FAMILY VINEYARDS, Napa – beides wahre Riesen an Konzentration und Fruchtwürze) wies die richtige Blutgruppe auf.

TRÜFFEL IN DER ASCHE („TRUFFES SOUS LA CENDRE")

Trüffel, mit Cognac, Salz und frisch gemahlenem Pfeffer kurz mariniert, mit dünnen Speckscheiben umwickelt, zweifach in gebuttertes Pergamentpapier gehüllt und ca. 45 Minuten in heiße Asche gelegt; ausgewickelt, mit frischer Butter, grobkörnigem Salz und frischem Baguette (Stangenweißbrot) serviert.

🍷 Feinster reifer **Pouilly Fuissé „Vieilles Vignes"** vom CHÂTEAU FUISSÉ/Mâconnais/Burgund und klassisch hocharomatischer **Hermitage Blanc „Chante Alouette"** von M. CHAPOUTIER, Tain l'Hermitage/nördl. Rhône, mochten sich noch so sehr anstrengen, gegen den sensationellen 20jährigen Luxus-**Champagne Bollinger R. D.** hatten sie keine Chance. Opulenz, Kraft, Eleganz und ungebändigte Wildheit (Trüffel) fanden sich zu einer geist-, gaumen- und magenbetörenden Symbiose von seltener Dimension. Eine Sternstunde! Junge **Champagnes** kollidieren meist mit dem Speck.

TRÜFFEL IN PORTWEIN

✐ Frische schwarze Trüffel werden in Scheiben geschnitten, in Butter leicht angebraten, pikant gewürzt, in → Portwein gedünstet, mit Rahm und Kalbsglace gebunden und zugedeckt fertiggedünstet.

🍷 Feiner **Vintage Port** von TAYLOR'S, dem König des **Portweins** (mindestens 20 Jahre, 12–14 °C), paßte sich mit traumwandlerischer Sicherheit an. Sehr reifer **Romanée-Conti GC**/Vosne-Romanée/Burgund und ebensolcher **Château Haut-Brion Premier CC Graves**/Bordeaux bildeten jeweils ein Paar von schier unglaublicher Finesse, Eleganz, Kraft, Feurigkeit und Noblesse. Wer nach dem ersten Schluck einen müden Galan erwartete, sah sich getäuscht, denn **Portwein** und Trüffel verliehen den Weinen noch einmal Flügel. Grandios auch die Highflyer des spanischen Priorato (**L'Ermita** und **Clos Mogador**) und die fleischig-würzige **Cuvée Bela Rex** (CS, M, 5–7 Jahre, 16–17 °C) von FAM. GESELLMANN, Deutschkreutz/BGLD.

TRÜFFELKARTOFFELN

✐ Rohe Kartoffeln werden in kleine, dünne Scheibchen geschnitten, zart gesalzen und mit Trüffelscheibchen in Butter gebraten.

🍷 Hier konnten auch große reife **Riesling Spätlesen** (Rheingau, Mosel/D, Wachau/A, Elsaß/F) reüssieren. Die Kartoffeln machten es möglich. Weiters sind edle **Chardonnays**, **Grüne Veltliner „Smaragd"** und **Pinots Blancs** mit Kraft, Saft und zarter Extraktsüße, reifer **Viognier**/nördl. Rhône sowie ungarischer **Tokaji Szamorodni Száraz** (trocken) unter die Lupe bzw. Zunge zu nehmen.

TRÜFFELSAUCE → SAUCE PÉRIGUEUX

TRUTHAHN (WELSCHHAHN, INDIAN, PUTER)

(frz. DINDON, engl. TURKEY, ital. TACCHINO, span. PAVO)

✐ Ein ursprünglich mittelamerikanisches Federwild, das schon in vorspanischer Zeit von den Azteken als Haustier gehalten wurde und um 1505 nach Europa kam. Noch heute ist es in England ein traditioneller Weihnachtsbraten und in den USA ein Erntedankfest-Schmaus (Thanksgiving day am letzten Donnerstag im November). Indians werden bis zu 20 kg schwer, doch das Fleisch der jungen Hähne mit ca. 4 bis 6 kg ist am feinsten, schmackhaftesten und am leichtesten verdaulich. (Puten/Truthennen sind nicht so saftig-fleischig). Immer wieder betont man, daß Truthähne sieben Arten von Fleisch besitzen, die sich in Farbe, Geschmack und Konsistenz unterscheiden. Brillat-Savarin bezeichnete Truthahn gefüllt mit gebratenen Ortolanen und in Wein gedünsteten Trüffeln als wahre Götterspeise. Die Leber des Truthahns sollte man meiden, da sie oft extrem mit dem giftigen Schwermetall Kadmium belastet ist.

🍷 Zu gefülltem Truthahn wählen Sie eine **Riesling**- oder **Traminer Spätlese trocken**. Rollbraten von der Truthenne bildet mit rustikalem **Rosso Conero** von ALBERTO SERENELLI, Ancona/Marken, ein gutes Team. Truthahn am Spieß paart man in Frankreich gerne mit **Graves Blanc**/Bordeaux oder weißem **Monthelie**/Burgund. Truthahn „Chipolata" (mit glacierten Zwiebelchen, Karotten und Maronen) kann man sowohl mit weißen (**Chardonnay** aus der Neuen Welt, **Sémillon-Sauvignon**/AUS) und roten Gewächsen (**Santenay**/Burgund, **Saint-Joseph**/nördl. Rhône oder **Merlot**) gut bedienen. Truthahn-Ballotine (kleine Roulade aus entbeintem Truthahn) und spanischer **Penedès Blanco** von RENÉ BARBIER oder CONDE DE CARALT, Sant Sadurni d'Anoia, erwiesen sich als delikate Gemeinschaft. Truthahn geräuchert und rustikal-würziger **Riesling** oder kraftvoller **Rosé** (PN, E. KNOLL, Wachau) erhöhten, je nach Geschmackspräferenz, das Eßvergnügen. Truthahn „Dalmatinisch" (mit Zwiebeln, Tomaten und Wein gekocht und mit Reis serviert), gepaart mit **Traminec Drava** (**Traminer**) von JURINA, Marburg/Slowenien, ist ein Geheimtip unter

Freunden. Truthenne gefüllt mit Steinpilzen servierte man uns in Frankreich mit erdig-würzigem rotem **Fronsac**/Bordeaux und in Österreich mit einer superben reifen **Weißburgunder Spätlese** von JOHANN STADLMANN, Traiskirchen/Thermenregion/NÖ. Truthennenflügel „Vigneron" (nach Winzerart, serviert auf geröstetem Toastbrot, bestrichen mit einer Mischung aus Cognac, Truthahnleber, Gänseleber und Butter; dazu weiße und blaue Weinbeeren) bot man uns in Frankreich alternativ mit **Saumur Blanc** (SB) und gekühltem **Saumur Rouge** (CF, 2–5 Jahre, 12–14 °C) von DENIS LUCAZEAU, Montreuil-Bellay/Anjou/Loiretal, an, wobei der **Saumur Blanc** als Mittags- und Sommerwein erfolgreich war. Truthahnleberparfait versuchten wir mit einigen weltberühmten Weinen zu vereinen. Der grandiose, buttrig-rauchig-nussig-trocken-eichenwürzige und doch üppig-samtig-cremige Erstling erschien uns wie eine rätselhafte Sphinx. Es war **Montrachet GC** (CH, 8–10 Jahre, 10–12 °C) von der DOMAINE RAMONET, Burgund, der durch die strenge Leber scharf und unharmonisch wurde. Da schlug sich die reife **Rotgipfler Auslese „Ried Student"** (10–15 Jahre, 9–11 °C), FREIGUT THALLERN, STIFT HEILIGENKREUZ, Guntramsdorf/Thermenregion/NÖ/A, ungleich besser. Quelle der Inspiration war die perfekt eingebundene Restsüße! Auch mildsüßer **Rieslingsekt „Fürst von Metternich"**/Rheingau und **Riesling extra dry**, RUDOLF MÜLLER, Reil/Mosel/D, entlockten dem Gericht über Dosage und Kohlensäure einige strahlende Spitzentöne. Truthahn in Trüffelsauce war diesmal vom Kultwein der neunziger Jahre, **Côte Rôtie „La Mouline"** (SYR, 8–12 Jahre, 17–18 °C) des MARCEL GUIGAL, Ampuis/nördl. Rhône, einem fleischig-rauchig-würzig-trüffeligem Wein, in höchste Sphären geführt worden. Doch auch die viel weniger teuren „Brüder" (**Côte Rôtie**) von BERNARD BURGAUD und JOSEPH JAMET, Ampuis, ließen Gourmetfreuden aufkommen. Nicht zu vergessen die hochinteressante weiße Alternative mit **halbtrockenem Sauternes**/Bordeaux (**„Y" d'Yquem**, **„G" de Ch. Guiraud** und **„R" de Ch. Rieussec**!).

TRUTHAHN AUF „AMERIKANISCHE ART"

✎ Je 250 g eingeweichtes Weißbrot und gehacktes Kalbsnierenfett, 3 feingehackte gedünstete Zwiebeln, 3 Eier, gehackte Petersilie und Salbei gut vermengen, in einen jungen Indian füllen, würzen, braten; Fond mit Hühnerbouillon verkochen und mit Preiselbeersauce auftragen.

🍷 Aus (nord-)amerikanischer Sicht waren samtiger roter **Merlot** und üppiger weißer **Chardonnay**, **Sémillon-Sauvignon** und **Sauvignon Blanc** (**Fumé Blanc**), allesamt mit reicher Eichenwürze ausgestattet, besonders erfolgreich. Salbei und Preiselbeeren plädierten eindringlich für **Sauvignon Blanc**: die exotisch duftenden, halbtrockenen, kräuterwürzigen Weine von SPOTTSWOODE WINERY, St. Helena/Napa/KAL, und AUSTIN CELLARS, Santa Barbara/KAL, den eleganten und perfekt balancierten **Fumé Blanc** von BENZIGER OF GLEN ELLEN, Sonoma/KAL, das beinahe europäisch anmutende Sortenjuwel von THE BRANDER VINEYARD, Santa Barbara/KAL, sowie den in Barrique vergorenen und nach Eisenkraut und Salbei duftenden **Fumé Blanc** von BARNARD GRIFFIN, Washington. In Österreich begeisterte eine fulminante **Roter Veltliner Spätlese** von LITANA, VIGNE & SÖLLNER, Gösing/Donauland.

TRUTHAHN IN WEICHSELSAUCE

✎ Truthahn innen und außen mit Salz einreiben, mit Butter einpinseln, in eine Alufolie geben und 1 ½ Stunden garen; Weichseln entsteinen, halbieren, in Butter und karamelisiertem Zucker dünsten, Rotwein beigeben, mit Geflügelfond aufgießen, Zimt, Salz und Pfeffer zufügen, Früchte pürieren und Sauce dadurch binden, etwa ½ Stunde vor Ende der Garzeit des Truthahns die Weichseln beigeben und mitköcheln; Truthahn in Portionen mit Weichseln und Bratkartoffeln anrichten und mit der Sauce bedecken.

🍷 Um die Mittagsstunde sind **Champagne Rosé** (z. B. MAILLY oder POL ROGER) und (weichsel-)fruchtcharmante, mittelkräftige Rotweine (**Blauer Portugieser**, **Zweigelt**, **Sankt Laurent**/A oder **Humagne Rouge**/CH) mit wenig Eichengeschmack (z. B. der **St. Laurent** von MICHAEL MARTIN, Neusiedl a. d. Zaya/Weinviertel/NÖ), unaufdringliche, anpassungsfähige Gegenpole zur üppigen Sauce. Am Abend sind samtige, extraktsüße Barrique-Rotweine gefragt. Herausragend die superbe **Cuvée Veratina** (CS, BLF, ZW, 2–5 Jahre, 16–17 °C) von FRANZ WENINGER, Horitschon/Mittelburgenland, und der prunkvolle **„Orizzonte"** (M, 3–6 Jahre, 16–17 °C) von CHRISTIAN ZÜNDL, Berole/Tessin/CH. An kalten Winterabenden sind die Giganten **Côte Rôtie „La Landonne"** von M. GUIGAL/nördl. Rhône, **Amarone** (z. B. von TOMMASI/Venetien), **Bricco della Bigotta** (BAR) von GIACOMO BOLOGNA/Piemont und der **Grand Merlot** von SPRING HILL (JAMES IRVINE)/S-AUS erwünschte Aroma- und Wärmespender. Süßwein-Enthusiasten könnten jugendliche **Sauternes**/F, **Vin Santo**/Toskana oder edle **halbtrockene Traminer Auslesen** (z. B. von PAUL TRIEBAUMER, Rust/BGLD) versuchen.

TURNIP TOPS

✐ Englische Spezialität. Kleine zarte Blätter werden von den Stielen → Weißer Rüben gezupft, in Salzwasser gegart, ausgedrückt, in Streifen geschnitten und mit zerlassener Butter beträufelt. (→ Teltower Rübchen und → Weiße Rüben)

🍷 **Sauvignon Blanc**, **Sylvaner** und fruchtiger neuseeländischer **Chardonnay** ohne Barriqueausbau sind die Favoriten für die zarten Tops. Der rieslingartige **Kerner** von ASTLEY, Worcestershire/England, ließ tatsächlich Gaumenfreuden aufkommen.

ÜBERRASCHUNGSOMELETT AUF „NORWEGISCHE ART“ (OMELETTE EN SURPRISE „NORVÉGIENNE“)

✐ Biskuitboden zuschneiden, in der Mitte gemischtes Speiseeis (Vanille, Zitrone, Kaffee) auftürmen und mit → Baiser-Masse bedecken, damit es nicht schmilzt; alles mit Auflaufomelettmasse umhüllen, Verzierungen aufspritzen, mit Zucker bestreuen, schnell im Ofen backen, mit Mandeln, Pistazien und kleinen Kompottfrüchten garnieren und sofort servieren.

🍷 **Muskat-Schaumwein** und milder **Champagne** haben hier kaum Konkurrenz zu fürchten, zu lange schon sind die Gaumen der Feinspitze darauf trainiert. Edelsüße weiße **Prädikatsweine** mit würzigem, von feiner Säure getragenem Fruchtspiel sitzen gewissermaßen auf der Ersatzbank und warten auf ihren Einsatz. (Die elitäre Rheingauer **„Hattenheimer Wisselbrunnen“ Riesling TBA** (15–20 Jahre, 8–11 °C) vom SCHLOSS REINHARTSHAUSEN, Eltville-Erbach, saß an erster Stelle und wurde alsbald erfolgreich eingewechselt.)

UNGARISCHE SAUCE („SAUCE HONGROISE“)

✐ Große gehackte Zwiebel in Butter hell anschwitzen, mit einer Messerspitze Salz und 1 g Paprika würzen, mit 2 dl Weißwein auffüllen, Bouquet garni beifügen, zu zwei Drittel einkochen, Bouquet entfernen, mit brauner Grundsauce (→ Sauce Espagnole) und Sauerrahm auffüllen und kurz durchkochen. Zu gebratenem Rindfleisch, Lammnüßchen, Kalb, Geflügel, Fischen, Gurken und Auberginen.

🍷 Die Weinempfehlungen zu → Sauce Espagnole haben auch hier Gültigkeit, ergänzt durch einige ungarische Weißweine aus Badacsony (Plattensee), wie **Chardonnay**, **Szürkebarát** (**Pinot Gris**) und **Kéknyelü**. Ungarns Feinschmecker und Schlemmer trinken auch feurige Rotweine (**Merlot**, **Kékfrankos** = **Blaufränkisch** und **Cabernet**) dazu.

VACHERIN

✐ Französischer und Schweizer Weichkäse. Der französische Vacherin Mont d'Or hat eine rötlichbraune Rinde und ist in gut gereiftem Zustand sehr aromatisch-kräftig. Wegen der Reifung in einer Form aus Tannenrinde besitzt er auch einen leichten Tannenholztouch. Der Schweizer Vacherin Fribourgeois wird aus roher und pasteurisierter Milch hergestellt, wobei man zwei Arten unterscheidet: den festen Vacherin (pour la main) zum direkten Genuß und den weichen Vacherin (pour Fondue), der nur als Schmelzkäse produziert wird.

🍷 Zum französischen Käse versuchen Sie jugendlich frischen, mildsüßen weißen **Sauternes-Barsac**/Bordeaux oder **Gewürztraminer Vendange Tardive** (**Spätlese**)/Elsaß, und für den eidgenössischen wählen Sie aromatische, milde Weißweine (**Chasselas**) wie reifen **Dézaley „Clos de Moines“** bzw. zartsüßen **Malvoisie du Valais** von CHARLES BONVIN, Sion, oder **Scheurebe** (**Sämling 88**), **Muskat-**

Ottonel usw. Die vollmundig-milde Art der Vacherins wird auch von eleganten, samtig-reifen Rotweinen (**Pinot Noir**, **Gamay**, **Merlot**) subtil unterstrichen. Zum französischen Vacherin mit Pellkartoffeln sind **elsässische Rieslinge** altbewährte Begleiter.

VACHERIN (HIMALAYA, SCHNEETORTE)

Kalte Süßspeise aus → Baiser-Masse, in großen Ringen (10–12 cm Durchmesser) auf ein Backblech gespritzt, im Rohr getrocknet, auf Tellern angerichtet, mit Schlagrahm und Walderdbeeren gefüllt.

Hiezu hat sich der exquisite (schäumende) **Seyssel Mousseux** (Rebsorten: **Roussette**, **Molette** und **Bon Blanc** = **Chasselas**) aus dem savoyischen Rhônetal zwischen Genf und Lyon neben **Champagne Rosé** als bisher unschlagbar erwiesen. Interessant auch der **Malanser Crémant** von THOMAS DONATSCH, Malans/Graubünden/CH.

VALENCAY

Ein fester französischer Ziegenkäse aus dem Department Indre/Loire, der mit Holzkohlenasche bestäubt wird und einen nussigen Schimmelgeschmack mit deutlichem Ziegenton aufweist. Beste Zeit von Mai bis November.

Für reife Käse sind die trockenen bis halbtrockenen **Chenin Blanc**-Spezialitäten (still und schäumend) der Touraine/Loire (**Montlouis** und **Vouvray**) sowie der (perlende) **Saumur Pétillant**/Anjou/Loire Partner der Superlative mit kräftigem Säurerückgrat (sec) und auch feiner Süße (demi-sec, moelleux). Man darf davon ausgehen, daß sich der frische Käse besser von trockenen Weißweinen und fruchtigen **Roséweinen** (**Haut Poitou Rosé**, südl. von Anjou) akzentuieren läßt.

VANILLE

(frz. VANILLE, engl. VANILLA, ital. VANIGLIA, span. VAINILLA)

Die „Trüffel der Tropen" kam 1519 nach Europa und gilt als das edelste aller tropischen Gewürze. Ihre Würzkraft wird vom Gehalt an Vanillin bestimmt, das in der Schale sitzt, eine erregende Wirkung hat und nur in geringen Mengen konsumiert werden soll. Feingeriebene Vanille wird, mit Zucker vermischt, als Vanillezucker angeboten und dient zum Würzen von Süßspeisen, Eis und Früchten.

Die verschiedensten weißen **Dessert-** und **Prädikatsweine** verstehen sich darauf, mit dem edlen Gewürz zu kooperieren. Besondere Neigung sagt man den **alkoholverstärkten Muskat-Weinen**, erfrischenden **Eisweinen** und in neuen Barriques ausgebauten **Hochprädikatsweinen** – hier gibt es eine aromatische Verwandtschaft über die Vanillenote der Eiche – nach.

VANILLEAUFLAUF

Ein Stück Vanille in ½ l heiße Milch geben, 4 Eigelb und 125 g Zucker schaumig schlagen, mit 65 g Mehl verrühren, die heiße Milch unter ständigem Rühren zugießen, am Herd zu einer Creme verrühren, 6 steifgeschlagene Eiweiß darunterziehen und in einer ausgebutterten Auflaufform backen.

Hierzu vermochten eine perfekt balancierte **Riesling TBA „Winkeler Hasensprung"** (15–20 Jahre, 8–11 °C) vom WEINGUT PRINZ VON HESSEN, Geisenheim/Rheingau/D, und eine glockenreine, traubigfrische **Muskat-Ottonel BA** (5–10 Jahre, 8–10 °C) von ALOIS KRACHER, Illmitz/Neusiedlersee/BGLD/A, am meisten zu begeistern. Eine lustige Abwechslung stellte der (schäumende) **Blanc Mousseux Jura „Vin Fou"** („Verrückter Wein") vom CHÂTEAU MONTFORT, Arbois, dar.

VANILLECREME

Kalte Süßspeise, die wie eine → Bayerische Creme bereitet wird, wobei man die Milch aber mit einer Vanilleschote parfümiert.

🍷 Exquisiter vanillewürziger **Sauternes-Barsac 2e CC „Château Nairac“** (SÉM 90 %, SB 6 %, ML 4 %, 10–15 Jahre, 8–10 °C), zartsüßer, aber extraktreicher und feinsäuriger **Coteaux de l'Aubance „Cuvée Prestige“** (CHB, 8–13 Jahre, 7–10 °C) von der DOMAINE DE MONTGILET, Anjou-Samur/Loire, und gespriteter **Muscat de Rivesaltes** (2–4 Jahre, 7–8 °C) vom CASTELL REAL, Corneilla-de-la-Rivière/Roussillon – hier wurde die Creme allerdings fast zum Trabanten abgewertet –, bewiesen ihre Vorliebe für das Dessert auf eindrucksvolle Weise. Zu Vanille-Nuß-Creme sei jedoch emphatisch auf zwei Sortenkleinode aus Österreich hingewiesen: **Welschriesling** und **Roter Veltliner Prädikatsweine**. Im besonderen seien zu diesen Beispielen die hochkarätige **Welschriesling TBA** (10–15 Jahre, 8–10 °C) von MARTIN UND ELFRIEDE HAIDER, Illmitz/Neusiedlersee/BGLD/A, und eine rare **Roter Veltliner Auslese** vom MANTLERHOF, Brunn im Felde/Kremstal, hinzugefügt.

VANILLEEIS

✎ Nach dem Grundrezept für (Creme-)→ Eis bereitet, die heiße Milch aber mit einer Vanilleschote aromatisiert.

🍷 Wunschpartner des begehrtesten Gefrorenen sind edelfaule **Hochprädikatsweine** wie **Sauternes Barsac**/F (mit Barriqueausbau = Vanillenote) oder große **Beeren-** bis **Trockenbeerenauslesen**. Eis von der Bourbonvanille mit Brombeeren köderten wir mit einer etwas breiten, honig- und lanolinsüßen **Welschriesling TBA** (10–15 Jahre, 8–10 °C) von ING. HANS NITTNAUS, Gols/Neusiedlersee/BGLD/A, wobei der üppige Nektar an Frische und Fruchtigkeit gewann und sogar einen Hauch von Vanillearoma inhalierte. Vanilleeis mit Himbeersauce ist besonders auf **Riesling-** und **Traminer BA** fixiert, wagt aber auch ab und zu einen Flirt mit jungem **Loupiac** (Nachbar von Sauternes) und hatte schon immer eine heimliche Schwäche für die besten **Chenins-Blancs-Süßweine** (**Coteaux du Layon**, **Bonnezeaux**) der Loire/F.

VANILLESAUCE

✎ Eine → Süßspeisensauce. Vanillestange in heiße Milch geben, wieder entfernen, Vanillemilch mit Zucker und etwas Stärkemehl kurz aufkochen, ein Eigelb darunterziehen, während des Erkaltens ständig rühren (wegen Hautbildung), am Ende noch Schlagrahm beimengen und kalt oder (lau)warm servieren. Kalt zu Schokoladenpudding oder → Roter Grütze; warm zu Aprikosenauflauf, Salzburger Nockerln, Topfenstrudel.

🍷 Wenn sich auch hier der begleitende **Süßwein** nach dem Zentrum der Speise (siehe oben) richten muß, so möchten wir nicht verhehlen, daß besonders **Weißburgunder Auslesen**, **Beerenauslesen** und **Ausbruch** wie auch rassig-süße **Eisweine** (**Pinot Blanc**, **Pinot Gris**, **Riesling**, **Traminer**, **Welschriesling** und **Muskat-Ottonel**) zum harmonischen Begleiter für die Sauce wurden.

VATAPA

✎ Brasilianische Spezialität. Zwiebeln und Knoblauch feingehackt in Schweineschmalz anrösten, würfelige, gekochte Hühnerbrust und Fischfilet, Shrimps, gehackte Tomaten und Pfefferschoten, mit Salz, Pfeffer, Majoran, Thymian und Lorbeerblatt aromatisiert, mit Hühnerbouillon auffüllen und zugedeckt dünsten.

🍷 Das sehr scharfe Gericht sollte durch leichte, fruchtig-frische Weiß- oder **Roséweine** in seiner Entfaltung gedämpft werden. Das auch in Südamerika erhältliche leichte mexikanische **Indio Oscura Bier** bewährt sich immer wieder als Durst- und Feuerlöscher, doch die schlechthin ideale Ergänzung stellten zwei erstaunlich fruchtige Weißweine (**Sauvignon Blanc** und **Sylvaner**) von FORESTIER, Brasilien, dar.

VEGETARISCHE GERICHTE

(frz. PLÂTS VÉGÉTARIENS, engl. VEGETARIAN FOOD, ital. PIATTI VEGETALI)

🍷 Gesundheits- und ernährungsbewußte Menschen greifen immer mehr zu pflanzlicher Kost und trinken dazu **Gemüsesäfte**, **Mineralwasser** (ohne Kohlensäure) und **alkoholfreie Biere**. Soll es aber Wein sein, so beschränke man sich auf ganz leichte (ca. 10 % Alkohol) Kreszenzen mit großem Fruchtcharme und reintönigem Geschmack. Auf der anderen Seite der Erdkugel gehört leichter, glockenreiner neuseeländischer

Chardonnay (NOBILO'S DIXON VINEYARD, BABICH'S IRONGATE, VILLA MARIA …) zum Liebling der Gesundheitsapostel.

VEILCHENBLÜTEN

(frz. FLEURS DE VIOLETTE, engl. VIOLET BLOSSOMS, ital. FIORI DI VIOLA)

Die ursprünglich am Mittelmeer heimischen Pflanzen haben einen herrlichen Geruch, während die Wurzel Brechreiz auslöst. Die Griechen weihten die Frühlingsblume der Göttin Persephone, dem Sinnbild der unsterblichen Seele. Pfarrer Kneipp empfahl Veilchentee und -sirup als Hustenmittel, und die kandierten Blüten waren bis zum Zweiten Weltkrieg ein beliebtes Konfekt. Heute werden sie noch manchmal zum Garnieren von Süßspeisen verwendet und sind dann nicht allzu wählerisch bei ihren süßen bzw. perlenden Begleitern.

Als Lieblingspartner der kandierten Veilchenblüten kann man den artverwandten, oft mit feinem Veilchenaroma auftrumpfenden, süßen Walliser **Petite Arvine** (z. B. von PROVINS, Sion, CHARLES BONVIN FILS, Sion, oder DOMAINE DU MONT D'OR, Pont de la Morge/CH) bezeichnen.

VELOUTÉ → SAUCE VELOUTÉ

VENUSMUSCHELN

(frz. PALOURDES, engl. CLAMS, ital. VONGOLE, span. ALMEJAS)

Bei uns als „Clams" in Dosen gehandelt, sind die nur 3–7 cm großen Muscheln an der Atlantik- und Mittelmeerküste in den Monaten Mai bis August frisch am feinsten. Man serviert sie als Muschelcocktail, gehackt, in Butter gedünstet oder als Füllung von Omeletts.

Venusmuscheln gefüllt haben wir mit trockenen **Chenin Blanc**-Weinen (**Anjou Blanc**, **Vouvray sec** …) in sehr guter Erinnerung. Venusmuscheln gedämpft ergänzten sich köstlich mit **Pinot Grigio**/Friaul und **Vespaiolo di Breganza**/Venetien. Venusmuscheln mit scharfer → Sauce Romesco und **Rioja Blanco** oder zartperlender **Vin Natur Blanc de Blancs** von MARQUÉS DE MONISTROL, Sant Sadurni d'Anoia/Penedès/Katalonien, gehören zu den reizvollsten kulinarischen Erlebnissen in Spanien.

VERLORENE EIER (POCHIERTE EIER)

(frz. OEUFS POCHÉS, engl. POACHED EGGS, ital. UOVE AFFOGATE, san. HUEVOS ESTRELLADOS)

Frische → Eier werden einzeln in eine Schöpfkelle geschlagen, vorsichtig in siedendem Essig-Salz-Wasser 3 bis 4 Minuten ziehen gelassen und in kaltem Wasser abgespült.

Pochierte Eier reizen besonders zu wagemutigen kulinarischen Experimenten und lassen die angebliche Feindschaft zwischen Eiern und Wein als – allerdings lange geglaubtes – Märchen erscheinen. Pochierte Eier auf „Elsässische Art" (mit → Chaudfroid-Sauce auf Mousse von Gänseleber, mit Trüffel- und Hühnerfleischstreifen) sind ideal mit **Pinot Gris Spätlesen** (**Vendange Tardive**) zu kombinieren. Pochierte Eier auf „Andalusische Art" (mit Tomatensauce, Peperonistreifen und gebratenen Auberginenscheiben) sind ein „Fressen" für die Andalusien-Stars **Montilla-Moriles seco** und **Sherry Fino light dry**. Verlorene Eier „Borgia" (auf gebackenen Tomaten, überzogen mit → Sauce Béarnaise) sind ein Fall für **Valpolicella Classico** (CONTE DI SEREGO ALIGHIERI, Gargagnaco/Venetien/I). Verlorene Eier „en Meurette" (mit Rotweinsauce, Schinkenstreifen, auf Knoblauchbutter-Croûtons) und würziger **Pinot Noir** sind ein sicherer Tip. Pochierte Eier „Bénédictine" (auf Stockfischpüree mit Rahmsauce und Trüffeln) sollten mit den weißen **Lessini-Durello** und **Gambellara**/Venetien bzw. **Gavi**/Piemont/I versucht werden. Verlorene Eier „Joinville" (auf Croûtons angerichtet, mit Garnelensauce und -schwänzen garniert) fühlen sich in Gesellschaft von **Graves Blanc**/Bordeaux, halbtrockenem (demi-sec) schäumendem **Chenin Blanc** (**Vouvray**, **Montlouis**/Loire/F) sowie **Riesling** mit zarter Restsüße am wohlsten. Vorsicht ist allerdings vor hoher Säure und grasigen Gerbstoffen geboten!

VERMOUTH (WERMUT)

🍷 Im Jahre 1786 wurde das international bekannteste weinhaltige Getränk aus Kräuterauszügen und neutralem Branntwein von Antonio Bernardino Carpano in Turin/Italien kreiert, doch setzten bereits die antiken Römer ihren Weinen Wermutkräuter, Honig und Gewürze bei. Lange Zeit waren die italienischen Firmen Carpano, Cinzano und Martini & Rossi internationale Marktleader, doch eroberte sich der im Jahre 1813 hergestellte südfranzösische Noilly Prat bald den Ruf als trockenster (weißer) Vermouth der Welt, der besonders für Cocktails (Martini) und diverse Saucen eingesetzt wird.
Das hochprozentige Getränk (15,5–18 %) ist sehr aromaintensiv, und nur große alte Rotweine wie **Hermitage**, **Châteauneuf-du-Pape**/Rhône, **Amarone**/Venetien, **Brunello di Montalcino**/Toskana, **Grange**/AUS usw. sind in der Lage, geschmacklich dagegenzuhalten. Unter den Weißweinen haben sich vor allem reife **Riesling-**, **Riesling-Sylvaner-**, **Pinot Blanc-** und **Gewürztraminer Spätlesen** sowie **Pouilly Fuissé Vendange Tardive**/Mâconnais/Burgund/F durchsetzen können. (→ Rinderhüftsteaks mit Noilly Prat)

VESIGA → STÖR

VICHYSSOISE

✎ Kalte französische Lauchsuppe, die 1917 vom französischen Küchenmeister Louis Diat kreiert wurde. Würfelkartoffeln und Lauchstreifen werden in Butter angedünstet, mit Zitronensaft und einer Prise Muskatnuß gewürzt, mit Hühnerbouillon aufgefüllt und 30 Minuten geköchelt, püriert, passiert, mit → Crème fraîche vermengt und mit Salz und Pfeffer gewürzt, mit gehacktem Estragon und Schnittlauch nach dem Erkalten vollendet. Im Winter warm servieren!
🍷 Für den heißen Sommer empfehlen wir jugendlich frischen **Sauvignon Blanc**, im übrigen sind die klassischen Suppenbegleiter **Sherry Fino light dry**/E (DOMECQ, GARVEY, HARVEY, LUSTAU, SANDEMAN ...) und **Sercial Madeira**/P (HENRIQUES & HENRIQUES, BARBEITO, COSSART GORDON: **Sercial duo Centenario**) geeignet, Frühling-, Herbst- und Winterfreuden entstehen zu lassen.

VILLEROISAUCE → SAUCE VILLEROI

VINAIGRETTE → SAUCE VINAIGRETTE

VITELLO TONNATO → THUNFISCH

VOL-AU-VENTS

✎ Hohe, runde, mit pikanten Ragouts gefüllte Blätterteigpastetchen, deren Erfindung man Antonin Carême, Küchengenie des 19. Jahrhunderts, zuschreibt. Der berühmte Koch und Pastetenbäcker bereitete einmal eine Pastete, nahm aber statt des Pastetenteigs einen Blätterteig. Als sein Commis in den Ofen sehen wollte, rief er entsetzt aus: „Maître, il vole au vent!" (Meister, sie fliegt in die Luft!), da aus dem flachen Teig ein hohes Gebilde geworden war. Die damit geborenen Vol-au-vents werden immer heiß kredenzt.
🍷 Zu Vol-au-vents mit Krabben sind **Muscadet**/Loire oder **Edelzwicker**/Elsaß die richtigen Prologweine. Vol-au-Vents „Financière" (Kalbsbries braisiert, mit Champignons, Hahnenkämmen, Nieren, Trüffelscheiben und Oliven gemischt und mit → Sauce Madère und Trüffelessenz serviert) legt Wert auf VIP-Betreuung und gibt sich nur mit reifem **Jahrgangs-Champagne** oder großen roten **Burgundern** (**Musigny GC**) zufrieden. Zu Vol-au-vents mit Huhn empfahl man in Venetien perlenden **Prosecco Frizzante**, in Spanien schäumenden **Cava** und in Australien exotischen **Riesling**.

WACHOLDERBEEREN

(frz. BAIES DE GENÉVRIER, engl. JUNIPER BERRIES, ital. BACCHE DI GINEPRO, span. ENEBRINAS)

Die verdauungsfördernden blauschwarzen Beeren des Wacholderstrauches, eines europäischen Nadelgehölzes aus der Familie der Zypressen, haben einen würzig-süßlich-bitteren Geschmack und einen intensiv aromatischen Duft, der bei längerem Lagern ins leicht Säuerliche übergeht. Dieses Würzgeschmacks wegen verwendet man die Beeren zur Aromatisierung des Sauerkrauts und vor allem als Wildbretwürze. Der exzentrische Gastrosoph Grimod de la Reynière soll einmal angesichts einer grandiosen Sauce aus Fleischsaft, Kraftbrühe, Orangensaft, Weißwein und Wacholderbeeren ausgerufen haben: „In dieser Sauce könnte man seinen eigenen Vater verzehren!"

Neben einigen reifen Weiß- (**Riesling**, **Grüner Veltliner**, **Pinot Gris**) und wacholderwürzigen **südländischen Roséweinen** sind es vor allem große Rotweine (→ Sauce au Genièvre), die mit den dunklen Beeren harmonieren. Bierfreunde aufgepaßt! Das dunkle schwedische **Spetsat** weist in Aroma und Textur viele Parallelen zur Wacholderbeere auf und ist für kräftige Wildgerichte ideal einzusetzen. Zu einem mit Wacholder geräucherten Hirschschinken brillierten zwei Rotweine alten Stils: **Viña Tondonia**/Rioja/E und **Barolo „Monprivato"**/Piemont/I.

WACHTEL

(frz. CAILLE, engl. QUAIL, ital. QUAGLIA, span. CODORNIZ)

Kleinste Vertreterin der Feldhühner (Federwild) mit braunem Federkleid und einem gelben Strich auf dem Kopf und über jedem Auge. Schon in der Antike wurde sie in gebratener Form als eine der größten Köstlichkeiten der Tafel gelobt. Sie mästet sich von Mai bis Oktober in den Getreidefeldern und Weingärten Europas, um dann weiter gen Süden zu ziehen, wo sie mit Schlingen, Netzen und Flinten erlegt und verspeist wird. Das Fleisch ist von engelsgleicher Zartheit, feinstem Wohlgeschmack, bei gleichzeitig hohem Fettgehalt, der von einem kräftigen Wein konterkariert werden muß. Bei uns ist die Jagd verboten, und es kommen fast nur noch winzige Zuchtwachteln und Wachteleier in den Handel.

Generell ist zu sagen, daß die milderen Zuchtwachteln etwas leichtere, fruchtbetonte Kreszenzen (weiß und rot) lieben, während die wilde Spezies nach körperreich-kraftvollen Tropfen verlangt. Wachteln mit Nudeln, Speck und Salbei ergänzten sich köstlich mit weißem Tafelwein **„Villa Santelia"** (GRECO, 1–3 Jahre, 9–10 °C) von den FRATELLI CARUSO, Cantanzaro Lido/Kalabrien; zu Wachtel-Maultaschen in Pilzsauce können wir Ihnen exquisiten **Merlot** (Barrique) von CHARLES UND JEAN-MICHEL NOVELLE, Satigny/Genf/CH, oder eine reife **Pinot Blanc Spätlese trocken** empfehlen. Wilde Wachteln mit feinen Gemüsen wurden vom ebenso kraftvollen wie charmanten **Rosso di Piceno Superiore** (SAN 60 %, MON 40 %, 3–7 Jahre, 16–17 °C), WEINGUT VILLAMAGNA, Macerata/Marken – ein sehr langer Wein mit präsenter Struktur –, geschmacklich geschickt unterstützt. Wachteln mit Gänseleber gefüllt verlangen nach einem großen **Pinot Noir** (**Romanée-Conti** oder **Chambertin GC**/Côte-de-Nuits ...) bzw. edelsüßen Kreszenzen wie **Bonnezeaux** (CHB, 10–15 Jahre, 7–9 °C) vom CHÂTEAU DE FESLES, Anjou-Saumur/Loire/F. Wachteln mit Weinbeeren sind auf **Pinot Noir** (**Clos de Vougeot GC**/Burgund) eingeschworen. Wachteln mit Muskatellertrauben lieben im Gegensatz dazu weiße **Prädikatsweine** etwa **im Auslesbereich** (**Muskat-Ottonel** bzw. reifer **Sauternes**/Bordeaux oder **Chambave Moscato** von EZIO VOYAT, Aostatal/I) – mit feinem Frucht-Säure-Spiel. Wachteln gefüllt mit Zwiebelconfit und Geflügelleber übergaben wir der Sorgfaltspflicht einer goldgelben, üppig-opulenten **Sylvaner Cuvée Reservée** (5–7 Jahre, 9–10 °C) CAVE VINICOLE DE WESTHALTEN, Elsaß, und eines schon bewährten **Vouvray demi-sec** von GILES CHAMPION, Loire. Wachtelbrüstchen gebraten mit Wacholderbeeren wurden von einer würzigen **Riesling Spätlese trocken** mit genausoviel Witz und Esprit unterhalten, wie es die famose **Grauburgunder Spätlese „Oberrotweiler Eichberg"** vom badischen Großmeister FRANZ KELLER, Vogtsburg-Oberbergen/Kaiserstuhl, tat. Wilde Wachtelbrüstchen mit Wacholderbeeren waren allerdings im besonderen auf Rotweine (**Marzemino**/Trentino und **Vino Nobile di Montepulciano**/Toskana/I, **Rioja Reserva**/E und reifer **Pinot Noir** ...) erpicht. Wilde Wachteln mit Portwein bedingen kraftvolle, reife Kreszenzen (**Barolo Riserva**/Piemont, **Brunello di Montalcino**/Toskana,

Amarone/Venetien/I; **Château Haut-Brion**/Graves/Bordeaux/F, **Priorato**/E usw.), die einen Hauch von Wildaroma mitbringen und auch dem Portwein standhalten; auch der in alten Holzfässern ausgebaute **Super-Toskaner „Cetinaia“** (SAN 100 %, 6–10 Jahre, 16–17 °C) vom CASTELLO DI SAN POLO IN ROSSO, Gaiole/Toskana/I, verstand sich auf die hohe Kunst der Diplomatie und traf sich mit der Sauce auf halbem Wege. Aus österreichischer Sicht konnte der elitäre **„Comondor“** (CS 60 %, BLF 40 %, 3–5 Jahre) von HANS NITTNAUS, Gols/Neusiedlersee/BGLD/A, einem Star-Winzer, der noch viele Wein-Trümpfe im Talon hat, gefallen. Wachteleier mit Kaviar sind edlen Schaumweinen (**Rieslingsekt**, **Cava**/E, **Champagne**/F) nicht mehr fremd. Wachteleier mit grünem Salat wurden allerdings durch einen halbtrockenen **Pinot Blanc „Schneckenkogler“** (2–5 Jahre, 9–10 °C) von ING. KLAUS PRÜNTE, Spielfeld/S-STMK/A, geradezu aromaveredelt. Vorsicht ist hier vor allzu säurereichen Weinen und **Schaumweinen** geboten.

WACHTEL MIT WEICHSELN

✐ Entsteinte Weichseln mit etwas Zucker und Zimt langsam in Weißwein dünsten, Jus dick einkochen, die Weichseln wieder beigeben; Wachtel in Speckscheiben hüllen und braten; Fond entfetten, mit Portwein löschen, mit etwas Kalbsjus verkochen, über die Wachtel gießen und mit den Weichseln dekorieren.

🍷 Trotz Weißwein und Speck tendieren wir – wegen Weichseln und Port – eindeutig zu Rotweinen. Zu Mittag sind **Sankt Laurent**, **Zweigelt**, **Merlot**, **Pinot Noir** und **Sangiovese**/Toskana attraktiv. Herausragend die beiden weichselfruchtigen **Merlots del Ticino** (**Merlot di Ligornetto**) von DANIEL BRENNER, Pedriate, und **Cresperino Merlot** von HANS IMHOF, Breganzona/CH. Am Abend in festlicher Umgebung sind die Toskana-Stars **Cetinaia** und **Il Sodaccio**, **„Morgon“ Cru Beaujolais**, **Margaux**/Bordeaux und große internationale **Merlots** fast unumgänglich. Die beiden Top-Gewächse **Merlot Carato Riserva** von den FRATELLI A. & L. DELEA, Losone, sowie die fulminante **Merlot Riserva del Portico** von WERNER STUCKY, Rivera-Capidogno/CH, räumten an diesen Abend den Lorbeer ab. In ähnlichen Sphären bewegte sich die faszinierende **Cuvée Franz Joseph** (CS, ZW) von JOHANN PITNAUER, Göttlesbrumm/Carnuntum/NÖ. Süßweinenthusiasten sollten halbtrockene Spätlesen/Auslesen (**Sémillon**, **Pinot Gris**, **Traminer**, **Riesling-Sylvaner**) versuchen. Herausragend auch die im Spätlesestil ausgebaute **Viognier** vom SCHLOSSWEINGUT GRAF HARDEGG, Seefeld-Kadolz/Weinviertel/NÖ, die nicht nur Weichseln und Jus gewachsen war, sondern auch das Speckhemd neutralisierte.

WALDMEISTER (MAIKRAUT)

(frz. ASPÉRULE, engl. WOODRUFF, ital. ASPERULA, span. ASPERILLA)

✐ Ein saftgrünes Würzkraut, das frisch nur von April bis Mai zu finden und von herzerquickender Wirkung ist. Es wächst wild in Buchenwäldern und enthält den köstlichen Aromastoff Kumarin, der auch in Lavendel vorhanden ist, aber nur in geringen Mengen eingesetzt werden soll, da er stechende Kopfschmerzen hervorrufen kann. Neben der berühmten Waldmeisterbowle (Maibowle) dient es auch als Würzstoff für den in der österreichisch-ungarischen Monarchie beliebten Waldmeisterbraten.

🍷 Eine besonders nahe Beziehung zum Maikraut unterhalten jugendlich-fruchtige Weißweine aus der Steiermark (**Pinot Blanc**, **Welschriesling**, **Morillon** …)/A und aus dem Friaul (**Tocai**, **Sauvignon**, **Pinot Grigio**…), die mit dem exemplarischen Duft des Heues ausgestattet sind, das auch das Kumarin als Grundstoff hat. Nicht zu vergessen die vielen **Schaumweine**, die das herzerquickende Aroma in sich aufsaugen und auf faszinierende Weise zurückgeben.

WALDORFSALAT

✐ Zu Ehren von John Jacob Astor, dem Besitzer des berühmten New Yorker Hotels „Waldorf Astoria“, ca. 1920 vom damaligen Küchenchef kreiert. Gewürfelte Äpfel mit Zitronensaft beträufeln, feingeschnittene Knollensellerie beimengen, mit → Mayonnaise und geschlagenem Rahm binden und mit gehobelten Walnüssen bestreuen.

🍷 Neben perlendem **Mineralwasser**, das die Amerikaner bevorzugen, sei auf die aufregenden **Jahr-**

gangs-Schaumweine von SCHRAMSBERG, Napa/KAL, hingewiesen, die den Küchenklassiker mit neuem Ruhm versehen. Besonderer Dank gilt dem lieblich-verführerisch-komplexen und handgerüttelten **Crémant** (FLORA, 3–6 Jahre, 7–8 °C), der eine Klasse für sich darstellt und nur noch an den eindrucksvollen **Jahrgangs-Schaumweinen** von IRON HORSE, Sebastopol/Sonoma/KAL, gemessen werden kann.

WALDSCHNEPFE → SCHNEPFE

WALFISCHFLEISCH

(frz. BALEINE, engl. WHALE, ital. BALENA, span. BALLENA)

✐ Das größte Säugetier unserer Zeit ist nicht nur Lebertranspender, sondern sein Filet wird in Scheiben geschnitten, gewürzt und in Konservendosen angeboten. Es erinnert in Farbe und Konsistenz an gepökelte Rinderbrust. Wird nur noch in Norwegen, Island und Japan angeboten. Artenschutz!

🍷 Extrakt- und säurereiche Weißweine (**Chenin Blanc**/Loire/F, **Chardonnay** und **Riesling Kabinett bis Spätlese**) lösen die ölig-fette Substanz des Wales am effizientesten auf.

WALLER → WELS

WALNUSS (WELSCHE NUSS)

(frz. NOIX, engl. WALNUT, ital. NOCE, span. NUEZ)

✐ Der sehr frostempfindliche Walnußbaum stammt aus Persien, wächst bis zu 20 m hoch und kann ein Alter von 400 Jahren erreichen. Die besten Nüsse kommen aus Frankreich und Kalifornien, ihr hoher Anteil an Mineralsalz stärkt zusammen mit dem Lezithingehalt das Nervensystem. Das frische, kaltgepreßte Öl der Walnuß wird gerne zum Braten verwendet. Es ist reich an ungesättigten Fettsäuren (Cholesterinsenkend!). Den alten Griechen galt die Nuß als Fruchtbarkeitssymbol.

🍷 Walnüsse haben die angenehme Eigenschaft, so wie Röststoffe, die vom Braten stammen, jungen, tanninreichen Weinen ihre Gefährlichkeit, sprich Bitterstoffe, zu nehmen und sie vorübergehend angenehm trinkbar zu machen. Ein ganz besonderes Naheverhältnis zu Walnüssen im allgemeinen weisen **Beaujolais Primeur**-Weine auf, wobei der Eigengeschmack der Nüsse mild idealisiert wird und die Weine an Fruchtcharme gewinnen; auch weißer **Frascati Colli di Catone** (MAL 100 %) von ANTONIO PULCINI, Latium, „vergoldet" das Walnußaroma auf unvergleichliche Art. Walnußkuchen und **Château-Chalon**/Jura, **Sauternes**/Bordeaux/F sowie **Roter Veltliner Spätlese**/NÖ/A, muß man auf der Zunge gehabt haben, um meine Begeisterung zu verstehen. Walnuß-Honig-Torte sollten Sie sich allerdings mit einer **Neuburger TBA** (10–15 Jahre, 8–10 °C) von PAUL TRIEBAUMER, Rust/Neusiedlersee-Hügelland/BGLD/A, gönnen. Dann wissen Sie, was eine Gaumensensation ist! Zu Pasta mit Walnußsauce versuchen Sie kalifornischen **Chardonnay** oder **Pinot Blanc**/A.

WAMMERL

✐ Bayerisch-österreichische Spezialität aus geräuchertem Schweinebauch mit Sauerkraut oder gekochtem Schweinebauch mit Linsen.

🍷 Der deftig-fette Schweinebauch mit Linsen läßt sich von **Bock-** oder **Spezialbier** und kraftvoll-rassigem **Pinot Blanc** in den Griff bekommen, und der geräucherte Schweinebauch dürstet nach (Münchner) **Weißbier** oder **Bamberger Rauchbier**, aber auch nach erdig-würzigem **Silvaner** oder **Riesling**/Franken/D. Mit dem **Silvaner „Würzburger Stein-Harfe"** vom BÜRGERSPITAL, Würzburg, und dem Schweinebauch paarten wir gewissermaßen Verläßlichkeit (Bauch) mit Vortrefflichkeit (Wein).

WATERZOOI

✐ Holländisch-belgische Delikatesse. Fischrezept: Verschiedene Fische (Aal, kleiner Hecht, Karpfen, Schleie usw.) werden in Scheiben geschnitten, mit Salz, Pfeffer, Petersilwurzel, Knollensellerie, → Bouquet garni, Salbei und Butter in Wasser gegart, mit Paniermehl gebunden und mit gebutterten Weißbrotscheiben serviert. Fleischrezept: Kalbshaxe und junges Huhn würfelig schneiden, salzen, pfeffern, in Weißwein, Gewürznelken und Lorbeerblättern marinieren, Fleischwürfel mit Butter und Zitronensaft in der Beize schmoren lassen, mit Kraftbrühe aufgießen, in Paniermehl binden und mit gerösteten Weißbrotscheiben servieren.

🍷 Für das Fischgericht sind zu Mittag rassiger **Muscadet**/Loire und ansonsten kraftvoll-reifer **Sauvignon Blanc** oder **Roter Veltliner im Spätlesestil** sowie **Champagne Blanc de Blancs** vorgesehen. Das Fleischgericht tendiert mehr zu samtig-mildwürzigen Weißweinen (**Graves Blanc**/Bordeaux, **Pinot Gris** und **Gewürztraminer**/Elsaß).

WEICHSELN → KIRSCHEN

WEIHNACHTSGEBÄCK → DRESDNER CHRISTSTOLLEN → SPEKULATIUS

WEISSE BOHNEN (GETROCKNETE BOHNEN)

(frz. HARICOTS BLANCS, engl. WHITE BEANS, ital. FAGIOLINI BIANCHI, span. JUDIAS BLANCAS)

✐ Das „Brot der Armen", eine wichtige Ingredienz vieler Westernfilme, wird zumeist aus wärmeren Ländern importiert und enthält enorm viel Eiweiß sowie Lezithin und Mineralstoffe. Die schwere Verdaulichkeit der Bohnen ist legendär, kann aber durch Mitkochen von Bohnenkraut, Liebstöckel, Majoran oder Thymian gemildert werden. Die Bohnen werden in kaltem Wasser angesetzt und leise weichgekocht.

🍷 Der trockene weiße **Arbois Blanc**/Jura gilt in Frankreich als Idealpartner. Weiße Bohnen mit Tomatensauce sind mit **Chardonnay** und **Sauvignon Blanc** vertraut. Auch leicht gekühlte Rotweine (**Cabernet Franc**, **Gamay**, **Blaufränkisch**) und würzige **Roséweine** sind klingende Namen. In Spanien gilt der weiße **Albariño** (von MORGADIO oder MARTIN CÓDAX, Galicien) als „Bohnenwein" schlechthin.

WEISSE GRUNDSAUCE → SAUCE VELOUTÉ

WEISSE RÜBCHEN

(frz. NAVETS, engl. TURNIPS, ital. NAVONI)

✐ Gehören heute in Frankreich zu den begehrtesten Gemüsesorten. Sie sind fleischig, erdigsüßlich wohlschmeckend, gesund und kamen durch die Nouvelle Cuisine zu neuen Ehren. Bereits von den Römern (Plinius) vergöttert, waren sie auch bei uns bis zur Einführung der Kartoffel ein Volksnahrungsmittel. Sie dürfen nicht größer als eine Kinderfaust sein, werden wie Kohlrabi geschält und in Streifen oder Scheiben geschnitten. Ideale Zeit ist der Frühling (→ Teltower Rübchen, → Turnip Tops).

🍷 In Gallien zählen **Sylvaner**/Elsaß, **Rhône Blanc** (ROU + MAR) und gekühlter (roter) **Pinot Noir** sowie **Touraine Anjou Rouge** (**Cot**- und **Groslot**-Reben) zu den Favoriten der Navets. Auch **Grüner Veltliner** und **Sauvignon Blanc** sind möglich – wenn der Säurehaushalt stimmt.

WEISSER PRINZ

✐ Österreichische Briesorte aus reiner Schafmilch, bei der der Geschmack des weißen Schimmels sehr gut mit dem Schafmilcharoma harmoniert. Besonders interessant schmeckt der Käse bei Vollreife.

Der jugendliche Prinz spielt gerne mit fruchtig-milden Weißweinen (**Riesling-Sylvaner**, **Muskateller**, **Pinot Gris**) im **trockenen Kabinett**- bis **Spätlese**-Bereich und jugendlichen **Schaumweinen**, der reife Thronfolger hingegen umgibt sich gerne mit hochkarätigen weißen **Prädikatsweinen** (**Traminer**, z. B. die **Nußberger Traminer Auslese „Kaiser Probus"** von FRANZ MAYER, Wien, **Riesling-Sylvaner** und **Pinot Gris**) von **Auslese**-Niveau, wobei das würzige Schafmilcharoma von der zarten Honigsüße der Weine fein umsponnen wird, und reifen bis mittelreifen **Schaumweinen**.

WEISSES FLEISCH

Nach klassischer Menülehre unterscheidet man zwischen weißem und dunklem Fleisch. Träger des echten weißen Fleisches sind: Drossel, → Fasan, junger → Hase, Haselhuhn, → Huhn, → Kalb, → Kaninchen, → Lamm, → Perlhuhn, → Schwein und → Wachtel. War es früher unabdingbar, zu weißem Fleisch weißen Wein zu servieren, so wählt man heute subtiler nach Art der Gewürze, des verkochten Weins oder der Farbe der Sauce aus.

WEISSES RAGOUT

(frz. BLANQUETTE, engl. WHITE STEW, ital. RAGÙ IN BIANCO)

Ragout aus weißem Fleisch in heller (weißer) Sauce. Zum Unterschied vom Frikassee wird das Fleisch getrennt von der Sauce gegart.

A priori gelten die Empfehlungen zu → Frikassee in allen Spielarten auch hier. Zu Kalbsragout „Marengo" (mit Weißwein, Champignons, Trüffeln, Tomatenpüree und → Sauce Demiglace gegart, mit Krebsen-Croûtons, gebackenen Eiern und Petersilie garniert) sind edler **Pinot Blanc**, **Pinot Gris** und **Chardonnay** mit den spezifisch ergänzenden Eigenschaften ausgestattet. Blanquette de Veau (Kalbfleischwürfel mit Champignonsauce, Perlzwiebeln und Gemüsen) wurde in Frankreich von samtig-reifen **Tokay** (**Pinot Gris**) **d'Alsace**, in Deutschland von firnig-weichem **Elbling**/Mosel und in Österreich von nussig-reifem **Neuburger**/Thermenregion mit einer vielschichtigen Palette unterschiedlich reifer Nuancen perfekt in Szene gesetzt. In der Schweiz – man kann es nicht oft genug sagen – nehmen reifer **Riesling-Sylvaner** (z. B. der **„Sunnehalder"** von der RUTISHAUSER AG, Thurgau) oder **Chasselas** (z. B der **Yvorne „Petit Vignoble"** von HENRI BADOUX, Aigle/Chablais) durch ihren samtweichen, alkoholarmen Geschmack eine Sonderstellung ein.

WEISSES RAGOUT VOM KANINCHEN MIT PFIFFERLLINGEN → KANINCHENRAGOUT MIT EIERSCHWAMMERLN

WEISSKRAUT (WEISSKOHL)

(frz. CHOU BLANC, engl. WHITE CABBAGE, ital. CAVOLO BIANCO, span. REPOLLO)

Gehört zur Familie der Kopfgemüse und wird roh, gekocht und gesäuert (→ Sauerkraut) angeboten. Es ist das ganze Jahr erhältlich, gilt zu Unrecht als Wintergemüse, enthält viele Vitamine (A, B_1, B_2, C) sowie Eisen, wirkt blutreinigend und macht satt, aber nicht dick.

Zu gefülltem Weißkraut nehmen Sie jungen (roten) **Beaujolais**/Burgund, **Genfer Gamay**/CH oder würzigen weißen **Riesling**. Weißkrautstudel (→ Krautstrudel), Weißkrautwickler (→ Krautwickler) und Krautrouladen sind auch **Pils** und **Weizenbier** gegenüber sehr anpassungsfähig, und auch **Gemüsesäfte** (**Tomaten** usw.) entwickeln sich als Renner. Weißkraut auf „Bürgerliche Art" (mit Räucherspeckwürfeln, Zwiebeln, Salz, Pfeffer, Kümmel) wird durch jungen **Grünen Veltliner**, **Pinot Blanc**, **Sylvaner** oder **Riesling** zu einer nicht zu unterschätzenden Köstlichkeit.

WEISSWEINSAUCE → SAUCE AU VIN BLANC

WELS (WALLER)

(frz. SILURE/GLANE, engl. CATFISH/SHEAT-FISH, ital. SILURO, span. SILURO)

Einer der größten europäischen Süßwasserfische. Er kann bis zu 3 m lang und 250 kg schwer werden, hat einen riesigen Kopf mit langen Bartfäden, ist schuppenlos und ernährt sich von Fischen, Fröschen und Krebsen. Das Fleisch der jungen Tiere ist von Juli bis September von fester Konsistenz, fast grätenlos und sehr wohlschmeckend. Die älteren Tiere sind fett, tranig und zäh! Schon Ausonius erwähnte ihn im 4. Jahrhundert unter den Bewohnern der Mosel.

Ganz junge Waller, die aber auch schon einen Hauch von jener erdig-würzigen Strenge in sich tragen, welche alte Exemplare so schwer vermittelbar macht, sind noch mit mittelkräftigen würzigen Weißweinen (**Sylvaner**, **Riesling**, **Pinot Blanc**, **Neuburger**, **Roter Veltliner** ...) kombinierbar; bei den älteren muß man sich schon an schwere Geschütze halten, um dem eigenwilligen Geschmack des Riesenfisches begegnen zu können! Wallerterrine (vom jungen Waller) vermählten wir glücklich mit einem **Riesling Kabinett „Tiefenthal"** (2–5 Jahre, 9–10 °C) von JOSEF MANTLER/Brunn im Felde/NÖ/A, wobei das strenge Fischaroma in den Hintergrund trat und der Wein an Frucht und Subtilität gewann. Waller in Wurzelsud paarten wir höchst erfolgreich mit kraftvollen trockenen Spätlesen (**Silvaner**/Franken, **Riesling**/Rheinhessen/D oder Kamptal/NÖ/A und **Pinot Blanc**/Baden/D). Wels und Jakobsmuscheln in grüner Sauce sind **Bianco del Ticino**/CH und **Riesling Spätlese trocken**/Rheinpfalz/D nicht abgeneigt. Wels in Kapern-Senfsauce hat Lust auf **Grüner Veltliner Spätlese**/Wachau (z. B. von FRANZ MITTELBACH, Unterloiben). Bei Wels gebacken (paniert) genügen für jüngere „Fischlein" trockene bis halbtrockene **Spätlesen**, während betagtere Artgenossen schon die Aromaunterstützung einer extraktreichen weißen **Auslese**, speziell **Pinot Blanc** und **Pinot Gris**, benötigen. Beste Erfahrungen machten wir mit den Stars der Südbahn (Thermenregion)NÖ/A (**Neuburger**, **Pinot Blanc**, **Zierfandler**, **Rotgipfler** und auch **Pinot Gris**). Meist bejubeltes Gegenüber war die mit der Extravaganz des Vollkommenen aufwartende **Neuburger Auslese** von JOHANN STADLMANN, Traiskirchen/Thermenregion/NÖ/A. Außerhalb der Thermenregion beeindruckten noch folgende **Neuburger**: FEILER-ARTINGER, Rust, FRANZ SCHINDLER, Mörbisch, JOSEF PÖCKL, Mönchhof/BGLD/A, FRANZ HIRTZBERGER sowie FREIE WEINGÄRTNER DER WACHAU, Spitz, und JOHANN SCHMELZ, Joching/Wachau/NÖ/A. Unter den in Barriques ausgebauten **Neuburgern** sind der **Ried Bruck** von JOSEF HÖGL, Spitz/Wachau, der **„Fuchsenriegl"** von ERWIN TINHOF, Eisenstadt/BGLD/A, und der eichenwürzige **Kabinett** der FAMILIE REINISCH, JOHANNESHOF, Tattendort/Thermenregion/NÖ/A, hervorzuheben. Waller „Kreolisch" (Ragout mit Tomatensauce, schwarzen Bohnen, Bananen und Reis) ist bei **südländischen Roséweinen** mit milder Säure und eventuell zarter Restsüße gut aufgehoben. In Frankreich gefiel der liebliche **Rosé d'Anjou**/Loire und in Portugal der allgegenwärtige **Mateus Rosé**. In A/D/CH imponierten **halbtrockener** (weißer) **Riesling-Sylvaner**, **Blauer Portugieser** und **Merlot**. Zu einem Wallergröstl können Sie auch junge gerbstoffreiche Rotweine versuchen.

WELS BLAU MIT OBERSKREN UND SALZKARTOFFELN

Je nach Größe des Fisches rechnet man pro Person etwa 2 bis 3 cm dicke Tranchen, die im Fischsud mit Weißwein gekocht und mit dem heißen Sud serviert werden. Beilage: Salzkartoffeln und → Oberskren.

Trockene bis halbtrockene Spätlesen (**Grüner Veltliner**, **Riesling**, **Riesling-Sylvaner**, **Sylvaner**, **Welschriesling**) waren leidenschaftliche Kämpfer für nicht alltägliche Harmonien im Umgang mit dem als schwierig geltenden Süßwasserbewohner, wobei zartsüße Kreszenzen mit dem Oberskren (Meerrettichsahne) noch einen Deut besser auskamen. Die besondere Note des Wallers wurde von einer vor üppiger Frucht, Kraft und Extraktwürze geradezu strotzenden **Riesling Spätlese „Forster Ungeheuer"** (4–7 Jahre, 10–11 °C) REICHSRAT VON BUHL, Deidesheim/Rheinpfalz/D, zart betont, aber nie als unangenehm empfunden. Ein seltener Fall von Perfektion! Der als Außenseiter gestartete cremig-weiche (Barrique) **Chardonnay Prestige** von FRANZ LETH, Fels/Donauland/NÖ, hielt letztlich die heimische Fahne hoch und überrollte so manchen berühmten Favoriten.

WELSH RAREBIT

Geschmolzene Käsespezialität (→ Chester) aus Wales mit Senf, Cayennepfeffer und → Worcestershiresauce auf geröstetem Toastbrot, die als hervorragender Würzbissen am Ende eines klassischen Dinners gilt. Es ist nicht ganz geklärt, ob es Welsh Rarebit (Waliser Leckerbissen) oder Welsh Rabbit (Waliser Kaninchen) heißt. Rabbit dürfte aber eine Verballhornung von Rarebit sein.

In Britannien sind dunkles **Ale** (**Bier**), **Sherry Oloroso dry**/E und neuerdings fruchtexplodierender **Sauvignon Blanc**/NZ wichtige Elemente kulinarischer Tradition, Freude und Erfrischung.

WERMUT → VERMOUTH

WIENER BACKHENDL

Österreichische Spezialität. Ein etwa 800 g schweres Huhn in 4 Stücke zerteilen (2 Keulen, 2 Brusthälften), mehlen, durch geschlagenes, gesalzenes und gepfeffertes Ei ziehen, in Semmelbröseln wenden, in heißem Fett goldgelb backen, zuletzt auch die panierte Hühnerleber backen und mit gebackener Petersilie und Kartoffelsalat servieren.

Die samtig-milden, zartwürzigen Weißweine (ohne biologischen Säureabbau) der niederösterreichischen Thermenregion/A (**Neuburger**, **Zierfandler**, **Rotgipfler**, **Malvasier** ...) umschmeicheln Panier, Hühnerleber und Kartoffelsalat wie ein Kätzchen auf Samtpfoten; doch gibt es nicht wenige Steirer, die – nicht ganz zu Unrecht – meinen, daß man den Fettgeschmack der Panier durch rassige Gewächse (**Welschriesling**, **Morillon**, **Pinot Blanc**, **Chardonnay** und im besonderen **Schilcher**) noch viel besser transparent machen könne. (→ Panieren) Unter den rassigen roséartigen **Schilchern** gefielen die Gewächse von CHRISTIAN REITERER, Wies/W-STMK, am besten. Vielleicht noch subtiler empfanden wir die (schäumenden) **Schilchersekte** von JÖBSTL, Wernersdorf, und STROHMEIER, St. Stefan. Gerbstoffe (Rotweine) sind allerdings Störfaktoren!

WIENER ROSTBRATEN

Fingerdicke Tranche aus dem Zwischenrippenstück eines jungen Rindes (Ochsen) salzen und paprizieren, mehlen, beidseitig braun anbraten, mit dünnen Zwiebelscheiben und einer Knoblauchzehe fertigbraten, Jus mit etwas Butter und Essig vollenden.

Eigentlich würden die Weißweine der Region (**Riesling**, **Sylvaner**, **Sauvignon Blanc**) mit den Ingredienzien besser fertig werden, doch hier wollen Herr und Frau Österreicher meist einen mittelkräftigen Rotwein (**Pinot Noir**, **Zweigelt**, **Blauer Portugieser** ...) mit zarter Würze haben. Vorsicht ist allerdings vor jungen, überaus fruchtbetonten Weinen geboten, die im Zusammenspiel mit den Gewürzen oft unangenehm scharf werden. In diesem Fall darf die Devise lauten: „Je reifer, desto besser."

WIENER SCHNITZEL

Eine große, dünne Tranche von der Kalbsnuß, leicht geklopft, gesalzen, gemehlt, mit Ei und Semmelbröseln paniert, in Schmalz goldbraun und knusprig gebraten, mit einem Zitronenachtel und etwas Petersilie garniert.

Die milden Weißwein-Spezialitäten aus Wien und der nahe gelegenen Thermenregion (**Neuburger**, **Zierfandler**, **Rotgipfler**, **Riesling-Sylvaner**, **Malvasier**) machen das Schnitzel immer wieder zu einem köstlichen Erlebnis. Nicht allzu rassiger, reifer **Grüner Veltliner** und **Welschriesling** betonen ihrerseits die brotige Note der Panier auf exemplarische Weise, was auch den Schaumweinen (**Grüner Veltliner**, **Welschriesling**, **Riesling**) aus Wien und NÖ vortrefflich gelingt. Der handgerüttelte **Welschrieslingsekt** der KAMPTALER SEKTKELLEREI, Langenlois/A, der auch der klassischen Methode verpflichtete **Mounier Brut** (PB) aus Wien, die gleichfalls der traditionellen Flaschengärung huldigende **Cuvée Brut** vom WINZERHOF HUGL, Stützenhofen/Weinviertel/NÖ, der klassische **Rieslingsekt** von HANS KIRCHMAYR, Weistrach/NÖ, die halbtrockene **Riesling-Veltliner Cuvée „Haus Österreich"**, WINZER KREMS/NÖ, der rassige, feinperlige **Welschrieslingsekt Charpentier Brut** von RUDOLF ZIMMERMANN, Klosterneuburg bei Wien, und der verführerische **Prestige Grand Blanc** (CH, PB, R) von GERALD MALAT, Furth-Palt/Kremstal/NÖ, erhöhten nicht nur den Geschmack des Schnitzels, sondern sorgten auch im nachhinein für gute Laune und festliche Stimmung. Milchsäuretöne vom biologischen Säureabbau und (Holz) Tannine wirken deplaziert!

WILD (WILDBRET)

(frz. GIBIER, engl. WILD GAME, ital. SELVAGGINA, span. CAZA)

Früher war das Angebot an inländischem Wild auf die Jagdsaison beschränkt, heute gibt es jede Menge an tiefgefrorenem und importiertem Wild. Der Feinschmecker wird aber versuchen, Alter und Schußzeit des Wildes zu erfahren, denn nur junge Tiere liefern ausgezeichnete Qualität. Das Fleisch ist dunkler als jenes der Schlachttiere, es ist weniger ausgeblutet, hat ein dickes Fasergefüge bei großem Eiweißreichtum und wenig Fett und Bindegewebe. Die jagdbaren Säugetiere trennt man in → Federwild und → Haarwild. Beide Arten sind aufgrund ihres Gewebes etwas schwieriger zu kauen, aber geschmacklich intensiver, ausgeprägter und gesünder als die Schlachttiere, die oft mit Futtermitteln zweifelhafter Provenienz gefüttert und mit diversen Medikamenten hochgepäppelt werden.

WILDENTE

(frz. CANARD SAUVAGE, engl. WILD-DUCK, ital. ANITRA SELVATICA, span. PATO SILVESTRE)

Ein zum Federwild zählender Wasservogel, der im Herbst noch am besten mundet, wenn es sich um ein jüngeres Tier handelt, da reifere Exemplare oft einen unangenehmen Trangeschmack entwickeln. Erkennungszeichen junger, frisch erlegter Tiere sind die grauen Füße. Die Brust wird blutig bzw. rosa gebraten, während die Keulen gut durchgebraten sein sollen. Siehe auch → Löffelente, → Knäkente.

🍷 Dem eigenwilligen Geschmack der jungen Wildente begegnet man mit kraftvollen, erdig-würzigen Rotweinen (**Pinot Noir**, **Zweigelt**, **Blauburger**, **Merlot**, **Cabernet-Shiraz** usw.); älteren, tranigen Tieren stellt man schwere, reife Rotweine mit animalischen Tönen (**Brunello di Montalcino**/Toskana/I, **Côte Rôtie**, **Cornas** und **Hermitage**/nördl. Rhône, **Châteauneuf-du-Pape**/südl. Rhône, **Madiran**, Béarn/SW-F, **Shiraz**/AUS und **Zinfandel**/KAL) gegenüber, um darauf zu hoffen, daß der Wein siegt. Wildentenpastete genossen wir mehrmals mit heimischem **Pinot Noir** und **Blauburger** (J. LUST, Haugsdorf/NÖ, SEPP MOSER, Apetlon/BGLD). Wildentenpfeffer wurde durch reife **Côte Rôtie** (SYR, 10–15 Jahre, 16–18 °C, JABOULET, VIDAL-FLEURY oder CHAPOUTIER) entschärft. Junge Wildente à la Crème kann auch mit einer extraktreich-würzigen **Pinot Gris Auslese** versucht werden, aber edler **Pinot Noir** (z. B. **Chambolle-Musigny Premier Cru**) ist zumeist effizienter. Junge Wildente mit Apfelfüllung ließ sich nicht nur von einer mächtigen **Gewürztraminer Spätlese** (**Vendange Tardive**) von DOPFF AU MOULIN, Elsaß, sondern auch von einem mittelreifen **Cabernet Sauvignon** von ENGELBERT GESELLMANN, Deutschkreutz/Mittelburgenland/A, verführen. (Weitere **Cabernet Sauvignon**-Empfehlungen sind die „Burgenländer“ von ERNST TRIEBAUMER, **Cabernet-Merlot**, Rust; JOSEF GAGER und HANS IGLER, Deutschkreutz; FRANZ WENINGER, Horitschon; ANTON KOLLWENTZ und JOSEF LEBERL, Großhöflein; und HANS NITTNAUS, Gols.) Wildente im eigenen Blut wurde von dem gewaltigen (roten) **Châteauneuf-du-Pape „De la Gardine“**, südl. Rhône, genausogut konterkariert wie vom animalisch-würzigen **australischen Shiraz** von BAILEY, Glenrowan/Nordost-Victoria. Sehr gut auch der mächtige heimische **Zweigelt „Gigama“** von FRANZ LETH, Fels am Wagram/Donauland!

WILDENTE AUF „TIROLER ART“

Ente mit Äpfeln füllen und blutigbraten, während des Bratvorgangs einige Male mit Essig, der mit Butter, Zucker und Pfeffer aufgekocht wurde, begießen, Fond mit brauner Grundsauce (→ Sauce Espagnole) verkochen und mit Johannisbeergelee verfeinern.

🍷 Essig, Zucker, Pfeffer und Johannisbeergelee (!) sind prinzipiell dem **Cabernet** (**Sauvignon**) zugetan, doch sollte er über ein hohes Maß an Extraktschmelz verfügen um die säuerlich-süß-scharfe Note ausgleichen zu können. Zu Mittag erzeugen exquisite Südtiroler **Pinots Noirs** (z. B. der **Pinot Nero Alto Adige** von

GIORGIO GRAI, Bozen, der **Pinot Nero** der GENOSSENSCHAFT SCHRECKBICHL, Cornaiano, und der **„Maso Cornell"** von J. HOFSTÄTTER, Tramin) Hochgefühle der besonderen Art. Am Abend sorgen die besten **Cabernets** des Landes (z. B. von GIORGIO GRAI, Bozen, der **„Löwengang"** von ALOIS LAGEDER, Bozen, und der **Castel Schwanburg**/SCHLOSS SCHWANBURG, DIETER RUDOLPH, Nals) für kulinarische Glanzlichter. An sehr kalten Abenden sollte man auf Extraktbomben aus Übersee setzen, um den strengen Ton des Vogels unter Kontrolle zu bringen (z. B. **Cabernet-Merlot Unfiltered**/LAIBACH VINEYARDS, Stellenbosch/ZA, oder **„Georgia's Paddock"**,SHI, 4–6 Jahre, 16–17 °C, JASPER HILL, RON & ELVA LAUGHTON)/Victoria/S-AUS). Der sehr reife **Traminer Aromatico „Cornell"** der GENOSSENSCHAFT SCHRECKBICHL, Cornaiano/Südtirol, wäre eine Alternative für Weißweinpuristen.

WILDENTE MIT ORANGEN

Ente mit Salz einreiben und mit einer Farce aus Zwiebeln und gewürfelten Äpfeln, Rum und Rosinen füllen, mit Öl bestreichen, bei 200 °C 70 Minuten braten, tranchieren; Bratenfond mit Sherry, Orangensaft und Wasser einkochen, abseihen und mit Speisestärke binden, aufkochen und mit Salz, Pfeffer und Orangengelee aromatisieren; Ente mit Kresseblättchen und geschälten Orangenscheiben garnieren.

Säure, Süße und Bitterstoffe der Orange können nur von mächtigen, extraktsüßen Rotweinen mit einem Hauch von Orangenaroma aufgefangen werden. Die französischen „Sterne des Südens" **Mas de Daumas Gassac** (CS 80 %, CF, MC, TAN, M, SYR 20 %, 5–8 Jahre, 16–18 °C) von AIMÉ GUIBERT, Anione/Languedoc und **Collioure Rouge „Les Piloums"** (GR, CAR, 4–6 Jahre, 16–17 °C) von DOMAINE DU MAS BLANC, Banyuls-sur-Mer/Roussillon, erfüllten diese Vorgaben mit Bravour und lösten ein beeindruckendes Aromafestival aus. Für ganz kalte Abende sind die exeptionellen australischen (**Shiraz**) **„Grange"** von PENFOLDS und **„Hill of Grace"** von HENSCHKE vorgesehen. Reife **Gewürztraminer Auslese halbtrocken**, üppiger **Greco di Bianco**/Kalabrien/I und **Sherry Amontillado dry**/E heißen die weißen Alternativen.

WILDGANS

(frz. OIE SAUVAGE, engl. WILD GOOSE, ital. OCA SELVATICA, span. GANSO SILVESTRE)

Die Stammutter unserer Hausgans wird von Juli bis März erlegt, doch nur das Fleisch junger Tiere ist eine kulinarische Bemerkung wert. Sie haben in unseren Breiten bisher keinen hohen Stellenwert erreichen können und sind der braven Hausgans in jeder Hinsicht unterlegen. Eine delikate Füllung aus Äpfeln, Maronen oder Innereien kann allerdings dem etwas strohigen Fleisch Saftigkeit und Aroma verleihen.

Der jungen Gans wünschen wir einen samtig-fülligen, mittelreifen **Pinot Noir** als Begleiter. Etwas größere Tiere benötigen schon einen reifen, kraftvollen, herb-würzigen Rotwein (**Barolo**/Piemont, **Brunello di Montalcino**/Toskana, **Hermitage**/nördl. Rhône, **Châteauneuf-du-Pape**/südl. Rhône/F, **Vega Sicilia**/Ribera del Duero/E), um wirklich genießbar zu werden. Zu einer Wildgans mit Traubensauce konnten auch einige reife weiße **Prädikatsweine** (**Sauternes**/Bordeaux/F, **Pinot Gris**- und **Traminer Auslese**) auf sich aufmerksam machen.

WILDGANS MIT APFELFÜLLUNG

Äpfel schälen, vierteln, in 2 EL Wasser und Zitronensaft garen und pürieren, junge Wildgans salzen, pfeffern (Mühle), mit dem Apfelpüree füllen, zunähen und mit Knoblauch einreiben, mit Butter bestreichen und 10 Minuten bei 150 °C garen, mit in Essig aufgelöstem Gelierzucker begießen und noch 25 Minuten garen, aus dem Ofen nehmen, zerteilen, anrichten und mit Sauce aus Bratfond, Wildfond und Johannisbeergelee anrichten.

Das Johannisbeergelee bringt einen kleinen Startvorteil für den **Cabernet Sauvignon**, doch auch **Blaufränkisch**, **Blauer Portugieser**, **Pinot Noir**, **Gamay** und **Barbera** können zu Mittag zwischen den schwierigen Ingredienzien (Äpfel, Knoblauch, Zitronensaft, Essig, Gelierzucker, Wildfond und Johannisbeergelee) vermitteln, wenn sie über Frucht- und Extraktsüße verfügen. Halbtrockene reife Spätlesen (**Grüner Veltliner**, **Traminer**, **Weißburgunder**) bieten sich für Weißweinenthusiasten an. Am Abend sind große internationale Rotweine (**Cabernet Sauvignon**, **Cabernet-Merlot**, **Cabernet-Sangiovese**, **Cabernet-**

Shiraz, **Pinot Noir**, **Barbaresco**) mit Extraktschmelz und potenten, reifen Tanninen gefragt. Eine schier perfekte Allianz mit Wildfond, Gelee (!), Gans und Füllung gingen der formidable **Gavignano** (CS 65 %, SAN 35 %, 5–7 Jahre, 16–17 °C) von SANTA MARIA DI AMBRA, Bucine/Toskana, aus der Meisterhand von DR. GIACOMO TACHIS und der mächtige **Barbaresco „Montestefano"** (NEB, 6–10 Jahre, 17–18 °C) von ALFREDO PRUNOTTO, Alba/Piemont, ein, deren Tannine Verdauungshilfe leisteten und dem etwas spröden Vogel Aromatik und Saftigkeit verliehen.

WILDGEFLÜGEL → FEDERWILD

WILDKANINCHEN

(frz. LAPIN DE GARENNE, engl. WILD RABBIT, ital. CONIGLIO SELVATICO, span. CONEJO DE MONTE)

✐ Das Fleisch des Wildkaninchens ist fest, zart, saftig und etwas dunkler, ausdrucksvoller und würziger als jenes des zahmen Kaninchens und des Stallhasens. Trotzdem ist es meist nur in Begleitung von kräftigen Saucen, Fruchtsäuren und asiatischen Gewürzen von interessantem Aroma. Am besten ist es von Oktober bis März im Alter von 6 bis 10 Monaten.

🍷 Weißweine mit potenter Säure (**Riesling**, **Morillon**, **Chardonnay**, **Pinot Blanc**) artikulieren die Gewürze des Gerichts hervorragend und verleihen solcherart, ebenso wie intensiv würzige Rotweine (**Pinot Noir**, **Cabernet**, **Merlot**, **Syrah**), der Speise Leben und Ausdruckskraft. Zum Ragout vom Wildkaninchen versuchen Sie klassischen **Saint-Émilion Premier Cru Classé**, z. B. **Château Belair** (M, CF). Wildkaninchen mit Trüffeln ist für großen **Merlot** (z. B. **Pomerol**, **Saint-Émilion** ...) reserviert! Wildkaninchenfilet mit Tomatensauce und roter **Minervois**/Languedoc/F bringen gemeinsam Leben und Würze in die Kehle. Vorsicht vor allzu tanninreichen Gewächsen!

WILDKANINCHEN MIT BACKPFLAUMEN (DÖRRPFLAUMEN)

✐ Kaninchen zerteilen, in Beize aus Weißwein, Essig, → Bouquet garni, Karottenscheiben und Schalottenwürfeln einlegen, abtropfen lassen, salzen, pfeffern, in Butter anbraten, mit Marinade löschen, eingeweichte Dörrpflaumen dazugeben und 30 Minuten zugedeckt schmoren; Kaninchen und Pflaumen anrichten und mit Fond, der mit Heidelbeermarmelade aufgekocht wurde, begießen.

🍷 Fond (Heidelbeeren) und Pflaumen weisen eindeutig in Richtung samtiger, extraktreicher und hocharomatischer Rotweine mit ähnlichem Geschmacksbild (**Pinot Noir**, **Blauburger**, **Merlot**, **Zweigelt**, **Cabernet-Merlot**, **Cabernet-Shiraz**, **Syrah**/Rhône, **Rioja Reserva**/E, **Châteauneuf-du-Pape**/südl. Rhône, **Amarone**/Venetien, **Zinfandel**/USA). Zu Mittag faszinierte eine nach Dörrpflaumen und Heidelbeeren duftende **Sooßer Cuvée** (STL, ZW, 2–4 Jahre, 16–17 °C) von JOHANN HECHER JUN./Thermenregion/NÖ. Am Abend staunten wir über die stimmige Begleitung des **Cabernet Sauvignon** (3–6 Jahre, 16–17 °C) von JULIANE WIEDER, Neckenmarkt/Mittel-BGLD, der die besagten Aromen zum Singen brachte; daß der ohnehin etwas matte Eigengeschmack des Langohrs in den Hintergrund gedrängt wurde, ist nicht allzusehr zu bedauern. An einem kalten Dezemberabend versuchten wir die Zusammenstellung mit dem mächtigen **Amarone Campo Ca' Florian** (COV, MOL, RON, 10–15 Jahre, 17–19 °C) von TOMMASI, San Pietro in Cariano/Venetien/I, der zwar lustvoll dominierte, aber trotzdem eine Gaumensensation war.

WILDKANINCHENKEULE MIT SENFSAUCE (→ SAUCE MOUTARDE)

✐ Keulen in Stücke schneiden und kräftig mit Senf bestreichen, mit geschmolzener Butter, Salz und Pfeffer begießen und 35 Minuten im Backrohr garen, Deckel abnehmen, mit Bratfond begießen und fertigaren, Fond einkochen, mit Cème fraîche binden und sofort servieren.

🍷 Hier konnten sich überraschenderweise wieder einmal die bewährten weißen Favoriten des Kaninchens und vor allem der Sauce (**Pinot Blanc**, **Pinot Gris**, **Chardonnay** und **Morillon** im **Spätlese**-Stil) knapp vor **Pinot Noir** und **Merlot** durchsetzen. Ex aequo mit dem hervorragenden **Meursault** von J. PRIEUR/Burgund ging hier der Stern der exquisiten **Grauburgunder Spätlese trocken „Ihringer Winklerberg"**, WEINGUT DR. HEGER, Ihringen/Baden/D, auf, die die üppig-würzige Senfsauce perfekt in den Griff bekam und zu einer Quelle schier unendlicher Faszination werden ließ. Sollten Sie allerdings in ihrem Keller eine rote „Granate" wie **Château Valandraud** (M, CF)/Saint-Emilion/Bordeaux schlummern haben, so zögern Sie nicht, sie zu „opfern" – es lohnt sich!

WILDPASTETCHEN → HUBERTUSPASTETCHEN

WILDSCHWEIN (SCHWARZWILD)

(frz. SANGLIER, engl. WILD BOAR, ital. CINGHIALE, span. JABALI)

Die männlichen Tiere (Keiler) können bis zu 200 kg schwer werden, doch kommen sie meist nur mehr gebeizt auf den Tisch, da ihr Fleisch etwas zäh, fett und von strengem Aroma ist. Am begehrtesten ist das Fleisch der 25 bis 30 kg schweren → Frischlinge, die von Juli bis September ein zartes, wohlschmeckendes Mahl ergeben. Die halb- bis zweijährigen Tiere (Überläufer) mit einem Gewicht von 30 bis 60 kg sind von Ende Oktober bis Dezember von würzig-saftigem Wohlgeschmack.

Den relativ zarten Frischlingen ist noch mit mittelkräftigen, eleganten Rotweinen beizukommen; geräucherter Wildschweinschinken läßt sich sogar von (weißem) **Sauvignon Blanc** geschmacklich unterstützen, doch gegenüber reiferen Keilern sollte man auf die kraftvollsten und würzigsten roten Stars zurückgreifen. Wildschweinschlögl (Keule) „Sankt Hubertus" (mit Wildpüreesauce und Madeira) vermählen Sie mit reifem **Bordeaux Saint-Émilion Premier Cru Classé** (CHÂTEAU BELAIR ...) bzw. reinsortigem **Merlot** oder großem **Pinot Noir** (z. B. **Chambertin GC**/Burgund). Wildschweinschlögl geschmort verlangt nach den kräftigsten aller Rotweine (**Châteauneuf-du-Pape**/südl. Rhône, **Barolo Riserva**/Piemont/I, **Vega Sicilia**/Altkastilien/E, **Shiraz**/AUS, **Priorato**/E, **Zinfandel**/KAL). Wildschweinpfeffer wird von rustikalwürzigen Rotweinen (**Corbières/Roussillon**, **Madiran**/SW-F, **Aglianico del Vulture**/Basilikata/I) feurig untermalt. Wildschwein mit pikanten Saucen ordnet man am besten der südlichen Rhône (**Châteauneuf-du-Pape Rouge**, **Gigondas** ...) zu. Wildschweinkoteletts mit Salbei könnte man zu Mittag mit einem würzigen **Rosé** aus dem Languedoc (Minervois) Spannung und Abwechslung verleihen und abends mit einem königlichen **Brunello di Montalcino** (**Poggio all'Oro**), CASTELLO BANFI, Toskana, krönen. Wildschweinrücken in Brotkruste wird durch samtigen **Margaux** (**Château Palmer**, **Château Giscours**/Haut-Médoc/Bordeaux) ungewohnt zärtlich begleitet und von reifem **Echézeaux GC**/Burgund zuerst beinahe in den Würgegriff genommen, doch letztlich mit einem feurigen Dialog beendet. Wildschweinschinken gedämpft und großer **„Moulin à Vent"** Cru-Beaujolais (CHÂTEAU DE JACQUES oder NAIGEON-CHAUVEAU) gehören zu den nicht alltäglichen Köstlichkeiten des Lebens, und ein kaltes Wildschweinzüngerl erfuhr durch die Verbindung mit dem jugendlichen, erfrischenden **Pinot Blanc Kabinett** von ELISABETH TINHOF, Eisenstadt/Neusiedlersee-Hügelland/BGLD/A, aromatische Erhöhung. Trotzdem konnte sich der Wein über Extraktreichtum und feine Säure behaupten.

WILDSCHWEINSCHULTER GESCHMORT MIT MARONEN

Schulter in Beize aus Rotwein, Karotten, Wacholderbeeren, Provence-Kräutern, Gewürznelken und Weinessig 12 Stunden einlegen, in heißem Öl anbraten, mit Marinade (Beize) aufgießen, 1 ½ Stunden köcheln lassen, warmstellen; Maronen im Bratfond erwärmen, warmstellen; Wildfond und Crème fraîche einkochen, Schulter und Maronen dazugeben, aufkochen und servieren.

Wildfond, Crème fraîche, Maronen und Wacholderbeeren lassen nur wenigen Weißweinen eine Chance: **Traminer**, **Pinot Gris** und **Pinot Blanc** im **halbtrockenen Spätlese**-Stil. Unter den Roten halten kraftvolle, extraktreiche Kreszenzen (**Humagne Rouge**/CH, **Zweigelt**, **Pinot Noir**, **Blaufränkisch**, **Vino Nobile di Montepulciano** und **Brunello di Montalcino**/Toskana im traditionellen Stil sowie **Valbuena**/E) der Sauce einigermaßen stand und verhalfen auch den einzelnen Ingredienzien zur Entfaltung ihres Eigengeschmacks. Zu Mittag labten wir uns an einem eigenwilligen, würzigen **Zweigelt Kabinett** von ERICH NEUBAUER, Unterpetersdorf/Mittel-Bgld/A. Am Abend ging der herz- und magenerwärmende **Vega Sicilia Valbuena 5° Año** (CS, M, MC, TIF, ALB, 8–10 Jahre, 16–18 °C) von VEGA SICILIA/Ribera del Duero/E zur Sache. „Heu prodigium ventris" (Welch Wunder für den Magen), staunte unser gelehrter Tischnachbar, weil Gericht und Wein aufs innigste miteinander verschmolzen.

WILDSTEAK

✐ Meist aus der Keule oder dem Rückenfilet geschnitten, gespickt oder in Speckmantel gehüllt, damit es saftig bleibt; stets rosa gebraten und nach dem Braten gesalzen. Fleischteile älterer Tiere sollten vor der Zubereitung einige Stunden mariniert (gebeizt) werden. Beliebte Beilagen sind exotische Früchte (Mandarinen, Bananen, Ananas usw.), Beeren und diverse Pilze, die den Wildgeschmack auf angenehmste Weise konterkarieren.

🍷 Je älter das Fleisch, desto kraftvoller und aromatisch-würziger sollte der korrespondierende Wein sein. Sehr alte, gebrechliche Weiß- und Rotweine können über die exotischen Früchte, Beeren und Pilze an Jugendlichkeit, Frucht und Feuer gewinnen und solcherart sowohl den Gaumen als auch das Wildsteak begeistern. Kalte Wildsteaks mit süßlichen Saucen haben auch ein Faible für dickflüssige, **halbtrockene Auslesen** (**Riesling**, **Pinot Gris**, **Traminer**).

WILDTAUBEN

(frz. PIGEON SAUVAGE, engl. WILD PIGEON, ital. PICCIONE SELVATICA, span. PICHÓN SILVESTRE)

✐ Größer als die Haustaube, zählt man sie zum → Federwild und erlegt sie von August bis April. Sie wird wie → Taube, → Rebhuhn oder → Perlhuhn zubereitet, ihr Fleisch ist würziger als das der Taube. Berühmte Wildtaubenarten sind Hohltaube, Ringeltaube und vor allem Turteltaube. Ihr Fleisch ist leicht verdaulich und sehr zart, aber für einen kräftigen Esser doch ein etwas magerer Bissen.

🍷 Waren bei dem zahmen Haustäubchen die Weißweine noch leicht feldüberlegen, so mußten sie hier den Kollegen von der roten Zunft eindeutig das Kommando übergeben. Zu Wildtauben mit Champignons nehmen reife alte Weißweine (**Pinot Blanc**, **Pinot Gris**, **Neuburger**) den Part eines Mezzosoprans ein, der vom Koloratursopran (reifer **Zweigelt**, **Pinot Noir**) eindeutig an Höhe übertroffen wird. Junge Wildtauben gefüllt mit → Couscous werden von dem frischem marokkanischem Rotwein **„Guerrouane“** (CAR, CIN, GR, 3–4 Jahre, 15–16 °C) von MEKNES VINS, Meknes, sehr gut untermalt, aber die wahre Gewürzorgie erfährt man erst mit den rustikal-würzigen Rotweinen des Languedoc-Roussillon (**Fitou**, **Corbières**). Wildtaubensalami (Ragout) wird durch diverse **Cabernets Sauvignons** zum Wunschkonzert, und ein **Château Chasse-Spleen Cru Bourgeois**, Haut-Médoc/Bordeaux, vertreibt nicht nur sprichwörtlich alle Sorgen. Wildtaube mit Lebersauce und Anchovis durften wir in Venetien mit würzig-reifem **Raboso** (TENUTA SANT'ANNA) und exemplarischem **Recioto Amarone „Le Ragose“** der engagierten MARTA GALLI, Arbizzano di Negrar, genießen. Wildtauben gefüllt mit Trüffeln und Gänseleber verdrehten zwar einem aristokratischen, hellblütigen **Montrachet GC**/Burgund vorübergehend den Kopf, wurden aber schließlich selbst ein Opfer reicher Burgund'scher **Pinots Noirs** (**Romanée-Conti**, **La Tache GC**). Wildtauben → Suprême erlebte ich zweimal in Hochform, einmal grandios unterstützt von reifem **Rubesco Riserva „Vigna Monticchio“** von LUNGAROTTI, Torgiano/Umbrien/I, und ein andermal leidenschaftlich zerpflückt vom illustren **Château Figeac** (CS, CF, M) des Grandseigneurs THIERRY MANONCOURT aus Saint-Émilion/Bordeaux/F. Wildtauben mit Estragon – Estragon ist ja nicht gerade ein Freund von (tanninreichen) Rotweinen – sollten Sie doch lieber einer fülligen weißen **Spätlese** (**Pinot Blanc**, **Pinot Gris**, **Chardonnay**, **Morillon**) anvertrauen. Sehr gut auch die reife **Langenmooser Riesling-Silvaner Spätlese** von WALDEMAR ZAHNER, Truttikon/Kanton Zürich/CH.

WILDTAUBEN AUF „KRÖTENART“

✐ Tauben oberhalb des Flügelgelenks waagrecht durchschneiden, sodaß sie nur noch vom Brustfleisch zusammengehalten werden, Brust- und Rückenstück auseinanderklappen, die wie Kröten aussehenden Vögel flachklopfen, salzen, pfeffern (Mühle), in Butter anbraten, mit geriebenem Weißbrot bestreuen, mit zerlassener Butter einpinseln und fertigstellen. Als Beilage gegrillte Tomaten, gebratene Speckscheiben, Röstkartoffeln und Kräuterbutter.

🍷 Standesgemäße Pendants der „Kröten“ sind einerseits unter den etwas femininen Gewächsen des südlichen Médoc (**Saint-Julien**, **Margaux**/Bordeaux), z. B. **Château Léoville-Barton** oder **Château Palmer**, und andererseits unter großen, saftig-fülligen **Pinots Noirs** der weiten Welt zu finden. Beeindruckend der **Pommard „Clos des Epenots“**/DOMAINE DE COURCEL/Burgund und der **Pinot Noir**

Reserve/KLOSTER AM SPITZ, REINHOLD und THOMAS SCHWARZ, Purbach/Neusiedlersee-Hügelland/BGLD/A.

WILDTAUBEN GESCHMORT IN HELLER SPECKSAUCE MIT ERBSEN

Wildtauben in Butter anbraten, Speckwürfel beigeben, salzen, pfeffern (Mühle), warmstellen, Schalottenwürfel im Fond andünsten, mehlen, anschwitzen, mit weißer Grundsauce (→ Sauce Velouté) aufgießen, Lorbeerblatt, Tauben und Speck dazugeben, zugedeckt schmoren; Erbsen in Salzwasser fünf Minuten garen, auf einer Platte anrichten, Täubchen obendrauf, Specksauce darüber und mit Petersilie bestreuen.

Sauce Velouté, Erbsen und Schalotten plädieren für reiche, sämige weiße Gewächse mit weicher Fülle und eventueller Restsüße (**Riesling**, **Sauvignon Blanc** und **Pinot Blanc Spätlese**), doch die dominierende Specksauce forcierte letztlich doch wieder mittelreife rote Säfte wie charaktervoll-rustikalen **Château Phélan-Ségur CGBE**, Saint-Estèphe/Haut-Médoc/Bordeaux/F, animalisch-würzige **Syrah**-Weine der nördlichen Rhône (**Crozes-Hermitage**, **Hermitage**, **Saint-Joseph** usw.) und reife **Gran Reservas** aus dem spanischen Rioja-Gebiet. Für altgediente Bierveteranen ist **Weißbier** nach wie vor die größte vorstellbare Sinnesfreude.

WINDBEUTEL

Ein lockeres Brandteiggebäck, mit Schlagrahm gefüllt, mit Staubzucker bestreut und kalt serviert.(→ Eclair)

WIRSINGKOHL (WELSCHKRAUT, SAVOYER KOHL)

(frz. CHOU DE MILAN, engl. SAVOY CABBAGE, ital. CAVOLO VERZOTTO, span. BERZA DE SABOYA)

Europäische Kohlart, mit gekrausten, gelbgrünen, lockeren Blättern, die aus Italien stammt, aber mittlerweile weltweit angebaut wird und sich besonders für Füllungen eignet. Das sehr gesunde Gemüse enthält viel Vitamin C und Glucosinolate und wirkt solcherart blutdrucksenkend, antioxydativ und immunsystemstärkend.

In Italien sind es die venetianischen Weißweine (**Gambellara** und **Soave**), in Frankreich würzige **Roséweine** (**Corbières Rosé**/Roussillon/S-F) und in unseren Breiten die klassischen weißen „Gemüseweine" (**Sylvaner**, **Neuburger**, **Grüner Veltliner** sowie **halbtrockener Riesling**, **Gutedel** und **Pinot Noir**), die dem krausen Kohl in seinen vielfältigen Verkleidungen und Verwandlungen Hilfestellung anbieten können. Wirsingkohl gefüllt mit Hackfleisch wurde von gekühlten **roten Jungweinen** wie **Beaujolais**/Burgund, **Cabernet**/Loire/F, **Pinot Noir** (z. B. **Pinot Noir de Peissy** von BERNARD UND BRIGITTE ROCHAIX, Peissy/Genf) und **Gamay**/Genf/CH hervorragend interpretiert.

WOLFSBARSCH (MEERBARSCH)

(frz. LOUP DE MER, engl. BASS, ital. BRANZINO, span. LUBINA)

Ein etwa 3 bis 5 kg schwerer und bis zu 1 m langer, gefräßiger Meeresfisch, der vor allem im Mittelmeer und vor den britischen Inseln gefangen wird und bereits bei den Römern von Apicius hochgelobt wurde. Er hat ein außerordentlich festes, weißes Fleisch mit einem exquisiten, würzigen Geschmack, der in den Monaten April bis Juni am besten zur Geltung kommt. Erst durch die Nouvelle Cuisine wurde er in unseren Breiten ein Star, der umso besser mundet, je einfacher er zubereitet wird. Im Salzmantel gegart, bewahrt er sich ein Maximum an Saftigkeit.

Dem besten Fisch des Mittelmeeres sollte man nur hochrangige bzw. gleichrangige Edelweine aus **Chardonnay**, **Pinot Blanc**, **Pinot Gris**, **Riesling**, **Chasselas**, **Sémillon**, **Grüner Veltliner**, **Sémillon-Sauvignon** (im **Spätlese**-Stil) gegenüberstellen. In Frankreich und vor allem in Paris schwärmt man hingegen von den vielfältigen Kombinationen mit den elegantesten Rotweinen aus Bordeaux (**Saint-Julien**, **Margaux**), die leicht gekühlt serviert (14–16 °C) den Eigengeschmack des elitären Meeresbewohners noch besser zur Geltung bringen. Zu einem Schnitzel (Escalope) vom Loup mit Austern konnten sich einige Parade-**Rieslinge** aus den klassischen Gebieten in D/A/F (Elsaß) auszeichnen, doch die wahre Offenbarung waren große **Jahrgangs-Champagnes** (**Grand Cru**) wie BOLLINGER, ROEDERER, KRUG, LEGRAS, POL ROGER und BILLECART-SALMON. Wolfsbarsch mit (gefürchteter) Brandy-Sauce wurde erwartungsgemäß von reifem **Hermitage Blanc**/nördl. Rhône (von J.-L. CHAVES, Mauves) und faszinierendem weißem **Cru Classé de Graves** (DOMAINE DE CHEVALIER BLANC, Bordeaux/F) gebändigt, doch die reichen (Barrique-)**Chardonnays** von SIMON MAYE & FILS, Saint-Pierre de Clages/Wallis/CH, und der reife **„Oxhoft"** von PAUL BRAUNSTEIN, Purbach/Neusiedlersee-Hügelland/BGLD/A, hielten ebenfalls erstaunlich gut mit.

WOLFSBARSCH AUF TOMATENCOULIS

Filets werden nicht enthäutet, aber entgrätet, mit Salz und frisch gemahlenem Pfeffer gewürzt und in Mehl gewendet, Lauchzwiebeln in kleine Stücke geschnitten, in Butter und Wasser gedünstet, mit Salz, Pfeffer und etwas Zucker aromatisiert, Filets in der Butter beidseitig angebraten und auf Tomatencoulis (Sauce aus blanchierten Tomaten, Butter, Schalotten, Knoblauch, Thymian, Rosmarin, Salz, Pfeffer, Zucker) mit den Lauchzwiebeln angerichtet.

Lauchzwiebeln und Tomatencoulis lassen sich von **Rosé de Provence**, **Hermitage Blanc** und **Viognier**/nördl. Rhône, **Chassagne-Montrachet Blanc**/Burgund, **Graves Blanc**/Bordeaux, **Arvine** und **Johannisberg du Valais**/CH, **Riesling Spätlese trocken und halbtrocken**, **Sauvignon Blanc Spätlese trocken**, **Pinot Blanc Auslese trocken** und **Sémillon-Sauvignon**/KAL unter einen (Aroma-)Hut bringen. Überraschung und Entdeckung schlechthin war die fulminante **Riesling Spätlese „Bacharacher Hahn"** (3–6 Jahre, 9–11 °C) von TONI JOST, Bacharach/Mittelrhein/D, die mit bezaubernder Frucht und reichem Schmelz nicht nur in gleichem Range stand, sondern auch alle Ingredienzien auf selten erlebte Weise zutage förderte.

WOLFSBARSCH GEDÄMPFT AUF „CHINESISCHE ART"

Ausgenommener und geschuppter Wolfsbarsch wird mit Zitronensaft und → Sojasauce innen und außen eingerieben, mit frisch gemahlenem Pfeffer gewürzt, mit Lauchstreifen gefüllt, über Dampf gegart und mit Sauce aus Karottenstreifen, gepreßtem Knoblauch, zerquetschter Ingwerwurzel, Zitronensaft und Sojasauce, die mit Maisstärke und Fischfond eingedickt wurde, serviert.

Dem intensiven Aroma von Sojasauce, Lauch, Knoblauch und Ingwer waren **Corton-Charlemagne GC**/Burgund (ANTONIN GUYON, Savigny-Les-Beaune), **Château Grillet** (VIO, 4–6 Jahre, 8–9 °C) aus Verin/nördl. Rhône, und **Muscat GC „Prälatenberg"** (5–7 Jahre, 8–10 °C) von RAYMOND ENGEL, Orschwiller/Elsaß, vorzüglich gewachsen. Aus heimischer Sicht bieten sich vor allem große **Gewürztraminer**, **Pinot Gris** und **Grüner Veltliner „Smaragd"** an. Zu einem Aromafestival fernöstlicher Art wurde die Begegnung mit dem exquisiten chinesischen **Chardonnay Tsingtao** von HUA DONG.

WORCESTERSHIRESAUCE (WORCESTERSAUCE)

Klassische britische → Würzsauce, die seit 1837 in Flaschen erhältlich ist und aus Senf, Weinessig, Salz, Anchovis, Pfeffer, Cayennepfeffer, Zucker, Ingwer, Gewürznelken, Curry, Paprika, Zwiebeln, Sojasauce und Sherry besteht. Sie soll tropfenweise den Geschmack von Suppen, Saucen, Gemüsen, Fisch- und Fleischspeisen erhöhen, doch sollte man sie nicht automatisch benützen, sondern kostet besser zuerst. Wenn die Sauce nur tropfenweise angewandt wird, ist der begleitende Wein auf das Gericht selbst abzustimmen. Bei übermäßigem Gebrauch sollte der Wein kräftiger sein, um nicht unterzugehen. Generell finden sich die Weine für → asiatische Küche glänzend zurecht.

WURST

(frz. SAUCISSE, engl. SAUSAGE, ital. SALSICCIA, span. EMBUTIDO)

Schon Griechen, Römer, Gallier und Germanen waren Meister der phantasievollen Wurstbereitung. Heute sind es in Därme, Kunstdärme, Mägen, Blasen oder Dosen gefülltes, gehacktes Muskelfleisch, Schlachtfett, Blut, Innereien, Zunge usw. der verschiedenen Schlachttiere, die mit Gewürzen und Zutaten aller Art verfeinert werden. Jede Wurst ist nur so gut wie die in ihr enthaltenen Produkte. Es dürfen neben den oben angeführten Zutaten auch Sehnen, Knorpel, Magen, Maul- und Nasenschleimhäute, Nitrat, Nitrit, Umröte-Hilfsstoffe, Antioxydantien und Phosphate enthalten sein, was wahrlich nicht sehr appetitanregend klingt. Wurstkauf ist daher eine Sache des Preises (je teurer die Wurst, desto feiner die Inhaltsstoffe) und des Vertrauens zu Ihrem Fleischer. (→ Bratwurst, → Knoblauchwurst, → Mortadella, → Münchner Weißwürste, → Salami, → Sobreasada)

In Frankreich und Italien wird der Wurstkult noch gepflegt. Zu fetten Würsten genießt man in Gallien trockenen **Chenin Blanc**/Loire (**Vouvray sec**) oder gekühlten roten **Gamay** (Beaujolais) sowie **elsässischen Pinot Noir**. Jenseits der Alpen sind **Lagrein Kretzer**/Südtirol, **Monica di Sardegna**/Sardinien und **Lambrusco**/Lombardei populär. In Spanien steht trockener **Sherry Fino** nach wie vor hoch im Kurs.

WÜRZSAUCEN (TAFELSAUCEN)

Fertige Saucen zur Geschmacksintensivierung von Suppen, Saucen, Salaten, Cocktails, Fleisch-, Geflügel-, Fisch- und Wildgerichten, deren genaue Zusammensetzung meist nicht bekanntgegeben wird, z. B. Anchovy-Sauce, Harvey-Sauce, Kabul-Sauce, Nabo-Sauce, OK.-Sauce, Pekingsauce, Prince-of-Wales-Sauce, → Sojasauce, → Worcestershiresauce und verschiedene → Tomatenketchups, Chutneys (→ Mango Chutney), Relishes und last but not least diverse Barbecue-, Steak- und Salatsaucen.

YALANCI DOLMASI (YALANCI DOLMA)

Türk. gefüllter Lügner. Berühmte türkische Delikatesse aus gehackten, in Olivenöl angedünsteten Zwiebeln, mit Reis und gehacktem Hammelfleisch vermischt, intensiv gewürzt und in kurz überbrühte Weinblätter gerollt; nach dem Erkalten als Vorspeise serviert. In Griechenland heißen sie Dolmades.

Weißweine aus Thrakien hielten die Würze besser im Gleichgewicht als ihre dunklen Artgenossen. Der weiße **Trakya** und vor allem **Sémillon** und **Johannisberg Riesling** von VILLA DOLUCA, Mürefte/Marmarameer, sind erwähnenswert. Interessant auch der trockene **Dortnal** (**Narince**-Traube) von DIREN WINES, Tokat/Zentralanatolien/Türkei.

YAMBALAYA → JAMBALAYA

YORKSCHINKEN („YORK-HAM") → SCHINKEN

YORKSHIRE PUDDING

Berühmtes englisches Gericht aus Mehl, Milch, Eiern, Fett (Rindernierenfett), gehackter Petersilie, Salz und Muskatnuß, im Rohr bei 220 °C gebacken und als Beilage zu Fleisch (→ Roastbeef, → Steak usw.) serviert.

In „Old England" sind kraftvoller **Cabernet Sauvignon** (AUS, KAL), **Rioja Reserva**/E und dunkelwürziges **Yorkshire Bitter** (**Bier**) wie eh und je ein guter Tip und anerkannt.

ZABAIONE (ZABAGLIONE)

Italienische Variation des Weinschaums (→ Chaudeau), die gerne zu Obst serviert oder auch mit Eis gefüllt wird.

🍷 Üppiges Zabaione mit Anis baut auf die bewährten Kräfte eines rustikal-süßen **Moscatel di Montalcino** von IL POGGIONE/Montalcino/Toskana, auch ein **Moscato dell Oltrepó Pavese**/Lombardei könnte auf seine Eignung hin überprüft werden. Zabaione mit Rum ließ sich von (schäumendem) **Asti Spumante** der VIGNAIOLI DI S. STEFANO BELBO/Piemont in Sektlaune versetzen und von (teilgetrocknetem) **Caluso Passito** (ERB, 10–15 Jahre, 8–10 °C) von RENATO BIANCO, Caluso/Piemont/I, gekonnt ausbalancieren. Im übrigen ist es die einfachste und sicherste Wahl, den im Dessert enthaltenen Dessertwein bzw. Alkohol, z. B. **Sherry** (**Cream**), **Madeira**, **Brandy**, **Kirschschnaps** ..., dazu zu trinken.

ZABAIONE MIT PORTWEIN

Portwein, Eigelb und Puderzucker werden in einer Schüssel schaumig geschlagen, auf einem Wasserbad solange weitergerührt, bis ein zarter Schaum entsteht, in Gläser gefüllt und sogleich mit Löffelbiskuits (Biskotten) serviert.

🍷 Außer **Late Bottled Vintage** und **Vintage Port** (TAYLOR'S, POÇAS) vermochten noch der Ausnahme-**Marsala Superiore** von DE BARTOLI, Sizilien, und der unglaublich dichte, aprikosenmarmeladige **Vin Santo** von LA CHIESA DI S. RESTITUTA, Montalcino/Toskana, Begeisterungsstürme hervorzurufen.

ZAMPONE

Italienische Spezialität. Gefüllter Schweinsfuß, sorgfältig entbeint, mit Farce aus Gänseleber, Pökelzungen- und Räucherspeckwürfeln sowie gehackten Pistazien und weißen Trüffeln gefüllt und in gut gewürzter Bouillon gargezogen; in Tranchen geschnitten, eiskalt serviert und (meist) mit → Sauce Cumberland kredenzt.

🍷 Piemonts beste **Gavis** von **„Gavi Gavi“**, LA SCOLCA, Rovereto di Gavi, bis zum in Barrique ausgebauten **„Fornaci di Tassarolo“**, einem Prachtwein von MICHELE CHIARLO, Calamandrana, sowie die **Chardonnays** von ANGELO GAJA, Barbaresco, FRANCO FIORINA, Alba, und PIO CESARE, Alba, erweisen der erlesenen Farce ihre Reverenz. Wenn Zampone warm serviert und mit gewürztem Schweinehackfleisch gefüllt wird, kommen je nach Region roter **Sangiovese di Romagna** und **Lambrusco di Sorbara**/Emilia-Romagna oder **Merlot del Ticino** (z. B. **„San Zero“** von EREDI CARLO TAMBORINI SA, Lamone/Tessin/CH) zu Ehren.

ZANDER (SANDER, SCHILL, FOGOSCH, HECHTBARSCH)

(frz. SANDRE, engl. PIKE-PERCH, ital. LUCIOPERCA, span. LUCIOPERCA)

Edler Süßwasserfisch aus der Familie der Barsche. Liebt tiefe, trübe Seen und Ströme. Bei einer Größe von ca. 50 cm und einem Gewicht von 1 bis 1 ½ kg schmeckt er besonders im Herbst und Winter vorzüglich, und sein Fleisch ist dann, wenn frisch zubereitet, weiß, weich, saftig, zart und außerdem fast grätenlos. Ein besonderer Leckerbissen ist seine kroß gebratene Haut.

🍷 Unter den Flußfischen weisen die → Barsche eine besondere Vorliebe für fruchtcharmante, im Sommer leicht gekühlte Rotweine (**Merlot**, **Blauer Portugieser**, **Gamay**, **Cabernet Franc** ...) auf. Zander blau verlangt nach zartem **Riesling** (Mosel oder Wachau), **Riesling-Sylvaner** oder **Rieslaner** (Franken/D). Zander gebraten verbanden wir nahezu perfekt mit herzhaftem **Blauem Portugieser** und ebensolchem **Riesling**/Nahe/D. Zander mit → Sauce Hollandaise reflektiert auf kräftigen **Chardonnay** oder **Pinot Blanc**, auch etwas deftiger **Riesling** (z. B. Elsaß) ist möglich bzw. auch leicht gekühlter roter **Merlot**. Zander mit Roten-Rüben-Streifen und Krenobers verbanden wir genial mit **Riesling „Smaragd“**/Wachau/NÖ; auch eleganter **Chardonnay** empfahl sich für weitere Aufgaben. Zander in heller Butter stellt für **Grüner Veltliner „Smaragd“**/Wachau/NÖ/A, **Sauvignon Blanc**/Loire oder **Hermitage Blanc**/nördl. Rhône/F kein Problem dar. Zander gegrillt und weißer **Châteauneuf-du-Pape**/südl. Rhône sowie leicht gekühlter roter **Cabernet Franc**/Loire oder junger **Blaufränkisch** (z. B. von NORBERT BAUER, Jetzelsdorf/Weinviertel/NÖ/A) sind ebenso grundverschiedene wie attraktive Gespanne. Zander gefüllt in Blätterteig wurde von edlem **Welschrieslingsekt**/A, zartschäumendem **Crémant de Bourgogne**/F und perlendem **Prosecco Frizzante**/Venetien/I umschmeichelt. Zander in Senfsauce wurde durch subtil-fruchtigen **Malvasier** von

GRAF STUBENBERG, Schloß Walkersdorf bei Krems/Kremstal/NÖ/A, Finesse verliehen und vom jugendlichen **Zweigelt** von CHRISTIAN FISCHER, Sooß/Thermenregion/NÖ/A, dessen weiche Tannine sich zuerst querlegten, in puncto Ausdruckskraft und Fischaroma verstärkt. Zanderfilets mit Wacholdersauce wurden sowohl vom charaktervollen, würzigen **Riesling Kabinett „Ried Tiefenthal"**, MANTLERHOF, Brunn im Felde/Kremstal/NÖ/A, wie auch vom beeindruckenden Parade-**Traminer** von FRITZ LAMPRECHT, Halbenrain/SO-STMK/A, in den siebten Himmel der kulinarischen Genüsse geführt. Zu Zander Zéphir (Schaumpudding) fanden wir schließlich im pikanten **Aligoté** von H. GOIST/F und vor allem im schäumenden **Cava Segura Viuda**/E zwei Partner von ätherischer Leichtigkeit und Überzeugungskraft. Schweizer Weine trafen bei einem Zander in Rahmsauce mitten ins Gourmetherz. In besonders freudvoller Erinnerung haben wir den samtigen **Saint Saphorin „Domaine du Burignon"** (CHA, 2–4 Jahre, 9–10 °C) von der VILLE DE LAUSANNE, Lavaux, und den (Spitzen-**Chasselas**) **Dézaley „Les Grandins"** von ETIENNE FONJALLAZ, Epesses/Lavaux/Waadtland/CH.

ZANDER AUF PAPRIKACREME

Schalotten- und Knoblauchringe in Butter andünsten, rote Paprikawürfel beigeben, mit Essig begießen, einkochen, Weißwein aufgießen, auf die Hälfte reduzieren, mit Fischfond versetzen, 15 Minuten köcheln lassen, abschmecken, pürieren, passieren, aufkochen, Butter einrühren; Zanderfilets salzen, pfeffern (aus der Mühle) und über Dampf fünf Minuten garen, Sauce auf Teller geben, die Filets darauf dekorativ anrichten; Mandelkroketten als Beilage.

Hier waren die besten Empfehlungen ein würziger **Pinot Blanc Kabinett**, FEILER-ARTINGER, Rust/Neusiedlersee/BGLD/A, ein rassiger Wachauer **Riesling Kabinett**, HANS KIRCHMAYER, Weistrach/NÖ, und natürlich ein frischer **Sauvignon Blanc** (so fruchtig, daß man meinte, man beiße in eine Paprikaschote) von GYÖNGYÖS ESTATE, Gyöngyös/H. (Der australische Önologe HUGH RYMAN ist seit 1991 zusammen mit ADRIAN WING in Ungarn tätig und machte sozusagen über Nacht Furore.)

ZANDER AUF „UNGARISCHE ART"

Filets in Mehl und Paprika wenden, am Rost braun braten und mit Salzkartoffeln und Zitronenvierteln garnieren.

Zusätzlich zu den Empfehlungen von Zander auf Paprikacreme sind **Chardonnay**, auch vom ungarischen Plattensee, und **Kéknyelü**/Badacsony in Erwägung zu ziehen. Der in Ungarn meist empfohlene **Olaszrizling** (**Welschriesling**) konnte uns nicht so überzeugen. Traumhaft ist allerdings die Zusammenstellung mit dem salzig-würzigen **Chardonnay** von EGERVIN, Eger/H.

ZANDER IN FOLIE

Zander, zart gesalzen, mit Zitronensaft und Butter beträufelt, Karotten- und Zwiebelscheiben darübergegeben, in Alufolie gewickelt, im heißen Rohr gebacken, mit der Folie serviert und von grünem Salat begleitet. (Beim Kochen in Folie bleiben Aroma und Wertstoffe in hohem Umfang erhalten, und deshalb sollte man zuerst den Duft der geöffneten Folie mit geschlossenen Augen genießen.)

Dem zarten Fisch mit Zitronensaft und Zwiebelaroma konnten wir mit jugendlich-rassigen Weißweinen wie **Pinot Blanc** und **Sauvignon Blanc Kabinett** (ohne Barriqueausbau) sowie **Château Bonnet Blanc** (SÉM, SB, ML)/Entre-deux-Mers/Bordeaux/F Freude bereiten. Die Eidgenossen setzen traditionellerweise auf ihre Bielersee-**Chasselas** sowie traubige **Riesling-Sylvaner** aus dem Kanton Bern. Höhepunkt war aber eindeutig die Vereinigung mit dem geschmeidigen, füllig-trockenen **Aigle „Les Cigales"** (CHA, 1–3 Jahre, 9–10 °C) von J. & P. TESTUZ, Cully/Chablais/Waadtland/CH, dessen Zitrus-Feuerstein-Note nicht besser hätte passen können.

ZARZUELA

Span. Musical bzw. Operette. Spanische Fischsuppe aus kleinen Mittelmeerfischen, Langustinen, Tintenfisch und Muscheln, pikant gewürzt, mit Tomatensauce und Weinbrand aromatisiert und in einer runden Tonform angerichtet.

🍷 Generell ist **Penedès Blanco** populär und auch anzuraten. Der mit feinem Eichenflair ausgestattete **Gran Viña Sol** von TORRES besteht zu 50 % aus **Chardonnay** und ist der Prototyp des erfolgreichen Titelhelden in dieser kulinarischen Operette. Manchmal werden auch **Sherry Fino**/Andalusien und gekühlter, fruchtiger (roter) **Caralt Tinto** von RENÉ BARBIER, Penedès, in wichtigen Nebenrollen besetzt.

ZIEGENFLEISCH

✎ Das Fleisch des Ziegenlammes (→ Kitz) ist von bekannt schmackhafter Art. Demgegenüber stehen reifere Tiere wegen ihres ausgeprägt strengen Geschmacks und „Bocksgeruchs" sowie des zähen Fleisches bei den Gourmets nicht sehr hoch im Kurs.

🍷 In Italien (**Sizzano** bzw. **Nebbiolo**/Piemont, **Aglianico del Taburno**/Kampanien), Portugal (**Garrafeira**/Bairrada ...) und Spanien (**Vega de Toro**/Altkastilien) versucht man, mit tanninreichen, kraftvoll-robusten Rotweinen Strenge und Zähigkeit einigermaßen in den Griff zu bekommen. Relativ junges, zartes Ziegenfleisch süß-sauer (Capretto in Agrodolce) wurde in Kampanien von einer samtigen, reifen **Taurasi Riserva** von FAM. MASTROBERARDINO, Atripalda, vorzüglichst in den Mittelpunkt gestellt. Zu jungem Ziegenfleisch mit Kräutern entsprachen in Italien würziger apulischer **San Severo Rosso** von ALFONSO DEL SORDO, San Severo, und der Kraftbolzen aus Sardinien, **Cannonau di Sardegna** von der GENOSSENSCHAFT IERZU.

ZIEGENLAMM → KITZ

ZIEGENKÄSE

(frz. FROMAGE DE CHÈVRE, engl. GOAT-CHEESE, ital. FORMAGGIO DI CAPPRA, span. QUESO DE CABRA)

✎ Käsesorten aus Ziegenmilch – sie ist proteinreicher als Kuhmilch – oder einer Mischung aus Ziegen-, Schaf- und Kuhmilch. Die berühmtesten Ziegenkäse kommen aus Frankreich und heißen dort „chèvre"-Käse; jene, die nur zur Hälfte aus Ziegenmilch hergestellt sind, heißen „mi-chèvre". Es kann sich sowohl um rohe als auch um pasteurisierte Milch handeln, und der Belag kann blank, weißlich, bräunlich, goldgelb, mit Milchschimmel, Schimmel, Hefen, Rotflora und cendré (gepulverte Holzkohle) sein. Das Aroma des wahrscheinlich ältesten Käses der Menschheit kann nach Milchart, Herstellung und Reifeart von cremig-mild bis zu kräftig aromatisch-würzig reichen. Zu den berühmtesten Ziegenkäsen zählen: → Broccio, → Cabécou, → Cabri Doux, → Chabichou, → Crottin de Chavignol, → Géant du Poitou, → Graçay, Picodon, Pelardon, → Pyramide, → Sancerre, → Tomme de Chévre, → Valencay/Frankreich, Bündner Geißkäse und → Monte Caprino/Schweiz, → Hardanger/Norwegen, → Queso del Casar, → El Risquillo/Spanien, Ziegen-Gouda/Holland, Altenburger Ziegenkäse, → Einetaler Ziegenkäse/Deutschland, → Geißkäse, → Ziegett/Österreich usw.

🍷 Generell darf man sagen, daß jugendlich frische **Rosé**, fruchtige Weißweine mit dezenter Säure und rassige **Schaumweine** (spritziger, trockener **Champagne**) vor allem mit jungen Sorten harmonieren. Reife, rezente Exemplare sind von aromatisch-würzigen Weiß- und samtigen, reifen Rotweinen (**Bordeaux**, **Rhône**/F, **Piemont**/I ...) zu begleiten. Zu Ziegenkäse warm mit Frisée-Salat versuchen Sie mittelreifen **Sauvignon Blanc** oder frischen **Rosé**. Zu frischem Ziegenkäse aus Vorarlberg/A gefielen außerdem jugendlicher **Chardonnay**, steirischer (**Rosé-**)**Schilcher**/A und ebensolcher **Schilchersekt**. Mittelreifer → (Ziegen-)Camembert reflektierte zum einen auf eine weiße **Grüner Veltliner Auslese**/NÖ/A, zum anderen auf einen reifen, samtigen **Pinot Noir**/BGLD/A und weiters natürlich auch auf reife, große internationale Rotweine (**Toskana**/I, **Bordeaux**/F usw.). Ziegenkäse in Tannin eingelegt harmonierte nur mit jungen, relativ harten, tanninreichen Rotweinen. Österreichischer → (Ziegen-)Brie hatte hingegen an Rotweinen wesentlich weniger Freude (ein junger Edel-**Blaufränkisch** wurde scharf und ein samtig-milder **Brunello di Montalcino**/Toskana verlor sein Gleichgewicht und wurde säurig-spitz), war aber dafür aromatisch-fruchtigen Weißweinen mit gebändigter Säure (**Sauvignon Blanc**, **Muskateller trocken**, **Chardonnay** bzw. **Morillon**) ein leidenschaftliches Gegenüber. An frischem Ziegen-Gervais scheiterte ein **Weißburgunder „Smaragd"**/Wachau/NÖ/A, der den Käsegeschmack zu sehr forcierte und dann selbst unter die Räder kam; hier war ein burgenländischer **Welschriesling Kabinett** von JOSEF GAGER, Deutschkreutz/Mittelburgenland/A, wesentlich erfolgreicher.

ZIEGETT

Österreichischer Käse von kräftiger, aromatischer Würze und feiner eßbarer Rotschmierrinde, der aus 55 % Ziegen- und 45 % Kuhmilch hergestellt wird.

Dem prägnanten Aroma des Ziegett sind kraftvolle, eichig-würzige (Barrique-)Weißweine (**Neuburger**, **Pinot Blanc**, **Traminer**) bestens gewachsen. Der prächtige Nuß-Eichen-Geschmack eines **Neuburger** (**„Ried Bruck“**, JOSEF HÖGL, Spitz/Wachau/NÖ/A) verleiht dem Käse eine zusätzliche Dimension. **Hochprädikatsweine** (**BA**, **TBA**) sind allenfalls mit sehr reifen, rezenten Exemplaren kombinierbar. Mittelreife **Schaumweine** sind jedoch immer ein Thema.

ZIGEUNERSCHNITZEL

Kalbsschnitzel großzügig salzen und pfeffern, mehlen, in Butter braten und anrichten; Butter abgießen, Fond mit Weißwein löschen, Pökelzunge, gekochten Schinken, Champignons und Trüffel Julienne schneiden, beigeben, mit → Sauce Tomates auffüllen, mit Cayennepfeffer würzen, Sauce über das Schnitzel geben und servieren.

Die Weißweine (**Chardonnay**, **Riesling**, **Riesling-Sylvaner**, **Pinot Blanc**, **Sauvignon Blanc** und **Malvasier** im **Kabinett**- bis **Spätlese**-Bereich) erwiesen sowohl der Sauce als auch den Beilagen die nötige Reverenz. Auch einige **rote Jungweine** (**Blauburger**, **Zweigelt**, **Blauer Portugieser**, **Pinot Noir**) schnitten nicht schlecht ab und dominierten ob ihrer potenten Frucht auf durchaus angenehme Weise. Lieblingswein war der vanillige, mit zarter Bodenwürze ausgestattete **Chardonnay „Les Glarières“** (2–4 Jahre, 9–11 °C) von MAURICE ZUFFEREY, Muraz sur Sierre/Wallis/CH.

ZILLERTALER ALMKÄSE

Handgepflegter, lange gereifter Bergkäse aus der würzigen Sommerkuhmilch des Tiroler Zillertales, von aromatisch-pikanter Art und geschmeidigem Teig.

Der intensivwürzige Bergkäse erlebte seine schönsten Momente im Zusammenspiel mit aromatisch-milden, extraktreichen, vollreifen Weißweinen im trockenen bis halbtrockenen Spätlese-Stil (**Traminer**, **Grüner Veltliner**, **Pinot Gris**). Auch die jugendliche, zartbittere Fruchtigkeit eines **Blauen Portugiesers** (FRANZ FROTZLER, Schrattenthal/Weinviertel/NÖ/A) brachte den Eigengeschmack des Käses sehr gut zur Geltung.

ZIMT

(frz. CANNELLE, engl. CINNAMON, ital. CANNELLA, span. CANELA)

Die getrocknete Innenrinde des Zimtbaumes ist seit Jahrtausenden ein gesuchtes Gewürz, das erst im 15. Jahrhundert nach Europa kam. Es war lange Zeit Statussymbol und sollte vom Wohlstand des Besitzers zeugen. Ceylonzimt (Kaneel) ist am feinsten, wird fast immer in Stangen angeboten, hat einen angenehm würzig-aromatischen Geruch und schmeckt feurig-süßlich-brennend. Zimt wird zur Aromatisierung von Likören und Parfüms verwendet und ist auch in der Patisserie und der → asiatischen Küche unentbehrlich geworden. Zimtdesserts und ein Glas edlen Schaumweins vertreiben im Handumdrehen Passivität und schlechte Laune!

Unter den vielen weißen (Dessert-)Weinen, die eine Affinität für das exotische Gewürz mitbringen, ragen besonders jene heraus, die in (neuen) Barriques (vor allem Allier und Nevers) ausgebaut wurden. Zu Zimtparfait sind neben den oben genannten Dessertweinen in erster Linie milde, aromatische **Schaumweine** (**Muskateller**) zu empfehlen. Zu Zimtplätzchen erfüllte eine würzig-süße **Traminer Auslese** (4–6 Jahre, 10–11 °C) von PETER SCHANDL, Rust/Neusiedlersee-Hügelland/BGLD/A, unsere Vorstellungen auf vorbildliche Weise.

ZIMTCREME MIT FEIGEN

Feigen schälen, weißen Portwein, Zitronensaft und Speisestärke aufkochen, über die Feigen gießen, kaltstellen; aufgeschlitzte Vanilleschote und Zimtstange bei milder Hitze 10 Minuten in Schlagrahm ziehen lassen; Eidotter mit Zucker schaumig rühren, mit Cognac und Zimt parfümieren; Vanilleschoten und Zimtstange aus dem Rahm nehmen, Rahm durch ein Haarsieb gießen, Gelatine darin auflösen, alles unter die Crememasse rühren, Creme auf Eiswasser kaltrühren, steif geschlagenes Eiweiß unterziehen; Zimtcreme und Feigen anrichten und mit Schokoladeraspeln garnieren.

Neben den berühmten reifen **Sauternes**/Bordeaux/F, **Strohweinen** (**Vin Santo**)/Toskana/I, alten **Portweinen**/P, **Trockenbeerenauslesen**, gespriteten **Muskatweinen** (**Moscatel de Setúbal**/P, **Muscat de Rivesaltes**/Roussillon/F, **Liqueur Muscat** aus Rutherglen/Victoria/AUS) und altem **Málaga**/E, der an Frische gewann, vermochte der in Barriques ausgebaute **Welschriesling Eiswein** von MELITTA UND MATTHIAS LEITNER, Gols/Neusiedlersee/BGLD/A, die Herzen höher schlagen zu lassen.

ZIMTSTERNE

Schwäbisches Weihnachtsgebäck. 3 Eiweiß steifschlagen, mit 300 g Puderzucker und dem Saft einer halben Zitrone schaumig rühren; diese Masse mit 250 g geriebenen Mandeln vermengen, ausrollen, kleine Sterne ausstechen, Sterne glasieren und sogleich bei schwacher Hitze backen.

Sämling-, **Pinot Gris**-, **Riesling-Sylvaner**- und **Traminer Auslesen bis Beerenauslesen** aus Baden und Württemberg/D mit noch jugendlicher Fruchtigkeit und zarter Süße sind die beliebtesten Kompagnons der begehrten Sterne; doch selbst dekadente welke Weine mit „Todessüße" und mattem Glanz gewinnen über Zimt-Zitrusaroma und Mandeln ein wenig an Frische. Die opulente **Traminer Auslese „Neipperger Schloßberg"** (3–6 Jahre, 10–12 °C) von GRAF NEIPPERG, Schwaigern/Württemberg/D, entpuppte sich nicht nur als sortentypisches Juwel, sondern bekam auch hohe Noten für die subtile (künstlerische) Interpretation der Inhaltsstoffe (Aromen) des Gebäcks.

ZITRONE (LIMONE)

(frz. CITRON, engl. LEMON, ital. LIMONE, span. LIMÓN)

Der immerblühende Zitronenbaum stammt aus Vorderasien und wird seit dem Mittelalter in Südeuropa kultiviert; die edelsten Früchte wachsen an der Küste von Neapel. Sie haben alle ein säuerlich schmeckendes Fruchtfleisch (6 bis 7 % Zitronensäure) und sind reich an Mineralstoffen und Vitamin C. In der Schale sitzt ätherisches Zitronenöl, das in Küche, Bar und Parfums als unentbehrlich gilt.

„Zitrusfrüchte verderben infolge des hohen Säuregehalts den Geschmack jeden Weins", heißt es in vielen Fachbüchern. Richtig ist jedoch, daß reife **Hochprädikatsweine** (**Eiswein**, **Ausbruch**, **Sauternes**/F), deren Säure und Süße gut ausgewogen sind, durch die Zitrustöne fruchtig-frischer werden und an Faszination gewinnen können. Zu Kalbsfilet mit Zitronensaft standen drei trockene Spätlesen (**Sauvignon Blanc**, **Traminer** und **Riesling**) gleichermaßen im Blickpunkt. Der pikanten Säure eines Zitrusfrüchtecocktails war die samtige Milde eines **Frascati**/Latium nicht gewachsen, doch die noch jugendlich wirkende **Weißburgunder Auslese** (9 Jahre, 9–11 °C) von PAUL ACHS, Gols/Neusiedlersee/BGLD/A, hielt scheinbar mühelos die Balance. Zitronensuppe mit Ei und **Gewürztraminer Spätlese trocken** (z. B. SCHLOSS WESTERHAUS, Ingelheim/Rheinhessen/D) ist die offensichtlich einzig wahre Kombination. Generell ist zu bemerken, daß Zitrussäure Gerbstoffe noch bitterer erscheinen läßt, daß aber die weiße **Furmint**/H und die australische **Marsanne** das Zitrusaroma besonders gerne und subtil aufnehmen.

ZITRONENCREME

Eidotter mit Zucker und Honig zu einer Creme verrühren; Gelatine in heißem Wasser auflösen, Zitronensaft unterrühren, diese Mischung in die Eicreme rühren, kaltstellen; Eiweiß und Obers separat steifschlagen, in die Creme geben, diese in Glasschalen anrichten, mit hauchdünnen Limettenscheiben garnieren und kaltstellen.

🍷 Die in Frankreich beliebten **Vins Doux Naturels** (**VDN**), vor allem die auch finessenreichen **Muscats de Beaume de Venise**, DOMAINE DE COYEUX, südl. Rhône, und **Muscats de Frontignan**, CHÂTEAU DE LA PEYRADE, Languedoc, edle **Sauternes**/Bordeaux und manchmal auch ihre Nachbarn aus **Cérons** (z. B. CHÂTEAU DE CÉRONS oder CH. HAURA) sind die exotischen Bindeglieder für kulinarische Feste. Mit nationaler Brille betrachtet, erspähten wir in der Fülle der **Hochprädikatsweine** den edlen **Weißburgunder Ausbruch** (6–9 Jahre, 8–9 °C) von ALFRED GABRIEL, Rust/Neusiedlersee-Hügelland/BGLD/A, der die Honig-Zitrus-Note sogleich vereinnahmte, aber dem Dessert, geschmacklich erhöht, wieder zurückgab.

ZITRONENEIS

✎ Spiralförmige Zitronenschale in ½ l Läuterzucker (Zuckersirup) ausziehen, Saft von 3 Zitronen beifügen und wie → Himbeereis zubereiten.

🍷 Neben den wiederholt zitierten **Moscato-Schaumweinen** (**Asti Spumante** usw.) empfahlen sich ein zitrusfruchtiger **Champagne Deutz Blanc de Blancs**/Aÿ/F und der mit feinstem **Eiswein** dosierte **Schaumwein Elbling brut** von MATTHIAS DOSTERT, Nittel/Obermosel/D. Zu Zitroneneis mit marinierten Heidelbeeren zeichneten sich eine nur zartsüße **Gewürztraminer Spätlese** von LEOPOLD SOMMER, Donnerskirchen/Neusiedlersee-Hügelland/BGLD, und die elitäre, mit dem Anspruch auf das Besondere ausgestattete **Bouvier BA** von STEFAN SCHNEIDER, Illmitz/Neusiedlersee/ BGLD/A, aus.

ZITRONEN-ÖL-DRESSING (SALATDRESSING)

✎ 3 Teile Öl, 1 Teil Zitronensaft, Salz und Pfeffer aus der Mühle.

🍷 Der diffizilen Salatsauce gilt es behutsam entgegenzuwirken, denn die aromatisch passenden, jugendlichen **Rieslinge** und **Grünen Veltliner** aus dem Weinviertel/NÖ/A weisen hiefür meistens einen zu hohen Säuregehalt auf und sollten daher etwas Restsüße mitbringen. Auf der Suche nach geschmacklicher Vollendung stießen wir wieder einmal auf die samtweichen, aber aromatisch stimmigen Weißweine Italiens (**Pinot Grigio**, **Tocai**/Friaul, **Soave Classico**/Venetien, **Vernaccia di San Gimignano**/Toskana) und Ungarns (**Furmint**, **Grauer Mönch**, **Pinot Gris** = **Szürkebarát**).

ZITRONENSAUCE

→ *SÜSSSPEISEN-SAUCE*

✎ Weiße Mehlschwitze mit Zucker, Zitronenschale und Milch durchkochen, Schale wieder entfernen, mit Eigelb und → Crème fraîche binden, mit einem Schuß Weißwein aromatisieren und mit Zitronensaft vollenden.

🍷 Die Süße des begleitenden Dessertweins richtet sich nach der Süße der Nachspeise: je süßer das Dessert, desto süßer der Wein! Zur Sauce an sich sind die schon erwähnten reifen **Hochprädikatsweine** (**Traminer**, **Muskat-Ottonel**, **Riesling**, **Riesling-Sylvaner**, **Bouvier** ...) delikate Begleiter von schwelgender Eleganz, Frucht und Süße. Ein Erlebnis besonderer Art auch der (edelsüße) **Johannisberg Doux** (SIL, 2–6 Jahre, 8–10 °C), DOMAINE DU MONT D'OR, Pont de la Morge/Wallis/CH, und die mit bezaubernder Frische ausgestattete **Riesling TBA** vom DINSTLGUT LOIBEN/Wachau/NÖ.

ZITRONENMELISSE (ZITRONENKRAUT)

(frz. BAUME MELISSE, engl. LEMON BALM, ital. MELISSA, span. BALSAMITA MAIOR)

✎ Ein stark nach Zitronen duftendes Küchenkraut, das seit über 2000 Jahren angebaut wird, mit würzigem Aroma, dessen Blätter vor der Blüte geerntet und frisch oder getrocknet zum Aromatisieren von Salaten, Rohkost, Gemüsen und Fleischspeisen eingesetzt werden.

🍷 Zu den meisten mit Zitronenmelisse gewürzten Speisen sind reife, perfekt ausgewogene **trockene Kabinettweine bis Spätlesen** (**Riesling**, **Traminer**, **Sauvignon Blanc**) die richtige geschmackliche Ergänzung und Erhöhung.

ZUCCHINI

(frz. COURGETTES, engl. SQUASH, ital. ZUCCHINE/ZUCCHETTI, span. CALABACIN)

Die aus Westindien und Mexiko stammenden Gurkenkürbisse sind hellgrün und nur in gekochtem Zustand von süßlichem Wohlgeschmack. Sie kommen vor allem aus den Mittelmeerländern, enthalten viele Vitamine (A, B_1, B_2, C), Kalzium und Eisen und werden als Vorspeisen und Beilagen eingesetzt.

Neben den klassischen „Gemüseweinen" (**Sauvignon Blanc**, **Neuburger**, **Sylvaner**, **Malvasier** ...) haben sich hier eine Menge neuer und attraktiver Partner herauskristallisiert. Zu Zucchini auf „Orientalische Art" (mit Reis, Majoran, Hammelfleisch und Tomatensauce) waren **südländische und nordafrikanische Roséweine** kaum zu überbieten. Zucchiniblüten gebacken werden durch fruchtig-weichen **Bianco di Custoza** (TRE, GAG, TOCAI)/Venetien/I (z. B. von LE VIGNE DI SAN PIETRO, Sommacampagna, oder FRATELLI TEDESCHI, Pedemonte) ideal interpretiert; auch **Chenin Blanc**/KAL vermochte zu beeindrucken; und zu gefüllten Zucchiniblüten mit Reis und Basilikum erlebte ein noch verschlossener **Blaufränkisch**/BGLD/A eine wundersame Metamorphose und wurde angenehm rund mit einem Schuß Italianità ausgestattet! Zucchini in Olivenöl gedünstet favorisierten **Sherry Fino light dry**/E und vor allem **Orvieto**/Umbrien/I (z. B. **„Vigneto Torricella"** von BIGI, Orvieto). Zucchini in Sauerampfersauce sind ohne exotischen, üppigen **Sauvignon Blanc** kaum vorstellbar. Zu Zucchini-Kartoffelauflauf haben sich in Österreich diverse **Rieslinge** und **Malvasier** einen Namen als verläßliche Begleiter gemacht. Aus Zucchinikroketten holten sowohl kräftiger **Pinot Blanc d'Alsace**/F als auch leichter **Grüner Veltliner „Steinfeder"**/Wachau/NÖ/A interessante Nuancen heraus.

ZUCCHINI GEFÜLLT

Zucchini der Länge nach halbieren, aushöhlen und mit Salz bestreuen; Pignoli (Pinienkerne) und Zwiebeln in Butter anrösten, mit Hackfleisch, Salz, Pfeffer und Basilikum mischen und in die Zucchini füllen, mit Bouillon übergießen und zugedeckt dünsten, Fond mit Mehl und Sauerrahm binden und über die Zucchini gießen.

Rosé de Provence/F, **Chardonnay** (Stahltank) sowie mild geharzter **Retsina**/Griechenland brachten das Gericht zu geschmacklicher Vollendung. Rote **Super-Toskaner** nahmen zwar eindeutig das Heft in die Hand, gewannen aber gleichzeitig an Finesse! Ein Paradebeispiel stellt der nach Peperoni duftende **Cabernet Sauvignon „Collezione de Marchi"** von ISOLE E OLENA, Barberino Val d'Elsa/Toskana/I, dar.

ZUCKER (SACCHARUM OFFICINARUM)

(frz. SUCRE, engl. SUGAR, ital. ZUCCHERO, span. AZÚCAR)

Ein wasserlösliches, süß schmeckendes Kohlehydrat in Form von Trauben-, Milch-, Malz- und Fruchtzucker sowie Saccharose (Rüben- oder Rohrzucker). Um etwa 1000 v. Chr. gelang es den Chinesen, aus Zuckerrohrsaft Zucker zu kristallisieren, um 327 v. Chr. brachte Alexander der Große das Zuckerrohr aus Indien mit. Die Araber erkannten als erste den Handelswert des Zuckers, und die Kreuzritter brachten ihn schließlich auch nach Nord- und Mitteleuropa. Christoph Columbus erschloß dem „süßen Schilf" die besten klimatischen Bedingungen auf den Westindischen Inseln. 1597 begann man in Dresden mit der Fabrikation von Zucker; aber erst als es dem deutschen Chemiker Andreas Sigismund Markgraf 1747 gelang, aus der Zuckerrübe (Runkelrübe) Zucker herzustellen, wurde der Süßstoff zum Volksnahrungsmittel. Ein zu hoher Zuckerkonsum schädigt allerdings den Zahnschmelz (Karies), verändert die Darmflora und nimmt dem Körper wichtiges Vitamin B weg (Vitamin-B-Räuber). In kleinen Mengen genossen, ist Zucker allerdings ein wahrer Seelentröster, da er sich im Körper in das Glückshormon Serotonin umwandelt und einige Stunden für Hochgefühle sorgt.

Da sich die Süße des Zuckers und die Restsüße im Wein nicht addieren, sondern gegenseitig ausgleichen, braucht man hier beim Einsatz von süßen bis edelsüßen **Prädikatsweinen** keine Vorsicht walten zu lassen – im Gegenteil. Ein Wein mit der respektablen Restsüße von 20 bis 35 g erscheint des öfteren gegenüber einer üppig-süßen Speise urplötzlich als unharmonisch bis kratzig-säurig. Trotzdem versuchen ernährungs- und kalorienbewußte Weinfreunde immer wieder – und zum Teil auch erfolgreich – mit wenig süßen, aber extraktreichen Prädikatsweinen ihr Glück.

ZU MAN PO

Vielgerühmte chinesische Delikatesse. Porree, Champignons und Schweinsfilet Julienne schneiden, Zwiebeln hacken, alles in Schweineschmalz knackig anbraten; Knoblauch, Pfeffer und Sojakeime beifügen, mit Sojasauce aromatisieren, kurz durchkochen und mit körnig gekochtem Reis auftragen.

Aus der Fülle der Möglichkeiten haben sich **trockener Muskateller**, **Sauvignon Blanc** und **Chenin Blanc**/Loire für die Endrunde qualifiziert. Im Zweifelsfalle sind → **Sake** und (**Fino**) → **Sherry**/E keine Lückenbüßer, sondern ideal auf die Hauptgeschmacksträger abgestimmte, gleichwertige Partner. Eine Überraschung war der modern vinifizierte **Riesling Tsingtao** von HUA DONG/Tsingtao/China.

ZUNGEN

(frz. LANGUES, engl. TONGUES, ital. LINGUE, span. LENGUAS)

Sie werden vom Rind, Kalb, Hammel und Schwein frisch, gepökelt und geräuchert angeboten. Sie haben wenig Kalorien, aber umso mehr Vitamine (B_1, B_2) und Mineralstoffe (Eisen, Natrium, Phosphor und Kalzium). Vor allem der Mittelteil der fleischigen, jungen Mastochsenzunge gilt als besondere Gaumenfreude (→ Hammelzunge, → Kalbszunge, → Lammzunge, → Pökelzunge, → Rinderzunge). Im hohen Norden sind die Bären- und die Rentierzunge eine besondere Delikatesse, und in Südamerika erhält man manchmal auch geräucherte Pferdezungen.

Zu Zungenragout sollte man kraftvolle, erdig-würzige Rotweine (**Zweigelt**/A, **„Brouilly“** Cru-Beaujolais/F, **Sassella Valtellina Superiore „Botte d'Oro“**/Lombardei/I) einsetzen. Zunge geräuchert ist für große **halbtrockene Rieslinge** sowie füllig-samtigen **Jurançon Blanc sec**/Béarn/SW-F ein „gefundenes Fressen“. Zunge getrüffelt und kraftvoller, üppig-trockener **Sherry Amontillado dry**/E, zählen zu den preiswerten Annehmlichkeiten des Lebens. Zunge gekocht mit → Sauce Madère und junger **Cabernet Sauvignon**/KAL sind eine kultivierte Melange. Kalte Zunge mit Cornichons werden von **roten Jungweinen** (**Blaufränkisch**, **Blauer Portugieser**) oder – noch besser – von **Touraine Gamay**/Loire mit viel Gefühl begleitet. Gekochte Zunge mit Mandeln und Ingwer gilt als diffiziles Gericht, doch vollreifer **Graves Blanc**/Bordeaux, **Muscat d'Alsace GC** und **Pinot Gris Spätlesen** trocken bis halbtrocken scheinen davon noch nie gehört zu haben. Zungensalat und fruchtiger milder **Malvasier** sind eine Paarung von anmutigem Liebreiz ohne störende Säuredissonanzen.

ZUPPA DI PESCE

Italienische Fischsuppe. Kleine Seefische, Meereskrebse, Muscheln und Tintenfische in pikant gewürzter Suppe (bzw. Sauce).

Neben den Empfehlungen zu → Burrida konnten sich reifer **Alcamo** und **Rapitalà Bianco**/Sizilien und vor allem der weiße Stern aus Kampanien **Fiano di Avellino „Vignadora“** von FAM. MASTROBERARDINO, Atripalda, in Szene setzen. Der berühmte sherryartige **Vernaccia di Oristano Riserva** (8–15 Jahre, 10–12 °C) von ATILIO CONTINI, Cabras/Sardinien, reifte jahrelang in Kastanienfässern und brillierte mit nicht enden wollenden Reflexionen bei 15 % Alkohol. Von Harmonie war nicht viel zu spüren, doch beeindruckte diese Melange von verwirrender Vielfalt nicht nur die einheimischen Schlemmer, sondern auch einige Genießer.

ZUPPA PAVESE

Italienische Kraftbrühe mit rohem Ei. Geröstete Weißbrotscheibe in eine Suppenschale legen, rohes Ei daraufgeben, mit geriebenem Parmesan und gehacktem Estragon bestreuen und mit gepfefferter Kraftbrühe auffüllen.

Hier wirkt der Wein meist störend oder überflüssig, doch Südtiroler (**Terlaner**) **Pinot Blanc** und **Sauvignon** waren keine Fremdkörper und sind durchaus zu empfehlen. Im speziellen denken wir dabei an den **Terlaner „Hof zu Pramol"** von JOSEF NIEDERMAYR, Girlan, und den würzigen **Terlaner Sauvignon** der KELLEREI ANDRIAN, Andrian/I.

ZÜRCHER ZUNFTSPIESSLI

Kalbfleisch in zweifingerbreite, flache Streifen schneiden und hauchdünn klopfen, mit Salz und Pfeffer aus der Mühle würzen, ähnlich präparierte Kalbsleberstreifen darauflegen, zusammenrollen, je drei Röllchen auf einen kleinen Spieß auffädeln, grillen, auf gedünsteten grünen Butterbohnen anrichten und von kleinen Bratkartoffeln eskortieren.

Für die traditionsreichen Spießli bot unser Zürcher Gastgeber die besten Weine der Region auf: den weit verbreiteten, fruchtigen **Pinot Noir** und die samtigen weißen **Riesling-Sylvaner**, **Räuschling** und **Pinot Gris**. In positiver Erinnerung behielten wir die exemplarisch fruchtigen **Blauburgunder** der OBST- und WEINBAUFACHSCHULE WÄDENSWIL sowie einen perfekt ausgewogenen **Riesling-Sylvaner Sélection**/CAVES MÖVENPICK/Ostschweiz.

ZWETSCHGEN (ZWETSCHKEN, ZWETSCHEN)

Kleine eiförmige, blaue, bereifte Pflaumen, die durch ihr saftiges, süßlich-würziges Aroma in der Küche sehr beliebt sind. Sie fördern den Speichelfluß und sind daher appetitanregend.

Die vielfältigen Empfehlungen zu → Pflaumen gelten auch hier. Ein Zwetschgenkompott ließ sich von einer reifen, pikant-süßen **Welschriesling Auslese** von STEFAN SCHNEIDER, Illmitz/Neusiedlersee/BGLD/A, mit Wonne verwöhnen und verlieh im Gegenzug dem Wein ein Plus an Jugendlichkeit und Finesse. Zwetschgenmus (→ Zwetschgenröster) paaren Rotweinfans gerne „trendy" mit pflaumen(zwetschgen)fruchtigen, extraktsüßen, schweren roten Tropfen wie **Amarone**/Venetien/I oder **Châteauneuf-du-Pape**/südl. Rhône/F.

ZWETSCHGENKNÖDEL

Österreichische Mehlspeise. Zubereitung wie → Marillenknödel.

Den beliebten Knödeln zu Ehren sollten Sie Österreichs **Prädikatswein**-Elite (Spätlese, Auslese, Ausbruch) der Rebsorten **Zierfandler**, **Pinot Gris**, **Riesling**, **Riesling-Sylvaner** und **Sämling 88** aufbieten oder sich einen **roten Eiswein** (→ Zwetschgenröster) zu Gemüte führen. Stellvertretend für viele andere sei die mit berückendem Süße-Säurespiel ausgestattete **Riesling „Achleiten" Auslese** von ILSE MAZZA, Weißenkirchen/Wachau/NÖ, lobend erwähnt.

ZWETSCHGENKUCHEN

Hefeteig wird auf gemehltem Backblech dünn ausgerollt, mit zerlassener Butter bestrichen, eng mit geviertelten Zwetschgen belegt, mit Zimtzucker bestreut und im heißen Rohr gebacken.

Die besten **Zierfandler Auslesen** von der niederösterreichischen Thermenregion/A sowie elitärer, halbsüßer (**demi-sec**), schäumender **Vouvray** /Loire/F erscheinen uns als Nonplusultra aller Paarungsmöglichkeiten. Eine Offenbarung war auch die jugendliche, pikant-fruchtige, mit dezentem Vanilletouch (Barriqueausbau) versehene, halbsüße **Rotgipfler Spätlese** von RICHARD THIEL, Gumpoldskirchen/Thermenregion/NÖ/A, die wieder einmal die Unersetzlichkeit der Thermenregion als Lieferant vielseitiger Speisenbegleiter eindrucksvoll untermauerte.

ZWETSCHGENRÖSTER (PFLAUMENRÖSTER)

✐ Österreichische Spezialität. Vollreife Zwetschgen werden mit Zucker und abgeriebener Zitronenschale gedünstet und als Beilage zu diversen Mehlspeisen serviert.

🍷 Unter den diversen Rotweinen haben sich junger, fruchtcharmanter **Blaufränkisch** und **Zweigelt** (z. B. von ENGELBERT PRIELER, Schützen am Gebirge/Neusiedlersee-Hügelland/BGLD/A) ganz gut geschlagen, doch in Verbindung mit Desserts (→ Kaiserschmarren) zeigten sich die sonst eher als überflüssig geltenden **roten Hochprädikatsweine** von ihrer besten Seite. Die jugendliche, süß-säuerliche **Blauburgunder BA** von PAUL ACHS, Gols/Neusiedlersee/BGLD/A, blühte auf und zeigte plötzlich Finesse und Eleganz, doch Trumpfas im Zusammenspiel mit dem Röster war der frische, pikant-säuerlich-süße **Sankt Laurent Eiswein** des hochmotivierten FRITZ RIEDER, Kleinhadersdorf/Weinviertel/NÖ/A. Unter den **weißen Prädikatsweinen** bestachen vor allem die würzig-süßen Kreszenzen aus **Tokaji**/Ungarn sowie einige **Pinot Gris Auslesen** mit mäßiger Süße, wobei letztere eine wohlige Frischenote einbrachten.

ZWIEBEL

(frz. OIGNON, engl. ONION, ital. CIPOLLA, span. CEBOLLA)

✐ Die unterirdischen, verdickten appetitanregenden Sprossen des Lauchgewächses werden seit ca. 5000 Jahren als Küchengewürz und als Gemüse verwendet. Die dicken, schalenförmig aufgebauten Knollen sind stechend-aromatisch, enthalten viel Vitamin C und ein charakteristisches ätherisches Öl, das gleichermaßen Augen und Nase befällt, was allerdings durch eine Kerze, die das Reizgas verbrennt, verhindert werden kann. Schon die alten Römer warfen den Galliern vor, „sie riechen nach Knoblauch und Zwiebeln". Früher als „Vanille des armen Mannes" bezeichnet, ist die Zwiebel heute trotz einer gewissen Schwerverdaulichkeit auch aus der feinen Küche nicht mehr wegzudenken.

🍷 **Sylvaner** und **Riesling** zählen zu den sichersten Garanten im Umgang mit dem aromatischen Lauchgewächs. **Sauvignon Blanc** betont die Würze, während **Pinot Gris**, **Tocai Friulano** und vor allem **Vouvray sec** (CHB)/Loire die süßliche Seite der Zwiebel hervorheben. Rotweine (mit Tannin) erzeugen oft eine bitterwürzige Gesamtnote, doch können fruchtcharmante **Jungweine** (**Gamay**, **Pinot Noir**, **Blauer Portugieser** ...) und würzige **Roséweine** sehr wohl eine geschmackliche Ergänzung bringen. Zu Zwiebelfleisch „Florentiner Art" (Rindfleisch geschmort mit Tomaten, Zwiebeln, Karotten, Knoblauch und Rotwein) ist einfacher **Chianti dei Colli Fiorentini** gerade richtig. Jungzwiebelsuppe und **friulanischer Chardonnay** stellt immer wieder eine kulinarische Abwechslung von delikater Frische dar. Zwiebelcremesuppe wurde hingegen von samtigem, gut abgepuffertem **Sauvignon Blanc „Ried Altenberg"** von HANS NITTNAUS, Gols/Neusiedlersee-Hügelland/BGLD/A, hervorragend unterstützt. Zwiebeln gefüllt paarten wir mit **Valpolicella Chiaretto** (**Rosé**)/Venetien/I und mild-lieblichem **Pacherenc du Vic Bilh**, Béarn/SW-F, wobei letzterer den tieferen Blick wagte und sich auch für geschmolzene Zwiebeln empfahl. Zwiebel-Rindfleisch wurde von reifem **Pinot Noir** virtuos interpretiert. Zwiebeln gegrillt mit scharfer → Romesco Sauce wurden vom **Monistrol „Vin Natur Blanc de Blancs"**/Katalonien/E auf unnachahmliche Weise zum Erblühen gebracht, ohne daß die Würze eskalierte. Kleine Zwiebelchen süß-sauer ließen wir durch **Chenin Blanc**/Loire/F und **Bianco di Custoza**/Venetien/I hochleben. Zwiebelmus mit Balsamico-Essig-Sauce wird von einer **Muskateller Auslese halbtrocken** stets würdevoll begleitet, doch der exemplarisch samtweiche (**Chasselas**) **Dézaley „Plan Perdu"** von JEAN-MICHEL CONNE, Chexbres/Waadtland/CH, ließ uns die Faszination des – beinahe! – Unverwechselbaren erleben.

ZWIEBELKUCHEN AUF „PROVENZALISCHE ART"

✐ Einfachen Mürbteig rund ausrollen und in eine gefettete Tortenbodenform geben; dünne Zwiebelscheiben mit Salz, Pfeffer, Nelken- und Knoblauchpulver in Olivenöl hellgelb anschwitzen, in den Tortenboden füllen, mit Sardellenfilets dekorieren, entsteinte schwarze Oliven genau dazwischensetzen, mit Olivenöl beträufeln und ca. 30 Minuten backen.

🍷 Die würzigen Kreszenzen der Provence (weiß und rosé) hatten hier natürlich einen unübersehbaren Heimvorteil, doch interessanterweise war es der von der südlichen Rhône stammende **Tavel Rosé** (hier vom CHÂTEAU DE TRINQUEVEDEL, Tavel), der eindeutig den Zuschlag bekam. Die zu den schwarzen Oliven passenden Rotweine der südlichen Rhône (**Gigondas**, **Châteauneuf-du-Pape**) kollidierten über ihre Tannine mit den Sardellen; **Blanc de Blancs Schaumweine** hielten jedoch die Balance.

ZWIEBELKUCHEN AUF „SCHWÄBISCHE ART"

Eine gebutterte Springform etwa 2 bis 3 cm hoch mit ungezuckertem Hefeteig auskleiden, 2 bis 3 Zwiebeln in Tranchen schneiden, mit kleinen Räucherspeckstücken braun rösten, 2 Eier, 1/8 l Sauerrahm und etwas Salz beigeben, verrühren, die Masse auf den Hefeteig gießen und goldgelb backen.

Im Schwabenland Württemberg ist der Pro-Kopf-Verbrauch in Sachen Wein nach wie vor der höchste in Deutschland. Die einheimischen „Vierteleschlotzer" bevorzugen zum Zwiebelkuchen ihren **Riesling**, **Silvaner**, **Weißburgunder** und **Ruländer**. Am populärsten sind jedoch der aus weißen und blauen Trauben verschnittene **Schillerwein** und der etwa 25 % der Gesamtproduktion ausmachende rote **Trollinger**, der ganz jung getrunken wird. Besonders empfehlen können wir Ihnen die elitäre **Riesling**-Einzellage **„Stettener Brotwasser"** der HOFKAMMER-KELLEREI in Stuttgart/D.

ZWIEBELROSTBRATEN → WIENER ROSTBRATEN

ZWIEBELSUPPE AUF „PARISER ART" („SOUPE À L'OIGNON")

Berühmte Pariser Spezialität. Zwiebeln → Julienne schneiden, in Butter glasig andünsten, mehlen und hellbraun rösten, mit Bouillon auffüllen, salzen, pfeffern (Mühle), langsam kochen, über gerösteter Weißbrotscheibe anrichten. (→ Cherbah)

Der salzig-säurigen, mit Röstnoten versehenen Spezialität des einstigen „Bauchs von Paris" begegnet man erfahrungsgemäß am besten mit einem reifen, weißen „Gewürzwein" aus dem Elsaß (**Sylvaner**, **Riesling**, **Gewürztraminer**) oder einem noch strengeren roten **Fitou** oder **Corbières** aus dem südfranzösischen Languedoc-Roussillon. Neuerdings begeistert man sich auch für die rassigen **Sauvignons Blancs** der Loire!

ZWIEBELSUPPE AUF „RHEINISCHE ART"

Zwiebelscheiben in Butter hell andünsten, gewürfelte Karotten, Lorbeerblatt, Kraftbrühe und Bratwürste dazugeben, langsam köcheln lassen; Bratwürste in mittelgroße Portionen zerteilen, Suppe abseihen, Wurststücke wieder hineingeben, mit Salz, Pfeffer und ein wenig Essig aromatisieren und mit gehackter Petersilie bestreuen.

Die vollmundig-kräftigen bis erdig-würzigen weißen Spezialitäten aus Rheinhessen (**Riesling**, **Silvaner**) und der Rheinpfalz (**Riesling**, **Silvaner**, **Ruländer**)/D führen die herzhaft deftige Suppe mit traumwandlerischer Sicherheit immer wieder zu geschmacklicher Vollendung. Besonders ans Herz legen können wir Ihnen die würzigen, trocken ausgebauten **Silvaner** des Aufsteigers EUGEN WEHRHEIM, Nierstein/Rheinhessen/D.

ZWIEBELWÄHE (BÖLLEFLADE, SCHWEIZER ZWIEBELKUCHEN)

Gebuttertes Backblech mit Hefeteig auslegen, Räucherspeckwürfel anbraten, Zwiebelscheiben darin hell anschwitzen, Zwiebeln und Speck auf den Teig geben, pikant gewürzte Eier-Milch-Sahne-Mischung (4 Eier, ½ l Milch, ½ l Sahne, Salz, Pfeffer) darübergießen und im Rohr hellbraun backen.

Die samtigen Weißweine der Schweiz (**Chasselas**, **Sylvaner**, **Riesling-Sylvaner**, **Pinot Gris**, **Riesling**) sind für den Zwiebelkuchen wundermilde, duftig-frische Führer zu kulinarischen Höhenflügen. Highlights waren der samtige **Mont sur Rolle „Le Geai"** (**Chasselas**), la Côte/Sélection CAVES MÖVENPICK; der rare **Teufener Riesling-Silvaner** von GERI LIENHARD, Teufen/Kanton Zürich, und der Parade-**Pinot Gris Domaine le Grand Clos** von CHARLES NOVELLE, Satigny/Genfersee/CH.

WEINREGISTER

A

B

C

D

H

I

J

K

L

M

N

O

P

Q

R

S

T

U

V

W

Y

Z

REGISTER DER WEINGÜTER UND PRODUKTIONSBETRIEBE

A

B

C

D

E

F

G

H

I

J

K

L

M

N

O

P

Q

R

S

T

U

V

W

Z